[개정7판]

한권으로 끝내는

주택상가임대차보호법 분쟁실무

법학박사 · 행정사 김동근 저

변호사 정동근 감수

🏵 법률출판사

개정7판 머리말

최근 임차인이나 부동산소유자들의 권리의식이나 관련 법률적 지식의 함양에 따라 과거와 달리 권리금소송이 증가하고 또한 부동산직거래나 권리금계약서의 작성 등이 크게 증가하고 있는 것이 현실입니다.

따라서 금번 제7판은 위와 같은 현실적인 추세에 터 잡아 주택상가임대차 분쟁의 핵심 중 하나인 권리금분쟁 및 권리금소송 그리고 부동산직거래계약과 관련된 내용을 보강하는데 주안점을 두었습니다.

또한, 그에 맞추어 권리금분쟁 및 권리금소송과 관련하여서는 임대인(건물주)의 방해행위로 인해 임차인이 권리금회수 기회를 놓쳤을 경우 그 피해회복절차인 권리금소송과 관련된 소송요건 및 소송 시 체크사항, 그 행사기간 등에 관한 내용을 추가로 삽입하였고, 그 부동산직거래계약과 관련하여서는 직거래계약의 개념 및 직거래계약서 작성 시 유의사항, 그에 따른 계약서 그리고 부동산거래계약 신고서 등에 관한 내용 및 서식들을 추가 보강하였다는 데 그 특징이 있습니다.

부디 본서의 이러한 취지가 현재 관련 문제에 직면에 있거나 실무종자들에게 그 업무수행에 완벽한 길라잡이 역할을 다 해주기를 소망합니다.

2025. 9.
김동근 씀

개정6판 머리말

금번 개정판은 주택임대차보호법 및 상가임대차보호법의 일부 개정에 따른 내용의 삽입 및 환산보증금 계산방법 등 임대차와 관련된 주요 내용을 중점적으로 증보하는 데 초점을 두었다.

이에 따라 금번 개정판에는 주택임대차보호법과 관련해서는 주거용건물의 판단 기준, 변경된 보증금 중 최우선변제금액, 보증금의 월차임 전환 등에 관한 내용을 추가로 삽입하였고, 상가건물임대차보호법과 관련하여서는 환산보증금의 개념 및 기준, 계산식 등, 월차임 전환 시 산정률 등 실무에서 매우 중요한 내용들을 보강함은 물론 2022년 및 2023년 주임법과 상임법의 일부 변경된 내용들을 모두 수정하여 전편에 비하여 보다 더 실용적이고, 현행법에 충실하도록 보충하였다는 데 그 특징이 있다.

본서는 앞으로도 계속하여 독자들의 요청 및 눈높이에 맞추어 임대차분쟁관련 최적의 실무지침서의 역할을 수행할 수 있도록 각종 내용을 보완해 나가고자 하오니, 독자들의 계속된 관심과 응원을 부탁하는 바이다.

끝으로 여러 어려운 여건 속에서도 본서의 출판을 위하여 불철주야 노력하신 법률출판사 김용성 사장님을 비롯하여 편집자 및 여러 임직원들에게도 깊은 감사를 드리는 바이다.

2024. 1.
저자 김동근 씀

개정4판이 발간된 지 1년여 동안 주택상가임대차보호법에 관한 개정 소식은 많았지만 지금껏 상가임대차보호법 제2조 적용범위 제11조(폐업으로 인한 임차인의 해지권) 등 일부만이 개정된 상황입니다. 일부 개정된 이유는 코로나-19의 여파로 국내 소비지출이 위축되고 상가임차인의 매출과 소득이 급감하는 등 영업유지가 사실상 불가능하여 폐업하거나 폐업을 고려하는 상가임차인이 증가하고 있으나, 폐업하더라도 임대차계약의 구속력으로 인해 기존 임대료 지급의무에서 벗어나기 힘들어 임차인에게 과도한 부담이 되고 있는 상황이기에 임차인이 3개월 이상 감염병 예방을 위한 집합 제한 또는 금지 조치를 받음으로써 발생한 경제사정의 중대한 변동으로 폐업한 경우에는 사정 변경을 이유로 임대차계약을 해지할 수 있도록 명문의 규정을 마련하려는 것으로 요즘 시대상이 반영된 결과입니다.

따라서 본 개정판에서는 위와 같이 변경된 내용을 모두 반영함은 물론 특히 주택임대차보호법에서는 계약갱신요구권 및 묵시적 갱신 부분을, 상가건물임대차보호법에서는 계약갱신요구권 및 묵시적 갱신, 권리금 부분을 집중 보강함은 물론 관련 Q/A 및 판례 등을 집중적으로 보강함으로써 전판에 비하여 보다 더 실무 위주의 실용서적을 만드는 데 집중하였습니다. 또한 이론적으로 다소 부족하다고 지적된 부분들의 경우, 관련 내용을 전판에 비하여 튼실하게 추가, 보충을 하였다는 데 이 책의 특징이 있습니다.

향후에도 지속적으로 독자 분들 및 관련 전문자격사들의 의견을 청취한 후 그 내용을 신속히 반영하여 실무서적으로서 그 역할을 다할 수 있도록 하겠습니다.

끝으로 코로나 및 경기침체 등 여러 어려운 여건 속에서도 본서의 출간을 위해 불철주야 노력하신 법률출판사 김용성 사장님 및 관계자 여러분께 깊은 감사를 드립니다.

2023. 1.
저자 김동근 씀

개정4판 머리말

본 개정판은 2020. 11. 1. 시행 주택임대차보호법, 상가건물임대차보호법의 일부개정안을 반영하는데 주안점을 두었다.

금 번 개정안은 주택시장의 불안정 속에 전세에서 월세로의 전환이 빨라지고 주택 임대료가 상승함에 따라 임차가구의 주거 불안과 주거비 부담이 가중되고 있으나, 현행법으로는 안정적인 주거를 보장하기에 충분하지 아니하다는 지적이 있음에 따라 임차인의 계약갱신요구권을 보장하여 현행 2년에서 4년으로 임대차 보장기간을 연장하고, 계약갱신 시 차임이나 보증금의 증액청구는 약정한 차임이나 보증금의 20분의 1의 금액을 초과하지 못하도록 제한하려는 목적이다.

따라서 본 개정판은 일부 개정되거나 신설된 각각의 법률을 모두 반영하고 관련 규정에 대한 설명을 부가함으로써 독자들이 개정법률 사항에 대한 이해를 높이는 방향으로 정리되었다.

아무쪼록 본서가 주택 또는 상가임대차법률에 관심을 갖고 계신 분들이나 관련 분야 전문가들에 좋은 길라잡이 역할을 충분히 해낼 수 있기를 바라고, 혹 부족하거나 미흡점에 대하여는 독자 분들의 지도편달을 바라며, 계속 판을 거듭하면서 이를 보완하고자 한다. 이제 본서의 출간에 도움을 준분들에게 감사를 표하고자 한다. 먼저 본서의 저술에 필요한 각종 일들을 맡아 준 아내 고유선의 도움에 감사한다. 또 본서를 기꺼이 출간해 주신 법률출판사 김용성 사장님께 감사드리며, 편집과 교정을 맡아 준 편집부 직원 분들께도 감사를 표하는 바이다.

2021. 1.

김 동 근 씀

개정3판 머리말

금번 개정판은 주택임대차보호법의 경우 임차인 보호규정 중 임대건물 경매 시 임차인의 보호와 관련된 배당과 관련된 부분을 보강하고 상가임대차보호법의 경우에는 상가임차인의 권리금보호규정에 관한 내용을 추가적으로 보강하는 형태로 개정을 하였다.

그 외 본서는 기존 주택상가임대차보호법에 관한 핵심내용 및 그와 관련된 핵심판례 그리고 여러 핵심사항들에 관한 Q&A 등을 추가적으로 보강함으로써 본서의 제목처럼 이 한 권의 책만 참고하면 누구라도 손쉽게 주택상가임대차보호법에 관한 분쟁해결 및 그와 관련된 민사소송을 수행하는 데 불편함이 없도록 하였다는 점이 그 특징이다.

아무쪼록 본서가 부동산업무 관련 종사자, 공인중개사 등 실무종사자, 임대차분쟁을 전문으로 하는 법률사무소 및 로펌 등의 종사자 등 주택상가임대차보호법 및 그 관련된 소송에 관심이 있는 독자들께 좋은 길라잡이 역할을 충분히 해낼 수 있기를 바라고, 혹 부족하거나 미흡한 점에 대하여는 독자들의 지도편달을 바라며, 계속 판을 거듭하면서 이를 보완하고자 한다.

끝으로 어려운 가운데서도 본서의 출판에 의하여 불철주야 노력하신 법률출판사 김용성 사장님을 비롯하여 편집자 및 여러 임직원들에게도 깊은 감사를 드리는 바이다.

금번 개정판은 2018. 10. 18. 일부 개정되어 공포·시행된 주택상가임대차보호법 및 주택임대차보호법의 핵심내용 및 주택임대차보호법 일부 개정내용(우선변제 받을 보증금의 범위 등) 그리고 상가건물 임대차계약서상의 확정일자부여 및 임대차 정보제공에 관한규칙의 내용을 보강하는 형태로 개정을 하였다.

종전 상가건물임대차보호법은 상가건물 임차인이 계약갱신요구권을 행사할 경우 최초의 임대차기간을 포함하여 "5년"을 초과할 수 없도록 하여 임차인이 영업을 안정적으로 계속하기 어렵다는 주장이 지속적으로 제기되고 있었으며, 또한 임대인이 준수하여야 하는 권리금 지급 방해행위 금지기간을 임대차기간이 끝나기 3개월 전부터 종료 시까지로 제한하고 있는데 이에 대해 임차인의 권리금 회수기회 기간이 짧다는 지적이 있고, 2015년 개정된 현행법은 일반상가 임차인에 대한 권리금 회수 기회를 보장했지만 대다수의 영세상인이 영업하고 있는 전통시장은 포함되지 않아 논란이 있었다. 그 외 종전 상가건물임대차보호법은 임차인과 임대인의 갈등이 꾸준히 발생하고 있음에도 상가건물 임대차 분쟁 해결을 위한 분쟁조정위원회제도는 아직 도입되지 않아 지난해 이를 도입한 「주택임대차보호법」과 형평성이 맞지 않는다는 지적이 있었다.

이에 따라 2018. 10. 18. 일부 개정된 상가건물임대차보호법에서는 위와 같은 현실적인 문제점들을 반영하여, 상가건물 임차인이 계약갱신요구권을 행사할 수 있는 기간을 "10년"까지 확대(종전 5년)하였고(제10조제2항), 임대인의 권리금 지급 방해행위 금지기간을 임대차 종료 6개월(종전 3개월) 전부터로 확대함으로써 임차인의 권리금 회수기회를 보다 강화하였으며(제10조의4제1항), 「전통시장 및 상점가 육성을 위한 특별법」 제2조제1호에 의한 전통시장은 권리금 적용 제외대상에서 제외하여 전통시장 내 영세상인의 권리금 회수기회를 보장하려 하였고(제10조의5제1호), 상가건물 임대차에 관한 분쟁을 조정하기 위하여 「법률구조법」에 따른 대한법률구조공단의 지부에 상가건물임대차분쟁조정위원회를 설치하여 임대인과 임차인 간의 분쟁이 신속하게 해결될 수 있도록 함으로써 상인들이 안정적으로 생업에 종사할 수 있도록 하였다(제20조부터 제22조까지 신설).

본서는 위와 같이 개정된 상가건물임대차보호법 등의 내용을 모두 삽입하여 내용상 최신성이 유지되도록 하였으며, 그 외 기존 주택상가임대차보호법에 관한 핵심내용 및 그와 관련된 핵심판례 그리고 관련서식들과 별도로 임대차 관계에서 중요한 사항 중의 하나인 확정일자 부여절차 등에 관한 내용을 추가적으로 보강함으로써 이 한 권의 책만 참고하면 누구라도 손쉽게 주택상가임대차보호법에 관한 분쟁해결 및 그와 관련된 민사소송을 수행하는데 불편함이 없도록 하였다는데 그 특징이 있다.

아무쪼록 본서가 부동산업무 관련 종사자, 공인중개사 등 실무종사자, 임대차분쟁을 전문으로 하는 법률사무소 및 로펌 등의 종사자 등 주택상가임대차보호법 및 그 관련된 소송에 관심이 있는 독자분들께 좋은 길라잡이 역할을 충분히 해낼 수 있기를 바라고, 혹 부족하거나 미흡점에 대하여는 독자분들의 지도편달을 바라며, 계속 판을 거듭하면서 이를 보완하고자 한다.

끝으로 어려운 가운데서도 본서의 출판에 의하여 불철주야 노력하신 법률출판사 김용성 사장님을 비롯하여 편집자 및 여러 임직원들에게도 깊은 감사를 드리는 바이다.

2019. 4.
저자 김 동 근 씀

이 책은 주택상가임대차법 및 관련 분쟁들을 처음 접하는 초보자라도 주택상가임대차보호법을 체계적이고 쉽게 이해할 수 있는 실무서를 집필하는데 주안점을 두었다.

따라서 학설의 다툼이 심하거나 난해한 내용이라 하더라도 방만하게 다루지 않고 꼭 알아야 할 핵심내용에 대하여만 통설과 판례를 그리고 해당 내용에 대한 Q&A 등의 형태로 이해하기 쉽게 정리하였고, 아울러 실무상 반드시 숙지하여야 할 중요 판례들은 판례의 핵심 내용을 중심으로 이해하기 쉽게 정리를 하였다는데 특징이 있다.

특히 2016년 3월 31일부터 임차인 보호의 권리를 강화하는 것을 내용으로 하는 주택·상가건물임대차보호에 관한 일부규정이 개정됨에 따라 개정된 내용에 대하여도 꼼꼼히 설명하여, 개정된 주택상가임대차보호법의 내용을 쉽게 이해할 수 있게 하였다는데 그 특징이 있기도 하다.

아울러 주택상가임대차와 관련된 분쟁의 발생 시 각각의 분쟁절차를 효율적으로 수행케 하기 위하여 그에 필요한 각종 서식들인 내용증명, 임대차보증금 가압류, 명도, 인도, 철거 소송, 임료청구소송 등의 서식도 별도의 장을 구성하여 함께 실어 을 뿐만 아니라 각각의 서식하단에는 사건의 관할 인지대, 송달료 등의 계산방법, 접수방법 등을 모두 정리를 해놓아 초보자라도 손쉽게 분쟁해결을 위한 소송수행이 가능하도록 정리를 하였다.

또한, 주택상가임대차 계약과 관련된 각종 서식들도 별도의 장을 구성하여 함께 실어 놓아 주택상가임대차와 관련된 시작과 끝을 하나도 빠짐없이 모두 망라하였다고 하여도 과언은 아니다.

이러한 점에도 이 책은 종래의 주택상가임대차보호법 관련 해설서와는 다른 이의를 가지고 있으며, 또한 실무자의 입장에서 서술한 책이기도 하여 부동산중개업자, 임대사업자, 분업대행사업자 등 부동산업에 종사하는 분들에게 좋은 지침서가 될 것으로 기대한다.

마지막으로 졸서이나마 이 책을 준비하는 과정에서 많은 자료와 협조를 아낌없이 해주신 법원 및 여러 법무법인 관계자 여러분께 이면을 빌어 고마움을 표시하며, 끝으로 어려운 가운데서도 본서의 출판을 위하여 불철주야 노력해 주신 법률출판사 김용성 사장님을 비롯하여 편집자 및 임직원들에게도 깊은 감사를 드리는 바이다.

2016. 9. 저자

차 례

제1편 임대차 서론

제2편 주택임대차보호법

제3편 상가건물 임대차보호법

제4편 임대차 관련 분쟁 정리

제1편 임대차 서론

우리 생활에서 부동산이나 동산에 대한 소유를 하고 있는 사람들보다 소유를 하고 있지 않은 사람들이 많은 것이 실정이다. 또한 소유를 떠나 일시적인 사용을 위해 물건이 필요한 경우도 있다. 이러한 경우 다른 사람의 물건을 빌려 사용하게 되는데, 이러한 계약의 유형을 크게 '대차형 계약'이라고 한다. 대차형 계약에는 소비대차, 사용대차, 임대차 등이 있는데, 그 중 임대차계약이 우리 생활에서 가장 많이 접할 수 있는 계약으로, 본 편에서는 주택임대차보호법 및 상가건물임대차보호법의 특별법에 관한 서술에 앞서 일반법인 민법에 규정되어진 임대차에 관하여 기술하기로 한다.

제1장 임대차의 의의 및 성질

1. 의 의

임대차계약은 민법 제2장 계약 중 제7절에 자리하고 있는 민법상 전형계약의 일종으로서, 민법 제618조부터 제654조까지로 구성되어져 있다. 이러한 임대차계약은 당사자 일방이 상대방에게 목적물을 사용·수익하게 할 것을 약정하고, 상대방이 이에 대한 대가로서 차임을 지급할 것을 약정함으로써 그 효력이 생기는 유상·쌍무계약이다.

2. 강행규정성

임대차의 경우 임차인보호를 위한 취지에서 강행규정으로 하였다. 그러나 모든 규정이 강행규정은 아니다.

편면적 강행규정 : 위반하여 임차인이나 전차인에게 불리한 것은 그 효력이 없다	제627조 : 일부멸실 등과 감액청구 제628조 : 차임증감청구권 제631조 : 임대인의 동의있는 전대차의 경우 전차인의 권리의 확정 제635조 : 기간의 약정없는 임대차의 해지통고 제638조 : 해지통고의 전차인에 대한 통지 제640, 641조 : 차임연체와 해지 제643, 644조 : 임차인, 전차인의 갱신청구권, 매수청구권 제645조 : 지상권목적토지의 임차인의 임대청구권, 매수청구권 제646, 647조 : 임차인, 전차인의 부속물매수청구권
임의규정	제623조 : 임대인의 수선유지의무 제626조 : 임차인의 비용상환청구권 제629조 : 임차인의 양도·전대의 제한 제633조 : 차임지급의 후급원칙

3. 부동산임차권의 물권화

타인의 부동산에 대하여 사용하는 경우 용익물권에 의한 사용과 임대차에 의한 사용이 있는데, 용익물권의 경우 이용자의 권리가 강하나, 임대차의 경우 임차인의 지위가 임대인이 지위와 비교하여 열후하므로, 민법에서는 부동산임차권의 강화 즉, 그 지위를 물권자처럼 강화하고 있는데, 이는 주로 대항력 강화, 침해배제, 임차권의 자유처분 허용, 존속기간의 보장 등으로 나타난다.

그러나 이러한 민법상의 보호로는 충분하지 않아 주택임차인에게는 '주택임대차보호법', 상가건물에 대한 임차인에게는 '상가건물임대차보호법'의 각 법을 제정하여 그 지위를 강화하고 있다.

4. 일시사용을 위한 임대차의 특례

일시사용을 위한 임대차에는 차임증감청구권, 해지통고의 전차인에 대한 통지, 차임연체와 해지, 부속물매수청구권, 임차건물 등의 부속물에 대한 법정질권 및 강행규정에 대한 적용이 없다.

제2장 임대차의 효력

제1절 임대차의 존속기간

1. 존속기간의 약정이 있는 경우

임대차에서 당사자간에 존속기간의 약정을 한 경우라도, 무제한의 기간을 두는 경우 임대인에게 불리한 바 그 최장기간에 대하여 민법상으로는 무제한의 기간을 인정하지 않고 제한기간에 관한 규정을 두고 있으며, 너무 단기의 기간의 경우 임차인에게 불리한 바 최단기간에 대하여는 민법상의 제한은 없으나, 주택임대차보호법 등에서 이를 제한하는 규정을 두고 있다.

가. 최장기간 제한 - 위헌결정으로 삭제

헌법재판소의 2013. 12. 26. 2011헌바234 민법 제651조 제1항 위헌소원 사건에서의 위헌결정이 나오기 전 민법 제651조에서는 임대인보호를 위해 최장기간을 20년으로 제한하고 있으며, 20년 초과 시 20년으로 단축되나, 견고한 건물, 공작물, 식목, 채염 등 위한 토지임대차에서는 20년 이상 가능하다는 규정을 두고 있었다. 그러나 이 규정은 헌법재판소의 위헌결정에 의해 현재 삭제되었다.

나. 최단기간 보장

민법의 규정상으로는 임대차에는 최단기간의 보장이 없다. 그러나 주택임대차보호법상으로는 2년, 상가건물임대차보호법상으로는 1년의 최단기간의 보장이 규정되어있다. 이와 비교하여 건물전세권에는 1년, 지상권에는 목적물의 유형에 따라 30년, 15년, 5년 등의 최단기간을 보장하고 있다.

2. 존속기간의 약정이 없는 경우

가. 당사자의 해지통고의 자유

임대차에 관하여 존속기간의 약정이 없는 경우 각 당사자는 언제든지 해지를 통고할 수 있다. 단, 임의해지권인 바, 상당기간이 경과한 후에 해지의 효과가 발생한다. 즉 부동산의 경우 임대인 통고 시 6월, 임차인 통고 시 1월 후에 해지의 효과가 발생하고, 동산의 경우 무조건 5일 후에 해지의 효과가 발생한다.

나. 존속기간의 약정은 있으나 당사자가 약정해지권을 유보한 경우

당사자 간 합의한 약정사유의 발생 시 해지할 수 있으나 이러한 해지권도 임의해지권이므로, 상기 제1)항과 같은 기간이 경과한 후에 해지의 효과가 발생한다.

다. 해지통고와 전차인의 보호

적법하게 전대되었을 경우 임대인은 전차인에게도 해지 사유를 통지해야 하고 전차인이 이 통지를 받은 후 상기 제'가'항의 기간이 경과한 때 해지의 효과가 발생한다.

3. 임대차의 갱신

가. 계약갱신

10년을 넘지 않은 범위에서 갱신할 수 있다. 다만, 몇 번이고 갱신할 수 있다. 최장기간의 제한을 받지 않는 임대차도 갱신이 가능하고 10년을 초과하여 갱신할 수 있다고 본다.

나. 법정갱신(판례는 강행규정이라고)

임대차 기간이 종료되었음에도 불구하고 임차인의 계속 사용에 상당기간 동안 임대인의 이의가 없으면 전임대차와 동일 조건으로 갱신된 것으로 본다. 단, 존속기간은 약정이 없는 것으로 본다. 따라서 당사자는 언제든지 해지통고가 가능하다(임의해지).
묵시의 갱신이 성립하는 경우 전 임대차에 대하여 제3자가 제공한 담보(질권, 저당권,

보증)는 소멸한다. 단, 제3자가 제공한 임대차 보증금은 소멸하지 않고 갱신 후에도 계속 유지된다고 보는 것이 판례의 태도이다. 이와 비교하여 건물전세권, 주택임대차, 상가건물, 농지법에도 묵시의 갱신이 있다.

「표」 법정갱신(묵시적 갱신) 비교

민 법	주택임대차보호법	상가건물임대차보호법
- 임대차 기간 만료 후 임차인이 임차물의 사용·수익을 계속하는 경우 임대인이 상당한 기간내 이의를 하지 않으면 - 전임대차와 동일한 조건으로 다시 임대차한 것으로 본다.	- 임대차 기간 만료 전 임대인은 6개월 전부터 2개월 전까지, 임차인은 2개월 전까지 상대방에게 갱신거절의 통지를 하지 않으면 - 그 기간이 끝날 때 전임대차와 동일한 조건으로 임대차한 것으로 본다.	- 임대차 기간 만료 전 임대인은 6개월 전부터 1개월 전까지 기간 내에 임차인에게 갱신거절의 통지를 하지 않으면 - 그 기간이 끝날 때 전임대차와 동일한 조건으로 임대차한 것으로 본다.
이때 임대차의 기간은 정함이 없는 것으로 본다. - 법정갱신이 이루어지면 기간의 약정이 없는 것으로 보아 각 당사자는 언제든지 해지의 통고를 할 수 있다. 임대인이 해지를 통고한 경우에는 임대인이 받은 날로부터 6월, 임차인이 해지를 통고한 경우에는 임대인이 받은 날로부터 1월이 경과하면 소멸한다.	이 경우 임대차 존속기간은 2년으로 본다. - 법정갱신이 된 경우에 임차인은 언제든지 임대인에게 계약해지를 통지할 수 있고, 이 해지는 임대인이 그 통지를 받은 날부터 3개월이 지나면 그 효력이 발생한다. 이 경우 임차인만이 해지통지를 할 수 있고 임대인은 할 수 없다.	이때 임대차의 존속기간은 1년으로 본다. - 법정갱신이 된 경우에 임차인은 언제든지 임대인에게 계약해지의 통고를 할 수 있으며 임대인은 그 통고를 받은 날로부터 3월이 경과하면 그 효력(임대차계약의 해지)이 발생한다.

제2절 임대인의 의무

1. 목적물인도의무 및 방해제거의무

임대인은 일반적으로 임차인에 대하여 임대차목적물을 임차인에게 인도하고 계약이 존속하는 동안 그 사용·수익에 필요한 상태를 유지하게 할 의무를 부담한다. 그리고 건물부분의 임대차에서 별도의 약정이 있는 경우에는 거기서 더 나아가 임대인은 그 소유 건물의 다른 부분에서 제3자가 임차인이 임대차목적물에서 행하는 영업 등 수익활동을 해할 우려가 있는 영업 기타 행위를 하지 아니하도록 할 의무를 임차인에 대하여 부담할 수 있음은 물론이다. 그러한 약정은 다른 계약의 경우와 마찬가지로 반드시 계약서면의 한 조항 등을 통하여 명시적으로 행하여질 필요는 없고, 임대차계약의 목적, 목적물 이용의 구체적 내용, 임대차계약관계의 존속기간 및 그 사이의 경과, 당사자 사이의 인적 관계, 목적물의 구조 등에 비추어 위와 같은 내용의 약정이 인정될 수도 있다[1].

2. 수선의무

가. 의의

임대차계약에 있어서 임대인은 목적물을 인도하고 계약이 존속하는 동안 그 사용·수익에 필요한 상태를 유지하게 할 의무를 부담하게 되는데, 이를 수선의무라고 한다.

나. 내용

1) 범위

수선하지 않으면 임대차계약에서 정해진 목적대로 사용·수익할 수 없는 상태인 경우 임차인이 별도의 비용을 들이지 않고 손쉽게 고칠 수 있는 정도의 사소한 수선이 아닌 한 임대인이 수선의무를 부담한다. 그러나 임대인은 주택의 파손·장해의 정도가 임차인이 별 비용을 들이지않고 손쉽게 고칠 수 있을 정도의 사소한 것이어서 임차인의 사용·수익을방해할 정도의 것이 아니라면 그 수선의무를 부담하지 않는다.[2]

---

[1] 대법원 2010.06.10. 선고 2009다64307 판결
[2] 대법원 2004. 6. 10. 선고 2004다2151, 2168 판결.

2) 수선의무 배제특약

임대인의 수선의무를 면제하는 수선의무면제특약은 유효하지만, 이러한 면제특약은 통상 생길 수 있는 파손의 수선 등 소규모 수선에만 적용되는 것이고, 대파손이나 대규모 수선은 면제특약의 적용범위가 아니므로 이에 대해서는 여전히 임대인이 수선의무를 부담한다는 것이 판례이다.[3]

3) 임차인의 수선인용의무

임대인의 수선의무 이행에 따라 임차인이 사용·수익을 하지 못하는 경우 임차인은 임대인의 행운에 대해 거절하지 못하며, 이 경우 임차인은 그 기간 동안에 차임의 지급의무가 없다.

4) 수선의무불이행에 대한 차임지급의 거절 및 계약해지권

임대인이 수선의무를 이행하지 않아 임차인이 임차목적물에 대한 사용·수익을 할 수 없는 경우, 임차인은 그 비율로 차임의 전부 또는 일부의 지급을 거절할 수 있고, 임차목적을 달성할 수 없는 경우 임차인은 계약을 해지할 수 있다. 물론 그에 따른 손해배상을 청구할 수도 있다.

> **Q** 甲은 乙로부터 창고를 임차하여 쓰고 있었는데 창고시설이 노후하여 임차한 목적대로 창고로 쓰기 어렵게 되었습니다. 이에 甲은 임대차계약의 내용에 따라 임대인인 乙에게 창고를 수선해 줄 것을 요구하였고, 乙은 창고를 전면적으로 보수하기로 하고 丙회사에 보수 공사도급을 줬습니다. 그러나 丙회사의 소속 직원들이 창고의 누수부위를 수선하기 위하여 화재예방조치를 하지 않은 채 용접을 하다가 잘못하여 화재가 발생한 경우 甲은 임대인인 乙에게 손해배상을 청구할 수 있는지요?
>
> **A** 「민법」 제390조에서 채무자가 채무의 내용에 좋은 이행을 하지 아니한 때에는 채권자는 손해배상을 청구할 수 있고, 다만 채무자의 고의나 과실 없이 이행할 수 없게 된 때에는 그렇지 않다고 규정하고, 같은 법 제391조에서는 채무자의 법정대리인이 채무자를 위하여 이행하거나 채무자가 타인을 사용하여 이행하는 경우에는 법정대리인 또는 피용자의 고의나 과실은 채무자의 고의나 과실로 본다고 규정하고 있습니다. 따라서 채무자는 일정한 범위 안에서 그의

---

3) 대법원 1994. 12. 9. 94다34692, 34708 판결.
4) 대법원 2011. 5. 26. 선고 2011다1330 판결

이행보조자의 고의 또는 과실에 의해 발생한 결과에 대해 책임을 집니다.

한편, 채무자가 자신의 이행보조자의 행위에 대해 책임을 지는 범위가 문제되는데 판례를 보면, 「민법」 제391조에서는 이행보조자의 고의·과실을 채무자의 고의·과실로 본다고 규정하고 있는데, 이러한 이행보조자는 채무자의 의사관여 아래 채무이행행위에 속하는 활동을 하는 사람이면 충분하고 반드시 채무자의 지시 또는 감독을 받는 관계에 있어야 하는 것은 아니므로, 그가 채무자에 대하여 종속적 또는 독립적인 지위에 있는가는 문제되지 않으며, 이행보조자가 채무이행을 위하여 제3자를 복이행보조자로서 사용하는 경우에도 채무자가 이를 승낙하였거나 적어도 묵시적으로 동의한 경우에는 채무자는 복이행보조자의 고의·과실에 관하여 「민법」 제391조에 의하여 책임을 부담한다고 하였으며[4], 임대인이 임차인과의 임대차계약상의 약정에 따라 제3자에게 도급을 주어 임대차목적 시설물을 수선한 경우에는, 그 수급인도 임대인에 대하여 종속적인지 여부를 불문하고 이행보조자로서의 피용자라고 보아야 할 것이고, 이러한 수급인이 시설물수선 공사 등을 하던 중 수급인의 과실로 인하여 화재가 발생한 경우에는, 임대인은 「민법」 제391조에 따라 위 화재발생에 귀책사유가 있다 할 것이어서 임차인에 대한 채무불이행상의 손해배상책임이 있다고 하였습니다[5].

따라서 위 사안의 경우 乙의 이행보조자인 丙의 과실로 화재가 발생하여 손해가 생겼으므로 임차인 甲은 임대인 乙에게 손해배상을 청구할 수 있을 것으로 보입니다.

3. 담보책임

임대차는 유상계약이므로 매매에 관한 규정이 준용된다(민 제567조). 그 결과 담보책임을 지게 되며, 임대인의 담보책임은 임대인이 수선의무를 진다고 하여 그 책임이 면제되지 않는다.

4. 보호의무

대법원의 판례를 보면 통상의 임대차관계에서는 임차인의 안전을 배려하여 주거나 도난을 방지하는 등의 보호의무까지는 없다고 하면서도, 일시사용을 위한 임대차관계인 숙박계약에 있어서는 숙박업자에게 고객의 안전을 배려해야 할 보호의무가 있다고 한 바 있다[6].

---

5) 대법원 2002. 7. 12. 선고 2001다44338 판결
6) 대법원 2000. 11. 24. 판결 2000다38718,38725

제3절 임차인의 권리

1. 임차물의 사용수익권

임차인은 계약 또는 목적물의 성질에 의하여 정해진 용법으로 임차물을 사용 수익할 수 있다. 이를 위해 임대인에게 임대차주택의 인도를 청구할 수 있고, 그 임대차 기간 동안 중 필요한 상태를 유지해 줄 것을 청구할 수 있다. 만일, 임차인은 임대인이 주택을 수선해주지 않는 경우 ① 손해배상을 청구할 수 있고, ② 수선이 끝날 때까지 차임의 전부 또는 일부의 지급을 거절할 수 있으며, ③ 사용수익할 수 없는 부분의 비율에 따른 차임의 감액을 청구하거나 ④ 나머지 부분만으로 임차의 목적을 달성할 수 없는 경우에는 임대차계약을 해지할 수 있다(「민법」제627조).

【판시사항】
임대차계약에 있어서 목적물의 사용·수익이 부분적으로 지장이 있는 경우, 임차인의 차임지급의무의 범위

【판결요지】
임대차계약에 있어서 목적물을 사용·수익하게 할 임대인의 의무와 임차인의 차임지급의무는 상호 대응관계에 있으므로 임대인이 목적물을 사용·수익하게 할 의무를 불이행하여 임차인이 목적물을 전혀 사용할 수 없을 경우에는 임차인은 차임 전부의 지급을 거절할 수 있으나, 목적물의 사용·수익이 부분적으로 지장이 있는 상태인 경우에는 그 지장의 한도 내에서 차임의 지급을 거절할 수 있을 뿐 그 전부의 지급을 거절할 수는 없다.

다만, 임차인이 이에 반하여 사용·수익을 하거나 임대인의 승낙없이 임차목적물을 타인에게 사용·수익하게 한 경우에, 임대인은 위반행위의 정지나 손해배상을 청구할 수 있고, 계약을 해지할 수도 있다(즉시해지권).

2. 임차권의 대항력

가. 개설

임차권은 채권이므로 임대인에 대해서만 임차권을 주장할 수 있고, 임대인이 목적물의 소유권을 제3자에게 양도한 경우 임차인은 목적물 양수인에게 대항할 수 없어, 양수인의 반환청구에 응해야 한다. 이때 임차인은 임대인에게 채무불이행책임을 추궁한다. 그러나 임차인이 대항력을 취득한 경우 제3자에게도 대항할 수 있는바 임차권의 대항력이 제3자보다 우선순위라면 소유권이 변동되더라도 용익권을 보장받을 수 있다.

1) 민법상 대항력

가) 등기된 부동산임차권

부동산 임차인은 반대약정이 없으면 임대인에 대하여 등기절차에 협력할 것을 청구할 수 있다. 이때 등기청구권은 채권적 청구권으로서 임대인이 승낙하여 응해야 등기할 수 있다.

나) 건물의 소유를 목적으로 한 토지임차권

토지임차권 자체에는 등기가 없더라도 지상 건물에 대하여 등기를 하면 토지임대차에도 대항력이 생긴다(보존등기, 이전등기 불문). 건물이 토지임대차기간 만료 전에 멸실 또는 후폐한 때에는 토지임차인을 보호할 필요가 없으므로 대항력을 상실한다.

2) 주임법상 대항력

주민등록과 인도를 갖추면 그 다음날부터 대항력이 생긴다(제2편에서 자세히 서술한다).

3) 상가건물임대차보호법상의 대항력

일정범위의 상가임대차의 경우 인도와 사업자등록을 신청한 때에는 그 다음날부터 대항력이 생긴다(제3편에서 자세히 서술한다).

나. 대항력의 의미

민법에는 명문의 규정이 없으나, 주택임대차보호법은 임대목적물의 양수인이 임대인의 지위를 승계한다고 규정하고 있다(상가건물임대차보호법도 마찬가지). 학설은 민법상 임대차에서도 동일하게 해석할 수 있다는 입장이다. 즉 대항력이란 임차권을 제3자에게도 주장할 수 있다는 의미로서, 제3자에 대한 관계에서의 문제(임대차계약 당사자 사이의 문제가 아니라)이다.

1) 용익권보장

임대목적물이 매매 등의 사유로 임대인이 변경된 경우, 새로운 임대인(양수인)은 기존 임대인의 지위를 승계하므로 목적부동산의 양수인에게도 임차인은 임차권을 주장할 수 있다. 즉, 양수인의 목적물인도청구를 거절할 수 있다.

2) 차임

양수인에게 차임을 지급하여야 한다. 연체차임청구권은 구 소유자(양도인)의 채권이므로 이전합의가 없다면 구 소유자에게 있다.

3) 보증금

양수인에게 반환을 청구할 수 있다는 것이 통설로서, 이때 판례는 양도인(구 임대인)의 보증금반환채무는 소멸하다는 태도를 취하고 있다. 즉 보증금반환채무가 면책적으로 양수인에게 인수된다.

4) 판례 소개

가) 대항력이 양도성을 의미하는 것은 아니라는 것이 판례이다.

나) 甲이 대지와 건물의 소유자였던 乙로부터 대지와 건물을 임차하였는데, 그 후 甲이 그 중 건물만을 강제경매절차에서 경락받아 그 대지에 관한 위 임차권은 등기하지 아니한 채 그 건물에 관하여 甲 명의의 소유권이전등기를 경료 하였다면, 甲과 乙 사이에 체결된 대지에 관한 임대차계약은 건물의 소유를 목적으로 한 토지임대차계약이 아님이

명백하므로, 그 대지에 관한 甲의 임차권은 민법 제622조에 따른 대항력을 갖추지 못하였다고 할 것이다[7].

다) 임차주택의 양수인에게 대항할 수 있는 임차권자라도 스스로 임대차관계의 승계를 원하지 아니할 때에는 승계되는 임대차관계의 구속을 면할 수 있다고 보아야 할 것이므로, 임차 주택이 경매되거나 임대인이 신소유자에게 소유권을 넘겨준 경우 대항력 있는 임차인이라도 승계를 원하지 아니할 때는 임대차 계약을 해지할 수 있고, 이는 공평의 원칙 및 신의칙에 근거한 것으로써, 해지통고 즉시 그 효력이 생긴다[8].

Q 저는 6년 전 甲의 토지를 임차하여 그 위에 건물 3동을 짓고 살면서 그 중 1동을 丙에게 임차보증금 2,000만원으로 하여 임대해주었는데, 최근 甲이 저도 모르게 위 토지를 乙에게 매도하였고 乙은 저에게 건물 3동의 철거를 요구하고 있습니다. 甲은 위 토지임대차계약체결 당시 저에게 '토지 위로 도로가 개설될 때까지 계속 사용하라.'면서 약속을 하였고, 아직까지 도로가 개설되지 않았습니다. 또한, 위 토지는 도시계획상 도로부지로 지정되었기 때문에 위 건물 3동은 건축허가가 나지 않아 현재까지 무허가미등기건물입니다. 저는 약속을 믿고 1년 전 5,000만원을 투자하여 위 건물 3동을 증·개축까지 하였는데, 甲의 요구대로 철거를 해야 하는지, 그렇다면 증·개축비는 누구에게 받아야 하며 또한 건물에 대한 매수청구권을 행사할 수는 없는지, 그리고 丙의 임차보증금은 제가 반환해야 하는지요?

A 일반적으로 임차권은 채권에 불과하므로 그 임차권을 등기하지 아니한 경우에는 매수인에게 대항할 수 없습니다. 다만, 주택임대차에 한해서는 등기를 하지 않았더라도 입주와 주민등록 전입신고의 요건을 갖추면 매수인에게 대항할 수 있는 것입니다.

위 사안은 토지임대차이므로 대항력을 취득하기 위해서는 임차권등기를 마쳐야 하나, 귀하는 토지임차권에 대하여 등기를 하지 않았기 때문에 비록 전입신고(주민등록)와 입주를 하고 토지를 점유하고 있더라도 새로운 소유자인 乙에게 대항할 수 없는 것이고, 건물을 철거하고 토지를 인도해주어야 합니다. 다만, 「민법」 제622조 제1항에서 건물소유를 목적으로 한 토지임대차는 이를 등기하지 아니한 경우에도 임차인이 그 지상건물을 등기한 때에는 제3자에 대하여 임대차의 효력이 생긴다고 규정하고 있기 때문에 만약 귀하가 이 사건 토지가 매매되기 전에 건물 3동에 대한 보존등기를 하였더라면 비록 토지에 대해 임차권등기를 하지 않았더라도 대항력이 있어 토지임대차기간동안 즉, 토지에 도로가 개설될 때까지 甲에게 토지를 인도해주지 않아도 될 것입니다.

---

7) 대법원 1994. 11. 22. 94다5458 판결
8) 대법원 1996. 7. 12. 94다37646 판결

그런데 귀하는 건물에 대한 보존등기도 하지 않았기 때문에 乙에게 대항력을 주장할 수 없다고 할 것이고, 따라서 증·개축비 5,000만원에 대한 반환청구권, 건물에 대한 지상물매수청구권도 乙에게 행사할 수 없다고 하겠습니다. 물론 丙의 임차보증금도 귀하가 반환할 책임을 부담하여야 할 것입니다.

다만, 甲이 도로가 개설되기도 전에 아무런 이유 없이 일방적으로 임대차계약을 해지하였기 때문에 이는 임대차계약의 채무불이행에 해당한다고 할 것이고, 따라서 귀하는 甲에게 그로 인한 손해배상을 청구할 수 있을 것으로 보입니다. 그러므로 토지의 임차인인 경우에는 반드시 임대차의 등기를 해야만(지상물을 등기하는 경우에도 토지임차권의 대항력 발생) 그 임차권이 보호받을 수 있음을 유념하시기 바랍니다.

Q 甲은 乙의 토지를 임차하여 건물을 신축하고 소유권보존등기를 한 후 丙에게 금전을 차용하고 그 건물에 근저당권을 설정해주었는데, 丙은 위 건물의 임의경매를 신청하여 丁에게 매각되었으며 월차임도 수회 체불된 상태인데, 이러한 경우 매수인 丁이 임대인 乙에게 임대차계약상의 지위를 주장할 수 있는지요?

A 「민법」 제662조 제1항에서 건물소유를 목적으로 한 토지임대차는 이를 등기하지 아니한 경우에도 임차인이 그 지상건물을 등기한 때에는 제3자에 대하여 임대차의 효력이 생긴다고 규정하고 있습니다.

그런데 건물등기 있는 토지임차권의 대항력을 규정한 위 규정의 취지에 관한 판례를 보면, 「민법」 제622조 제1항은 건물소유를 목적으로 한 토지임대차는 이를 등기하지 아니한 경우에도 임차인이 그 지상건물을 등기한 때에는 토지에 관하여 권리를 취득한 제3자에 대하여 임대차의 효력을 주장할 수 있음을 규정한 것에 불과할 뿐, 임차인으로부터 건물소유권과 함께 건물소유를 목적으로 한 토지임차권을 취득한 사람이 토지임대인에 대한 관계에서 임차권양도에 관한 그의 동의가 없어도 임차권취득을 대항할 수 있다는 것까지 규정한 것은 아니라고 하였습니다[9].

또한, 건물소유를 목적으로 하여 토지를 임차한 사람이 그 토지위에 소유하는 건물에 저당권을 설정한 때에는 「민법」 제358조 본문에 따라서 저당권의 효력이 건물뿐만 아니라 건물소유를 목적으로 한 토지임차권에도 미친다고 보아야 할 것이므로, 건물에 대한 저당권이 실행되어 경락인이 건물소유권을 취득한 때에는 특별한 다른 사정이 없는 한 건물소유를 목적으로 한 토지임차권도 건물소유권과 함께 경락인에게 이전되나, 이 경우에도 「민법」 제629조가 적용되기 때문에 토지임대인에 대한 관계에서는 그의 동의가 없는 한 경락인은 그 임차권취득을 대항할 수 없다고 할 것인바, 「민법」 제622조 제1항은 건물의 소유를 목적으로 한 토지임대차는 이를 등기하지 아니한 경우에도 임차인이 그 지상건물을 등기한 때에는 토지에 관하여 권리를 취득한 제3자에 대하여 임대차의 효력을 주장할 수 있음을 규정한 취지임에 불과할 뿐, 건물소유권과 함께 건물소유를 목적으로 한 토지임차권을 취득한 사람이 토지임대인에 대한 관계에서 그의 동의가 없어도 임차권 취득을 대항할 수 있는 것까지 규정한 것이라고는 볼 수 없다고 하였으며, 임차인변경이 당사자의 개인적인 신뢰를 기초로 하는 계속적 법률관계인 임대차를 더 이상 지속시키기 어려울 정도로 당사자 사이의 신뢰관계를 파괴하는 임대인에 대한 배신행위가 아니라고 인정되는 특별한 사정이 있는 때에는 임대인은 자신의 동의 없이 임차권이 이전되었다는 것만을 이유로 「민법」 제629조 제2항에 따라서 임대차계약을 해지할 수 없고, 그러한 특별한 사정이 있는 때에 한하여 경락인은 임대인의 동의가 없더라도 임차권이전을 임대인에게 대항할 수 있다고 봄이 상당한바, 위와 같은 특별한 사정이 있는 점은 경락인이 주장·입증하여야 한다고 하였습니다[10].

따라서 위 사안에서도 경매절차매수인 丁은 토지임대인 乙에 대하여 임차인변경이 당사자의 개인적인 신뢰를 기초로 하는 계속적 법률관계인 임대차를 더 이상 지속시키기 어려울 정도로 당사자 사이의 신뢰관계를 파괴하는 임대인에 대한 배신행위가 아니라고 인정되는 특별한 사정이 있음을 주장·입증하지 못하는 한 乙의 동의를 얻지 못하면 乙이 「민법」 제692조 제2항에 의하여 위 임대차계약을 해지하고 건물철거 및 토지인도청구를 한다면 그에 응할 수밖에 없을 듯하며, 토지임차인의 차임연체 등 채무불이행을 이유로 임대차계약이 해지되는 경우 토지임차인으로서는 토지임대인에 대하여 지상건물매수를 청구할 수 없다고 하였음에 비추어[11], 위 건물의 매수청구를 할 수도 없을 것으로 보입니다.

3. 비용상환청구권

가. 개설

임차인이 임차목적물에 대하여 보존·수선·개량 등을 위한 비용을 지출한 경우 임차인의 그에 대한 청구권을 갖고 임대인은 그 상환의무가 있다. 이러한 임차인의 비용상환청구권의 법적 성질은 부당이득반환청구권으로, 임의규정에 해당하는 바 이에 대한 사전포기 등은 유효하다[12]. 또한 비용상환청구권은 임차목적물에 관하여 생긴 채권이므로 임차인은 유치권을 행사할 수 있다.

---

9) 대법원 1996. 2. 27. 선고 95다29345 판결
10) 대법원 1993. 4. 13. 선고 92다24950 판결
11) 대법원 2003. 4. 22. 선고 2003다7685 판결
12) 대법원 1996. 8. 20. 94다44705, 44712 판결

나. 필요비 상환청구권

임차물의 수선비 등과 같이 그 보존을 위하여 필요비를 지출하였을 경우 임차인은 즉시 상환을 청구할 수 있다.

다. 유익비 상환청구권

유익비란 목적물의 보전을 위하여 반드시 필요한 비용은 아니지만 목적물의 객관적인 가치를 증가, 즉 개량하기 위하여 지출한 비용을 말한다.

1) 유익비가 되기 위한 요건
목적물에 부합하여 독립성을 상실한 것(부속물과의 차이)이어야 하고, 목적물의 개량, 즉 목적물의 객관적 가치가 증대하여야 하며, 개량의 판단기준은 임차인의 주관적인 취미나 영업목적이 기준이 아니라 임대목적물의 객관적 용도와 사정에 따라 판단한다는 것이 판례의 태도(본래 사무실 건물에 음식점용 유익비 투입은 유익비가 아니다)이다. 이와 같은 기준은 부속물도 마찬가지이다.

2) 임대인의 동의가 없거나 임대인의 의사에 반하여 유익비가 지출된 경우에도 비용상환을 청구할 수 있다.

3) 임대차 종료 시 가액의 증가가 현존해야 한다. 지출금액 또는 그 증가액 중 선택하여 행사할 수 있다(선택채권).

4) 유익비 청구는 임대차 종료 시에 행사가능 하며, 법원은 임대인을 위하여 임대인의 청구에 따라 유익비의 상환에 상응하는 기간을 허용 가능하다(이때는 유치권 상실).

라. 비용상환청구권의 행사기간

1) 임차인은 유치권행사가 가능하다(단, 임차 종료 후 불법점유 중 투입한 비용은 상환청구는 가능하나 유치권 행사는 불가능).

2) 비용상환청구권에 관한 규정은 임의규정이므로 특약으로 배제가 가능하다(주로 원상복구특약). 이점이 강행규정인 부속물매수권과 다르다.

3) 임차인이 유치권을 포기하고 임차인에게 임대목적물을 반환한 후에는 6개월 내에 비용상환청구권을 행사하여야 한다.

4. 건물 기타 공작물 임차인의 부속물매수청구권

가. 의의

임차인의 부속물매수청구권은 건물 기타 공작물의 임차인이 그 사용의 편익을 위하여 임대인의 동의를 얻어 이에 부속시킨 물건이 있거나 임대인으로부터 매수한 부속물이 있는 때 임차인은 임대차 종료 시 임대인에 대하여 그 매수를 청구할 수 있는 권리이다. 임차인의 부속물매수청구권은 비용상환청구권 등과 더불어 임차인의 투하자본 회수의 수단이다.

나. 요건

1) 건물 기타 공작물의 임차인일 것

이와 대비하여 토지 임차인에게는 갱신청구권, 지상물매수청구권이 인정된다.

2) 임대차가 종료되었을 것

종료원인은 묻지 않는 것이 통설의 태도이나, 판례는 임차인의 채무불이행에 기해 임대차가 해지된 경우 임차인은 부속물매수청구권을 행사할 수 없다고 판시하고 있다. 형성권이므로 곧 바로 부속물에 대한 매매계약이 체결된 것으로 본다.

3) 부속물일 것

부속물이란 건물 기타 공작물에 부가되어 건물의 객관적인 이용가치를 증가시켜야 하는 임차인 소유의 물건이다. 또한 건물의 구성부분이 되지 않는 것으로 건물의 사용에 객관적인 편익을 제공하여야 하는 것으로, 독립성이 인정되는 것이어야 한다. 즉, 민법

제256조 단서에 기해서 부합이 되지 않은 것이어야 하는 것으로(부합이 되면 유익비), 판례는 부속물의 범위를 넓힌다(유리문, 샷시 등도 유익비가 아닌 부속물로 평가). 그 취지는 부속물매수청구권은 강행규정이지만 유익비청구권은 임의규정이므로 당사자의 원상회복특약이 있는 경우에 임차인을 보호하기 위한 것이다.

4) 임대인의 동의를 얻었거나 임대인으로부터 매수한 것일 것

다. 효과

부속물매수청구권은 형성권이므로, 임차인의 단독의 의사표시로 그 효력이 발생한다. 그 행사방법에는 아무런 제한이 없다. 임차인의 권리행사로서 임대인과 임차인 사이에 부속물에 대한 매매계약이 성립하게 되는데, 이 때 부속물의 가격은 부속물매수청구권 행사 시의 시가에 의하여 정하여 진다.

또한 임차인의 부속물매수청구권은 유익비청구권과는 달리 편면적 강행규정이므로 임차인에게 불리한 것은 그 효력이 없다. 일시사용을 위한 임대차에는 임차인의 부속물매수청구권 규정은 적용되지 않는다.

건물 기타 공작물의 임차인이 적법하게 전대한 경우 전차인이 그 사용의 편익을 위하여 임대인의 동의를 얻어 이에 부속한 물건이 있는 때에는 전대차의 종료 시에 임대인에 대하여 그 부속물의 매수를 청구할 수 있다. 임대인으로부터 매수하였거나 그 동의를 얻어 임차인으로부터 매수한 부속물에 대하여도 같다.

5. 토지임차인의 지상물매수청구권

가. 의의

토지임대차 기간이 만료한 후 지상물이 현존하는 때에는 토지임차인은 임대인에게 계약갱신을 청구할 수 있고, 이를 거절 당하였을 때에는 지상물의 매수를 청구할 수 있다.

1) 지상권 규정 준용 : 갱신청구권과 한 세트

임차인의 채무불이행으로 임대차가 해지된 경우에는 갱신청구의 가능성이 없으므로 지상물매수청구도 불가능하다는 것이 판례의 태도이며, 이것은 학설도 지지한다. 기간의 약정이 없는 토지 임대차에서 임대인이 해지한 경우에는 임대인이 계약갱신을 거절한 것이라고 볼 수 있으므로 갱신청구없이 곧바로 지상물매수청구권을 행사할 수 있다는 것이 판례이다. 토지 임차인이 지상물인 건물의 매수청구권을 행사할 수 있었음에도 불구하고 이를 행사하지 아니하여 토지임대인이 임차인에게 제기한 토지인도 및 건물철거청구 소송에서 패소한 후라 할지라도 그 확정판결에 기하여 아직 건물철거가 집행되지 않는 경우라면 토지임차인은 그 후에도 건물매수청구권을 행사하여 건물에 대한 매매대금의 지급을 청구할 수 있다는 것이 판례이다.

2) 법적성질로 갱신청구권은 청구권, 지상물매수청구권은 형성권이다(따라서 매매계약이 성립하게 된다).

3) 임대인의 동의를 얻어서 신축한 것이 아니라도 매수청구권의 대상이 된다.

단, 임대목적에 반하고 임대인이 예상할 수 없을 정도의 고가의 것이라면 불가능하다. 민법 제643조, 제283조에 규정된 임차인의 지상물매수청구권은, 건물의 소유를 목적으로 한 토지 임대차의 기간이 만료되어 그 지상에 건물이 현존하고 임대인이 계약의 갱신을 원하지 아니하는 경우에 임차인에게 부여된 권리로서 그 지상 건물이 객관적으로 경제적 가치가 있는지 여부나 임대인에게 소용이 있는지 여부가 그 행사요건이라고 볼 수 없다(부속물매수청구권이나 유익비와는 차이가 있다).[13]

나. 지상물매수청구권의 상대방

원칙적으로는 임차권 소멸 당시의 임대인이 상대방이다. 다만, 건물의 소유를 목적으로 한 토지임차인의 건물매수청구권 행사의 상대방은 통상의 경우 기간의 만료로 인한 임차권 소멸당시의 토지소유자인 임대인일 것이지만 임차권 소멸 후 임대인이 그 토지를 제3차에게 양도하는 등으로 그 소유권이 이전되었을 때에는 제3자에 대하여 대항할 수 있는 임차권을 가지고 있던 토지임차인은 그 신소유자에 대하여도 위 매수 청구권을 행사할 수 있다고 봄이 상당하다 할 것이다.[14]

---

13) 대법원 2002. 5. 31. 2001다42080 판결

건물의 소유를 목적으로 하는 토지 임차인의 건물매수청구권 행사의 상대방은 원칙적으로 임차권 소멸 당시의 토지소유자인 임대인이고, 임대인이 임차권 소멸 당시에 이미 토지소유권을 상실한 경우에는 그에게 지상건물의 매수청구권을 행사할 수는 없으며, 이는 임대인이 임대차계약의 종료 전에 토지를 임의로 처분하였다하여 달라지는 것은 아니다.[15]

다. 행사요건

1) 건물 기타 공작물의 소유를 목적으로 하는 토지임대차일 것

2) 임대차기간이 만료되었을 것

임차인의 차임연체 등 채무불이행으로 인한 해지시 지상물의 매수를 청구할 수 없고, 임대인의 해지통고시에는 계약갱신의 청구없이 곧바로 지상물의 매수를 청구할 수 있다.

3) 지상시설의 현존할 것

건물 소유를 목적으로 하는 토지임대차에 있어서 임차인 소유 건물이 임대인이 임대한 토지 외에 임차인 또는 제3자 소유의 토지 위에 걸쳐서 건립되어 있는 경우에는, 임차지 상에 서있는 건물 부분 중 구분소유의 객체가 될 수 있는 부분에 한하여 임차인에게 매수청구가 허용된다(1996.3.21. 93다42634 전합. 위 판례에 따르면 걸쳐서 건립되어 있는 경우에는 매수청구권의 행사가 거의 불가능하게 된다).

4) 임대인이 임차인의 갱신청구를 거절하였을 것

---

14) 대법원 1977. 4. 26. 75다348 판결
15) 대법원 1994. 7. 29. 93다59717, 59724 판결

라. 효과

1) 매매계약의 성립
지상물매수청구권은 형성권이므로, 임차인의 지상물매수청구권 행사 시 지상물의 청구 당시의 시가 상당액으로 매매계약이 성립한다.

2) 동시이행의 항변권
임차인의 건물(지상물)명도와 그 소유권이전등기의무는 토지임대인의 건물대금지급의무와 동시이행관계에 있다는 것이 판례의 태도(매매이므로 당연)이다.

3) 유치권 인정여부
지상물매매대금채권은 토지에 관하여 생긴 채권이 아니므로 토지에 대하여 유치권을 행사할 수 없다.

4) 포기특약의 유효여부
임차인의 지상물매수청구권의 규정은 편면적 강행규정이며, 이에 위반하는 것으로 지상물매수청구권 포기 등 임차인에게 불리한 약정은 무효이다. 그러나 임대차계약의 조건이나 계약이 체결된 경위 등 제반 사정을 종합적으로 고려하여 실질적으로 임차인에게 불리하다고 볼 수 없는 특별한 사정이 인정된다면 토지의 임차인이 임대차가 종료하기 전에 임대인과 간에 건물 기타 지상시설 일체를 포기하기로 약정을 하였다고 하더라도 무효라고 볼 수 없다는 것이 확립된 판례이다.[16]

5) 지상물 부지가 복수이고 그 소유자 또한 다른 경우 인정 여부
이에 대하여 대법원 전원합의체 판결에서는 "무릇 건물 소유를 목적으로 하는 토지임대차에 있어서 임차인 소유 건물이 임대인이 임대한 토지 외에 임차인 또는 제3자 소유의 토지 위에 걸쳐서 건립되어 있는 경우에는, 임차지 상에 서 있는 건물 부분 중 구분소유의 객체가 될 수 있는 부분에 한하여 임차인에게 매수청구가 허용된다"라고 판시한 바 있다[17].

---

16) 대법원 2002. 5. 31. 2001다42080 판결 등
17) 대법원 1996. 3. 21. 선고 93다42643

Q 저는 甲이 건물소유를 목적으로 乙소유 토지를 임차하여 신축한 미등기건물을 위 임차권을 포함하여 甲으로부터 매수하였습니다. 그런데 乙은 자기의 동의 없이 위 토지임차권을 무단양도 하였다는 이유로 甲에게 계약해지를 통고하였으므로 甲과 저는 乙에게 사정하여 3년 후에는 위 건물을 철거하겠다는 조건으로 乙과 제가 임대차계약을 체결하였습니다. 그런데 민법상 건물매 수청구권에 관한 임차인에게 불리한 약정은 효력이 없다고 하는바, 3년이 만료된 후 제가 위 건물의 매수청구를 할 수 없는지요?

A 「민법」제652조에서 건물소유를 목적으로 한 토지임차인의 건물매수청구권에 관한 같은 법 제643조의 규정에 위반한 약정으로 임차인이나 전차인에게 불리한 것은 효력이 없다고 규정하고 있으며, 같은 법 제629조에서는 임차인은 임대인의 동의 없이 그 권리를 양도하거나 임차물을 전대하지 못하며 임차인이 이를 위반한 때에는 임대인은 계약을 해지할 수 있다고 규정하고 있습니다.

그런데 임차인의 매수청구권에 관한 「민법」제643조를 위반하는 약정으로서 임차인 등에게 불리한 것인지에 관한 판단기준에 관한 판례를 보면, 임차인의 매수청구권에 관한 「민법」제643조는 강행규정이므로 이를 위반하는 약정으로서 임차인이나 전차인에게 불리한 것은 효력이 없는데, 임차인 등에게 불리한 약정인지는 우선 당해계약의 조건자체에 의하여 가려져야 하지만, 계약체결경위와 제반사정 등을 종합적으로 고려하여 실질적으로 임차인 등에게 불리하다고 볼 수 없는 특별한 사정을 인정할 수 있을 때에는 강행규정에 저촉되지 않는 것으로 보아야 한다고 하였습니다[18]. 그리고 무단양도 등으로 토지를 점유할 권원이 없어 건물을 철거하여야 할 처지에 있는 건물소유자에게 토지소유자가 은혜적으로 명목상 차임만을 받고 토지의 사용을 일시적으로 허용하는 취지에서 토지임대차계약이 체결된 경우라면, 임대인의 요구시 언제든지 건물을 철거하고 토지를 인도한다는 특약이 임차인에게 불리한 약정에 해당되지 않는다고 하였습니다[19].

따라서 위 사안의 경우 귀하도 乙에 대하여 위 주택의 매수청구권을 행사하기 어렵다고 할 것입니다.

참고로 임차인의 매수청구권포기약정에 관한 사례를 보면, 건물이 경제적 가치가 별로 없었던 것으로서 건물의 전소유자의 조건 없는 철거약정이 있었고, 또한 건물소유자가 법정지상권이 없으면 건물을 철거할 수밖에 없는 처지에서 대지에 법정지상권이 없으면 건물을 철거하기로 약정하고 대지를 임차하였다면 그와 같은 철거약정은 대지임차인에게 일방적으로 불리한 약정이라고 볼 수 없으므로 대지소유자에 대하여 「민법」제643조에서 정한 건물매수청구권을 행사할 수 없다고 한 사례도 있습니다[20].

---

18) 대법원 2011. 5. 26. 선고 2011다1231 판결
19) 대법원 1997. 4. 8. 선고 96다45443 판결, 2002. 5. 31. 선고 2001다42080 판결
20) 대법원 1993. 12. 28. 선고 93다26687 판결

Q 저는 7년 전 甲소유 토지를 기간을 정하지 않고 임차하여 甲의 승낙을 받아 집을 짓고 등기 한 후 살고 있었는데, 7개월 전 甲이 위 토지를 매도하겠다는 이유로 해지통고서를 보내오더니, 최근에는 토지소유명의가 乙에게 이전되었고, 乙은 저에게 위 집의 철거와 토지의 인도를 청구하고 있습니다. 이 경우에도 위 집의 매수청구권을 행사할 수 있는지, 만일 청구가 가능하다면 누구에게 매수청구를 하여야 하는지요?

A 「민법」 제643조에서 같은 법 제283조를 준용하여 토지임차인의 건물매수청구권에 관하여 규정하고 있으며, 같은 법 제652조에서는 위 규정에 위반한 약정으로서 임차인에게 불리한 것은 그 효력이 없다고 규정하고 있습니다. 또한, 같은 법 제622조 제1항에서 건물소유를 목적으로 한 토지임대차는 이를 등기하지 아니한 경우에도 임차인이 그 지상건물을 등기한 때에는 제3자에 대하여 임대차의 효력이 생긴다고 규정하고 있습니다.

그러나 위 사안에서는 현재 토지의 소유자가 임대인 甲으로부터 乙로 변경되었고, 귀하의 임차권은 甲의 해지통고 후 6개월이 지난 때에 이미 소멸되었다고 할 것이므로, 이러한 경우에도 위 규정에 의한 매수청구권을 행사할 수 있는지 문제됩니다. 이에 관하여 판례를 보면, 건물소유를 목적으로 한 토지임차인의 건물매수청구권행사의 상대방은 통상의 경우 기간의 만료로 인한 임차권소멸 당시의 토지소유자인 임대인일 것이지만, 임차권소멸 후 임대인이 그 토지를 제3자에게 양도하는 등으로 그 소유권이 이전되었을 때에는 제3자에 대하여 대항할 수 있는 토지임차권을 가지고 있던 토지임차인은 그 신소유자에게 대하여도 위 매수청구권을 행사할 수 있다고 봄이 상당하다고 하였습니다[21].

따라서 귀하는 현재의 소유자인 乙의 건물철거 및 토지인도청구에 대응하여 위 건물의 매수를 乙에게 청구하여야 할 것으로 보입니다.

그리고 판례를 보면, 건물소유를 목적으로 하는 토지임차인의 건물매수청구권행사의 상대방은 원칙적으로 임차권소멸 당시의 토지소유자인 임대인이고, 임대인이 임차권소멸 당시에 이미 토지소유권을 상실한 경우에는 그에게 지상건물의 매수청구권을 행사할 수는 없으며, 이는 임대인이 임대차계약의 종료 전에 토지를 임의로 처분하였다하여 달라지는 것은 아니라고 하였으므로[22], 위 사안에서 이미 소유권을 상실한 甲에 대해서는 위 건물의 매수청구를 할 수 없을 것으로 보입니다.

---

21) 대법원 1977. 4. 26. 선고 75다348 판결, 1996. 6. 14. 선고 96다14517 판결
22) 대법원 1994. 7. 29. 선고 93다59717, 59724 판결

Q 저는 주택소유를 목적으로 甲의 토지를 임차하고, 약 1,000만원을 들여 신축한 주택을 등기한 뒤, 매년 쌀 두 가마를 임료로 지급하여 왔으나, 甲은 임대차계약기간이 종료하자 저를 상대로 건물철거 및 토지인도청구소송을 제기하였습니다. 저는 甲의 청구를 받아들일 수밖에 없는지요?

A 위와 같이 건물 기타 공작물의 소유를 목적으로 한 토지임대차가 기간의 만료로 종료된 경우, 건물 등 지상시설이 현존하는 때에는 계약의 갱신을 청구할 수 있고, 임대인이 계약의 갱신을 원하지 아니하면 임차인은 상당한 가액으로 건물 등의 매수를 청구할 수 있으며(민법 제643조, 제283조), 이에 위반한 약정으로서 임차인이나 전차인에게 불리한 것은 그 효력이 없습니다(민법 제652조). 또한, 토지임차인의 지상물매수청구권은 기간의 정함이 없는 임대차에 있어서 임대인에 의한 해지통고에 의하여 그 임차권이 소멸된 경우에도 마찬가지로 인정됩니다[23]. 그리고 토지임대인과 임차인 사이에 임대차기간 만료시에 임차인이 지상건물을 양도하거나 이를 철거하기로 하는 약정은 특별한 사정이 없는 한, 「민법」 제643조에서 정한 임차인의 지상물매수청구권을 배제하기로 하는 약정으로서 임차인에게 불리한 것이므로 「민법」 제652조의 규정에 의하여 무효라고 보아야 하며, 토지임차인의 매수청구권행사로 지상건물에 대하여 시가에 의한 매매유사의 법률관계가 성립된 경우에는 임차인의 건물명도 및 그 소유권이전등기의무와 토지임대인의 건물대금지급의무는 서로 대가관계(동시이행의 관계)에 있는 채무가 됩니다[24].

그러므로 甲이 계약의 갱신을 원하지 않는다면 귀하는 甲에게 매수청구를 할 수 있다고 할 것입니다.

그러나 공작물의 소유 등을 목적으로 하는 토지임대차에 있어서 임차인의 채무불이행을 이유로 계약이 해지된 경우에는 임차인은 임대인에 대하여 「민법」 제283조, 제643조에 의한 매수청구권을 가지지 아니하므로[25], 토지임대차에 있어서 토지임차인의 차임연체 등 채무불이행을 이유로 그 임대차계약이 해지되는 경우에는 토지임차인으로서 토지임대인에 대하여 그 지상건물의 매수를 청구할 수 없으며[26], 주택이 멸실(滅失)한 때에도 매수청구권을 주장하지 못할 것으로 보입니다.

참고로 임차인의 매수청구권에 관한 「민법」 제643조를 위반하는 약정으로서 임차인 등에게 불리한 것인지에 관한 판단기준에 관한 판례를 보면, 임차인의 매수청구권에 관한 「민법」 제643조는 강행규정이므로 이를 위반하는 약정으로서 임차인이나 전차인에게 불리한 것은 효력이 없는데, 임차인 등에게 불리한 약정인지는 우선 당해계약의 조건자체에 의하여 가려져야 하지만, 계약체결 경위와 제반사정 등을 종합적으로 고려하여 실질적으로 임차인 등에게 불리하다고 볼 수 없는 특별한 사정을 인정할 수 있을 때에는 강행규정에 저촉되지 않는 것으로 보아야 한다고 하면서, 甲지방자치단체와 임차인 乙이 대부계약(실질은 식목을 목적으로 하는 토지임대차)을 체결하면서 한 지상물매수청구권 포기약정이 乙에게 불리한 것인지 문제된 사안에서, 대부계약의 경우 대부료는 엄격히 법이 정한대로 징수하게 할 뿐 아니라 대부료가 저렴한 경우가 일반적인 점, 공유재산은 언제든지 행정목적이 변경됨에 따라 다른 용도로 사용될 수 있기 때문에 대부계약에서는 공용·공공용 또는 공익사업에 필요할 때 언제든지 대부계약을 해지할 수 있다는 조항을 두는 것이 통상적이고 대부계약의 해제 및 원상회복의무와 「민법」 제203조 또는 제626조의 적용배제에 관한 약정도 그러한 취지에서 포함된 것으로 보이는 점, 수목의 경우 지상건물과 달리 이식으로 인한 가치저하가 적고, 乙은 이를 이식해 당초 자신의 사업대로 활용할 수 있으나 甲지방자치단체는 활용하기 어려운 점 등을 종합해보면 위 지상물매수청구권 포기약정이 전체적으로 보아 반드시 일방적으로 乙에게 불리한 것이었다고 단정할 수 없다고 한 사례가 있습니다[27].

Q 저는 10년 전 甲의 승낙을 받아 甲소유 토지위에 주택을 신축한 후 토지사용료로 매년 백미 3가마를 지급하면서 사용하였는데, 얼마 전 甲이 위 토지인도 및 건물철거소송을 제기하여 제가 패소하였습니다. 저는 그 당시 소송에서 위 건물의 매수청구를 하지 못하였는데, 지금이라도 매수청구를 할 수 있는지요?

A 「민법」 제643조에서 건물소유를 목적으로 한 토지임대차기간이 만료한 경우에 건물이 현존한 때에는 「민법」 제283조의 지상권자의 매수청구권에 관한 규정을 준용하도록 규정하고 있고, 「민법」 제652조는 위 규정에 위반하는 약정으로서 임차인에게 불리한 것은 그 효력이 없다고 규정하고 있습니다.

그러나 위 사안은 임차인이 임대인의 건물철거소송에 임하여 이를 행사하지 않은 경우로서 이와 관련하여 판례를 보면, 건물소유를 목적으로 하는 토지임대차에서 토지임차인의 지상물매수청구권은 기간의 정함이 없는 임대차에 있어서 임대인에 의한 해지통고에 의하여 그 임차권이 소멸한 경우에도, 임차인의 계약갱신청구의 유무에 불구하고 인정되고, 임대차가 종료함에 따라 토지의 임차인이 임대인에 대하여 건물매수청구권을 행사할 수 있음에도 불구하고 이를 행사하지 아니한 채, 토지의 임대인이 임차인에 대하여 제기한 토지인도 및 건물철거청구소송에서 패소하여 그 패소판결이 확정되었더라도, 그 확정판결에 의하여 건물철거가 집행되지 아니한 이상, 토지의 임차인으로서는 건물매수청구권을 행사하여 별소(別訴)로써 임대인에 대하여 건물매매대금의 지급을 청구할 수 있다고 하였습니다[28].

따라서 위 사안에서도 귀하는 건물의 매수청구권을 행사할 수 있을 것으로 보입니다.

---

23) 대법원 1995. 7. 11. 선고 94다34265 판결
24) 대법원 1998. 5. 8. 선고 98다2389 판결
25) 대법원 2003. 4. 22. 선고 2003다7685 판결
26) 대법원 1997. 4. 8. 선고 96다54249, 54256 판결
27) 대법원 2011. 5. 26. 선고 2011다1231 판결
28) 대법원 1995. 12. 26. 선고 95다42195 판결

Q 저는 甲에게 토지를 임대하였는데, 甲은 그 토지위에 건물을 건축하였고, 제가 임대차계약기간이 만료되어 그 건물의 철거와 토지의 인도를 청구하자 甲은 그 건물의 매수를 청구하고 있는데, 甲은 인접한 乙의 토지 15평을 임차하여 제 토지와 乙의 토지에 걸쳐 위 건물을 건축하였는바, 이 경우에도 제가 위 건물을 매수하여야 하는지요?

A 건물 기타 공작물의 소유를 목적으로 한 토지임대차가 기간의 만료로 종료된 경우, 건물 등 지상시설이 현존하는 때에는 계약의 갱신을 청구할 수 있고, 임대인이 계약의 갱신을 원하지 아니하면 임차인은 상당한 가액으로 건물 등의 매수를 청구할 수 있으며(민법 제643조, 제283조), 이에 위반한 약정으로서 임차인이나 전차인에게 불리한 것은 그 효력이 없습니다(민법 제652조).

그런데 위 사안과 같이 임차인소유의 건물이 임대인의 토지와 제3자의 토지위에 걸쳐 축조된 경우에도 임차인이 매수청구권을 행사할 수 있는지 문제됩니다.

이에 관한 판례를 보면, 매수청구권행사의 대상이 된 임차인소유의 건물이 임차 토지 외에 임차인 또는 제3자의 소유인 토지에 걸쳐 건립되어 있다면, 임차인으로서는 임차토지위에 있는 건물부분이 구분소유권의 객체이거나, 아니면 구분소유권의 객체임에 적합한 상태로 만든 후 비로소 매수청구를 할 수 있다고 봄이 상당하다고 하면서, 종전에 이와 견해를 달리하여 구분소유의 객체가 되지 아니하는 건물일부분을 매수청구권행사의 대상으로 허용하는 견해를 취한 판결[29]과 임차목적물의 범위를 벗어나 타인의 토지위에 존재하는 건물부분까지 매수청구권이 허용된다는 취지의 견해를 취한 판결[30]을 모두 변경하였습니다[31].

따라서 위 사안에서도 귀하는 甲의 위 건물 중 귀하의 토지위에 건립된 부분이 구분소유의 객체가 되지 않는다면 甲의 매수청구에 응하지 않아도 될 것으로 보입니다.

---

29) 대법원 1972. 5. 23. 선고 72다341 판결
30) 대법원 1991. 3. 27. 선고 90다카20537 판결
31) 대법원 1996. 3. 21. 선고 93다42634 전원합의체 판결, 1997. 4. 8. 선고 96다45443 판결

제4절 임차인의 의무

1. 차임지급의무

가. 차임의 내용

보증금은 임대차의 요소는 아니나, 차임은 임대차의 요소이다. 이러한 차임은 반드시 금전일 필요가 없고, 차임의 지급시기도 당사자가 자유롭게 정할 수 있으나 특약이 없으면 후급이 원칙이다. 수인의 임차인이 공동차주인 경우에는 연대채무로 부담함이 원칙이므로, 차임채무도 연대채무이다. 차임지급사실의 입증책임은 임대차계약이 성립하였다면 임대인에게 임대차계약에 기한 임료채권이 발생하였다 할 것이고, 이에 대하여 그 임료를 지급하였다는 입증책임은 임차인이 부담한다.[32]

나. 차임의 연체와 임대인의 해지

2기에 달하는 차임액을 연체한 경우 임대인은 계약을 해지할 수 있다(즉시 해지). 여기서 2기는 연속의 연체일 필요는 없다. 임대인이 해지 전에 최고할 필요도 없다. 이에 대한 규정은 편면적 강행규정이므로 임차인에게 불리한 약정은 효력이 없는 것으로, 따라서 일반적인 해제권과는 달리, 차임의 2회 이상의 연체가 있으면 해지의 의사표시 없이도 당연히 임대차가 종료된 것으로 하는 실권조항은 무효이다.

다. 차임 등 확보를 위한 임대인의 법정담보물권

민법상 임대차관련 규정에는 법정질권과 법정저당권이 인정된다. 법정질권이란 법률의 규정에 의하여 성립하는 질권이다. 당사자 간의 계약에 의하여 설정되는 보통의 질권과는 그 성립의 원인을 달리하나, 일단 성립한 후에는 성질이나 효력에 있어서 보통의 질권과 동일하다. 법정질권이 성립하기 위해서는 부동산임대인이 목적물을 압류하여야 한다. 압류에 의하여 채권자의 간접점유가 성립한다. 법정질권에 대하여는 동산질권에 관한 규정이 준용된다. 현행민법상의 법정질권은 토지임대인의 임대차에 관한 채권에 의하여 임차지에 부속 또는 그 사용의 편익에 공용한 임차인 소유의 동산 및 그 토지의

---

32) 대법원 2001. 8. 24. 2001다28176 판결

과실을 압류한 경우와 건물 기타 공작물의 임대인이 임대차에 관한 채권에 의하여 그 건물 기타 공작물에 부속한 임차인소유의 동산을 압류한 경우에 성립한다.

이와 비교하여 토지임대인의 일정범위의 차임채권을 보호하기 위하여 법률의 규정에 의해 당연히 성립되는 저당권을 말한다. 법정저당권이 성립되는 토지임대인의 채권은 변제기를 경과한 최후 2년의 차임채권에 한하며 법정저당권의 목적은 임대차의 목적이 된 토지 위에 있는 임차인소유의 건물이다. 법정저당권의 효력발생을 위해서는 토지임대인이 그 목적물인 건물을 압류하여야 하며, 법률의 규정에 의한 물권변동이므로 등기를 요하지 않는다. 특히 토지임대인은 변제기를 경과한 최후 2년의 차임채권에 관하여 그 지상에 있는 임차인소유의 건물로부터 우선변제를 받을 수 있다는 것이 주된 효력이다. 법정저당권과 그 건물 위에 존재하는 다른 저당권과의 순위는 일반원칙에 따라 그 성립시기, 즉 압류등기시의 선후에 의해 정하여진다. 부동산공사의 수급인은 보수에 관한 채권을 담보하기 위하여 그 부동산을 목적으로 한 저당권의 설정을 청구할 수 있는데, 이 경우의 저당권은 법률에 의해 당연히 성립하는 것은 아니므로 엄밀한 의미에서 법정저당권은 아니지만, 당사자의 합의로써 설정되는 것은 아니라는 점에서 보통의 저당권과 다르고 법정저당권과 같다.

구분	법정질권	법정저당권
적용대상	토지임대차, 건물, 공작물 모두	토지임대차
목적물	동산, 과실 압류 시	건물 압류시
피담보채권	채권 모두	변제기 경과 최후 2년의 차임채권
일시임대차	적용 ×	제한 없다
공통점	임대인을 위한 제도 공시방법 불요. 단 압류 필요 임차인 소유의 물건을 압류, 타인 물건 압류 시 선의취득 인정 ×	

라. 차임의 증감

1) 임차인의 차임감액청구

임차물의 일부가 임차인의 과실 없이 멸실 기타 사유로 인하여 사용 수익할 수 없게 된 때에는 임차인은 그 부분의 비율에 차임의 감액을 청구할 수 있다. 이 때 잔존부분만으로 목적달성 불가능하면 임차인은 해지할 수 있다. 이러한 감액청구권은 형성권이다.

2) 차임증감청구권(민 제628조)

가) 의의 및 인정이유

당사자 간 약정으로 차임이나 보증금액을 정한 후에 특별한 사정으로 그 증액 또는 감액이 필요한 경우, 이를 청구할 수 있는 권리이다. 이러한 차임증감청구권을 인정한 이유는 계약체결 이후 경제적인 사정이 급격하게 변동되어 차임 또는 보증금이 현재의 상황에 맞지 않는 경우 단지 임대차계약에서 차임 또는 보증금액을 약정하였다는 이유만으로 당사자들로 하여금 그 임대차기간 만료 시까지 이를 강제함은 심히 형평에 어긋난 부당한 결과를 초래할 수 있기 때문으로, 이는 사정변경 원칙의 명문화로 평가되는 것으로, 임차인과 임대인 모두에게 인정되는 권리이다.

나) 성질

상대방의 승낙을 기다릴 필요가 없이 행사자의 일방적인 의사표시가 상대방에 도달함으로써 그 효력이 발생하는 형성권으로, 재판 외에서도 행사할 수 있다. 따라서 청구권행사 시에 그 증감의 효과가 발생한다. 권리의 성질상 일시사용을 위한 임대차에서는 적용되지 않는다.

또한 편면적 강행규정이므로 임차인에게 불리한 약정은 효력이 없다. 따라서 차임을 일정기간 동안 감액하지 않겠다는 약정은 무효이나, 증액하지 않겠다는 약정은 임차인에게 유리하므로 유효하다. 단, 이것이 원칙이지만, 증액금지특약도 그 특약을 유지하는 것이 신의칙에 반한다고 인정될 정도의 현저한 사정변경이 있다고 보이는 경우에는 임대인에게 차임증액청구가 인정될 수 있다는 것이 판례이다.

다) 요건

(1) 임차물에 관한 공과부담의 감액 등 기타 경제사정의 변동이 있어야 한다.

(2) 종래의 차임이 청구당시에 상당하지 않아야 한다.

(3) 당사자 사이에 차임증액, 차임감액을 금지하는 특약이 없어야 한다.

라) 차임증감청구권의 기준

판례에 나타난 차임증감청구권의 기준을 보면, 이미 성립된 계약의 구속력에서 벗어나 그 내용을 바꾸는 결과를 가져오는 것인데다가, 보충적인 법리인 사정변경의 원칙, 공평의 원칙 내지 신의칙에 터잡은 것인 만큼 엄격한 요건 아래에서만 인정될 수 있으므로, 기본적으로 사정변경의 원칙의 요건인 계약 당시 그 기초가 되었던 사정이 현저히 변경되었을 것, 그 사정변경을 당사자들이 예견하지 않았고 예견할 수 없었을 것, 그 사정변경이 당사자들에게 책임 없는 사유로 발생하였을 것, 당초의 계약 내용에 당사자를 구속시키는 것이 신의칙상 현저히 부당할 것 등의 요건이 충족된 경우로서, 전세보증금의 시세의 증감정도가 상당한 수준에 달하고, 나머지 전세기간이 적어도 6개월 이상은 되어야 전세보증금의 증감청구권을 받아들일 정당성과 필요성이 인정될 수 있고, 증감의 정도도 시세의 등락을 그대로 반영할 것이 아니라 그 밖에 당사자들의 특수성, 계약의 법적 안정성 등의 요소를 고려하여 적절히 조정되어야 하는 것으로 판시하고 있다[33].

> **Q** 甲은 乙과 丙을 공동임차인으로 하여 주택을 보증금 500만원, 월세 50만원으로 정하여 임대하였습니다. 그런데 乙과 丙은 입주 후 3개월까지만 월세를 지급하였을 뿐 그 이후로는 전혀 월세를 지급하지 않고 있습니다. 임대차계약 당시 甲과 乙·丙간에 월세지급의 분담에 관하여는 전혀 언급된 바가 없으며, 乙은 현재 직장인으로서 임금을 받고 있으나, 丙은 무직이므로 이러한 경우 甲이 乙에게 연체된 월세 전액을 청구할 수 있는지요?
>
> **A** 사용대차의 경우 공동차주(共同借主)의 연대의무에 관하여 「민법」 제616조는 "수인이 공동하여 물건을 차용한 때에는 연대하여 그 의무를 부담한다."라고 규정하고 있고, 같은 법 제654는 위 「민법」 제616조를 임대차에도 준용한다고 규정하고 있습니다. 그러므로 공동임차인간에는 연대하여 그 의무를 부담한다 할 것입니다.

---

33) 서울동부지법 98가합19149

따라서 위 사안에 있어서 乙과 丙은 공동차주로서 연대하여 甲에 대하여 의무를 부담하게 될 것이므로, 甲은 乙·丙 모두에게 연대책임을 물어 연체된 월세 전액을 청구할 수 있을 것으로 보입니다.

참고로 임대차계약의 성립이 인정되는 경우, 임료지급에 대한 입증책임의 부담자에 관하여 판례는 "임대차계약이 성립하였다면 임대인에게 임대차계약에 기한 임료채권이 발생하였다 할 것이고, 임료를 지급하였다는 입증책임은 임차인이 부담한다."라고 하였습니다[34].

2. 임차물보관의무와 통지의무

임차인은 임대차 관계가 종료되어 임대인에게 임차목적물을 반환할 때까지 목적물을 선량한 관리자의 주의의무로 보관할 의무가 있다. 임차건물이 원인불명의 화재로 소실되어 임차물 반환채무가 이행불능이 된 경우 그 귀책사유에 관한 입증책임은 임차인이 부담한다(임차인이 그 책임을 면하려면 그 임차건물의 보존에 관하여 선량한 관리자의 주의의무를 다하였음을 입증하여야 한다는 의미. 채무불이행책임에 있어서의 일반원칙)[35].

임차인은 임차물의 수리가 필요하거나, 임차물에 대하여 권리를 주장하는 자가 있는 경우에 지체없이 이를 임대인에게 통지하여야 한다. 통지의무 위반 시에도 임대인은 임대차를 해지할 수 없다는 것이 통설이다.

Q 甲은 乙소유 다가구주택의 2층을 임차하여 거주하던 중 원인불명으로 화재가 발생하여 주택이 전부 소실되었는데, 乙은 오히려 甲에게 손해배상을 요구합니다. 이 경우 甲의 임차보증금은 반환받을 수 있는지요?

A 임대차관계가 종료되면 임차인은 목적물을 반환하고, 임대인은 그 보증금을 반환하여 줄 채무를 부담하게 됩니다.

그러나 화재 등으로 인하여 임차인의 임차물반환채무가 이행불능이 된 경우에 관하여 판례는 "임차인의 임차물반환채무가 이행불능이 된 경우 임차인이 그 이행불능으로 인한 손해배상책임을 면하려면 그 이행불능이 임차인의 귀책사유로 말미암은 것이 아님을 입증할 책임이 있으며, 임차건물이 화재로 소훼된 경우에 있어서 그 화재의 발생원인이 불명인 때에도 임차인이 그 책임을

---

34) 대법원 2001. 8. 24. 선고 2001다28176 판결
35) 대법원 2001. 1. 19. 2000다57351 판결

면하려면 그 임차건물의 보존에 관하여 선량한 관리자의 주의의무를 다하였음을 입증하여야 하는 것이므로[36], 임차인이 임차한 부분을 포함하여 다른 건물부분이 화재로 소훼된 이 사건에 있어서, 임차인이 임차물반환채무의 이행불능으로 인한 손해배상책임을 면하려면 그 임차건물의 보존에 관하여 선량한 관리자의 주의의무를 다하였음을 적극적으로 입증하여야 하고, 이 점을 입증하지 못하면 그 불이익은 궁극적으로 임차인이 져야 한다고 할 것인바, 이러한 이치는 화재가 임차인의 임차부분 내에서 발생하였는지의 여부 그 자체를 알 수 없는 경우라고 하여 달라지지 아니한다."라고 하였습니다[37].

따라서 위 사안에서도 다가구주택 중 귀하가 임차한 부분에서 발생한 화재로 임차물이 소실된 경우에 그 화재발생원인이 불명이라 할지라도, 귀하가 그 책임을 면하려면 그 임차건물의 보존에 관하여 선량한 관리자의 주의의무를 다하였음을 입증하여야 되는 것입니다.

그러므로 귀하는 임차물에 대해 선량한 관리자로서의 주의의무를 다하였음을 입증하지 못하면 甲에게 위 임차목적물을 반환하지 못하는 손해배상을 해주어야 할 책임이 있고, 甲은 임차목적물의 파손정도에 따른 손해배상금액을 임차보증금에서 공제 또는 상계 할 것이며, 임차주택이 전부 소실되었다면 甲에게 임차보증금반환청구를 할 수 없습니다.

참고로 판례는 "임차건물이 전기배선의 이상으로 인한 화재로 일부 소훼되어 임차인의 임차목적물 반환채무가 일부 이행불능이 되었으나 발화부위인 전기배선이 건물구조의 일부를 이루고 있어 임차인이 전기배선의 이상을 미리 알았거나 알 수 있었다고 보기 어렵고, 따라서 그 하자를 수리·유지할 책임은 임대인에게 있으므로 임차목적물반환채무의 이행불능은 임대인으로서의 의무를 다하지 못한 결과이고 임차인의 임차목적물의 보존에 관한 선량한 관리자의 주의의무를 다하지 아니한 결과가 아니므로 임차인은 그로 인한 손해배상책임이 없다."라고 한 바 있습니다[38].

그리고 임차인의 임차물반환의 이행불능의 범위에 관하여 판례는 "건물의 구조가 가운데 부분에 방 4개와 부엌 3개가 서로 인접하여 있고 그 둘레에 1층짜리 점포 4개가 각자 방 1개씩과 연결되어 있는 목조스레트지붕 1층 건물로서, 각 점포와 방 및 부엌이 구조상 독립하여 있는 것이 아니라 서로 벽을 통하여 인접하여 있어서 그 존립과 유지에 있어 불가분의 일체를 이루는 관계에 있는 경우, 그 중 한 점포 임차인의 과실로 그 건물 전체가 소실되었다면, 그 임차인은 화재로 인한 임차물반환의무의 이행불능으로 인한 손해배상으로서 자기가 임차한 점포뿐만 아니라 그 건물의 존립과 유지에 불가분의 일체의 관계에 있는 나머지 점포들이 소실되어 건물 소유주인 임대인이 입은 손해도 배상할 의무가 있다."라고 한 바 있습니다[39].

그러므로 위 사안의 경우에도 건물전체가 소실된 경우이므로 그 건물의 구조 등에 따라서는 귀하가 임차하지 않은 부분의 손해도 이행불능으로 인한 손해로서 귀하가 부담할 가능성도 있습니다.

---

36) 대법원 1999. 9. 21. 선고 99다36273 판결
37) 대법원 2001. 1. 19. 선고 2000다57351 판결
38) 대법원 2000. 7. 4. 선고 99다64384 판결
39) 대법원 1997. 12. 23. 선고 97다41509 판결

Q 저는 甲소유 건물을 임차보증금 2,000만원, 월세 20만원에 임차하고 임차기간 만료일에 임차물을 甲에게 반환하기로 하였습니다. 그런데 임차기간이 만료된 후 甲이 임차보증금을 지급제시 하였으나 제가 새로 이사갈 곳을 구하지 못하여 차일피일 반환을 미루던 중에 인근건물의 화재로 위 임차건물이 소실되었습니다. 위 임차건물의 시가가 1억원 상당인데, 저는 건물소유자 甲에 대하여 손해배상책임을 져야 하는지요?

A 위 사안은 이행지체 중 채무자에게 책임 없는 사유로 인해 이행불능(임차물의 반환불능)으로 된 경우의 채무자의 책임에 관한 문제입니다. 여기서는 두 가지가 문제되는데 첫째, 이행지체에 따른 손해배상(지연배상)의 문제이고, 둘째, 이행지체 중에 채무자에게 귀책사유 없이 이행불능으로 진전된 경우에 채무자가 그 이행불능에 따른 손해배상책임을 부담하는지 여부의 문제입니다.

임대차계약에 있어서 임차인은 임대차가 종료한 때에 목적물을 반환할 의무가 있습니다. 귀하는 임차건물반환기일을 경과함으로써 이행지체에 있던 중, 이웃건물의 화재로(즉, 귀하에게 책임 없는 사유로 인해) 임차물이 연소되어 이행불능이 된 것입니다. 그러나 이것은 귀하가 이행기일에 임차물을 甲에게 반환하였다 하더라도 역시 발생될 수 있는 손해이기 때문에 귀하는 건물의 소실에 대한 손해배상책임은 지지 않는다 하겠습니다(민법 제392조 단서).

다만, 위 화재가 귀하의 책임없는 사유로 인한 것이라는 입증책임과 귀하가 이행기에 위 임차물을 반환하였다고 하더라도 甲이 위와 같은 손해를 면할 수 없었다는 사유에 대한 입증책임은 귀하에게 있다 할 것입니다[40].

한편, 이행기일을 경과한 때부터 화재로 임차물이 소실되기까지 이행을 지체한 것에 대해서는 손해배상(지연배상)책임이 있고, 위와 같이 임차물반환의무불이행의 경우에 있어서 통상 발생될 수 있는 손해는 특별한 사정이 없는 한 임차물의 사용대가인 차임상당액으로 보아도 무방할 것이므로, 위 사안의 경우 甲이 귀하에게 청구할 수 있는 손해배상액은 월 20만원 상당이 될 것입니다.

---

[40] 대법원 1962. 5. 24. 선고 62다175 판결

3. 임차목적물 수선에 대한 인용의무

임대인이 임차물의 보존에 필요한 행위를 하는 때에는 임차인이 이를 거절하지 못한다. 단, 임대인이 임차인의 의사에 반하여 보존행위를 하는 경우에는 임차인이 이로 인하여 임차의 목적을 달성할 수 없는 때에는 계약을 해지할 수 있다(민 제625조).

4. 임차한 주택의 반환의무 및 원상회복 의무

임차인은 주택임대차가 종료한 때에는 임대인에게 그 주택을 반환해야 한다. 이 경우 임차주택을 원래의 상태로 회복하여 반환해야 된다(민법제615조 및 제654조).

한편, 임차인이 임차목적물을 수리하거나 변경한 때에는 원칙적으로 수리·변경 부분을 철거하여 임대 당시의 상태로 사용할 수 있도록 해야 하지만, 원상회복의무의 내용과 범위는 임대차계약의 체결 경위와 내용, 임대 당시 목적물의 상태, 임차인이 수리하거나 변경한 내용 등을 고려하여 구체적·개별적으로 정해야 한다.[41]

---

41) 대법원 2019. 8. 30. 선고 2017다268142 판결

제5절 임차권의 양도와 전대

1. 양도와 전대의 비교

가. 성 질

임차권양도는 채권양도로서 준물권행위이고(처분행위), 전대는 채권행위이다.

나. 임차인의 지위

적법한 양도의 경우에는 구임차인(임차권양도인)의 임차인 지위는 소멸한다. 전대의 경우는 임차인지위는 여전히 유지한다. 임대인의 동의가 없는 임차권양도에 있어서는 임차권 양도인이 여전히 임대인에 대해서는 임차인이다.

> *Q* 甲은 자기소유 주택을 乙에게 임대하였던 바, 乙은 甲의 승낙을 받아 그 주택 전부를 다시 丙에게 전대하였습니다. 그런데 丙의 과실로 인하여 그 주택 전부가 소실된 경우 甲·乙·丙간의 법률관계는 어떻게 되는지요?
>
> *A* 임대차계약에 의하여 타인의 물건을 임차하고 있는 자가 스스로 다시 임대인이 되어 그 물건을 제3자(轉借人)에게 사용·수익하게 하는 것을 전대차(轉貸借)라고 합니다. 「민법」 제629조는 "임차인은 임대인의 동의 없이 그 권리를 양도하거나 임차물을 전대하지 못한다."라고 규정하여 제한적으로 임차권의 양도와 전대차를 인정하고 있습니다.
>
> 위 사안처럼 임대인 甲의 승낙에 의한 전대차인 경우 乙과 丙간의 전대차관계는 유효합니다. 그러므로 전대인 乙과 전차인 丙 사이에서 전대차에 따른 권리의무관계가 임대차의 범위 내에서 당연히 발생합니다.
>
> 전차인 丙의 입장에서 보면 권리 면에서는 직접 乙에게만 미치고 甲에게는 미치지 못하는 반면, 의무 면에서는 甲과 乙의 양쪽에 부담하나 제1차적으로는 甲에게 직접 의무를 부담합니다. 즉, 같은 법 제630조는 "임차인이 임대인의 동의를 얻어 임차물을 전대한 때에는 전차인은 직접 임대인에 대하여 의무를 부담한다."라고 규정하고 있습니다. 이 의무는 목적물의 보관의무의 위반에 기한 손해배상의무, 임대차종료 시 목적물반환의무, 차임지급의무 등을 포함합니다.
>
> 따라서 사안과 같이 丙이 과실로 인하여 임차물이 소실되도록 하였다면, 甲은 丙에게 직접 채무불이행의 책임을 물을 수 있습니다.

한편, 전대차가 이루어졌더라도, 甲과 乙의 임대차계약관계에는 영향이 없으므로, 전대인 乙의 입장에서 보면 甲에 대한 각종 권리·의무가 그대로 유지됩니다. 따라서, 乙이 丙의 선임·감독에 있어서 과실이 있으면 甲은 乙에게 손해배상을 청구할 수도 있을 것입니다. 그리고 乙과 丙의 甲에 대한 손해배상의무는 일종의 부진정연대채무가 된다 하겠습니다.

Q 甲은 乙로부터 의류판매대리점의 영업을 양수하면서, 임대차계약서 양식이 아니라 매매계약서 양식을 이용하여 점포도 넘겨받기로 하는 계약을 체결하였으며, 임대인 丙의 동의까지 얻은 후 입점하여 영업을 하였습니다. 그런데 계약기간이 만료된 후 甲이 丙에게 임차보증금의 반환을 청구하였으나, 丙은 甲과 乙의 영업양도계약에 포함된 점포에 관한 계약이 전대차계약이므로 위 점포의 임차보증금을 乙에게는 반환할 수 있어도 甲에게는 반환할 수 없다고 합니다. 더욱이 乙은 소재불명인바, 이 경우 甲이 丙에게 직접 위 점포의 임차보증금을 청구할 수 없는지요?

A 임차인은 임대인의 동의 없이 그 권리를 양도하거나 임차물을 전대하지 못하지만(민법 제629조), 위 사안의 경우에는 임대인 丙의 동의를 얻었으므로 위 규정에 반하는 문제는 없습니다.

그런데 위 사안에서 甲과 乙의 위 영업양도계약에 포함된 점포에 관한 계약이 전대차계약이라면 甲으로서는 丙에게 직접 임차보증금반환청구를 할 수 없을 것이고, 그것이 임차권양도계약이라면 甲은 乙의 임차인으로서의 지위를 승계한 것이므로 丙에게 임차보증금반환청구를 할 수 있을 것입니다.

관련 판례를 살펴보면, "의류판매대리점영업을 하던 점포임차인이 그 영업을 양도하면서 점포도 넘겨주기로 한 계약이 영업양도계약에 부수하여 이루어졌고, 임대차계약서 양식이 아니라 매매계약서 양식을 이용하여 위 계약을 체결하였으며, 양수인과 임차인이 함께 임대인을 찾아가 영업양수인과 새로운 임대차계약을 체결하여 줄 것을 요구하였고, 어느 쪽의 경제적 이해관계를 따져보더라도 영업을 양도한 이후 위 점포에 관한 임차권의 권리관계에서 임차인의 지위를 유지시켜야 할 이익을 인정할 수 없다면, 양수인과 임차인 사이에서 위 점포를 넘겨주기로 한 계약은 전대차계약이 아니라 임차권의 양도계약이다."라고 하였습니다[42].

따라서 위 사안에서 甲은 乙로부터 점포임차권을 양도받았고, 丙도 그러한 임차권양도에 동의한 것으로 볼 수 있을 듯하며, 甲으로서는 丙에 대하여 직접 임차보증금반환청구를 할 수 있을 듯합니다.

---

42) 대법원 2001. 9. 28. 선고 2001다10960 판결

2. 적법한 임차권양도의 법률관계

가. 임차권의 이전

임대인의 동의가 있는 임차권양도로서, 임차권은 그 동일성을 유지하면서 양수인에게 확정적으로 이전하며, 양도인은 임대차 관계에서 벗어나게 된다. 다만 양도인의 연체 차임채무나 기타 손해배상채무 등은 별도의 특약이 없는 한 양수인에게 이전하지 않는다.

나. 임대차 보증금 반환 채권의 이전 여부

판례는 보증금 반환채권을 임차권과는 별도의 채권으로 보는 바, 임대인의 동의를 얻은 임차권의 양도가 있더라도 특약이 없는 한 보증금 반환채권이 당연히 임차권의 양수인에게 이전되는 것은 아니라고 본다.

3. 무단양도의 법률관계

가. 양도인과 양수인 사이의 법률관계

임대인의 동의를 받지 아니하고 임차권을 양도한 계약도 이를 임대인에게 대항할 수 없을 뿐(임대인에 대한 임차권 주장 불가), 임차인과 양수인 사이에는 채권적 효력이 있기에 유효하다. 이 경우 임차인은 양수인을 위해 임대인의 동의를 받아줄 의무가 있다.

나. 임대인과 임차인(양도인) 사이의 법률관계

임대차관계는 여전히 유지가 되는바, 임대인이 채무불이행 등을 사유로 해지 등을 하지 않는 한 임차인은 여전히 그 의무를 부담한다. 그러나 임대인은 임차인의 무단양도를 이유로 임대차 계약을 해지할 수 있다. 단, 임차인의 무단양도가 임대인에 대한 배신행위가 아니라고 인정되는 특별한 사유가 있는 때에는 임대인은 해지할 수 없다.

다. 임대인과 양수인 사이의 법률관계

양수인은 임대인에게 대항할 수 없으므로, 양수인의 점유는 불법점유가 된다. 그에 비해 임대인은 소유권에 기한 물권적 청구권으로서 양수인에게 목적물반환청구권을 행사할 수 있는데, 임대차계약을 해지하지 않는 한 직접 임대인에게 인도할 것을 양수인에게 청구하지 못하고 양도인인 임차인에게 반환할 것을 청구할 수 있을 뿐이다.

임차인과의 임대차를 해지하지 않는 한 임대인은 임차인에 대해 여전히 차임청구권을 가지므로, 양수인에게 불법점유를 이유로 한 차임상당 손해배상청구나 부당이득반환청구를 할 수 없다. 또한 임차인이 배신행위는 침탈이 아니므로 점유보호청구권을 행사할 수 없다.

Q 甲은 乙로부터 점포를 인수하는 계약을 체결하였는데, 乙은 그 점포를 丙으로부터 임차하면서 임차권을 양도하지 않기로 특약을 하였습니다. 그러므로 甲은 乙에게 임대인 丙으로부터 위와 같은 임차권양도에 대한 동의를 받아줄 것을 수차에 걸쳐 청구하였으나, 乙은 丙으로부터 그러한 동의를 얻어 주지 못하고 있습니다. 이러한 경우 甲이 임대인의 동의를 받아주지 못하였음을 이유로 위 점포의 양도양수계약을 해제할 수 있는지요?

A 「민법」 제629조는 "①임차인은 임대인의 동의 없이 그 권리를 양도하거나 임차물을 전대하지 못한다. ②임차인이 전항의 규정에 위반한 때에는 임대인은 계약을 해지할 수 있다."라고 규정하고 있습니다.

그러므로 임차권양도금지의 특약이 없는 경우에도 임차인이 임대인의 동의 없이 임차권을 양도한 경우에는 임대인이 계약을 해지하고 임차목적물의 반환을 청구할 수 있는 것이므로, 임차권 양도에 대한 임대인의 동의를 얻지 못하면 임차권을 양수한 양수인은 임차권양수의 목적을 달성하지 못하게 될 것입니다.

그런데 양도금지특약이 있는 임차권의 양도인이 임대인으로부터 양도동의를 받아주지 못한 경우 양도계약의 해제가 가능한지에 관하여 판례는 "법률의 규정에 의하여 임차권의 양도가 금지된 경우는 별론으로 하고, 임대차 당사자 사이의 약정에 의하여 임차권의 양도가 금지된 데 불과한 경우에는, 임차권 양수인이 임대인에 의한 양도동의가 불가능하다는 사정을 받아들이면서 임대인으로부터 임차인으로 인정받지 못한 채 단지 사실상으로만 임차인의 지위에 서있어도 무방하다는 의사로 임차권 양수계약을 체결하였다는 등의 특별한 사정이 인정되지 아니하는 한, 임차권의 양도인은 임대인으로부터 양도의 동의를 받아줄 의무를 면할 수 없고 이를 이행하지 못한 경우에는 민법의 담보책임의 규정에 따라 양수인이 계약을 해제하거나 손해배상의 청구를 할 수 있다고 보아야 하며, 양도계약에서 임대인의 동의를 받아주겠다는 약정을 명시적으로 하지 아니하였다고 해서 달리 볼 수 있는 것은 아니다."라고 하였습니다[43].

따라서 위 사안에서도 甲은, 乙이 丙으로부터 위 점포임차권을 양도함에 대한 동의를 받아 주지 못할 경우 위 점포의 양도·양수계약을 해제하고 원상회복을 청구할 수 있을 것으로 보입니다.

Q 甲은 乙에게 점포를 임대하면서 임차권을 제3자에게 양도할 수 없다는 특약을 하였습니다. 그런데 乙은 위 점포의 임차보증금반환청구채권을 그의 채권자 丙에게 양도하고 그 양도사실을 내용증명우편으로 甲에게 통지해왔습니다. 이 경우 위 점포의 임대차기간이 만료된 후 甲은 누구에게 임차보증금을 반환하여야 하는지요?

A 임차권의 양도의 제한에 관하여 「민법」 제629조는 "①임차인은 임대인의 동의 없이 그 권리를 양도하거나 임차물을 전대하지 못한다. ②임차인이 전항의 규정에 위반한 때에는 임대인은 계약을 해지할 수 있다."라고 규정하고 있습니다.

따라서 임차권양도금지의 특약이 없는 경우에도 임차인이 임대인의 동의 없이 임차권을 양도한 경우에는 임대인이 계약을 해지하고 임차목적물의 반환을 청구할 수 있는 것입니다.

그런데 임차권의 양도와 임차보증금반환청구채권의 양도는 구별되어야 할 것입니다. 즉, 임차권의 양도는 임차보증금반환청구채권만이 아니라 임차목적물의 사용·수익을 포함한 임차인으로서의 모든 권리를 양도하는 것이며, 임차보증금반환청구채권의 양도는 계약이 종료된 후 임차보증금의 반환을 청구할 수 있는 단순한 임차보증금반환청구채권만을 양도하는 것입니다.

그리고 임차권양도금지특약이 있는 경우 임차보증금반환채권의 양도까지 금지되는지에 관하여 판례는 "임차인과 임대인간의 약정에 의하여 임차권의 양도가 금지되어 있다 하더라도 그러한 사정만으로 임대차계약에 따른 임차보증금반환채권의 양도까지 금지되는 것은 아니므로, 乙(임차인 겸 양도인)이 丙(양수인)에게 임차목적물에 대한 임차권뿐만 아니라 임차보증금반환채권을 양도하고, 甲(임대인)에게 임차보증금반환채권이 丙에게 양도되었다는 통지를 한 이상, 그 후 甲과 乙간의 임대차계약이 종료되는 경우 丙으로서는 이 사건 임차보증금반환채권의 양수인으로서 甲이 乙과 丙간의 임차권양도에 동의하였는지의 여부에 상관없이 甲에 대하여 이 사건 임차보증금의 반환을 구할 수 있다."라고 하였습니다[44].

따라서 위 사안에서도 甲은 위 점포의 임대차계약이 종료된 후 丙에게 임차보증금을 반환하면 될 것으로 보입니다.

---

43) 대법원 2001. 7. 24. 선고 2001다16418 판결
44) 대법원 2001. 6. 12. 선고 2001다2624 판결

4. 적법한 전대차의 법률관계

가. 전대인과 전차인의 법률관계

일반 임대차와 동일하게 임대인과 임차인의 관계에 있다.

나. 임대인과 임차인(전대인)사이의 법률관계

임대차관계가 존속한다. 따라서 여전히 임차인은 임대인에게 의무를 부담하므로 임대인은 임차인(전대인)에게 차임의 청구, 해지권의 행사 등을 할 수 있다.

다. 임대인과 전차인 사이의 법률관계 : 편면적 의무규정

전차인은 임대인에 대해 직접 임차인으로서의 의무를 부담한다.[45] 단, 권리는 없다. 반대로 임대인은 직접 전차인에게 권리가 있고 의무는 없다. 즉 임대인은 전차인에게 직접 차임지급을 청구할 수 있기에, 임대인은 자신의 임차인과 전차인에게 선택적으로 차임지급을 청구할 수 있다. 이에 반하여 전차인은 전대인에 대한 차임지급으로 임대인에게 대항할 수 없다. 따라서 임차인에게 이미 차임을 지급하였더라도 임대인이 차임청구하면 임대인에게 다시 지급해야 한다.

또한 본래의 임차권이 소멸하면 전차권도 소멸하므로, 임대인과 임차인(전대인)은 합의해지할 수 없고, 임차인은 임차권을 포기할 수 없다.

전차인은 임대인에게 부속물매수청구권이나 지상물매수청구권을 행사할 수 있다. 이는 적법한 전차인에게만 인정되는 권리이고 상대방은 전대인이 아니라 임대인이다.

---

45) 임대차는 임대인이 그 목적물에 대한 소유권 기타 이를 임대할 권한이 있을 것을 성립요건으로 하고 있지 아니하므로, 임대차가 종료된 경우 임대목적물이 타인 소유라고 하더라도 그 타인이 목적물의 반환청구나 임료 내지 그 해당액의 지급을 요구하는 등 특별한 사정이 없는 한 임차인은 임대인에게 그 부동산을 명도하고 임대차 종료일까지의 연체차임을 지급할 의무가 있음은 물론, 임대차 종료일 이후부터 부동산 명도 완료일까지 그 부동산을 점유·사용함에 따른 차임 상당의 부당이득금을 반환할 의무도 있다고 할 것인바, 이와 같은 법리는 임차인이 임차물을 전대하였다가 임대차 및 전대차가 모두 종료된 경우의 전차인에 대하여도 특별한 사정이 없는 한 그대로 적용된다(2001.6.29. 2000다68290 판결).

Q 甲은 乙로부터 상가건물을 임차하였는데, 위 상가건물은 乙이 丙으로부터 임차하여 다시 甲에게 전대차한 것이었고, 乙과 丙의 임대차기간이 만료되었으며, 乙과 甲의 전대차기간도 만료되었습니다. 그런데 乙은 위와 같이 乙과 丙의 임대차기간이 만료된 후에도 甲에게 기간종료 후 명도시까지의 차임상당의 부당이득의 반환을 청구하고 있습니다. 이 경우 乙이 甲에게 위와 같은 차임상당을 청구할 수 있는지요?

A 임차인이 임차물을 전대하였다가 임대차 및 전대차가 모두 종료된 경우, 전차인이 전대인에 대하여 전대기간 종료일 이후의 차임상당의 부당이득금을 반환할 의무가 있는지에 관하여 판례는 "임대인이 임대차목적물에 대한 소유권 기타 이를 임대할 권한이 없다고 하더라도 임대차계약은 유효하게 성립하고, 따라서 임차인은 임대인이 임차인으로 하여금 그 목적물을 완전하게 사용·수익케 할 의무가 이행불능으로 되지 아니하는 한 그 사용·수익의 대가로 차임을 지급할 의무가 있으며, 그 임대차가 종료되면 임차목적물을 임대인에게 반환하여야 할 계약상의 의무를 부담하고, 다만 이러한 경우 진실한 소유자가 임차인에게 목적물의 인도를 요구하여 이를 인도하였다면 임대인이 임차인에게 목적물을 사용·수익케 할 의무는 이행불능이 되었다고 할 것이며, 이러한 이행불능이 일시적이라고 볼 만한 특별한 사정이 없다면 임대차는 당사자의 해지의사표시를 기다릴 필요 없이 당연히 종료되었다고 볼 것이고[46], 따라서 임차인이 임차물을 전대하여 그 임대차기간 및 전대차기간이 모두 만료되었다고 하더라도 전차인이 아직 임대인에게 목적물을 반환하지 않고 있는 동안에는 임차인(전대인)이 전차인에게 목적물의 명도를 구할 수 있다고 할 것이다."라고 하였습니다.

또한 "임대차는 당사자 일방이 상대방에게 목적물을 사용·수익하게 할 것을 약정하고 상대방이 이에 대하여 차임을 지급할 것을 약정하면 되는 것으로서 나아가 임대인이 그 목적물에 대한 소유권 기타 이를 임대할 권한이 있을 것을 성립요건으로 하고 있지 아니하므로, 임대차가 종료된 경우 임대목적물이 타인 소유라고 하더라도 그 타인이 목적물의 반환청구나 임료 내지 그 해당액의 지급을 요구하는 등 특별한 사정이 없는 한 임차인은 임대인에게 그 부동산을 명도하고 임대차 종료일까지의 연체차임을 지급할 의무가 있음은 물론, 임대차 종료일 이후부터 부동산 명도 완료일까지 그 부동산을 점유·사용함에 따른 차임상당의 부당이득금을 반환할 의무도 있다고 할 것인 바[47], 이와 같은 법리는 임차인이 임차물을 전대하였다가 임대차 및 전대차가 모두 종료된 경우의 전차인에 대하여도 특별한 사정이 없는 한 그대로 적용된다고 할 것이다."라고 하였습니다[48].

따라서 위 사안에 있어서도 乙은 丙과의 임대차계약기간이 종료되었다고 하여도 甲에 대하여 전차목적물의 명도와 함께 전대차계약기간 종료 후 명도시까지의 차임상당의 부당이득을 반환청구할 수 있다고 하여야 할 것입니다.

---

46) 대법원 1996. 3. 8. 선고 95다15087 판결, 1996. 9. 6. 선고 94다54641 판결
47) 대법원 1996. 9. 6. 선고 94다54641 판결, 2000. 11. 24. 선고 2000다37777, 37784 판결
48) 대법원 2001. 6. 29. 선고 2000다68290 판결

5. 무단전대의 법률관계(무단양도와 기본적으로 동일)

가. 전대인과 전차인 사이의 법률관계

당사자 간에 채권적 효력은 있다. 즉, 전대차계약은 하나의 임대차계약으로 유효하게 성립하고, 전대인은 임대인의 동의를 받아줄 의무가 있다.

나. 임대인과 임차인(전대인) 사이의 법률관계

임대차관계는 여전히 존속하나, 임대인은 해지할 수 있으나, 임차인의 무단전대가 임대인에 대한 배신행위가 아니라는 특별한 사정이 있는 때에는 해지할 수 없다. 또한 임차인이 전차인으로부터 목적물은 반환받아 온 경우 임대인의 해지권은 소멸되며, 건물 소부분 전대의 경우에는 해지할 수 없다.

다. 임대인과 전차인 사이의 법률관계

전차인은 전대인으로부터 취득한 임차권을 가지고 임대인에게 대항하지 못하므로 전차인의 점유는 불법점유가 된다. 그러나 임대인은 전대인과의 임대차를 해지하지 않는한, 직접 자기에게 반환할 것을 전차인에게 청구하지 못하고 전대인에게 반환할 것을 청구할 수 있을 뿐이다. 그러나 전대차 되었다는 사실만으로 임대인에게 손해가 생겼다고 볼 수 없는 바, 임대인은 전차인에 대해 불법점유를 이유로 차임상당 손해배상을 청구하지 못한다.

> *Q* 4층에 입주한 임차인이 임대인의 동의 없이 다른 사람에게 전대를 하고 월세를 계 속미납하고 있습니다. 이에 원 계약자에게 이에 대한 책임을 물으면 그 전차인 을 내보내라고만 합니다. 이에 아버님은 명도소송을 하려고 준비 중입니다. 그러나 법률 지식이 없어서 알아보라 하시는데요. 명도소송은 원 임차인에게 해야 하는지 불법점 유 중인 전차인에게 해야 하는지요?
>
> *A* (1) 결론부터 말씀드리면, 임차인과 전차인 모두를 피고로 하여 명도소송을 제기해 야 합니다.
>
> (2) 법리적으로는, 임차인에 대해서는 임차인의 무단 전대 또는 차임연체를 이유로 임대차계약을 해지하고, 그 결과 임대차가 종료되었음을 이유로 임대차계약에 기 한 명도청구를 하는 것이고, 전차인에 대해서는 소유권에 기하여 불법점유자라는 이유로 명도청구를 하는 것입니다.
>
> (3) 전차인이 임차인으로부터 임차한 것이므로 형사적 책임을 묻기는 어려울 것으로 보입니다.

제3장 임대차의 종료

1. 임대차의 종료 원인

가. 임대차 기간의 만료

임대차는 임대차기간의 정함이 있는 경우 그 간의 만료로 종료된다.

나. 계약해지의 통고

임대차계약의 해지란 임대인 또는 임차인이 임대차기간이 만료되기 전 6개월 전부터 1개월 전까지의 기간에 임대차계약을 종료하고 싶다는 의사표시를 상대방에게 표시하여 장래에 향해 그 계약의 효력을 소멸시키는 것을 말하는 것으로, 임대차기간의 정함이 있는 경우에도 해지권 유보의 특약, 임차인의 파산선고 등 해지사유가 있는 경우 계약해지의 통고로써 임대차계약을 중도에 해지할 수 있다.

1) 존속기간의 약정이 없는 경우

양 당사자의 자유로운 해지통고가 가능하다. 단 임대인의 해지통고 시 전차인 보호규정 있다(민 제638조 제1항).

2) 존속기간의 약정이 있는 경우

가) 묵시적 갱신의 경우

임차인은 임대차계약이 묵시적으로 갱신된 경우 언제든지 그 계약을 해지할 수도 있고, 2년의 임대차기간을 주장할 수도 있다. 임차인이 계약해지를 통지하는 경우 임대인이 그 통지를 받은 날로부터 3개월이 지나면 임대차는 종료된다(주임법 제4조, 제6조).

나) 해지권 유보의 특약이 있는 경우

임차인 또는 임대인은 임대차계약을 체결하면서 그 계약서에 해지권을 유보하는 특약을 한 경우 임대차 기간의 약정이 있는 경우에도 그 사유에 대한 증명을 하면 임대차계약을 해지할 수 있다. 이 경우 임대인이 해지통고를 받은 날로부터 1개월이 지나면 임대차는 해지된다(민 제636조).

다) 임차인의 파산선고

임차인이 파산선고를 받은 경우 임대차 기간의 약정이 있는 경우에도 임대인 또는 파산관재인은 계약해지의 통고를 할 수 있고, 임차인이 해지통고를 받은 날로부터 6개월이 지나면 임대차는 종료된다. 이 경우 각 당사자는 상대방에 대하여 계약해지로 생긴 손해의 배상을 청구할 수 없다(민 제637조)

다. 즉시해지권

임대차기간의 약정이 있더라도 아래와 같은 사유가 있는 경우 임대차계약을 해지할 수 있고, 이 경우 그 해지의 의사표시가 상대방에게 도달한 때에 임대차는 종료된다.

1) 임차인이 해지할 수 있는 경우

가) 임대인이 임차인의 의사에 반해 보존행위를 하는 경우 임차인이 이로 인해 임차목적을 달성할 수 없을 때(민 제625조)

나) 임차주택 일부가 임차인의 과실 없이 멸실 등의 사유로 사용할 수 없을 경우 그 잔존부분으로 임차의 목적을 달성할 수 없는 때(민 제627조)

다) 임대인의 지위가 양도된 경우49)

2) 임대인이 해지할 수 있는 경우

가) 임차인이 임대인의 동의 없이 임차권을 양도하거나 임차주택을 전대한 경우(민 제629조 제2항)

나) 임차인이 차임을 2회 이상 연체한 경우(민 제640조)

다) 임차인이 임차주택을 계약 또는 그 주택의 성질에 따라 정하여진 용법으로 사용하지 않는 경우(민 제654조, 제610조 제1항)

---

49) 대법원 1998. 9. 2. 98마100 결정

라) 그 밖에 임차인으로서의 의무를 현저히 위반한 경우(주임법 제6조 제3항)

2. 임대차계약의 해지 방법

임대차계약을 중도에 해지하려는 경우 구두 또는 서면에 의하여 할 수 있으나, 일반적으로 이용되는 방법은 내용증명 우편을 이용하여 그 해지의 의사표시를 한다. 이러한 내용증명 우편에는 중도해지의 사유와 임대차계약의 해지 의사를 표현하고, 임대차보증금을 반환해달라는 등의 내용을 기재하면 된다.

3. 임대차 종료의 효과

가. 임대차관계의 소멸 및 손해배상

임대인 또는 임차인이 임대차계약을 해지한 때 임대차관계는 장래를 향해 그 효력이 소멸하고, 그 해지는 손해배상의 청구에 영향을 미치지 아니하므로 상대방에게 과실이 있으면 그 손해의 배상을 청구할 수 있다.

나. 임차목적물의 반환 및 임차보증금의 반환 등

1) 임차목적물의 반환 및 임차보증금의 반환

임대차가 종료되면 임대차계약의 내용에 따라 임차인은 그 임차목적물을 임대인에게 반환하고, 임대인은 보증금을 반환할 의무를 지게 된다. 임대차관계가 종료되더라도 임차인이 보증금을 돌려받을 때까지는 임대차관계가 존속하는 것으로 간주되므로 임대인과 임차인은 임대차계약상의 권리의무를 그대로 지게 된다. 따라서 임차인은 차임지급의무를 지는 한편 보증금을 반환받을 때까지 임차목적물의 인도를 거절하는 동시이행의 항변권을 가지게 되고, 임대인은 차임지급청구권을 가지는 한편 임차주택을 인도받을 때까지는 보증금의 지급을 거절하는 동시이행의 항변권을 가지게 된다.

2) 보증금의 회수

(가) 보증금반환소송 확정판결에 따른 집행 특례

임차인(제3조제2항 및 제3항의 법인을 포함한다.)이 임차주택에 대하여 보증금반환청구소송의 확정판결이나 그 밖에 이에 준하는 집행권원(執行權原)에 따라서 경매를 신청하는 경우에는 집행개시(執行開始)요건에 관한 「민사집행법」 제41조에도 불구하고 반대의무(反對義務)의 이행이나 이행의 제공을 집행개시의 요건으로 하지 아니한다(주임법 제3조의2 제1항).

(나) 대항력 및 확정일자를 갖춘 임차인의 우선변제권
주임법 제3조제1항·제2항 또는 제3항의 대항요건(對抗要件)과 임대차계약증서(제3조 제2항 및 제3항의 경우에는 법인과 임대인 사이의 임대차계약증서를 말한다)상의 확정일자(確定日字)를 갖춘 임차인은 「민사집행법」에 따른 경매 또는 「국세징수법」에 따른 공매(公賣)를 할 때에 임차주택(대지를 포함한다)의 환가대금(換價代金)에서 후순위권리자(後順位權利者)나 그 밖의 채권자보다 우선하여 보증금을 변제(辨濟)받을 권리가 있다(주임법 제3조의2 제2항).

(다) 보증금회수 조건
임차인은 임차주택을 양수인에게 인도하지 아니하면 보증금을 받을 수 없다(주임법 제3조의2 제3항).

(라) 우선변제 순위 등에 대한 이의신청
주임법 제3조의 제2항 또는 제7항에 따른 우선변제의 순위와 보증금에 대하여 이의가 있는 이해관계인은 경매법원이나 체납처분청에 이의를 신청할 수 있다(주임법 제3조의2 제4항). 이에 따라 경매법원에 이의를 신청하는 경우에는 「민사집행법」 제152조부터 제161조까지의 규정을 준용한다(주임법 제3조의2 제5항).

(마) 이의신청을 받은 체납처분청의 처리
이의신청을 받은 체납처분청은 이해관계인이 이의신청일부터 7일 이내에 임차인 또는 제7항에 따라 우선변제권을 승계한 금융기관 등을 상대로 소(訴)를 제기한 것을 증명하면 해당 소송이 끝날 때까지 이의가 신청된 범위에서 임차인 또는 제7항에 따라 우선변제권을 승계한 금융기관 등에 대한 보증금의 변제를 유보(留保)하고 남은 금액을 배분하여야 한다. 이 경우 유보된 보증금은 소송의 결과에 따라 배분한다(주임법 제3조의2 제6항).

(바) 우선변제권의 승계

다음 각 호의 금융기관 등이 제2항, 제3조의3 제5항, 제3조의4 제1항에 따른 우선변제권을 취득한 임차인의 보증금반환채권을 계약으로 양수한 경우에는 양수한 금액의 범위에서 우선변제권을 승계한다(주임법 제3조의2 제7항).

1)「은행법」에 따른 은행
2)「중소기업은행법」에 따른 중소기업은행
3)「한국산업은행법」에 따른 한국산업은행
4)「농업협동조합법」에 따른 농협은행
5)「수산업협동조합법」에 따른 수협은행
6)「우체국예금·보험에 관한 법률」에 따른 체신관서
7)「한국주택금융공사법」에 따른 한국주택금융공사
8)「보험업법」제4조 제1항 제2호 라목의 보증보험을 보험종목으로 허가받은 보험회사
9)「주택도시기금법」에 따른 주택도시보증공사
10) 그 밖에 제1호부터 제9호까지에 준하는 것으로서 대통령령으로 정하는 기관

(사) 우선변제권 행사 제한

우선변제권을 승계한 금융기관 등(이하 "금융기관등"이라 한다)은 다음 각 호의 어느 하나에 해당하는 경우에는 우선변제권을 행사할 수 없다(주임법 제3조의2 제8항).

1) 임차인이 제3조 제1항·제2항 또는 제3항의 대항요건을 상실한 경우
2) 제3조의3제5항에 따른 임차권등기가 말소된 경우
3)「민법」제621조에 따른 임대차등기가 말소된 경우

(아) 금융기관등의 우선변제권 행사를 대리 등의 행위제한

금융기관등은 우선변제권을 행사하기 위하여 임차인을 대리하거나 대위하여 임대차를 해지할 수 없다(주임법 제3조의2 제9항).

다. 임차권등기명령신청

임차인은 임대차가 종료된 후 보증금을 반환받지 못한 경우 임차권등기명령을 신청할 수 있는 권한을 얻게 되는데, 임차권등기명령결정에 따라 임차권등기를 마치게 되면 대항력과 우선변제력 등을 유지할 수 있게 된다.

라. 유익비상환청구 및 부속물매수청구

임차인은 일정한 경우에 한해 임대인에게 유익비의 상환을 청구하거나 부속물의 매수를 청구할 수 있는데, 다만 임대차계약이 임차인의 차임연체 등 채무불이행으로 해지된 경우 부속물의 매수를 청구할 수 없다[50].

> **Q** 1월9일 다세대전세 보증금7,000만원 / 계약금700만원을 지급하고 계약을 체결하였습니다. 근저당설정 채권최고액 6,600만원이 있어, 잔금일에 전액상환하고 등기말소하기로 특약을 하였습니다. 잔금일인 2월 22일전에 임대인이 임차인에게 융자상환을 1년 뒤로 미룬다고 통보, 임차인이 이사를 가지 않겠다고 하여 계약금 700만원 을 다시 반환하기로 임대인도 동의 하였으나 계약금을 바로 돌려주지 않고 미루고 있습니다. 이런 경우 임차인이 어떻게 대응해야 하나요?
>
> **A** 임차인으로서는 계약금 반환 소송을 제기하여야 합니다. 소송 전 가압류를 해둘 필요가 있습니다.

> **Q** 저는 2006년 11월 19일에 보증금 500만원에 월세 40만원인 주택 임대차 계약을 하면서 임차인이 보증금이 없으므로 월임대료를 2개월분을 주고 12월25일 안으로 보증금 500만원을 주기로 하고 만약 약속을 이행하지 않을시 어떠한 권리도 주장하지 않고 임대차 계약은 해지하기로 하였습니다. 지금 이 시점에서 임차인은 나타나지도 않고 전화도 받지 않아서 내용증명으로 계약해지 됨을 2차례 발송하였습니다. 참고로 본 주택을 직원 숙소로 사용한다고 하였으며, 모르는 사람들이 출입하고 있으면서 계약자와 는 연락이 안 된다고 합니다. 출입문을 폐쇄하려고 하는데 법적인 하자가 있는지요?
>
> **A** 무엇보다도 우선 계약해지의 의사표시를 담은 내용증명이 계약 상대방에게 제대로 도달하였는지(혹시 반송되지는 않았는지)다시 한번 확인해 보셔야 합니다. 반송된 바 없고 제대로 송달되었다면 위 임대차계약은 적법히 해지되었으므로, 출입문 폐쇄 등 조치를 취하여도 문제가 없을 것으로 보입니다.

---

50) 대법원 1990. 1. 23. 선고 88다카7245, 88다카7252 판결

Q 甲은「임대주택법」의 적용을 받는 乙회사 소유의 임대아파트를 임차하여 거주하던 중 임대주택의 분양제한기간이 만료되었고, 乙회사에서는 분양을 원하고 있습니다. 그러나 甲은 위 임대아파트를 분양 받기를 원하지 않고, 甲이 다른 곳에서 분양받은 아파트의 입주시기까지 위 임대아파트에 거주하기 위하여 위 임대아파트의 임대차계약의 갱신을 원하고 있으나, 乙회사에서는 계약갱신을 거절하고 있습니다. 이 경우 乙회사에서 甲의 계약갱신을 거절할 수 있는지요?

A 「임대주택법」 제15조 제1항은 "임대사업자는 임대의무기간이 경과된 후 주택법 제16조의 규정에 의하여 사업계획승인을 얻어 건설한 주택 중 주택법 제60조의 규정에 의하여 국민주택기금의 자금을 지원받아 건설하거나 공공사업에 의하여 조성된 택지에 건설하는 임대주택을 분양전환하는 경우에 다음 각 호의 어느 하나에 해당하는 임차인에게 우선분양전환 하여야 한다"라고 규정하고 있으며, 우선분양을 받을 수 있는 대상자는 "① 입주일 이후부터 분양전환 당시까지 당해 임대주택에 거주한 무주택자인 임차인, ② 건설임대주택에 입주한 후 상속, 판결 또는 혼인으로 인하여 다른 주택을 소유하게 된 경우 분양전환 당시까지 당해 주택을 처분하여 무주택자로 된 임차인, ③ 제13조 단서의 규정에 의하여 임차권을 양도받은 경우에는 양도일 이후부터 분양전환 당시까지 무주택자인 임차인, ④ 선착순의 방법으로 입주자로 선정된 경우에는 분양전환 당시까지 무주택자인 임차인, ⑤ 분양전환 당시 당해 임대주택의 임차인인 국가기관 또는 법인" 등으로 정하고 있습니다.

그런데「임대주택법」의 적용을 받는 임대주택의 분양제한기간이 만료되고 임대인이 분양을 원하는 경우, 임대인이 임대차계약을 해지하거나 계약의 갱신을 거절할 수 있는지에 관하여 판례는 "임대주택법의 적용을 받는 임대인이 임대계약을 해지하지 못하거나 임차인의 임대계약의 갱신을 거절할 수 없는 것은 임대주택이 분양제한기간 내에 있거나 임대인이 임대주택의 분양제한기간이 만료되었음에도 임대주택을 분양하지 아니하고 계속하여 임대하는 것을 희망하는 경우에 한한다 할 것이고, 임대인이 임대주택의 분양을 희망하는 경우에 있어서는 그 분양제한기간이 만료되고 임차인의 우선수분양권만 보장한다면 임차인의 임대계약의 갱신을 거절할 수 있다고 보아야 하고, 임차인이 당해 임대주택에 대한 분양계약의 체결을 거절하는 경우에는 임대인은 당해 임대주택을 다른 사람에게 분양하기 위하여 그 임대차계약을 해지할 수 있다고 보는 것이 상당하다."라고 하였습니다[51].

따라서 위 사안에서 위 임대아파트의 분양제한기간이 만료되었고, 乙회사에서는 분양을 희망하고 있으며, 甲에게도 우선 수분양권을 보장하고 있지만 甲이 분양 받기를 원하지 않는 경우이므로, 乙회사는 甲의 임대차계약의 갱신을 거절할 수 있을 것으로 보입니다.

---

51) 대법원 1999. 6. 25. 선고 99다6708 판결, 2001. 12. 27. 선고 2001다28442, 28459, 28466, 28473 판결

제4장 임대차 보증금

1. 개 설

가. 의 의

임대차의 보증금이란 임차인의 임대차에 기한 채무 등을 담보하기 위하여 임차인 또는 제3자가 제공한 금전, 기타 유가물이다.

나. 기 능 : 담보적 효력

임대차 관계에서 생길 수 있는 모든 손해를 담보한다(차임, 멸실 및 훼손 책임 등). 임대인은 원칙적으로 임대차가 종료된 후에 보증금으로 임차인의 채무변제를 충당할 수 있지만, 연체된 차임 등은 임대차 종료 전에도 충당이 가능하다. 단, 임대인은 보증금으로부터 충당하지 않고 임차인에게 지급청구할 수 있고 임차인이 이행하지 않으면 채무불이행 책임을 진다.

보증금의 이자(과실)로부터 차임지급을 대신하는 기능도 하고 있다.

다. 보증금 계약의 법적성질

보증금계약은 임대차의 종된 계약이다. 따라서 임대차의 유효한 성립을 전제로 한다. 또한 보증금계약은 '보증금'이 수수되어야 하는 요물계약이다.

그러나 보증금계약은 차임지급약정과는 달리 임대차의 성립요건이 아니다. 보증금계약에 기한 보증금지급청구권은 임대차와 분리양도 불가한 반면, 임차인의 보증금반환청구권은 양도가 가능하다.

라. 묵시의 갱신과 보증금

채무자가 제공한 보증금은 당연히 갱신된 임대차에서도 존속한다. 제3자가 제공한 보증금은 소멸되어야 하나(학설, 민 제639조 제2항), 판례는 제3자가 제공한 담보는 소멸할 것이지만, 제3자가 제공한 임대차보증금은 소멸되지 않는다는 태도이다.

2. 보증금의 반환

가. 보증금의 반환시기

임대차의 종료시가 아니라 임차목적물의 명도시로 해석하는 것이 통설과 판례의 태도로, 이는 임차보증금반환과 임차목적물반환은 동시이행관계이기 때문이다. 유치권은 없다.

나. 반환청구권의 법적성질과 입증책임

1) 정지조건설 : 임차인의 채무가 없음을 정지조건으로 발생하는 반환청구권, 임차인이 자신의 채무가 없음을 입증해야 한다.

2) 해제조건설 : 임차인의 채무가 있다는 것을 해제조건으로 발생하는 반환청구권. 임대인이 임차인의 채무가 있음을 입증해야 한다. 임차보증금이 거래관념상 매우 다액임을 고려한 학설. 판례도 입증책임이 임대인에게 있다는 취지로 해석하는 것이 일반적 (그러나 정확히는 임대인이 주장하는 채무의 종류에 따라 다르다. 예컨대, 임대인이 손해배상금의 공제를 주장하는 경우에는 임대인에게 그 입증책임이 있다고 할 것이나, 연체차임공제를 주장하는 경우에는 차임을 약정한 사실은 임대인에게, 그 차임을 지급하였다는 사실은 임차인에게 입증책임이 있다).

Q 甲은 아파트 임대회사인 乙회사로부터 임대아파트를 임차하여 입주 및 주민등록전입신고를 마치고 확정일자도 받아둔 후 거주하던 중 乙회사가 파산선고를 받았습니다. 甲의 임차보증금은 소액보증금에 해당되는데, 이 경우 甲의 주택임차권도 전세권에 준하여 별제권이 인정될 수는 없는지요?

A 채무자가 파산선고 당시에 가진 모든 재산을 파산재단이라고 하는데 이 파산재단에 속하는 특정의 재산에 대하여 파산채권자에 우선하여 채권의 변제를 받을 권리를 별제권이라고 합니다(채무자 회생 및 파산에 관한 법률 제382조, 제411조).

별제권을 「채무자 회생 및 파산에 관한 법률」 제441조에서 규정하고 있는 우선권 있는 파산채권과 비교해 보면, 일반우선권 있는 파산채권은 파산재단채권과 마찬가지로 파산재단소속의 특정재산에 착안하는 것이 아니라 파산재산 전체 위에 행사하는 권리로써, 단순히 파산채권 중에서 우선순위를 인정받고 있는데 불과하므로 파산절차에 참가하여 파산절차 내에서 변제를 받아야 하지만, 별제권은 파산재단에 속하는 특정재산에 대해서 우선적, 개별적으로 변제를 받는 점이 다릅니다.

별제권에 관하여 「채무자 회생 및 파산에 관한 법률」에서는 "파산재단에 속하는 재산상에 존재하는 유치권·질권·저당권·「동산·채권등의 담보에 관한 법률」에 따른 담보권 또는 전세권을 가진 자는 그 목적인 재산에 관하여 별제권을 가지며, 이 별제권은 파산절차에 의하지 아니하고 행사하며, 별제권자는 그 별제권의 행사에 의하여 변제를 받을 수 없는 채권액에 관하여만 파산채권자로서 그 권리를 행사할 수 있다."라고 규정하고 있습니다(제411조, 제412조, 제413조).

한편, 주택임차권자를 별제권자로 인정할 수 있을 것인지에 관하여 「채무자 회생 및 파산에 관한 법률」의 시행으로 폐지된 구 「파산법」 시행 당시에도 명문의 규정이 없었으나 파산실무에서는 대항력 있는 임차인을 별제권자에 준하여 보호를 하였고, 2006. 4. 1.부터 시행중인 「채무자 회생 및 파산에 관한 법률」에서는 임차인을 보호하는 명문규정을 신설하였습니다.

그 내용을 살펴보면 "임대인이 파산선고를 받은 경우 임차인이 주택임대차보호법 제3조 제1항 또는 상가건물임대차보호법 제3조 소정의 대항요건을 갖춘 때에는 제335조(쌍방미이행 쌍무계약에 관한 선택)를 적용하지 아니한다"는 규정을 두어 파산관재인이 임대차계약을 해지하지 못하도록 하고 있습니다(채무자 회생 및 파산에 관한 법률 제340조 제4항).

또한, "주택임대차보호법 제3조 제1항의 규정에 의한 대항요건을 갖추고 확정일자를 받은 임차인은 파산재단에 속하는 주택(대지 포함)의 환가대금에서 후순위권리자 그 밖의 채권자보다 우선하여 보증금을 변제받을 권리가 있고, 주택임대차보호법 제8조의 규정에 의한 임차인의 소액보증금은 파산재단에 속하는 주택(대지 포함)의 환가대금에서 다른 담보물권자보다 우선하여 변제받을 권리가 있으며 이 경우 임차인은 파산신청일까지 주택임대차보호법 제3조 제1항에 의한 대항요건을 갖추어야 하며, 위와 같은 권리는 상가건물임대차보호법의 임차인에 관하여도 준용하도록 하고 있습니다(채무자 회생 및 파산에 관한 법률 제415조 제1항, 제2항, 제3항).

따라서 위 사안에서 甲은 「주택임대차보호법」 제3조 제1항의 규정에 의한 대항요건과 확정일자를 갖추었으므로 별제권이 인정될 수 있다고 할 것입니다.

3. 부동산소유권의 이전과 보증금반환청구권의 승계

가. 대항력 있는 임차권의 경우

민법상, 주임법상, 상임법상 양수인이 임대인의 지위를 승계한 것으로 보기 때문에 대항력이 있는 임차인은 부동산의 양수인에 대해서도 보증금의 반환을 청구할 수 있다.

양도인의 보증금반환채무는 부동산의 양도와 함께 중첩적이 아닌 면책적으로 인수된다는 것이 판례의 태도이다.

나. 대항력 없는 임차권의 경우

부동산 양도인과 양수인 사이에 보증금 인수계약이 없는 한 임차인은 양수인에 대해 보증금의 반환을 청구할 수 없고, 양도인인 임대인에 대해서만 청구할 수 있다. 이때 임차인은 양수인의 목적물 반환청구에 대해 보증금반환청구권을 근거로 유치권이나 동시이행의 항변권을 행사할 수 없다.

> *Q* 저는 친구 甲에게 1,000만원을 대여하였으나, 변제를 받지 못하여 甲의 주택임차보증금 1,000만원에 대하여 압류 및 전부명령을 받았습니다. 그러나 위 주택임대인 乙은 임차보증금압류 및 전부명령을 송달 받고도 甲이 주택을 명도하지 아니한다는 이유로 보증금을 내주지 않아 부득이 제가 乙을 대위하여 건물명도소송절차를 거쳐 명도하자, 乙은 명도 시까지 甲이 연체한 차임을 공제한 금액 200만원만을 지급하겠다고 합니다. 이 경우 전부명령 송달 후의 연체차임도 공제되어야 하는지요?
>
> *A* 위 사안과 관련하여 판례는 "건물임대차에 있어서의 임차보증금은 임대차존속중의 임료뿐만 아니라 건물명도의무이행에 이르기까지 발생한 손해배상채권 등 임대차계약에 의하여 임대인이 임차인에 대하여 가지는 일체의 채권을 담보하는 것으로서, 임대차종료 후에 임대인에게 명도 할 때 체불임료 등 모든 피담보채무를 공제한 잔액이 있을 것을 조건으로 하여 그 잔액에 관한 임차인의 보증금반환청구권이 발생하고, 또한 임차보증금을 피전부채권으로 하여 전부명령이 있은 경우에도 제3채무자인 임대인은 임차인에게 대항할 수 있는 사유로서 전부채권자에게 대항할 수 있는 것이어서 건물임차보증금의 반환채권에 대한 전부명령의 효력이 그 송달에 의하여 발생한다고 하여도 위 보증금반환채권은 임대인의 채권이 발생하는 것을 해제조건으로 하는 것이므로, 임대인의 채권을 공제한 잔액에 관하여서만 전부명령이 유효하다."라고 하였습니다[52].
>
> 그리고 임차인의 목적물반환의무도 위 금액에 관하여서만 서로 동시이행관계에 있게 됩니다[53].
>
> 따라서 귀하의 경우 甲의 연체된 임차료를 공제하고 남은 금액에 대해서만 乙에 대해 청구할 수 있겠습니다.

---

52) 대법원 1988. 1. 19. 선고 87다카1315 판결, 2004. 12. 23. 선고 2004다56554 등 판결
53) 대법원 1987. 6. 23. 선고 87다카98 판결, 1998. 5. 29. 선고 98다6497 판결, 2002. 12. 10. 선고 2002다52657 판결

제2편 주택임대차보호법

제1장 서설

주택임대차보호법은 민법 '제2장 계약 제7절 임대차'와 관련하여 1981. 3. 5. 법률 제 3379호로 제정된 후 계속적 개정을 거쳐 현재까지 일반인의 주거생활에 직접적으로 관련하여 맺는 주거용 건물에 대한 특례를 규정한 법률이다. 즉 주거용 건물에 대한 임대차 관계에 대하여 국민의 주거생활의 안정을 목적으로 규정하여 민법의 특별법으로서 주택임대차보호법을 적용하고, 그 규정이 없는 경우 일반법인 민법을 적용하게 한 것이다.

> *Q* 확인서에는 "임대물건인 아파트가 매매되는 경우 주택임대차보호법의 규정에도 불구하고 임차인은 매매계약 체결일(2007년 12월 5일)로부터 60일 이내에 아파트를 인도하고, 임대인은 임대보증금을 반환한다."라는 내용으로 할 예정입니다. 이 경우 2007년 12월 5일 이후 임차인은 주택임대차보호법의 묵시적 갱신 또는 2년 주거권을 주장할 수 있습니까?
>
> *A* 주택임대차보호법에서는 서민들의 주거의 안정을 위하여 임차기간의 보장 규정을 두고 있습니다. 이는 강행규정으로서 이에 반하는 약정은 무효 입니다. 따라서 임차인에게 위와 같은 확인서를 받는다고 하더라도 아무런 효력이 없습니다. 즉 임차인은 2년을 주장할 수 있습니다. 따라서 매수인에게 위 임차권을 승계하는 조건으로 계약을 맺는 것이 좋습니다. 물론 임차인이 매매계약 후 임차목적물을 반환한다면 문제는 없습니다.

[개정연혁]

재 · 개정일	주요 개정 내용
1981.3.5.(법률 제3379호)	– 주택의 인도와 주민등록이 된 때, 임차인은 제3자에게 임차권의 효력을 주장 – 임대차 기간이 1년 미만인 경우, 기간의 정함 없는 임대차로 간주 – 기간의 정함이 없는 임대차의 경우, 임대인은 계약체결일로부터 6월이 경과한 후에 계약의 해지통고 가능 – 임대차기간 만료 전 6월 내지 1월 이내에 임대인의 갱신거절의 통지가 없으면, 자동갱신된 것으로 간주 – 등기 없는 임대차 또는 채권적 전세권에 주택임대차보호법 적용 – 임대 목적물이 1동 건물의 전부 또는 일부의 경우에도 주택임대차보호법 적용

1983.12.30.(법률 제3682호)	– 주택의 일부가 주거 외의 목적으로 사용되는 경우까지 확대하여 점포·사무실·공장 등 겸용 주택 임차인의 주거권 보호 – 임차 주택의 양수인이 임대인의 지위를 승계하는 간주 규정을 신설하여 임차권의 대항력을 강화 – 임대차기간이 만료되었음에도 임차보증금의 반환이 없는 경우, 그 반환 시까지 임대차관계가 존속하는 것으로 간주하여 임차보증금회수를 보장 – 임차인은 소액의 보증금에 관하여 다른 담보물권자보다 자기채권의 우선변제 보장
1989.12.30.(법률 제4188호)	– 주택의 인도와 주민등록 및 확정일자를 받은 경우, 임차인은 다른 채권에 우선하여 변제받을 수 있도록 함 – 기간의 정함이 없거나 기간을 2년 미만으로 정한 임대차는 그 기간을 2년으로 간주
1999.1.21.(법률 제5641호)	– 임차인이 채무명의에 기하여 경매신청을 하는 경우, 임차인이 주택을 비우지 아니하고서도 경매를 신청할 수 있도록 함 – 임대차가 종료된 후 보증금을 반환받지 못한 임차인이 임차권등기가 경료 되면 등기와 동시에 대항력 또는 우선변제권을 취득하도록 하고, 임차인이 자유롭게 주거를 이전할 수 있도록 함
2001.12.29.(법률 제6541호)	– 보증금을 월차임으로 전환하는 경우, 대통령령이 정하는 월차임의 범위를 초과할 수 없도록 규정
2007.8.3.(법률 제8583호)	– 법인이 국민주택기금을 재원으로 하여 저소득층의 무주택자에게 주거생활 안정을 목적으로 전세임대주택을 지원하는 경우에 법인에게 대항력 및 우선변제권 부여
2009.5.8.(법률 제9653호)	– 임대차계약의 묵시적 갱신의 경우 임대차의 존속기간은 2년으로 간주
2013.8.13.(법률 제12043호)	– 중소기업에 해당하는 법인이 소속직원의 주거용으로 주택을 임차한 경우 해당 법인이 선정한 직원이 주택을 인도받고 주민등록을 마쳤을 때에는 이 법에 따른 대항력 등을 인정 – 임차인의 보증금반환채권을 양수한 금융기관 등이 임차인의 우선변제권 승계 인정 – 주택의 임대차에 이해관계가 있는 자 등은 확정일자 부여기관에게 차임 및 보증금 등의 정보 제공을 요청할 수 있도록 함

2016.5.29.(법률 제14175호)	- 월차임 전환시 상한율의 상한기준을 한국은행에서 공시한 기준금리에 대통령령으로 정하는 배수를 곱한 비율에서 한국은행에서 공시한 기준금리에 대통령령으로 정하는 이율을 더한 임차인의 보증금반환채권을 양수한 금융기관 등이 임차인의 우선변제권 승계 인정 - 주택임대차와 관련된 당사자 간의 분쟁을 합리적으로 조정하기 위하여 대한법률구조공단에 임대차분쟁조정위원회 설치 - 임대인 및 임차인의 권리·의무 관계를 명확히 할 수 있도록 법무부에서 정하여 권장하는 주택임대차표준계약서의 우선 사용하도록 규정
2020. 6. 9.(법률 제17363호)	- 임차인이 2개월 전까지 갱신거절의 통지를 하지 아니한 경우, 전 임대차와 동일한 조건으로 다시 임대차한 것으로 간주 - 분쟁조정제도를 활성화하고 실효성을 확보하기 위하여 조정신청을 접수한 때에는 지체 없이 조정절차를 개시하도록 함
2023. 7. 19.(법률 제19356호)	- 임대인은 임차주택의 확정일자 부여일, 차임 및 보증금 등 정보와 납세증명서를 임차인에게 제시하거나 확정일자부여기관의 임대차 정보제공에 대한 동의와 미납세액 열람에 동의하도록 하고, 임대인에게 임차권등기명령이 송달되기 전에도 임차권등기명령을 집행할 수 있도록 함.

제2장 주택임대차보호법의 적용범위

제1절 개 요

주택임대차보호법은 민법상의 임대차계약 중 그 목적물에 대하여 일상생활의 모든 건물에 적용되어지는 것이 아니라, '주거용 건물'에 대하여만 적용된다. 이로 인해 주거용 건물이 아닌 상가건물, 공장건물, 여관, 호텔 등에는 그 적용의 여지가 없다. 또한 그 전부는 물론 일부의 경우에도 그 일부가 주거 외의 목적, 예를 들어 물건의 판매 등에 사용되어져도 주임법이 적용되어지는 경우가 있다.

이러한 현행 법 제2조 적용범위가 확정되어지기까지는 아래 표와 같이 1981. 제정 당시에는 단서 규정이 없었으나, 1983년 개정 시부터 현행 주임법과 같이 단서규정이 자리잡게 되었다.

이하에서는 법의 적용범위와 관련하여 적용되어지는 계약 및 적용되어지는 건물에 대하여 자세히 서술한다.

> **Q** 저는 국민주택기금에 의한 자금을 지원 받아 건설한 甲회사 소유 임대아파트를 임차하여 거주하다가 계약기간이 만료되어 재계약을 체결하였는데, 甲회사는 임차료를 인근 임대아파트보다 높게 제시하여 재계약을 체결하였으므로 그러한 임대조건이 관할 지방자치단체에 신고되었는지 확인하였으나 그에 대하여 신고한 사실이 없는바, 이 경우에도 제가 甲회사와 체결한 위 아파트의 재임차계약은 효력이 있는지요?
>
> **A** 법률행위가 벌칙 있는 강행법규에 위반된 경우에 비록 소정의 형벌이 가해질지라도 그 사법상 효력에 관하여는 당해 법규의 정신을 좇아서 결정할 것입니다.

임대주택법에 위반된 행위가 무효로 되는지에 관하여 판례는 "임대주택법(1996.12.30개정 법률 제5228호) 제15조 등 관계법령의 규정에 의하면, 임대사업자는 임대의무기간이 경과한 후 임대주택을 매각하는 경우에는 매각 당시 무주택자인 임차인에게 우선적으로 매각하여야 한다고 규정하고 있으나, 이러한 경우 위 법령에 위반하여 우선매각대상자가 아닌 제3자에게 이를 매각하였다는 사정만으로는 그 사법상의 효력이 무효로 되는 것은 아니고, 임대주택인 아파트에 대한 임대차계약 기간이 종료된 후에 분양계약의 체결을 거절하여 임대인으로부터 그 임대차계약의 해지통보를 받은 임차인은 등기명의인인 제3자의 명도청구를 거절할 수 없다."라고 하였습니다[54].

또한, "임대주택법 및 임대주택법시행령에 의하면 임대사업자가 임대주택에 대한 임대차계약을 체결하는 경우 '임대보증금, 임대료, 임대차계약기간 등'이 기재된 표준임대차계약서를 작성하여야 하고, 위 임대조건에 관한 사항(변경내용 포함)을 관할 시장, 군수 또는 구청장에게 신고하여야 하며(현행법상은 국가 또는 지방자치단체의 재정으로 건설하거나 국민주택기금에 의한 자금을 지원 받아 건설하여 임대하는 주택의 경우에만 임대조건신고의무가 있음), 시장, 군수 또는 구청장은 그 신고내용이 인근의 유사한 임대주택에 비하여 현저히 부당하다고 인정되는 경우나 관계 법령에 부적합하다고 인정되는 경우에는 그 내용의 조정을 권고할 수 있고, 만일 임대사업자가 임대조건을 신고하지 않는 경우에는 1년 이하의 징역 또는 1천만원 이하의 벌금형에, 표준임대차계약서를 작성하지 않고 임대차계약을 체결한 경우에는 500만원 이하의 과태료에 각 처하도록 규정하고 있으나, 임대사업자와 임차인간에 체결된 임대주택에 대한 임대차계약이 임대주택법(2000.1.12 법률 제6167호) 제16조, 제18조, 임대주택법시행령 제14조 등에 위반되었다고 하더라도 그 사법적 효력까지 부인된다고 할 수는 없다."라고 하였습니다[55].

따라서 귀하의 경우에도 단순히 甲회사가 임대조건 등을 신고하지 않았다는 사유만으로 귀하와 甲회사의 재계약을 무효라고 할 수는 없을 것으로 보입니다.

---

54) 대법원 1997. 6. 13. 선고 97다3606 판결, 1999. 6. 25. 선고 99다6708, 6715 판결
55) 대법원 2000. 10. 10. 선고 2000다32055 등 판결

제2절 적용계약

1. 개 요

법이 적용되어지는 계약에는 전형적인 임대차계약은 물론 주택의 등기를 하지 아니한 전세계약, 즉 미등기전세계약에도 적용된다. 다만 일시사용[56]을 위한 임대차는 그 적용이 배제된다.

2. 임대차계약

임대차계약은 당사자 일방(임대인)이 상대방(임차인)에게 목적물을 사용, 수익하게 할 것을 약정하고 상대방이 이에 대하여 차임을 지급할 것을 약정함으로써 그 효력이 생기는 계약(민 제618조)으로서, 아래에서는 주임법의 적용을 받는 각 당사자인 임대인과 임차인에 대하여 서술한다. 다만, 주택임대차는 당사자 간의 협의에 의하여 계약임에도 불구하고, 「주택임대차보호법」을 위반하여 임차인에게 불리한 것은 효력이 없습니다.[57] 따라서 위 규정에 위반하더라도 임차인에게 불리하지 않은 것이 유효하다.

가. 임 대 인

임대인은 임차인에게 주택임대차의 목적물을 사용, 수익하게 할 것을 약정한 사람으로서, 반드시 임차주택의 소유자일 필요는 없으나, 임차주택에 대한 처분권한이 있거나 적법한 임대권한을 가진 자이어야 한다. 아래에서는 판례를 중심으로 임대인의 지위 인정 여부를 살펴본다.

---

56) 일시사용에 대한 기준을 계약기간만의 장단으로 명확히 하기는 어려우나, 대체적으로 임차물과 이에 설치된 설비나 시설의 구조·종류, 임차물을 사용하는 목적, 기타 사정에 비추어 당사자 사이에 "임차권을 단기간에 6한하여 존속시킬 합의가 성립하느냐"에 따라 판단할 수 있을 것이다. 일시사용을 위한 임대차에 관하여는 '제7장 임대차 관련 기타 쟁점'에서 이를 상세히 기술하기로 한다.
57) 대법원 1995. 10. 12. 선고 95다22283 판결.

1) 임대인의 지위가 인정되는 경우

가) 소유자

소유자는 임차주택의 단독소유자는 물론 공동소유자도 포함한다. 공동소유자로 공유지분권자들이 많은데, 임대차계약은 공유자 전원의 동의가 있는 경우 계약을 체결할 수 있음이 원칙이다.

나) 소유자는 아니지만 적법한 임대권한을 가진 자

(1) 주택임대차보호법이 적용되는 임대차는 반드시 임차인과 주택 소유자인 임대인 사이에 임대차계약이 체결된 경우에 한정되는 것은 아니고, 주택 소유자는 아니더라도 주택에 관하여 적법하게 임대차계약을 체결할 수 있는 권한을 가진 임대인과 임대차계약이 체결된 경우도 포함된다.

(2) 명의수탁자는 명의신탁의 법리에 따라 대외적으로 완전한 소유자이므로 명의신탁자와 사이의 대내관계에서의 제한에도 불구하고 적법한 임대인이 될 수 있다.

다) 계약해제로 소유권을 상실한 임대인

소유권을 취득하였다가 계약해제로 인하여 소유권을 상실하게 된 임대인으로부터 그 계약이 해제되기 전에 주택을 임차받아 주택의 인도와 주민등록을 마침으로써 주택임대차보호법 소정의 대항요건을 갖춘 임차인은 등기된 임차권자와 마찬가지로 민법 제548조제1항 단서 소정의 제3자에 해당한다고 봄이 상당하므로 임대인의 임대권원의 바탕이 되는 계약의 해제에도 불구하고 자신의 임차권을 새로운 소유자에게 대항할 수 있다.[58]

라) 사실상의 소유자

건물이 미등기인 관계로 아직 소유권이전등기를 경료하지는 아니 하였지만 그 건물에 대하여 사실상 소유자로서의 권리를 행사하고 있는 자는 전 소유자로부터 건물의 일부를

---

58) 대법원 1987. 2. 24. 선고 86다카1936 판결, 1987. 3. 10. 선고 86다카1718 판결, 1990. 1. 23.자 89다카33043 결정, 1996. 8. 20. 선고 96다17653 판결, 2003. 8. 22. 선고 2003다12717 판결

임차한 자에 관계에서는 법 제3조는(개정 전 제2항) 소정의 주택의 양수인으로서 임대인의 지위를 승계한 것으로 볼 수 있다.[59]

마) 원시취득자인 건축업자

대지 매매대금채무의 담보를 위하여 채무자가 자기의 비용과 노력으로 신축하는 주택의 건축허가 명의를 채권자 명으로 하였다면 이는 완성될 주택을 양도담보로 제공하기로 하는 담보권 설정의 합의로서, 완성된 주택에 관하여 자신의 명의로 소유권보존등기를 마친 채권자는 채무자가 이행지체에 빠졌을 때라도 원시취득자인 채무자로부터 주택을 적법하게 임차하여 입주하고 있는 임차인에 대하여 대지 소유자임을 내세워 인도를 구할 수 없다.[60]

반면 채권자는 담보계약에 의하여 취득한 목적부동산의 처분권을 행사하기 위한 환가절차의 일환으로서 즉, 담보권의 실행으로서 채무자 또는 담보권 설정 후에 채무자로부터 적법하게 주택의 점유를 이전받은 주택임차인에 대하여 인도청구를 할 수 있다. 결국, 이러한 경우 채무자(원시 취득자인 건축업자)는 정당한 임대인이기는 하지만 그 임대차는 양도담보권보다 후순위가 된다.

2) 임대인의 지위가 부정되는 경우

가) 매매계약의 해제조건 성취로 매매계약이 해제된 경우의 매수인

매도인으로부터 매매계약의 해제를 해제조건부로 전세권한을 부여받은 매수인이 주택을 임대한 후 매도인과 매수인 사이의 매매계약이 해제됨으로써 해제조건이 성취되어 그때부터 매수인이 주택을 전세 놓을 권한을 상실하게 되었다면, 임차인은 전세계약을 체결할 권한이 없는 자와 사이에 전세계약을 체결한 임차인과 마찬가지로 매도인에 대한 관계에서 그 주택에 대한 사용수익권을 주장할 수 없게 되어 매도인의 명도청구에 대항할 수 없게 되는 바, 이러한 법리는 임차인이 그 주택에 입주하고 주민등록까지 마쳐 주택임대차보호법상의 대항요건을 구비하였거나 전세계약서에 확정일자를 부여받았다고 하더라도 마찬가지이다.[61]

---

59) 대법원 1987. 3. 24. 선고 86다카164 판결
60) 대법원 1990. 4. 24. 선고 89다카18884 판결, 1991. 8. 13. 선고 91다13830 판결, 1996. 6. 28. 선고 96다9218 판결
61) 대법원 1995. 12. 12. 선고 95다32037 판결

나) 경매에서의 최고가매수신고를 한 자

주택임대차보호법이 적용되는 임대차가 임차인과 주택의 소유자인 임대인 사이에 임대
차계약이 체결된 경우로 한정되는 것은 아니나, 적어도 그 주택에 관하여 적법하게 임
대차계약을 체결할 수 있는 권한을 가진 임대인이 임대차계약을 체결할 것이 요구된다.

> **Q** 대지지분 A:1/4, B:1/4, C:1/4, D:1/4, 건물지분 A:1/2, B:1/2인 경우 A와 임대차계약을
> 체결(중개)하려고 합니다. 대지지분권자의 위임장도 요구를 해야 하는 것인지요?
>
> **A** 건물은 기본적으로 대지에 대한 소유권 또는 사용권을 기초로 존재하므로 건물을 임대차하는
> 경우 건물소유자와 임대차 계약을 체결하면 됩니다. 그러나 건물이 그 기반이 되는 대지에
> 대한 소유권 등 존립기반이 기간만료 등으로 없어지는 경우가 있으므로 이런 경우에는 대지소유자
> 들과도 별도로 임대차 계약을 맺는 경우가 있습니다. 이 사안에서는 건물에 대하여 A가 지분1/2밖
> 에 되지 아니하여 과반수가 아니므로 B의 위임장 또는 동의서가 있어야 하고, 토지에 대하여는
> 1/4에 불과하므로 적어도 과반수에 이르는 지분권자의 위임장 또는 동의서가 있어야 합니다.

나. 임차인

일반 임대차계약에서는 임차인이 누구인가 하는 것은 문제되지 않지만, 주택임대차의
경우에는 주민등록의 대상이 아닌 외국인, 법인, 재외국민, 중국 국적의 교포(이른바
조선족)나 독립국가연합(구소련) 국적의 고려인 등이 문제되고, 상가건물임대차의 경우
에는 영업용 목적이 아닌 임차인의 경우 사업자등록이라는 공시요건과 관련하여 문제될
수 있다.

1) 재외국민

재외국민이 국내에서 임차하여 거주하는 주택에 구 '재외동포의 출입국과 법적 지위에
관한 법률'에서 정한 거소이전신고를 함으로써 구 주택임대차보호법 제3조 제1항의 대
항력을 취득하였는지 문제 된 사안에서, 구 '재외동포의 출입국과 법적 지위에 관한 법
률' 제9조가 재외국민의 거소이전신고를 구 주택임대차보험법 제3조 제1항에서 정
한 대항요건인 주민등록에 갈음하도록 하는 규정이라고 해석하기 어렵다고 하였다.[62]

---

62) 대법원 2013.09.16. 자 2012마825 결정

즉, 「주택임대차보호법」의 보호 대상은 원칙적으로 대한민국의 국적을 가진 사람이다.

Q 저는 외국으로 이주하여 외국국적을 취득한 한국동포입니다. 최근 사업상 국내에 입국, 장기 체류하게 되어 거주할 주택을 임차하였는데, 주민등록이 없어 「재외동포의 출입국과 법적 지위에 관한 법률」에 의한 국내거소신고를 임차주택 소재지 지번으로 하였습니다. 저도 「주택임대차보호법」의 보호를 받을 수 있는지요?

A 「주택임대차보호법」의 입법목적에 관하여 같은 법 제1조는 "이 법은 주거용건물의 임대차에 관하여 민법에 대한 특례를 규정함으로써 국민의 주거생활의 안정을 보장함을 목적으로 한다."라고 규정하고 있고, 같은 법 제3조 제1항에서 "임대차는 그 등기가 없는 경우에도 주택의 인도와 주민등록을 마친 때에는 그 다음날부터 제3자에 대하여 대항할 수 있다. 이 경우 전입신고를 한 때에 주민등록이 된 것으로 본다."라고 규정하고 있습니다.

여기서 귀하는 국민이 아닌 외국인이므로 「주택임대차보호법」의 보호대상이 될 수 있는지 문제됩니다.

그런데 「재외동포의 출입국과 법적 지위에 관한 법률」 제2조는 "재외동포란 ①대한민국의 국민으로서 외국의 영주권을 취득한 자 또는 영주할 목적으로 외국에 거주하고 있는 자(재외국민)와 ②대한민국의 국적을 보유하였던 자(대한민국정부 수립 이전에 국외로 이주한 동포를 포함) 또는 그 직계비속으로서 외국국적을 취득한 자 중 대통령령이 정하는 자(외국국적동포)를 말하고", 같은 법 제3조는 "재외국민과 「출입국관리법」 제10조의 규정에 의한 체류자격 중 재외동포체류자격을 가진 외국국적동포의 대한민국에서의 출입국과 대한민국 안에서의 법적 지위에 관하여 적용된다."라고 규정하면서, 재외동포의 국내거소신고에 관하여는 같은 법 제6조 제1항과 제2항은 "①재외동포체류자격으로 입국한 외국국적동포는 이 법을 적용 받기 위하여 필요한 경우에는 대한민국 안에 거소를 정하여 그 거소를 관할하는 지방출입국·외국인관서의 장에게 국내거소신고를 할 수 있다. ②제1항에 따라 신고한 국내거소를 이전한 때에는 14일 이내에 그 사실을 신거소(新居所)가 소재한 시·군·구의 장이나 신거소를 관할하는 지방출입국·외국인관서의 장에게 신고하여야 한다."라고 규정하고 있고, 같은 법 제7조(국내거소신고증 발급 등) 제1항과 제2항은 "① 지방출입국·외국인관서의 장은 제6조에 다라 국내거소신고를 한 외국국적동포에게 국내거소신고번호를 부여하고, 외국국적동포 국내거소신고증을 발급한다. ② 국내거소신고증에는 국내거소신고번호·성명·성별·생년월일·국적·거주국과 대한민국 안의 거소 등을 기재한다."라고 규정하고 있습니다.

그리고 같은 법 제10조(출입국과 체류) 제4항에서는 "대한민국 안의 거소를 신고하거나 그 이전신고(移轉申告)를 한 외국국적동포에 대하여는 출입국관리법 제31조에 따른 외국인등록과 같은 법 제36조에 따른 체류지변경신고를 한 것으로 본다."라고 규정하고 있습니다.

또한, 「출입국관리법」 제88조의2(외국인등록증 등과 주민등록증 등의 관계) 제2항에 의하면, "이 법에 따른 외국인등록과 체류지 변경신고는 주민등록과 전입신고를 갈음한다."고 규정하고 있습니다.

따라서 귀하가 위 주택을 임차하여 인도받아 거주하면서 「재외동포의 출입국과 법적 지위에 관한 법률」에 의한 국내거소신고를 위 임차주택소재지 지번(地番)으로 하였다면 「주택임대차보호법」에 의한 보호를 받을 수 있을 것으로 보입니다.

2) 외국인 등

외국인은 원칙적으로 보호 대상이 될 수 없지만, 출입국관리법에 의한 외국인등록 및 체류지 변경신고를 하였다면 이는 주민등록과 전입신고를 갈음하여 예외적으로 주택임대차보호법상의 보호대상이 된다(출입국관리법 제88조의2).[63]

3) 법인

가) 원칙

법인은 특별한 사정이 없는 한 보호를 받지 못한다. 법인이 주택임대차보호법의 보호를 받기 위해 주민등록을 자신의 명의로 할 수 없을 뿐만 아니라, 사원명의의 주민등록으로 대항력을 갖추어도 이를 법인의 주민등록으로 인정할 수 없기 때문이다.

나) 예외

2007. 8. 3. 법개정으로 주임법 제3조 제2항이 신설되어 국민주택기금을 재원으로 하여 저소득층의 무주택자에게 주거생활안정을 목적으로 전세임대주택을 지원하는 법인이 주택을 임차한 후 지방자치단체의 장 또는 해당 법인이 선정한 입주자가 그 주택에 관하여 인도와 주민등록을 마친 때에는 대항력을 취득하게 하였다. 또한 대항력이 인정되는 법인은 대통령령으로 정하게 하였는바, 주택임대차보호법 시행령에서는 주택임대차보호법 제3조 제2항에서 규정한 "대항력이 인정되는 법인"의 범위를 대한주택공사법에 따른 "대한주택공사"와 지방공기업법 제49조의 규정에 따라 "주택사업을 목적으로 설립된 지방공사"로 한정한 이후(주임법시행령 제1조의2) 현재의 법령에 이르고 있다.

---

63) 서울민사지방법원 1993. 12. 16. 선고 93가합73367 판결(확정).

Q 甲주식회사는 회사직원들의 기숙사용으로 아파트를 임차하여 직원들이 거주하도록 하였으나(임대차계약서상 임차인은 甲회사임), 甲회사는 주민등록이 없으므로 그 주택에 거주하는 직원들의 주민등록만 전입신고 하도록 해두었고 확정일자를 받았는데, 이 경우에도 대항력 및 우선변제권 등이 인정되는지요?

A 법인 명의로 주택을 임차한 경우와 관련하여 판례는 "주택임차인이 주택임대차보호법 제3조의2 제1항(현행 주택임대차보호법 제3조의2 제2항) 소정의 우선변제권을 주장하기 위해서는 주택임대차보호법 제3조 제1항 소정의 대항요건과 임대차계약증서상의 확정일자를 갖추어야 하고, 그 대항요건은 주택의 인도와 주민등록을 마친 때에 구비된다 할 것인데, 주택임대차보호법 제1조는 '이 법은 주거용 건물의 임대차에 관하여 민법에 대한 특례를 규정함으로써 국민의 주거생활의 안정을 보장함을 목적으로 한다.'라고 규정하고 있어 주택임대차보호법이 자연인인 서민들의 주거생활의 안정을 보호하려는 취지에서 제정된 것이지, 법인을 그 보호대상으로 삼고 있다고는 할 수 없는 점, 법인은 애당초 주택임대차보호법 제3조 제1항 소정의 대항요건의 하나인 주민등록을 구비할 수 없는 점 등에 비추어 보면, 법인의 직원이 주민등록을 마쳤다 하여 이를 법인의 주민등록으로 볼 수는 없으므로, 법인이 임차주택을 인도 받고 임대차계약서상의 확정일자를 구비하였다 하더라도 우선변제권을 주장할 수는 없다."라고 하였습니다[64].

따라서 甲주식회사는 보호를 받을 수 없을 것으로 보입니다.

다만 국민주택기금을 재원으로 하여 저소득층의 무주택자에게 주거생활안정을 목적으로 전세임대주택을 지원하는 법인이 주택을 임차한 후 지방자치단체의 장 또는 해당 법인이 선정한 입주자가 그 주택에 관하여 인도와 주민등록을 마친 때에는 대항력을 가지는데(같은 법 제3조 제2항), 대항력이 인정되는 법인은 한국토지주택공사법에 따른 한국토지주택공사와 지방공기업법 제49조에 따라 주택사업을 목적으로 설립된 지방공사로 한정됩니다(같은 법 시행령 제1조의 2).

---

64) 대법원 1997. 7. 11. 선고 96다7236 판결, 2003. 7. 25. 선고 2003다2918 판결

제3절 주거용 건물

1. 주거용 건물 여부의 판단 기준

가. 주택임대차보호법의 규정

주택임대차보호법은 주거용 건물의 임대차에 관하여 민법에 대한 특례를 규정함으로서 국민의 주거생활의 안정을 보장하는 목적으로 한다(법 제1조). 이 법은 주거용 건물(이하 "주택"이라 한다)의 전부 또는 일부의 임대차에 관하여 적용한다. 그 임차주택의 일부가 주거 외의 목적으로 사용되는 경우에도 또한 같다(법 제2조).

나. 주거용 건물 여부의 판단

1) 판단기준

임차주택의 일부가 주거 외의 목적으로 사용되는 경우에는 법 제2조에 의하여 법의 적용을 받은 주거용 건물에 해당하나, 비주거용 건물의 일부를 주거의 목적으로 사용되는 경우에는 이를 주거용 건물이라 할 수 없으므로 법의 보호대상에서 제외된다. 주거용 건물, 즉 주택이란 토지에 정착된 공작물 중 지붕 및 기둥 또는 벽이 있는 것과 이에 부수되는 시설로서 사람의 일상생활인 기와침식에 사용되는 것을 말한다.

주거용 건물인지 여부를 판단함에 있어서는 임대차 목적물의 공부상에 표시만을 기준으로 할 것이 아니라 그, 실제용도에 따라서 정하여야 하고, 주거용과 비주거용으로 겸용되는 경우에는 그 임대차의 목적, 전체 건물과 임대차 목적물의 구조와 형태 및 임차인의 임대차목적물 이용관계, 임차인이 그곳에서 일상생활을 영위하는 지 여부 등을 고려하여 합목적적으로 결정하여야 한다.[65]

또한, 어느 건물이 국민의 주거생활의 용도로 사용되는 주택에 해당하는 이상 비록 그 건물에 관하여 아직 등기를 마치지 아니하였거나 등기가 이루어질 수 없는 사정이 있다고 하더라도 다른 특별한 규정이 없는 한 「주택임대차보호법」이 적용되며, 그 외 전체 건물 중 1층인 임대차목적물이 공부상 소매점으로 표시되어 있으나, 건축 당시부터 그 면적의 절반 정도가방(2칸)으로, 나머지 절반 정도가 소매점 등 영업소를 하기 위한 홀

---

65) 대법원1995. 4. 15. 선고 94다52522 판결.

(Hall)로 건축되어 있었고, 그러한 상태에서 임차인이 가족들과 함께 거주하면서 음식점을 영업하여 온 경우에는 주거용 건물로 「주택임대차보호법」이 적용된다.[66]

Q   2006.12.03-임대계약, 전입신고 (계약당시 비주거용 상가) 2006.12.10-근저당권설정등기 (설정당시 비주거용 상가) 2007.01.경-임대인 동의 얻어 일부주거용 개조2007.03. 31-사업자등록을 하였습니다. 2007.07.10-경매개시결정. 임차인이 대항력있는 주택임차인이라며 주장하고 있음. 비주거용 건물이라도 주인의 승락을 받고 각종 제한물권이 설정되기 전에 주거용으로 쓰이는 경우에만 주택으로 인정되는 것으로 아는데 맞는지요?

A   (1) 주거용건물인지 여부를 판단함에 있어서는 임대차 목적물의 공부상 표시만을 기준으로 할 것이 아니라 그 실지 용도에 따라서 정해야 하고, 주거용과 비주거용으로 겸용되는 경우에는 그 임대차의 목적, 전체건물과 임대차목적물의 구조와 형태 및 임차인의 임대차 목적물의 이용관계, 임차인이 그곳에서 일상생활을 영위하는지 여부 등을 고려하여 합목적적으로 결정해야 한다는 것이 대법원 판례의 견해입니다.

(2) 한편, 주거용건물인지 여부를 판단하는 기준시점은 원칙적으로 임대차계약 체결시 입니다. 따라서 비주거용건물을 임차하여 임차인이 임의로 주거용으로 개조하여 사용하는 경우에는 임대인이 이를 승낙하였다는 등의 특별한 사정이 없는 한 주거용건물이라고 할 수 없습니다[67].

위 판례를 반대로 해석하면 임대인의 동의 또는 승낙이 있는 경우에는 임대차계약 체결 이후에 비주거용 건물을 주거용으로 개조한 경우 주거용 건물이 될 수도 있다고 보겠습니다.

(3) 비주거용 건물의 일부가 주거목적으로 사용되는 경우 판례는 대부분 주택임대차보호법의 적용을 부정합니다. 다만, 주된 목적이 주거용인 경우에는 비록 상가건물이라도 주택임대차보호법의 적용을 인정합니다.

Q   신축상가주택 중 상가1층(근생허가)을 준공검사 후 주택(투룸)으로 불법 개조한 경우 주택임대차보호법에 적용되는지요?

A   임대차계약 체결당시에는 주거용 건물부분이 존재하지 아니하였는데 임차인이 그후 주거용으로 임의 개조한 경우 임대인이 이를 승낙하였다는 등의 특별한 사정이 없는 한 주택임대차보호법의 보호대상이 아닙니다. 임대인이 불법 개조한 경우라면 위의 반대해석상 임대인의 승낙이 추정되는 것이므로 주택임대차보호법이 적용되는 것으로 해석하는 것이 타당합니다.

---

66) 대법원 1996. 5. 31. 선고 93누21941 판결.
67) 대판 1986. 11. 21. 선고 85다카1367 판결

Q 단독주택으로 허가를 받은 후 원룸 4개로 개조한 경우 주택임대차보호법이 적용되는지요?

A 단독주택의 경우 그 일부분에만 거주하는 경우에도 주택임대차보호법이 적용됩니다. 따라서 원룸4개로 불법개조 했다고 하더라도, 주택임대차보호법이 적용된다고 보아야 합니다.

Q 1층과 2층은 주거용, 지하층은 대피소로 되어있는데(등기부상), 지하층의 대피소를 주거용으로 임차할 경우 주택임대차보호법 적용대상이 되는지요?

A (1) 주택임대차보호법의 적용을 받는 '주택'인지 여부는 단순히 건축물관리대장이나 등기부 등본과 같은 공부에 의해서 형식적으로 판단할 것이 아니고, '임대차계약체결 당시'의 실제용도, 임대차의 목적, 전체 건물과 임대차 목적물의 구조와 형태 등 구체적인 상황을 고려해서 합목적적으로 판단해야 합니다[68].

(2)단독주택의 지하실이나 지하주차장, 옥탑은 임차인이 그 주택의 주소지로 주민 등록 전입신고를 할 수 있으므로 임대차계약 체결 당시 지하 대피소가 실제로 주거용으로 사용되고 있었고, 임차인이 이를 주거용으로 임차한 것이라면, 동 법에 서 규정한 대항력을 취득할 수 있습니다.

Q 저는 아직 등기가 되어 있지 않으나, 건축을 완공하고 가사용 승인을 받은 신축주택을 임차하려고 합니다. 미등기주택의 임차인도 주택임대차보호법상의 보호를 받을 수 있는지요?

A 「주택임대차보호법」은 주거용 건물 즉, 주택의 임대차 및 미등기 전세계약에 한하여 적용됩니다. 주거용 건물이란 사회통념상 건물로 인정하기에 충분한 요건을 구비하고 주거용으로 사용하고 있는 것을 말하며, 시청이나 구청 등에 구비되어 있는 건축물대장의 용도란에 '주거용'으로 기재되어 있지 않더라도 같은 법의 적용을 받게 됩니다.

따라서 공부상 공장용 건물이나 창고용 건물이라도 건물의 내부구조를 주거용으로 사실상 변경한 경우에는 주택이라고 보아야 할 것입니다.

또한, 관할관청으로부터 허가를 받지 아니하고 건축한 무허가건물이나, 건축허가를 받았으나 사용승인을 받지 못한 건물 또는 미등기건물에도 「주택임대차보호법」이 적용될 수 있는지에 관하여, 판례는 "주택임대차보호법은 주택의 임대차에 관하여 민법에 대한 특례를 규정함으로써 국민의 주거생활의 안정을 보장함을 목적으로 하고 있고, 주택의 전부 또는 일부의 임대차에 관하여 적용된다고 규정하고 있을 뿐 임차주택이 관할관청의 허가를 받은 건물인지, 등기를 마친 건물인지

---

68) 대판 95다51953
69) 대법원 2007. 6. 21. 선고 2004다26133 전원합의체 판결

아닌지를 구별하고 있지 아니하므로, 어느 건물이 국민의 주거생활의 용도로 사용되는 주택에 해당하는 이상 비록 그 건물에 관하여 아직 등기를 마치지 아니하였거나 등기가 이루어질 수 없는 사정이 있다고 하더라도 다른 특별한 규정이 없는 한 같은 법의 적용대상이 된다."라고 하였습니다[69].

또한, 같은 판례에서 미등기건물의 임차인이 임차건물의 대지만 경매될 경우 우선변제권을 행사할 수 있는지에 관하여, "대항요건 및 확정일자를 갖춘 임차인과 소액임차인에게 우선변제권을 인정한 주택임대차보호법 제3조의2 및 제8조가 미등기 주택을 달리 취급하는 특별한 규정을 두고 있지 아니하므로, 대항요건 및 확정일자를 갖춘 임차인과 소액임차인의 임차주택 대지에 대한 우선변제권에 관한 법리는 임차주택이 미등기인 경우에도 그대로 적용된다. 이와 달리 임차주택의 등기 여부에 따라 그 우선변제권의 인정 여부를 달리 해석하는 것은 합리적 이유나 근거 없이 그 적용대상을 축소하거나 제한하는 것이 되어 부당하고, 민법과 달리 임차권의 등기 없이도 대항력과 우선변제권을 인정하는 같은 법의 취지에 비추어 타당하지 아니하다. 다만, 소액임차인의 우선변제권에 관한 같은 법 제8조 제1항이 그 후문에서 '이 경우 임차인은 주택에 대한 경매신청의 등기 전에' 대항요건을 갖추어야 한다고 규정하고 있으나, 이는 소액보증금을 배당받을 목적으로 배당절차에 임박하여 가장 임차인을 급조하는 등의 폐단을 방지하기 위하여 소액임차인의 대항요건의 구비시기를 제한하는 취지이지, 반드시 임차주택과 대지를 함께 경매하여 임차주택 자체에 경매신청의 등기가 되어야 한다거나 임차주택에 경매신청의 등기가 가능한 경우로 제한하는 취지는 아니라 할 것이다. 대지에 대한 경매신청의 등기 전에 위 대항요건을 갖추도록 하면 입법 취지를 충분히 달성할 수 있으므로, 위 규정이 미등기 주택의 경우에 소액임차인의 대지에 관한 우선변제권을 배제하는 규정에 해당한다고 볼 수 없다."라고 하였습니다. 따라서 대항요건 및 확정일자를 갖춘 임차인과 소액임차인은 (미등기)임차주택과 그 대지가 함께 경매될 경우뿐만 아니라 (미등기)임차주택과 별도로 그 대지만이 경매될 경우에도 그 대지의 환가대금에 대하여 우선변제권을 행사할 수 있습니다[70].

그런데 미등기건물의 경우 등기사항증명서를 열람할 수 없어 소유자가 누구인지 명확하지 않은 문제점이 있으며, 무허가건물이 행정상의 이유로 철거될 경우 불이익을 당할 염려가 있고, 계약기간이 만료된 후 새로이 입주할 임차인이 나타나지 않을 가능성도 높아 임차보증금을 쉽게 반환받지 못할 수 있는 등의 불이익을 당할 염려가 있으니 주의할 필요가 있습니다.

---

70) 대법원 1996. 6. 14. 선고 96다7595 판결, 1999. 7. 23. 선고 99다25532 판결 등 참조

Q 저는 다가구주택의 소위 옥탑이라고 하는 곳에 보증금 1,700만원에 전세를 살고 있습니다. 이 옥탑은 원래 옥상에 물탱크를 설치할 자리에 지은 건물로서 건축물관리대장이나 부동산등기부 상에 나타나지 않고 있습니다. 저는 주민등록전입신고를 하고 확정일자를 받아두었는데, 현재 이 주택에 대해 경매가 진행 중입니다. 어떤 사람은 옥탑은 불법건축물이므로 「주택임대차보호법」 상의 보호를 받지 못한다고 하는데 사실인지요?

A 「주택임대차보호법」 제2조는 "이 법은 주거용 건물의 전부 또는 일부의 임대차에 관하여 이를 적용한다."라고 규정하고 있습니다.

그리고 관할관청으로부터 허가를 받지 아니하고 건축한 무허가건물이나, 건축허가를 받았으나 사용승인을 받지 못한 건물 또는 미등기건물에도 「주택임대차보호법」이 적용될 수 있는지에 관하여, 판례는 "주택임대차보호법은 주택의 임대차에 관하여 민법에 대한 특례를 규정함으로써 국민의 주거생활의 안정을 보장함을 목적으로 하고 있고, 주택의 전부 또는 일부의 임대차에 관하여 적용된다고 규정하고 있을 뿐 임차주택이 관할관청의 허가를 받은 건물인지, 등기를 마친 건물인지 아닌지를 구별하고 있지 아니하므로, 어느 건물이 국민의 주거생활의 용도로 사용되는 주택에 해당하는 이상 비록 그 건물에 관하여 아직 등기를 마치지 아니하였거나 등기가 이루어질 수 없는 사정이 있다고 하더라도 다른 특별한 규정이 없는 한 같은 법의 적용대상이 된다."라고 하였습니다[71].

또한 판례는 "주택임대차보호법 제2조 소정의 주거용 건물이란 공부상의 표시에 불구하고 그 실지용도에 따라서 정하여야 하고, 주택임대차보호법이 적용되려면 임대차계약체결 당시 건물의 구조상 주거용으로서의 형태가 실질적으로 갖추어져 있어야 한다."라고 하였고[72], 또한 "구 주택임대차보호법(1981. 3. 5. 법률 제3379호) 제2조가 정하는 주거용 건물인지의 여부는 공부상의 표시에 불구하고 그 실지용도에 따라서 가려져야 하고 또한 한 건물의 비주거용 부분과 주거용 부분이 함께 임대차의 목적이 되어 각기 그 용도에 따라 사용되는 경우 그 주거용 부분에 관하여 위 법이 적용되느냐의 여부는 구체적인 경우에 따라 합목적적으로 결정하여야 한다."라고 하였습니다[73].

따라서 위 옥탑이 불법건축물로서 행정기관에 의해 철거될 수도 있는 것은 별론으로 하고, 위 옥탑은 위 건물의 일부 또는 경우에 따라서는 건물의 종물로서 경매절차에서 건물과 같이 매각될 것이므로[74], 귀하가 임차할 당시 주거용으로서의 형태가 실질적으로 갖추어져 있었고 귀하가 주거용으로 임차하여 사용하였다면 귀하는 「주택임대차보호법」에 의한 보호를 받을 수 있을 것으로 보입니다.

---

71) 대법원 2007. 6. 21. 선고 2004다26133 전원합의체 판결
72) 대법원 1986. 1. 21. 선고 85다카1367 판결
73) 대법원 1987. 8. 25. 선고 87다카793 판결
74) 서울지법 1998. 4. 29. 선고 98나11636 판결

2) 판단시기

"주거용 건물" 여부의 판단 시기는 임대차 계약을 체결하는 때를 기준으로 하며, 일시 사용을 위한 임대차 일시 사용을 위한 임대차임이 명백한 경우에는 「주택임대차보호법」이 적용되지 않는다. 따라서 숙박업을 경영하는 자가 투숙객과 체결하는 숙박계약은 일시 사용을 위한 임대차이므로 「주택임대차보호법」이 적용되지 않는다.[75]

---

75) 대법원 1994. 1. 28. 선고 93다43590 판결

제3장 대항력

제1절 서설

주택임대차보호법 제3조에서는 임차권의 대항력에 관한 특례를 규정하고 있다. 대항력이란 이미 유효하게 성립한 권리관계를 제3자가 부인하는 경우 그 부인을 물리칠 수 있는 법률상의 권능을 말하는 것으로, 자기보다 후순위권리자에 대하여 임차목적물을 계속 사용 및 수익하면서 인도를 거절할 수 있는 효력이다. 즉 법 제3조 제1항 전문에서 말하는 '제3자에의 대항력'이라는 말은 임차인이 임차주택의 양수인, 임대할 권리를 승계한 자, 기타 임차주택에 관하여 이해관계를 가진 자에 대하여 임대차의 내용을 주장할 수 있는 법률상의 권능을 말하고, 대항력이 있다는 말은 그러한 권능을 가지고 있다는 의미이다. 즉, 임차주택의 양수인이 양도인인 임대인의 지위를 승계하게 되는 결과 임차인은 양수인에게 임대차의 내용을 주장할 수 있고, 제3자의 임차주택에 대한 침해에 대하여 방해배제청구권 등을 행사할 수 있으며, 확정일자를 구비하게 되면 우선변제권을 주장할 수 있는 법률상의 권능을 가진다.

제2절 대항력의 성립요건

1. 개 요

대항력의 구비 여부는 제3자가 제기한 인도청구소송뿐만 아니라 보증금반환청구소송, 즉, 임차인이 임차주택의 양수인을 상대로 보증금반환을 구하는 경우, 임대인이 임차주택을 양도하였음을 이유로 면책적 채무인수를 주장하는 경우에도 쟁점이 된다. 이러한 주임법 상의 대항력을 취득하기 위한 요건은 '주택의 인도'와 '주민등록'이다. 즉 임차인이 임차주택을 인도받고 자신의 주소를 임차주택으로 주민등록 전입신고를 하게 되면 대항력을 취득하게 된다.

아래에서는 대항요건의 성립요건에 관하여 서술하기로 한다.[76]

2. 주택의 인도

가. 인도의 개념

주택의 인도는 주택에 대한 점유, 즉 주택에 대한 사실상의 지배력을 이전하는 것을 말한다. 여기에서의 인도에는 현실인도[77]뿐만 아니라, 간이인도[78], 반환청구권의 양도[79] 및 점유개정[80]도 포함된다. 즉 주택임대차의 경우 법 제3조 제1호의 대항력은 임차인이 당해 주택에 거주하면서 이를 직접 점유하는 경우뿐만 아니라 타인의 점유를 매개로 하여 이를 간접점유하는 경우에도 인정된다. 이 요건은 법 제8조 제1항 소액보증금뿐만 아니라 같은 법 제3조의2 제2항의 우선변제권에도 그대로 적용되고, 상가건물임대차보호법 제14조 제1항의 소액보증금과 같은 법 제5조 제2항의 우선변제권에도 그대로 준용된다.

---

76) 대법원이 대항력과 관련한 많은 판결을 내면서 판결요지는 아주 비슷하지만 구체적 내용에 따라 대항력을 취득하는 경우도 있으나 대항력을 취득하지 못하는 경우도 있어 언뜻 보면 모순되는 사안 같이 보이는 경우가 적지 않다. 그러나 구체적 사안을 깊이 검토하면 그 나름대로 충분한 이유가 있다. 따라서 대법원 판결을 검토할 때는 반드시 사실관계를 명확히 검토해 볼 필요가 있다.

77) 직접 물건을 교부하는 것과 같이 물건에 대한 사실상의 지배를 현실적으로 이전하는 것

78) 목적물의 양수인 또는 대리인이 이미 현실적으로 물건을 소지·점유하고 있을 때에는 따로 인도라는 절차를 밟을 필요가 없으므로 당사자의 의사표시만으로써 인도의 효과를 생기게 하는 제도(민 제188조 제2항)

79) 양도인이 제3자에게 점유시키고 있는 목적물, 즉 간접점유의 관계에 있는 물건을 그대로 양도하고자 할 경우에 양도인이 그 제3자에게 대한 반환청구권을 양수인에게 양도하면 그 동산의 인도가 있는 것이 되고 따라서 동산물권이 양도되는 제도(민 제190조, 제196조 제2항)
　　대법원 1993. 11. 23. 선고 93다10552, 10569 판결, 1999. 4. 23. 선고 98다32939 판결

80) 양도인이 양수인의 점유매개자가 되어서 물건을 계속 소지하는 경우에 양도인이 앞으로는 양수인을 위하여 점유한다는 의사표시를 함으로써 인도의 효력이 생기게 하는 인도방법(민 제189조, 제196조 제2항)
　　대법원 1993. 11. 23. 선고 93다10552, 10569 판결, 1999. 4. 23. 선고 98다32939 판결, 2000. 2. 11. 선고 99다59306 판결, 2000. 3. 23. 선고 99다67970 판결

나. 점유개정에 대한 제한

1) 제한 내용

앞서 언급한 바와 같이 주택의 인도에는 점유개정도 포함된다는 전제 하에, 일정한 제한을 가하는 판례가 있다. 즉, 법 제3조 제1항에서 주택의 인도와 더불어 대항력의 요건으로 규정하고 있는 주민등록은 거래의 안정을 위하여 임차권의 존재를 제3자가 명백히 인식할 수 있게 하는 공시방법으로 마련된 것으로서, 주민등록이 어떤 임대차를 공시하는 효력이 있게 하는 공시방법으로 마련된 것으로서, 주민등록이 어떤 임대차를 공시하는 효력이 있는가의 여부는 그 주민등록으로 제3자가 임차권의 존재를 인식할 수 있는가에 따라 결정된다고 할 것이므로, 주민등록이 대항력의 요건을 충족시킬 수 있는 공시방법이 되려면 단순히 형식적으로 주민등록이 되어 있다는 것으로는 부족하고, 주민등록에 의하여 표상되는 점유관계가 임차권을 매개로 하는 점유임을 제3자가 인식할 수 있는 정도는 되어야 한다.

2) 소유권자일 경우

대법원은 갑이 1988. 8. 30. 당해 주택에 관하여 자기 명의로 소유권이전등기를 경료하고 같은 해 10. 1. 그 주민등록 전입신고까지 마친 후 이에 거주하다가 1993. 10. 23. 을과의 사이에 그 주택을 을에게 매도함과 동시에 그로부터 이를 다시 임차하되 매매잔금 지급기일인 1993. 12. 23.부터는 주택의 거주관계를 바꾸어 갑이 임차인의 자격으로 이에 거주하는 것으로 하기로 약정하고 계속하여 거주해 왔으나, 위 매매에 따른 을 명의의 소유권이전등기는 1994. 3. 9.에야 비로소 경료된 경우, 제3자로서는 그 주택에 관하여 갑으로부터 을 앞으로 소유권이전등기가 경료되기 전에는 갑의 주민등록이 소유권 아닌 임차권을 매개로 하는 점유라는 것을 인식하기 어려웠다 할 것이므로, 갑의 주민등록은 그 주택에 관하여 을 명의의 소유권이전등기가 경료된 1994. 3. 9. 이전에는 주택임대차의 대항력 인정의 요건이 되는 적법한 공시방법으로서의 효력이 없고, 그 이후에야 비로소 갑과 을 사이의 임대차를 공시하는 유효한 공시방법이 된다고 보았다[81].

---

81) 대법원 1999.04.23. 선고 98다32939 판결

3. 주민등록

가. 개 요

대항력의 요건으로서 주민등록은 원칙적으로 적법한 것이어야 한다. 적법한 주민등록이라는 의미는 주민등록이 주민등록법상의 절차에 따른 유효한 주민등록이어야 하고, 주민등록은 실제의 거주를 표상하는 것이어야 한다는 것을 의미한다. 결국, 주임법 제3조 제1항에서 주택의 인도와 더불어 대항력의 요건으로 규정하고 있는 주민등록은 거래의 안전을 위하여 임차권의 존재를 제3자가 명백히 인식할 수 있게 하는 공시방법으로 마련된 것으로서, 주민등록이 어떤 임대차를 공시하는 효력이 있는가의 여부는 그 주민등록으로 제3자가 임차권의 존재를 인식[82]할 수 있는가에 따라 결정된다고 할 것이므로, 주민등록이 대항력의 요건을 충족시킬 수 있는 공시방법이 되려면 단순히 형식적으로 주민등록이 되어 있다는 것만으로는 부족하고, 주민등록에 의하여 표상되는 점유관계가 임차권을 매개로 하는 점유임을 제3자가 인식할 수 있는 정도가 되어야 한다.[83]

한편, 주택도시기금을 재원으로 하여 저소득층 무주택자에게 주거생활 안정을 목적으로 전세임대주택을 지원하는 법인이 주택을 임차한 후 지방자치단체의 장 또는 그 법인이 선정한 입주자가 그 주택을 인도받고 주민등록을 마쳤을 때에는 제1항을 준용한다 (주임법 제3조 제2항).

나. 점유보조자인 배우자나 자녀 등 가족

국민의 주거생활의 안정을 보장함을 목적으로 하고 있는 주택임대차보호법의 입법취지나 주택의 인도와 주민등록이라는 공시방법을 요건으로 하여 대항력을 부여하고 있는 주임법 제3조 제1항의 취지에 비추어 볼 때, 주민등록이라는 대항요건을 임차인 본인뿐 아니라, 그 배우자나 자녀 등 가족의 주민등록을 포함한다.

---

82) 대법원 2003. 6. 10. 선고 2002다59351 판결, 2007. 2. 8. 선고 2006다70516 판결
83) 대법원 1999. 4. 23. 선고 98다32939 판결, 2000. 2. 11. 선고 99다59306 판결, 2000. 3. 23. 선고 99다67970 판결, 2001. 1. 30. 선고 2000다58026 판결, 2002. 11. 8. 선고 2002다3836 1, 38378 판결

Q 임차인 이씨는 2007년 11월 17일 보증금 5,000만원, 월세 30만원의 거주하는 임차주택이 임차기간 만료가 되어 이사를 하고자 다른 곳에 주택을 임차한 상태입니다.(임차보증금 중 3,000만원은 전세자금 대여임) 임대인은 자금이 없으므로 일단 보증금 중 2,000만원을 이 씨에게 주고 나머지 은행 대여금 3000 만원에 대한 이자를 지금 현재 이 씨가 거주하고 있는 주택이 신임차인에게 인도될 때까지 부담하겠다고 합니다. 이 씨가 기존의 임차주택에 주민등록을 두고 이 씨의 부인과 아이들만 새로운 주택으로 전입신고를 해도 되는지요?

A (1) 새로운 주택의 대항력을 갖추기 위하여는 계약 당사자 이 씨 본인이 전입신고되어야 합니다. 기존주택 보증금 보호를 위하여 임대인의 협조를 얻어 해결할 수 있는 방법과 단독으로 해결할 수 있는 방법이 있습니다.

(2) 임대인이 협조해 준다면, 기존 주택에 전세권설정등기를 해두고 새로운 주택으로 이사를 가면 됩니다. 전세권자로서 보호를 받을 수 있기 때문입니다.

(3) 만일 임대인이 이를 거부한다면, 임차인 단독으로 임차권등기명령제도를 활용하여 임차권등기를 할 수 있습니다.(주택임대차보호법 제3조의3 참조) 즉, 임대차가 종료된 후 보증금을 받지 못한 임차인은 임차주택의 소재지를 관할하는 지방법원에 임차권등기명령을 신청할 수 있습니다. 임차권등기명령의 집행에 의한 임차권등기가 경료되면 임차인은 주택임대차보호법 소정의 대항력 및 우선변제권을 취득합니다. 이때, 임차권등기 이전에 이미 대항력 또는 우선변제권을 취득한 경우에는 그 대항력 또는 우선변제권은 그대로 유지됩니다. 더욱이 중요한 것은 임차권등기 이후에 다른 곳으로 전입신고를 하더라도 이미 취득한 대항력 또는 우선변제권을 상실하지 않습니다. 주의할 것은 임차권등기 시 까지는 이사를 가지 말아야 한다는 점입니다. 만일 임차권등기 이전에 이사를 가면, 임차권등기 시부터 대항력 또는 우선변제권을 취득한 것이 됩니다.

(4) 귀하의 경우 위 임차권등기명령제도를 활용하는 것이 가장 좋은 방법입니다.

(5) 은행의 입장에서 전세보증금대여 이자 지급의무는 임차인에게 있는 것이지 임대인에게 있는 것이 아니므로, 임대인이 이자를 지급하지 않은 경우 임차인이 은행에 대해 그 연체에 따른 책임을 져야 합니다.

다. 임차인이 간접점유하는 경우 직접점유자의 주민등록

임차권의 적법한 양도나 전대의 경우 주임법 제3조 제1항에 의한 대항력을 갖춘 주택임차인이 임대인의 동의를 얻어 적법하게 임차권을 양도하거나 전대한 경우에 있어서 양수인이나 전차인이 임차인의 주민등록퇴거일로부터 주민등록법상의 전입신고기간 내에 전입신고를 마치고 주택을 인도받아 점유를 계속하고 있다면 비록 위 임차권의 양도나 전대에 의하여 임차권의 공시방법인 점유와 주민등록이 변경되었다 하더라도 원래의 임차인이 갖는 임차권의 대항력은 소멸되지 아니하고 동일성을 유지한 채로 존속한다. 한편, 임차인이 임대인으로부터 별도의 승낙을 얻지 아니하고 제3자에게 임차물을 사용·수익하도록 한 경우에도 임차인의 행위가 임대인에 대한 배신적 행위라고 할 수 없다. 특별한 사정이 인정되는 경우와 같이 전대차가 임대인에 대하여도 주장할 수 있는 적법 유효한 것이라고 평가되는 경우에는 위와 마찬가지이다.

Q 주택임대차보호법상의 대항력을 갖춘 임차권을 주택 임대인의 동의를 얻어 다른 사람이 양수한 경우, 그 양수인이 이전 임차인의 퇴거 이전에 주민등록 전입신고를 마치고 주택을 인도받아 점유를 계속하고 있다면, 원래의 임차인이 갖는 임차권의 대항력은 계속된다는 것이 대법원 판례입니다[84]. 즉, (1) 주택임대인의 동의를 받을 것. (2) 원래 임차인의 주민등록퇴거일로부터 주민등록법상의 전입신고기간 내에 전입신고를 마치고 주택을 인도받아 점유를 계속할 것이 요 건입니다. 위와 같은 요건구비 시 종전 임차인의 계약기간과는 상관이 없는지요?

A 주택임대차보호법 제3조 제1항에 의한 대항력을 갖춘 주택임차인이 임대인의 동의를 얻어 적법하게 임차권을 양도하거나 전대한 경우에 있어서 양수인이나 전차인이 임차인의 주민등록퇴거일로부터 주민등록법상의 전입신고기간 인 14일 이내에 전입신고를 마치고 주택을 인도받아 점유를 계속하고 있다면 비록 위 임차권의 양도나 전대에 의하여 임차권의 공시방법인 점유와 주민등록이 변경되었다 하더라도 원래의 임차인이 갖는 임차권의 대항력은 소멸되지 아니하고 동일성을 유지한 채로 존속한다고 보아야 합니다[85].

따라서, 임차권양수인은 전 임차인의 임차권과 동일성이 있는 임차권을 주장할 수 있는 것이므로, 이 경우 임대차계약 기간도 전 임대차계약의 기간 내에서 법의 보호를 받는다고 보아야 할 것입니다[86].

라. 외국인과 법인의 경우

1) 외 국 인

외국인의 경우 출입국관리법에 의한 외국인등록 및 체류지변경신고는 주민등록 및 전입신고에 갈음한다(출입국관리법 제88조의2 제2항 : 2002. 12. 5. 개정 시 신설, 2003. 3. 6.부터 시행). 1999. 7. 23. 전문개정되기 전의 주민등록법 시행령 제6조 하에서도

---

84) 대판 87다카2509 판결 참조
85) 대판 87다카2509
86) 참조판례: 대법원1988.04.25 선고87다카2509판결

외국인등록 및 체류지변경신고를 주민등록 및 전입신고로 보았다. 또한 재외동포가 장기체류하면서 주택을 임대차하는 경우에도 보호대상이 된다.

Q 재외동포도 주택임대차보호법의 보호를 받는지

A 「주택임대차보호법」의 입법목적에 관하여 같은 법 제1조는 "이 법은 주거용건물의 임대차에 관하여 민법에 대한 특례를 규정함으로써 국민의 주거생활의 안정을 보장함을 목적으로 한다."라고 규정하고 있고, 같은 법 제3조 제1항에서 "임대차는 그 등기가 없는 경우에도 주택의 인도와 주민등록을 마친 때에는 그 다음날부터 제3자에 대하여 대항할 수 있다. 이 경우 전입신고를 한 때에 주민등록이 된 것으로 본다."라고 규정하고 있습니다.

여기서 귀하는 국민이 아닌 외국인이므로 「주택임대차보호법」의 보호대상이 될 수 있는지 문제됩니다. 그런데 「재외동포의 출입국과 법적 지위에 관한 법률」 제2조는 "재외동포란 ① 대한민국의 국민으로서 외국의 영주권을 취득한 자 또는 영주할 목적으로 외국에 거주하고 있는 자(재외국민)와 ② 대한민국의 국적을 보유하였던 자(대한민국정부 수립 이전에 국외로 이주한 동포를 포함) 또는 그 직계비속으로서 외국국적을 취득한 자 중 대통령령이 정하는 자(외국국적동포)를 말하고", 같은 법 제3조는 "재외국민과 「출입국관리법」 제10조의 규정에 의한 체류자격 중 재외동포체류자격을 가진 외국국적동포의 대한민국에서의 출입국과 대한민국 안에서의 법적 지위에 관하여 적용된다."라고 규정하면서, 재외동포의 국내거소신고에 관하여는 같은 법 제6조 제1항과 제2항은 "① 재외동포체류자격으로 입국한 외국국적동포는 이 법을 적용 받기 위하여 필요한 경우에는 대한민국 안에 거소를 정하여 그 거소를 관할하는 지방출입국·외국인관서의 장에게 국내거소신고를 할 수 있다. ② 제1항에 따라 신고한 국내거소를 이전한 때에는 14일 이내에 그 사실을 신거소(新居所)가 소재한 시·군·구의 장이나 신거소를 관할하는 지방출입국·외국인관서의 장에게 신고하여야 한다."라고 규정하고 있고, 같은 법 제7조(국내거소신고증 발급 등) 제1항과 제2항은 "① 지방출입국·외국인관서의 장은 제6조에 다라 국내거소신고를 한 외국국적동포에게 국내거소신고번호를 부여하고, 외국국적동포 국내거소신고증을 발급한다. ② 국내거소신고증에는 국내거소신고번호·성명·성별·생년월일·국적·거주국과 대한민국 안의 거소 등을 기재한다."라고 규정하고 있습니다.

그리고 같은 법 제10조(출입국과 체류) 제4항에서는 "대한민국 안의 거소를 신고하거나 그 이전신고(移轉申告)를 한 외국국적동포에 대하여는 출입국관리법 제31조에 따른 외국인등록과 같은 법 제36조에 따른 체류지변경신고를 한 것으로 본다."라고 규정하고 있습니다.

또한, 「출입국관리법」 제88조의2(외국인등록증 등과 주민등록증 등의 관계) 제2항에 의하면, "이 법에 따른 외국인등록과 체류지 변경신고는 주민등록과 전입신고를 갈음한다."고 규정하고 있습니다.

따라서 외국인이라고 하더라도 주택을 임차하여 인도받아 거주하면서 「재외동포의 출입국과 법적 지위에 관한 법률」에 의한 국내거소신고를 임차주택소재지 지번(地番)으로 하였다면 「주택임대차보호법」에 의한 보호를 받을 수 있을 것으로 보입니다.

2) 법 인

2007. 8. 3. 법 개정(2007. 11. 4. 시행)으로 제3조 제2항이 신설되어 국민주택기금을 재원으로 하여 저소득층 무주택자에게 주거생활 안정을 목적으로 전세임대주택을 지원하는 법인이 주택을 임차한 후 지방자치단체의 장 또는 그 법인이 선정한 입주자가 그 주택을 인도받고 주민등록을 마쳤을 때에는 대항력을 취득하게 되었다. 대항력이 인정되는 법인은 한국토지주택공사법에 따른 한국토지주택공사와 지방공기업법 제49조에 따라 주택사업을 목적으로 설립된 지방공사이다(주임법 시행령 제2조).

한편, 「중소기업기본법」 제2조에 따른 중소기업에 해당하는 법인이 소속 직원의 주거용으로 주택을 임차한 후 그 법인이 선정한 직원이 해당 주택을 인도받고 주민등록을 마쳤을 때에는 주임법 제3조 제1항을 준용한다. 임대차가 끝나기 전에 그 직원이 변경된 경우에는 그 법인이 선정한 새로운 직원이 주택을 인도받고 주민등록을 마친 다음 날부터 제삼자에 대하여 효력이 생긴다(주임법 제3조 제3항).

4. 공부상 주소 표시와 주민등록의 불일치

가. 판단기준

대항력의 요건인 주민등록은 공시방법이므로 일반 사회통념상 그 주민등록으로 임차주택에 임차인이 주소 또는 거소를 가진 사람으로 등록되어 있는 것으로 인식할 수 있는지 여부에 따라 공시방법으로서의 유효 여부에 따라 판단하여야 한다. 그리고 이러한 일반론을 특단의 사정이 없는 한 주택의 형태와 관련시켜 판단하면 편리한 바, 주택은 크게 단독주택과 공동주택으로, 단독주택은 일가구용 단독주택과 다가구용 단독주택으로, 공동주택은 다세대주택, 연립주택, 아파트로 구분해 볼 수 있다.

나. 단독주택

1) 일반원칙

일가구용 단독주택은 물론 다가구용 단독주택의 경우에도 건축물대장 내지 등기부상의 지번과 주민등록상의 지번이 일치하지 않는 경우에는 특단의 사정이 없는 한 대항력을 취득할 수 없다. 판례상 나타난 예를 보면, 등기부상 97-40과 주민등록상 97-7[87]),

등기부상 분할 후 지번인 166-16과 주민등록상 분할 전 지번인 166-1[88], 등기부상 260-3과 주민등록상 206-3[89], 건축물대장상 산 53-6이나 등기부상 산 53과 주민등록상 53-6[90], 등기부상 313-3과 주민등록상 313-2[91]의 경우 모두 대항력을 취득할 수 없다.

2) 다가구용 단독주택의 경우

다가구용 단독주택에 관하여도 같은 기준이 적용된다. 즉, 다가구용 단독주택의 경우 건축법이나 주택건설촉진법상 이를 공동주택으로 볼 근거가 없어 단독주택으로 보는 이상 임차인이 위 건물의 일부나 전부를 임차하고, 전입신고를 하는 경우 지번만 기재하는 것으로 충분하고, 나아가 위 건물 거주자의 편의상 구분하여 놓은 호수까지 기재할 의무나 필요가 있다고 할 수 없고, 등기부의 갑구란의 각 지분 표시 위에 각 그 호수가 기재되어 있으나 이는 법령상의 근거가 없이 소유자들의 편의를 위하여 등기공무원이 임의로 기재하는 것에 불과하여, 임차인이 실제로 위 건물의 어느 부분을 임차하여 거주하고 있는지 여부의 조사는 단독주택의 경우와 마찬가지로 위 건물에 담보권 등을 설정하려는 이해관계인의 책임 하에 이루어져야 할 것이므로 임차인이 전입신고로 지번을 정확히 기재하여 전입신고를 한 이상 일반 사회통념상 그 주민등록으로 위 건물에 임차인이 주소 또는 거소를 가진 자로 등록되어 있는 지를 인식할 수 있어 임대차의 공시방법으로 유효하다[92].

또한, 다가구단독주택에 관하여 집합건물의 소유 및 관리에 관한 법률에 의하여 구분건물로 등기가 경료되었으나 집합건물관리대장이 작성되지 않은 경우 그 건물의 일부나 전부의 임차인이 전유부분의 표시 없이 지번만 기재하여 한 전입신고는 그 임대차의 유효한 공시방법이다[93].

---

87) 대법원 1987. 11. 10. 선고 87다카1573 판결
88) 대법원 1989. 6. 27. 선고 89다카3370 판결
89) 대법원 1997. 7. 11. 선고 97다10024 판결
90) 대법원 2000. 6. 9. 선고 2000다8069 판결
91) 대법원 2001. 4. 24. 선고 2000다44799 판결
92) 대법원 1997. 11. 14. 선고 97다29530 판결, 1998. 1. 23. 선고 97다47828 판결, 1999. 5. 25. 선고 99다8322 판결, 2002. 3. 15. 선고 2001다80204 판결, 1999. 9. 3. 선고 99다15597 판결
93) 대법원 1999. 9. 7. 선고 99다25600 판결, 2002. 3. 15. 선고 2001다80204 판결

3) 등기부상 지번과 건축물대장상 지번이 상이할 경우

주택의 소유권보존등기가 이루어진 후 토지의 분할 등으로 인하여 지적도, 토지대장, 건축물대장 등의 주택의 지번 표시가 분할 후의 지번으로 등재되어 있으나 등기부에는 여전히 분할 전의 지번으로 등재되어 있는 경우, 임차인이 주민등록을 함에 있어 토지대장 및 건축물대장에 일치하게 주택의 지번과 동호수를 표시하였다면 설사 그것이 등기부의 기재와 다르다고 하여도 일반의 사회통념상 임차인이 그 지번에 주소를 가진 것으로 제3자가 인식할 수 있다고 봄이 상당하므로 유효한 임대차의 공시방법이 된다[94]. 즉 건축물대장이 먼저 정리되고, 등기부가 정리되지 않은 상태에서 건축물대장이 표시대로 하여도 유효한 공시방법이 되는 것이다.

4) 결 론

상기 판례의 취지를 종합하면 일가구용 단독주택의 경우는 물론 다가구용 단독주택의 전부나 일부를 임차하고 전입신고를 하는 경우에도 지번만 기재하는 것으로 충분하고, 나아가 위 건물 거주자의 편의상 구분하여 놓은 호수까지 기재할 의무나 필요는 없으며, 건축물관리대장이나 등기부상 지번과 주민등록상 지번이 일치하면 유효한 주민등록으로 볼 수 있는 한편, 그것이 조금이라도 불일치하는 경우에는 유효한 주민등록을 마쳤다고 볼 수 없다는 것으로 요약할 수 있다. 물론 임차인이 유효하게 주민등록 전입신고를 한 후 사후적으로 임차주택의 지번이 등록전환이나 분필과 합필 등으로 인하여 변경된 경우에는 이미 발생한 대항력에 지장이 없다[95].

> **Q** 저는 甲이 다가구용 단독주택으로 허가받아 건축중인 주택 중 101호를 임차보증금 3,800만 원으로 약정하여 임차하면서 주소를 건축허가 당시의 주택 현황대로 지번을 기재하고(호수는 기재하지 않음) 주민등록전입신고를 마친 후 임대차계약서상에 확정일자까지 받았습니다. 그 후 甲은 위 주택의 용도를 다세대주택으로 변경하여 신고한 후 각 층·호마다 구분하여 소유권보존등기를 마쳤고, 제가 임차한 101호에 대해 乙명의의 소유권이전등기를 해주었으며, 乙은 같은 날 丙명의의 근저당권설정등기를 마쳤습니다. 저는 그 후 호수까지 기재하여 주소를 정정하는 주민등록주소정정신고를 하였는데, 이 경우 丙에 대하여 대항력과 우선변제권을 주장할 수 있는지요?

---

94) 대법원 1999. 12. 7. 선고 99다44762 판결, 2001. 12. 27. 선고 2001다63216 판결
95) 대법원 1999. 9. 3. 선고 99다15597 판결, 1999. 12. 7. 선고 99다44762, 44779 판결
96) 대법원 1999. 9. 3. 선고 99다15597 판결
97) 대법원 1999. 5. 25. 선고 99다8322 판결, 2002. 3. 15. 선고 2001다80204 판결, 2007. 2.

A 관련 판례를 보면, "건축 중인 주택을 임차하여 주민등록을 마친 임차인의 주민등록이 그 후 소유권보존등기가 경료되고 이를 바탕으로 저당권을 취득하여 등기부상 이해관계를 가지게 된 제3자에 대한 관계에서 임대차를 공시하는 효력이 있는지의 여부는 그 제3자의 입장에서 보아 일반사회통념상 그 주민등록으로 당해 주택에 임차인이 주소 또는 거소를 가진 자로 등록되어 있다고 인식할 수 있는가의 여부에 따라 판단되어야 하고, 건축 중인 주택에 대한 소유권보존등기가 경료되기 전에 그 일부를 임차하여 주민등록을 마친 임차인의 주민등록상의 주소 기재가 그 당시의 주택의 현황과 일치한다 하더라도 그 후 사정변경으로 등기부상의 주택의 표시가 달라졌다면, 주민등록상의 주소가 주민등록법시행령 제5조 제5항(1999. 7. 23. 개정시행령 제9조 제3항)에 따라 건축물관리대장의 기재에 근거하여 된 것이라는 등의 특별한 사정이 없는 한, 달라진 주택의 표시를 전제로 등기부상 이해관계를 가지게 된 제3자로서는 당초의 주민등록에 의하여 당해 주택에 임차인이 주소 또는 거소를 가진 자로 등록되어 있다고 인식하기 어렵다 할 것이므로 그 주민등록은 그 제3자에 대한 관계에서 유효한 임대차의 공시방법이 될 수 없다."라고 하였습니다[96].

그러나 또 다른 판례를 보면, "원래 단독주택으로 건축허가를 받아 건축되고, 건축물관리대장에도 구분소유가 불가능한 건물로 등재된 이른바 다가구용 단독주택에 관하여 나중에 집합건물의소유및관리에관한법률에 의하여 구분건물(다세대주택)로의 구분등기가 경료되었음에도 불구하고, 소관청이 종전에 단독주택으로 등록한 일반건축물관리대장을 그대로 둔 채 집합건축물관리대장을 작성하지 않은 경우에는, 주민등록법시행령 제5조 제5항(1999. 7. 23. 개정시행령 제9조 제3항)에 따라 임차인이 위 건물의 일부나 전부를 임차하여 전입신고를 하는 경우 지번만 기재하는 것으로 충분하고, 나아가 그 전유부분의 표시까지 기재할 의무나 필요가 있다고 할 수 없으며, 임차인이 실제로 위 건물의 어느 부분을 임차하여 거주하고 있는지 여부의 조사는 단독주택의 경우와 마찬가지로 위 건물에 담보권 등을 설정하려는 이해관계인의 책임하에 이루어져야 할 것이므로, 임차인이 위 건물의 지번으로 전입신고를 한 이상 일반사회통념상 그 주민등록으로 위 건물에 위 임차인이 주소 또는 거소를 가진 자로 등록되어 있는지를 인식할 수 있는 경우에 해당된다 할 것이고, 따라서 임대차의 공시방법으로 유효하다."라고 하였습니다[97].

「주민등록법 시행령」 제9조 제3항은 "주민등록표 등 주민등록 관계 서류의 주소는 「도로명주소법 시행령」 제3조에 따른 도로명주소의 표기방법으로 기록한다."라고 규정하고, 같은 조 제4항은 "3항에도 불구하고 「도로명주소법」에 따른 도로명주소를 사용할 수 없는 경우에는 특별시·광역시·도·특별자치도, 시·군·자치구, 구(자치구가 아닌 구를 말한다), 읍·면·동(법정동 이름을 말한다), 리(법정리 이름을 말한다), 지번(地番)의 순으로 기록할 수 있다. 이 경우 「주택법」에 따른 공동주택은 지번 다음에 건축물대장 등에 따른 공동주택의 이름과 동(棟)번호와 호(號)수를 기록한다."라고 규정하고 있는데, 위 판례의 취지는 주민등록의 기재가 집합건축물대장이 제대로 작성되지 아니한 채 기존 일반 건축물관리대장에 합치되는 경우에는 단독주택이 다세대주택으로 변경되더라도 대항력과 우선변제권이 소멸되지 않는다는 입장인 것 같습니다.

따라서 귀하가 최초 주민등록전입신고를 할 당시 위 임차건물이 건축물관리대장에 단독주택으로 등재되어 있었다면 대항력도 있고, 丙보다 우선배당을 받을 수 있지만, 그렇지 아니할 경우에는 비록 귀하의 최초 전입신고가 丙의 근저당권설정일보다 앞선다고 하더라도 '101호'를 기재한 정정된 전입신고가 위 근저당권설정일보다 후순위이기 때문에 귀하는 배당절차에서 丙보다 우선변제 받을 수는 없을 것으로 보입니다.

Q 저는 甲소유 다가구주택의 지층 1호를 임차보증금 4,000만원 계약기간 2년으로 임대차계약을 체결한 후 전입신고 시 건물호수를 지층 1호로 하지 않고 이웃주민들이 부르는 연립 101호로 기재하였습니다. 그런데 위 임차주택은 제가 입주하여 주민등록전입신고를 마친 후 설정된 근저당권에 기하여 현재 담보권실행을 위한 경매절차가 진행 중에 있습니다. 위와 같이 전입신고 시에 동·호수를 잘못 기재한 경우 저는 경매절차의 매수인에게 대항할 수 없는지요?

A 「주택임대차보호법」 제3조 제1항은 "임대차는 등기가 없는 경우에도 임차인이 주택의 인도와 주민등록을 마친 때에는 그 익일부터 제3자에 대하여 효력이 생긴다. 이 경우 전입신고를 한 때에 주민등록이 된 것으로 본다."라고 규정하고 있습니다.

이와 관련하여 판례는 "다가구주택은 건축법이나 주택건설촉진법상 이를 공동주택으로 볼 근거가 없어 단독주택으로 구분되며, 단독주택의 경우에 임차인이 건물의 일부나 전부를 임차하고 전입신고를 하는 경우에 지번만 기재하는 것으로 충분하고 위 건물 거주자들이 편의상 구분하여 놓은 호수까지 기재할 의무나 필요가 없으며, 임차인이 실제로 건물의 어느 부분을 임차하여 거주하고 있는지 여부의 조사는 위 건물에 담보권을 설정하려는 이해관계인의 책임하에 이루어져야 할 것이므로 임차인이 지번을 정확하게 기재하여 전입신고를 한 이상 임차인의 공시방법은 유효하고, 그 임차인이 위 건물 중 종전에 임차하고 있던 부분에서 다른 부분으로 옮기면서 그 옮긴 부분으로 다시 전입신고를 하였다고 하더라도 이를 달리 볼 것은 아니다."라고 하였습니다[98].

그러므로 구분등기를 하지 않은 다가구용 주택의 주민등록방법은 그 주택의 지번까지만 기재하면 충분하고 다가구주택거주자의 편의상 구분해놓은 호수까지 기재할 의무나 필요가 없으며, 다가구주택 내에서 이사를 하더라도 주민등록전입신고를 다시 할 필요가 없습니다.

사안의 경우 귀하가 임차한 주택이 다가구용 단독주택이므로 임차주택 지번의 기재로서 유효한 주민등록을 마쳤다고 할 것이므로, 귀하는 「주택임대차보호법」상의 대항력을 갖추었다 할 것이어서 진행 중인 경매절차의 매수인에게 대항 할 수 있을 것으로 보입니다.

참고로 다가구용 단독주택에 관하여 「집합건물의 소유 및 관리에 관한 법률」에 의하여 구분건물로의 구분등기가 이루어졌으나 집합건축물관리대장이 작성되지 않은 경우, 그 건물의 일부나 전부의 임차인이 전유부분의 표시 없이 지번만 기재하여 한 전입신고가 그 임대차의 유효한 공시방법인지

8. 선고 2006다70516 판결
98) 대법원 1998. 1. 23. 선고 97다47828 판결, 1999. 5. 25. 선고 99다8322 판결

에 관하여 판례는 "원래 단독주택으로 건축허가를 받아 건축되고, 건축물관리대장에도 구분소유가 불가능한 건물로 등재된 이른바 다가구용 단독주택에 관하여 나중에 집합건물의소유및관리에관한 법률에 의하여 구분건물로의 구분등기가 경료되었음에도 불구하고, 소관청이 종전에 단독주택으로 등록한 일반건축물관리대장을 그대로 둔 채 집합건축물관리대장을 작성하지 않은 경우에는, 주민 등록법시행령 제9조 제3항에 따라 임차인이 위 건물의 일부나 전부를 임차하여 전입신고를 하는 경우 지번만 기재하는 것으로 충분하고, 나아가 그 전유부분의 표시까지 기재할 의무나 필요가 있다고 할 수 없으며, 임차인이 실제로 위 건물의 어느 부분을 임차하여 거주하고 있는지 여부의 조사는 단독주택의 경우와 마찬가지로 위 건물에 담보권 등을 설정하려는 이해관계인의 책임하에 이루어져야 할 것이므로, 임차인이 위 건물의 지번으로 전입신고를 한 이상 일반사회 통념상 그 주민등록으로도 위 건물에 위 임차인이 주소 또는 거소를 가진 자로 등록되어 있는지를 인식할 수 있는 경우에 해당된다 할 것이고, 따라서 임대차의 공시방법으로 유효하다."라고 하였습니다[99].

다. 공동주택

1) 공동주택에 대한 주민등록

"주민등록표 등 주민등록관계서류의 주소는 특별시·광역시·도, 시·군·자치구, 구 (자치구가 아닌 구를 두는 경우에 한한다), 읍·면·동·리, 지번의 순으로 표기한다. 이 경우 동·리는 법정 동·리의 명칭으로, 공동주택의 경우에는 지번 다음에 건축물관 리대장에 의한 공동주택의 명칭과 동·호수를 기재한다."라고 규정하고 있다(주민등록 법시행령 제9조 제3항). 판례는 위 규정은 주민등록의 부실 기재를 방지함으로써 주민 의 주거관계를 파악하고 상시로 인구의 동태를 명확히 하여 행정사무를 적정하고 간이 하게 처리할 목적으로 제정된 주민등록법의 목적달성을 위하여 주의적으로 둔 규정에 불과하고, 위 시행령의 규정이 신설되기 전과 후를 구분하여 주민등록이 대항력을 구비하였는지 여부를 달리 판단하여야 하는 것은 아니라고 하였다[100]. 따라서 공 동주택에 대한 주민등록의 경우 지번만 표시하고 동·호수를 누락하거나[101], 주민 등록상 동·호수가 다르게 기재되어 있는 경우에는 그 주민등록은 공시방법으로서 유 효한 것이라고 할 수 없다[102].

이러한 이치는 경매절차에서 근저당권자나 매수인(낙찰) 등의 이해관계인 등이 잘못된

---

99) 대법원 2002. 3. 15. 선고 2001다80204 판결
100) 대법원 1996. 2. 23. 선고 95다48421 판결, 1996. 2. 12. 선고 95다46104 판결
101) 대법원 2000. 12. 27. 선고 2001다63216 판결 등
102) 대법원 1999. 9. 8. 선고 99가합30799 판결 등

임차인의 주민등록상의 주소가 건축물관리대장 및 등기부상의 주소를 지칭하는 것을 알고 있었다고 하더라도 마찬가지이다[103].

2) 동·호수의 일치

판례는 공동주택에 대한 주민등록의 경우 지번만 표시하고 동·호수를 누락하거나[104] 주민등록상 동 호수가 다르게 기재되어 있는 경우에는 그 주민등록은 공시방법으로서 유효하게 한 것이라고 할 수 없다고 하고 있다[105].

실무에서도 주민등록과 달리 임대차계약서에는 임차주택의 목적물의 표시를 정확하게 표시하지 않은 것이 많고, 임대차계약서는 임대차계약사실을 입증하는 증거서류에 불과할 뿐 아니라 대항요건이나 우선변제권의 취득요건도 아니므로 임대차계약서에 임차주택을 특정하는 표시가 누락되었다 하더라도 주민등록과 실제 거주하는 주택이 일치한다면 대항력과 우선변제권에 아무런 영향을 미치지 않는다고 하여야 할 것이다.

Q 입주아파트의 경우 입주전 2개월정도 전부터 임대차계약을 체결하는 경우가 많은데, 건축물에 대한 단일등기가 부여되어 있지 않으므로(건축물대장이 만들어지지 않았으므로), 통상 (예)○○동 123번지외 55필지위 지상 ○○아파트 101동101호 (분양계약서상 주소지와 추첨된 동·호수 기재)로 부동산소재지를 기재하고 있습니다. 준공검사 후 입주시(단일지번이 부여되므로)기재한 계약서상의 부동산소재지를 정정해줘야 주택임대차보호법의 보호를 받을 수 있는지요?

A 입주아파트의 경우 위와 같은 문제가 있는 것은 사실입니다. 따라서 임차인은 그 동 및 호수 표시에 주의를 하여야 합니다. 아파트의 지번의 경우 바뀌었다고 하더라도 그 아파트 부지 내의 토지 이동 등으로 번지가 바뀐 것이므로 그 동일성이 인정된다고 할 것 입니다. 따라서 동 호수가 정확하다면 주택임대차보호법의 적용을 받을 수 있습니다. 그렇다 하더라도 정확히 하기 위하여 그 지번도 변경해 놓는 것이 유리 합니다.

---

103) 대법원 2003. 5. 16. 선고 2003다10940 판결
104) 대법원 1995. 4. 28. 선고 94다27427 판결, 1996. 2. 23. 선고 95다48421 판결, 1996. 3. 12. 선고 95다46104 판결, 1999. 9. 3. 선고 99다15597 판결, 2000. 12. 27. 선고 2001다63216 판결
105) 대법원 1990. 5. 22. 선고 89다카18648 판결, 1994. 11. 22. 선고 94다13176 판결, 1995. 8. 11. 선고 95다177 판결, 1996. 4. 12. 선고 95다55474 판결, 1997. 1. 24. 선고 96다43577 판결, 1999. 4. 13. 선고 99다4207 판결, 1999. 9. 8. 선고 99가합30799 판결

제3절 대항력의 발생시기

1. 개 요

가. 원 칙

주택인도와 주민등록을 마친 '다음날'에 발생한다. 제3자가 인도와 주민등록을 마친 임차인이 없음을 확인하고 등기까지 경료하였음에도 같은 날 임차인이 인도와 주민등록을 마침으로 인하여 입을 수 있는 불측의 피해 등을 방지하기 위해 임차인보다 등기를 경료한 권리자를 우선시키고자 하는 취지이다.

나. 대항력을 갖추어야 하는 시기

경매 또는 체납처분(공매)으로 임차주택의 소유권이 변동된 경우, 임차주택에 저당권, 가압류 또는 압류, 담보가등기 중 가장 빠른 등기가 경료된 시점을 기준으로 그전까지 대항력을 구비하여야 하고, 임차주택에 위와 같은 등기가 되어 있지 아니한 경우에는 경매개시결정 혹은 체납처분에 의한 압류의 효력이 발생하지 전까지 대항력을 구비하여야 한다.

그 외 경매 또는 체납처분(공매) 이외의 원인으로 임차주택의 소유권이 변동된 경우, 양수인의 소유권이전등기 경료일 이전에 대항력을 갖추어야 하고, 다만 순위보전을 위한 가등기, 처분금지가처분등기에 기하여 소유권이전등기가 경료된 경우에는 이를 등기일 이전에 대항력을 갖추어야 한다.

2. '다음날'의 의미

주택인도와 주민등록을 마친 '다음날(익일)'이라는 의미는 주택인도와 주민등록을 '모두 마친 다음날'이라는 뜻이다. 전입신고를 한 때에 주민등록이 된 것으로 간주한다(주임법 제3조 제1항). 즉 '다음날'부터 대항력이 생긴다고 함은 다음날 오전 영(零)시부터 대항력이 생긴다는 취지[106]이므로 다음날 주간에 등기가 경료된 저당권에 기한 매수인에게 대항할 수 있다. 예를 들어 2010. 5. 8. 설정된 근저당권 A, 2010. 5.

---

106) 대법원 1999.05.25. 선고 99다9981 판결

8. 주택인도와 주민등록을 마친 B, 2010. 5. 9. 설정된 근저당권자 C사이의 우열은 A, B, C순이다.

3. 주민등록의 시기

주민등록의 시기는 전입신고 시로 간주한다(주임법 제3조 제1항).

4. 주민등록의 정정과 대항력의 발생시기

가. 특수주소변경

행정안전부는 주민등록관리를 전산화하기 위하여 1996. 2. 주민등록업무처리기관인 읍·면·동·출장소에 「주민등록관리 전산화 업무처리지침」을 시달하였는데 그 중 "특수주소관리"라는 항목을 보면, '특수주소'라 함은 아파트, 빌라, 연립 등의 명칭이 주소로 사용되었을 때에 이를 통칭하는 용어라고 정의하고 있다. 즉 특수주소란 다세대주택, 연립주택, 아파트 등 공동주택 만에 한하는 것은 아니고 다가구용 단독주택에도 적용되는 것으로서, 주민등록법령상의 개념이 아니고 종래 주민등록 업무처리기관에서 관용적으로 사용되어 오던 것을 행정안전부에서 위 지침을 시달함에 있어 편의상 사용한 용어에 불과하여 주택임대차보호법상의 주민등록의 유·무효를 판단하는 기준이 되는 개념도 아니다. 실무에서는 주로 공동주택, 특히 다세대주택이나 연립주택의 명칭과 동·호수를 정정하는 형태의 특수주소변경이 많고 특수주소변경이 있는 경우 주민등록표에 특수주소변경을 하였다는 취지를 기재하여 놓는 것이 일반적이다.

특수주소변경의 경우 주민등록이 사실과 다르게 등재된 이유를 따져 사실과 다른 주민등록이 주민등록 의무자인 임차인의 잘못된 신고에 의한 경우에는 특수주소변경 등에 의하여 사실과 일치하는 주민등록이 정정된 때이지만[107], 신고인인 임차인이 사실과 일치하는 주민등록 전입신고를 하였으나 담당공무원의 실수로 사실과 다른 사항이 등록되었을 경우에는 특수주소변경의 방법 등에 의하여 사실과 일치하는 주민등록이 정정된 것을 전제로 주민등록 전입신고를 한 때로 소급한다[108].

---

107) 대법원 1997. 7. 11. 선고 97다10024 판결 등
108) 대법원 2000. 9. 29. 선고 2000다37012 판결 등

따라서 특수주소변경의 경우에는 반드시 담당공무원의 실수로 사실과 다르게 되었다가 정정된 여부에 관한 자료가 제출되지 않은 경우에는 주민등록이 정정된 때(특수주소변경이 된 때)를 기준으로 대항력을 판단한다.

나. 주민등록의 정정

주민등록정정의 경우(주민등록법 제13조) 올바른 주소로 정정했을 때 대항력이 발생한다고 볼 것이다. 즉 단독주택의 경우에는 주민등록상의 주소가 임차주택의 지번과 정확하게 일치하는 것으로 정정된 때 비로소 대항력이 생긴다고 할 것이고, 공동주택의 경우에는 주민등록상의 주소가 적어도 공동주택의 동·호수와 정확하게 일치하는 것으로 정정되는 때 비로소 대항력이 생긴다고 할 것이며, 특히 다가구용 단독주택의 경우에는 공동주택의 경우와 달리 다가구용 단독주택의 종전에 임차하고 있던 부분에서 다른 부분으로 옮기면서 그 옮긴 부분으로 다시 전입신고를 하였다고 하더라도 그 임차권에 대한 대항력은 임차인이 주택의 지번을 정확히 기재하여 전입신고를 마친 최초의 전입신고를 기준으로 결정된다[109].

한편, 대법원은 주민등록이 사실과 다르게 등재된 이유를 따져 사실과 다른 주민등록이 주민등록 의무자인 임차인의 잘못된 신고에 의한 경우에는 특수주소변경 등에 의하여 사실과 일치하는 주민등록이 정정된 때라고 하였으나, 신고인인 임차인이 사실과 일치하는 주민등록 전입신고를 하였으나[110], 담당공무원의 실수로 사실과 다른 사항이 등록되었던 경우에는 특수주소변경의 방법 등에 의하여 사실과 일치하는 주민등록이 정정된 것을 전제로 당초의 주민등록 전입신고를 한 때로 소급하는 것이라고 한다[111].

---

109) 대법원 1998. 1. 23. 선고 97다47828 판결
110) 대법원 1987. 11. 10. 선고 87다카1573 판결, 1997. 7. 11. 선고 97다10024 판결
111) 대법원 1991. 8. 13. 선고 91다18118 판결, 1997. 2. 28. 선고 96다46033, 46040 판결, 1999. 5. 25. 선고 99다8322판결, 2000. 9. 29. 선고 2000다37012 판결

Q 甲은 乙소유의 주택을 임차하여 입주한 후 전입신고를 하였으나, 착오로 임차건물의 지번과 다른 지번에 주민등록을 하였다가 그 후 실제 지번에 맞게 주민등록을 고쳤습니다. 이 경우 甲의 주택임차권의 대항력은 언제 발생하는지요?

A 「주택임대차보호법」 제3조 제1항은 "임대차는 그 등기가 없는 경우에도 임차인이 주택의 인도와 주민등록을 마친 때에는 그 익일부터 제3자에 대하여 효력이 생긴다. 이 경우 전입신고를 한 때에 주민등록이 된 것으로 본다."라고 규정하고 있습니다.

여기서 '제3자에 대하여 효력이 생긴다.'라고 함은 임대인 이외의 자에 대하여도 주택임차인은 그 주택의 임대차관계를 주장할 수 있다는 의미이며, 이것은 결국 임대차기간 중 임대주택의 소유자가 변경되는 경우에도 임대인의 지위가 신소유자에게 포괄적으로 승계되는 것이고, 이에 따라 임차인은 신소유자와의 관계에서도 종전 임대차 계약기간동안 그 집에서 쫓겨나지 않고 생활할 수 있으며, 계약기간이 만료되면 신소유자에게 임차보증금의 반환을 청구할 수 있다는 것입니다.

그러나 주택임차인이 입주와 전입신고를 하기 전에 그 집에 이미 저당권등기나 가압류·압류등기, 가등기 등이 행하여져 있고, 그 결과로 경매나 가등기에 의한 본등기에 의하여 소유권자가 변경된 경우에는 주택임차권이 소멸되어 신소유자에게 대항할 수 없습니다.

대항력의 요건으로 규정하고 있는 주민등록은 거래의 안전을 위하여 임차권의 존재를 제3자가 명백히 인식할 수 있는 공시방법으로 마련된 것이므로, 주민등록이 어떤 임대차를 공시하는 효력이 있는가의 여부는 일반사회통념상 그 주민등록으로 당해 임대차건물에 임차인이 주소 또는 거소를 가진 자로 등록되어 있는지를 인식할 수 있는가의 여부에 따라 결정된다고 할 것입니다[112].

따라서 실제 지번과 다른 지번에 주민등록을 한 때에는 임차주택의 임대차공시방법으로서 유효한 것이라고 할 수 없고, 실제 지번에 주민등록(전입신고)을 한 때에 비로소 대항요건을 갖추었다고 볼 수 있으므로, 甲의 대항력은 실제 지번에 주민등록(전입신고)을 한 다음날 발생한다고 할 것입니다[113].

---

112) 대법원 2002. 10. 11. 선고 2002다20957 판결, 2003. 5. 16. 선고 2003다10940 판결
113) 대법원 1987. 11. 10. 선고 87다카1573 판결

Q 甲은 乙소유 주택을 임차보증금 3,500만원에 2년 기간으로 임차하여 입주하였으나, 주민등록전입신고는 입주 후 1개월이 지나서야 하였습니다. 그런데 전입신고 후 혹시나 하고 등기사항증명서를 떼어보니 甲의 입주 후 전입신고 전에 채권최고액 5,000만원의 근저당권이 설정되어 있었습니다. 만약 위 주택이 경매된다면 甲은 경매절차의 매수인에게 대항력을 주장할 수 있는지요?

A 「주택임대차보호법」 제3조 제1항은 "임대차는 그 등기가 없는 경우에도 임차인이 주택의 인도와 주민등록을 마친 때에는 그 익일부터 제3자에 대하여 효력이 생긴다. 이 경우 전입신고를 한 때에 주민등록이 된 것으로 본다."라고 규정하고 있습니다.

그러므로 임차인이 주택의 인도(입주)와 주민등록(전입신고)을 마친 때에는 그 다음 날로부터 제3자에 대하여 대항할 수 있다 할 것입니다.

그런데 위 사안에서와 유사하게 같은 날 입주 및 전입신고와 근저당권이 설정 된 경우에 대하여 판례는 "주택임대차보호법 제3조 제1항이 인도와 주민등록을 갖춘 다음날부터 대항력이 발생한다고 규정한 것은 인도나 주민등록이 등기와 달리 간이한 공시방법이어서 인도 및 주민등록과 제3자 명의의 등기가 같은 날 이루어진 경우에 그 선후관계를 밝혀 선순위권리자를 정하는 것이 사실상 곤란한 데다가, 제3자가 인도와 주민등록을 마친 임차인이 없음을 확인하고 등기까지 경료하였음에도 그 후 같은 날 임차인이 인도와 주민등록을 마침으로 인하여 입을 수 있는 불측(不測)의 피해를 방지하기 위하여 임차인보다 등기를 경료한 권리자를 우선시키고자 하는 취지이므로 대항력은 인도와 주민등록을 마친 다음날을 기준으로 발생한다."라고 하였습니다[114].

이처럼 대항력은 인도와 주민등록을 모두 갖춘 다음날 그 효력이 있으므로 甲의 경우 주민등록전입신고를 마친 다음날부터 대항력이 발생합니다.

따라서 사안의 경우 근저당권설정등기가 甲이 주민등록전입신고를 마치기 전(대항요건을 갖추기 전)에 이미 설정되었으므로 甲은 경매절차의 매수인에 대하여 대항력을 주장할 수 없습니다.

114) 대법원 1997. 12. 12. 선고 97다22393 판결, 1999. 3. 23. 선고 98다46938 판결

제4절 대항력의 존속요건

1. 개 요

주택의 인도와 주민등록은 임차권의 대항력의 취득요건일 뿐만 아니라 주택의 점유와 주민등록의 계속은 대항력의 존속요건이다[115]. 판례도 공시방법이 없는 주택임대차에 있어서 주택의 인도와 주민등록이라는 우선변제의 요건은 그 우선변제권취득 시에만 구비하면 족한 것이 아니고, 배당요구의 종기까지 계속 존속하고 있어야 한다고 한다[116]. 그러므로 원칙적으로 주택의 점유를 상실하거나 주민등록을 전출하게 되면 그때부터 대항력은 소멸하며, 다시 대항력을 취득한다고 하더라도 종전의 대항력이 부활하지 않는다. 다만 임대차가 종료된 후 보증금을 반환받지 못한 임차인은 임차권등기명령제도를 이용하여 임차권등기를 경료하면 대항력과 우선변제권을 계속 유지할 수 있게 된다(주임법 제3조의3)[117].

2. 점유의 계속

주택을 인도받아 주택의 점유를 계속하여야 한다. 그러나 일단 주택을 인도받은 후에 제3자에 의하여 위법하게 침탈되었다 하더라도 점유회복의 소 등을 제기하여 점유를 회복하게 되면 점유는 계속한 것으로 해석된다.

3. 주민등록의 존속

가. 개 요

대항력의 요건으로서 주민등록의 존속이 문제되는 것은 주민등록이 직권말소되는 경우에 대항력이 존속하느냐의 문제와 임차인이 스스로 주민등록을 전출했을 경우에 대항력

---

115) 대법원 1989. 1. 17. 선고 88다카143 판결, 2000. 9. 29. 선고 2000다37012 판결, 2002. 10. 11. 선고 2002다20957 판결
116) 대법원 1987. 2. 24. 선고 86다카1695 판결, 1989. 1. 17. 선고 88다카143 판결, 1996. 1. 26. 선고 95다30338 판결, 1997. 10. 10. 선고 95다44597 판결, 1998. 1. 23. 선고 97다43468 판결, 1998. 12. 11. 선고 98다34584 판결
117) 대법원 2005. 9. 15. 선고 2005다33039 판결

이 존속하느냐의 문제이다. 먼저, 전자에 관하여 보면, 주민등록이 되어 있다가 직권으로 말소되면 대항력은 상실된다고 본다. 다만, 대항력의 상실시기는 직권말소의 이유와 원인에 따라 다르다고 생각되는 바, 위장전입을 이유로 한 경우에는 처음부터 유효한 주민등록이 아니므로 처음부터 대항력은 발생하지 않는 것으로 되고[118], 무단전출을 이유로 한 경우에는 대항력이 발생했다가 무단전출한 그때에 대항력이 소멸하는 것으로 될 것이다.

나. 주민등록 이탈의 경우

1) 주민등록의 일시적 이탈

주민등록이라는 대항요건은 임차인 본인뿐만 아니라 그 배우자나 자녀 등 가족의 주민등록을 포함하는 것이므로 임차인은 그 가족과 함께 그 주택에 대한 점유를 계속하고 있으면서 그 가족의 주민등록은 그대로 둔 채 임차인만 주민등록을 일시 다른 곳으로 옮긴 일이 있다 하더라도 전체적으로나 종국적으로 주민등록의 이탈이라고 볼 수 없는 이상 임대차의 제3자에 대한 대항력을 상실하지 아니한다[119].

주민등록이 임차인의 의사에 의하지 않고 제3자에 의하여 임의로 이전되었고 그와 같이 주민등록이 잘못 이전된 데 대하여 임차인에게 책임을 물을 만한 사유가 없는 경우에는, 임차인이 취득한 대항력은 주민등록의 이전에도 불구하고 그대로 유지된다[120]

2) 주민등록의 종국적인 이탈

주택임차인이 대항력을 취득한 후 주민등록(단독주택 또는 세대원 전원)을 일시 다른 곳으로 옮겼다가 다시 전입신고를 하였으나 그 사이에 새로운 권리자가 없는 경우 당초의 대항력이 회복되는 것은 아니다.

주택의 임차인이 그 주택의 소재지로 전입신고를 마치고 그 주택에 입주함으로써 일단 임차권의 대항력을 취득한 후 어떤 이유에서든지 그 가족과 함께 일시적이나마 다른 곳으로 주민등록을 이전하였다면 이는 전체적으로나 종국적으로 주민등록의 이탈이라고

---

118) 대법원 1999. 4. 23. 선고 98다32939 판결
119) 대법원 1989. 1. 17. 선고 88다카143 판결, 1996. 1. 26. 선고 95다30338 판결
120) 대법원 2000. 9. 29. 선고 2000다37012 판결

볼 수 있으므로 그 대항력은 그 전출 당시 이미 대항요건의 상실로 소멸되는 것이고, 그 후 그 임차인이 얼마 있지 않아 다시 원래의 주소지로 주민등록을 재전입하였다 하더라도 이로서 소멸되었던 대항력이 당초에 소급하여 회복되는 것이 아니라 재전입한 때부터 그와는 동일성이 없는 새로운 대항력이 재차 발생하는 것이라고 한다[121]. 이 경우 전출 이전에 이미 임대차계약서상에 확정일차를 갖추었고 임대차계약도 재전입 전후를 통하여 그 동일성이 유지된다면 임차인은 재전입시 임대차계약서상에 다시 확정일자를 받을 필요 없이 재전입 이후에 그 주택에 관하여 담보물권을 취득한 자보다 우선하여 보증금을 배당받을 수 있다[122].

다. 임차주택의 양도와 대항력

소유자가 주택을 매도함과 동시에 매수인으로부터 당해 주택을 임차한 경우(점유개정의 경우), 소유자의 주민등록은 매수인에게 소유권이전등기가 경료된 이후에야 비로소 대항력 인정의 요건이 되는 주민등록이 되며, 소유권이전등기 다음날부터 대항력을 갖는다.

---

121) 대법원 1987. 2. 24. 선고 86다카1695 판결, 1998. 1. 23. 선고 97다43468 판결
122) 대법원 1998. 12. 11. 선고 98다34584 판결

제5절   대항력의 내용

1. 개 요

대항력을 가진 임차인은 등기된 임대차와 동일한 권리, 즉 임대차가 종료될 까지 주택을 사용·수익할 권리, 보증금반환청구권 및 부속물매수청구권 등 임차인이 가지는 부수적인 모든 권리를 임대인 기타 제3자에 대하여 주장할 수 있다.

> **Q** 저는 甲소유 주택을 임차보증금 4,500만원에 임차하여 주민등록전입신고를 마치고 거주하던 중 1년 후 보증금 500만원을 인상하였고, 그 후 다시 300만원을 추가로 인상해주었습니다. 甲은 제가 두 번째 300만원을 인상해주기 직전 위 주택에 근저당권을 설정해주었으며, 그 근저당권에 의한 경매신청으로 乙이 위 주택을 경매절차에서 매수하였습니다. 그런데 乙은 저에게 4,500만원을 지급받고 위 주택을 명도하라고 하는데, 이 경우 증액된 보증금 800만원은 보호받을 수 없는지요?
>
> **A** 「주택임대차보호법」 제3조는 등기를 하지 않더라도 임차인이 임차주택에의 입주와 주민등록의 전입신고를 한 때에는 그 다음날부터 제3자에 대하여 대항력이 발생하고, 임차주택의 양수인(경매절차의 매수인도 포함)은 임대인의 지위를 승계 한 것으로 보며, 임대차가 종료한 경우에도 임차인이 보증금의 반환을 받을 때까지는 임대차관계는 존속하는 것으로 의제하고 있습니다.
>
> 그런데 귀하는 두 차례에 걸쳐서 임대인과의 합의에 의하여 임차계약을 갱신하면서 첫 번째의 합의갱신은 근저당권을 설정하기 전이고, 두 번째의 합의갱신은 근저당권을 설정한 후인바, 위 사안에서 문제되는 것은 임차주택에 근저당권을 설정한 후 임대인과 임차인간의 합의에 의해 임차보증금을 증액하기로 한 경우, 그 증액된 임차보증금도 대항력을 취득하는지 문제됩니다.
>
> 이에 관하여 판례는 "대항력을 갖춘 임차인이 저당권설정등기 이후에 임대인과 보증금을 증액하기로 합의하고 초과부분을 지급한 경우, 임차인이 저당권설정등기 이전에 취득하고 있던 임차권으로 선순위로서 저당권자에게 대항할 수 있음은 물론이나, 저당권설정등기 후에 건물주와의 사이에 임차보증금을 증액하기로 한 합의는 건물주가 저당권자를 해치는 법률행위를 할 수 없게 된 결과, 그 합의당사자 사이에서만 효력이 있는 것이고, 저당권자에게는 대항할 수 없다고 할 수밖에 없으므로, 임차인은 위 저당권에 기하여 건물을 경락 받은 소유자의 건물명도청구에 대하여 증액 전 임차보증금을 상환 받을 때까지 그 건물을 명도 할 수 없다고 주장할 수 있을 뿐이고, 저당권설정등기 이후에 증액한 임차보증금으로써는 경락자인 소유자에게 대항할 수 없다."라고 하였습니다[123].

따라서 귀하는 첫 번째 증액된 500만원을 포함한 임차보증금 5,000만원의 범위에서 대항력을 가지고 있으므로 乙에게 5,000만원을 지급받을 때까지 위 주택의 명도를 거부할 수 있고, 증액된 계약서상에 확정일자를 받아두었다면 우선변제권을 행사할 수 있다고 할 것입니다.

그러나 저당권설정등기 이후에 증액된 임차보증금 300만원에 대하여는 乙에게 대항할 수 없는 것이므로, 두 번째 증액된 300만원의 임차보증금은 최초의 임대인이었던 甲으로부터 받을 수밖에 없을 것으로 보입니다.

2. 대항력 발생 이후의 신 소유자에 대한 대항력의 내용

과거에는 임대차 종료 시까지 사용수익할 권리만 인정된다는 설, 임차보증금을 반환받을 때까지 명도를 거절할 수 있음에 그친다는 설 등이 있었으나, 신소유자가 임대인의 지위를 승계한다는 통설의 견해가 1983. 12. 30 법 제3조 제2항으로 입법화되었다가 2007. 8. 3. 법 개정으로 같은 조 제3항으로, 2013. 8. 13. 법 개정으로 같은 조 제4항으로 이동되었다. 이에 대한 설명은 절을 바꾸어 '제5절 대항력이 미치는 인적 범위'에서 자세히 서술하기로 한다.

3. 종전 임대인의 지위

가. 원   칙

임대인의 지위가 신소유자에게 승계되는 경우에는 임차보증금반환채무도 부동산의 소유권과 결합하여 일체로서 임대인의 지위를 승계한 신소유자에게 이전되는 것이므로, 종전 임대인의 보증금반환채무는 소멸한다. 따라서 신소유자가 보증금을 반환하였다 하더라도 그것은 자기 채무의 이행에 불과하므로 종전 임대인에게 부당이득반환을 구할 수는 없다.

나. 혼동의 경우

또한 이는 대항력을 갖춘 임차인이 양수인이 되어 임차인의 보증금반환채권이 혼동으로 소멸된 경우에도 동일하다. 즉 대항력을 갖춘 임차인이 양수인이 된 경우에도 임대인의

---

123) 대법원 1990. 8. 24. 선고 90다카11377 판결, 2002. 1. 25. 선고 2001다76427 판결

보증금반환채무는 소멸하고 양수인인 임차인이 임대인의 자신에 대한 보증금반환채무를 인수하게 되어, 결국 임차인의 보증금반환채권은 혼동으로 소멸하게 된다.

Q 저는 10년 전 7월 1일 주택을 구입하여 소유권이전등기를 하였고, 같은 해 8월 1일 주민등록전입신고를 하였는데, 2년 전 위 주택을 甲에게 매도하되 이를 다시 임차하여 매매잔금 지급기일인 같은 해 10월 1일부터는 임차인 자격으로 변경하기로 약정하고 현재까지 거주하고 있습니다. 그런데 甲이 매매잔금지급기일을 지키지 못하였으므로 저는 甲과 합의하여 위 주택을 담보로 한 은행대여금으로 잔금을 받기로 하면서 같은 해 12월 1일 甲을 채무자로 하여 위 주택에 근저당권을 설정하였고, 다음 해 1월 3일 甲명의로 소유권이전등기가 경료되었습니다. 그러나 은행이 위 근저당권을 실행하여 경매개시 되었고 위 주택은 乙에게 매각되었습니다. 이 경우 저는 경매절차의 매수인 乙의 명도요구에 주택임차인으로서 대항할 수 있는지요?

A 「주택임대차보호법」 제3조 제1항은 "임대차는 그 등기가 없는 경우에도 임차인이 주택의 인도와 주민등록을 마친 때에는 그 익일부터 제3자에 대하여 효력이 생긴다. 이 경우 전입신고를 한 때에 주민등록이 된 것으로 본다."라고 규정하고 있습니다.

그러므로 위 사안에서 주택의 인도와 주민등록전입신고를 마친 귀하는 일응 대항요건을 갖춘 것으로 보여질 수 있으나, 위 조항에서 말하는 주택의 인도와 주민등록이란 임차인의 지위에서 행한 주택의 인도와 주민등록을 말합니다.

위 사안의 경우 잔금지급기일과 소유권이전등기가 경료된 시점이 일치하지 않는바, 이러한 경우에 소유자에서 임차인으로 지위가 변동된 시점을 언제로 볼 것인지 문제됩니다.

위 사안과 관련된 판례는 "주택임대차보호법 제3조 제1항에서 주택의 인도와 더불어 대항력의 요건으로 규정하고 있는 주민등록은 거래의 안전을 위하여 임차권의 존재를 제3자가 명백히 인식할 수 있게 하는 공시방법으로 마련된 것으로서, 주민등록이 어떤 임대차를 공시하는 효력이 있는가의 여부는 그 주민등록으로 제3자가 임차권의 존재를 인식할 수 있는가에 따라 결정된다고 할 것이므로, 주민등록이 대항력의 요건을 충족시킬 수 있는 공시방법이 되려면 단순히 형식적으로 주민등록이 되어 있다는 것만으로는 부족하고, 주민등록에 의하여 표상(表象)되는 점유관계가 임차권을 매개로 하는 점유임을 제3자가 인식할 수 있는 정도로 되어야 한다."라고 하였으며[124], 또한 "甲이 주택에 관하여 소유권이전등기를 경료하고 주민등록전입신고까지 마친 다음 처와 함께 거주하다가 乙에게 매도함과 동시에 그로부터 이를 다시 임차하여 계속 거주하기로 약정하고 임차인을 甲의 처로 하는 임대차계약을 체결한 후에야 乙명의의 소유권이전등기가 경료된 경우, 제3자로서는 주택에 관하여 甲으로부터 乙앞으로 소유권이전등기가 경료되기 전에는 甲의 처의 주민등록이 소유권 아닌 임차권을 매개로 하는 점유라는 것을 인식하기 어려웠다 할 것이므로, 甲의 처의 주민등록은 주택에 관하여 乙명의의 소유권이전등기가 경료되기 전에는 주택임대차의 대항력인정의 요건이 되는 적법한 공시방법으로서의 효력이 없고 乙명의의 소유권이전등기가 경료된 날에야 비로소 甲의 처와 乙사이의 임대차를 공시하는 유효한 공시방법이 된다고 할 것이며, 주택임대차보호법 제3조 제1항에 의하여 유효한 공시방법을 갖춘 다음날인 乙명의의 소유권이전등기일 익일부터 임차인으로서 대항력을 갖는다."라고 하였습니다[125].

위와 같은 주민등록을 대항력의 요건으로 규정한 취지에 비추어 제3자로서는 甲앞으로 소유권이 경료되기 이전까지는 귀하의 주민등록이 소유권 아닌 임차권을 매개로 하는 점유라는 것을 인식하기 어려웠다 할 것이므로, 귀하의 주민등록은 甲앞으로 소유권이전등기가 경료되기 이전에는 주택임대차의 대항력 인정의 요건이 되는 적법한 공시방법으로서의 효력이 없고, 甲앞으로 소유권이전등기가 경료된 다음날부터 비로소 귀하와 甲 사이의 임대차를 표상(表象)하는 유효한 공시방법이 된다고 할 것입니다.

따라서 귀하는 경매절차의 매수인 乙의 명도요구를 거절할 수 없을 것으로 보입니다.

Q 저는 甲회사소유 임대아파트를 임차한 乙로부터 위 아파트를 보증금 5,000만원에 전차하여 입주와 주민등록전입신고를 마치고 거주하던 중, 乙이 甲회사로부터 위 아파트를 분양 받아 소유권이전등기를 경료하면서 같은 날 丙에게 근저당권을 설정해주었습니다. 그런데 최근 丙이 그 근저당권에 기하여 경매를 신청하였고, 저는 확정일자를 받지 않았으며 소액임차인도 아닌데, 이러한 경우 제가 위 아파트의 경매절차 매수인에게 대항할 수 있는지요?

A 사안의 경우 귀하는 「주택임대차보호법」 제3조 제1항 소정의 대항요건인 입주와 주민등록전입신고는 근저당권이 설정되기 이전에 마쳤으나, 그 당시에는 위 아파트의 소유자는 甲이고 乙이 임차인이어서 귀하는 乙의 임차인으로서의 권리를 원용할 수밖에 없는 전차인(轉借人)에 불과하였고, 그 후 乙이 소유자가 됨으로써 乙의 임차인으로서의 권리가 소멸함과 동시에 귀하가 소유자 乙에 대한 임차인이 된다고 할 수 있습니다. 乙이 소유자가 되어 귀하가 임차인이 된 날짜와 丙의 근저당권설정일자가 같은 날이므로 귀하의 입주와 주민등록이 언제부터 제3자에 대한 공시방법으로서 효력이 있는지에 따라서 귀하의 대항력인정 여부가 결정될 것으로 보입니다.

이에 관하여 판례는 "주택임대차보호법 제3조 제1항에서 주택의 인도와 더불어 대항력의 요건으로 규정하고 있는 주민등록은 거래의 안전을 위하여 임차권의 존재를 제3자가 명백히 인식할 수 있게 하는 공시방법으로 마련된 것으로서, 주민등록이 어떤 임대차를 공시하는 효력이 있는가의 여부는 그 주민등록으로 제3자가 임차권의 존재를 인식할 수 있는가에 따라 결정된다고 할 것이므로, 주민등록이 대항력의 요건을 충족시킬 수 있는 공시방법이 되려면 단순히 형식적으로 주민등록이 되어 있다는 것만으로는 부족하고, 주민등록에 의하여 표상(表象)되는 점유관계가 임차권을 매개로 하는 점유임을 제3자가 인식할 수 있는 정도는 되어야 한다."라고 하였으며[126], "甲이

---

124) 대법원 1999. 4. 23. 선고 98다32939 판결, 2001. 1. 30. 선고 2000다58026 판결
125) 대법원 1999. 4. 23. 선고 98다32939 판결, 2000. 2. 11. 선고 99다59306 판결, 2001. 12. 14. 선고 2001다61500 판결

丙회사소유 임대아파트의 임차인인 乙로부터 아파트를 임차하여 전입신고를 마치고 거주하던 중, 乙이 丙회사로부터 그 아파트를 분양 받아 자기 명의로 소유권이전등기를 경료한 후 근저당권을 설정한 사안에서, 비록 임대인인 乙이 甲과 위 임대차계약을 체결한 이후에, 그리고 甲이 위 전입신고를 한 이후에 위 아파트에 대한 소유권을 취득하였다고 하더라도, 주민등록상 전입신고를 한 날로부터 소유자 아닌 甲이 거주하는 것으로 나타나 있어서 제3자들이 보기에 甲의 주민등록이 소유권 아닌 임차권을 매개로 하는 점유라는 것을 인식할 수 있었으므로, 위 주민등록은 甲이 전입신고를 마친 날로부터 임대차를 공시하는 기능을 수행하고 있었다고 할 것이고, 따라서 甲은 乙명의의 소유권이전등기가 경료되는 즉시 임차권의 대항력을 취득하였다."라고 하였습니다[127].

따라서 귀하의 경우에도 乙의 소유권이전등기와 동시에 대항력을 취득하여 그 이후에 설정된 근저당권에 앞서서 대항력을 취득한 것이므로 위 아파트의 경매절차 매수인에게 대항력을 주장할 수 있다고 할 것입니다.

다. 예외적 판례

다만, 아래 대법원 1985. 5. 28. 선고 84다카1890 판결은 구상금 또는 부당이득청구가 가능함을 전제로 한 듯한 판시를 하고 있으나, 법 제3조 제4항이 신설되기 전에 경락이 이루어진 사안에 관한 것이고, 종전 임대인에게 보증금반환채무가 남아 있음을 전제로 하는 것이어서 주류적 판례의 취지와는 부합하지 않는다.

라. 임차인의 이의

한편, 임차인 보호를 위한 법의 입법취지에 비추어 임차인이 임대인의 지위를 원하지 않는 경우에는 임차인이 임차주택의 양도사실을 안 때로부터 상당한 기간 내에 이의를 제기함으로써 승계되는 임대차관계의 구속으로부터 벗어날 수 있다고 봄이 상당하고[128], 그와 같은 경우에는 양도인의 임차인에 대한 보증금반환채무는 소멸하지 않는다[129]. 위와 같은 법리는 임대차주택이 경매로 양도되는 경우뿐만 아니라 경매 이외의 원인으로 양도되는 경우[130]에도 적용된다.

주택임대차보호법상의 대항력을 갖춘 후 임대부동산의 소유권이 이전되는 경우(경매의

---

126) 대법원 2000. 2. 11. 선고 99다59306 판결, 2002. 11. 8. 선고 2002다38361, 38378 판결
127) 대법원 2001. 1. 30. 선고 2000다58026 등 판결
128) 대법원 1998. 9. 2.자 98마100 결정, 1996. 7. 12. 선고 94다37646 판결
129) 대법원 1992. 9. 4. 선고 2001다64615 판결
130) 대법원 1996. 7. 12. 선고 94다37646 판결, 1998. 10. 27. 선고 98다1560 판결

경우는 제외) 임차인이 언제까지 이의를 제기하여야 하는가에 관하여 견해의 대립이 있으나, 판례는 임차인이 임차주택의 양도사실을 안 때로부터 상당한 기간 내에 이의를 제기하면 임대인인 양도인의 임차인에 대한 보증금 반환채무는 소멸하지 않는다고 한다[131].

한편, 기간만료나 당사자의 합의 등으로 임대차가 종료된 상태에서 임차주택의 양도가 이루어진 경우가 아니라 아직 임대차가 종료되지 아니한 상태에서 임차주택의 양도가 이루어진 경우에도 같은 법리가 적용될 것인가에 관해서는 반대 견해가 있을 수 있다.

---

131) 대법원 2002. 9. 14. 선고 2001다64615 판결

제6절 대항력이 미치는 인적 범위

1. 개 요

상기에서도 보았듯이 대항력이란 임차인이 주택을 인도받고 주민등록을 마치면, 그 다음날부터 임차목적물을 계속 사용·수익하며 제3자에 대하여 인도를 거절할 수 있는 권능을 말한다. 이 때 '제3자'의 범위가 문제되는 바, 이에 대하여 서술하면 아래와 같다.

2. 양수인 – 유형별 고찰

가. 대항력 발생 후 소유권이전등기를 마친 양수인

임대차 존속 중의 임차목적물의 양수인은 주임법 제3조 제4항에 의하여 그 임대차관계가 양수인에게 승계된다. 임대인 지위의 승계는 법률상의 당연승계이므로 양도인이나 양수인에 의한 양도사실의 통지 혹은 임차인의 승낙 등을 불필요하며[132], 양수인의 권리취득의 원인은 매매·증여 등의 법률행위이든 상속·경매·체납처분에 의한 공매 등의 법률의 규정에 의한 경우이든 상관없이 모두 포함된다.

나. 가등기의 경우

가등기에 기한 소유권이전등기를 마친 경우에는 가등기의 순위보전의 효력에 의하여 중간처분이 실효되는 효과가 있으므로 대항력 발생시기와 가등기 시기의 선후에 따라 대항력이 미치는지 여부를 결정한다. 즉 가등기를 하고 그에 기하여 본등기를 마친 경우에는 물권취득의 효력이 가등기시에 소급하는 것은 아니지만 가등기가 갖는 순위보전의 효력에 의하여 중간처분이 실효되는 효과를 가져 오게 된다. 그 결과 가등기 이후에 행하여진 임차권의 설정도 가등기와 양립하지 않는 중간처분에 해당하므로, 가등기에 기한 본등기가 된 이상에는 그 임차권으로써 대항할 수 없다.

---

132) 대법원 1996. 2. 27. 선고 95다35616 판결

Q 저는 甲소유 주택을 전세보증금 4,000만원에 임차하여 입주와 주민등록전입신고를 마치고 거주하던 중, 계약기간이 만료되어 보증금 300만원을 인상해주었습니다. 그런데 위 보증금 300만원을 인상하기 1개월 전 위 주택에 대하여 乙의 소유권이전청구권가등기가 설정되어 있는바, 만일 乙이 본등기를 하는 경우 인상된 보증금 300만원에 대하여도 乙에게 대항력을 주장할 수 있는지요?

A 「주택임대차보호법」 제3조는 "①임대차는 그 등기가 없는 경우에도 임차인이 주택의 인도와 주민등록을 마친 때에는 그 다음 날부터 제3자에 대하여 효력이 생긴다. 이 경우 전입신고를 한 때에 주민등록이 된 것으로 본다. ③임차주택의 양수인(기타 임대할 권리를 승계한 자를 포함한다)은 임대인의 지위를 승계한 것으로 본다."라고 규정하고 있습니다.

그러므로 주택임차인은 입주와 주민등록을 마친 때에 대항력을 취득하게 되고, 임대차계약서상 확정일자를 받아두면 그 이후의 모든 권리자 보다 우선하여 변제받을 권리를 가지게 되는 것입니다. 그런데 위 사안에서와 같이 임차건물에서 거주하던 중 임대차보증금이 인상된 경우 그 인상 전에 설정된 다른 물권자와의 관계가 문제될 수 있습니다.

이에 관하여 판례는 "주택임대차보호법의 적용을 받는 임대목적부동산에 관하여 제3자가 가등기를 하고, 그 가등기에 기하여 본등기가 마쳐진 경우에 있어서는 임대인과 임차인 사이에 그 가등기 후 그 보증금을 인상하기로 약정하였다고 하더라도, 그 인상분에 대하여는 그 등기권리자에게 대항하지 못한다 할 것이고, 이와 같은 이치는 그 임대차에 관한 등기가 되었거나 안되었거나 간에 다같이 적용된다."라고 하였습니다[133].

따라서 귀하는 乙이 가등기에 기한 본등기를 하게 된다면 인상된 보증금 300만원에 대하여는 대항력을 주장할 수 없고, 다만 가등기설정 전에 지급한 보증금 4,000만원에 대해서는 대항력을 주장할 수 있을 것입니다.

Q 저는 주택을 임차하려고 등기부를 열람해보았더니 소유권이전등기청구권가등기가 되어 있었습니다. 집주인에게 물어보니 위 가등기는 2,000만원을 차용하고 그 담보를 위하여 설정한 것이라고 합니다. 제가 위 주택을 임차하면 보호받을 수 있는지요?

A 소유권이전등기청구권의 가등기에는 ①진정한 매매예약으로 인한 소유권이전등기청구권보전의 가등기가 있고, ②채권의 담보의 목적으로 경료된 담보가등기가 있습니다.

그런데 위 가등기가 ①의 경우(소유권이전등기청구권 보전의 가등기)라면, 주택임차인이 주택임대차보호법상의 대항력을 갖추기 이전에 소유권이전등기청구권보전의 가등기가 설정되어 있을 경우

---

133) 대법원1986. 9. 9. 선고 86다카757 판결

에는 그러한 가등기에 기한 본등기가 되면 「부동산등기법」 제92조가 "가등기에 의한 본등기(本登記)를 한 경우 본등기의 순위는 가등기의 순위에 따른다."라고 규정하고 있으므로, 그 본등기의 순위는 가등기의 순위로 되어 가등기 후에 대항력을 갖춘 주택임차권보다 선순위가 되므로 그 주택임차인은 본등기를 경료한 자에게 대항하지 못합니다.

한편 위 가등기가 ②의 경우(담보목적 가등기)라면, 주택임차인이 주택임대차보호법상의 대항력을 갖추기 이전에 담보가등기가 설정된 경우에는 「가등기담보등에관한법률」 제12조 제1항이 "담보가등기권자는 그 선택에 따라 제3조의 규정에 의한 담보권을 실행하거나 목적부동산의 경매를 청구할 수 있다. 이 경우 경매에 관하여는 담보가등기권리를 저당권으로 본다."라고 규정하고 있어 담보가등기권자가 경매를 신청할 수도 있고, 같은 법에 의하여 담보권을 실행하여 청산절차를 거쳐 그 가등기에 기한 본등기를 할 수도 있습니다.

담보목적부동산의 경매를 청구한 경우에는 가등기 후에 대항요건을 갖춘 주택임차인은 그 경매절차에서 당해 주택을 매수한 매수인에게 대항할 수 없을 것입니다(다만 대항요건과 확정일자를 갖춘 경우나 소액임차인에 해당된다면 그 경매절차에서 배당요구를 신청하여 배당 받아야 할 것입니다).

「가등기담보등에관한법률」 제3조에 따른 담보권을 실행하는 경우에는 목적부동산의 가액에서 자기의 채권액(담보가등기보다 선순위 담보권자의 채권액을 포함, 여기에는 소액임차인의 우선변제채권도 포함될 것임)을 공제한 청산금을 채무자 등에게 지급하여야 하나(가등기담보등에관한법률 제4조 제1항), 담보가등기 후에 등기된 저당권자, 전세권자 및 담보가등기권리자(가등기담보등에관한법률 제2조 제5호)는 채권의 명세와 증서를 위 채권자에게 제시·교부하여 자기의 채권을 지급 받아야 합니다(가등기담보등에관한법률 제5조 제1항, 제2항).

그런데 「가등기담보등에관한법률」은 후순위권리자의 정의에 확정일자를 갖춘 우선변제권이 인정되는 주택임차인은 명시하지 않고 있으나(같은 법 제2조 제5호), 이러한 주택임차인도 위 후순위권리자에 포함되는 것으로 해석되어 우선변제권을 행사할 수 있어야 할 것으로 보입니다.

한편, 그러한 우선변제권은 없고 담보가등기 후에 대항력만 갖춘 주택임차인의 경우에는 원칙적으로 담보가등기권리자에게 대항력을 행사할 수 없지만[134], 「가등기담보등에관한법률」 제5조 제5항이 "담보가등기 후에 대항력 있는 임차권을 취득한 자에게는 청산금의 범위 에서동시이행의 항변권에 관한 「민법」 제536조를 준용한다."라고 규정하고 있으므로, 채무자에게 지급될 청산금이 있을 경우에는 담보가등기채권자에게 동시이행의 항변을 할 수 있을 것으로 보입니다.

---

134) 대법원 2001. 1. 5. 선고 2000다47682 판결

다. 양도담보의 경우

채무의 담보를 위하여 부동산의 소유권을 이전하는 양도담보가 임차권의 대항력 발생 전에 경료된 경우, 임차인은 귀속정산의 방법에 의하여 소유권을 이전받은 양도담보권자에게 대항할 수 없다.

Q 저는 甲소유 주택을 전세보증금 5,000만원에 계약기간 2년으로 임차하여 입주와 주민등록을 마치고 거주하던 중, 甲이 乙에 대한 채무담보로서 위 주택의 소유권을 乙에게 이전해주었습니다. 그런데 저보다 선순위의 저당권자가 임차주택을 경매하였는데 저는 한 푼도 배당받지 못하였습니다. 이 경우 저는 담보의 목적으로 소유명의를 취득한 적이 있는 乙에게 전세보증금반환청구를 할 수 있는지요?

A 위 사안에서 양도담보권자인 乙도 「주택임대차보호법」 제3조 제3항의 양수인에 포함된다고 해석한다면 귀하가 乙에게 전세보증금반환을 청구할 수 있을 것이나, 위 조항의 양수인의 의미에 대하여 판례는 "주택임대차보호법 제3조 제2항(현행 주택임대차보호법 제3조 제3항)은 '임차주택의 양수인(기타 임대할 권리를 승계한 자를 포함한다)은 임대인의 지위를 승계한 것으로 본다.'라고 규정하는바, 위 규정에 의하여 임대인의 지위를 승계한 것으로 보게 되는 임차주택의 양수인이 되려면 주택을 임대할 권리나 이를 수반하는 권리를 종국적·확정적으로 이전받게 되는 경우라야 한다."라고 하였고[135], 또한 "…매매, 증여, 상속, 공용징수 등에 의하여 임차주택의 소유권을 취득한 자 등은 위 조항에서 말하는 임차주택의 양수인에 해당된다고 할 것이나, 이른바 양도담보의 경우에는 채권담보를 위하여 신탁적으로 양도담보권자에게 주택의 소유권이 이전될 뿐이어서, 특별한 사정이 없는 한 양도담보권자가 주택의 사용·수익권을 갖게 되는 것이 아니고 주택의 소유권이 양도담보권자에게 확정적·종국적으로 이전되는 것도 아니므로, 양도담보권자는 이 법 조항에서 말하는 양수인에 해당하지 않는 것이 타당하다."라고 하였습니다[136].

위 판결에 의하면 양도담보권자는 주택임대차보호법 제3조 제3항에서 규정한 '양수인'에 해당하지 아니하므로 귀하는 양도담보권자인 乙에 대하여 전세보증금반환청구를 할 수 없고, 甲에 대해서만 전세보증금반환청구를 할 수 있습니다.

라. 가처분의 경우

1) 소유권이전등기청구권보전을 위한 가처분권자

처분금지가처분권자가 본안판결에 기한 소유권이전등기를 마친 경우에도 가처분등기일자

---

135) 대법원 2002. 4. 12. 선고 2000다70460 판결
136) 대법원 1993. 11. 23. 선고 93다4083 판결

와 대항력 발생시기의 선후에 따라 대항력 유무를 결정하여야 한다. 점유이전금지가처분권자의 경우도 마찬가지이다. 점유이전금지가처분이 집행된 건물을 임차하여 대항요건을 갖추었다고 하더라도 가처분채권자가 본안에서 승소하면 임차인은 이에 대항할 수 없다.

2) 소유권말소등기청구권보전을 위한 가처분권자

처분금지가처분의 경우 가처분명령 주문에서 금지하는 것의 대표적인 것이 양도, 저당권, 전세권, 임차권의 설정인데, 이러한 가처분 이후에 등기된 임대차가 있다면 물론 가처분에 위배되는 처분행위가 되므로, 주택임대차보호법상의 소액임대차라고 하더라도 가처분에 위배된다.

마. 가압류의 경우

임차인이 주민등록전입신고를 마치고 입주사용함으로서 주임법 제3조에 의하여 그 임차권이 대항력을 갖는다 하더라도 부동산에 대하여 가압류등기가 마쳐진 후에 그 채무자로부터 그 부동산을 임차한 자는 가압류집행으로 인한 처분금지의 효력에 의하여 가압류사건의 본안판결의 집행으로 그 부동산을 취득한 매수인(경락인)에게 그 임대차의 효력을 주장할 수 없다[137].

> **Q** 저는 가압류된 주택을 임차하여 입주하고 주민등록전입신고를 마쳤는데, 그 후 가압류채권자가 집주인을 상대로 승소판결을 받은 후 임차주택에 대하여 경매신청을 하였습니다. 이 경우 제가 위 경매절차의 매수인에게 대항할 수 있는지요?
>
> **A** 「주택임대차보호법」 제3조 제1항은 "임대차는 그 등기가 없는 경우에도 임차인이 주택의 인도와 주민등록을 마친 때에는 그 익일부터 제3자에 대하여 효력이 생긴다. 이 경우 전입신고를 한 때에 주민등록이 된 것으로 본다."라고 규정하고 있고, 같은 법 제3조 제3항은 "임차주택의 양수인(그 밖에 임대할 권리를 승계한 자를 포함한다)은 임대인의 지위를 승계 한 것으로 본다."라고 규정하고 있습니다.
>
> 여기서 '임차주택의 양수인'은 매매, 증여, 경매, 상속, 공용징수 등에 의하여 임차주택의 소유권을 취득한 자를 말하지만[138], 선순위 가압류등기가 있었을 경우, 그에 기한 경매절차의 매수인에게도 대항력을 주장할 수 있느냐가 문제됩니다.

---

137) 대법원 1983. 4. 26. 선고 83다카116 판결

이에 관하여 판례는 "임차인이 주민등록전입신고를 마치고 입주·사용함으로써 주택임대차보호법 제3조에 의하여 그 임차권이 대항력을 갖는다 하더라도 부동산에 대하여 가압류등기가 마쳐진 후에 그 채무자로부터 그 부동산을 임차한 자는 가압류집행으로 인한 처분금지의 효력에 의하여 가압류사건의 본안판결의 집행으로 그 부동산을 취득한 경락인에게 그 임대차의 효력을 주장할 수 없다."라고 하였습니다[139].

따라서 위 사안의 경우 귀하는 경매절차의 매수인에게 위 임대차의 효력을 주장할 수 없습니다.

다만 귀하가 소액임차인에 해당할 경우(소액임차인의 범위에 관하여는 사례33 참조) 주택임대차보호법 소정의 '보증금 중 일정액'에 관하여 최우선변제권을 행사할 수 있고, 확정일자를 받아 두었다면 가압류채권자와 채권액에 비례하여 안분배당을 받을 수 있을 것입니다[140](주택임대차보호법 제8조 제1항). 참고로 만약 귀하가 위 두 가지 경우 모두에 해당할 경우 귀하는 일단 배당금에서 주택임대차보호법 소정의 '보증금 중 일정액'만큼은 최우선변제 받을 수 있고, 그럼에도 여전히 변제받지 못하고 남은 임대차보증금이 있을 경우 이에 관하여 다시 가압류채권자와 채권액에 비례하여 안분배당을 받으실 수 있습니다[141].

Q 저는 주택을 임차하여 입주와 주민등록전입신고는 마쳤으나, 확정일자를 받기 전에 임차주택에 대하여 가압류등기가 경료되고 말았습니다. 만일, 임차주택이 경매될 경우 제가 가압류채권자보다 우선하여 배당받을 수 있는지요?

A 입주와 주민등록전입신고에 관하여 「주택임대차보호법」 제3조의2 제2항에서는 대항요건과 임대차계약증서상의 확정일자를 갖춘 주택임차인은 후순위권리자 기타 일반채권자보다 우선하여 보증금을 변제받을 권리가 있다고 규정하고 있습니다.

그런데 위 사안의 경우와 같이 주택임차인이 대항요건은 갖추었지만, 확정일자를 가압류등기보다 늦게 받은 경우 임차주택이 경매된다면 가압류채권자와의 우선순위가 어떻게 될 것인지 문제됩니다.

일단 「주택임대차보호법」상 우선변제권을 취득하기 위해서는 대항요건 외에 확정일자까지 갖추어야 하는 것이므로 확정일자를 가압류등기보다 늦게 받았다면 그 가압류채권자에 대해 우선변제권을 주장할 수는 없고, 그 가압류채권자는 주택임차인에 대하여 선순위 가압류채권자가 되는 것입니다.

다음으로 선순위 가압류채권자가 있는 경우 그와 주택임차인사이의 배당순위와 관련하여 판례는

---

138) 대법원 1993. 11. 23. 선고 93다4083 판결, 2002. 4. 12. 선고 2000다70460 판결
139) 대법원 1983. 4. 26. 선고 83다카116 판결
140) 대법원 1992. 10. 13. 선고 92다30597 판결
141) 대법원 2007. 11. 15. 선고 2007다45562 판결

"주택임대차보호법 제3조의2 제1항(현행 주택임대차보호법 제3조의2 제2항)은 대항요건(주택인도와 주민등록전입신고)과 임대차계약증서상의 확정일자를 갖춘 주택임차인은 후순위권리자 기타 일반채권자보다 우선하여 보증금을 변제받을 권리가 있음을 규정하고 있는바, 이는 임대차계약증서에 확정일자를 갖춘 경우에는 부동산담보권에 유사한 권리를 인정한다는 취지이므로, 부동산담보권자보다 선순위의 가압류채권자가 있는 경우에 그 담보권자가 선순위의 가압류채권자와 채권액에 비례한 평등배당을 받을 수 있는 것과 마찬가지로 위 규정에 의하여 우선변제권을 갖게 되는 임차보증금채권자도 선순위 가압류채권자와는 평등배당관계에 있게 된다."라고 하였습니다[142].

따라서 귀하는 가압류채권자보다 우선하여 배당받을 수는 없지만, 가압류채권자와 채권액에 비례하여 안분 배당을 받을 것입니다. 또한, 귀하는 매각대금이 적어 보증금전액을 배당 받지 못할 경우에는 가압류 전에 갖춘 대항요건을 근거로 경매절차의 매수인에 대하여도 대항력을 주장할 수 있습니다. 한편 위와 같은 경우라도, 귀하가 주택임대차보호법 제8조에 따른 소액임차인에 해당한다면 해당 소액보증금의 범위 내에서는 가압류채권자에 비해 우선적으로 변제받을 수 있다는 점을 참조하시기 바랍니다.

바. 미등기주택의 사실상 양수인

아직 소유권이전등기를 경료하지는 아니 하였지만 그 건물에 대하여 사실상 소유자로서의 권리를 행사하고 있는 자는 전 소유자로부터 위 건물의 일부를 임차한 자에 대한 관계에서는 법 제3조 제2항 소정의 주택의 양수인으로서 임대인의 지위를 승계한 것으로 볼 수 있다[143]. 따라서 미등기주택의 사실상 양수인도 법 제3조 제2항의 양수인에 해당한다.

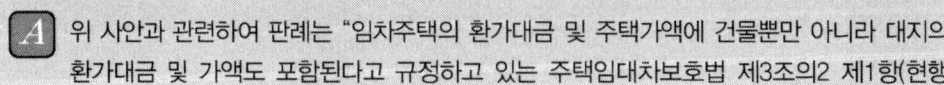

Q 저는 甲소유 다가구주택의 방 1칸을 전세보증금 1,200만원에 임차하여 입주와 주민등록전입신고를 마치고 거주하였습니다. 그런데 선순위인 근저당권자(대지에 위 주택이 신축된 후 근저당권을 설정 받은 자)가 위 주택과 대지를 경매신청 하였다가 건물에 대한 경매신청을 취하하여 대지만 매각되었습니다. 저는 소액임차인으로서 권리신고 겸 배당요구신청을 해두었는바, 대지의 매각대금에서도 최우선변제 받을 수 있는지요?

A 위 사안과 관련하여 판례는 "임차주택의 환가대금 및 주택가액에 건물뿐만 아니라 대지의 환가대금 및 가액도 포함된다고 규정하고 있는 주택임대차보호법 제3조의2 제1항(현행

---

142) 대법원 1992. 10. 13. 선고 92다30597 판결
143) 대법원 1987. 3. 24. 선고 86다카164 판결

주택임대차보호법 제3조의2 제2항) 및 제8조 제3항의 각 규정과 주택임대차보호법의 입법취지 및 통상적으로 건물의 임대차에는 당연히 그 부지부분의 이용을 수반하는 것인 점 등을 종합하여 보면, 주택임대차보호법 제2조에서 주택임대차보호법의 적용대상으로 규정하고 있는 '주거용 건물'의 임대차라 함은 임차목적물 중 건물의 용도가 점포나 사무실 등이 아닌 주거용인 경우의 임대차를 뜻하는 것일 뿐이지, 주택임대차보호법의 적용대상을 대지를 제외한 건물에만 한정하는 취지는 아니고, 다가구용 단독주택의 대지 및 건물에 관한 근저당권자가 그 대지 및 건물에 관한 경매를 신청하였다가 그 중 건물에 대한 경매신청만을 취하함으로써 이를 제외한 대지부분만이 낙찰되었다고 하더라도, 그 주택의 소액임차인은 그 대지에 관한 낙찰대금 중에서 소액보증금을 담보물권자보다 우선하여 변제받을 수 있다."라고 하였습니다[144].

따라서 귀하는 위 대지에 대한 경매절차의 매각대금에서도 최우선변제를 받을 수 있을 것으로 보입니다.

Q 甲은 소액보증금으로 乙로부터 주택을 임차하여 입주와 주민등록을 마쳤는데, 위 주택은 그 대지와 함께 丙에게 담보로 제공되어 근저당권이 설정된 상태의 구 주택이 철거되고 다시 신축된 주택입니다. 이 경우 위 주택 등이 경매된다면 甲이 대지의 매각대금에서는 소액임차인으로서 최우선변제를 받을 수 없는지요?

A 「주택임대차보호법」제8조 제1항 및 제3항은 임차인은 보증금중 일정액을 다른 담보물권자보다 우선하여 변제받을 권리가 있고, 우선변제를 받을 임차인 및 보증금중 일정액의 범위와 기준은 주택가액(대지의 가액을 포함)의 2분의 1의 범위 안에서 대통령령으로 정하도록 하고 있습니다.

그러므로 보통의 일반적인 주택임차인은 위 규정에 근거하여 대지를 포함한 주택의 매각대금에서 우선변제권 등을 주장할 수 있습니다.

그런데 대지에 저당권이 설정된 후에 건물이 신축되었고, 그 신축건물을 임차한 소액임차인이 대지에 대한 경매절차의 매각대금에 대하여도 최우선변제권을 주장할 수 있느냐에 관하여 판례는 "저당권설정 후에 비로소 건물이 신축된 경우에까지 공시방법이 불완전한 소액임차인에게 우선변제권을 인정한다면 저당권자가 예측할 수 없는 손해를 입게 되는 범위가 지나치게 확대되어 부당하므로, 이러한 경우에는 소액임차인은 대지의 환가대금에 대하여 우선변제를 받을 수 없다고 보아야 한다."라고 하였습니다[145].

그러나 임대인이 토지와 그 지상 주택에 근저당권을 설정하였다가 임의로 주택을 멸실 시키고 그 자리에 다시 주택을 신축하여 이를 임대한 후 토지에 대한 근저당권의 실행으로 주택이 일괄매각된 경우, 주택임차인이 토지부분의 매각대금에서도 소액보증금을 우선변제 받을 수 있는지에

---

144) 대법원 1999. 7. 23. 선고 99다25532 판결, 1996. 6. 14. 선고 96다7595 판결

관하여 하급심 판례는 "임대인이 토지와 그 지상 주택에 근저당권을 설정하였다가 임의로 주택을 멸실 시키고 그 자리에 다시 주택을 신축하여 이를 임대한 후 토지에 대한 근저당권실행으로 주택이 함께 일괄경매 된 경우, 주택임대차보호법이 별다른 제한 없이 소액임차인에 대해 대지의 가액을 포함한 주택가액의 2분의 1의 범위 내에서 우선변제권이 있다고 규정하고 있는 점 및 이미 토지 위에 종전의 건물, 특히 주택이 건립되어 있어 근저당권자가 토지 및 종전 주택에 근저당권을 설정할 당시 이미 그 주택에 우선변제권이 인정될 소액임차인이 존재하리라는 것을 고려하여 그 담보가치를 정하였으리라고 보이는 특별한 사정이 있는 점에 비추어 새로 건립된 주택의 소액임차인에게 대지 부분의 배당금액에 대하여도 우선변제권을 인정하여야 한다."라고 하였습니다[146].

따라서 위 사안에서 甲은 위 하급심 판례의 취지대로라면 대지의 매각대금에서도 최우선변제를 받을 수 있을 것으로 보입니다.

Q 저는 서울 소재 甲 소유 신축주택을 보증금 4,000만원에 24개월간 임차하기로 하여 입주와 주민등록전입신고 및 확정일자를 받아 두었습니다. 그런데 임차건물이 신축되기 전 이미 토지상에는 乙의 근저당등기가 설정되어 있었습니다. 저는 소액임차인으로서 대항력과 우선변제권을 가지고 있으므로 토지와 건물에 대한 경매절차의 매각대금에서 최우선변제를 받을 수 있다고 알고 있습니다. 만약 乙이 경매를 신청하여 토지와 건물이 매각될 경우 토지의 매각대금에서도 최우선변제를 받을 수 있는지요?

A 「주택임대차보호법」 제3조의2 제2항은 "제3조 제1항·제2항 또는 제3항의 대항요건과 임대차계약증서(제3조 제2항 및 제3항의 경우에는 법인과 임대인 사이의 임대차계약증서를 말한다)상의 확정일자를 갖춘 임차인은 「민사집행법」에 따른 경매 또는 「국세징수법」에 따른 공매를 할 때에 임차주택(대지를 포함한다)의 환가대금에서 후순위권리자나 그 밖의 채권자보다 우선하여 보증금을 변제받을 권리가 있다."라고 규정하고 있고, 같은 법 제8조 제1항 및 제3항은 임차인은 보증금중 일정액을 다른 담보물권자보다 우선하여 변제받을 권리가 있고, 우선변제를 받을 임차인 및 보증금 중 일정액의 범위와 기준은 주택가액(대지의 가액을 포함)의 2분의 1의 범위 안에서 대통령령으로 정하도록 하고 있습니다.

그러므로 보통의 일반적인 주택임차인은 위 규정에 근거하여 대지를 포함한 주택의 매각대금에서 우선변제권 등을 주장할 수 있습니다.

그러나 귀하의 경우와 같이 토지에 저당권이 설정된 후에 건물이 신축되었고, 그 신축건물을 임차한 소액임차인이 토지의 매각대금에 대하여도 최우선변제권을 주장할 수 있는지는 문제가

---

145) 대법원 1999. 7. 23. 선고 99다25532 판결
146) 서울지법서부지원 1998. 7. 22. 선고 97가단37992 판결

될 수 있습니다.

이에 관하여 판례는 "임차주택의 환가대금 및 주택가액에 건물뿐만 아니라 대지의 환가대금 및 가액도 포함된다고 규정하고 있는 주택임대차보호법(1999. 1. 21. 법률 제5641호로 개정되기 전의 것) 제3조의2 제1항 및 제8조 제3항의 각 규정과 주택임대차보호법의 입법취지 및 통상적으로 건물의 임대차에는 당연히 그 부지부분의 이용을 수반하는 것인 점 등을 종합하여 보면, 대지에 관한 저당권의 실행으로 경매가 진행된 경우에도 그 지상건물의 소액임차인은 대지의 환가대금 중에서 소액보증금을 우선변제 받을 수 있다고 할 것이나[147], 이와 같은 법리는 대지에 관한 저당권설정 당시에 이미 그 지상건물이 존재하는 경우에만 적용될 수 있는 것이고, 저당권설정 후에 비로소 건물이 신축된 경우에까지 공시방법이 불완전한 소액임차인에게 우선변제권을 인정한 다면 저당권자가 예측할 수 없는 손해를 입게 되는 범위가 지나치게 확대되어 부당하므로, 이러한 경우에는 소액임차인은 대지의 환가대금에 대하여 우선변제를 받을 수 없다고 보아야 한다."라고 하였으며[148] 최근 대법원 판례에서도 "대지에 관한 저당권 설정 후에 비로소 건물이 신축되고 그 신축건물에 대하여 다시 저당권이 설정된 후 대지와 건물이 일괄 경매된 경우라면 주택임대차보 호법 제3조의2 제2항의 확정일자를 갖춘 임차인 및 같은 법 제8조 제3항의 소액임차인은 대지의 환가대금에서는 우선하여 변제를 받을 권리가 없다고 하겠지만, 신축건물의 환가대금에서는 확정 일자를 갖춘 임차인이 신축건물에 대한 후순위권리자보다 우선하여 변제받을 권리가 있고, 주택임 대차보호법 시행령 부칙의 '소액보증금의 범위변경에 따른 경과조치'를 적용함에 있어서 신축건물 에 대하여 담보물권을 취득한 때를 기준으로 소액임차인 및 소액보증금의 범위를 정하여야 한 다[149]."라고 하여 기존의 입장을 그대로 유지하고 있는 것으로 보입니다.

따라서 귀하의 경우에도 위 토지의 매각대금에서는 乙보다 우선하여 보증금 중 일정액을 변제받지 못할 것으로 보이고, 다만 건물의 매각대금에서는 대금의 2분의 1의 범위 내에서 보증금 중 일정액 을 변제받을 수 있을 것으로 보입니다.

참고로 2014년 1월 1일부터 시행되고 있는 개정 「주택임대차보호법 시행령」은 최우선변제권의 범위를 ① 서울특별시에서는 9,500만원 이하의 보증금으로 입주하고 있는 임차인에 한하여 3,200 만원의 이하의 범위 내에서, ② 수도권정비계획법에 따른 수도권 중 과밀억제권역(서울특별시는 제외한다)에서는 8,000만원 이하의 보증금으로 입주하고 있는 임차인에 한하여 2,700만원 이하의 범위 내에서 ③광역시(수도권정비계획법에 따른 과밀억제권역에 포함된 지역과 군지역은 제외한 다), 안산시, 용인시, 김포시 및 광주시에서는 6,000만원 이하의 보증금으로 입주하고 있는 임차인 에 한하여 2,000만원 이하의 범위 내에서, ④ 그 밖의 지역에서는 4,500만원 이하의 보증금으로 입주하고 있는 임차인에 한하여 1,500만원 이하의 범위 내에서 각 인정된다고 규정하고 있습니다. 다만, 2014년 1월 1일 이전에 임차주택에 근저당권 등의 담보물권이 설정된 경우에는 개정 전의 규정이 적용됨을 유의하여야 할 것입니다.

---

147) 대법원 1996. 6. 14. 선고 96다7595 판결
148) 대법원 1999. 7. 23. 선고 99다25532 판결

사. 임차주택의 대지만을 매각받은 자

임차주택의 대지만을 매각받은 자는 임차주택의 양수인에 해당하지 아니한다. 즉, 주임법 제3조 제4항에서 말하는 임대인의 지위를 승계한 것으로 보는 임차주택의 양수인이라 함은 같은 법 제1조 및 제2조의 규정 내용에 비추어 보면 임대차의 목적이 된 주거용 건물의 양수인을 의미하는 것이고, 같은 법 제3조의2 제1항이 같은 법에서 정한 대항요건을 갖춘 임차인에게 경매 또는 공매에 의한 임차주택의 대지의 환가대금에서 후순위 권리자 등보다 보증금을 우선변제 받을 권리를 인정하였다고 하여도 그 대지를 경락받은 자를 위에서 말하는 임차주택의 양수인이라고 할 수 없다[150].

아. 주택의 양도담보권자

주택의 양도담보권자는 양수인에 해당하지 아니한다. 법 제3조 제4항의 규정에 의하여 임대인의 지위를 승계한 것으로 보게 되는 임차주택의 양수인이 될 수 있는 경우는 주택을 임대할 권리나 이를 수반하는 권리를 종국적, 확정적으로 이전받게 되는 경우라야 하므로, 매매, 증여, 경매, 상속, 공용징수 등에 의하여 임차주택의 소유권을 취득한 자 등은 위 조항에서 말하는 임차주택의 양수인에 해당한다고 할 것이나, 이른바 주택의 양도담보의 경우는 채권담보를 위하여 신탁적으로 양도담보권자에게 주택의 소유권이 이전될 뿐이어서, 특별한 사정이 없는 한, 양도담보권자가 주택의 사용수익권을 갖게 되는 것이 아니고 또 주택의 소유권이 양도담보권자에게 확정적, 종국적으로 이전되는 것도 아니므로 양도담보권자는 이 법 조항에서 말하는 "양수인"에 해당하지 않는다[151].

자. 양도담보가 임차권의 대항력 발생 전에 경료된 경우 양도담보의 환가로 인한 취득자

채무의 담보를 위하여 부동산의 소유권을 이전하는 양도담보가 임차권의 대항력 발생 전에 경료된 경우 임차인은 귀속정산의 방법에 의하여 소유권을 이전받은 양도담보권자

---

149) 대법원 2010.06.10 선고 2009다101275 판결
150) 대법원 1998. 4. 10. 선고 98다3276 판결
151) 대법원 1993. 11. 23. 선고 93다4083 판결

에게 대항할 수 있다. 즉, 대항요건을 갖춘 주택임차인이라고 하더라도 그에 앞서 담보권을 취득한 담보권자에게는 대항할 수 없고, 주택임차인은 그 담보권에 기한 환가절차에서 당해 주택을 취득하는 취득자에 대하여도 자신의 임차권을 주장할 수 없는 바[152], 이러한 법리는 채무의 담보를 위하여 부동산의 소유권을 이전하는 양도담보의 경우에도 그대로 타당하다. 따라서 임차인이 대항력을 갖추기에 앞서 담보권을 취득한 자나 그 담보권에 기한 환가절차에서 이 사건 건물을 취득하는 취득자에 대하여 자신의 임차권을 주장할 수 없으며, 이는 그 환가절차가 담보권자 자신에게 목적물의 소유권을 귀속시키는 귀속정산의 방법으로 이루어진다고 하여도 마찬가지이다[153].

차. 신탁법상의 수탁자

신탁법상의 수탁자는 양수인에 해당한다[154]. 신탁법상의 신탁은 위탁자가 수탁자에게 특정의 재산권을 이전하거나 기타의 처분을 하여 수탁자로 하여금 신탁 목적을 위하여 그 재산권을 관리·처분하게 하는 것이므로(신탁법 제1조 제2항), 부동산의 신탁에 있어서 수탁자 앞으로 소유권이전등기를 마치게 되면 대내외적으로 소유권이 수탁자에게 완전히 이전되고, 위탁자와의 내부관계에 있어서 소유권이 위탁자에게 유보되어 있는 것이 아니기 때문이다[155].

> *Q* 甲은 乙회사가 신축한 임대아파트 중 1세대를 임차하여 임차주택의 인도와 전입신고를 마침으로써 「주택임대차보호법」 제3조 제1항 소정의 대항요건을 갖추었습니다. 그런데 乙회사는 그 뒤 담보목적으로 丙주택보증주식회사에게 위 아파트를 「신탁법」에 따라 신탁하여 신탁을 원인으로 한 소유권이전등기를 마쳤습니다. 그러나 乙회사는 재정이 악화되어 임대기간이 만료되었을 때 임차보증금을 반환할 능력이 없을 것으로 보이는바, 이 경우 甲이 丙주택보증주식회사에게 임차보증금반환청구를 할 수 있는지요?
>
> *A* 「주택임대차보호법」 제3조 제1항은 "임대차는 그 등기가 없는 경우에도 임차인이 주택의

---

152) 대법원 1999. 4. 23. 선고 98다32939 판결
153) 대법원 2001. 1. 15. 선고 2000다47682 판결, 2002. 1. 11. 선고 2001다48347 판결
154) 대법원 2002. 4. 12. 선고 2000다70460 판결
155) 대법원 1991. 8. 13. 선고 91다12608 판결, 1994. 10. 14. 선고 93다62119 판결

인도와 주민등록을 마친 때에는 그 익일부터 제3자에 대하여 효력이 생긴다. 이 경우 전입신고를 한 때에 주민등록이 된 것으로 본다."라고 규정하고 있고, 같은 조 제3항은 "임차주택의 양수인(그 밖에 임대할 권리를 승계한 자를 포함)은 임대인의 지위를 승계한 것으로 본다."라고 규정하고 있으며, 이 규정에 의하여 임대인의 지위를 승계한 것으로 보게 되는 임차주택의 양수인이 되려면 주택을 임대할 권리나 이를 수반하는 권리를 종국적·확정적으로 이전받게 되는 경우라야 합니다.

그리고 「신탁법」상의 신탁은 위탁자가 수탁자에게 특정의 재산권을 이전하거나 기타의 처분을 하여 수탁자로 하여금 신탁목적을 위하여 그 재산권을 관리·처분하게 하는 것이므로(신탁법 제1조 제2항), 부동산의 신탁에 있어서 수탁자 앞으로 소유권이전등기를 마치게 되면 대내외적으로 소유권이 수탁자에게 완전히 이전되고, 위탁자와의 내부관계에 있어서 소유권이 위탁자에게 유보되어 있는 것은 아니라 할 것이며, 이와 같이 신탁의 효력으로서 신탁재산의 소유권이 수탁자에게 이전되는 결과 수탁자는 대내외적으로 신탁재산에 대한 관리권을 갖는 것이고, 다만, 수탁자는 신탁의 목적범위 내에서 신탁계약에 정하여진 바에 따라 신탁재산을 관리하여야 하는 제한을 부담함에 불과합니다.

여기서 임차주택을 담보목적으로 「신탁법」에 따라 신탁한 경우, 수탁자가 임대인의 지위를 승계하는지 문제되는데, 판례는 "임대차의 목적이 된 주택을 담보목적으로 신탁법에 따라 신탁한 경우에도 수탁자는 주택임대차보호법 제3조 제2항(현행 주택임대차보호법 제3조 제3항)에 의하여 임대인의 지위를 승계한다."라고 하여[156], 대외적으로는 주택의 임대인 내지 소유자가 변동된 경우와 동일하게 취급하는 듯합니다.

따라서 위 사안에 있어서도 수탁자인 丙주택보증주식회사가 甲과 乙회사 사이의 임대차계약상 임대인의 지위를 승계하였다고 보아야 할 것이므로, 甲은 위 임대차계약기간이 만료될 경우 丙주택보증주식회사에 대하여 임차보증금반환청구를 할 수 있을 것으로 보입니다.

카. 경매의 경우

1) 경매에 의하여 소멸하는 선순위 저당권이 없는 경우
경매에 의하여 소멸하는 선순위 저당권이 없는 경우 다음의 경우에 임차인은 매수인에게 대항할 수 있다.

가) 강제경매
임대차의 대항력 발생 후에 경매개시결정의 등기(가압류가 있는 경우에는 그 가압류등기)가 되었을 때 매수인(낙찰자)에게 대항할 수 있다.

---

156) 대법원 2002. 4. 12. 선고 2000다70460 판결

더불어 가압류등기 후 부동산을 임차한 자의 경락인에 대한 대항력 유무에 대하여 대법원은 "임차인이 주민등록전입신고를 마치고 입주사용함으로써 주택임대차보호법 제3조에 의하여 그 임차권이 대항력을 갖는다 하더라도 부동산에 대하여 가압류등기가 마쳐진 후에 그 채무자로부터 그 부동산을 임차한 자는 가압류집행으로 인한 처분금지의 효력에 의하여 가압류사건의 본안판결의 집행으로 그 부동산을 취득한 경락인에게 그 임대차의 효력을 주장할 수 없다"라고 판시하였다[157].

> **Q** 저는 집주인으로부터 임차주택을 전세보증금 4,000만원에 계약기간 2년으로 임차하여 입주와 주민등록신고를 마쳤습니다. 그러나 위 임차주택은 이미 채권최고액 6,000만원인 선순위 근저당권이 이미 설정되어 있었고, 집주인의 일반채권자가 위 주택에 대하여 강제경매를 신청하였습니다. 이 경우 저는 경매절차의 매수인에게 대항력을 주장할 수 있는지요?
>
> **A** 「주택임대차보호법」 제3조 제1항은 "임대차는 그 등기가 없는 경우에도 임차인이 주택의 인도와 주민등록을 마친 때에는 그 익일부터 제3자에 대하여 효력이 생긴다. 이 경우 전입신고를 한 때에 주민등록이 된 것으로 본다."라고 규정하고 있고, 같은 조 제3항은 "임차주택의 양수인(그 밖에 임대할 권리를 승계한 자를 포함한다)은 임대인의 지위를 승계 한 것으로 본다."라고 규정하고 있습니다.
>
> 그리고 같은 법 제3조의5는 "임차권은 임차주택에 대하여 민사집행법에 따른 경매가 행하여진 경우에는 그 임차주택의 경락에 따라 소멸한다. 다만, 보증금이 모두 변제되지 아니한, 대항력이 있는 임차권은 그러하지 아니하다."라고 규정하고 있습니다.
>
> 여기서 귀하의 주택임차권이 비록 강제경매를 신청한 일반채권자에게 대항할 수 있는 임차권이라 하더라도 선순위 근저당권보다 뒤에 대항요건을 갖추었으므로, 임차주택이 경매절차에서 매각된 경우 매수인이 같은 법 제3조에서 말하는 임차주택의 양수인 중에 포함된다고 할 수 있을 것인지, 귀하의 주택임차권이 같은 법 제3조의5 단서의 대항력이 있는 임차권에 해당될 수 있는지 문제됩니다.
>
> 그런데 「민사집행법」 제91조 제2항 및 제3항은 "②매각부동산 위의 모든 저당권은 매각으로 소멸된다. ③지상권·지역권·전세권 및 등기된 임차권은 저당권·압류채권·가압류채권에 대항할 수 없는 경우에는 매각으로 소멸된다."라고 규정하고 있습니다.
>
> 그러므로 일반채권자의 강제경매신청으로 부동산이 매각된 경우에 선순위 저당권까지도 당연히 소멸하게 되고, 비록 후순위 일반채권자에게는 대항할 수 있는 임차권이라 하더라도 소멸된 선순위 저당권보다 뒤에 대항력을 갖춘 임차권은 함께 소멸하는 것이고, 따라서 그 경매절차의 매수인은

---

157) 대법원 1983.04.26. 선고 83다카116 판결
158) 대법원 1987. 3. 10. 선고 86다카1718 판결, 1999. 4. 23. 선고 98다32939 판결

「주택임대차보호법」 제3조에서 말하는 임차주택의 양수인 중에 포함된다고 할 수 없을 것이며, 이 경우의 주택임차권은 같은 법 제3조의5 단서의 대항력이 있는 임차권에 해당될 수 없다고 하여야 할 것입니다.

그리고 위 「민사집행법」 제91조 제3항과 같은 규정이 없었던 구 「민사소송법」(2002. 1. 26. 법률 제6626호로 개정되기 전의 것)의 적용을 받는 경우에도, 판례는 "근저당권설정등기와 제3의 집행채권자의 강제경매신청 사이에 대항력을 갖춘 주택임차인이 있는 경우에, 그 주택임차인이 경락인에게 대항할 수 있다고 한다면 경락인은 임차권의 부담을 지게 되어 부동산의 경매가격은 그만큼 떨어질 수밖에 없고 이것은 임차권보다 선행한 담보권을 해치는 결과가 되어 설정 당시의 교환가치를 담보하는 담보권의 취지에 맞지 않게 되므로 동인의 임차권은 경락인에게 대항할 수 없다."라고 하였습니다[158].

따라서 귀하도 경매절차의 매수인에게 귀하의 주택임차권으로 대항할 수 없을 것입니다.

나) 임의경매

임대차의 대항력 발생 후에 저당권설정등기가 되었을 때 매수인(낙찰자)에게 대항할 수 있다. 대항력을 갖춘 임차인이 저당권설정등기 이후에 임차인과의 합의에 의하여 보증금을 증액하는 경우 보증금 중 증액부분에 관하여는 저당권에 기하여 건물을 경락 받은 소유자에게 대항할 수 없다[159].

> **Q** 저는 주택을 임차하여 주민등록과 입주를 마쳤으나 확정일자는 받지 않았으며, 그 주택에는 이미 선순위 근저당권자가 있었고, 제가 대항요건을 갖춘 다음에 또 다른 근저당권이 설정되었습니다. 위 주택이 경매되는 경우 저는 확정일자를 갖추지 않았기 때문에 우선변제는 받을 수 없고, 선순위 근저당권자가 경매를 신청한 경우에는 대항력이 없을 것 같기는 한데, 그렇다면 후순위 근저당권자가 경매를 신청하는 경우에도 경매절차의 매수인에게 대항할 수 없는지요?
>
> **A** 「주택임대차보호법」 제3조 제1항은 "임대차는 그 등기가 없는 경우에도 임차인이 주택의 인도와 주민등록을 마친 때에는 그 익일부터 제3자에 대하여 효력이 생긴다. 이 경우 전입신고를 한 때에 주민등록이 된 것으로 본다."라고 규정하고 있고, 같은 법 제3조 제3항은 "임차주택의 양수인(그 밖에 임대할 권리를 승계한 자를 포함한다)은 임대인의 지위를 승계 한 것으로 본다."라고 규정하고 있으며, 같은 법 제3조의5는 "임차권은 임차주택에 대하여 민사집행법에 의한 경매가 행해진 경우에는 그 임차주택의 경락에 의하여 소멸한다. 다만, 보증금이 전액 변제되지 아니한 대항력이 있는 임차권은 그러하지 아니하다."라고 규정하고 있습니다.

---

159) 대법원 1990. 8. 14. 선고 90다카11377 판결

여기서 귀하의 주택임차권이 비록 후순위 근저당권자에게는 대항할 수 있는 임차권이라 하더라도 선순위 근저당권보다 뒤에 대항요건을 갖추었으므로, 임차주택이 경매절차에서 매각된 경우 매수인이 「주택임대차보호법」 제3조에서 말하는 임차주택의 양수인 중에 포함된다고 할 수 있을 것인지, 귀하의 주택임차권이 같은 법 제3조의5 단서의 대항력이 있는 임차권에 해당될 수 있는지 문제됩니다.

그런데 「민사집행법」 제91조 제2항 및 제3항은 "② 매각부동산 위의 모든 저당권은 매각으로 소멸된다. ③ 지상권·지역권·전세권 및 등기된 임차권은 저당권·압류채권·가압류채권에 대항할 수 없는 경우에는 매각으로 소멸된다."라고 규정하고 있습니다.

그러므로 후순위 저당권의 실행으로 부동산이 매각된 경우에 선순위 저당권까지도 당연히 소멸하게 되고, 비록 후순위 저당권자에게는 대항할 수 있는 임차권이라 하더라도 소멸된 선순위 저당권보다 뒤에 등기되었거나 대항력을 갖춘 임차권은 함께 소멸하는 것이고, 따라서 그 경매절차의 매수인은 「주택임대차보호법」 제3조에서 말하는 임차주택의 양수인 중에 포함된다고 할 수 없을 것이며, 경매부동산의 매각으로 소멸되는 선순위 저당권보다 뒤에 등기되었거나 대항력을 갖춘 주택임차권의 효력을 경매절차의 매수인에 대하여 주장할 수 없게 됩니다[160].

따라서 위 사안의 경우 귀하의 주택임차권보다 선순위인 근저당권까지도 경매절차의 매각으로 인하여 소멸되므로, 그 보다 후순위인 귀하의 주택임차권도 함께 소멸되어 귀하는 경매절차의 매수인에 대하여 대항력을 주장할 수 없을 것으로 보입니다.

2) 경매에 의하여 소멸하는 선순위 저당권이 있는 경우

강제집행이나 선순위 저당권의 실행으로 임차주택이 매각되어 선순위 저당권이 소멸하면 비록 후순위 저당권자에게는 대항할 수 있는 임차권이라 하더라도 선순위 저당권보다 뒤에 대항력을 갖춘 임차권은 함께 소멸하므로 이때의 매수인(낙찰자)에게는 임대차를 가지고 대항할 수 없다[161]. 다만, 임대차의 대항력 발생시기보다 앞선 저당권이 매각대금 지급기일 이전에 피담보채무의 변제 등 사유로 소멸한 경우에는 임차권의 대항력이 소멸하지 아니하며, 이 경우 선순위 저당권의 소멸로 인하여 대항력이 존속하는 것으로 변경됨으로써 매각부동산의 부담이 현저히 증가하는 경우에는 매수인으로서는 대금납부 전까지는 민사집행법 제127조 제1항의 유추적용에 의하여 매각허가결정의 취소신청을 할 수 있다.

---

160) 대법원 1999. 4. 23. 선고 98다32939 판결, 2000. 2. 11. 선고 99다59306 판결
161) 대법원 2000. 2. 11. 선고 99다59306 판결

Q 저는 甲소유 주택을 전세보증금 5,000만원에 임차하여 입주와 전입신고를 마쳤으나, 임대차 계약서에 확정일자를 받아두지 않았습니다. 그런데 위 주택은 제가 입주하기 전 이미 乙의 근저당권(채권최고액 1,000만원)이 설정되어 있었고, 제가 입주한 이후에도 丙의 근저당권(채권최고액 5,000만원)이 설정되었습니다. 이후 집주인 甲이 위 채무를 변제하지 못하자 근저당권자 丙이 경매를 신청하여 경매절차가 개시되었습니다. 그런데 선순위 근저당권인 乙의 채권은 일부가 변제되어 200만원 정도만 남아 있으므로, 제가 甲에게 그 금액을 빌려주어 乙의 근저당권이 말소된다면 저는 경매절차의 매수인에게 대항할 수 있는지요?

A 판례는 "후순위 저당권의 실행으로 목적부동산이 경락되어 그 선순위 저당권이 함께 소멸한 경우 비록 후순위 저당권자에게는 대항할 수 있는 임차권이더라도 함께 소멸하므로, 이와 같은 경우의 경락인은 주택임대차보호법 제3조에서 말하는 임차주택의 양수인 중에 포함되지 않는다고 할 것이고, 따라서 임차인은 경락인에 대하여 그 임차권의 효력을 주장할 수 없다."라고 하였습니다[162].

그러므로 선순위 근저당권이 있는 상태에서 입주하고 주민등록전입신고를 마친 귀하는 위 경매절차의 매수인에게 대항할 수 없고, 확정일자를 받아두지 않았기 때문에 丙보다 우선배당을 받을 수도 없습니다.

그러나 만약 선순위 근저당권이 지금이라도 말소된다면 귀하의 주택임차권에 대항력이 부여될 수 있느냐 하는 점입니다.

이에 관하여 판례는 "담보권의 실행을 위한 부동산의 입찰절차에 있어서, 주택임대차보호법 제3조에 정한 대항요건을 갖춘 임차권 보다 선순위의 근저당권이 있는 경우에는, 낙찰로 인하여 선순위 근저당권이 소멸하면 그 보다 후순위의 임차권도 선순위 근저당권이 확보한 담보가치의 보장을 위하여 그 대항력을 상실하는 것이지만, 낙찰로 인하여 근저당권이 소멸하고 낙찰인이 소유권을 취득하게 되는 시점인 '낙찰대금지급기일 이전'에 선순위 근저당권이 다른 사유로 소멸한 경우에는, 대항력 있는 임차권의 존재로 인하여 담보가치의 손상을 받을 선순위 근저당권이 없게 되므로 임차권의 대항력이 소멸하지 아니한다."라고 하였습니다[163].

따라서 위 주택이 경매절차에서 매각된 경우 매각대금지급기일 이전에 선순위 근저당권이 말소된다면, 귀하는 경매절차의 매수인에게 귀하의 주택임차권의 대항력을 주장할 수 있을 것으로 보입니다.

---

162) 대법원 1990. 1. 23. 선고 89다카33043 판결, 2000. 2. 11. 선고 99다59306 판결
163) 대법원 1996. 2. 9. 선고 95다49523 판결, 1998. 8. 24.자 98마1031 결정, 2003. 4. 25. 2002다70075 판결

Q 저는 법원의 부동산경매절차에서 주택 및 대지를 매수하여 매각허가결정을 받았고, 매각대금 지급기일이 지정되었습니다. 위 부동산에는 제1순위 근저당권(채권최고액 3,750만원)이 설정되어 있었고, 그 다음에 대항요건을 갖춘 주택임차보증금 5,000만원의 주택임차권이 존속하고 있었으며, 그 주택임차권 다음에 채권최고액 4,500만원의 후순위 근저당권이 설정되어 있었는데, 후순위 근저당권의 실행으로 경매가 진행된 것입니다. 그런데 매각허가결정 후 제1순위 근저당권이 말소되고, 소멸될 것으로 예상되었던 후순위 주택임차권의 대항력이 존속하는 것으로 변경됨으로써 경매절차의 매수인인 저로서는 위 주택임차보증금에 대한 현실적인 부담이 증가하게 되어 위 부동산을 매수할 생각이 없어졌습니다. 이에 대한 구제방안이 없는지요?

A 「민사집행법」 제127조 제1항은 "제121조(매각허가에 대한 이의신청사유) 제6호(천재지변 그 밖에 자기가 책임을 질 수 없는 사유로 부동산이 현저하게 훼손된 사실 또는 부동산에 관한 중대한 권리관계가 변동된 사실이 경매절차의 진행중에 밝혀진 때)에서 규정한 사실이 매각허가결정의 확정 뒤에 밝혀진 경우에는 매수인은 대금을 낼 때까지 매각허가결정의 취소신청을 할 수 있다."라고 규정하고 있습니다.

그리고 부동산에 대한 경매절차에서 주택임대차보호법 제3조에 정한 대항요건을 갖춘 임차권보다 선순위의 근저당권과 후순위의 근저당권이 각각 존재하였다가 그 중 선순위 근저당권이 매각대금 지급기일 이전에 매각 이외의 사유로 소멸하는 바람에 당초와 달리 임차권의 대항력이 존속하는 것으로 변경된 경우는 위 「민사집행법」 제127조 제1항에서 규정하는 "부동산에 관한 권리관계가 변동된 때"에 해당한다고 할 것입니다(사례37참조).

따라서 귀하와 같이 선순위 근저당권의 존재로 후순위 임차권의 대항력이 소멸하는 것으로 알고 부동산을 매수하였으나, 그 이후 매각대금을 납부하기 전에 선순위 근저당권이 소멸되어 임차권의 대항력이 존속하는 것으로 변경되었다면 귀하는 위 규정을 근거로 매각허가결정에 대한 취소신청을 함으로써 구제를 받을 수 있을 것으로 보입니다.

Q 저는 법원의 부동산경매절차에서 매각부동산인 주택 및 대지에 대하여 매각허가결정을 받아 그 매각대금을 모두 지급하였고 배당절차만 남겨둔 상태입니다. 그런데 위 부동산에 제1순위로 설정되어 있던 甲의 근저당권이 채무변제로 인하여 매각대금지급기일 직전에 말소되었고, 그보다 후순위로 대항요건(입주와 주민등록전입신고)을 갖춘 乙의 주택임차권(보증금 5,000만원)은 확정일자를 받지 않았으므로 乙이 대항요건을 갖춘 후에 설정된 근저당채권자들에게 매각대금이 모두 배당되고 나면 전혀 배당을 받지 못하게 되었습니다. 그러므로 乙이 경매절차의 매수인인 저에게 대항력을 주장한다면 저는 예기치 않게 乙의 보증금을 변제하여야 하는데 제가 취할 수 있는 구제방법이 있는지요?

A 판례는 "담보권의 실행을 위한 부동산의 입찰절차에 있어서, 주택임대차보호법 제3조에 정한 대항요건을 갖춘 임차권보다 선순위의 근저당권이 있는 경우에는, 낙찰로 인하여 선순위 근저당권이 소멸하면 그 보다 후순위의 임차권도 선순위 근저당권이 확보한 담보가치의 보장을 위하여 그 대항력을 상실하는 것이지만, 낙찰로 인하여 근저당권이 소멸하고 낙찰인이 소유권을 취득하게 되는 시점인 '낙찰대금지급기일 이전'에 선순위 근저당권이 다른 사유로 소멸한 경우에는, 대항력 있는 임차권의 존재로 인하여 담보가치의 손상을 받을 선순위 근저당권이 없게 되므로 임차권의 대항력이 소멸하지 아니한다."라고 하였습니다[164).

따라서 위 사안에서 乙도 경매절차의 매수인인 귀하에 대하여 대항력을 주장할 수 있습니다.

그러므로 선순위 근저당권의 존재로 후순위 임차권의 대항력이 소멸하는 것으로 알고 부동산을 경매절차에서 매수하였으나, 그 이후 선순위 근저당권의 소멸로 인하여 임차권의 대항력이 존속하는 것으로 변경된 경우에는 매각부동산의 부담이 현저히 증가하게 되므로, 경매절차의 매수인에 대한 구제책이 문제되는데, 이러한 경우 경매절차의 진행 정도에 따라서 구제방법을 구분하여 살펴보아야 할 것입니다.

즉, 매수가격의 신고 후 매각허가결정이 있기 전에는 매각불허가신청을 하여 구제 받아야 할 것이고, 매각허가결정이 있은 후 매각대금납부이전까지는 매각허가결정의 취소신청을 할 수 있습니다(민사집행법 제127조 제1항)[165).

그러나 매각대금이 납부된 이후에는 경매절차의 매수인은 매각대금의 납부로 소유권을 취득하게 되므로(민사집행법 제135조), 매각불허가신청 또는 매각허가결정의 취소를 구할 수는 없다고 보아야 할 것입니다.

그런데 「민법」 제575조는 "매매의 목적물인 부동산에 '등기된 임대차계약이 있는 경우'에 매수인이 이를 알지 못한 때에는 이로 인하여 계약의 목적을 달성할 수 없는 경우에 한하여 매수인은 계약을 해제할 수 있고, 기타의 경우에는 손해배상만을 청구할 수 있고, 그 권리는 매수인이 그 사실을 안 날로부터 1년 내에 행사하여야 한다."라고 규정하고 있고, 또한 같은 법 제578조는 경매의 경우에도 위 규정에 의하여 계약의 해제와 대금의 감액을 청구할 수 있고, 채무자의 자력이 없는 때에는 경락인은 대금의 배당을 받은 채권자에 대하여 그 대금전부나 일부의 반환을 청구할 수 있으나, 손해배상은 채무자가 물건 또는 권리의 흠결을 알고 고지하지 아니하거나 채권자가 이를 알고 경매를 청구한 때에 경락인은 채무자나 채권자에게 청구할 수 있다고 규정하고 있습니다.

그러므로 선순위 근저당권의 존재로 후순위 임차권의 대항력이 소멸하는 것으로 알고 부동산을 매수하였으나, 그 이후 선순위 근저당권의 소멸로 인하여 임차권의 대항력이 존속하는 것으로 변경된 경우에도 위 규정을 유추적용 하여야 할 것으로 보이는데, 이러한 담보책임은 경매절차의 매수인이 경매절차 밖에서 별소(別訴)에 의하여 채무자 또는 채권자를 상대로 추급하는 것이 원칙이라고 할 것이나, 아직 배당이 실시되기 전이라면, 이러한 때에도 경매절차의 매수인으로 하여금 배당이 실시되는 것을 기다렸다가 경매절차 밖에서 별소에 의하여 담보책임을 추급하게 하는 것은 가혹하므로, 이 경우 경매절차의 매수인은 민사소송법 제613조(현행 민사집행법 제96조)를 유추적용 하여 집행법원에 대하여 경매에 의한 매매계약을 해제하고 납부한 매각대금의 반환을 청구하는 방법으로 담보책임을 추급할 수 있다고 하여야 할 것입니다[166].

따라서 귀하의 경우에도 배당이 실시되기 이전이라면 집행법원에 대하여 경매에 의한 매매계약을 해제하고 납부한 매각대금의 반환을 청구하는 방법으로 구제를 받아야 할 것이고, 이미 배당이 끝난 후에는 채무자에 대하여 계약을 해제한 후 채무자 또는 채권자에게 부당이득반환을 청구하여야 할 것입니다.

다만, 위와 같은 경우 계약을 해제함이 없이 채무자나 매각대금을 배당 받은 채권자들을 상대로 경매목적물상의 대항력 있는 임차인에 대한 임대차보증금에 상당하는 매각대금의 전부나 일부를 부당이득 하였다고 하여 바로 그 반환을 구할 수 있는 것은 아님을 유의하여야 할 것입니다[167].

Q 저는 주택을 임차하여 입주와 동시에 전입신고를 하고 확정일자까지 갖추었는데, 그 후 설정된 저당권에 기한 경매가 진행되어 매각되고 말았습니다. 저는 경매절차에 배당요구를 하였다가 사정상 배당요구의 종기 이전에 배당요구를 취하한 사실이 있는데, 이 경우 대항력이 없어지는 것이 아닌지요?

A 위 사안과 같은 경우에 판례는 "임차인의 보호를 위한 주택임대차보호법 제3조 제1항, 제2항(현행 주택임대차보호법 제3조 제1항, 제3항), 제3조의2 제1항, 제2항(현행 주택임대차보호법 제3조의2 제2항, 제3항), 제4조 제2항, 제8조 제1항, 제2항 규정들의 취지에 비추어, 위 규정의 요건을 갖춘 임차인은 임차주택의 양수인에게 대항하여 보증금의 반환을 받을 때까지 임대차관계의 존속을 주장할 수 있는 권리와 보증금에 관하여 임차주택의 가액으로부터 우선변제를 받을 수 있는 권리를 겸유(兼有)하고 있다고 해석되고, 이 두 가지 권리 중 하나를 선택하여 행사할 수 있다."라고 하였으며[168], 또한 "주택임대차보호법 소정의 요건을 갖춘 임차인은 임차인의 보호를 위한 주택임대차보호법의 취지에 비추어 볼 때, 임차주택의 양수인에게 대항하여 보증금의 반환을 받을 때까지 임대차관계의 존속을 주장할 수 있는 권리와 소액의 보증금에 관하여 임차주택의 가액으로부터 우선변제를 받음과 동시에 임차목적물을 명도할 수 있는 권리를 겸유하고 있다고 해석되고 이 두 가지 권리 중 하나를 선택하여 행사할 수 있다고 보아야 하며, 임차인이 경매절차에서 배당요구신청을 하였다가 이를 취하하였다 하여 이를 그 권리의 포기라고 볼 수는 없다."라고 하였습니다[169].

164) 대법원 1996. 2. 9. 선고 95다49523 판결, 1998. 8. 24.자 98마1031 결정, 2003. 4. 25. 선고 2002다70075 판결
165) 대법원 1998. 8. 24.자 98마1031 결정
166) 대법원 1997. 11. 11.자 96그64 결정 참조
167) 대법원 1996. 7. 12. 선고 96다7106 판결

따라서 귀하의 경우에도 배당요구신청을 하였다가 취하하였다고 하여도 주택임차권의 대항력에는 영향이 없을 것입니다.

다만, 그 후에 동일 임차주택에 관하여 실시된 경매절차에서도 우선변제권을 주장할 수 있느냐에 관하여 판례는 "…주택임대차보호법상의 대항력과 우선변제권의 두 가지 권리를 겸유하고 있는 임차인이 우선변제권을 선택하여 제1경매절차에서 보증금 전액에 대하여 배당요구를 하였으나 보증금 전액을 배당받을 수 없었던 때에는 경락인에게 대항하여 이를 반환받을 때까지 임대차관계의 존속을 주장할 수 있을 뿐이고, 임차인의 우선변제권은 경락으로 인하여 소멸하는 것이므로 제2경매절차에서 우선변제권에 의한 배당을 받을 수 없다…"라고 하였으므로[170], 후행경매절차에서는 우선변제권을 행사할 수는 없을 것입니다.

참고로 「민사집행법」 제84조 제1항은 "경매개시결정에 따른 압류의 효력이 생긴 때(그 경매개시결정전에 다른 경매개시결정이 있는 경우를 제외한다.)에는 집행법원은 절차에 필요한 기간을 감안하여 배당요구를 할 수 있는 종기(終期)를 첫 매각기일 이전으로 정한다."라고 규정하고 있으며, 같은 법 제88조 제2항은 "배당요구에 따라 매수인이 인수하여야 할 부담이 바뀌는 경우 배당요구를 한 채권자는 배당요구의 종기(終期)가 지난 뒤에 이를 철회하지 못한다."라고 규정하고 있습니다.

Q 甲은 乙소유 주택을 임차하여 제1순위로 대항력과 우선변제권을 확보하였는데, 임차주택이 경매절차에서 매각되어 매수인 丙이 매각대금을 완납하였습니다. 그런데 배당기일에 차순위 근저당권자 丁이 甲에게 배당된 임차보증금에 대하여 배당이의를 제기하여 배당이의의 소송이 진행중인데, 丙이 甲을 상대로 위 임차주택의 명도를 청구하고 있습니다. 이 경우 甲은 배당표가 확정될 때까지 임차주택의 명도를 거부할 수 있는지요?

A 대항력과 우선변제권을 겸유하고 있는 임차인이 배당요구를 하여 배당표에 전액 배당받는 것으로 기재되었으나 후순위 채권자가 배당이의소송을 제기하는 바람에 배당금을 받지 못하고 있는 경우, 임차인이 경매절차의 매수인에 대하여 임차주택의 명도를 거부할 수 있는지에 관하여 판례는 "주택임대차보호법 제3조, 제3조의2, 제4조의 규정에서 임차인에게 대항력과 우선변제권의 두 가지 권리를 인정하고 있는 취지가 보증금을 반환 받을 수 있도록 보장하기 위한 데에 있는 점, 경매절차의 안정성, 경매 이해관계인들의 예측가능성 등을 아울러 고려하여 볼 때, 두 가지 권리를 겸유하고 있는 임차인이 우선변제권을 선택하여 임차주택에 대하여 진행되고 있는 경매절차에서 보증금에 대하여 배당요구를 하였다고 하더라도, 순위에 따른 배당이 실시될 경우 보증금 전액을 배당받을 수 없는 때에는 보증금 중 경매절차에서 배당 받을 수 있는 금액을

---

168) 대법원 1993. 12. 24. 선고 93다39676 판결, 1997. 8. 22. 선고 96다53628 판결
169) 대법원 1987. 2. 10. 선고 86다카2076 판결, 1992. 7. 14. 선고 92다12827 판결
170) 대법원 2001. 3. 27. 선고 98다4552 판결, 2006. 2. 10. 선고 2005다21166 판결

공제한 잔액에 관하여 경락인에게 대항하여 이를 반환 받을 때까지 임대차관계의 존속을 주장할 수 있고, 보증금 전액을 배당받을 수 있는 때에는 경락인에게 대항하여 보증금을 반환받을 때까지 임대차관계의 존속을 주장할 수는 없다고 하더라도 다른 특별한 사정이 없는 한 임차인이 경매절차에서 보증금 상당의 배당금을 지급 받을 수 있는 때, 즉 임차인에 대한 배당표가 확정될 때까지는 경락인에 대하여 임차주택의 명도를 거절할 수 있는바, 경락인의 임차주택의 명도청구에 대하여 임차인이 동시이행의 항변을 한 경우 동시이행의 항변 속에는 임차인에 대한 배당표가 확정될 때까지 경락인의 명도청구에 응할 수 없다는 주장이 포함되어 있는 것으로 볼 수 있다."라고 하였습니다.

또한, 위 판례에서는 "변론종결일 현재 임차인을 상대로 한 배당이의소송이 계속 중이어서 임차인에 대한 배당표가 확정되지 아니한 경우에는 임차인에 대한 배당표가 확정되는 때에 명도할 것을 명하는 판결을 하여야 한다."라고 하였습니다[171].

따라서 위 사안에 있어서 甲은 丙의 임차주택의 명도청구에 대하여 배당이의 소송이 종결되어 배당표가 확정될 때까지 임차주택의 명도를 거부할 수 있을 것으로 보입니다.

타. 결론 – 대항력 있는 임차인

임차주택에 저당권, 가압류 또는 압류, 담보가등기 중 가장 빠른 등기가 경료된 시점을 기준으로 그 전까지 대항력을 구비하거나, 임차주택에 위와 같은 등기가 되어 있지 아니한 경우에는 경매개시결정 혹은 체납처분에 의한 압류의 효력이 발생하기 전까지 대항력을 구비한 경우 매수인에게 대항할 수 있다. 이를 요약하면, 임차인이 대항력을 갖춘 시점(대항력의 발생시기는 주택인도와 주민등록을 마친 '다음날' 임)이 최선순위 저당권설정일이나 최선순위 가압류기입등기일보다 먼저인 경우 그 임차인은 매수인(낙찰자)에게 대항할 수 있다.

Q 甲은 乙로부터 주택을 임차하여 거주하다가 직장이전문제로 乙의 동의를 받아 丙에게 위 주택을 전대하였으나, 甲은 주민등록을 퇴거하지 않았고 丙도 위 임차주택의 소재지에 주민등록전입신고를 하지 않았습니다. 그런데 甲이 위 임차주택을 전대한 이후에 근저당권이 설정되고 그 근저당권에 기한 경매가 개시된 상태인바, 이러한 경우 甲은 「주택임대차보호법」에 의한 보호를 받을 수 있는지요?

---

171) 대법원 1997. 8. 29. 선고 97다11195 판결, 2004. 8. 30. 선고 2003다23885 판결
172) 대법원 1994. 6. 24. 선고 94다3155 판결, 1995. 6. 5.자 94마2134 결정

A 임대인의 동의를 받은 주택임차권의 전대에 관하여 판례는 "주택임차인이 임차주택을 직접 점유하여 거주하지 않고 간접 점유하여 자신의 주민등록을 이전하지 아니한 경우라 하더라도, 임대인의 승낙을 받아 임차주택을 전대하고 그 전차인이 주택을 인도받아 자신의 주민등록을 마친 때에는 그 때로부터 임차인은 제3자에 대하여 대항력을 가진다."라고 하였습니다[172].

그러나 위 사안의 경우에는 임대인의 동의를 받아 임차주택을 전대하였으나, 위 판례와 같이 전차인 즉, 직접점유자의 주민등록이 전입신고 된 것이 아니고, 전대인인 귀하 즉, 간접점유자의 주민등록이 전입신고 된 채로 있었던 경우이므로, 그러한 경우에도 귀하의 주택임차권이 보호될 수 있을 것인지 문제됩니다.

그런데 간접점유자인 임차인이 주택임대차보호법 소정의 대항력을 취득하기 위한 요건에 관한 판례를 보면, "주택임대차보호법 제3조 제1항 소정의 대항력은 임차인이 당해 주택에 거주하면서 이를 직접 점유하는 경우뿐만 아니라 타인의 점유를 매개로 하여 이를 간접 점유하는 경우에도 인정될 수 있을 것이나, 그 경우 당해 주택에 실제로 거주하지 아니하는 간접점유자인 임차인은 주민등록의 대상이 되는 '당해 주택에 주소 또는 거소를 가진 자(주민등록법 제6조 제1항)'가 아니어서 그 자의 주민등록은 주민등록법 소정의 적법한 주민등록이라고 할 수 없고, 따라서 간접점유자에 불과한 임차인 자신의 주민등록으로는 대항력의 요건을 적법하게 갖추었다고 할 수 없으며, 임차인과의 점유매개관계에 기하여 당해 주택에 실제로 거주하는 직접점유자가 자신의 주민등록을 마친 경우에 한하여 비로소 그 임차인의 임대차가 제3자에 대하여 적법하게 대항력을 취득할 수 있다고 할 것이다."라고 하였습니다[173].

따라서 위 사안의 경우 甲은 비록 임대인 乙의 동의를 받아 丙에게 전대하였지만, 甲에게 전차주택을 인도받은 직접점유자인 丙이 「주민등록법」상의 전입신고기간 내에 전입신고를 하지 않았다면 甲이 취득하였던 대항력을 상실하였다고 하여야 할 것으로 보입니다.

3. 부동산양도계약 해제로 소유권을 회복한 종전 소유자

가. 원 칙

임대인의 임대권원이 되는 계약이 해제되기 전에 임대인으로부터 주택을 임차하여 주택의 인도와 주민등록을 마침으로써 대항요건을 갖춘 임차인은 등기된 임차권자와 마찬가지로 계약해제로 인하여 제3자의 권리를 해하지 못하도록 규정하고 있는 민법 제548조 제1항 단서 소정의 '제3자'에 해당된다고 봄이 상당하므로, 임대목적물의 매매계약

---

173) 대법원 2001. 1. 19. 선고 2000다55645 판결, 2007. 11. 29. 선고 2005다64255 판결

해제 당시 이미 대항요건을 갖춘 임차인은 임대인(임대목적물의 매수인)의 임대권원의 바탕이 되는 계약의 해제에도 불구하고 자신의 임차권을 새로운 소유자에게 대항할 수 있다[174].

나. 예 외

임대차 당시 임대인에게 소유권자나 기타 적법하게 임대할 권리가 없었다거나, 매도인이 매수인(임대인)에게 매매계약 해제를 해제조건으로 하여 임대권한을 부여하였는데 그 후 해제조건의 성취로 임대권한이 소급적으로 소멸된 경우에는, 그 임차인은 가사 대항요건을 갖추었다 하더라도 소유자에 대하여 자신의 임차권을 대항할 수 없다(위 대법원 2003다12717 판결은 매수인의 임대권한이 매매계약 해제를 해제조건으로 한 것으로 볼 수 없는 사안에 관한 것임)[175].

4. 용익물권 또는 다른 임차권 취득자

임대차의 대항력 발생 후에 등기한 용익물권자 또는 대항력을 갖춘 다른 임차권자에게 대항할 수 있다.

5. 명의신탁의 경우

주택 명의신탁자와 임대차계약을 체결한 후 명의수탁자가 명의신탁자로부터 주택의 처분권한을 종국적으로 이전받은 경우에도 그 명의수탁자에게 대항할 수 있다.

> *Q* 저는 甲으로부터 甲명의의 주택을 전세보증금 3,000만원, 계약기간 2년으로 임차하여 입주와 주민등록을 마쳤습니다. 그런데 최근에 甲이 소속된 乙종중에서 위 주택은 乙종중의 소유인데, 甲의 명의로 등기만 되어 있었던 경우이고, 甲의 재산관리에 문제가 있어서 甲에 대한 명의신탁을 해지하고 乙종중명의로 소유권이전등기까지 하였다고 하면서 위 주택의 명도를 요구합니다. 만일, 乙종중이 명도소송을 제기하면 저는 어떻게 대응해야 하는지요?
>
> 「부동산 실권리자명의 등기에 관한 법률」 제4조 제1항은 "명의신탁약정은 무효로 한다."라고

---

174) 대법원 1996. 8. 20. 선고 96다17653 판결, 2003. 8. 22. 선고 2003다12717 판결
175) 대법원 1995. 12. 12. 선고 95다32037 판결

A 규정하고 있고, 같은 법 제4조 제2항은 "명의신탁약정에 따라 행하여진 등기에 의한 부동산에 관한 물권변동은 무효로 한다. 다만, 부동산에 관한 물권을 취득하기 위한 계약에서 명의수탁자가 그 일방 당사자가 되고, 그 타방 당사자는 명의신탁약정이 있다는 사실을 알지 못한 경우에는 그러하지 아니하다."라고 규정하고 있으며, 같은 법 제4조 제3항은 "제1항 및 제2항의 무효는 제3자에게 대항하지 못한다."라고 규정하고 있습니다.

또한, 같은 법 제8조에서는 조세포탈이나 강제집행의 면탈 또는 법령상 제한을 회피할 목적으로 명의신탁 한 경우를 제외하고 종중이 보유한 부동산에 관한 물권을 종중 외의 자의 명의로 등기한 경우에는 명의신탁의 약정을 무효로 보지 않고 있습니다.

판례도 "주택임대차보호법이 적용되는 임대차는 반드시 임차인과 주택의 소유자인 임대인 사이에 임대차계약이 체결된 경우에 한정된다고 할 수는 없고, 주택의 소유자는 아니지만 주택에 관하여 적법하게 임대차계약을 체결할 수 있는 권한(적법한 임대권한)을 가진 명의신탁자 사이에 임대차계약이 체결된 경우도 포함된다고 할 것이고, 이 경우 임차인은 등기부상 주택의 소유자인 명의수탁자에 대한 관계에서도 적법한 임대차임을 주장할 수 있는 반면 명의수탁자는 임차인에 대하여 그 소유자임을 내세워 명도를 구할 수 없다고 할 것이며, 그 후 명의수탁자가 명의신탁자로부터 주택을 임대할 권리를 포함하여 주택에 대한 처분권한을 종국적으로 이전받는 경우에 임차인이 주택의 인도와 주민등록을 마친 이상 주택임대차보호법 제3조 제2항의 규정에 의하여 임차인과의 관계에서 그 주택의 양수인으로서 임대인의 지위를 승계하였다고 보아야 한다."라고 하였습니다[176].

따라서 귀하의 임차권은 명의신탁계약의 해지여부와 상관없이 유효합니다. 즉, 명의수탁자는 대외적으로는 적법한 소유자로 인정되고, 그의 신탁목적물에 대한 처분·관리행위는 유효하기 때문입니다.

그리고 乙종중이 임차주택에 관하여 명의신탁해지를 원인으로 소유권이전등기를 하였다고 하는데, 그러한 경우 乙종중은 「주택임대차보호법」 제3조 제4항의 규정에 따라 임대인의 지위를 승계한 것으로 보게 되므로, 귀하께서는 乙종중에 대해 임대차기간 동안의 거주 및 기간만료 시 임대차보증금의 반환을 구할 권리가 있습니다.

따라서 乙종중이 귀하를 상대로 건물명도소송을 제기하는 경우에는 응소(應訴)하여 임대차기간이 남아 있으면 기간이 만료되지 않았음을 주장하여 명도에 불응할 수도 있고, 그렇지 않은 경우에는 임차보증금을 반환 받음과 동시에 건물을 명도 하겠다는 내용으로 동시이행항변권을 행사하시면 될 것으로 보입니다.

---

176) 대법원 1995. 10. 12. 선고 95다22283 판결, 1996. 6. 28. 선고 96다9218 판결, 1999. 4. 23. 선고 98다49753 판결

제4장 보증금의 우선변제권

제1절 서설

보증금의 우선변제권(이하 '우선변제권'이라고 한다)이란 임대인의 채권자에 의한 강제 집행, 담보권의 실행 또는 임대인의 국세체납으로 인한 경매 또는 공매 시 대항력(주택 의 인도 및 주민등록) 외 임대차계약서 상 확정일자를 갖춘 경우 주택임차인은 후순위 권리자나 일반채권자 보다 우선하여 매각대금에서 그 보증금을 변제받을 수 있는 것을 말한다.

제2절 우선변제권의 요건

1. 개 요

주택임차인이 보증금의 우선변제를 받기 위한 요건에는 주임법 제3조 제1항의 대항요 건을 갖출 것, 임대차계약서증서상의 확정일자를 받을 것, 배당요구의 종기까지 배당요 구를 하였을 것, 배당요구의 종기까지 대항력을 유지할 것 등이다. 확정일자를 갖춘 임 차인으로서 배당받는 경우에는 소액임차인으로서 배당받는 경우(법 제8조 제1항)와는 달리 경매개시결정등기 이후 위 요건을 갖추어도 되지만, 배당요구의 종기까지 위 요건 을 유지하여야 함은 소액임차인의 경우와 같다.

공시방법이 없는 주택임대차에 있어서 주택의 인도와 주민등록이라는 우선변제권의 요 건은 그 우선변제권 취득 시에만 구비하면 족한 것이 아니고, 민사집행법상 배당요구의 종기까지 계속 존속하고 있어야 한다[177].

한편 소액임차인의 경우에는 그 보증금 중 일정액에 대하여는 확정일자 없이도 우선변 제권을 갖는다.

---

177) 대법원 2007. 6. 14. 선고 2007다17475 판결

2. 임차주택의 인도와 주민등록

이는 제3장의 대항력에서 설명한 바와 동일하고, 임차주택의 인도와 주민등록은 대항력의 성립요건이자 보증금의 우선변제력에서의 행사요건이기도 하다.

3. 확정일자

가. 의의

확정일자란 증서에 대하여 그 작성한 일자에 관한 완전한 증거가 될 수 있는 것으로 법률상 인정되는 일자, 즉 당사자가 나중에 변경하는 것이 불가능한 것으로 확정된 일자를 말한다[178]. 확정일자는 주택 소재지의 읍·면사무소, 동 주민센터 또는 시(특별시·광역시·특별자치시는 제외하고, 특별자치도는 포함한다)·군·구(자치구를 말한다)의 출장소, 지방법원 및 그 지원과 등기소 또는 「공증인법」에 따른 공증인(이하 이 조에서 "확정일자부여기관"이라 한다)이 부여한다(주임법 제3조의6 제1항).

(1) 확정일자부 기재사항

확정일자부여기관(지방법원 및 그 지원과 등기소는 제외하며, 이하 "확정일자부여기관"이라 한다)이 같은 조 제2항에 따라 작성하는 확정일자부에 기재하여야 할 사항은 다음과 같다(주임법 제4조 제1항).

(가) 확정일자번호

(나) 확정일자 부여일

(다) 임대인·임차인의 인적사항

    1) 자연인인 경우

        성명, 주소, 주민등록번호(외국인은 외국인등록번호)

    2) 법인이거나 법인 아닌 단체인 경우

        법인명·단체명, 법인등록번호·부동산등기용등록번호, 본점·주사무소 소재지

(라) 주택 소재지

(마) 임대차 목적물

---

178) 대법원 2000. 4. 11. 2000다2627 판결.

(바) 임대차 기간

(사) 차임·보증금

(아) 신청인의 성명과 주민등록번호 앞 6자리(외국인은 외국인등록번호 앞 6자리)

(2) 확정일자 부여방법

확정일자는 확정일자번호, 확정일자 부여일 및 확정일자부여기관을 주택임대차계약증서에 표시하는 방법으로 부여한다(주임법 제4조 제2항).

나. 확정일자를 갖추는 방법

확정일자는 민법 부칙 제3조에 의거하여 부여한다. 즉 민법 부칙 제3조가 정하고 있는 임대차계약서에 확정일자를 갖추는 방법은 아래와 같다.

1) 공증인사무소, 법무법인 또는 공증인가 합동법률사무소 등 공증기관에서 임대차계약서를 공정증서로 작성하는 방법

2) 사문서로 된 임대차계약서에 위 공증기관에서 확정일자를 찍어주는 방법

3) 사문서로 된 임대차계약서에 법원, 등기소의 공무원과 읍·면·동사무소의 공무원이 확정일자를 찍어주는 방법 등이 있다.

임대차계약서에 아파트의 명칭과 동·호수의 기재를 누락하였더라도 이에 확정일자를 받으면 법상 확정일자의 요건을 갖추고 있는 것이다.

다. 계약서 또는 확정일자를 분실한 경우의 입증방법

확정일자를 받은 사실은 반드시 임대차계약서로만 입증하여야 하는 것은 아니고 공정증서대장 등 다른 방법으로 입증할 수 있다[179]. 확정일자를 받아 우선 변제권을 취득한 임차인이 나중에 그 임대차계약서를 분실하거나 그 임대차계약서가 멸실되었다고 하여 그 우선변제권이 소멸되었다고 볼 수는 없고, 임차인이 분실이나 멸실 등의 사정으로 배당요구과정에서 확정일자를 부여받은 임대차계약서를 제출하지 못하더라도 다른 사정에 의하여 확정일자를 부여받은 사실이 입증된다면 우선변제권 주장에는 아무런 지장이 없다.

---

179) 대법원 1996. 6. 25. 선고 96다12474 판결

따라서 임대차계약서를 제출할 수 없는 임차인은 당초 확정일자를 부여받은 지방법원, 등기소, 읍·면·동사무소, 공증인사무소·공증인 합동법률사무소·법무법인 등으로부터 확정일자부 또는 확정일자발급대장 사본을 교부받고, 부동산중개업소에 보관중인 임대차계약서 부본을 교부받아 경매법원에 제출하는 등의 방법으로 우선변제권을 소명하여야 한다. 계약서 사본마저도 없어 보증금 액수를 특정할 수 없을 때는 계약서 원본의 분실신고 접수증이나 보증인의 인우보증서를 제출하고, 계약당시 지불방법, 내역 (즉, 무통장 입금 또는 현금 수표지급 등)에 대하여 소명하여야 한다.

Q 사용승인 상태에서 입주한 경우 확정일자를 받아 놓으면 등기 시 기재되는 금융대여금보다 순위가 우선되는지요?

A 주택 임차권은 점유이전과 전입신고를 기준으로 우선순위를 정하고 있습니다. 따라서 점유이전과 전입신고 이후에 근저당이 설정되면 그 근저당권보다 우선한다고 하겠습니다. 이에 대한 문제점이 많이 있습니다. 이런 경우 근저당권은 후순위로 되므로 실제 훨씬 먼저 대여를 해주고 후순위가 되는 것입니다.

Q 임대차계약서에 확정일자를 받아 1년 정도 거주하던 중 임대인의 요구로 주민등록상으로만 2~3일 전출 후 다시 원주소로 전입하여 확정일자를 다시 받은 경우 확정 일자의 효력이 전출전의 날짜인지요? 전출 후 다시 받은 날짜인지요? (임대인이 대여를 받기위해 임차인의 주민등록을 잠시 이전해 달라 한 것이고, 이 사실을 임차인 은 경매신청이 있은 후 알게 되었습니다.)

A (1) 주택임차인이 임차주택의 경매절차에서 우선변제를 받으려면, 주택의 점유, 주민등록(전입신고) 및 확정일자를 갖추고 있어야 합니다.

(2) 질의한 사안에서 문제되는 것은 확정일자가 아니라 주민등록(전입신고) 요건입니다. 즉, 주민등록을 일시 퇴거한 후 다시 재전입한 경우 기존에 취득했던 대항력을 유지하는지 여부가 문제로 됩니다. 확정일자가 앞서더라도 주민등록일자가 근저당권보다 뒤이면, 근저당권자보다 우선변제를 받을 수 없기 때문입니다.

(3) 이에 관해 대법원은 "주택임대차보호법 제3조 제1항에서 규정하고 있는 주민등록이라는 대항요건은 임차인 본인뿐 아니라 그 배우자나 자녀 등 가족의 주민등록을 포함한다"면서, "자녀들의 주민등록은 그대로 두고서 임차인 본인의 주민등록만을 일시 전출하였다가 다시 전입한 경우에는 임차인의 주민등록은 계속 존속 하고 있다고 보아야한다"고 합니다[180].

(4) 그러나 전체 가족의 주민등록을 전출했다가 다시 전입한 경우에는 이로써 소멸되었던 대항력이 소급하여 회복된다고 볼 수는 없습니다.

(5) 결국 이 사안에서는 위 3항과 4항 중 어느 경우인지에 따라 결론이 달라지나 질의한 취지로 볼 때 후자인 것으로 보입니다. 그렇다면 귀하의 경우에는 재전입 시에 다시 새롭게 대항력을 취득한 것으로 보아야 하므로, 재 전입 이전에 설정 된 근저당권에 대항할 수는 없을 것으로 보입니다. 그리고 확정일자는 다시 받을 필요가 없습니다.

Q 임대인의 동의하에 전임차인의 지위를 승계하려면 전임차인의 계약서에 승계인의 인적사항을 기입하여 다시 확정일자를 받아야 하는지요?

A 기존의 계약서 또는 별도의 계약서를 작성하던 아무런 문제가 없습니다. 다만 계약서에는 기존 임차권을 임대인의 동의를 얻어 양도한다는 임차권 양도의 내용이 명백하게 표시되어 있어야 합니다. 그래야만 확정일자를 받을 때에 담당 공무원이 확정일자부에 내용을 기재할 때에도 임차권의 양도라는 사실을 기재하게 됩니다. 전 임차인의 지위를 승계하는 자는 14일 이내 전입신고를 하고 확정일자를 받아야 합니다.

Q 입주아파트 월세 계약을 임대인(결혼했음)이 외국 유학중이라 위임장 첨부 대리계약을 하고 임차인이 잔금일에 전입신고 하려고 하는데 임대인이 전출하지 않고 있어도 임차인이 보호를 받을 수 있는지요?

A 임대인의 주민등록이 임차지에 있다고 하더라도, 임대인은 임차인이 아니기 때문에 더 나아가 실제 임차지에 거주하고 있지도 아니하므로 주택임대차보호법에 의한 보호를 받을 수 없습니다. 임대인이 주민등록을 이전하지 아니하는 경우라 하더라도 임차인이 새로이 주민등록을 이전하고 확정일자를 받고 그 집에 거주하고 있으면 임차인으로써 주택임대차보호법에 의한 임차인으로서 대항력 및 우선변제권이 있습니다. 임차인이 위장전입이 되는 것이 아닙니다.

---

180) 대판 88다카143, 94마2134

Q 저는 주택을 전세보증금 3,000만원에 임차하려고 하는데, 이 경우 전세보증금을 보호받기 위한 제도로 전세권설정등기 이외에 확정일자제도가 있다고 합니다. 이러한 두 가지 제도의 차이점은 어떠한 것이 있는지요?

A 전세권설정등기는 「민법」의 전세권에 관한 규정에 의하여 그 설정순위에 따라 당연히 물권적 효력인 순위보호가 인정됨에 반하여, 확정일자제도는 1989년 12월 30일부터 시행된 「주택임대차보호법」의 개정규정에 의하여 사회적 약자인 세입자를 보호하기 위하여 원칙적으로 채권계약인 주택임대차에 대하여 물권적 효력(순위에 따른 우선변제의 효력)을 인정하는 제도라는 점에 근본적인 차이점이 있습니다.

구체적인 차이점을 살펴보면 다음과 같습니다.

첫째, 확정일자제도에 의한 순위가 인정되기 위해서는 각 등기소나 공증사무소 또는 주민센터에서 확정일자를 받는 이외에 주민등록의 전입신고 및 주택을 인도 받아 실제거주(입주)할 것을 그 요건으로 함에 반하여, 전세권설정등기는 등기만 설정해두면 그 설정순위에 따라 당연히 순위가 보호됩니다. 따라서 확정일자제도에 따른 보호를 받기 위해서는 주민등록전입신고만 해두고 실제 거주는 다른 곳에서 한다거나, 실제거주는 하면서 주민등록전입신고를 해두지 않는 경우에는 보호받지 못한다는 단점이 있음에 반하여, 전세권설정등기는 등기만 경료해 두면 되고 주민등록전입신고나 실제거주는 그 요건이 아니므로 보다 편리합니다.

둘째, 확정일자제도는 등기소나 공증인사무실 또는 주민센터에서 저렴한 비용으로, 또한 임대차계약서만 있으면 되므로 임대인의 동의여부와는 관계없이 신속·간편한 절차에 의해 확정일자를 받을 수 있음에 반하여, 전세권설정등기는 임대인의 협력 없이는 등기 자체가 불가능하며, 그 절차의 복잡성으로 인해 대부분의 경우 법무사의 협조를 얻어야 하고, 그 비용 또한 확정일자를 받는 데 비하여 많은 비용이 소요됩니다. 또한, 전세기간 만료 시에는 전세권설정등기를 말소해 주어야 합니다.

셋째, 전세계약기간이 만료된 경우에 이사를 하고자 하지만 임대인이 보증금을 반환하지 않는 경우, 확정일자를 받아둔 임차인은 별도로 임차보증금반환청구소송을 제기하여 승소판결을 받은 후 그 확정판결문에 기하여서만 강제집행을 신청할 수 있음에 반하여(주택임차권등기명령에 의한 등기가 된 경우에도 그 등기에 경매신청권은 부여되어 있지 않음), 전세권설정등기를 경료한 전세권자는 위와 같은 경우 민사집행법의 담보권실행 등을 위한 경매(임의경매) 규정에 근거하여 판결절차 없이도 직접 경매신청이 가능합니다. 다만, 건물의 일부에 대하여 전세권설정등기를 한 경우 그 나머지 건물부분에 대하여는 우선변제권은 인정되지만 임차부분에 대한 분할등기 없이 전체에 대한 경매신청은 할 수 없습니다[181].

넷째, 확정일자만 갖춘 경우는 경매절차에서 별도의 배당요구를 하여야 하지만, 전세권설정등기를 한 경우는 별도의 배당요구 없이도 순위에 의한 배당을 받을 수 있습니다.

다섯째, 「주택임대차보호법」 제3조 제1항의 대항요건과 확정일자를 갖춘 경우에는 임차주택 외에 그 대지의 환가대금에서도 우선배당을 받을 수 있으나, 대지를 포함하지 않고 주택에만 전세권설정등기를 한 경우는 대지의 환가대금에서 우선배당을 받을 수 없습니다. 다만, 집합건물에 관하여 판례는 "집합건물이 되기 전의 상태에서 건물 일부만에 관하여 전세권이 설정되었다가 그 건물이 집합건물로 된 후 그 전세권이 구분건물의 전유부분만에 관한 전세권으로 이기된 경우, 구분소유자가 가지는 전유부분과 대지사용권의 분리처분이 가능하도록 규약으로 정하는 등의 특별한 사정이 없는 한, 그 전유부분의 소유자가 대지사용권을 취득함으로써 전유부분과 대지권이 동일소유자에게 귀속하게 되었다면 위 전세권의 효력은 그 대지권에까지 미친다고 보아야 할 것이다."라고 하였습니다[182].

라. 임대차목적물에 대한 기재 누락 부분이 있는 경우

대법원은 주택임대차보호법 제3조의2 제2항에 의하면, 주택임차인은 같은 법 제3조 제1항에 규정된 대항요건과 임대차계약서상에 확정일자를 갖춘 경우에는 경매절차 등에서 보증금을 우선하여 변제받을 수 있고, 여기서 확정일자의 요건을 규정한 것은 임대인과 임차인 사이의 담합으로 임차보증금의 액수를 사후에 변경하는 것을 방지하고자 하는 취지일 뿐, 대항요건으로 규정된 주민등록과 같이 당해 임대차의 존재 사실을 제3자에게 공시하고자 하는 것은 아니므로, 확정일자를 받은 임대차계약서가 당사자 사이에 체결된 당해 임대차계약에 관한 것으로서 진정하게 작성된 이상, 위와 같이 임대차계약서에 임대차 목적물을 표시하면서 아파트의 명칭과 그 전유 부분의 동·호수의 기재를 누락하였다는 사유만으로 주택임대차보호법 제3조의2 제2항에 규정된 확정일자의 요건을 갖추지 못하였다고 볼 수는 없다[183]라고 판시한 바 있다.

마. 우선변제권의 발생 시기

대법원은 "주택임대차보호법 제3조 제1항이 인도와 주민등록을 갖춘 다음날부터 대항력이 발생한다고 규정한 것은 인도나 주민등록이 등기와 달리 간이한 공시 방법이어서 인도 및 주민등록과 제3자 명의의 등기가 같은 날 이루어진 경우에 그 선후관계를 밝혀 선순위 권리자를 정하는 것이 사실상 곤란한데다가, 제3자가 인도와 주민등록을 마친

---

181) 대법원 2001. 7. 2.자 2001마212 결정
182) 대법원 2002. 6. 14. 선고 2001다68389 판결
183) 대법원 1999.06.11. 선고 99다7992 판결

임차인이 없음을 확인하고 등기까지 경료하였음에도 그 후 같은 날 임차인이 인도와 주민등록을 마침으로 인하여 입을 수 있는 불측의 피해를 방지하기 위하여 임차인보다 등기를 경료한 권리자를 우선시키고자 하는 취지이고, 같은 법 제3조의2 제1항에 규정된 우선변제적 효력은 대항력과 마찬가지로 주택임차권의 제3자에 대한 물권적 효력으로서 임차인과 제3자 사이의 우선순위를 대항력과 달리 규율하여야 할 합리적인 근거도 없으므로, 법 제3조의2 제1항에 규정된 확정일자를 입주 및 주민등록일과 같은 날 또는 그 이전에 갖춘 경우에는 우선변제적 효력은 대항력과 마찬가지로 인도와 주민등록을 마친 다음날을 기준으로 발생한다"[184]라고 하여 주임법 제3조의2상의 우선변제권의 발생시기에 대하여 밝힌 바 있다.

바. 임대인의 정보제시의무

주택의 임대차에 이해관계가 있는 자[185]는 확정일자부여기관에 해당 주택의 확정일자 부여일, 차임 및 보증금 등 정보의 제공을 요청[186]할 경우 임대인은 임차주택의 확정일자 부여

---

184) 대법원 1997.12.12. 선고 97다22393 판결
185) 주임법 시행령 제5조(주택의 임대차에 이해관계가 있는 자의 범위)
　　법 제3조의6제3항에 따라 정보제공을 요청할 수 있는 주택의 임대차에 이해관계가 있는 자(이하 "이해관계인"이라 한다)는 다음 각 호의 어느 하나에 해당하는 자로 한다. [개정 2020.9.29.]
　　1. 해당 주택의 임대인 · 임차인
　　2. 해당 주택의 소유자
　　3. 해당 주택 또는 그 대지의 등기기록에 기록된 권리자 중 법무부령으로 정하는 자
　　4. 법 제3조의2제7항에 따라 우선변제권을 승계한 금융기관
　　5. 법 제6조의3제1항제8호의 사유로 계약의 갱신이 거절된 임대차계약의 임차인이었던 자
　　6. 제1호부터 제5호까지의 규정에 준하는 지위 또는 권리를 가지는 자로서 법무부령으로 정하는 자
186) 주임법 시행령 제6조(요청할 수 있는 정보의 범위 및 제공방법)
　　① 제5조제1호 또는 제5호에 해당하는 자는 법 제3조의6제3항에 따라 확정일자부여기관에 해당 임대차계약(제5조제5호에 해당하는 자의 경우에는 갱신요구가 거절되지 않았더라면 갱신되었을 기간 중에 존속하는 임대차계약을 말한다)에 관한 다음 각 호의 사항의 열람 또는 그 내용을 기록한 서면의 교부를 요청할 수 있다. [개정 2020.9.29.]
　　1. 임대차목적물
　　2. 임대인 · 임차인의 인적사항(제5조제5호에 해당하는 자는 임대인 · 임차인의 성명, 법인명 또는 단체명으로 한정한다)
　　3. 확정일자 부여일
　　4. 차임 · 보증금
　　5. 임대차기간
　　② 제5조제2호부터 제4호까지 또는 제6호의 어느 하나에 해당하는 자이거나 임대차계약을 체결하려는 자는 법 제3조의6제3항 또는 제4항에 따라 확정일자부여기관에 다음 각 호의 사항의 열람 또는 그 내용을 기록한 서면의 교부를 요청할 수 있다. [개정 2020.9.29.]
　　1. 임대차목적물

일, 차임 및 보증금 등 정보와 납세증명서를 임차인에게 제시하거나 확정일자부여기관의 임대차 정보제공에 대한 동의와 미납세액 열람에 동의하여야 한다(주임법 제3조의7).

4. 임차주택이 경매 또는 체납처분에 의하여 매각되었을 것

임차권은 임차주택에 대하여 「민사집행법」에 따른 경매가 행하여진 경우에는 그 임차주택의 경락(競落)에 따라 소멸한다. 다만, 보증금이 모두 변제되지 아니한, 대항력이 있는 임차권은 그러하지 아니하다(주임법 제3조의5).

> **Q** 저는 주택을 임차하여 입주와 주민등록전입신고를 하고 확정일자를 받아 두고 살다가 계약기간 2년이 만료되어 집주인에게 임차보증금반환을 청구하였습니다. 그러나 집주인은 새로운 임차인이 없다는 이유로 위 보증금의 반환을 거절하여 제가 집주인을 상대로 보증금반환청구소송을 제기하였고, 임차주택을 명도 함과 동시에 보증금을 반환하라는 내용의 일부승소판결을 받아 확정되었습니다. 그러나 집주인은 계속 보증금을 반환하지 않고 있으므로 저는 임차주택을 강제경매신청 하려고 합니다. 이 경우 제가 주택을 명도 하여야만 경매절차가 개시되는지요?
>
> **A** 임대차계약이 종료되면 임대인은 보증금을 반환해 주고 임차인은 주택을 인도해 주어야 하는 것은 동시이행의 관계에 있는 것입니다. 그러나 통상적으로 임대인은 새로운 세입자가 들어오지 않는다는 이유로 보증금을 반환하지 않고 있는데, 이것은 임대인의 개인사정에 불과하고 법적으로는 보증금의 반환을 거절할 수 없습니다.
>
> 집주인이 임차보증금을 반환하지 않으면 임차인은 부득이 법원에 임차보증금반환청구소송을 제기하여 승소판결을 받은 다음 그 주택을 강제집행 하여 보증금에 충당할 수밖에 없습니다. 그러나 전세보증금반환청구소송을 하여 승소할 수 있고 확정일자순위가 우선변제를 받을 수 있는 경우이거나 소액보증금으로서 최우선변제를 받을 수 있는 경우일지라도, 전세보증금반환과 임차목적물의 명도는 동시이행관계이므로 집주인이 그러한 동시이행의 항변을 하여 주장한 경우에는 법원이 동시이행판결(상환판결 : 위 주택을 인도함과 동시에 보증금을 반환 받으라는 판결)을 하게 됩니다.
>
> 그런데 「민사집행법」 제41조(집행개시의 요건) 제1항은 "반대의무의 이행과 동시에 집행할 수 있다는 것을 내용으로 하는 집행권원의 집행은 채권자가 반대의무의 이행 또는 이행의 제공을 하였다는 것을 증명하여야만 개시할 수 있다."라고 규정하고 있기 때문에 임차인이 경매를 신청하기 위해 주택명도를 선이행하여야 하는지 문제됩니다.

---

2. 확정일자 부여일
3. 차임·보증금
4. 임대차기간
③ 제1항 및 제2항에서 규정한 사항 외에 정보제공 요청에 필요한 사항은 법무부령으로 정한다.

이에 대해 「주택임대차보호법」 제3조의2 제1항은 "임차인(제3조제2항 및 제3항의 법인을 포함한다)이 임차주택에 대하여 보증금반환청구소송의 확정판결 기타 이에 준하는 집행권원에 기한 경매를 신청하는 경우에는 민사집행법 제41조의 규정에 불구하고 반대의무의 이행 또는 이행의 제공을 집행개시의 요건으로 하지 아니한다."라고 규정하고 있고, 판례도 "같은 법 제3조의2 제2항 및 제8조 제3항이 임차주택의 환가대금에 건물뿐만 아니라, 대지의 가액도 포함된다고 규정하고 있는 점, 통상적으로 건물의 임대차에는 당연히 그 부지 부분의 이용이 수반되는 것이고, 같은 법 제2조에서 같은 법의 적용 대상으로 규정하고 있는 주거용 건물의 임대차라 하는 것도 임차목적물 중 건물의 용도가 점포나 사무실 등이 아닌 주거용인 경우의 임대차를 뜻하는 것일 뿐 같은 법의 적용 대상을 대지를 제외한 건물에만 한정하는 취지는 아닌 것으로 해석되는 점, 위 규정은 기본적으로 임차인의 권익보호를 그 입법 취지로 하고 있는데, 만일 반대의무의 이행 또는 이행의 제공 없이 집행개시를 할 수 있는 대상을 건물에만 한정할 경우 사실상 대지와 그 지상 주택의 경매절차가 분리되는 결과 경매절차의 진행에 어려움이 발생하고 임차주택의 환가에 의한 임차보증금의 회수를 간편하게 하겠다는 입법 취지에 부합되지 않게 되는 점 등에 비추어 보면, 여기에서 말하는 임차주택에는 건물뿐만 아니라, 그 부지도 포함하는 것으로 봄이 상당하다."라고 하였습니다[187].

따라서 귀하는 임차주택을 명도하지 않고도 임차주택과 그 부지에 대하여 경매신청을 할 수 있다 할 것입니다.

5. 배당요구 또는 우선권행사의 신고를 하였을 것

민사집행법상 경매에서 배당요구는 집행법원이 정하는 배당요구의 종기까지 하여야 한다(민집법 제84조 제1항, 제88조).

민사집행법 제84조 제1항, 제2항은 경매개시결정 후 집행법원은 배당요구를 할 수 있는 종기를 첫 매각기일 이전으로 정하여 이를 공고하고 배당요구 할 수 있는 채권자 등에게 고지하여야 한다고 규정함으로써, 구 민사소송법 규정에 비하여 배당요구의 허용시기를 크게 앞당겼다(경매절차의 불안정성 해소).

---

187) 대법원 2000. 3. 15.자 99마4499 결정

Q 甲은 주택을 임차하여 가족과 함께 입주하고 주민등록전입신고를 하면서 임대차계약서상에 확정일자도 받아두었습니다. 甲은 위 주택이 선순위 근저당권이 설정되어 있었지만 당시 그 주택의 가격이 선순위 근저당의 채권최고액보다 훨씬 높았으므로 혹시 경매가 되더라도 우선변제권을 취득하여 보증금전액을 보호받을 수 있다는 생각에 마음놓고 거주하고 있었습니다. 그런데 최근 집주인이 사업에 실패하면서 甲보다 후순위인 근저당권자가 위 주택을 경매신청 하여 甲은 법원에 권리신고 겸 배당요구를 하기 위해 임대차계약서를 찾아보았으나 분실했는지 도무지 찾을 수가 없었습니다. 이 경우 甲의 우선변제권은 소멸하는지요?

A 「주택임대차보호법」 제3조 제1항은 "임대차는 그 등기가 없는 경우에도 임차인이 주택의 인도와 주민등록을 마친 때에는 그 다음 날부터 제3자에 대하여 효력이 생긴다. 이 경우 전입신고를 한 때에 주민등록이 된 것으로 본다."라고 규정하고 있고, 같은 법 제3조의2 제2항은 "제3조 제1항 . 제2항 또는 제3항의 대항요건과 임대차계약증서(제3조 제2항 및 제3항의 경우에는 법인과 임대인 사이의 임대차계약증서를 말한다)상의 확정일자를 갖춘 임차인은 민사집행법에 의한 경매 또는 국세징수법에 의한 공매 시 임차주택(대지를 포함한다)의 환가대금에서 후순위권리자 기타 채권자보다 우선하여 보증금을 변제 받을 권리가 있다."라고 규정하고 있습니다. 그러므로 주택의 인도와 주민등록전입신고를 마친 임차인이 임대차계약서상 확정일자를 갖춘 때에는 경매에 따른 매각대금에서 후순위권리자 기타 채권자보다 우선하여 보증금을 받을 수 있습니다.

그런데 귀하는 임대차계약서를 분실하여 확정일자를 받은 사실을 입증하기 어려워 걱정하는 것으로 보입니다. 이러한 경우 귀하가 임대인의 동의하에 임대차계약서를 다시 작성하더라도 소급하여 최초 계약서에 받은 확정일자인과 같은 날짜의 확정일자를 받을 수는 없습니다. 왜냐하면 현재 확정일자부여기관의 확정일자 부여업무처리를 보면 단순히 주택임대차계약서에 확정일자를 찍어 줄 뿐이고, 확정일자발급대장의 기재만으로는 그 계약서의 구체적 내용을 모두 확인할 수는 없기 때문입니다.

임대차계약서가 분실 또는 멸실 하였더라도 공증인가사무소에 보관된 확정일자발급대장에 확정일자를 받은 사실이 인정된다면 우선변제권은 소멸하지 않는다는 판례가 있으므로[188], 임차주택이 경매 개시된 경우 확정일자를 받은 기관에서 확정일자 받은 사실의 증명 및 전세기간 및 보증금의 액수 등에 대한 임대인의 진술서 등 모든 관련 자료를 첨부하여 권리신고 겸 배당요구신청을 하고, 만약 법원이 귀하의 우선변제권을 인정하지 않고 배당한 경우에는 배당기일에 참석하여 배당이의의 진술을 하고 1주일이내에 법원에 배당이의의 소를 제기하는 방법을 생각해볼 수 있습니다. 그런데 주택임대차계약증서의 확정일자 부여 및 정보제공에 관한 규칙(대법원규칙 제25 06호) 과 주택임대차계약증서상의 확정일자 부여 및 임대차 정보제공에 관한 규칙(법무부령 제805 호)이 각각 2014. 1. 1부터 시행되면서 임대차계약증서의 확정일자 부여에 대한 정보로 ① 임대차 목적물 ② 확정일자 부여일 ③ 차임 · 보증금 ④ 임대차기간 ⑤ 임대인 · 임차인 인적정보 ⑥ 전자적 이미지 정보로 저장한 계약서(전자적 이미지 정보제공은 법원에서만 시행)까지 제공을 받을 수 있을 것으로 보아, 이후 임차인이 확정일자를 받은 임대차계약서를 분실한 경우 우선변제 받을 수 있는 권리의 입증자료 구비에 어려움은 없어 임차인이 임대차계약서를 분실한 경우 우선변제권 보호에 크게 도움이 될 것으로 사료됩니다. 그러나 이 규칙 시행 이전의 임대차계약서를 분실한 경우에는 임대차계약체결 시 확정일자를 받은 사실 등 우선변제권의 존재를 증명하는 입증자료를 구비하는 것이 쉽지 않을 것으로 보아지므로 이 경우에는 권리구제에 어려움이 많을 것으로 사료됩니다.

Q 저는 甲 소유 주택을 전세보증금 5,000만원에 임차하여 입주와 주민등록전입신고를 마치고 임대차계약서는 공증인가법무법인에서 사서증서인증을 받아 두었습니다. 그런데 제가 입주하기 전에 제1순위 근저당권이 설정되어 있었고 제가 입주한 수 개월 후 제2순위 근저당권이 설정되었다가 임차주택이 경매개시 되었는바, 이러한 경우 제가 제2순위 근저당권자보다 우선하여 배당받을 수 있는지요?

A 「주택임대차보호법」 제3조의2 제2항은 주택의 인도와 주민등록을 마치고, '임대차계약증서 상의 확정일자'를 갖춘 임차인은 후순위권리자 그 밖의 채권자보다 우선하여 보증금을 변제 받을 수 있다고 규정하고 있습니다. 그리고 확정일자와 관련된 규정을 보면 「민법」 부칙 제3조 제1항은 "공증인 또는 법원서기의 확정일자인 있는 사문서는 그 작성일자에 대한 공증력이 있다." 라고 규정하고 있고, 같은 법 부칙 제3조 제4항은 "공정증서에 기입한 일자 또는 공무소에서 사문서에 어느 사항을 증명하고 기입한 일자는 확정일자로 한다."라고 규정하고 있습니다.

그러므로 공증인가 법무법인에서 주택임대차계약서에 사서증서인증을 받은 경우 그것이 「주택임 대차보호법」상의 확정일자를 받은 것으로 볼 수 있을 것인지에 관하여 판례는 "'확정일자'란, 증서에 대하여 그 작성한 일자에 관한 완전한 증거가 될 수 있는 것으로 법률상 인정되는 일자를 말하며, 당사자가 나중에 변경하는 것이 불가능한 확정된 일자를 가리키고, '확정일자 있는 증서'란, 위와 같은 일자가 있는 증서로서 민법 부칙 제3조 소정의 증서를 말하고, 법무법인이 사서증서인 임대차계약서에 대하여 공증인법의 규정에 따라 사서증서의 인증절차를 마쳤다면, 그 인증일자가 곧 확정일자이므로, 인증 받은 임대차계약서는 민법 부칙 제3조 제1항에서 말하는 공증인의 확정일 자인 있는 사문서에 해당한다."라고 하였습니다[189].

따라서 귀하도 「주택임대차보호법」상의 대항요건 및 확정일자를 갖춘 것이므로 임차주택의 경매절 차에서 제2순위 근저당권자보다 우선하여 배당받게 될 것으로 보입니다.

한편, 읍·면·동·출장소가 주택임대차계약서에 확정일자를 부여하는 업무의 성격에 관하여 판례는 "민법 부칙 제3조는 사문서에 대한 확정일자 부여에 관하여, 제1항에서는 공증인 또는 법원서기가 사문서에 확정일자인을 날인하는 것을, 제4항 후단에서는 공무소에서 사문서에 어느 사항을 증명하고 기입한 일자를 확정일자로 하는 것을 각 규정하고 있는바, 제1항의 경우는 공증인 또는

---

188) 대법원 1996. 6. 25. 선고 96다12474 판결
189) 대법원 1998. 10. 2. 선고 98다28879 판결

법원서기가 사문서에 확정일자를 부여하는 것 자체를 그 본래의 직무로 하는 것이지만, 제4항 후단의 경우는 법원서기(또는 공증인) 외의 공무소는 사문서에 확정일자를 부여하는 것을 그 본래의 직무로 하는 것이 아니므로 법원서기 또는 공증인 이외의 공무소가 사문서에 단순히 일부(日附)만을 기재한 것으로는 아직 확정일부라고는 할 수 없고 그러한 공무소가 그 직무권한에 기하여 사문서에 어떤 사항을 증명하고 기재한 일자라야만 확정일자에 해당되고, 읍·면·동·출장소가 주택임대차 계약서에 확정일자를 부여하는 것은 주택임대차계약서에 단순히 확정일자인만을 날인함으로써 확정일자를 부여하는 것으로서 민법 부칙 제3조 제1항에 근거한 것이고, 이는 법원서기가 사문서에 확정일자인을 날인하여 확정일자를 부여하는 국가사무 중 주택임대차계약서에 대한 확정일자부여 사무를 기관위임(위탁)받아 처리하는 것과 유사한 성격이다."라고 하였습니다[190].

참고로 2014년 1월 1일부터 시행되고 있는 개정「주택임대차보호법 시행령」은 최우선변제권의 범위를 ① 서울특별시에서는 보증금이 9천500만원 이하의 임차인에 한하여 3천200만원 이하의 범위에서 인정되고, ②「수도권정비계획법」에 따른 과밀억제권역(서울특별시는 제외)에서는 보증금이 8천만원 이하의 보증금으로 입주하고 있는 임차인에 한하여 2천700만원 이하의 범위에서 인정되고, ③ 광역시(「수도권정비계획법」에 따른 과밀억제권역에 포함된 지역과 군지역은 제외)와 안산시, 용인시, 김포시 및 광주시에서는 6천만원 이하의 보증금으로 입주하고 있는 임차인에 한하여 2천만원 이하의 범위에서 인정되며, ④ 그 밖의 지역에서는 4천500만원 이하의 보증금으로 입주하고 있는 임차인에 한하여 1천500만원 이하의 범위에서 인정된다고 규정하고 있습니다. 다만, 2014년 1월 1일 이전에 임차주택에 근저당권 등의 담보물권이 설정된 경우에는 개정 전의 규정이 적용됨을 유의하여야 할 것입니다.

Q 저는 근저당권 등과 같은 제3자의 권리관계가 일체 설정되지 않은 주택을 임차하여 입주와 주민등록전입신고를 마친 후 확정일자까지 받아 두었는데, 제가 임차하고 있는 주택이 임대차기간 만료 전에 경매절차에 넘어가고 말았습니다. 임대차기간이 만료되기 전이라도 우선변제권을 주장할 수 있는지요?

A 귀하는 근저당권 등과 같은 제3자의 권리관계가 일체 설정되지 않은 주택을 임차하여 입주 및 주민등록전입신고를 함으로써 「주택임대차보호법」 제3조 제1항에 의한 대항력을 갖추고 있습니다.

그런데 구 「주택임대차보호법」(1999. 1. 21. 법률 제5641호로 개정되기 전의 것) 제3조의2 제1항은 "주택의 인도와 주민등록을 마치고, 임대차계약증서상의 확정일자를 갖춘 임차인은 후순위권리자 기타 채권자보다 우선하여 보증금을 변제받을 수 있다. 다만, 임차인이 당해 주택의 양수인에게 대항할 수 있는 경우에는 임대차가 종료된 후가 아니면 보증금의 우선변제를 청구하지 못한다."라고 규정하고 있었습니다.

---

190) 대법원 1999. 4. 13. 선고 98추40 판결

그러므로 위 사안처럼 계약기간의 만료 전에 임차주택이 경매절차에서 매각될 경우 대항력 있는 임차인이 우선변제권을 주장할 수 있느냐에 관하여 문제되고 있었습니다.

이와 관련하여 판례는 "임차주택의 양수인에게 대항할 수 있는 임차권자라도 스스로 임대차관계의 승계를 원하지 아니할 때에는 승계되는 임대차관계의 구속을 면할 수 있다고 보아야 하므로, 임차주택이 임대차기간의 만료 전에 경매되는 경우 임대차계약을 해지함으로써 종료시키고 우선변제를 청구할 수 있고, 그 경우 임차인에게 인정되는 해지권은 임차인의 사전 동의 없이 임대차목적물인 주택이 경락으로 양도됨에 따라 임차인이 임대차의 승계를 원하지 아니할 경우에는 스스로 임대차를 종료시킬 수 있어야 한다는 공평의 원칙 및 신의성실의 원칙에 근거한 것이므로, 해지통고 즉시 그 효력이 생기고, 임대차의 목적물인 주택이 경매되는 경우에 대항력을 갖춘 임차인이 임대차기간이 종료되지 아니하였음에도 경매법원에 배당요구를 하는 것은, 스스로 더 이상 임대차관계의 존속을 원하지 아니함을 명백히 표명하는 것이어서 다른 특별한 사정이 없는 한 이를 임대차해지의 의사표시로 볼 수 있고, 한편 민사소송법 제606조 제1항(현행 민사집행법 제89조)은 배당요구사실을 경매법원이 채무자에게 통지하도록 규정하고 있고, 제728조(현행 민사집행법 제268조)가 담보실행을 위한 경매에도 준용하고 있으므로, 경매법원이 위 법조에 정한 바에 따라 임대인에게 배당요구사실의 통지를 하면 결국 임차인의 해지의사가 경매법원을 통하여 임대인에게 전달되어 그 때 해지통지가 임대인에게 도달된 것으로 볼 것이니, 임대차관계는 그 배당요구통지의 임대인에 대한 도달 즉시 해지로 종료되며, 임차주택이 임대차기간의 만료 전에 경매되는 경우에 대항력 있는 임차인이 배당요구를 하고 그 배당요구의 통지가 임대인에게 도달하였다면 임대차관계는 이로써 종료되어 주택임대차보호법 제3조의2 제1항 단서에 해당하지 않게 되므로, 임차인에게 주택임대차보호법 제3조의2 제1항 본문 또는 제8조 제1항에 의한 우선변제권을 인정하여야 한다."라고 하여(대법원 1996. 7. 12. 선고 94다37646 판결, 1998. 10. 27. 선고 98다1560 판결), 경매절차상의 임차인의 배당요구가 임대인에게 전달되면 우선변제권을 행사할 수 있다고 하였습니다.

그러나 현행 「주택임대차보호법」(1999. 1. 21. 법률 제5641호로 개정된 후의 것) 제3조의2 제2항에서 종전의 '임차인이 당해 주택의 양수인에게 대항할 수 있는 경우에는 임대차가 종료된 후가 아니면 보증금의 우선변제를 청구하지 못한다.'라는 규정을 삭제하였으므로 논란의 여지가 없어졌습니다. 더 나아가 신설된 법 제3조의 5는 "임차권은 임차주택에 대하여 민사집행법에 따른 경매가 행하여진 경우에는 그 임차주택의 경락에 따라 소멸한다. 다만, 보증금이 모두 변제되지 아니한, 대항력이 있는 임차권은 그러하지 아니하다."라고 하여 소제주의의 원칙을 택하였습니다.

따라서 귀하는 임차기간의 만료 여부에 관계없이 임차주택이 경매 개시되었으므로 우선변제권을 주장하여 배당요구를 할 수 있을 것으로 보입니다. 다만 민사집행법상 경매에서 배당요구는 집행법원이 정하는 배당요구의 종기까지 하여야 하는 바(민사집행법 제84조 제1항, 제88조), 이 점을 감안하여 배당요구의 종기 이전에 배당요구 또는 우선권행사의 신고를 하여야 합니다.

제3절 우선변제권의 행사 기준시기

1. 우선변제권의 배당순위

확정일자를 갖춘 임차인은 후순위 권리자 기타 채권자보다 우선하여 보증금을 변제받을 권리가 있는 바, 이는 배당절차에 있어서 확정일자를 갖춘 임차인은 담보물권자와 유사한 지위를 갖는다는 의미이다[191]. 따라서 확정일자를 갖춘 임차인이 여러 명 있고 이들이 모두 저당권자에게 우선하는 경우에는 각 임차인별로 우선변제권을 인정하되, 그들 상호간에는 대항력 및 확정일자를 최종적으로 갖춘 순서대로 우열관계를 정하고, 선순위가압류권자가 있는 경우에는 확정일자를 갖춘 임차인은 가압류권자에게 우선권을 주장할 수 없고 평등배당을 받는다[192].

조세와 저당권·전세권의 피담보채권과의 우선순위는 조세의 법정기일과 저당권·전세권의 설정등기일 및 확정일자를 갖춘 임차인의 우선변제권 발생일의 선후를 따져 정한다[193].

2. 다른 권리와의 순위비교 시 기준일

다른 권리와의 순위는 확정일자 부여일을 기준으로 삼는다. 그러나 확정일자를 입주 및 주민등록과 같은 날 또는 그 이전에 갖춘 경우에는 우선변제적 효력은 대항력과 마찬가지로 인도와 주민등록을 마친 다음날을 기준으로 한다. 즉 확정일자를 갖춘 임차인의 우선변제권은 대항요건 및 확정일자를 모두 갖춘 때에 발생한다. 결국 '확정일자부여일'과 '인도와 주민등록을 마친 다음날'을 비교하여 더 늦은 날이 우선변제권의 기준일이 된다.

---

191) 대법원 1992. 10. 13. 선고 92다30597 판결
192) 대법원 1992. 10. 13. 선고 92다30597 판결
193) 대법원 1992. 10. 13. 선고 92다30597 판결

Q 甲은 乙의 주택을 보증금 5,000만원에 임차하여 입주하면서 같은 날 주민등록전입신고를 하고 확정일자를 받았습니다. 그런데 乙은 그 다음 날 丙은행으로부터 5,000만원을 대출 받으면서 위 주택과 대지에 근저당권을 설정하였습니다. 그 후 乙이 丙은행의 대출금을 변제치 않아 위 주택과 대지는 경매개시 되었는바, 이 경우 저당권자와 주택임차인의 배당순위는 어떻게 되는지요?

A 주택임차인의 '대항력'에 관하여 「주택임대차보호법」 제3조 제1항은 "임대차는 그 등기가 없는 경우에도 임차인이 주택의 인도와 주민등록을 마친 때에는 그 다음 날부터 제3자에 대하여 효력이 생긴다. 이 경우 전입신고를 한 때에 주민등록이 된 것으로 본다."라고 규정하고 있고, 같은 법 제3조의2 제2항은 "제3조 제1항·제2항 또는 제3항의 대항요건과 임대차계약증서(제3조 제2항 및 제3항의 경우에는 법인과 임대인 사이의 임대차계약증서를 말한다)상의 확정일자를 갖춘 임차인은 민사집행법에 따른 경매 또는 국세징수법에 따른 공매를 할 때에 임차주택(대지를 포함한다)의 환가대금에서 후순위권리자나 그 밖의 채권자보다 우선하여 보증금을 변제받을 권리가 있다."라고 규정하여 대항요건 및 확정일자를 갖추었을 경우에 배당에 있어서 순위가 보호된다고 규정하고 있습니다.

그러므로 주택임차인의 입주, 주민등록, 확정일자보다 하루 늦게 근저당권자의 근저당권설정등기가 된 경우 주택임차권과 근저당권 중 어느 것이 우선순위를 가질 것인지는 「주택임대차보호법」 제3조 제1항의 대항력이 생기는 시점인 '다음 날'의 의미에 달려있다고 할 것입니다.

'다음 날'의 의미를 단순히 날짜로만 파악한다면 입주, 주민등록, 확정일자를 갖춘 다음 날부터 우선변제권이 주어지므로 근저당권자와 같은 순위로 배당을 받게 될 것이고, 그와 달리 시간적 개념으로 파악하여 오전 0시부터로 해석하게 되면 근저당권설정등기는 등기소가 업무를 시작하는 시간 이후에 마쳐질 것이므로 주택임차인의 배당순위가 앞서게 될 것입니다.

이에 대하여 판례는 "주택임대차보호법 제3조의 임차인이 주택의 인도와 주민등록을 마친 때에는 그 '익일부터' 제3자에 대하여 효력이 생긴다고 함은 익일 오전 0시부터 대항력이 생긴다는 취지이다."라고 하여 주택임차인의 입주, 주민등록, 확정일자보다 근저당권자의 근저당권설정등기가 하루 늦은 경우 주택임차인이 우선하여 배당 받는 것으로 하고 있습니다(대법원 1999. 5. 25. 선고 99다9981 판결).

따라서 임차인 甲의 우선변제권은 위와 같은 요건을 갖춘 다음 날 오전 0시부터 발생하고 근저당권자인 丙이 근저당권설정등기를 마친 시점은 이보다 뒤이므로 임차인 甲이 근저당권자인 丙보다 선순위의 배당권자가 될 것으로 보입니다.

3. 확정일자를 갖춘 임차인들이 소액임차인의 지위를 겸한 경우

주임법 제3조의2 제2항은 대항요건(주택인도와 주민등록전입신고)과 임대차계약증서 상의 확정일자를 갖춘 주택임차인에게 부동산 담보권에 유사한 권리를 인정한다는 취지로서, 이에 따라 대항요건과 확정일자를 갖춘 임차인들 상호간에는 대항요건과 확정일자를 최종적으로 갖춘 순서대로 우선변제받을 순위를 정하게 되므로, 만일 대항요건과 확정일자를 갖춘 임차인들이 주택임대차보호법 제8조 제1항에 의하여 보증금 중 일정액의 보호를 받는 소액임차인의 지위를 겸하는 경우, 먼저 소액임차인으로서 보호받는 일정액을 우선 배당하고 난 후의 나머지 임차보증금채권액에 대하여는 대항요건과 확정일자를 갖춘 임차인으로서의 순위에 따라 배당을 하여야 한다[194].

4. 임대차계약이 갱신된 경우 및 보증금을 인상한 경우의 순위기산일

가. 갱신된 경우

갱신된 임대차도 대항력과 확정일자를 갖춘 종전 임대차와 같은 순위로 우선변제권을 행사할 수 있다. 그러나 임대차 갱신과 더불어 보증금이 인상된 경우에는 갱신 전에 설정된 다른 담보권자에 대하여는 종정의 보증금액에 한하여 우선변제가 인정된다[195].

나. 보증금 인상의 경우

확정일자를 갖춘 후 보증금을 인상한 경우 인상한 보증금에 대하여는 새로 확정일자를 갖춰야 그 때부터 우선변제권이 발생한다.

5. 다세대주택(공동주택)에 대한 임대차계약서상 동·호수 표시가 누락된 경우

확정일자를 받은 임대차계약서가 당사자 사이에 체결된 당해 임대차계약에 관한 것으로서 진정하게 작성된 이상, 임대차계약서에 임대차 목적물을 표시하면서 아파트의 명칭과 그 전유부분의 동·호수의 기재를 누락하였다는 사유만으로 주택임대차보호법

---

194) 대법원 2007. 11. 15. 선고 2007다45562 판결
195) 대법원 1990. 8. 14. 선고 90다카11377 판결

제3조의2 제2항에 규정된 확정일자의 요건을 갖추지 못하였다고 볼 수 없다[196]. 임대차계약서에 아파트의 명칭과 동호수의 기재를 누락하였더라도 이에 확정일자를 받으면 법상 확정일자의 요건을 갖추고 있는 것이다.

반면 상가건물임대차에 있어서는 임대차계약서가 사업자등록의 첨부서류로서 중시되는 것이므로 임대차계약서의 목적물의 표시가 건축물관리대장 또는 등기부등본상의 목적물의 표시와 정확히 일치하여야 비로소 대항력이 생긴다.

> **Q** 저는 2년 전 12월 1일 甲소유 아파트를 임차보증금 2,000만원에 임차기간 12개월의 임대차계약을 체결하고 주민등록전입신고를 마친 후 그 아파트에 거주하여 왔습니다. 이후 계약기간이 만료되어 다음 해 12월 1일 甲과 임차보증금을 3,000만원으로 증액하고 기간을 1년 연장한 다음 재계약 한 임대차계약서에 확정일자를 받았습니다. 그런데 임대인 甲은 저와 재계약 한 이후부터 위 아파트에 수 차례 근저당권을 설정하며 금전을 차용하고 있는데, 임대차계약서에는 아파트의 지번, 용도, 구조만 기재되어 있을 뿐, 아파트 명칭과 전유부분의 동·호수는 기재되어 있지 않습니다. 만약 아파트가 경매된다면 저는 위 임차보증금 3,000만원에 대하여 우선변제를 받을 수 있는지요?
>
> **A** 「주택임대차보호법」 제3조의2 제2항에 의하면 주택임차인은 주택임대차보호법 제3조 제1항, 제2항 또는 제3항에 규정된 대항요건, 즉 주택의 인도와 주민등록전입 외에 임대차계약서상에 확정일자를 갖춘 경우에는 경매절차 등에서 보증금을 우선변제 받을 수 있습니다.
>
> 그러므로 위 사안에서 문제는 과연 임대차계약서상의 임차주택의 표시가 어느 정도까지 되어 있어야 유효한 확정일자 있는 임대차계약서로 볼 것인지 문제됩니다.
>
> 이와 관하여 판례는 "주택임대차보호법 제3조의2 제2항에 의하면, 주택임차인은 주택임대차보호법 제3조 제1항에 규정된 대항요건과 임대차계약서상에 확정일자를 갖춘 경우에는 경매절차 등에서 보증금을 우선하여 변제 받을 수 있고, 여기서 확정일자의 요건을 규정한 것은 '임대인과 임차인 사이의 담합으로 임차보증금의 액수를 사후에 변경하는 것을 방지하고자 하는 취지'일 뿐, 대항요건으로 규정된 주민등록과 같이 당해 임대차의 존재사실을 제3자에게 공시하고자 하는 것은 아니므로, 확정일자를 받은 임대차계약서가 당사자 사이에 체결된 당해 임대차계약에 관한 것으로서 진정하게 작성된 이상, 위와 같이 임대차계약서에 임대차 목적물을 표시하면서 아파트의 명칭과 그 전유부분의 동·호수의 기재를 누락하였다는 사유만으로 주택임대차보호법 제3조의2 제2항에 규정된 확정일자의 요건을 갖추지 못하였다고 볼 수는 없다."라고 하였습니다[197].
>
> 그러므로 위 사안과 같은 경우에 있어 유효하게 확정일자 있는 임대차계약서의 요건을 구비하였다

---

196) 대법원 1999. 6. 11. 선고 99다카7992 판결

고 볼 수 있을 것이며, 또한 임대차계약을 경신한 경우에는 그 내용에 대하여 다시 확정일자를 받으면 유효하게 확정일자 있는 계약서로서의 요건을 갖추게 된다고 하겠습니다.

따라서 귀하는 경매가 개시되고 배당이 실시된다면 입주와 전입신고요건에 하자가 없는 이상 유효한 확정일자의 요건을 주장할 수 있어 후순위자인 근저당권자 등에 우선하여 배당을 받을 수 있을 것으로 보입니다.

---

197) 대법원 1999. 6. 11. 선고 99다7992 판결

제4절 우선변제권의 행사와 대항력 주장

1. 겸유·선택적 행사·순차 행사 가능

대항력과 우선변제권의 두 권리를 겸유하고 있는 임차인이 먼저 우선변제권을 선택하여 임차주택에 대하여 진행하고 있는 경매절차에게 보증금 전액에 대하여 배당요구를 하였다고 하더라도, 그 순위에 따른 배당이 실시된 결과 보증금 전액을 배당받을 수 없었던 때에는 법 제3조의5 단서에 의하여 임차권은 소멸하지 아니하므로 임차인은 매수인에게 임대차를 주장할 수 있다.

2. 갱신된 임대차와 우선변제권 행사

갱신된 임대차도 대항력과 확정일자를 갖춘 종전 임대차와 같은 순위로 우선변제권을 행사할 수 있다. 그러나 임대차 갱신과 더불어 보증금이 인상된 경우에는 갱신 전에 설정된 다른 담보물권자에 대하여는 종전의 보증금액에 한하여 우선변제가 인정된다.

3. 결론

가. 임차권 등기를 한 임차인은 배당요구를 불문하고 배당받았으므로, 주임법 제3조의5에 따라 보증금 전액을 배당받으면 임차권이 소멸하고, 일부만 배당받으면 임차권이 존속한다.

나. 대항요건을 구비한 확정일자부 임차인은 대항력만 주장하면 매각이 되어도 임차권이 소멸하지 않고(법 제3조의5가 적용되지 않음), 우선변제권을 행사하여 배당요구한 경우에는 보증금 전액을 배당받으면 임차권은 소멸하고, 일부만 배당받으면 임차권이 존속한다.

다. 경매 이외의 사유로 양도된 경우에는 주임법 제3조의5가 적용되지 않고 주임법 제4조 제2항이 적용된다.

제5장 최우선변제권 (소액보증금의 임차인)

제1절 서설 – 소액보증금의 범위

1. 소액임차인

가. 소액임차인의 범위

> **주택임대차보호법 시행령 제11조(우선변제를 받을 임차인의 범위)**
>
> 주택임대차보호법 제8조에 따라 우선변제를 받을 임차인은 보증금이 다음 각 호의 구분에 의한 금액 이하인 임차인으로 한다.
>
> 1. 서울특별시 : 1억6천5백만원
> 2. 「수도권정비계획법」에 따른 과밀억제권역(서울특별시는 제외한다), 세종특별자치시, 용인시 및 화성시 : 1억4천500만원
> 3. 광역시(「수도권정비계획법」에 따른 과밀억제권역에 포함된 지역과 군지역은 제외한다), 안산시, 김포시, 광주시 및 파주시 : 8천500만원
> 4. 그 밖의 지역 : 7천500만원

나. 판단 시점

소액임차인에 해당하는 여부의 판단시점은 원칙적으로 배당시이다. 예컨대, 처음 임대차계약을 체결할 당시에는 소액임차인에 해당하지 않았다 하더라도 갱신과정에서 보증금액이 줄어 배당시에는 법에서 정한 한도 이하로 되면 소액임차인에 해당한다. 다만, 경매개시결정의 기입등기 후에 임대차계약을 갱신하여 보증금을 낮추어 소액임차인의 요건을 갖춘 경우에는 일단 임대인과 짜고 허위로 보증금액을 줄인 것으로 추정하여도 무방할 것이다.

다. 임대차계약의 주된 목적이 채권회수에 있는 경우

채권자가 채무자 소유의 주택에 관하여 채무자와 임대차계약을 체결하고 전입신고를 마친 다음 그곳에 거주하였다고 하더라도 실제 임대차계약의 주된 목적이 주택을 사용수익하려는 것이 아니고, 실제적으로는 소액임차인으로 보호받아 선순위 담보권자에 우선하여 채권을 회수하려는 것에 주된 목적이 있었던 경우에는 그러한 임차인을 주택임대차보호법상 소액임차인으로 보호할 수 없다[198].

라. 소액임차권설정행위와 사해행위

채무자가 채무초과상태에서 채무자 소유의 유일한 주택에 대하여 위 법조 소정의 임차권을 설정해 준 행위는 채무초과상태에서의 담보제공행위로서 채무자의 총재산의 감소를 초래하는 행위가 되는 것이고, 따라서 그 임차권설정행위는 사해행위취소의 대상이 된다.

마. 전세권 설정 후 전출과 우선변제권의 소멸

이미 그 주민등록을 이전한 전세권자가 그 설정 당시 주택 임차인으로서 대항력 또는 우선변제권을 일시 가졌다 할지라도, 대항요건을 상실한 전세권자의 경우 그 대항력 또는 우선변제권이 계속 유지된다고 할 수는 없다. 따라서 주택임차인이 그 지위를 강화하고자 별도로 전세권설정등기를 마쳤더라도 주택임차인이 주택임대차보호법 제3조 제1항의 대항요건을 상실하면 이미 취득한 주택임대차보호법상의 대항력 및 우선변제권을 상실한다고 보아 소액임차인으로 우선변제를 받을 수는 없다(대법원 2007. 6. 28. 선고 2004다69741 판결 참조).

---

198) 대법원 2001. 5. 8. 선고 2001다14733 판결, 2004. 3. 26. 선고 2003다66134 판결

2. 보증금 중 최우선변제금액

가. 우선변제를 받을 보증금 중 일정액의 범위

주택임대차보호법 시행령 제10조(보증금 중 일정액의 범위 등)

① 법 제8조에 따라 우선변제를 받을 보증금 중 일정액의 범위는 다음 각 호의 구분에 의한 금액 이하로 한다.

1. 서울특별시: 5천500만원

2. 「수도권정비계획법」에 따른 과밀억제권역(서울특별시는 제외한다), 세종특별자치시, 용인시, 화성시 및 김포시: 4천800만원

3. 광역시(「수도권정비계획법」에 따른 과밀억제권역에 포함된 지역과 군지역은 제외한다), 안산시, 광주시, 파주시, 이천시 및 평택시: 2천800만원

4. 그 밖의 지역: 2천500만원

② 임차인의 보증금 중 일정액이 주택가액의 2분의 1을 초과하는 경우에는 주택가액의 2분의 1에 해당하는 금액까지만 우선변제권이 있다.

③ 하나의 주택에 임차인이 2명 이상이고, 그 각 보증금 중 일정액을 모두 합한 금액이 주택가액의 2분의 1을 초과하는 경우에는 그 각 보증금 중 일정액을 모두 합한 금액에 대한 각 임차인의 보증금 중 일정액의 비율로 그 주택가액의 2분의 1에 해당하는 금액을 분할한 금액을 각 임차인의 보증금 중 일정액으로 본다.

④ 하나의 주택에 임차인이 2명 이상이고 이들이 그 주택에서 가정공동생활을 하는 경우에는 이들을 1명의 임차인으로 보아 이들의 각 보증금을 합산한다.

나. 주택가액(매각대금)의 2분의 1 이내

우선변제를 받을 임차인 및 보증금 중 일정액의 범위와 기준은 주택가액(대지의 가액을 포함한다)의 2분의 1의 범위 안에서 인정된다. 다가구용 단독주택의 대지 및 건물에 관한 근저당권자가 그 대지 및 건물에 관한 경매를 신청하였다가 그 중 건물에 대한 경매신청만을 취하함으로써 이를 제외한 대지부분만이 매각된 경우에도, 그 주택의 소

액임차인은 그 대지에 관한 낙찰대금 중에서 소액보증금을 우선변제 받을 수 있다[199].

Q 甲·乙·丙은 지방의 소도시에 소재하는 戊소유 주택을 전세보증금 각 2,500만원, 2,000만원, 1,600만원에 임차하여 입주 및 주민등록전입신고를 마쳤으나 확정일자는 받지 않았고, 그 후 주택소유자 戊는 丁에게 4,000만원의 근저당권을 설정하여 주었습니다. 만일, 위 주택이 경매되어 경매비용 등을 제외하고 실제 배당할 금액이 6,000만원이라면 배당관계는 어떻게 되는지요?

A 소액임차인의 최우선변제의 범위와 기준은 주택가액(대지가액 포함)의 2분의 1의 범위 안에서 「주택임대차보호법 시행령」에 규정되어 있으며, 「주택임대차보호법 시행령」(2013. 12. 30.개정되어, 2014. 1. 1.부터 시행)에 의하면 서울특별시의 경우 9,500만원 이하의 보증금으로 입주하고 있는 임차인에 한하여 3,200만원까지 최우선변제권이 인정되고, 수도권정비계획법에 의한 수도권 중 과밀억제권역에서는 보증금이 8,000만원 이하의 보증금으로 입주하고 있는 임차인에 한하여 2,700만원까지 최우선변제권이 인정되고, 광역시(군지역과 인천광역시지역을 제외)에서는 6,000만원 이하의 보증금으로 입주하고 있는 임차인에 한하여 2,000만원까지 최우선변제권이 인정되며, 그 밖의 지역에서는 4,500만원 이하의 보증금으로 입주하고 있는 임차인에 한하여 1,500만원까지 최우선변제 즉, 다른 담보물권보다 우선변제를 받을 수 있습니다. 다만, 위 시행령 규정은 사회경제 상황에 따라 수시로 개정되고, 개정 시행령의 시행 이전에 임차주택에 근저당권 등의 담보물권 등이 설정된 경우에는 그 당시에 적용되던 시행령의 규정에 따르게 됨을 유의하시기 바랍니다.

따라서 위 사안의 경우에는 소액임차인이 여러 사람이고 각 보증금이 1,500만원 이상인 경우이므로 각 임대차계약의 선후나 보증금액수와는 관계없이 주택가액(대지가액 포함)의 2분의 1에 해당하는 금액을 평등하게 분할하여 배당받게 됩니다. 즉, 甲·乙·丙이 3,000만원을 평등분할 하여 각 1,000만원씩 배당받을 수 있을 것이고, 甲·乙·丙이 확정일자를 받지 않았으므로 丁이 나머지 3,000만원을 배당받을 수 있을 것으로 보입니다.

그러나 소액임차인들 중 보증금액이 1,500만원 미만인 자가 있는 경우에는 각 임차인들의 최우선변제 받을 수 있는 금액의 합산액에 대한 각 임차인의 최우선변제 받을 수 있는 금액의 비율로 주택가액의 2분의 1에 해당하는 금액을 분할한 금액을 배당받게 됩니다.

예컨대, 주택의 매각대금이 8,000만원(경매비용제외)인 경우 甲·乙·丙의 보증금이 각 2,000만원, 1,600만원, 1,200만원이라면, 이들이 최우선변제 받을 수 있는 금액은 각 1,500만원, 1,500만원, 1,200만원이므로 甲과 乙은 14,285,714원(4,000만원×1,500만원/4,200만원, 원미만 버림. 이하 같음), 丙은 11,428,571원(4,000만원×1,200만원/4,200만원)을 각 배당받을 수 있을 것입니다.

---

199) 대법원 1996. 6. 14. 선고 96다7595 판결

다. 주택가액

여기서, 주택가액은 매각대금에다가 매수보증금에 대한 배당기일까지의 이자, 몰수된 매수보증금 등을 포함한 금액에서 집행비용을 공제한 실제로 배당할 금액을 의미한다. 즉 "실제배당할 금액=매각대금+배당기일까지의 이자, 몰수된 매수보증금 등-집행비용"이다[200].

Q 저는 임차주택이 경매절차에서 매각되어 소액임차인으로서 권리신고 겸 배당요구신청을 하였습니다. 그런데 소액임차인이 다수이므로 주택가액(대지의 가액을 포함)의 2분의 1의 범위 안에서만 소액임차인으로서 최우선변제를 받게 된다고 합니다. 이 경우 주택가액이란 매각대금을 의미하는지, 아니면 경매비용 등을 공제한 실제로 배당될 금액을 의미하는지요?

A 「주택임대차보호법」 제8조 소정의 '주택가액'의 의의에 관하여 판례는 "주택임대차보호법 제8조 소정의 우선변제권의 한도가 되는 주택가액의 2분의 1에서 '주택가액'이라 함은 낙찰(매각)대금에다가 입찰(매수신청)보증금에 대한 배당기일까지의 이자, 몰수된 입찰(매수신청)보증금 등을 포함한 금액에서 집행비용을 공제한 실제 배당할 금액이라고 봄이 상당하다."라고 하였습니다[201].

따라서 위 사안에서 귀하 등의 소액임차인들도 위 주택의 매각대금의 2분의 1이 아닌 매각대금과 매수신청보증금의 배당기일까지의 이자, 몰수된 매수신청보증금이 있다면(재매각된 경우) 그 매수신청보증금 등의 합계금에서 집행비용을 공제한 실제 배당할 금액의 2분의 1의 한도 내에서 최우선변제를 받게 될 것입니다.

참고로, 소액임차인의 최우선변제의 범위와 기준은 주택가액(대지가액 포함)의 2분의 1의 범위 안에서 「주택임대차보호법 시행령」에 규정되어 있으며, 「주택임대차보호법 시행령」(2013. 12. 30. 개정되어, 2014. 1. 1.부터 시행)에 의하면 서울특별시의 경우 9,500만원 이하의 보증금으로 입주하고 있는 임차인에 한하여 3,200만원까지 최우선변제권이 인정되고, 수도권정비계획법에 의한 수도권 중 과밀억제권역에서는 보증금이 8,000만원 이하의 보증금으로 입주하고 있는 임차인에 한하여 2,700만원까지 최우선변제권이 인정되고, 광역시(군지역과 인천광역시지역을 제외)에서는 6,000만원 이하의 보증금으로 입주하고 있는 임차인에 한하여 2,000만원까지 최우선변제권이 인정되며, 그 밖의 지역에서는 4,500만원 이하의 보증금으로 입주하고 있는 임차인에 한하여 1,500만원까지 최우선변제 즉, 다른 담보물권보다 우선변제를 받을 수 있습니다. 다만, 위 시행령 규정은 사회경제 상황에 따라 수시로 개정되고, 개정 시행령의 시행 이전에 임차주택에 근저당권 등의 담보물권 등이 설정된 경우에는 그 당시에 적용되던 시행령의 규정에 따르게 됨을 유의하시기 바랍니다.

---

200) 대법원 2001.04.27. 선고 2001다8974 판결
201) 대법원 2001. 4. 27. 선고 2001다8974 판결

라. 임차인이 2인 이상인 경우

하나의 주택에 임차인이 2인 이상이고, 이들이 그 주택에서 가정공동생활을 하는 경우에는 이들을 임차인으로 보아야 하므로 이들의 각 보증금을 합산하여 소액임차인에 해당하는지 여부를 판단하여야 한다.

마. 공동임대인 중 일부의 공유지분이 경매되는 경우

공동임대인 중 일부의 공유지분이 경매되는 경우에 공동임대인의 보증금반환채무는 성질상 불가분채무이므로, 공동임대인 중 1인의 공유지분에 대하여 경매절차가 진행되는 경우 소액임차인에 해당하는지 여부는 경매대상 공유지분에 상응하는 금액이 아니라 임차보증금 전액을 기준으로 하여야 하고, 배당절차에 있어서도 임차보증금 전액을 기준으로 배당한다.

바. 소액보증금 중 우선변제금을 제외한 나머지 보증금 배당순위

대항요건과 확정일자를 갖춘 임차인들 상호간에는 대항요건과 확정일자를 최종적으로 갖춘 순서대로 우선변제받을 순위를 정하게 되므로, 만일 대항요건과 확정일자를 갖춘 임차인들이 주택임대차보호법 제8조 제1항에 의하여 보증금 중 일정액의 보호를 받는 소액임차인의 지위를 겸하는 경우, 먼저 소액임차인으로서 보호받는 일정액을 우선 배당하고 난 후의 나머지 임차보증금채권액에 대하여는 대항요건과 확정일자를 갖춘 임차인으로서의 순위에 따라 배당을 한다.

3. 소액임차인의 최우선변제금액 정리 - 보증금 중 일정액 보호

임차인은 보증금 중 일정액을 다른 담보물권자(擔保物權者)보다 우선하여 변제받을 권리가 있다. 이 경우 임차인은 주택에 대한 경매신청의 등기 전에 주택의 인도와 주민등록을 마친 때 등 대항력의 요건을 갖추어야 한다(주임법 제8조 제1항). 이에 따라 우선변제를 받을 임차인 및 보증금 중 일정액의 범위와 기준은 주택임대차위원회의 심의를 거쳐 대통령령으로 정한다. 다만, 보증금 중 일정액의 범위와 기준은 주택가액(대지의 가액을 포함한다)의 2분의 1을 넘지 못한다(주임법 제8조).

임차목적물에 대하여 담보물권을 취득한 자에 대하여, 주임법 시행령 개정별 소액임차인의 최우선변제금액을 정리하면 아래의 표와 같다(주임법 시행령 제10조, 제11조).

적용시기	지역	소액보증금액	최우선변제금액
1984. 6. 14. ~ 1987. 11. 30.	서울시, 직할시	300만 원 이하	300만 원
	기타 지역	200만 원 이하	200만 원
1987. 12. 1. ~ 1990. 2. 18.	서울시, 직할시	500만 원 이하	500만 원
	기타 지역	400만 원 이하	400만 원
1990. 2. 19. ~ 1995. 10. 18.	서울시, 직할시	2,000만 원 이하	700만 원
	기타 지역	1,500만 원 이하	500만 원
1995. 10. 19. ~ 2001. 9. 14.	서울시, 광역시(군지역 제외)	3,000만 원 이하	1,200만 원
	기타 지역	2,000만 원 이하	800만 원
2001. 9. 15. ~ 2008. 8. 20.	서울, 수도권	4,000만 원 이하	1,600만 원
	광역시(인천 제외)	3,500만 원 이하	1,400만 원
	기타 지역	3,000만 원 이하	1,200만 원
2008. 8. 21. ~ 2010. 7. 25.	서울, 수도권	6,000만 원 이하	2,000만 원
	광역시(인천 제외)	5,000만 원 이하	1,700만 원
	기타 지역	4,000만 원 이하	1,400만 원
2010. 7. 26. ~ 2013. 12. 31.	서울, 수도권	7,500만 원 이하	2,500만 원
	광역시(인천 제외) 및 안산, 용인, 김포, 광주 포함	5,500만 원 이하	1,900만 원
	기타 지역	4,000만 원 이하	1,400만 원
2014. 1. 1. ~ 2016. 3. 30.	서울, 수도권	9,500만 원 이하	3,200만 원
	광역시(인천 제외) 및 안산, 용인, 김포, 광주 포함	6,000만 원 이하	2,000만 원
	기타 지역	4,500만 원 이하	1,500만 원

2016. 3. 31. ~ 2018. 9. 17.	서울특별시	1억 이하	3,400만 원
	광역시 및 안산, 용인, 김포, 광주, 세종시 포함	6,000만 원 이하	2,000만 원
	과밀억제권역	8,000만 원 이하	2,700만 원
	기타 밖의 지역	5,000만 원 이하	1,700만 원
2018. 9. 18.~ 2021. 5. 11.	서울특별시	1억 1천만원 이하	3,700만원 이하
	과밀억제권역(서울시 제외), 용인시, 화성시	1억원 이하	3,400만원 이하
2023. 2. 21. ~ 현재	서울특별시	1억6천500만원 이하	5,500만원 이하
	「수도권정비계획법」에 따른 과밀억제권역(서울특별시는 제외한다), 세종특별자치시, 용인시, 화성시 및 김포시	1억4천500만원 이하	4,800만원 이하
	광역시 「수도권정비계획법」 에 따른 과밀억제권역에 포 함된 지역과 군지역은 제외 한다), 안산시, 광주시, 파주 시, 이천시 및 평택시	8천500만원 이하	2,800만원 이하
	기타 그 밖의 지역	7천500만원 이하	2,500만원 이하

Q 甲은 乙의 부동산에 근저당권을 설정한 근저당권부 채권자입니다. 그런데 乙의 일반채권자인 丙은 그의 乙에 대한 대여금채권에 기하여 위 주택을 가압류하였으나 甲의 위 근저당권이 있음으로 인하여 변제 받기 어렵게 되자 丙과 乙이 위 주택의 일부에 관하여 소액보증금한도의 금액을 임차보증금으로 하는 주택임대차계약을 체결하면서 보증금은 위 대여금채권 중 일부로 대체키로 하고 입주 및 주민등록전입을 한 후 거주하고 있습니다. 이 경우 乙과 丙의 위와 같은 주택임대차계약이 유효하여 丙이 소액임차인으로서 우선변제를 받게 된다면 甲의 근저당권부 채권은 배당액이 훨씬 적어질 것입니다. 이 경우 丙이 소액임차인으로서 소액보증금 최우선변제를 받을 수 있는지요?

A 주택임대차계약의 주된 목적이 주택을 사용·수익하려는데 있는 것이 아니고 소액임차인으로 보호받아 기존채권을 회수하려는 데에 있는 경우, 「주택임대차보호법」상의 소액임차인으로 보호받을 수 있는지에 관하여 판례는 "주택임대차보호법의 입법목적은 주거용 건물에 관하여 민법에 대한 특례를 규정함으로써 국민의 주거생활의 안정을 보장하려는 것이고(주택임대차보호법 제1조), 주택임대차보호법 제8조 제1항에서 임차인이 보증금 중 일정액을 다른 담보물권자보다 우선하여 변제 받을 수 있도록 한 것은, 소액임차인의 경우 그 임차보증금이 비록 소액이라고 하더라도 그에게는 큰 재산이므로 적어도 소액임차인의 경우에는 다른 담보권자의 지위를 해하게 되더라도 그 보증금의 회수를 보장하는 것이 타당하다는 사회보장적 고려에서 나온 것으로서 민법의 일반규정에 대한 예외규정인바, 그러한 입법목적과 제도의 취지 등을 고려할 때, 채권자가 채무자 소유의 주택에 관하여 채무자와 임대차계약을 체결하고 전입신고를 마친 다음 그곳에 거주하였다고 하더라도 실제 임대차계약의 주된 목적이 주택을 사용·수익하려는 것에 있는 것이 아니고, 실제적으로는 소액임차인으로 보호받아 선순위 담보권자에 우선하여 채권을 회수하려는 것에 주된 목적이 있었던 경우에는 그러한 임차인을 주택임대차보호법상 소액임차인으로 보호할 수 없다."라고 하였습니다[202].

따라서 위 사안에서 甲도 丙이 소액임차인으로서 최우선변제를 받게 된다면 배당이의를 제기하여 다투어볼 수 있을 것으로 보입니다.

참고로 위와 같은 경우 임차인에게 대항력이 인정되는지에 관하여 판례는 "임대차는 임차인으로 하여금 목적물을 사용·수익하게 하는 것이 계약의 기본 내용이므로, 채권자가 주택임대차보호법상의 대항력을 취득하는 방법으로 기존 채권을 우선변제 받을 목적으로 주택임대차계약의 형식을 빌려 기존 채권을 임대차보증금으로 하기로 하고 주택의 인도와 주민등록을 마침으로써 주택임대차로서의 대항력을 취득한 것처럼 외관을 만들었을 뿐 실제 주택을 주거용으로 사용·수익할 목적을 갖지 아니한 계약은 주택임대차계약으로서는 통정허위표시에 해당되어 무효라고 할 것이므로 이에 주택임대차보호법이 정하고 있는 대항력을 부여할 수는 없다."라고 하였습니다[203].

---

202) 대법원 2001. 5. 8. 선고 2001다14733 판결, 2001. 10. 9. 선고 2001다41339 판결
203) 대법원 2002. 3. 12. 선고 2000다24184 등 판결

4. 주택임대차위원회

가. 주택임대차위원회 설치

우선변제를 받을 임차인 및 보증금 중 일정액의 범위와 기준을 심의하기 위하여 법무부에 주택임대차위원회(이하 "위원회"라 한다)를 둔다(주임법 제8조의2 제1항).

나. 주택임대차위원회의 구성 등

(1) 위원회의 구성

위원회는 위원장 1명을 포함한 9명 이상 15명 이하의 위원으로 구성되며(주임법 제8조의2 제2항), 위원회의 위원장은 법무부차관이 된다(주임법 제8조의2 제3항).
한편, 위원회에는 간사 1명을 두되, 간사는 주택임대차 관련 업무에 종사하는 법무부 소속의 고위공무원단에 속하는 일반직 공무원(이에 상당하는 특정직·별정직 공무원을 포함한다) 중에서 위원회의 위원장이 지명한다. 이렇게 지명된 간사는 위원회의 운영을 지원하고, 위원회의 회의에 관한 기록과 그 밖에 서류의 작성과 보관에 관한 사무를 처리하며, 위원회에 참석하여 심의사항을 설명하거나 그 밖에 필요한 발언을 할 수 있다(주임법 시행령 제15조).

(2) 위원장의 직무

위원장은 위원회를 대표하고, 위원회의 업무를 총괄하며, 위원장이 부득이한 사유로 인하여 직무를 수행할 수 없을 때에는 위원장이 미리 지명한 위원이 그 직무를 대행한다(주임법 시행령 제14조).

(3) 위원의 임기 등

(가) 임기

주택임대차위원회(이하 "위원회"라 한다)의 위원의 임기는 2년으로 하되, 한 차례만 연임할 수 있다. 다만, 공무원인 위원의 임기는 그 직위에 재직하는 기간으로 한다(주임법 시행령 제13조 제1항).

(나) 위원의 해촉사유

위원장은 위촉된 위원이 다음 각 호의 어느 하나에 해당하는 경우에는 해당 위원을 해촉할 수 있다(주임법 시행령 제13조 제2항).

1) 심신장애로 인하여 직무를 수행할 수 없게 된 경우

2) 직무와 관련한 형사사건으로 기소된 경우

3) 직무태만, 품위손상, 그 밖의 사유로 인하여 위원으로 적합하지 아니하다고 인정되는 경우

4) 위원 스스로 직무를 수행하는 것이 곤란하다고 의사를 밝히는 경우

다. 위원회 위원의 자격

위원회의 위원은 다음 각 호의 어느 하나에 해당하는 사람 중에서 위원장이 위촉하되, 다음 제1부터 제5까지에 해당하는 위원을 각각 1명 이상 위촉하여야 하고, 위원 중 2분의 1 이상은 제1호·제2호 또는 제6호에 해당하는 사람을 위촉하여야 한다(주임법 제8조의2 제4항).

(1) 법학·경제학 또는 부동산학 등을 전공하고 주택임대차 관련 전문지식을 갖춘 사람으로서 공인된 연구기관에서 조교수 이상 또는 이에 상당하는 직에 5년 이상 재직한 사람

(2) 변호사·감정평가사·공인회계사·세무사 또는 공인중개사로서 5년 이상 해당 분야에서 종사하고 주택임대차 관련 업무경험이 풍부한 사람

(3) 기획재정부에서 물가 관련 업무를 담당하는 고위공무원단에 속하는 공무원

(4) 법무부에서 주택임대차 관련 업무를 담당하는 고위공무원단에 속하는 공무원(이에 상당하는 특정직 공무원을 포함한다)

(5) 국토교통부에서 주택사업 또는 주거복지 관련 업무를 담당하는 고위공무원단에 속하는 공무원

(6) 그 밖에 주택임대차 관련 학식과 경험이 풍부한 사람으로서 대통령령으로 정하는 사람, 여기서 대통령령으로 정하는 사람이란, ⅰ) 특별시·광역시·특별자치시·도 및 특별자치도(이하 "시·도"라 한다)에서 주택정책 또는 부동산 관련 업무를 담당하는 주무부서의 실·국장, ⅱ) 법무사로서 5년 이상 해당 분야에서 종사하고 주

택임대차 관련 업무 경험이 풍부한 사람의 어느 하나에 해당하는 사람을 말한다(주임법 시행령 제12조)

라. 위원회의 회의

(1) 위원회 개최시기위원회의 회의는 매년 1회 개최되는 정기회의와 위원장이 필요하다고 인정하거나 위원 3분의 1 이상이 요구할 경우에 개최되는 임시회의로 구분하여 운영한다. 이때 위원회는 위원장이 소집하고, 그 의장이 된다(주임법 시행령 제16조 제1, 2항).

(2) 의결정족수
위원회의 회의는 재적위원 과반수의 출석으로 개의하고, 출석위원 과반수의 찬성으로 의결한다(주임법 시행령 제16조 제3항).

(3) 회의의 비공개
위원회의 회의는 비공개로 한다(주임법 시행령 제16조 제4항).

(4) 의견제출 및 요조요청 등
위원장은 위원이 아닌 자를 회의에 참석하게 하여 의견을 듣거나 관계 기관·단체 등에게 필요한 자료, 의견 제출 등 협조를 요청할 수 있다(주임법 시행령 제16조 제5항).

마. 실무위원회

위원회에서 심의할 안건의 협의를 효율적으로 지원하기 위하여 위원회에 실무위원회를 둔다(주임법 시행령 제17조).

(1) 실무위원회의 업무
실무위원회는 다음의 사항을 협의·조정한다.
(가) 심의안건 및 이와 관련하여 위원회가 위임한 사항
(나) 그 밖에 위원장 및 위원이 실무협의를 요구하는 사항

(2) 위원장 및 위원의 선출

실무위원회의 위원장은 위원회의 간사가 되고, 실무위원회의 위원은 다음의 사람 중에서 그 소속기관의 장이 지명하는 사람으로 한다.

(가) 기획재정부에서 물가 관련 업무를 담당하는 5급 이상의 국가공무원

(나) 법무부에서 주택임대차 관련 업무를 담당하는 5급 이상의 국가공무원

(다) 국토교통부에서 주택사업 또는 주거복지 관련 업무를 담당하는 5급 이상의 국가공무원

(라) 시·도에서 주택정책 또는 부동산 관련 업무를 담당하는 5급 이상의 지방공무원

바. 전문위원

위원회의 심의사항에 관한 전문적인 조사·연구업무를 수행하기 위하여 5명 이내의 전문위원을 둘 수 있으며, 전문위원은 법학, 경제학 또는 부동산학 등에 학식과 경험을 갖춘 사람 중에서 법무부장관이 위촉하고, 임기는 2년으로 한다(주임법 시행령 제19조).

사. 수당

위원회 또는 실무위원회 위원에 대해서는 예산의 범위에서 수당을 지급할 수 있다. 다만, 공무원인 위원이 그 소관 업무와 직접적으로 관련되어 위원회에 출석하는 경우에는 그러하지 아니하다(주임법 제19조).

아. 그 밖의 운영에 관한 사항 등

그 밖에 위원회의 구성 및 운영 등에 필요한 사항은 대통령령으로 정한다(주임법 제8조의2 제5항).

제2절 최우선변제권 행사의 요건

1. 주임법 제3조 제1항의 행사의 요건

가. 대항요건 구비의 시한

경매개시결정의 등기 전이다(주임법 제8조 제1항). 여기서 말하는 경매신청의 등기는 민사집행법에 따른 기입등기뿐 아니라 체납처분에 의한 공매절차에서의 기입등기도 포함된다[204].

나. 대항요건의 지속

집행법원이 정한 배당요구 종기까지 계속 존속하고 있어야 한다. 따라서 주택임차인이 그 지위를 강화하고자 별도로 전세권설정등기를 마친 경우라 할지라도 주택임차인이 주임법 제3조 제1항의 대항요건을 상실하면 이미 취득한 주택임대차보호법상의 대항력 및 우선변제권을 상실한다.

다. 소액보증금 한도의 변동과 선순위 담보물권과의 관계

소액보증금의 우선변제권을 인정한 법률이 제정되기 전에 이미 성립한 담보권에 대해서까지 우선변제권의 소급효가 미치는 것은 아님은 당연하다[205]. 또한 주택임대차보호법 및 같은 법 시행령 부칙 제2항은 위와 같이 소액보증금의 액수를 개정함에 있어 소액보증금 액수가 위와 같이 변동되기 전의 담보물권 취득자에 대하여는 종전의 규정에 따르도록 하는 경과규정을 두고 있다. 따라서 현행법 하에서는 소액임차인에 해당하나 구법 하에서는 소액임차인에 해당하지 아니하는데 담보물권은 구법 하에서 발생한 경우에는 구법을 기준으로 소액임차인 여부를 판단하여야 하므로 그 담보물권자에 대하여는 소액임차인임을 주장할 수 없다.

---

204) 대법원 2004. 3. 26. 선고 2003다65940 판결
205) 대법원 1990. 7. 10. 선고 89다카13155 판결

라. 우선변제권의 성립시기

주택의 경우 소액임차인의 최우선변제권은 소액임차인으로서 대항력이 생긴 때, 즉 주택의 인도와 주민등록을 마친 다음 날 오전 영시에 발생한다[206]. 상가건물의 경우에도 같다(상임법 제3조 제1항 참조). 참고로 여기서 대항력이란, 임차인이 임차건물의 양수인, 임대할 권리를 승계한자, 기타 임차건물에 관하여 이해관계를 가진 자에 대하여 임대차의 내용을 주장할 수 있는 법률상의 권능을 의미한다. 즉, 임차건물의 양수인이 양도인인 임대인의 지위를 승계하게 되는 결과 임차인은 양수인에게 임대차의 내용을 주장할 수 있고, 제3자의 임차건물에 대한 침해에 대하여 방해배제청구권 등을 행사할 수 있으며, 확정일자를 구비하게 되면 우선변제권을 주장할 수 있다.

2. 임차주택이 경매 또는 체납처분에 의하여 매각되었을 것

3. 배당요구 또는 우선권행사를 신고를 하였을 것

소액임차권자가 경매절차에서 소액보증금의 우선변제를 받기 위해서는 반드시 배당요구를 하여야 하며, 단순히 이해관계인으로 권리신고 한 것만으로는 배당요구를 한 것으로 볼 수 없다(98. 4. 15. 송무예규 제596호). 다만 권리신고를 하면서 임대차계약서와 주민등록등본을 함께 제출하였다면, 비록 엄격한 의미의 배당요구는 없었다 하더라도 배당요구를 한 것으로 봄이 상당하다.

> **Q** 저는 근저당권이 설정된 甲소유 주택을 임차보증금 500만원에 월세20만원, 계약기간 1년으로 임차하여 주민등록전입신고를 한 후 거주하고 있었습니다. 그런데 임차주택은 위 근저당권자가 경매를 신청하여 매각되었고, 저는 위 경매절차에서 배당요구를 하지 못하여 임차보증금을 전혀 배당 받지 못하였으며, 근저당권자는 매각대금전액을 배당 받았습니다. 이 경우 제가 근저당권자를 상대로 부당이득반환청구를 할 수 있는지요?
>
> 「주택임대차보호법」에서는 소액임차인의 보호를 위해 일정범위의 보증금에 대하여는 근저당권자

---

206) 대법원 1999. 5. 25. 선고 99다9981 판결

A 등 다른 담보물권자보다 우선하여 변제 받을 권리를 인정하고 있습니다. 이 경우 우선변제권이 인정되기 위해서는 임차인은 주택에 대한 경매신청등기 전에 주택에 대한 인도(입주)와 주민등록전입신고를 마쳐야 합니다(주택임대차보호법 제8조 제1항).

소액임차인의 최우선변제의 범위와 기준은 주택가액(대지가액 포함)의 2분의 1의 범위 안에서 「주택임대차보호법 시행령」에 규정되어 있으며, 「주택임대차보호법 시행령」(2013. 12. 30.개정되어, 2014. 1. 1.부터 시행)에 의하면 서울특별시의 경우 9,500만원 이하의 보증금으로 입주하고 있는 임차인에 한하여 3,200만원까지 최우선변제권이 인정되고, 수도권정비계획법에 의한 수도권 중 과밀억제권역에서는 보증금이 8,000만원 이하의 보증금으로 입주하고 있는 임차인에 한하여 2,700만원까지 최우선변제권이 인정되고, 광역시(군지역과 인천광역시지역을 제외)에서는 6,000만원 이하의 보증금으로 입주하고 있는 임차인에 한하여 2,000만원까지 최우선변제권이 인정되며, 그 밖의 지역에서는 4,500만원 이하의 보증금으로 입주하고 있는 임차인에 한하여 1,500만원까지 최우선변제 즉, 다른 담보물권보다 우선변제를 받을 수 있습니다. 그러나 위 규정은 소급하여 적용되지는 않고, 이 시행령의 시행 전에 임차주택에 대하여 담보물권을 취득한 자에 대하여는 종전의 규정을 적용합니다.

그러므로 귀하는 그 전액에 대하여 근저당권자보다 우선하여 변제 받을 권리가 있었으나, 실제로 경매절차에서 배당요구를 하지 않은 경우에는 실체법상 우선변제권이 있다고 하더라도 경매절차에서 배당받지 못합니다.

이 경우 귀하가 배당금전액을 변제받은 근저당권자를 상대로 부당이득반환청구가 가능한지가 문제되는데, 배당요구하지 않은 소액임차인의 부당이득반환청구에 관하여 판례는 "주택임대차보호법 제8조에 의하여 우선변제청구권이 인정되는 소액보증금반환채권은 민사소송법 제605조(현행 민사집행법 제88조) 제1항 소정의 배당요구가 필요한 배당요구채권에 해당하는 것이어서 적법한 배당요구를 하지 아니한 경우에는 비록 실체법상 우선변제청구권이 있다 하더라도 경락대금으로부터 배당을 받을 수는 없을 것이므로, 소액보증금반환채권자가 적법한 배당요구를 하지 아니하여 그를 배당에서 제외하는 것으로 배당표가 작성·확정되고 그 확정된 배당표에 따라 배당이 실시되었다면 그가 적법한 배당요구를 한 경우에 배당 받을 수 있었던 금액 상당의 금원이 후순위채권자에게 배당되었다고 하여 이를 법률상 원인이 없는 것이라고 할 수 없다."라고 하였습니다[207]. 이것은 배당요구하지 않은 확정일자에 의한 우선변제권을 가진 주택임차인의 임차보증금반환채권의 경우에도 동일합니다[208].

따라서 위 사안에서 귀하는 근저당권자를 상대로 부당이득반환청구를 할 수 없을 것으로 보입니다.

207) 대법원 2000. 6. 27. 선고 2000다15241 판결, 2002. 1. 22. 선고 2001다70702 판결
208) 대법원 1998. 10. 13. 선고 98다12379 판결

4. 주택의 인도

소액임차인에게 배당액을 교부하려면 매수인의 명도확인서를 제출해야 한다. 그러나 주택인도의무가 보증금반환의무보다 선이행되어야 한다는 뜻은 아니다[209].

5. 임대차의 종료는 요건이 아님

법 개정 전에는 법 제3조의3 제1항 단서가 준용되어 양수인에게 대항할 수 있는 경우에는 임대차의 종료를 요건으로 하였으나, 이번 개정으로 단서가 삭제되었으므로, 더 이상 요건이 아니라는 것은 확정일자를 갖춘 임차인의 경우와 동일하다.

> **Q** 임차주택이 경매개시 되었을 경우 소액임차인의 권리신고 겸 배당요구신청절차는 어떻게 되는지요?
>
> **A** 법원은 주택에 대한 경매절차를 진행시키면서 소액임차인의 유무 및 그 우선변제권행사를 확실하게 하기 위하여 우선 집행관으로 하여금 소액임차인의 유무와 그 내용을 조사하도록 하는 임대차조사보고명령을 하고, 위 조사보고서와 임대차계약서 등에 의하여 소액임차인으로 확인되는 입주자들에 대하여 배당요구통지서를 송부하여 배당요구의 절차와 방법 등을 알려주며, 소액임차인은 경매절차상의 이해관계인으로 보아 경매기일통지 등을 해주고 있습니다.
>
> 이와 같이 법원의 통지를 받거나 아니면 그와 같은 통지가 없다 하더라도 소액보증금에 해당하는 임차인은 주택에 대하여 경매절차가 진행중인 때에는 자기가 경매목적물에 소액보증금으로 임차하여 입주하고 있는 사실을 증명할 문서로서 임대차계약서사본, 주민등록등본 등을 첨부하여 경매법원에 권리신고 겸 배당요구신청을 하여야 하며, 이러한 배당요구는 집행법원이 첫 매각기일 이전 중 정하는 배당요구의 종기 이전에 하여야 합니다(통상 법원에 비치된 서식은 권리신고 겸 배당요구신청서이므로 그 서식을 작성하여 권리신고와 배당요구신청을 동시에 하면 될 것임). 이러한 배당요구가 있게 되면 법원은 배당요구한 소액임차인을 이해관계인으로 보아 각종 통지를 하게 됩니다.

---

209) 대법원 1994. 2. 22. 선고 93다55241 판결

Q 저는 2006. 9. 5. 자로 설정된 선순위 근저당권이 있는 서울 소재 주택을 보증금 3,500만원에 임차하여 주민등록을 마치고 입주하여 거주하고 있습니다. 그런데 얼마 전 우연히 위 주택의 등기사항증명서를 열람해 보고 위 근저당권에 기하여 현재 담보권실행을 위한 경매절차가 진행 중에 있음을 알았습니다. 이런 경우 「주택임대차보호법」상 소액임차인인 저도 배당요구신청을 하여야 하는지요? 그리고 배당요구신청을 해야 한다면 언제까지 하여야 하는지요?

A 경매절차는 그 시작에서 종결될 때까지 많은 절차와 단계를 거쳐야 하고 시간도 오래 소요될 뿐만 아니라, 경매에 따른 권리자들의 이해관계에 막대한 영향을 미치기 때문에 법은 엄격한 절차와 요건을 요구하고 있으며, 배당채권자가 배당요구를 할 수 있는 배당요구의 종기를 정하도록 규정하고 있습니다. 즉, 「민사집행법」 제84조 제1항에 의하면 "경매개시결정에 따른 압류의 효력이 생긴 때(그 경매개시결정 전에 다른 경매개시결정이 있은 경우를 제외한다.)에는 집행법원은 절차에 필요한 기간을 감안하여 배당요구를 할 수 있는 종기(終期)를 첫 매각기일 이전으로 정한다." 라고 규정하고 있습니다.

그리고 같은 법 제88조 제1항은 "집행력 있는 정본을 가진 채권자, 경매개시결정이 등기된 뒤에 가압류를 한 채권자, 민법·상법 그 밖의 법률에 의하여 우선변제청구권이 있는 채권자는 배당요구를 할 수 있다."라고 규정하고 있는데, 이처럼 배당요구가 필요한 배당요구채권자는, 압류의 효력발생 전에 등기한 가압류채권자, 경매절차의 매각으로 인하여 소멸하는 저당권자 및 전세권자로서 압류의 효력발생 전에 등기한 자 등 당연히 배당을 받을 수 있는 채권자의 경우와는 달리, 배당요구의 종기까지 배당요구를 한 경우에 한하여 비로소 배당을 받을 수 있고, 적법한 배당요구를 하지 아니한 경우에는 비록 실체법상 우선변제청구권이 있다 하더라도 매각대금으로부터 배당을 받을 수는 없을 것이므로, 이러한 배당요구채권자가 적법한 배당요구를 하지 아니하여 그를 배당에서 제외하는 것으로 배당표가 작성·확정되고 그 확정된 배당표에 따라 배당이 실시되었다면 그가 적법한 배당요구를 한 경우에 배당 받을 수 있었던 금액 상당의 금원이 후순위채권자에게 배당되었다고 하여 이를 법률상 원인이 없는 것이라고 부당이득반환청구도 할 수 없습니다.

소액임차인의 소액임차보증금반환채권도 배당요구를 하여야 하는 채권에 해당되는지에 관하여 판례는 「주택임대차보호법」에 의하여 우선변제청구권이 인정되는 소액임차인의 소액보증금반환 채권은 현행법상 배당요구가 필요한 배당요구채권에 해당한다고 하였습니다[210].

따라서 소액임차인인 귀하도 이 사안에서 임차주택에 경매가 진행 중이므로, 배당요구의 종기까지는 권리신고와 배당요구를 하여야 할 것으로 보입니다.

참고로 주택의 인도와 주민등록이라는 우선변제 요건을 배당요구의 종기까지 계속 존속하고 있어야 할 것입니다[211].

---

210) 대법원 1998. 10. 13. 선고 98다12379 판결, 2002. 1. 22. 선고 2001다70702 판결
211) 대법원 2007다17475 판결

제3절 최우선변제권과 매수인과의 관계

1. 매수인에게 대항할 수 없는 경우

임차주택의 경매절차에서 임차보증금을 지급받지 못한 이상 임차주택의 매수인에 대하여 임차보증금의 우선변제를 요구할 수 없다[212]. 또한 우선변제권이 있는 소액임차인이 배당요구하지 아니한 경우 배당받은 다른 채권자에게 부당이득반환을 구할 수 없다는 것은, 앞서 대법원 2001다70702 판결에서 본 바와 같다.

또한 임차주택의 경매절차에서 소액임차보증금의 지급을 받지 못한 임차인이 경락인에 대하여 보증금의 우선변제를 요구할 수 있는지 여부에 대하여 대법원은 "주택임대차보호법 소정의 소액임차보증금의 임차인이라 할지라도 당해 목적물의 경매절차에서 위 보증금의 지급을 받지 못한 이상 그 임차주택의 경락인에 대하여 그의 위 보증금의 우선변제를 요구할 수는 없다"라고 판시하였다[213].

2. 매수인에게 대항할 수 있는 경우

임대차존속 주장과 우선변제권을 선택적으로 행사할 수 있으므로, 임차인이 경매절차에서 우선변제권을 선택적으로 행사할 수 있으므로, 임차인이 경매절차에서 우선변제권을 행사하지 아니하였다고 하여 매수인에게 임대차로서 대항할 수 없다거나 임차보증금 반환채권을 포기한 것으로 볼 수 없다.

> Q 저는 근저당권 등 제3자의 권리가 설정되지 않은 서울 소재 주택을 임차보증금 4,000만원에 임차하여 입주와 주민등록전입신고를 마쳤는데, 그 후 집주인의 채권자가 임차주택에 대하여 강제경매를 신청하여 매각되었습니다. 그러나 저는 지방출장 등으로 바빠서 배당요구신청을 하지 못하였는데, 이 경우 제가 경매절차의 매수인에게 「주택임대차보호법」상의 대항력을 주장할 수 있는지요?
>
> A 관련 판례는 "주택임대차보호법 제3조의 규정에 의하면 임대차는 그 등기가 없는 경우에도

---

212) 대법원 1988. 4. 12. 선고 87다카844 판결
213) 대법원 1988.04.12. 선고 87다카844 판결

임차인이 주택의 인도와 주민등록전입신고를 마친 때에는 대항력이 발생하고, 이 경우에 임차주택의 양수인은 임대인의 지위를 승계한 것으로 보도록 되어 있는바, 위 임차주택의 양도에는 강제경매에 의한 경락의 경우도 포함되는 것이므로, 임차인이 당해 경매절차에서 권리신고를 하여 소액보증금의 우선변제를 받는 절차를 취하지 아니하였다고 하여 임차주택의 경락인에게 그 임대차로써 대항할 수 없다거나 임차보증금반환청구권을 포기한 것으로 볼 수는 없다."라고 하였습니다[214].

그러므로 귀하의 경우에도 경매절차에서 권리신고 겸 배당요구신청을 하지 않았다고 하여도 귀하의 주택임차권의 대항력을 주장함에 어떤 영향이 있는 것은 아닐 것입니다.

따라서 귀하는 근저당권 등 제3자의 권리가 설정되지 않은 주택을 임차하여 대항요건을 갖추어 경매절차의 매수인에게 대항할 수 있는 경우에는 배당요구 여부와 관계없이 주택임차인으로서의 대항력을 주장할 수 있다고 하겠습니다.

---

214) 대법원 1986. 7. 22. 선고 86다카466 등 판결, 1992. 7. 14. 선고 92다12827 판결

제4절 확정일자를 갖춘 소액임차인

소액임차인이 법 제3조의2의 요건을 갖춘 경우 보증금 중 소액보증금은 법 제8조에 의하여 최우선순위로, 나머지는 법 제3조의2의 요건을 갖춘 시기에 따라 각각 배당받을 수 있다. 최선순위의 대항력과 우선변제권을 겸유한 임차인이 소액보증금에 대한 우선변제권을 행사하고 나서도 임차권의 대항력을 주장하여 나머지 보증금을 반환받을 때까지 인도를 거절할 수 있다.

Q 서울 소재 주택이 경매개시되어 1억원(경매비용 제외)에 매각되었는데, 위 주택에는 제1순위로 甲이 2004. 4. 9. 4,000만원의 저당권을 설정하였고, 그 뒤에 乙·丙·丁은 각 4,000만원, 2,000만원, 1,000만원의 임차보증금으로 전세 살면서 주민등록전입신고와 확정일자를 乙·丙·丁의 순으로 받았습니다. 그 뒤 戊가 위 주택에 3,000만원의 저당권을 설정한 경우에 甲·乙·丙·丁·戊는 매각대금에서 각 얼마나 배당받을 수 있는지요?

A 「주택임대차보호법」 제3조의2 제2항 본문에서 주택의 인도와 주민등록의 전입신고를 마치고 임대차계약증서상의 확정일자를 갖춘 임차인은 「민사집행법」에 의한 경매 또는 「국세징수법」에 의한 공매시 임차주택 등의 매각대금에서 후순위권리자 기타 채권자보다 우선하여 보증금을 변제받을 권리가 있다고 규정하고 있습니다.

또한, 「주택임대차보호법」은 일정한 임차인에게 보증금 중 일정액의 최우선변제권을 인정하고 있습니다(같은 법 제8조). 최우선변제권이란 일반채권자, 후순위담보권리자보다는 물론이고 자신보다 먼저 담보권을 설정한 담보권자보다도 우선하여 보증금을 변제받을 수 있는 권리를 말하는데, 이것은 영세임차인의 전재산이라고 할 수 있는 보증금을 절대적으로 확보해 주기 위하여 인정된 권리입니다.

우선변제를 받을 임차인의 범위와 관련하여, 주택임대차보호법 시행령 부칙 〈제20971호, 2008.8. 21〉 제2조에 따르면, "이 영 시행 전에 임차주택에 대하여 담보물권을 취득한 자에 대하여는 종전의 규정에 따른다."고 규정되어 있으므로, 乙, 丙, 丁은 甲과의 관계에 있어서 甲의 근저당권이 설정될 당시의 주택임대차보호법 시행령에 따라서만 최우선변제권을 주장할 수 있습니다.

그런데, 甲이 근저당권을 설정할 당시에 시행 중이었던 「주택임대차보호법 시행령」(2008. 8. 21. 개정되기 전의 것) 제4조는 「수도권정비계획법」에 의한 수도권 중 과밀억제권역에서는 보증금이 4,000만원 이하, 광역시(군지역과 인천광역시지역을 제외)에서는 3,500만원 이하, 그 밖의 지역에서는 3,000만원 이하인 임차인에게만 인정된다고 규정하고 있으며, 그러한 임차인이라도 그 주택에 입주하고 있어야 하며, 그 주택에 대한 경매신청 전까지 주민등록전입신고가 되어 있어야만 최우선변제권이 인정됩니다. 이 경우에는 임대차계약서에 확정일자를 받아야만 최우선변제권이 인정되는 것은 아닙니다.

그런데 위와 같은 요건을 갖춘 임차인이라도 그 보증금 전체에 대하여 최우선변제권을 인정해주는 것은 아니며, 「수도권정비계획법」에 의한 수도권 중 과밀억제권역에서는 1,600만원 이하, 광역시(군지역과 인천광역시지역을 제외)에서는 1,400만원 이하, 그 밖의 지역에서는 1,200만원 이하의 범위 내에서 최우선변제권이 인정되며, 최우선변제권이 인정되는 금액의 합계가 그 주택가액(대지의 가액포함)의 2분의 1을 초과하는 경우에는 2분의 1의 범위 내에서만 최우선변제권이 인정됩니다. 참고로 '주택가액'이라 함은 낙찰(매각)대금에다가 입찰(매수신청)보증금에 대한 배당기일까지의 이자, 몰수된 입찰(매수신청)보증금 등을 포함한 금액에서 집행비용을 공제한 실제 배당할 금액이라고 하겠습니다[215].

위 사안에 있어서는 주택임대차보호법상 순위에 관계없이 최우선변제권이 인정되는 소액보증금액의 합계가 4,200만원으로 그 주택가액(대지의 가액 포함)의 2분의 1을 초과하지 않으므로, 위 소액임차인들은 각 보증금을 기준으로 인정된 한도액까지를 가장 먼저 변제 받을 수 있을 것입니다. 즉, 서울에서는 4,000만원 이하의 보증금으로 입주한 임차인에게 최우선변제권을 인정하므로 乙·丙은 우선적으로 각 1,600만원을, 丁은 1,000만원을 우선하여 변제받게 됩니다.

그리고 건물가액(1억원)에서 최우선변제권이 인정된 금액을 공제한 나머지 금액(5,800만원)에서는 우선변제권이 인정되는 선순위 저당권자 甲이 4,000만원을 받고, 잔액 1,800만원에 대해서는 확정일자를 받은 乙·丙·丁이 각 그 순위에 의하여 받아야 하는데, 확정일자를 제일 먼저 받은 乙의 채권잔액이 2,400만원이므로 이에 변제하고 배당은 종료하게 되는 것입니다.

결국, 甲은 4,000만원, 乙은 3,400만원, 丙은 1,600만원, 丁은 1,000만원을 변제 받게 되고 戊는 한 푼도 변제를 받지 못하게 됩니다.

그러나 위 사안에서 乙·丙·丁이 각 확정일자를 받아 두지 않았다면 乙·丙·丁의 순위에 의한 우선변제권은 인정되지 않으나, 乙·丙·丁의 최우선변제권은 인정되므로 乙·丙이 우선 각 1,600만원씩, 丁이 1,000만원 우선변제를 받고 나머지 금액(5,800만원)은 순위에 의하여 甲이 4,000만원을 변제받게 되고 乙·丙·丁은 확정일자를 받지 않아 순위에 의한 우선변제권이 인정되지 않으므로 戊가 나머지 금액 1,800만원을 변제 받게 될 것입니다.

참고로 2014년 1월 1일부터 시행된 「주택임대차보호법시행령」은 최우선변제권의 범위를 ① 서울특별시에서는 보증금이 9,500만원 이하의 보증금으로 입주하고 있는 임차인에 한하여 3,200만원 이하의 범위에서 인정되고 ② 수도권정비계획법에 의한 수도권 중 과밀억제권역('서울특별시'는 제외한다)에서는 보증금이 8,000만원 이하의 보증금으로 입주하고 있는 임차인에 한하여 2,700만원 이하의 범위에서 인정되고, ③ 광역시(군지역과 인천광역시지역은 제외), 과밀억제권역이 아닌 인천광역시 일부지역, 안산시, 용인시, 김포시, 광주시에서는 6,000만원 이하의 보증금으로 입주하고 있는 임차인에 한하여 2,000만원 이하의 범위에서 인정되며, ④ 그 밖의 지역에서는 4,500만원 이하의 보증금으로 입주하고 있는 임차인에 한하여 1,500만원 이하의 범위에서 인정된다고 규정하고 있습니다.

---

215) 대법원 2001. 4. 27. 선고 2001다8974

제6장   임대차의 공시

제1절   임차권등기명령제도

1. 의의 및 목적

임차권등기명령절차는 임대차종료 후 보증금을 반환받지 못한 임차인에게 단독으로 임차권등기를 경료할 수 있도록 함으로써 자유롭게 주거를 이전할 수 있는 기회를 보장하기 위하여 신설된 절차이다. 상가임대차보호법이 제정되면서 상가건물에도 거의 대동소이한 제도를 도입하고 있다.

> **Q**   인근에 거주하는 세입자의 전세기간이 만료되어 임대인에게 해지통지를 하였는데 세를 놓아야만 보증금을 줄 수 있다고 합니다. 조기에 수령할 수 있는 방법을 가르 쳐주십시오. 가압류 할 수 있는지요? 가압류는 어떻게 해야 하는지요?
>
> **A**   (1) 임차권등기명령 신청은 임차인이 임대차가 종료하였는데도 보증금을 반환받지 못한 경우에 할 수 있습니다. 다만, 임대차 종료 시 대항요건을 갖추고 있어야 합니다.
>
> (2) 주의하실 것은 임차권등기가 등기부에 기재될 때까지 대항요건을 유지해야 하므로, 그 전에 이사를 가거나 주민등록 전출을 하여서는 아니된다는 점입니다.
>
> (3) 따라서, 임차권등기명령신청은 현재 거주하면서 해야 하는 것이라고 할 것입니다. 임차권등기가 경료되면 그 이후 이사 가더라도 대항력이 유지됩니다.
>
> (4) 물론 가압류를 할 수 있습니다. 그러나, 가압류보다는 임차권등기가 더 강력한 효력이 있으므로, 임차권등기명령신청을 먼저 해두는 것이 좋습니다.
>
> (5) 가압류신청서 양식은 대법원사이트에 접속하면 구할 수 있습니다.

> *Q* 저는 甲 소유의 주택을 전세보증금 3,000만원에 2년 간 임차하기로 계약하고 입주와 주민등록전입신고를 하였으며 확정일자도 받아두었습니다. 그런데 계약만료 2개월 전쯤 직장근무지가 변경되어 저만 전보된 근무처로 주민등록을 옮기고 계약기간이 만료되면 처와 아이들을 데리고 오려고 하였으나, 계약기간이 만료되어도 임대인은 재임대가 되어야 보증금을 반환해줄 수 있다고 하여 대항력 등의 유지를 위해 어쩔 수 없이 가족들과 별거 아닌 별거생활을 하고 있습니다. 이 경우 좋은 방법이 없는지요?
>
> *A* 「주택임대차보호법」 제3조의3은 임대차가 끝난 후 보증금이 반환되지 아니한 경우 임차인이 임대인의 동의나 협력 없이 단독으로 임차주택의 소재지를 관할하는 지방법원, 지방법원지원, 또는 시·군 법원에 주택임차권등기명령을 신청하여 주택임차권등기가 마쳐지면 그 등기와 동시에 대항력과 우선변제권을 취득하도록 하고, 임차인이 이미 대항력과 우선변제권을 취득하였던 경우에는 종전의 대항력과 우선변제권을 그대로 유지하며 주택임차권등기 이후에는 주택의 점유와 주민등록의 요건을 갖추지 않더라도 임차인이 종전에 가지고 있던 대항력과 우선변제권이 유지되도록 규정하고 있습니다.
>
> 따라서 위 임대차계약기간의 만료 1개월 전까지 계약해지통보를 하고 그 기간이 만료되었다면 귀하는 임대인 甲의 동의나 협력 없이 단독으로 부동산소재지 관할법원에 주택임차권등기명령을 신청할 수 있고, 그 등기를 경료 하였다면 다른 가족들의 주민등록을 귀하가 거주하는 곳으로 이전하여도 귀하가 종전에 취득한 주택임차인으로서의 대항력과 우선변제권은 그대로 유지된다 하겠습니다.
>
> 참고로 등기예규를 보면, "법원의 촉탁에 의하여 가압류등기, 가처분등기 및 주택임차권등기 및 상가건물임차권등기가 경료 된 후 등기명의인의 주소, 성명 및 주민등록번호의 변경으로 인한 등기명의인표시변경등기는 등기명의인이 신청할 수 있다."라고 하였으므로(제정 1999. 11. 22. 등기예규 제987호, 전면개정 2002. 11. 1. 등기예규 제1064호), 귀하가 주택임차권등기를 하고 이사할 경우에는 이사로 인하여 변경된 주소로 등기명의인 표시변경등기를 하여 두면 경매개시 될 경우 이해관계인에 대한 통지 등을 변경된 주소에서 받아볼 수 있을 것입니다.

2. 요 건

가. 임대차의 종료

1) 임대차가 종료되어야 한다.

임대차가 종료된 이유는 묻지 않는다. 따라서 ① 존속기간이 임대차가 종료된 경우는 물론 해지에 의하여 임대차가 종료된 경우(해지통고로 인하여 임대차가 해지되는 경우는 기간의 약정이 없는 경우의 해지통고나 해지권유보에 의한 해지통고는 해지의 의사표시가 상대방에게 도달한 때 즉시 임대차는 종료된다), ② 기간이 약정되어 있더라도 임대인이 임차인의 의사에 반하여 임차주택에 대한 보존행위를 하여 임차인이 이로 인하여 임차인의 목적을 달성할 수 없을 때(민법 제625조) 및 임차주택의 일부가 임차인의 과실 없이 멸실 기타의 사유로 인하여 사용·수익할 수 없게 되고, 그 잔존부분만으로는 임차의 목적을 달성할 수 없게 된 때(민법 제627조 제2항, 제652조), ③ 묵시의 갱신이 이루어져 존속기간의 정함이 없는 것으로 간주되는 경우 임차인이 해지통고를 한 때에는 해지통고가 된 날로부터 3개월이 경과하면 임대차는 종료된다. ④ 임대인이 임차주택의 인도를 게을리 하거나 임대차존속 중 임차주택의 사용·수익에 필요한 상태를 유지시키지 않는 경우에는 임차인이 상당한 기간을 정하여 채무의 내용에 좇은 이행을 최고하고 그 기간 안에 이행하지 않을 때에는 임대차를 해지할 수 있고 해지통고가 된 날로부터 1개월이 경과하면 임대차는 종료된다. ⑤ 임대차계약이 체결된 후 임차주택이 멸실한 경우에는 임차주택이 멸실된 즉시 임대차는 종료되는 등의 경우를 들 수 있다.

2) 합의해지된 경우에도 임차권등기명령을 할 수 있다

임대차가 기간의 만료로 종료된 경우에는 특별히 문제될 것이 없지만, 임차인이 임차기간 중 임대인의 약정위반 등을 이유로 해지통고를 하면서 임차권등기명령신청을 하는 경우에는 임대차의 종료와 관련하여 다툼의 여지가 있기 때문에 신중한 판단을 요하고 경우에 따라서는 변론을 거쳐 판결에 의하여 임차권등기명령을 할 필요도 있다.

Q 저는 주택을 계약기간 2년으로 임차하여 약 10개월 정도 거주하다가 갑자기 직장의 인사발령이 해외지사로 나서 이사를 하여야 할 형편입니다. 그런데 집주인은 전세보증금을 반환해줄 능력이 없으니 다른 사람에게 세를 놓아 받아 가라고 하고 있습니다. 이 경우에도 주택임차권등기명령제도를 이용할 수 있는지요?

A 「주택임대차보호법」 제3조의3 제1항에서 "임대차가 '끝난 후' 보증금이 반환 되지 아니한 경우 임차인은 임차주택의 소재지를 관할하는 지방법원·지방법원지원 또는 시·군 법원에 임차권등기명령을 신청할 수 있다."라고 규정하고 있고, 「임차권등기명령절차에관한규칙」 제2조 제2항에서도 주택임차권등기명령신청서의 신청이유에 '계약이 종료한 원인사실'을 기재하도록

규정하고 있습니다.

그러므로 귀하가 주택임차권등기명령을 신청할 수 있으려면 '임대차가 끝난 후가 되어야' 합니다.

그런데 위 사안에서 귀하는 임대차기간이 만료되지 않았을 뿐만 아니라, 임대차기간 중이라도 임차인의 사정변경이 있을 경우 계약을 해지할 수 있다는 등의 특별한 해지권을 유보한 것도 아니므로, 귀하에게는 계약해지권이 없다고 하여야 할 것입니다.

즉, 귀하의 개인사정으로 계약만료기간 전에 계약을 해지하고자 하는 것이므로, 일방적으로 계약을 해지할 수는 없다 할 것입니다.

따라서 귀하의 경우는 임대차가 '끝난 후'가 아니므로 주택임차권등기명령제도를 이용할 수 없을 것으로 보입니다. 다만, 귀하와 집주인 사이에 위 임대차계약을 해지하기로 합의가 되어 위 계약이 합의해지로 인하여 종료된 후 집주인이 그 합의를 이행하지 않을 경우에는 (임대차계약이 종료된 것이므로) 주택임차권등기명령을 신청하여 등기되도록 할 수는 있을 것으로 보입니다.

나. 보증금을 반환받지 못한 경우일 것

임대차가 종료된 후 보증금을 전액 반환받지 못한 경우는 물론 일부라도 반환받지 못한 경우도 포함된다. 다만, 임차권등기명령의 대상은 잔존 보증금에 대하여서만 가능하다. 임차권등기명령절차에 관한 규칙(1992. 2. 27. 제정된 대법원규칙 제1592호) 제2조 제1항 제5호도 임차권등기명령신청서에 반환받지 못한 임차보증금액 및 차임(주택임대차보호법 제12조의 등기하지 아니한 전세계약의 경우에는 전세금)을 기재하고 있다.
일부를 반환받지 못한 경우 결정문에 보증금액수도 같이 기재(예 : 보증금액 50,000,000원 중 미변제금액 20,000,000원)하여 줌으로써 후에 배당절차에서 소액임차인으로서 우선변제권 여부를 판단하는데 도움이 된다.

3. 절차(제1항 내지 제3항)

임차권등기명령절차는 임차인이 임대차계약이 종료된 후 보증금을 반환받지 못한 경우에 임차주택의 소재지를 관할하는 지방법원·지방법원지원 또는 시·군법원에 임차권등기명령신청을 하면 법원에서 먼저 서면심리방식에 의하여 임차권등기명령의 발령 여부를 심리하여(민사집행상 가압류규정이 준용된다) 그 신청이 이유 있다고 인정되면 임차권등기명령을 발령한다. 그리고 법원은 위와 같이 발령한 임차권등기명령의 효력이 발생하면 임차주택의 소재지를 관할하는 등기소에 지체 없이 재판서 등본을 첨부하여 임차권등기를 촉탁하고, 등기관이 건물등기부에 임차권등기를 기입하게 된다. 그리고 미등기주택에 대한 임차권등기명령의 촉탁이 있는 경우에는 등기관은 부동산등기법 제134조(미등기부동산의 처분제한의 등기)의 규정을 준용하여 직권으로 갑구란에 소유권보존등기를 한 후 을구란에 주택임차권등기를 하여야 한다.

4. 신청인

가. 임대차종료 후 대항력 또는 우선변제권을 상실한 임차인의 임차권등기신청

임대차가 존속 중에 있지만 주민등록 전입신고를 하지 않아 처음부터 대항력을 취득하지 않았거나(주민등록 전입신고 자체를 하지 않아 대항력이 없는 경우는 물론 주민등록 전입신고는 하였으나 임차주택의 지번과 주민등록이 일치하지 아니하여 대항력을 취득하지 못한 경우를 포함한다) 대항력을 취득하였다가 임대차가 종료된 후 임차주택의 점유를 상실하거나 주민등록을 전출하여 대항요건을 상실한 임차인도 임차권 등기명령을 신청할 수 있는 가에 대하여는 견해의 대립이 있으나, 다수설과 판례는 긍정설을 취하고 있다.

따라서 임차인이 아직 대항력 또는 우선변제권을 취득하지 못한 상태에서 임차권등기가 경료되면 그때 대항력과 우선변제권을 취득한다. 대항력을 취득하였다가 점유 또는 주민등록의 요건을 상실한 임차인도 임차권등기명령신청을 할 수 있고, 임차권등기 경료시에 다시 새로운 대항력과 우선변제권을 취득하게 된다. 임차인이 임차주택의 점유를 상실하거나 주민등록을 전출한 다음 임차권등기명령을 신청하면 법원은 점유개시일자 또는 주민등록일자를 공란으로 한 임차권등기명령을 발령하게 되고, 임차권등기명령의 집행에 의한 임차권등기가 경료되면 임차인은 주택임대차보호법 제3조 제1항의 규정에 의한 대항력 및 같은 법 제3조의2 2항의 규정에 의한 우선변제권을 취득하게 된다.

나. 점유개정에 의해 매매목적부동산을 인도받은 임차인의 임차권등기신청

부동산의 소유자가 점유개정에 의한 인도의 방법으로 부동산을 매매함과 동시에 매수인(현소유자, 임대인)으로부터 그 부동산을 임차하는 경우 매도인(전소유자, 임차인)이 대항력을 취득하는 시기는 언제부터인지, 그에 따른 임차권등기명령 점유개시일자나 주민등록전입일자를 어떻게 기재해야 하는지가 문제된다.

판례216)는, 소유자로서의 점유 및 주민등록과 임차인으로서의 점유, 주민등록을 구별하여 소유자인 때부터 목적부동산에 주민등록전입이 되어 있었다 하더라도 이 주민등록이 임차인으로서의 대항력취득의 요건이 되는 시점은 매수인(임대인, 현소유자)명의로 소유권이전등기가 된 다음날부터라고 판시하였다. 따라서 결정문상으로도 임차인의 주민등록과 점유시점을 주민등록 전입일자가 아닌 등기부등본상의 소유권이전등기접수일자의 다음날로 기재하고 옆에 "(점유개정에 의하여)"라고 부기하여 두는 것이 바람직하다.

이와 같은 점유개정의 경우 신청인이 이런 사정을 신청서에 기재하지 않는 것이 보통이므로 등기부등본을 자세히 보지 않으면 점유개정에 의한 매매였는지를 간과하기 쉬우므로, 신청서상 임대차계약서상의 계약일자보다도 훨씬 이전에 주민등록이 되어 있는 경우라면 등기부등본상의 전소유자와 신청인(임차인)이 동일인인지를 확인해 보는 것이 필요하다.

다. 법인이 신청인인 경우

1) 임차권등기명령신청서의 기재사항

임차인이 주임법 제3조 제2항의 법인인 경우 임차권등기명령 절차에 관한 규칙 제2조 제1항의 기재사항 중 임차인의 주소, 성명 등은 법인명, 대표자, 법인등록번호, 본점, 사업장소재지를 기재하도록 되어 있다. 신청이유 중 법인이 주임법 제3조 제2항의 대항력을 취득한 경우에는 지방자치단체장 또는 해당 법인이 선정한 입주자가 그 주택을 점유하기 시작한 날과 주민등록을 마친 날을 기재하도록 하였다.

위 법인이 주임법 제3조의2 제2항의 우선변제권을 취득한 경우에는 위 선정한 입주자가 그 주택을 점유하기 시작한 날과 주민등록을 마친 날 및 법인과 임대인 사이의 임대차계약증서상에 확정일자를 받은 날을 각 기재하도록 하였다.

---

216) 대법원 1999. 4. 23. 선고 98다32939 판결, 2000. 2. 11. 선고 99다59306 판결

2) 첨부서류

주택임대차보호법 제3조의 제2항의 법인이 임차권등기명령을 신청하는 경우에는 첨부
서류 중 임대차계약증서는 법인과 임대인 사이의 임대차계약증서(확정일자를 받은 경우
포함)를 주택임대차보호법 제3조 제2항에 의한 대항력을 취득한 경우에는 선정한 입주
자가 임차주택을 점유하기 시작한 날과 주민등록을 마친 날을 소명하는 자료를 각 제출
하도록 하였다.

3) 주택임차권등기의 기재사항

등기관이 법원사무관 등의 촉탁에 의해 주택임차권등기를 하는 경우 임대차계약을 체결
한 날과 임차보증금액은 임차인이 주택임대차보호법 제3조 제2항의 법인인 경우에는 법
인과 임대인 사이에 임대차계약을 체결한 날 및 임차보증금액을 각 기재하도록 하였다.

5. 피신청인

가. 임대인의 지위를 승계한 승계인을 상대로 임차권등기명령을 신청하는 경우

임대차등기명령은 임대인 또는 임대인의 지위를 승계한 자로서 등기부상 소유자로 등재
되어 있는 자가 피신청인이 되는 것이 원칙이다.

나. 공동소유자 중 1인과 임대차계약을 체결한 경우

통상 공동소유자전원과 임대차계약을 체결한 경우에는 공동소유자 전부를 피신청인으
로 임대차등기명령을 신청하는데 아무런 문제가 없다.

6. 임차권등기명령의 대상이 되는 주택의 범위

가. 등기된 임차주택

임차주택은 원칙적으로 등기된 경우에만 임차권등기명령의 대상이 된다. 따라서 무허
가 주택에 대하여는 임차권등기명령의 대상이 되지 아니 한다. 다만, 임차주택이 준공
검사가 필하여지고 건축물관리대장이 작성되어 있어 즉시 임대인 명의로 소유권보존등
기가 가능한 경우에는 임대인을 대위하여 소유권보존등기를 마친 다음 주택임차권등기

를 할 수 있으므로 예외적으로 임차권등기명령의 대상이 된다(이 경우 임차권등기명령 신청서에는 건축물대장 등을 첨부하여야 함).

나. 주택의 일부

주택의 일부가 임차목적물이 된 경우, 예를 들면 다가구용 단독주택의 일부분을 임차한 경우, 즉 다가구용 단독주택의 경우 대지 및 건물의 벽·복도·계단 기타 설비 등의 전부 또는 일부를 공동으로 사용하는 각 세대가 하나의 건축물 안에서 각각 독립된 주거생활을 영위할 수 있는 거주로 된 주택과 같은 외관을 가지고 있고 독립된 일부분 전체에는 독립성의 징표로서 호수번호까지 붙어있는 것이 일반적이기는 하지만 공동주택(특히 다세대주택이나 연립주택)과 달리 법률상으로는 다가구용 단독주택 전체가 하나의 부동산이기 때문에 가사 다가구용 단독주택 중 독립된 일부분 전체(예를 들면 202호)를 임차한 경우라 하더라도 주택의 일부를 임차한 것이 된다.
단독주택의 일부를 임차한 경우에도 각 일부에 대하여는 임차권등기명령의 대상이 된다(주임법 제3조의3 제2항 제2호). 다만 이 경우에는 임차권등기명령신청서에 그 임차목적인 부분을 표시한 도면을 첨부하여야 한다(주임법 제3조의3 제2항).

다. 실질적 주택

임차목적물이 주거용이냐 비주용이냐의 판단은 건물의 현황·용도 등에 비추어 일상생활인 기와침실에 사용하느냐의 여부에 따라 실질적으로 판단하여야 하며, 등기부나 건축물관리대장 등 공부상의 표시에 의하여 형식적으로 판단할 일이 아니다.

라. 무허가건축물(불법건축물)

실무에서 자주 문제가 되는 것은 건축물 전체가 위법건축물의 경우는 드물고, 옥탑을 불법적으로 증축하거나 지하실을 불법개조하여 주택으로 사용하는 경우 이 부분에 대한 임차권등기명령신청이 가능한지가 문제된다.
임차권등기명령은 등기제도를 전제로 하는 것이므로, 위와 같은 무허가건축물(불법건축물)에 관하여는 임차권등기명령이 허용될 수 없다. 위법건축물에 대한 등기신청의 경우는 표제부와 신청서상의 부동산표시가 일치하지 않는 경우에 해당하므로 이는 부동산등기법 제29조 제11호에 의하여 각하 사유에 해당된다. 다만, 등기부나 건축물대장상 지하실을 불법개조하여 방을 들인 경우는 표제부와 신청서의 표시가 맞는 것으로 보아 신청을 인용해도 되겠지만, 불법으로 옥상에 증축을 한 경우(주로 옥탑은 계단실로 표시되어 있음)는 계약서상의 목적물이 등기부의 표제부기재와 불일치하게 되므로 원칙상 신청을 기각함이 상당하다.

마. 전세권등기나 임차권등기가 기입되어 있는 건물

전세권이나 원래의 임차권은 목적물의 사용가치를 보장하는 권리이기 때문에 등기선례는 동일목적물에 대해 중복의 전세권이나 임차권을 등기하는 것을 불허하고 있다. 그러나 이미 기간만료된 전세권이나 담보목적으로 설정된 전세권[217], 임대차가 종료되고 대항력 유지를 위해 임차권등기가 되어 있는 경우 이러한 전세권이나 임차권은 사용가치를 보전하기 위한 것이 아니라 담보적 기능을 수행하는 등기이기 때문에 후생하는 임차권등기가 가능하다 할 것이다.

바. 수개의 부동산을 임차목적물로 한 경우

작은 평수로 구분된 대규모 상가와 같은 경우 통상 2개의 구분건물 이상을 일괄하여 임차목적물로 하고 구분건물마다 보증금을 따로 정하지 아니하고 일괄해서 보증금액을 정하는 임대차계약을 체결하였으나, 계약이 종료되고 그 구분건물에 관하여 일괄하여 임차권등기명령을 신청해 오는 경우가 있다.

이 때 민법 제368조는 저당권과 관련하여 공동저당에 관한 규정을 두고 있고 부동산등기법 제72조에서는 저당권의 공동담보목록과 관련하여 공동전세목록을 작성하여 공동전세계약을 공시할 수 있는 방법을 마련해 두고 있으나, 명문의 규정이 없는 임차권등기에도 공동임차권등기를 할 수 있을 것인지 즉, 구분건물마다 체결한 보증금액 전액을 기재함으로서 임차권등기명령을 발령할 수 있는지 여부가 문제된다.

임차권의 경우에 민법이나 부동산등기법 어디에도 공동저당권목록과 유사한 규정이 없는바, 현행법은 등기할 사항을 법으로 엄격하게 정해 두고 있으므로 법 규정의 근거없이 공동저당권목록과 같은 공동임차권목록을 등기하는 것은 허용되지 않는다. 그렇다

---

217) 대법원 2005. 5. 26. 선고 2003다12311 판결

면 각 부동산에 전체보증금액을 기입하거나 혹은 각 부동산별로 보증금을 이의로 분할해서 임차권등기명령을 발령할 수는 있을 것인지와 관련해서도 이는 원래의 임대차계약과는 다른 취지를 등기부에 기입하는 것이 되어 허용될 수 없다.

그런데 상가임대차의 경우 수개의 부동산을 1개의 임차목적물로 하여 임대차계약을 체결하는 경우가 종종 있으므로, 이에 대한 임차권등기를 할 수 있도록 하는 입법적 조치가 필요할 것이다.

사. 주택임차인이 별도로 전세권등기를 마친 경우

주택임차인이 그 지위를 강화하고자 별도로 전세권설정등기를 마치더라도 주택임대차보호법상 주택임차인으로서의 우선변제를 받을 수 있는 권리와 전세권자로서 우선변제를 받을 수 권리는 근거규정 및 성립요건을 달리하는 별개의 것이라는 점, 주택임대차보호법 제3조의3 제1항에서 규정한 임차권등기명령에 의한 임차권등기와 동법 제3조의4 제2항에서 규정한 주택임대차등기는 공통적으로 주택임대차보호법상의 대항요건인 '주민등록일자', '점유개시일자' 및 '확정일자'를 등기사항으로 기재하여 이를 공시하지만 전세권설정등기에는 이러한 대항요건을 공시하는 기능이 없는 점, 주택임대차보호법 제3조의4 제1항에서 임차권등기명령에 의한 임차권등기의 효력에 관한 동법 제3조의3 제5항의 규정은 민법 제621조에 의한 주택임대차등기의 효력에 관하여 이를 준용한다고 규정하고 있을 뿐 주택임대차보호법 제3조의3 제5항의 규정을 전세권설정등기의 효력에 관하여 준용할 법적근거가 없는 점 등을 종합하면, 주택임차인이 그 지위를 강화하고자 별도로 전세권설정등기를 마쳤더라도 주책임차인이 주택임대차보호법 제3조 제1항의 대항요건을 상실하면 이미 취득한 주택임대차보호법상의 대항력 및 우선변제권을 상실한다.

7. 항고와 이의

가. 임차인의 항고

임차권등기명령을 기각하는 결정에 대하여 임차인은 항소할 수 있다(주임법 제3조의3 제4항). 이 항고는 항고제기기간에 대한 제한이 없는 통상항고로서 항고의 이익이 있는 한 보증금을 전부 반환받을 때까지 어느 때나 제기할 수 있다.

나. 임대인의 의의

임대인은 임차권등기명령에 대하여는 임차권등기명령의 취소나 변경을 신청하는 이유를 명시하여 이의할 수 있다. 이의신청은 임차권등기명령의 집행을 정지하지 않는다(민집법 제283조). 이의신청이 있으면 법원은 변론 또는 심문을 열어 결정으로 임차권등기명령의 전부나 일부의 인가, 변경 또는 취소를 선고하며, 이 경우 적당한 담보를 제공할 것을 명할 수 있다(민집법 제286조).

다. 임대인의 사정변경에 의한 임차권등기명령취소

임대인은 임차권등기명령이유의 소명 기타 사정변경이 있는 때에는 임차권등기명령 후에도 임차권등기명령을 한 법원에 그 취소를 신청할 수 있다. 법원은 결정으로 재판한다(민집법 제288조).

8. 효과(제5항)

임차권등기명령의 집행에 의한 임차권등기가 경료되면, 임차인이 임차권등기 이전에 이미 대항력 또는 우선변제권을 취득한 경우에는 그 대항력 또는 우선변제권은 그대로 유지되며 임차권등기 이후에는 법 제3조 제1항의 대항요건을 상실하더라도 이미 취득한 대항력 또는 우선변제권을 상실하지 아니한다. 민법 제621조의 규정에 의한 주택임대차등기가 된 경우에도 같다(주임법 제3조의4 제1항). 주의할 점은, 위와 같은 효과는 임차권등기가 마쳐진 시점부터 발생하므로 임차권등기명령을 신청한 후 곧바로 이사나 전출을 하여서는 안 된다는 것이다.

> **【판시사항】**
> 전세권과 임대차의 법적 성질 및 주택임차인이 그 지위를 강화하고자 별도로 전세권설정등기를 마친 경우, 주택임차인이 주택임대차보호법 제3조 제1항의 대항요건을 상실하면 이미 취득한 주택임대차보호법상의 대항력 및 우선변제권을 상실하는지 여부(대법원 2007. 6. 28., 선고, 2004다69741, 판결)

전세권은 전세금을 지급하고 타인의 부동산을 점유하여 그 부동산의 용도에 좇아 사용·수익하며 그 부동산 전부에 대하여 후순위권리자 기타 채권자보다 전세금의 우선변제를 받을 권리를 내용으로 하는 물권이지만, 임대차는 당사자 일방이 상대방에게 목적물을 사용·수익하게 할 것을 약정하고 상대방이 이에 대하여 차임을 지급할 것을 약정함으로써 그 효력이 발생하는 채권계약으로서, 주택임차인이 주택임대차보호법 제3조 제1항의 대항요건을 갖추거나 민법 제621조의 규정에 의한 주택임대차등기를 마치더라도 채권계약이라는 기본적인 성질에 변함이 없다.

따라서 주택임차인이 그 지위를 강화하고자 별도로 전세권설정등기를 마치더라도 주택임대차보호법상 주택임차인으로서의 우선변제를 받을 수 있는 권리와 전세권자로서 우선변제를 받을 수 있는 권리는 근거 규정 및 성립요건을 달리하는 별개의 것이라는 점, 주택임대차보호법 제3조의3 제1항에서 규정한 임차권등기명령에 의한 임차권등기와 동법 제3조의4 제2항에서 규정한 주택임대차등기는 공통적으로 주택임대차보호법상의 대항요건인 '주민등록일자', '점유개시일자' 및 '확정일자'를 등기사항으로 기재하여 이를 공시하지만 전세권설정등기에는 이러한 대항요건을 공시하는 기능이 없는 점, 주택임대차보호법 제3조의4 제1항에서 임차권등기명령에 의한 임차권등기의 효력에 관한 동법 제3조의3 제5항의 규정은 민법 제621조에 의한 주택임대차등기의 효력에 관하여 이를 준용한다고 규정하고 있을 뿐 주택임대차보호법 제3조의3 제5항의 규정을 전세권설정등기의 효력에 관하여 준용할 법적 근거가 없는 점 등을 종합하면, 주택임차인이 그 지위를 강화하고자 별도로 전세권설정등기를 마쳤더라도 주택임차인이 주택임대차보호법 제3조 제1항의 대항요건을 상실하면 이미 취득한 주택임대차보호법상의 대항력 및 우선변제권을 상실한다.

Q 저는 주택을 임차하여 입주 후 주민등록전입신고와 확정일자를 갖추고 살던 중 2년의 임대차 기간이 만료되었으나 집주인이 임차보증금을 반환하지 않고 있습니다. 그런데 저는 분양 받은 아파트에 입주를 해야 하므로 이사를 가야만 하게 되었습니다. 만일 이사를 가면 이미 취득한 주택임차인으로서의 대항력과 우선변제권을 상실하여 임차주택의 경매시 우선변제를 받을 수 없다고 하는데 사실인지요?

A 「주택임대차보호법」이 개정되기 전에는 임차주택의 대항력을 주장하기 위하여 임차주택의 소유권이 양수인에게 이전되는 시점까지는 대항요건을 계속 갖추고 있어야 합니다.

따라서 경매절차의 매수인에 대항하기 위해서는 경매절차의 매수인에게 소유권이 이전되는 시점인 매각대금납부일까지 계속 존속하여야 합니다. 또한, 경매절차에서 확정일자부 임차인의 우선변제권 또는 소액임차인의 최우선변제권을 행사하기 위해서는 임차권의 대항요건은 배당요구의 종기까지 구비하고 있어야 합니다(대법원 1997. 10. 10. 선고 95다44597 판결).

위와 같은 이유로 「주택임대차보호법」 개정 전에는 이사를 가게 되면 대항력과 우선변제권을 모두 상실하였습니다.

그러나 현행 「주택임대차보호법」은 주택임차권등기명령제도를 신설하여 주택임차권등기를 하면 이사를 가고 주민등록을 옮기더라도 귀하가 원래 가지고 있던 대항력과 우선변제권을 상실하지 않도록 규정하였기 때문에 이사를 가더라도 불이익을 받지 않게 됩니다.

유의할 것은 주택임차권등기명령의 효력발생시기에 관하여 「임차권등기명령절차에관한규칙」 제4조에서 "임차권등기명령은 판결에 의한 때에는 선고를 한 때에, 결정에 의한 때에는 상당한 방법으로 임대인에게 고지를 한 때에 그 효력이 발생한다."라고 규정하고 있으므로 주택임차권등기명령을 신청한 후 바로 다른 곳으로 이사하거나 전출하여서는 안 되고, 그 이전에 반드시 주택임차권등기가 경료 된 사실을 확인하여야 할 것입니다.

참고로 재판예규(임차권등기명령이 송달불능 된 경우의 업무처리지침)를 보면, "임차권등기명령신청서에 기재된 임대인의 주소지로 임차권등기명령을 송달하였으나 송달불능 된 경우에는 임차권등기명령신청서상에 첨부된 부동산등기사항증명(임차권등기명령절차에 관한 규칙 제3조 제2호의 서면이 제출된 경우에는 그 서면) 및 임대차계약서에 기재된 임대인의 주소지로 직권으로 재송달한다. 그리고 위 각 주소지에도 송달불능 된 경우에는 송달불능의 사유에 따라 직권으로 재송달한다. 그리고 위 각 주소지에도 송달불능 된 경우에는 송달불능의 사유에 따라 직권으로 공시송달 또는 발송송달을 하고, 그 송달의 효력이 생기는 즉시 위 규칙 제5조에 따른 임차권등기의 촉탁을 한다."라고 하였습니다(2000. 4. 17. 재판예규 제769호).

 Q 甲은 주택임대차 계약을 체결하고 전입신고를 마쳐 대항력을 취득한 상태에서 임차권등기명령을 받아 등기를 마친 후 퇴거하였습니다. 그런데 甲이 임차권 등기를 마치기 전에 乙이 근저당권을 설정한 후 경매 절차를 실행하여 丙이 소유권을 취득하였고, 그 후 甲의 임차권 등기는 담당공무원의 실수로 위법하게 말소된 경우 甲이 丙에 대해 대항력을 주장할 수 있는지요?

A 위 사안의 경우 甲이 임차권 등기가 담당공무원의 실수로 위법하게 말소된 경우이므로 이 경우도 임차인이 보호되는지 여부가 문제된다 할 것입니다.

이에 대하여 하급심 판례는 "주택임차권등기는 임차인으로 하여금 기왕의 대항력을 유지하도록 해 주는 담보적 기능을 주목적으로 하고 있으므로, 임차인이 경매절차에서 임차보증금 전액을 배당받지 못하였음에도 경매법원의 잘못된 촉탁에 의하여 임차권등기가 원인 없이 말소되었고, 그에 대하여 임차인에게 책임을 물을 만한 사유도 없는 이상, 임차권등기의 말소에도 불구하고 임차인이 이미 취득한 대항력은 그대로 유지된다."라고 하였습니다[218].

또한 위 사안은 甲이 임차권 등기를 마치기 전에 설정된 근저당권에 기한 경매 절차를 통해 丙이 소유권을 취득한 경우이므로, 甲이 대항력을 주장할 수 있는 시기(始期)가 본래의 대항력을 취득한 때와 임차권등기가 된 때 중 어느 때인지에 따라 甲이 丙에 대해 대항력을 주장할 수 있는지 여부가 결정된다 할 것입니다.

이에 대하여 「주택임대차보호법」 제3조의3 제5항은 "임차권등기명령의 집행에 의한 임차권등기가 경료되면 임차인은 제3조 제1항 또는 제2항에 따른 대항력 및 제3조의2제2항의 규정에 의한 우선변제권을 취득한다. 다만, 임차인이 임차권등기이전에 이미 대항력 또는 우선변제권을 취득한 경우에는 그 대항력 또는 우선변제권은 그대로 유지되며, 임차권등기 이후에는 제3조 제1항 또는 제2항의 대항요건을 상실하더라도 이미 취득한 대항력 또는 우선변제권을 상실하지 아니한다."라고 규정하고 있습니다.

따라서 甲이 본래의 대항력을 취득한 시점이 위 근저당권설정등기가 경료되기 이전이라면, 임차권등기의 말소 여부와 관계없이 甲은 丙에 대해 대항력을 유지한다고 보아야 할 것이므로 丙에게 임차보증금 잔액의 반환을 구할 수 있다 할 것입니다.

Q 임차권등기의 대항력에 대한 법적효력은 어디까지 인가요? 다음 임차인이 들어갈 때까지 마냥 기다려야 하나요?

A (1) 주택임대차보호법 제3조의3 제5항은 "임차인은 임차권등기명령의 집행에 따른 임차권등기를 마치면 제3조 제1항·제2항 또는 제3항에 따른 대항력과 제3조의2제2항에 따른 우선변제권을 취득한다. 다만, 임차인이 임차권등기 이전에 이미 대항력이나 우선변제권을 취득한 경우에는 그 대항력이나 우선변제권은 그대로 유지되며, 임차권등기 이후에는 제3조제1항·제2항 또는 제3항의 대항요건을 상실하더라도 이미 취득한 대항력이나 우선변제권을 상실하지 아니한다."고 규정하고 있습니다. (2) 법 제3조제1항의 대항요건이란 주택의 인도(점유), 전입신고를 말합니다. 따라서, 임차인이 임차권등기 시까지 위와 같은 대항요건을 상실하지 않고, 확정일자까지 갖추고 있었다면, 임차권등기 이후에 이사를 가거나(혹은 임대인등 다른 사 람이 들어와 살거나), 전출신고를 하더라도 이미 취득한 대항력 및 우선변제권은 그대로 유지됩니다. (3) 주의할

---

218) 부산고등법원 2006. 5. 3. 선고 2005나17600 판결
219) 참조판례 : 대법원 2005. 06. 09. 선고 2005다4529 판결

것은 임차권등기가 완료될 때까지는 위 대항요건을 유지해야 한다는 것 입니다. 만일 임차권등기 이전에 대항요건을 상실했다면, 즉, 집주인이나 다른 사람이 들어와 살거나 아니면 주소를 이전했다면, 임차권등기 시부터 대항력 및 우선변제권을 취득한 것이 됩니다. (4) 임대인이 보증금반환을 지체하고 있는 경우에는, 임차인은 민사소송을 통해 판 결을 받아 임대인 주택에 대해 강제집행을 신청할 수 있습니다.

참고로, 임대인의 보증금반환의무는 임차인의 임차권등기말소의무보다 먼저 이행해 야 할 선 이행의무입니다[219].

9. 등기 후 전입한 소액임차인의 지위(제6항)

임차권등기명령의 집행에 의한 임차권등기가 경료된 주택(임대차의 목적이 주택의 일부분인 경우에는 해당 부분에 한한다)을 그 이후에 입주한 임차인에게는 법 제8조에 의한 소액임차인으로서 우선변제를 받을 권리가 없다. 즉 소액임차인의 최우선변제권이 전면적으로 배제된다.

10. 등기된 임차권등기명령권자의 배당순위

임차인이 임차권등기명령신청 당시에 이미 주택임대차보호법 제3조의2 2항의 규정에 의한 우선변제권을 취득한 경우에는 처음의 그 대항력 및 우선변제권이 그대로 유지되므로 그 순위에 따라 결정된다. 이에 비해 임차인이 아직 대항력·우선변제권을 취득하지 못한 상태에서 임차권등기가 된 경우에는 그 등기시점을 기준으로 대항력·우선변제권을 취득하므로 대항력 및 우선변제권은 그 순위에 따라 결정된다. 임차권등기에 의하여 공시된 내용이 소액보증금이고 경매신청기입의 등기 전에 주택에 주택임대차보호법 제3조 제1항 소정의 대항요건이 등기부상 기재되어 있으면, 임대차보증금 중 일부를 담보물권자보다 우선하여 변제받을 권리가 있다.

11. 경매절차에서의 지위

경매개시결정등기 전에 임차권등기가 되어 있어 있는 자는 민법상 등기된 임차권자의 지위와 다를 바 없고, 등기부상 알 수 있는 부동산 위의 권리자이므로 민사집행법 제90

조 제3호(등기부상 기입된 부동산 위의 권리자)에 따라 이해관계인에 해당한다. 이러한 등기를 한 임차인은 법률상 당연히 배당요구를 한 것으로 보아야 하므로, 우선변제를 받기 위하여 배당요구를 할 필요가 없다.

제2절   민법에 의한 주택임대차등기

민법 제721조의 규정에 의하여 임대인의 협력을 얻어 임대차등기를 한 경우에도 주임법 제3조의3 제5항 및 제6항이 준용되므로, 임차권등기명령에 의하여 등기를 한 임차인과 동일하게 대항력과 우선변제권을 취득 또는 유지할 수 있고, 그 후의 소액임차인은 우선변제권이 없다. 경매에서의 지위도 위의 경우와 동일하다. 민법에 의한 주택임대차 등기에 대항력 이외에 우선변제권도 부여하려는 취지에서 신설된 조문이다. 다만, 이 법 시행 전에 이미 경료된 임대차등기에 대하여는 이를 적용하지 않는다(부칙 제3조).

Q 「민법」 제621조는 임대인과 임차인이 합의하여 임대차등기를 할 수 있도록 되어 있습니다. 그렇다면 「주택임대차보호법」에서 규정한 임차권등기명령에 의한 임대차등기와는 어떠한 차이가 있는지요?

A 「주택임대차보호법」 제3조의3 제1항은 "임대차가 종료된 후 보증금을 반환 받지 못한 임차인은 임차주택의 소재지를 관할하는 지방법원·지방법원지원 또는 시·군 법원에 임차권등기명령을 신청할 수 있다."라고 규정하고 있고, 「민법」 제621조 제1항은 "부동산임차인은 당사자간에 반대약정이 없으면 임대인에 대하여 그 임대차등기절차에 협력할 것을 청구할 수 있다."라고 규정하고 있습니다.

그리고 같은 법 제3조의3 제5항은 "임차권등기명령의 집행에 의한 임차권등기가 경료되면 임차인은 제3조 제1항 또는 제2항에 따른 대항력 및 제3조의2 제2항의 규정에 의한 우선변제권을 취득한다. 다만, 임차인이 임차권등기 이전에 이미 대항력 또는 우선변제권을 취득한 경우에는 그 대항력 또는 우선변제권은 그대로 유지되며, 임차권등기 이후에는 제3조 제1항 또는 제2항의 대항요건을 상실하더라도 이미 취득한 대항력 또는 우선변제권을 상실하지 아니한다."라고 규정하고 있으며, 「민법」 제621조 제2항은 "부동산임대차를 등기한 때에는 그때부터 제3자에 대하여 효력이 생긴다."라고 규정하고 있습니다.

「주택임대차보호법」의 임차권등기명령에 의한 주택임차권등기는 그 대상이 주택임대차에 한정되어 있고, 임대인의 동의 없이 법원의 결정을 받아 단독으로 등기를 할 수 있으나, 「민법」 제621조에 의한 임차권등기는 그 대상이 모든 부동산임대차이고, 당사자간에 반대약정이 있으면 그 등기절차에 협력할 것을 청구할 수 없다는 점 등에서 차이가 있습니다. 또한, 그 효력에 있어서도 양자가 모두 경매신청권이 없는 점에서는 동일하지만, 주택임차권등기는 대항력 또는 우선변제권의 취득·유지의 효력이 인정되고, 「민법」 제621조에 의한 임차권등기는 제3자에 대한 대항력만 인정되고 우선변제권은 인정되지 않는 것으로 보아야 할 것입니다.

「민법」제621조에 의한 임차권등기에 관하여 판례는 "등기된 임차권에는 용익권적 권능 외에 임차보증금반환채권에 대한 담보권적 권능이 있고, 임대차기간이 종료되면 용익권적 권능은 임차권등기의 말소등기 없이도 곧바로 소멸하나 담보권적 권능은 곧바로 소멸하지 않는다고 할 것이어서, 임차권자는 임대차기간이 종료한 후에도 임차보증금을 반환받기까지는 임대인이나 그 승계인에 대하여 임차권등기의 말소를 거부할 수 있다고 할 것이고, 따라서 임차권등기가 원인 없이 말소된 때에는 그 방해를 배제하기 위한 청구를 할 수 있다."라고 하고 있습니다[220].

그런데 「주택임대차보호법」제3조의4 제1항은 「민법」의 규정에 의한 주택임차권등기의 효력에 관하여 "제3조의3 제5항 및 제6항의 규정은 민법 제621조의 규정에 의한 주택임대차등기의 효력에 관하여 이를 준용한다."라고 규정하고 있고, 「주택임대차보호법」제3조의4 제2항은 "임차인이 대항력 또는 우선변제권을 갖추고 민법 제621조 제1항의 규정에 의하여 임대인의 협력을 얻어 임대차등기를 신청하는 경우에는 신청서에 「부동산등기법」제74조 제1호부터 제5호까지의 사항 외에 ① 주민등록을 마친 날, ② 임차주택을 점유한 날, ③ 임대차계약서상의 확정일자를 받은 날을 기재하여야 하며, 이를 증명할 수 있는 서면(임대차의 목적이 주택의 일부분인 경우에는 해당 부분의 도면을 포함)을 첨부하여야 한다."라고 규정하고 있습니다.

따라서 주택에 대하여 임대인의 협력을 얻어 「주택임대차보호법」제3조의4 규정에 따라 등기한 경우에는 주택임차권등기명령에 의하여 등기한 경우와 그 효력이 동일하게 될 것입니다.

참고로 「상가건물임대차보호법」도 「주택임대차보호법」과 같이 일정금액의 보증금 등에 대하여는 그와 유사한 보호규정을 두고 있으며, 임대차가 종료된 후 보증금을 반환 받지 못한 임차인은 임차건물의 소재지를 관할하는 지방법원, 지방법원지원 또는 시·군 법원에 임차권등기명령을 신청할 수 있도록 규정하고 있습니다(상가건물임대차보호법 제6조).

---

220) 대법원 2002. 2. 26. 선고 99다67079 판결

제7장 임대차 관련 기타 쟁점

제1절 존속기간

1. 임대차기간

민법이 제619조에서 단기임대차의 경우에 대한 임대차기간만을 규정한 것과는 달리, 주택임대차보호법에서는 주택임대차의 최단기간에 대한 특칙을 규정하고 있다. 또한 주임법 제4조 '임대차기간 등' 규정은 임차인의 보호를 위한 규정이므로, 기간이 정함이 없는 경우에 임차인이 그 유효를 주장하는 경우 굳이 이를 거부할 이유가 없으므로, 임차인은 민법 제635조에 의하여 계약해지의 통고를 할 수 있고, 1개월이 경과하면 해지의 효력이 생긴다고 보는 것이 다수설이다(신설된 법 제6조의2를 유추적용하여야 한다는 반대설도 있다).

만약 임차기간을 1년으로 정한 경우 임차인은 1년이 경과한 후 임대차의 종료를 주장하여 임차보증금의 반환을 구할 수 있음은 신설된 법 제4조 제1항 단서의 규정에 의하여 분명한 바, 개정 전 법 하에서도 동일한 결론을 내리고 있었다. 1년의 임차기간이 경과한 후 임차인은 그때부터 묵시의 갱신을 주장하여 2년의 임차기간을 주장할 수 없다는 것이 개정 전 법 하의 판례였는데, 법 개정 이후에도 그대로 적용될 수 있을 것으로 생각한다(반대설 가능).

기간을 2년 이상으로 정한 경우, 원칙적으로 기간이 만료되거나, 합의해지 또는 법정해지가 되지 않는 한 임대차는 종료되지 않는다.

또한 임대차가 종료한 경우에도 임차인이 보증금을 반환받을 때까지는 임대차관계는 존속한 것으로 본다(법정임대차관계. 주임법 제4조 제2항). 임차인이 보증금을 반환받을 때까지는 그 정산을 위하여 일종의 법정임대차관계가 여전히 존속한다는 의미이다. 임차인이 계속 거주하는 한 차임지급의무를 부담하나, 거주하지 않고 이사한 경우에는 차임지급의무를 부담하지 않는다. 이 점에서 계약기간 중이면 거주 여부를 불문하고 차임을 지급하는 본래의 임대차관계와 다르다.

Q 주택의 임차인이 약정기간 1년으로 임대차계약 체결 후 6개월이 경과한 시점에서 임차인의 개인적 사유로 임대인에게 일방적으로 임대차해지를 요구하며 보증금의 반환 및 월 차임지급을 거절하고 있습니다. 이 경우 임대인은 임차인의 계약해지 요구를 약정기간 존속을 이유로 거절할 수 있는지 즉 임차인의 사정에 의한 것이므로 새로운 임차인이 정해지고 그때 보증금을 반환해도 되는지 알고 싶습니다. 임차인이 월 차임지급을 거절할 경우 차임연체가 2기이상인 경우 임대인은 차임연체를 이유로 계약 해지할 수 있는지요?

A (1) 주택 임대차계약을 체결하면서 명시적으로 임대차계약기간을 1년으로 정한 이 상, 임차인이 임대차계약 존속 중에 임의로 임대차계약을 일방적으로 해지할 수 는 없습니다.(임대인에게 그 어떤 귀책사유가 있어 임대차관계를 존속할 수 없는 등 해지사유가 있으면 가능합니다.)

(2) 이 같은 상황에서 임차인이 월차임 지급을 거절하는 경우, 임대인으로서는 2기 차임 연체를 이유로 임대차계약을 해지할 수 있고, 연체차임을 보증금에서 공제 할 수 있습니다.

Q 임차인이 작년 11월에 입주하였는데 본인의 사정에 의해 이사를 가려고 합니다. 그런데 임대인이 자기도 전세를 살고 있기 때문에 새로 전세를 놓으면 계속 날짜가 엇갈려 본인의 집에 들어올 수 없다고 난색을 표합니다. 이 경우 새로운 임차인과 계약을 하면서 특약사항에 임대기간을 2년 미만으로 적는다 해도 나중에 임차인이 임대차보호법에 의해 2년을 주장할까 걱정이 됩니다. 당사자가 특약으로 임대차 기 간을 2면 미만으로 정한 경우 효력이 있는지요?

A 주택임대차보호법 제10조는 "이 법의 규정에 위반한 약정으로 임차인에게 불리한 것은 효력이 없다."고 규정하고 있습니다. 경제적 약자인 임차인을 보호하기 위한 규정입니다. 따라서, 원칙적으로 임대인과 임차인 사이에 2년 미만으로 약정을 했다고 하더라도 그 약정은 무효입니다. 다만, 위 조항에서 보듯이 '임차인에게 불리한' 약정이 효력이 없다고 규정하고 있으므로, 역으로 '임차인에게 불리하지 않은' 약정은 효력이 있습니다. '임차인에게 불리하지 않은' 예로는 가령, 임대차 기간을 단기로 하는 대가로 보증금을 낮게 책정한다든지 하는 경우를 들 수 있습니다. 그리고, 이러한 사항에 대해서는 임대차계약 체결 시 명기하여 후에 분쟁의 소지를 미연에 방지하는 것이 좋습니다. 관련 대법원 판례를 참조바랍니다[221].

---

221) 대판 2000다24078, 95다22283, 96다5551

Q 주택임대차계약기간이 1년 남았는데 동 주택이 매매되었습니다. 이 경우 임차인이 동 주택에서 더 이상 거주하고 싶지 않아 새로운 매수인과 승계계약을 거절하고 전세금을 돌려달라고 할 수 있는지요?

– 임대차계약기간만료전이고

– 임차인이 승계계약을 원치 않으며

– 매매잔금일은 아직 도래하지 아니하였습니다

이 경우 매매 잔금일에 매도인으로부터 전세금을 반환 받을 수 있는지요?

A (1) 다음과 같은 대법원 판례가 있습니다. 임차인의 보호를 위한 법의 주택임대차보호법의 입법취지에 비추어 임차인이 임대인의 지위승계를 원하지 않는 경우에는 임차인이 임차주택의 양도사실을 안 때로부터 상당한 기간 내에 이의를 제기함으로써 승계되는 임대차관계의 구속으로부터 벗어 날 수 있다고 봄이 상당하고, 그와 같은 경우에는 양도인의 임차인에 대한 보증금반환채무는 소멸하지 않는다[222].

(2) 따라서, 위 판례의 취지대로라면, 임차인이 상당한 기간 내에 이의를 제기하게되면 매도인은 임차인에게 보증금을 반환해야 할 것입니다.

(3) 다만, 위 판례사안은 임대차가 종료된 상태에서 임차주택이 양도된 사안으로 아직 임대차가 종료되지 않은 상태에서 양도된 경우에 임차인이 임대차의 승계를 원하지 않을 경우 공평의 원칙, 신의성실의 원칙에 따라 계약을 해지할 수

있다는 대법원 결정이 있습니다[223].

Q 임대차 기간만료가 얼마 남지 않았는데 임차인은 핸드폰도 불통이고 동거인만 거주하고 있습니다. 내용증명도 발송하였으나 반송됩니다. 명도를 하려면 어떻게 해야 하는지요?

A 임대인은 임차인에게 임대차 기간 만료 1개월 전에 계약 종료 의사를 통지하면 됩니다. 다만 임차인이 소재불명이어서 통지할 수 없으면 일단 동거인에게 통지를 하면 됩니다. 이 경우 임차인 자신의 의사에 기한 소재불명이므로 임차인의 귀책사유라고 할 것이므로 송달불능이라고 하더라도 계약 종료의 효력은 있다고 사료됩니다. 다만 동거인이 퇴거하지 아니하는 경우가 문제됩니다. 이런 경우에는 소송으로 명도를 청구할 수밖에 없습니다.

---

222) 대판 2002. 09. 04. 선고 2001다64615판결
223) 대법원1998.09.02 자98마100결정

Q 저는 甲으로부터 주택을 임차할 때 1년의 기간을 약정하여 거주하다가 별도의 의사표시 없이 그 기간이 경과한지 6개월이 되었습니다. 그런데 甲이 갑자기 최초 계약일로부터 최단 존속기간인 2년이 경과되면 계약갱신을 하지 않겠다는 통고서를 내용증명우편으로 보내왔습니다. 이 경우 저는 최초 계약기간 1년이 경과된 후 묵시적으로 갱신되어, 그 갱신된 계약기간을 최단존속기간인 2년으로 보아 아직도 1년 6개월의 기간이 남아 있다고 주장할 수는 없는지요?

A 주택임대차에서 계약기간을 2년 미만으로 정하였을 경우 임대인은 2년 미만의 약정기간의 만료를 이유로 임차주택의 명도를 청구할 수는 없지만, 임차인은 2년 미만의 약정기간의 만료를 이유로 보증금의 반환청구나 경매 시 우선변제청구를 할 수 있습니다.

즉, 「주택임대차보호법」 제6조 제1항 및 제2항은 "임대인이 임대차기간이 끝나기 6개월 전부터 1개월 전까지의 기간에 임차인에게 갱신거절(更新拒絶)의 통지를 하지 아니하거나 계약조건을 변경하지 아니하면 갱신하지 아니한다는 뜻의 통지를 하지 아니한 경우에는 그 기간이 끝난 때에 전 임대차와 동일한 조건으로 다시 임대차한 것으로 본다. 임차인이 임대차기간이 끝나기 1개월 전까지 통지하지 아니한 경우에도 또한 같다. 제1항의 경우 임대차의 존속기간은 2년으로 본다."라고 규정하고 있고, 같은 법 제4조 제1항은 "기간의 정함이 없거나 기간을 2년 미만으로 정한 임대차는 그 기간을 2년으로 본다. 다만, 임차인은 2년 미만으로 정한 기간이 유효함을 주장할 수 있다."라고 규정하고 있습니다.

그러므로 위 사안의 경우와 같이 별도의 의사표시 없이 약정된 임대차기간(1년)이 경과한 경우 약정임대차기간 경과 후의 기간이 묵시적으로 갱신된 경우에 해당되는지, 아니면 최단존속기간의 규정이 적용되는 경우에 해당되는지 문제됩니다.

이에 관하여 판례는 "임차인이 주택임대차보호법(1999. 1. 21. 법률 제5641호로 개정되기 전의 것) 제4조 제1항의 적용을 배제하고 2년 미만으로 정한 임대차기간의 만료를 주장할 수 있는 것은 임차인 스스로 그 약정임대차기간이 만료되어 임대차가 종료되었음을 이유로 그 종료에 터 잡은 임차보증금반환채권 등의 권리를 행사하는 경우에 한정되고, 임차인이 2년 미만의 약정임대차기간이 만료되고 다시 임대차가 묵시적으로 갱신되었다는 이유로 주택임대차보호법(1999. 1. 21. 법률 제5641호로 개정되기 전의 것) 제6조 제1항, 제4조 제1항에 따른 새로운 2년 간의 임대차의 존속을 주장하는 경우까지, 주택임대차보호법이 보장하고 있는 기간보다 짧은 약정임대차기간을 주장할 수는 없다."라고 하였습니다[224].

따라서 귀하는 최초의 임차일로부터 2년이 경과되면 「주택임대차보호법」 제4조 제1항에 의하여 기간이 만료되고, 귀하의 주장처럼 3년(최초의 약정임대차기간 1년 + 묵시적으로 갱신된 임대차기간 2년)으로 임대차기간이 만료된다고 주장할 수는 없을 것으로 보입니다.

---

224) 대법원 1996. 4. 26. 선고 96다5551, 5568 판결, 2002. 9. 24. 선고 2002다41633 판결

2. 일시사용을 위한 임대차

일시사용을 위한 임대차란, 여관, 콘도, 호텔, 민박 등 의 사용을 위한 임대차계약 등 단기의 임대차계약을 말하는 것으로 특별히 임차인을 보호할 필요가 없으므로, 당사자들의 계약자유의 원칙을 적용하기 위하여 주택임대차보호법의 적용을 하고 있지 않습니다.

제2절 계약의 갱신

계약갱신청구권이란 임차인이 임대료를 2회 이상 연체하거나 임차목적물을 크게 파손하는 등의 사유가 존재하지 아니하는 한 임차인은 이전과 동일한 계약조건으로 계약을 연장할 수 있는 제도이다.

1. 계약갱신요구기간 및 갱신기간

민법 제635조 이하에서 임대차계약 기간 및 그 해지와 관련한 규정에 대한 특별규정으로서, 주택임대차보호법에서는 임대인이 임대차기간이 끝나기 6개월 전부터 2개월 전까지의 기간에 임차인에게 갱신거절의 통지를 하지 아니하거나 계약조건을 변경하지 아니하면 갱신하지 아니한다는 뜻의 통지를 하지 아니한 경우에는 그 기간이 끝난 때에 전 임대차와 동일한 조건으로 다시 임대차한 것으로 본다. 임차인이 임대차기간이 끝나기 2개월 전까지 통지하지 아니한 경우에도 또한 같다(법 제6조 제1항). 그 결과 그동안은 임차인이 임차목적물에서 2년간 거주할 경우 임대인의 명도요구에 어쩔 수 없이 응하여 이사를 할 수밖에 없었는데 이제는 4년까지는 특별한 사유가 없는 한 계약연장을 요구할 수 있게 되었다.

한편, 종전 주임법상 계약갱신요구기간은 임대인의 경우 임대차기간이 끝나기 6개 월 전부터 1개월 전까지, 임차인은 임대차기간이 끝나기 1개월 전까지 상대방에게 갱신거절 통지를 하지 아니하거나 계약조건을 변경하지 아니하면 갱신하지 아니한다는 뜻의 통지하여야만 전 임대차와 동일한 조건으로 다시 임대차한 것으로 보는 묵시적 계약갱신 제도를 규정하고 있었으나, 여기서 통상 1개월은 임차인이 다른 주거 주택을 마련하거나 임대인이 새로운 임차인을 구하기에 충분한 시간이 아니므로 임대차기간이 끝나기 2개월 전까지 통지하지 아니한 경우 전 임대차와 동일한 조건으로 다시 임대차한 것으로 보도록 함으로써 주거생활의 안정성을 높이려는 목적으로 개정된 내용이다.

2. 계약갱신요구권행사 기회 및 갱신기간

가. 계약갱신요구권행사 기회 및 갱신기간

임차인은 계약갱신요구권을 1회에 한하여 행사할 수 있으며, 이 경우 갱신되는 임대차의 존속기간은 2년으로 본다(법 제6조 제2항). 여기서 2개월 전까지'의 기간을 계산할 때에는 초일불산입원칙에 따라 계약만료일 2개월 전에 해당하는 날의 0시 전까지 임대인에게 계약갱신의 의사가 도달하여야 한다. 예를 들어 계약만료일이 '2020. 9. 30. 인 경우 1개월 전인 '2020.7.30일 0시('2020. 7. 29일 24시)전까지 임대인에게 계약갱신의 의사가 도달해야 한다.

【판시사항】

2020. 8. 15. 종료되는 임대차계약의 임차인인 갑 등이 2020. 7. 9. 및 2020. 7. 31. 임대인에게 계약갱신을 요구하였는데, 이에 따라 임대차계약이 주택임대차보호법 제6조의3에 따른 갱신요구로 갱신되었는지 문제 된 사안에서, 갑 등이 임대차기간이 끝나기 6개월 전부터 1개월 전까지의 기간이 지난 후인 2020. 7. 31. 계약갱신을 요구한 것은 효력이 없고, 위 기간 내인 2020. 7. 9. 계약갱신을 요구한 것은 위 규정에 따른 계약갱신 요구로 볼 수 없다고 한 원심판단을 수긍한 사례(대법원 2021. 12. 30. 선고 2021다263229 판결)

【판결요지】

2020. 8. 15. 종료되는 임대차계약의 임차인인 갑 등이 2020. 7. 9. 및 2020. 7. 31. 임대인에게 계약갱신을 요구하였는데, 이에 따라 임대차계약이 주택임대차보호법 제6조의3에 따른 갱신요구로 갱신되었는지 문제 된 사안에서, 2020. 7. 31. 법률 제17470호로 개정된 주택임대차보호법에서 신설한 제6조의3 제1항(이하 '개정규정'이라고 한다)은 부칙(2020. 7. 31.) 제2조 제1항에 따라 개정법 시행당시 존속 중인 임대차에 대하여도 적용되므로 2020. 8. 15. 종료되는 위 임대차계약에도 개정규정이 적용되나, 개정규정은 제6조 제1항 전단의 기간, 즉 임대차기간이 끝나기 6개월 전부터 1개월 전까지의 기간 이내에 계약갱신을 요구할 경우

적용되는 것이므로, 갑 등이 위 기간이 지난 후인 2020. 7. 31. 계약갱신을 요구한 것은 효력이 없고, 위 기간 내인 2020. 7. 9. 계약갱신을 요구한 것은 개정규정 시행 전의 사실행위로서 개정규정에 따른 계약갱신 요구로 볼 수 없다.

【판시사항】

구 민간임대주택에 관한 특별법의 적용을 받는 민간임대주택에 관하여 주택임대차보호법 제6조 제1항, 제2항에 따라 임대차계약이 묵시적으로 갱신되는 경우, 임대차기간은 2년이 되는지 여부(대법원 2020. 7. 9. 선고 2020다223781 판결)

【판결요지】

구 민간임대주택에 관한 특별법(2018. 8. 14. 법률 제15730호로 개정되기 전의 것, 이하 '민간임대주택법'이라고 한다) 제3조, 제45조, 제47조 제1항, 구 민간임대주택에 관한 특별법 시행령(2018. 7. 16. 대통령령 제29045호로 개정되기 전의 것, 이하 '민간임대주택법 시행령'이라고 한다) 제35조 제6호, 구 민간임대주택에 관한 특별법 시행규칙(2019. 2. 27. 국토교통부령 제601호로 개정되기 전의 것) 제20조 제1항 제1호 [별지 제24호 서식], [별지 제25호 서식], 주택임대차보호법(2020. 6. 9. 법률 제17363호로 개정되기 전의 것) 제4조 제1항 본문, 제6조 제1항, 제2항의 규정들은 임차인의 주거생활 안정을 보장하기 위하여 임대사업자가 민간임대주택에 관한 임대차계약을 해제 또는 해지하거나 갱신을 거절하는 것을 제한하기 위한 것으로서 제정 목적과 입법 취지 등에 비추어 이에 위반되는 약정의 사법적 효력을 배제하는 강행규정으로 보아야 한다. 따라서 민간임대주택법의 적용을 받는 민간임대주택에 관하여 주택임대차보호법 제6조 제1항, 제2항에 따라 임대차계약이 묵시적으로 갱신되는 경우 당사자가 별도로 임대차기간을 2년 이상으로 정하기로 약정하는 등 특별한 사정이 없는 한 임대차기간은 2년이 된다고 보아야 한다.

나. 계약갱신요구권 행사포기 약정의 유효성

계약갱신요구권을 행사하지 않기로 하는 사전 약정은 법에 따라 임차인에게 인정되는 권리를 배제하는 임차인에게 불리한 약정이므로 법 제10조에 따라 효력이 없다. 한편, 주임법 10조는 이법에 위반된 약정으로서 임차인에게 불리한 것은 그 효력이 없다고 규정되어 있다.

다. 계약갱신요구권 포기 후 행사가능성

임차인이 계약기간에 맞추어 나가기로 하였으나 이를 번복하고 계약갱신요구권을 행사할 수 있는지가 문제될 수 있지만, 임차인이 만일 계약만료기간에 맞추어 나가기로 사전에 합의하였더라도, 6개월 전부터 2개월 전까지 간에 임대인에게 계약갱신을 요구(5% 범위 이내 증액) 할 수 있다.

라. 계약갱신요구권 행사 시 거주기간

임차인의 계약갱신요구권 행사에 따라 갱신되는 임대차의 해지에 관하여는 묵시적 갱신의 경우 계약의 해지에 관한 규정(제6조의2)을 준용한다(제6조의3 제4항). 따라서 묵시적 갱신이 된 경우와 마찬가지로 임차인은 언제든지 임대인에게 계약해지를 통지할 수 있다. 다만, 위 해지의 효력은 임대인이 그 통지를 받은 날부터 3개월 후에 발생한다. 이럴 경우 임차인은 계약해지를 통보하더라도 계약만료 전이라면 3개월간 임대료 납부해야할 의무를 진다.

따라서 학령기 아동의 입학이나 전학 등과 겹쳐서 계약 기간 도중에 해지를 해야 할 경우에는 이 규정을 유용하게 활용할 수 있다. 다만 계약기간 도중에 해지하는 문제는 미리 임대인하고 협의를 하는 것이 바람직하다. 이는 임대인도 보증금 반환 등에 대한 대처가 용이해지기 때문에 미리 서로 원만하게 협의를 해서 보증금 반환을 둘러싼 분쟁으로 확대되지 않게 하는 것이 필요하기 때문이다.

마. 계약갱신요구권의 행사방법

계약갱신요구권 행사방식에는 특별한 제한이 없다. 따라서 구두, 문자메시지, 이메일 등의 방법이 모두 가능하지만, 장래에 발생할 수 있는 분쟁예방을 위해서는 내용증명 우편 등 증거를 남길 수 있는 방법을 활용하는 것이 안전하다. 특히 이메일로 보낼 경우 임대인으로부터 회신이 왔다면 상관없으나, 회신을 보내지 않고 나중에 메일을 받지 못했다고 주장할 가능성도 있으니 주의하여야 한다. 이때 갱신요구를 받은 임대인이 임대료를 올려주지 않으면 갱신할 수 없다거나 당신하고는 다시 계약하고 싶지 않다면서 갱신을 거절해도 정당한 갱신거절사유가 없는 한 계약이 갱신되는 것에 영향이 없으니 안심해도 된다.

한편, 임차인이 계약연장을 요구하기 전에 임대인이 먼저 연장하지 아니하겠다는 의사를 표시한 경우 이때도 계약연장이 되는지가 문제되는데, 임차인이 임대인의 통지를 받았다고 하더라도 임차인의 경우 계약만료 1개월 전까지 임대인에게 계약연장을 요구할 수 있기 때문에 그 선후는 문제되지 않는다.

바. 갱신요구권을 행사한 뒤 다시 임대차계약서를 작성해야 하는지

임차인의 계약갱신요구권 행사에 따라 갱신되는 임대차는 전 임대차와 동일한 조건으로 다시 계약된 것으로 본다고 규정하고 있다(제6조의3 제3항). 따라서 임차인이 갱신된 임대차에 대하여 임대인과 반드시 계약서를 다시 작성해야 하는 것은 아니며, 계약서를 다시 작성하지 않더라도 2년의 임대기간이 보장되고 대항력과 보증금에 대한 우선변제권도 그대로 유지된다.

사. 임대인의 목적부동산 매매계약체결 후 계약갱신요구권 행사가부

법 시행 전 임대인이 주택을 실거주 목적인 제3자에게 매각한 경우, 임대인은 "임대차를 계속하기 어려운 중대한 사유가 있는 경우"임을 주장하여 갱신을 거절할 수 있다. 다만, 법 시행 후 갱신요구권 행사기간 내에 임차인이 아직 갱신요구권을 행사하기 전에 임대인이 목적 주택을 실거주 목적인 제3자에게 매각하는 매매계약을 체결하는 경우라도, 그 제3자 앞으로 목적 주택의 소유권이전등기가 되기 전이라면 임차인은 현 임대인에게 갱신요구권을 행사할 수 있고, 임대인은 갱신요구를 거절할 수는 없다.

한편, 임차인이 갱신요구권을 행사한 후 임대인이 목적 주택을 실거주 목적인 제3자에게 매도하는 매매계약을 체결했더라도 임대인이 갱신거절을 할 수 없다. 그러나 임대인이 실거주 목적인 제3자에게 목적 주택을 매도하는 매매계약을 체결하고 실제 제3자가 목적 주택의 소유권이전등기까지 마친 후, 임차인이 갱신요구권을 행사하는 경우라면, 임대인의 지위를 승계한 제3자는 실거주를 사유로 갱신거절을 할 수 있습니다.

3. 묵시적갱신의 경우 계약의 해지

가. 묵시적갱신 및 계약해지

계약갱신요구권 행사에 따라 계약이 갱신되었더라도 임차인은 언제든지 임대인에게 계약해지를 통지할 수 있고 임대인이 그 통지를 받은 날부터 3개월이 지나면 그 효력이 발생한다(법 제6조의2). 다만, 2개의 차임액에 달하도록 연체하거나 그 밖에 임차인으로서의 의무를 현저히 위반한 임차인에 대하여는 위 묵시의 갱신이 적용되지 않는다(법 제6조 제3항).

한편, 민법 제639조에 의하여 묵시적으로 갱신된 임대차의 존속기간은 기간의 약정이 없는 임대차로 된다는 것이 통설·판례이다. 그러나 주임법 제6조에 의하여 묵시적으로 갱신된 주택임대차는 기간의 정함이 없는 것으로 보므로 그 기간은 주임법 제5조 제1항에 의하여 다시 2년이 된다는 것이 개정 전 법 하의 판례 입장이었는데, 2009. 5. 8. 법 제9653호로 임대차계약이 묵시적으로 갱신된 경우 임대차의 존속기간을 2년으로 보도록 법이 개정되었다(단 임차인은 법 제6조의2에 의한 해지통고가 가능하다는 제한이 있음).

나. 묵시적 갱신도 갱신요구권의 행사인지

계약이 묵시적으로 갱신된 경우에는 갱신요구권 행사로 보지 않는다. 계약갱신요구권 행사는 해당 권리를 행사한다는 명확한 의사표시를 한 경우에 인정되는 것이며, 묵시적 갱신은 임대인, 임차인이 기존 계약을 종료하거나 조건을 변경한다는 등의 통지를 하지 않은 경우 기존의 임대차와 동일한 조건으로 다시 임대차가 이루어진 것으로 보는 제도일 뿐이다.

4. 갱신거부 및 손해배상 사유

가. 갱신거부사유

임대인은 임차인이 기간 내에 계약갱신을 요구할 경우 정당한 사유 없이 거절할 수 없지만, ⅰ) 임차인이 2기의 차임액에 해당하는 금액에 이르도록 차임을 연체한 사실이 있는 경우, ⅱ) 임차인이 거짓이나 그 밖의 부정한 방법으로 임차한 경우, ⅲ) 서로 합의하여 임대인이 임차인에게 상당한 보상을 제공한 경우, ⅳ) 임차인이 임대인의 동의 없이 목적 주택의 전부 또는 일부를 전대(轉貸)한 경우, ⅴ) 임차인이 임차한 주택의 전부 또는 일부를 고의나 중대한 과실로 파손한 경우 등 아래 표상의 어느 하나에 해당하는 경우에는 이를 거절할 수 있다(주임법 제6조의3).

[계약갱신거절 사유]

	규정(주임법 제6조의3 제1항)	사유
1호	임차인이 2기의 차임액에 해당하는 금액에 이르도록 차임을 연체한 사실이 있는 경우	차임의 연체가 반드시 2기 연속될 것을 요하지 않고, 전후 합하여 연체액이 2기분에 달하기만 하면 됨 1) 임차인이 1, 2월분 월세를 연속하여 연체한 경우 2) 1월 연체 후 2, 3월에 지급 하였다가 4월에 다시 연체한 경우
2호	임차인이 거짓이나 그 밖의 부정한 방법으로 임차한 경우	1) 임차인이 허위의 신분(이름, 주민번호 등)으로 계약한 경우 2) 주택 본래 용도가 아닌 불법영업장 등의 목적으로 임차한 경우
3호	서로 합의하여 임대인이 임차인에게 상당한 보상을 제공한 경우	임대인이 임차인에게 소정의 보상(이사비 등)을 실제 제공한 경우 ＊ 단, 실제 제공하지 않거나 합의되지 않은 일방적인 보상은 제외
4호	임차인이 임대인의 동의 없이 목적주택의 전부 또는 일부를 전대(轉貸)한 경우	임대인의 동의 없이 전대하여 타인으로 하여금 목적 주택을 사용·수익하게 한 경우
5호	임차인이 임차한 주택의 전부 또는 일부를 고의나 중대한 과실로 파손한 경우	1) 임차주택의 전부 또는 일부를 임대인 동의 없이 무단 증·개축 또는 개조하거나 고의로 파손한 경우 2) 임차인의 중과실(화기 방치 등)로 인한 화재로 주택이 파손된 경우
6호	임차한 주택의 전부 또는 일부가 멸실되어 임대차의 목적을 달성하지 못할 경우	주택의 전부 또는 일부가 멸실되어 주거기능 상실

7호	임대인이 다음 각 목의 어느 하나에 해당하는 사유로 목적 주택의 전부 또는 대부분을 철거하거나 재건축하기 위하여 목적 주택의 점유를 회복할 필요가 있는 경우가. 임대차계약 체결 당시 공사시기 및 소요기간 등을 포함한 철거 또는 재건축 계획을 임차인에게 구체적으로 고지하고 그 계획에 따르는 경우나. 주택이 노후·훼손 또는 일부 멸실되는 등 안전사고의 우려가 있는 경우다. 다른 법령에 따라 철거 또는 재건축이 이루어지는 경우225)	
8호	임대인(임대인의 직계존속, 직계비속을 포함한다)이 목적 주택에 실제거주하려는 경우	
9호	그 밖에 임차인이 임차인으로서의 의무를 현저히 위반하거나 임대차를 계속하기 어려운 중대한 사유가 있는 경우	임대인 동의 없이 인테리어 공사를 하거나 원상회복이 불가능한 정도로 인테리어 공사를 한 경우* 1호부터 8호까지 이외에 임차인의임대차를 지속할 수 없는 경우

나. 손해배상

임대인이 실제 거주할 의사가 없음에도 거주할 것처럼 거짓말을 하여 이에 속은 임차인이 목적 주택에서 퇴거를 하였는데, 이후 임대인 자신, 부모 또는 자녀가 해당 주택에 임대차계약 종료 후 2년 동안 거주하지 않고 정당한 사유 없이 다른 사람에게 다시 임대할 경우 퇴거한 임차인은 임대인을 상대로 손해배상을 청구할 수 있다(제6조의3 제5항). 다만, 임대인은 개정법 시행 이전에 제3자와 계약을 체결했다는 사실을 명시적으로 입증,(계약금 수령 입증, 계약서 등)할 경우 갱신거절은 가능하며, 또한 갱신거절 당시 예측할 수 없었던 사정으로 제3자에게 임대를 할 수밖에 없는 불가피한 사유가 있는 것과

---

225) 위 세 가지 사유 중 (2) 건축물 노후, 훼손 등 안전이 문제가 되는 경우나 (3) 법에 따라 이루어지는 재건축이나 재개발 같은 경우에는 임대인이 임차인에게 그러한 사유를 미리 고지할 필요가 없다. 그러나 (1) 임대인이 목적 주택을 스스로 재건축을 한다거나 철거를 하려고 한다면 임대차계약 당시에 이를 구체적으로 고지하고 그 계획에 따르는 경우에만 갱신을 거절할 수 있다. 참고로 위 갱신거절사유는 이미 상가건물임대차보호법에도 도입되어 시행되고 있다. 한편 '다른 법령에 따라 철거 또는 재건축이 이루어지는 경우'와 관련하여, 재개발, 재건축 등의 정비사업은 정비구역이 지정된 후 실제 사업이 진행되는데까지 상당한 기간이 소요되므로, 실제 임대인이 재개발, 재건축을 이유로 갱신을 거절하기 위해서는 해당 정비사업의 관리처분계획인가가 고시되어 실제 임차인의 사용, 수익이 제한되는 정도에 이르러야 할 것이다. 또한 철거로 인한 갱신거절은 임차인이 임차 주택을 사용하는 것이 불가능하여 임대차계약의 목적 달성이 곤란한 것을 전제로 하는 것이므로, 이러한 정도에 이르지 않는 단순 내부 리모델링만으로는 갱신거절을 할 수 없다고 할 것이다.

같은 정당한 사유가 있는 경우에는 손해배상 책임을 면할 수 있다. 여기서 정당한 사유란 가령 실거주를 하던 직계존속이 갑자기 사망한 경우, 실거주 중 갑자기 해외 주재원으로 파견되는 경우 등 갱신거절 당시 예측할 수 없었던 불가피한 사유를 의미한다. 한편, 이렇듯 임대인이 실거주목적으로 계약갱신거절의 의사를 표시할 경우 이를 임대인에게 증명할 것을 요구할 수 있으며, 임대인이 그러한 증명을 하지 않고 말로만 주장하고 "목적 주택에 실제 거주하려는 경우"가 증명되지 않으면 임대인이 갱신을 거절할 수 없으니, 임차인은 갱신이 된 것으로 보고 계속 거주하겠다고 주장할 수 있다. 따라서 임대인에게 실제 거주가 필요한 사정이 있다면 임대인도 구체적인 사정을 증명하려고 할 것이므로 이를 보고 사실 여부를 판단하면 된다.

다. 실거주 사유로 갱신거부 후 공실로 비워둔 경우 손배가능성

임대인이 실거주를 사유로 갱신거절을 한 후 주택을 공실로 비워둔 것이 실거주 의사 없이 허위로 갱신거절한 것으로 판단될 경우에는 주택임대차보호법 위반에 따른 민법 제750조 일반불법행위 책임을 지게 될 수 있으며, 이는 제3자에게 임대한 것은 아니므로 주택임대차보호법 제6조의3제5항의 법정손해배상책임의 대상은 아니다. 다만, 집주인이 입주를 하기 위해 주택수선이나 인테리어 공사를 하는 경우, 거주하던 직계존속이 사망한 경우 등으로 불가피하게 일시적으로 공실로 둘 수밖에 없었던 경우 등에는 손해배상의 요건 중 위법성이 인정되지 않아 손해배상책임을 면할 수 있을 것이다.

라. 임대인의 실제거주 판단기준

임대인의 목적주택 실제거주여부는 임대인 등이 임대 중인 주택에 들어와 살아야 할 객관적이고도 구체적인 사정이 있는지를 살펴보고 판단해야 한다. 따라서 만일, 임대인의 갱신거절사유에 의문이 있으면 임대인에게 하나씩 물어보고 증거를 제시해달라고 적극적으로 요구할 필요가 있다. 나아가 임대인의 실제 의도를 알아보기 위해 임대료를 얼마나 올려주면 갱신해줄 것인지 물어보고, 만약 임대인이 이에 응하여 임대료 증액을 요구한다면 실제로 거주를 하기 위한 목적이 아닐 가능성이 매우 높은 경우이다. 계약갱신요구권은 주임법이 임차인에게 보장한 권리이기 때문에 권리 행사를 저지하려면 임대인이 갱신거절사유를 명확히 제시하고 그에 대한 증거도 제시해야할 의무가 있습니다.

(1) 임대인 등이 임대한 주택에 실제 입주하여 살아야할 객관적 사정이 있는지

- 임대인 등이 거주하는 집을 매각하였거나 매각해야 할 사정 여부
- 1가구 1주택인 임대인 등이 다른 주택에 임차하고 있는 경우로서 계약기간 만료가 얼마 남지 않았는지 여부
- 임대인 등이 해외 생활을 정리하고 귀국해야 하는 사정 또는 지방 근무를 끝내고 목적주택이 있는 지역으로 복귀하려는 경우인지 여부
- 임대인의 자녀가 결혼 등으로 분가해야 하거나, 학업상 학교에 가까운 목적 주택으로 이주해야 할 사정이 있는지 여부
- 임대인 부모가 연로하여 임대인이 거주하는 곳과 가까운 주택으로 이주하여야 할 사정이 있는지 여부, 이때 임대인의 부모가 거주하던 지방의 집은 비워두는 것인지, 임대인의 부모가 거주하던 집은 임대차가 될 만한 곳에 있는지, 임대인의 현재 거주 주택과 목적 주택의 왕복 거리(왕래에 긴 시간이 소요된다면 먼 곳에 부모를 모시려는 이유)

(2) 목적 주택이 있는 지역에 거주시, 직장 등 생계 영위가 가능한지(직장이나 기타 생업장소와 주택의 거리 등)

(3) 목적 주택으로 이주할 경우 임대인 등의 자녀 교육 문제

(4) 임대인 등의 가족 구성에 비추어 목적 주택의 방 개수나 주택 유형의 적합성

- 방 1개짜리 원룸 주택에 임대인의 부모 2명이 이주하겠다는 경우 : 사실 아닐 가능성이 농후
- 방 2개 임대차 목적 주택에 임대인 가족 4명이 이주하겠다는 경우 : 임대인의 자녀들 나이를 고려해 자녀들이 각자 방을 가져야 할 나이인지 등 제반 사정을 보고 판단

(5) 임대인 등이 다주택자로서 현재 거주주택도 자신의 소유인 경우 현재 임대인 등의 거주지역이 목적 주택이 있는 지역보다 생활 여건이 더 양호한지 여부

(6) 임대료를 올려주면 임대인이 계속 임대를 하려는 의사를 갖고 있는지 여부

마. 실거주목적 갱신거절 후 제3자에게 임대한 경우

만약, 임대인이 임차인에게 거짓으로 자신이나 부모, 또는 자녀가 살아야 한다는 이유를 들어 갱신거절을 하고 임차인이 이에 속아 집을 명도해 주었는데 나중에 알고 보니 임대인이 몇 달 뒤에 더 비싸게 다른 임차인에게 임대하였다면, 임차인은 임대인에게 위에 살펴본 3가지 금액 중 가장 큰 금액을 손해배상 청구할 수 있다(제6조의3 제6항).

손해배상액에 관하여 구체적인 예를 들어보면, 임차인이 전세보증금 4억원의 주택에 거주하는데, 위와 같이 임대인이 임차인에게 자신이나 부모, 자녀가 거주한다고 속여 임차인을 퇴거시킨 후 잠시 주민등록을 이전해 놓았다가 6개월 뒤 전세보증금 5억원에 다른 임차인에게 임대를 하였고, 기존 임차인이 새로 얻은 같은 지역, 같은 유형, 같은 방이나 면적의 주택 임대료가 전세보증금 4억 5천만원이라면, 그에 따른 손해배상액은 다음과 같다.

[3개월분 차임]

> 월차임 3개월분 = 4억원 x [주택임대차보호법 제7조의2 제2호에 따른 환산율 4% (한국은행에서 공시한 기준금리 0.5% + 3.5%) = 4,000,000원

[환산차임 손해분]

> [제3자에게 임대해 얻은 환산월차임(=5억원 x 4%/12개월 = 1,666,666원) - 갱신 거절 당시 환산월차임(=4억원 x 4%/12개월 = 1,333,333원)] x 24개월 = 7,999,999원

[이사비 등]

> 임차인의 이사비 2,000,000원(예시) + 중개수수료 1,500,000원(예시) + 도배비용 2,000,000원 중 1/2인 1,000,000원 + [임차인이 새로 체결한 계약의 환산월차임(=4.5억원 x 4%/12개월= 1,500,000원) - 5% 임대료 인상율 상한제 하에서 임차인이 계약이 갱신되었더라면 얻을 조건의 환산월차임(=최대 4.2억원 x 4%/12개월 = 1,400,000원) x 24개월 = 2,000,000원 + 1,500,000원 +1,000,000원 + 2,400,000원 = 6,900,000원 (단, 실제 손해액은 이와 다를 수 있음)

바. 계약갱신요구에도 임대인의 인도청구시 대처방법

임대인이 임차인을 상대로 목적 주택에 대한 인도청구소송을 제기하다면, 원고가 되는 임대인은 자신에게 갱신거절사유가 있었으므로 임대차가 종료되었다는 점을 먼저 주장·입증하여야 한다. 이때 피고가 되는 임차인은 법원에 자신이 계약갱신요구권 행사기간 내에 적법하게 갱신요구권을 행사했다는 점을 주장·입증하여 임대인의 인도청구를 기각해줄 것을 구하면 되고, 임차인 스스로 임대인에게 정당한 갱신거절 사유가 없음을 입증할 필요는 없다.

다만, 임차인은 임대인이 주장하는 갱신거절사유에 대해 앞서 살펴본 여러 판단 요소들을 참고해 의문점을 제기하여 임대인이 자신의 갱신거절사유 주장이 진실한 것임을 증명하도록 요구할 수 있다. 그 소송 결과에 따라 임차인은 집을 명도하고 이사를 할 것인지를 결정하면 된다.

사. 법인이 직접 거주를 이유로 갱신거절 가능성

법인이 임대인인 경우 직접 거주를 이유로 갱신거절은 불가능하다. 이는 법인이 주택임대차보호법에 따른 실거주 할 수 있는 대상으로 보기 어렵기 때문이다.

Q 저는 주택을 전세보증금 3,000만원에 임차하여 2년의 계약기간이 만료되었습니다. 그런데 집주인은 위 주택의 보증금을 500만원 증액해주어야 재계약을 체결해주겠다고 합니다. 이 경우 「주택임대차보호법」상의 증액제한규정이 적용될 수 없는지요?

A 「주택임대차보호법」 제7조는 "당사자는 약정한 차임이나 보증금이 임차주택에 관한 조세, 공과금, 그 밖의 부담의 증감이나 경제사정의 변동으로 인하여 적절하지 아니하게 된 때에는 장래에 대하여 그 증감을 청구할 수 있다. 다만, 증액의 경우에는 대통령령으로 정하는 기준에 따른 비율을 초과하지 못한다."라고 규정하고 있고, 같은 법 시행령 제8조 제1항은 "법 제7조에 따른 차임이나 보증금(이하 "차임등"이라 한다)의 증액청구는 약정한 차임등의 20분의 1의 금액을 초과하지 못한다."라고 규정하고 있으며, 같은 법 시행령 제8조 제2항은 "제1항에 따른 증액청구는 임대차계약 또는 약정한 차임등의 증액이 있은 후 1년 이내에는 하지 못한다."라고 규정하고 있습니다.

그런데 재계약의 경우에도 위와 같은 보증금 증액제한규정이 적용되는지 문제됩니다.

이에 관하여 판례는 "주택임대차보호법 제7조는 약정한 차임 또는 보증금이 그 후의 사정변경으로 인하여 상당하지 아니하게 된 때에는 당사자는 장래에 대하여 그 증감을 청구할 수 있고, 증액의 경우에는 대통령령이 정하는 기준에 따른 비율을 초과하지 못한다고 규정하고 있으므로, 위 규정은 임대차계약의 존속 중 당사자 일방이 약정한 차임 등의 증감을 청구한 때에 한하여 적용되고, 임대차계약이 종료된 후 재계약을 하거나 또는 임대차계약 종료 전이라도 당사자의 합의로 차임 등이 증액된 경우에는 적용되지 않는 것이다."라고 하였습니다[226].

따라서 위 사안과 같이 재계약을 하는 경우에는 증액제한규정의 적용을 받지 않는다 할 것이므로 귀하는 집주인과 협의하여 전세보증금 증액의 한도를 조정해볼 수밖에 없을 듯합니다.

그리고 「주택임대차보호법시행령」 제8조의 제한은 약정한 차임 또는 보증금의 증액청구의 경우에 한하여 적용될 규정이고, 감액청구권의 기준에 대하여는 명문의 규정이 없는바, 이에 관하여 하급심 판례는 "전세보증금 증감청구권의 인정은 이미 성립된 계약의 구속력에서 벗어나 그 내용을 바꾸는 결과를 가져오는 것인 데다가, 보충적인 법리인 사정변경의 원칙, 공평의 원칙 내지 신의칙(信義則)에 터 잡은 것인 만큼 엄격한 요건 아래에서만 인정될 수 있으므로, 기본적으로 사정변경의 원칙의 요건인 ① 계약 당시 그 기초가 되었던 사정이 현저히 변경되었을 것, ② 그 사정변경을 당사자들이 예견하지 않았고 예견할 수 없었을 것, ③ 그 사정변경이 당사자들에게 책임 없는 사유로 발생하였을 것, ④당초의 계약 내용에 당사자를 구속시키는 것이 신의칙상 현저히 부당할 것 등의 요건이 충족된 경우로서, 전세보증금 시세의 증감 정도가 상당한 수준(일반적인 예로서, 당초 약정금액의 20% 이상 증감하는 경우를 상정할 수 있음)에 달하고, 나머지 전세기간이 적어도 6개월 이상은 되어야 전세보증금의 증감청구권을 받아들일 정당성과 필요성이 인정될 수 있고, 증감의 정도도 시세의 등락을 그대로 반영할 것이 아니라 그밖에 당사자들의 특수성, 계약의 법적 안정성 등의 요소를 고려하여 적절히 조정되어야 한다."라고 하였습니다[227].

참고로 「주택임대차보호법」 제7조의2는 "보증금의 전부 또는 일부를 월 단위의 차임으로 전환하는 경우에는 그 전환되는 금액에 다음 각 호 중 낮은 비율을 곱한 월차임(月借賃)의 범위를 초과할 수 없다. 1.은행법에 따른 은행에서 적용하는 대여금리와 해당 지역의 경제여건 등을 고려하여 대통령령으로 정하는 비율 2.한국은행에서 공시한 기준금리에 대통령령으로 정하는 배수를 곱한 비율"이라고 규정하고 있고, 같은 법 시행령 제9조제1항은 "법 제7조의2 제1호에서 '대통령령으로 정하는 비율'이란 연 1할을 말한다."라고 규정하고 있고, 같은 법 시행령 제9조 제2항은 "법 제7조의2 제2호에서 '대통령령으로 정하는 배수'란 4배를 말한다."라고 규정하고 있습니다. 그런데 이 규정 역시 계약기간 중에 보증금의 전부 또는 일부를 월차임으로 전환하는 것을 규제하려는 취지로 보이며, 계약기간이 만료된 후 재계약을 체결하는 경우에는 위와 같은 제한을 받지 않을 것으로 보입니다.

---

226) 대법원 1993. 12. 7. 선고 93다30532 판결, 2002. 6. 28. 선고, 2002다23482 판결
227) 서울지법동부지원 1998. 12. 11. 선고 98가합19149 판결

5. 4년 이상 임차인의 갱신요구권

개정법 시행 당시 이미 한 주택에서 4년 이상 거주 중인 자 또한 계약갱신청구권을 행사할 수 있습니다. 개정법은 최대 4년의 주거를 보장하는 내용이 아니고, 1회에 한하여 기존의 계약을 2년 연장할 수 있도록 갱신요구권을 부여하는 것이다. 따라서, 연장계약·묵시적 갱신 등의 사유로 이미 4년 이상 거주한 경우라도 현재의 임대차계약만료 6개월 전부터 1개월 전까지 갱신을 요구할 수 있습니다.

6. 1년 계약 후 2년 거주의 가부

2년 미만으로 정한 임대차기간은 그 기간을 2년으로 보므로, 계약기간을1년으로 정했어도 임대차기간 2년이 법에 의해 보장된다. 이 경우, 2년의 임대차 기간이 끝나기 6개월 전부터 1개월 전까지 기간에 계약갱신요구권을 행사할 수 있다.

> **「주택임대차보호법」 제4조(임대차기간 등)** ① 기간을 정하지 아니하거나 2년미만으로 정한 임대차는 그 기간을 2년으로 본다. 다만, 임차인은 2년 미만으로 정한 기간이 유효함을 주장할 수 있다.② 임대차기간이 끝난 경우에도 임차인이 보증금을 반환받을 때까지는 임대차관계가 존속되는 것으로 본다.

제3절 차임 등의 증감청구

1. 전월세 상한제

가. 제도의 취지

전월세상한제는 계약 갱신 시 임대료 증액 상한을 5% 범위 내로 제한하여 임차인들의 임대료 급등으로 인한 부담을 줄이려는 제도이다. 다시 말해, 임대인이 임차인에게 전월세보증금이나 월세를 인상하고자 할 때 그 상한선은 5%로 제한하고 그 이내에서 협상을 통해 정하도록 하는 제도이다. 만일 전세보증금 2억원인 주택의 경우 연 1,000만원 이내에서 보증금 인상을 요구할 수 있고 이것도 임차인이 동의하지 아니할 경우 임대인은 보증금을 인상해야 하는 이유를 입증해야만 한다.

나. 임대료상한제 적용시기

임대료 제한은 존속중인 계약에서 임대료를 증액하거나 계약갱신요구권을 행사하는 경우에 적용된다.

다. 임대로 상한 5%의 의미

1) 상한 5%의 의미

갱신 시 임대료 임대인이 요구하면 무조건 임대료 상한인 5%를 인상해 주여야 하는지가 문제될 수 있다. 그런데 이때의 상한 5%는 임대료를 증액할 수 있는 상한일 뿐이고 임대인과 임차인은 그 범위 내에서 얼마든지 협의를 통해 임대료를 정할 수 있다.[228] 또한 임대차기간 도중에도 임대인과 임차인은 약정한 차임이나 보증금이 임차주택에 관한 조세, 공과금, 그 밖의 부담의 증감이나 경제사정의 변동으로 인하여 적절하지 아니하게 된 때에는 임대료의 증감을 청구할 수 있는데, 이때에도 마찬가지로 임대인이 임대료의 증액을 청구하는 경우에는 그 임대료 인상률은 5%

---

228) 한편 특별시·광역시·특별자치시· 도 및 특별자치도 등 지방자치단체는 조례로 5%보다 더 낮게 임대료 인상률 상한을 정할 수 있습니다. 단, 조례가 정해지기 전까지는 5%가 상한선이 되고, 5% 범위 내에서 조례가 정해지면 그때부터는 조례에 따라 임대료 인상률 상한이 정해진다.

를 초과하지 못한다(주임법 제7조 제1항, 제2항).

2) 합의로 임대로 상한 5% 초과가능성(계약갱신요구권을 행사하지 않는 경우)

계약갱신요구권의 행사 여부는 임차인의 의사에 달려있으므로, 임차인이 이를 행사하지 아니하고 임대인과 합의하에 5%를 초과하여 임대료를 인상하는 새로운 임대차계약을 체결하는 것은 가능하며, 이 경우 임차인은 차후에 계약갱신요구권을 1회 행사할 수 있습니다.

3) 합의로 임대로 상한 5% 초과가능성(계약갱신요구권을 행사시)

임대차의 임대료를 현재 임대료의 5%(또는 조례에서 상한비율을 정한 경우 그 상한비율)를 초과하여 인상할 것을 요구하고 임차인이 이에 합의하는 경우, 이는 개정 주택임대차보호법 제7조 제2항의 증액청구 상한 규정 위반에 해당한다. 따라서 5%(또는 조례에서 상한비율을 정한 경우 그 상한비율)를 초과한 임대료 부분은 비록 임대인과 임차인이 이미 합의를 했더라도 강행규정인 위 조항에 반하여 무효이므로 임차인은 임대인을 상대로 부당이득금 반환청구를 통해 위 금액을 돌려받을 수 있다.

【판시사항】
구 상가건물 임대차보호법 제11조 제1항에 따른 차임 증액비율을 초과하여 지급된 차임에 대하여 임차인이 부당이득으로 반환을 구할 수 있는지 여부(대법원 2014. 4. 30. 선고 2013다35115 판결)

【판결요지】
구 상가건물 임대차보호법(2009. 1. 30. 법률 제9361호로 개정되기 전의 것, 이하 '법'이라 한다)의 입법 목적, 차임의 증감청구권에 관한 규정의 체계 및 취지 등에 비추어 보면, 법 제11조 제1항에 따른 증액비율을 초과하여 지급하기로 하는 차임에 관한 약정은 증액비율을 초과하는 범위 내에서 무효이고, 임차인은 초과 지급된 차임에 대하여 부당이득으로 반환을 구할 수 있다.

라. 임차인의 동의 없는 임대료증액 가능성

임대인은 임차인의 동의 없으면 계약갱신 시 증액을 할 수 없다. 다만, 이렇듯 당사자 간 합의가 이루어지지 않을 경우 임대인은 「주택임대차보호법」제7조에 따른 통상적인 차임증감청구권 행사와 동일하게 임차주택에 대한 조세, 공과금, 그 밖의 부담 증감이나 경제사정의 변동으로 인하여 적절하지 아니함을 들어 증액 청구를 할 수 있고, 분쟁 조정절차 등을 통해 그 요건이 충족된 것으로 인정되는 경우 증액될 수 있다.

마. 계약갱신 시 일부 월세전환 후 전환된 금액이 종전월세의 5% 초과시

임대인이 임차인에게 보증금을 월세로 전환하자고 제안할 경우 이를 임차인이 받아들여야 하느냐의 쟁점이 있는데, 이때 임차인은 임대인의 보증금 월세 전환 요구를 받아들일 법률상 의무가 없으므로 거절해도 됩니다. 다만 임차인이 임대인과 합의해 보증금 일부를 월세로 전환하는 것은 무방하고, 이 경우에는 주택임대차보호법 제7조의2 상의 법정전환율이 적용되어 현재 연 4%(주택임대차보호법 시행령이 개정되면 연 2.5%)의 범위 내에서 전환할 수 있다. 한편, 임대인과 임차인이 보증금 일부를 월세로 전환하기로 합의했을 때 그 전환된 월세 부분은 임대료 인상률 상한제와는 직접적인 관계가 없다. 따라서 임대인과 임차인이 서로 합의하여 보증금 전부 또는 일부를 월세로 전환했다면, 전환된 월세 부분만큼은 임대료 인상이 아니기 때문에 설사 그 금액이 종전 월세의 5%를 초과하더라도 임대료 인상률 상한제에 저촉되지 않는다.

바. 새로운 임차인에 대한 적용여부

주임법 제7조 제1항은 "당사자는 약정한 차임이나 보증금"의 증감을 청구할 수 있다고 규정하고 있고, 제7조 제2항은 위 제1항에 따른 증액청구는 "약정한 차임이나 보증금의 20분의 1의 금액"을 초과하지 못한다고 규정하고 있다. 한편 제6조의3 제3항 단서는 임차인의 계약갱신청구권 행사로 갱신되는 임대차의 "차임과 보증금은 제7조의 범위에서 증감할 수 있다."고 규정하고 있다. 위 규정들은 그 문구들을 통해서도 알 수 있듯이 이미 약정한 임대료나 갱신 시 종전 임대료의 증액에 관한 것이므로, 임대인과 임차인이 신규로 임대차계약을 체결하는 경우에는 임대료 인상률 상한제가 적용되지 않는다.

사. 임대료 요율인상 기간

주임법 제7조 제1항 단서는 "증액청구는 임대차계약 또는 약정한 차임이나 보증금의 증액이 있은 후 1년 이내에는 하지 못한다."라고 규정하고 있는바, 위 규정의 반대해석상 임대인과 임차인이 임대기간 2년의 임대차계약을 하였더라도 1년이 지난 뒤 임대인은 임차인에게 임대료 인상을 청구할 수 있다. 다만 임대인의 증액청구로 무조건 임대료를 임대료 인상률 상한선인 5%까지 인상할 수 있는 것은 아니며, 말 그대로 최대한 올릴 수 있는 '상한선'에 불과하다. 또한 현재 임대료가 "임대료가 임차주택에 관한 조세, 공과금, 그 밖의 부담의 증감이나 경제사정의 변동으로 인하여 적절하지 못한 때"에만 인상이 가능하다.

2. 차임 등의 증감청구권

민법 제628조에서 정하고 있는 차임증감청구권에 관하여 주택임대차보호법에서는 특칙을 규정하고 있다. 그 내용은 민법과 대체로 동일하지만, 당사자(특히 임대인)가 증액을 청구하는 경우 증액의 한도를 대통령령으로 정하는 기준을 넘지 못하게 하고 있다.

가. 증감청구 사유 및 기간

당사자는 약정한 차임이나 보증금이 임차주택에 관한 조세, 공과금, 그 밖의 부담의 증감이나 경제사정의 변동으로 인하여 적절하지 아니하게 된 때에는 장래에 대하여 그 증감을 청구할 수 있다. 이 경우 증액청구는 임대차계약 또는 약정한 차임이나 보증금의 증액이 있은 후 1년 이내에는 하지 못한다(주임법 제7조). 다만, 감액의 경우에는 1년 제한이 없다.

차임이나 보증금의 증액청구는 약정한 차임 등의 20분의 1의 금액을 초과하지 못하게 하고 있으며, 그 증액청구는 임대차계약 또는 약정한 차임 등의 증액이 있은 후 1년 이내에는 하지 못하게 하고 있다(주임법 시행령 제8조). 그러나 차임증감청구권은 임대차계약의 존속 중 당사자 일방이 약정한 차임증감청구를 한 경우에만 적용되고, 임대차계약이 종료된 후 재계약을 하거나 또는 임대차계약 종료 전이라도 당사자의 합의로 차임 등이 증액된 경우에는 적용되지 않는다[229]. 또한 만약 임차인의 주임법 제7조에 따른 증액비율을 초과하여 임대인에게 차임 또는 보증금을 지급하였거나 주임법 제7조의2에 따른 월차임산정율을 초과 하여 차임을 지급한 경우 초과 지급된 차임 또는 보증금 상당금액의 반환을 청구할 수 있다(주임법 제10조의2).

나. 증감청구 상한

증액청구는 약정한 차임이나 보증금의 20분의 1의 금액을 초과하지 못한다. 다만, 특별시·광역시·특별자치시·도 및 특별자치도는 관할 구역 내의 지역별 임대차 시장 여건 등을 고려하여 본문의 범위에서 증액청구의 상한을 조례로 달리 정할 수 있다.

[판시사항]

구 임대주택법 시행규칙 제8조 제2항 [별지 제10호 서식]제10조 제1항 제4호에서 임대차계약의 해지사유로 규정한 '임대료를 3월 이상 연속하여 연체한 경우'의 의미 및 매월 임대료 중 일부씩을 3개월 이상 연속하여 연체하고 전체 연체액 합계가 3개월분 임대료 이상인 경우, 해지사유에 해당하는지 여부(대법원 2016. 11. 18.선고 2013다42236 판결)

[판결요지]

구 임대주택법(2008. 2. 29. 법률 제8852호로 개정되기 전의 것, 이하 같다)제18조 제1항, 제3항과 그 시행규칙(2008. 6. 20. 국토해양부령 제19호로 전부 개정되기 전의 것)제8조 제1항, 제2항 [별지 제10호 서식](표준임대차계약서)에 의하면, 위 법률의 적용을 받는 임대주택의 임대사업자는 표준임대차계약서 제10조 제1항의 각 호에 해당하는 사유가 있으면 임대차계약을 해지할 수 있도록 되어 있고, 제4호에는 임차인이 임대료를 '3월 이상'연속하여 연체한 경우가 해지사유의 하나로 규정되어 있다. 여기에 규정된 '3월 이상'은 3개월 이상 연속되어야 하므로 연체횟수가 3회 이상이어야 한다는 것은 의문의 여지가 없다. 그런데 만약 '3월 이상'이 연체횟수만을 의미할 뿐 연체금액의 의미는 배제된다고 보게 되면, 일반적인 임대차에 적용되는 민법 제640조가 "차임연체액이 2기의 차임액에 달하는 때"를 해지사유로 규정한 것과 대비하여 임대주택의 임차인이 오히려 더 불리하게 되는 경우가 발생할 수 있다. 이

---

229) 대법원 2002. 6. 28. 2002다23482 판결.

는 임대주택법의 적용 대상인 임대차계약에 대하여 해지사유를 더 엄격하게 제한하고 있는 입법취지에 배치되므로, '3월 이상'은 연체횟수뿐 아니라 연체금액에서도 3개월분 이상이 되어야 한다는 뜻으로 새기는 것이 옳다.

다른 한편 위 해지사유는 '3월 이상' 연속 연체로 규정되어 있을 뿐 매월 지급할 임대료 전액을 '3월 이상' 연속하여 연체할 것을 요건으로 하고 있지는 않다. 그러므로 매월 임대료 중 일부씩을 3개월 이상 연속하여 연체한 때에도 전체 연체액 합계가 3개월분 임대료 이상이 되는 경우에는 해지사유에 해당한다. 그와 같이 새기더라도 민법상 일반 임대차보다 임차인에게 불리하지 않고, 이와 달리 매월 임대료의 일부씩만 연체한 경우에는 합계 금액이 아무리 늘어나도 해지를 할 수 없다고 해서는 임대사업자의 지위를 지나치게 불리하게 하는 결과가 되기 때문이다.

Q 전세권 설정등기를 하고 거주하다가, 전세금을 인상하여 줄 경우 인상한 부분에 대한 법적 보호 방법이 있는지요?

A 전세권 등기 시 전세금 액수가 등기부에 기재됩니다. 따라서 전세금이 인상된 경우 전세권변경등기를 신청하여 인상된 전세금을 등기부에 기재하게 되면 법적으로

보호받을 수 있습니다.

제4절 당사자지위의 승계

1. 서 설

임대차관계에서 임차목적물인 임차주택이 매매 등을 이유로 소유권자가 변경된 경우 임대인의 지위도 변경되는지, 또한 주택의 임차인의 변경이 생긴 경우에 임차인의 지위도 변경되는지, 특히 임차인이 사망한 경우 그 지위승계의 문제가 있다.

2. 임대인지위의 승계

가. 양수인의 지위승계

임차주택이 매매 등의 이유로 그 소유권자가 변경된 경우 그 양수인 등은 임대인의 지위를 승계하게 된다(주임법 제3조 제4항). 이로 인해 보증금에 대한 권리·의무 역시 양수인에게로 이전되고, 양도인인 종전 임대인은 그 임대차관계에서 벗어나게 된다. 이 규정은 양수인이 주택을 임대할 권리나 이를 수반하는 권리를 종국적·확정적으로 이전받게 하여 임차인을 보호하기 위한 것으로, 임대차의 목적인 주택을 담보목적으로 신탁법에 따라 신탁한 경우의 수탁자도 이에 해당한다[230]. 또한 임차인이 임차주택의 소유권을 취득한 경우에도 같은 법리가 적용되어 임차인의 보증금반환청구권은 혼동의 법리에 의하여 소멸하게 된다[231].

이에 비해 임대인이 임차주택의 소유권을 담보목적으로 이전하더라도 임대인의 지위승계 문제는 없으며, 임대인이 명의신탁에 의하여 임차주택의 소유명의를 명의수탁자에게 이전하더라도 역시 임대인의 지위승계 문제는 발생하지 않는다.

나. 임차인의 이의

임대인의 지위승계를 임차인이 원하지 않는 경우, 임차인은 임대차계약을 해지할 수 있을 뿐만 아니라[232], 임차인이 이의를 제기한 경우 양도인인 임대인의 보증금

---

230) 대법원 2002. 4. 12. 2000다70460 판결
231) 대법원 1996. 11. 22. 96다38261 판결
232) 대법원 1996. 7. 12. 94다37646 판결

반환채무는 소멸하지 않는다[233].

3. 임차인지위의 승계

임차인은 임대인의 동의를 얻어 그 지위를 제3자에게 승계시킬 수 있다. 이 외 임차인의 지위승계의 문제는 임차인이 사망한 경우에 주로 문제가 되는 데, 주택임대차보호법에서는 특별규정을 두고 있다.

즉 상속권자가 있는 경우와 없는 경우를 크게 나누어 규정한 것으로 이를 표로 정리하면 아래와 같다.

구분		지위승계자
상속권자 있는 경우	동거하는 경우	그 상속권자
	동거하지 않는 경우	그 주택에서 가정공동생활 하던 사실상의 혼인관계에 있는 자와 2촌 이내의 친족이 공동승계
상속권자 없는 경우	동거하는 경우	그 주택에서 가정공동생활을 하던 사실상의 혼인관계에 있는 자

Q 아파트 소유권자가 사망하였으나 상속등기가 되어 있지 않아 상속인 전부를 임대 인으로 하여, 서명날인 받고 계약을 체결 하고자 합니다. 법적인 문제는 없는지요?

A 아파트 소유자의 사망과 동시에 상속등기가 안되었더라도 아파트는 상속인들의 공 유로 보아야 하므로, 상속인들 전부와 임대차계약을 체결하게 되면 특별한 문제는 없을 것으로 보입니다. 다만, 피상속인의 채무가 너무 많아 상속인들이 상속포기를 하거나 한정승인을 하 는 경우 이 아파트는 상속이 되지 않으므로, 법적인 분쟁이 있을 수 있습니다.

---

233) 대법원 2002. 9. 4. 2001다64615판결

제5절 임차주택에 관하여 경매가 진행되는 때

주택임차인이 목적물에 대한 경매 진행 중에 임대인을 상대로 보증금반환 청구의 소송을 제기하였는데 아직 임대차기간이 남아 있는 경우, 임대차 종료의 사유는 무엇인가? 학설은 대체로 임대차의 종료를 인정하지만 그 법률적 근거는 다양하다. 개정 전 법에서 판례는 대항력 있는 임차인은 공평의 원칙 및 신의성실의 원칙에 기하여 임대차를 해지할 수 있고 통지 즉시 해지된다고 판시하고 있었던바, 이는 대항력 없는 임차인의 경우에도 동일한 해지권이 있음을 전제로 하고 있다고 보인다. 임차주택(주택이 아닌 일반 부동산도 포함)에 관하여 경매가 개시된 때에 임차인은 이를 이유로 임대차계약을 해지할 수 있고 해지는 도달 즉시 효력이 발생한다고 보는 것이 실무이다.

> **Q** 오피스텔 최우선 순위로 전입신고를 완료하고 확정일자도 받아서 현재 점유를 하고 있습니다. 그 후로 근저당 두건이 각각 3,500만 원, 2,000만 원이 설정되어있습니다. 문제는 점유를 잃은 (전)임차인이 보증금을 돌려받지 않았어요.
>
> (1) (현)임차인이 경매를 신청하여 낙찰대금에서 전액 돌려받을 수 있을까요? (낙찰대금이 4,000만 원을 초과한다고 가정)
>
> (2) 낙찰대금이 3,500만 원일 경우 전세금으로 대체하여 매입할 수가 있을까요?(나머지 500만 원을 어떻게 되나요?
>
> (3) (전)임차인도 배당신청하여 받을 수가 있을까요?
>
> **A** (1) 우선 당해 오피스텔이 주택임대차보호법의 적용을 받는 '주택'으로 볼 수 있는지 여부가 문제가 됩니다. 오피스텔은 대개 등기부상 업무시설이나 근린생활시설로 용도가 기재되어 있기 때문입니다. 이에 대한 하급심 판결로는 '오피스텔의 1실을 주거용으로 임차하여 일상생활에 필요한 가재도구를 갖추고 생활하는 경우가 상당히 많은 바, 이 경우에도 주택임대차보호법 소정의 주거용 건물에 해당한다고 할 것이다'[234]라고 한 것이 있습니다.
>
> (2) 주택임차인에게는 경매신청권이 있고, 최우선 순위라면 우선변제를 받을 수 있습니다.
>
> (3) (전)임차인도 위 경매절차에서 배당을 받으려면, 임차권등기를 했다는 등 특별한 사정이 없는 한, 임대인을 상대로 보증금채권에 관한 판결문 기타 집행권원을 얻어 배당요구를 해야 합니다.(급하다면 우선 가압류를 해두는 방법을 고려할 수 있습니다.)
>
> (4) 세입자가 낙찰 받는 경우, 기존의 보증금반환 채권과 상계할 것을 법원에 신청하여, 나머지 대금만 법원에 지급하는 것으로 대금지불을 할 수 있습니다.

---

234) 서울지법 95가단112467

제6절 보증금의 월차임 전환

> **제7조의2(월차임 전환 시 산정률의 제한)** 보증금의 전부 또는 일부를 월 단위의 차임으로 전환하는 경우에는 그 전환되는 금액에 다음 각 호 중 낮은 비율을 곱한 월차임(月借賃)의 범위를 초과할 수 없다.
> 1. 「은행법」에 따른 은행에서 적용하는 대출금리와 해당 지역의 경제 여건 등을 고려하여 대통령령으로 정하는 비율(연1할)
> 2. 한국은행에서 공시한 기준금리에 대통령령으로 정하는 이율을 더한 비율 (연2%)

갱신되는 임대차는 전 임대차와 동일한 조건으로 다시 계약된 것으로 보므로 전세에서 월세로의 전환은 임차인 동의 없는 한 곤란하다. 다만, 동의에 의해 전환하는 경우에도 주택임대차보호법 제7조의2에 따른 법정 전환율 규정이 적용된다.

> 월차임=기존월차임+전환하려는 보증금x(주택임대차법령이 정한 비율)÷12(개월)
>
> → 1,000,000원(월세)+600,000,000원(보증금)×5.5÷12=3,750,000원
>
> * 5.5%=한국은행 기준금리(현행 3.5%)+대통령령으로 정하는 이율(2%)

보증금의 보증금의 전부 또는 일부를 월 단위 차임으로 전환하는 경우에는 그 전환되는 금액에 ⅰ) 대통령령으로 정하는 비율 1할(10%)과 ⅱ) 한국은행 기준금리(현행 3.5%)+대통령령으로 정하는 비율(연2%) 중 낮은 비율을 곱한 월차임의 범위를 초과하지 않는 범위 내에서 결정한다. 즉 10%와 연5.5%{=한국은행 기준금리(3.5%)+대통령령으로 정하는 비율(연2%)} 중 낮은 비율인 5.5%가 적용된다는 의미이다.

제7절 주택임대차분쟁조정위원회

주택임대차분쟁의 당사자는 해당 주택이 소재하는 지역 관할 조정위에 서면 또는 구두로 조정을 신청할 수 있다. 이 경우 조정위는 피신청인에게 조정신청서를 송달하고, 피신청인이 송달받은 날부터 7일 이내에 조정에 응하고자 하는 의사를 조정위에 통지하면 조정절차가 개시된다. 조정처리기간은 60일인데, 부득이한 사정이 있는 경우 30일까지 연장할 수 있다. 조정위는 당사자 등에게 출석하여 진술하거나 자료 등을 제출할 것을 요구할 수 있고, 조정위원·심사관조사관으로 하여금 조정 대상물 등에 대한 조사와 자료를 수집하게 하고, 시·도지사에게 확정일자 등 필요한 자료를 요청할 수 있다. 조정을 하기에 적합하지 아니하거나 조정신청에 부당한 목적이 인정되는 분쟁에 대해서는, 조정을 하지 아니하는 결정으로 종결할 수 있다. 조정위가 작성한 조정안을 당사자에게 통지되고, 당사자 모두가 수락의 의사를 서면으로 표시한 경우에는 조정안과 동일한 내용의 합의가 성립된 것으로 보며, 합의된 조정안 내용은 조정서로 작성된다. 특히, 각 당사자간 금전의 지급, 부동산의 인도에 관하여 강제집행을 승낙하는 취지의 합의가 기재된 조정서의 정본은 집행력 있는 집행권한과 동일한 효력을 갖는다. 조정위의 운영 및 조정절차에 관하여 주임법에서 정하지 아니한 사항은 민사조정법을 준용한다.

이하에서는 조정절차에 관한 세부내용 및 절차를 설명한다.

1. 규정의 신설

주임법 상 주택임대차분쟁조정위원회와 관련한 규정인 법 제14조부터 제31조의 규정이 2016. 5. 29. 법률 제14175호 공포되었다. 이는 주택임대차와 관련된 당사자 간의 분쟁을 합리적으로 조정하기 위한 주택임대차분쟁조정위원회를 대한법률구조공단의 지부에 설치하도록 하는 등 임차인을 보호하고 주택임대차시장의 안정을 도모하려는 취지이다.

2. 주요내용

그 주요내용을 보면 ① 주택 임대차와 관련된 당사자 간의 분쟁을 합리적으로 조정하기 위하여 대통령령으로 정하는 바에 따라 대한법률구조공단의 지부에 주택임대차분쟁조정위원회를, 주택임대차분쟁조정위원회에 조정부를 설치하도록 하고, 조정위원회의 구성 및 운영, 위원의 자격, 결격사유 및 신분보장, 조정위원의 제척, 조정의 신청 대상 및 절차, 처리기간, 조정방법 등에 관한 사항을 정함(제14조부터 제29조까지 신설), ② 각 당사자가 조정안에 대해 서면으로 수락의 의사를 표시한 경우 당사자 간에 합의가 성립된 것으로 보고, 조정위원회위원장은 각 당사자 간에 금전 기타 대체물의 지급 또는 부동산의 인도에 강제집행을 승낙하는 취지의 합의가 있는 경우에는 조정서에 그 합의 내용을 기재하도록 함(제26조 신설), ③ 조정서에 각 당사자 간에 금전 기타 대체물의 지급 또는 부동산의 인도에 강제집행을 승낙하는 취지의 합의가 있는 경우에는 집행력 있는 집행권원과 같은 효력을 갖도록 함(제27조 신설), ④ 조정위원이나 사무국의 직원 또는 그 직에 있었던 자는 직무상 알게 된 정보를 타인에게 누설하지 못하도록 비밀유지의무를 부과함(제28조 신설), ⑤ 임대인 및 임차인의 권리·의무 관계를 명확히 할 수 있도록 법무부에서 정하여 권장하는 주택임대차표준계약서의 우선 사용을 규정하되, 당사자 간 합의가 있는 경우에는 주택임대차표준계약서 사용의 예외를 인정함(제30조 신설) 등이다.

3. 조정위원회 구성 및 조정절차 등

가. 주택임대차분쟁조정위원회(주임법 제14조)

(1) 조정위원회설치

주임법의 적용을 받는 주택임대차와 관련된 분쟁을 심의·조정하기 위하여 대통령령으로 정하는 바에 따라「법률구조법」제8조에 따른 대한법률구조공단(이하"공단"이라 한다)235)의 지부에 주택임대차분쟁조정위원회(이하 "조정위원회"라 한다)를 둔다. 특별시·광역시·특별자치시·도 및 특별자치도(이하 "시·도"라 한다)는 그 지방자치단체의

---

235) 주택임대차보호법 제21조(주택임대차분쟁조정위원회의 설치)
① 「법률구조법」 제8조에 따른 대한법률구조공단(이하 "공단"이라 한다)의 다음 각 호의 지부에 법 제14조제1항에 따른 주택임대차분쟁조정위원회(이하 "조정위원회"라 한다)를 둔다.
1. 서울중앙지부
2. 수원지부
3. 대전지부
4. 대구지부
5. 부산지부
6. 광주지부

실정을 고려하여 조정위원회를 둘 수 있다. 한편, 이에 따라 시·도가 법 제14조제1항에 따라 조정위원회를 두는 경우 사무국의 조직 및 운영 등에 관한 사항은 그 지방자치단체의 실정을 고려하여 해당 시·도 조례로 정한다(주임법 시행령 제24조).

[별표 1] 〈신설 2017. 5. 29.〉

공단의 지부에 두는 조정위원회의 관할구역(제21조제2항 관련)

공단 지부	관할구역
서울중앙지부	서울특별시, 강원도
수원지부	인천광역시, 경기도
대전지부	대전광역시, 세종특별자치시, 충청북도, 충청남도
대구지부	대구광역시, 경상북도
부산지부	부산광역시, 울산광역시, 경상남도
광주지부	광주광역시, 전라북도, 전라남도, 제주특별자치도

(2) 조정위원회의 심의사항 등

조정위원회는 다음 각 호의 사항을 심의·조정한다.

1) 차임 또는 보증금의 증감에 관한 분쟁
2) 임대차 기간에 관한 분쟁
3) 보증금 또는 임차주택의 반환에 관한 분쟁
4) 임차주택의 유지·수선 의무에 관한 분쟁
5) 그 밖에 대통령령으로 정하는 주택임대차에 관한 분쟁, 여기서 대통령령으로 정하는 주택임대차 관련 분쟁이란 ⅰ) 임대차계약의 이행 및 임대차계약 내용의 해석에 관한 분쟁, ⅱ) 임대차계약 갱신 및 종료에 관한 분쟁, ⅲ) 임대차계약의 불이행 등에 따른 손해배상청구에 관한 분쟁, ⅳ) 공인중개사 보수 등 비용부담에 관한 분쟁, ⅴ) 주택임대차표준계약서 사용에 관한 분쟁, ⅵ) 그 밖에 제1호부터 제5호까지의 규정에 준하는 분쟁으로서 조정위원회의 위원장(이하 "위원장"이라 한다)이 조정이 필요하다고 인정하는 분쟁 등을 말한다(주임법 시행령 제22조).

(3) 공단의 지부에 두는 조정위원회 사무국

조정위원회의 사무를 처리하기 위하여 조정위원회에 사무국을 두고, 사무국의 조직 및 인력 등에 필요한 사항은 대통령령으로 정한다. 이에 따라 공단의 지부에 두는 조정위원회 사무국에는 사무국장 1명을 두며, 사무국장 밑에 심사관 및 조사관을 둔다(주임법 시행령 제23조 제1항).

(가) 사무국장 임명

사무국장은 공단의 이사장이 임명하며, 조정위원회의 위원(이하 "조정위원"이라 한다)을 겸직할 수 있다(주임법 시행령 제23조 제2항).

(나) 심사관 및 조사관 임명

심사관 및 조사관은 공단의 이사장이 임명한다(주임법 시행령 제23조 제3항).

(다) 사무국장의 임무

사무국장은 사무국의 업무를 총괄하고, 소속 직원을 지휘·감독한다(주임법 시행령 제23조 제4항).

(라) 심사관의 임무

심사관은 다음 각 호의 업무를 담당한다(주임법 시행령 제23조 제5항).
1) 분쟁조정신청 사건에 대한 쟁점정리 및 법률적 검토
2) 조사관이 담당하는 업무에 대한 지휘·감독
3) 그 밖에 위원장이 조정위원회의 사무 처리를 위하여 필요하다고 인정하는 업무

(마) 조사관의 임무

조사관은 다음 각 호의 업무를 담당한다(주임법 시행령 제23조 제6항).
1) 조정신청의 접수
2) 분쟁조정 신청에 관한 민원의 안내
3) 조정당사자에 대한 송달 및 통지
4) 분쟁의 조정에 필요한 사실조사
5) 그 밖에 위원장이 조정위원회의 사무 처리를 위하여 필요하다고 인정하는 업무

(바) 사무국장 등의 자격요건

사무국장 및 심사관은 변호사의 자격이 있는 사람으로 한다(주임법 시행령 제23조 제7항).

(4) 겸직금지

사무국의 조정위원회 업무담당자는 다른 직위의 업무를 겸직하여서는 아니 된다.

나. 예산의 지원(주임법 제15조)

국가는 조정위원회의 설치·운영에 필요한 예산을 지원할 수 있다.

다. 조정위원회의 구성 및 운영(주임법 제16조)

(1) 구성

조정위원회는 위원장 1명을 포함하여 5명 이상 30명 이하의 위원으로 구성한다. 공단 조정위원회 위원은 공단 이사장이 임명 또는 위촉하고, 시·도 조정위원회 위원은 해당 지방자치단체의 장이 임명하거나 위촉한다.

(2) 자격

조정위원회의 위원은 주택임대차에 관한 학식과 경험이 풍부한 사람으로서 다음 각 호의 어느 하나에 해당하는 사람으로 한다. 이 경우 제1호부터 제4호까지에 해당하는 위원을 각 1명 이상 위촉하여야 하고, 위원 중 5분의 2 이상은 제2호에 해당하는 사람이어야 한다.

1) 법학·경제학 또는 부동산학 등을 전공하고 대학이나 공인된 연구기관에서 부교수 이상 또는 이에 상당하는 직에 재직한 사람
2) 판사·검사 또는 변호사로 6년 이상 재직한 사람
3) 감정평가사·공인회계사·법무사 또는 공인중개사로서 주택임대차 관계 업무에 6년 이상 종사한 사람
4) 「사회복지사업법」에 따른 사회복지법인과 그 밖의 비영리법인에서 주택임대차분쟁에 관한 상담에 6년 이상 종사한 경력이 있는 사람
5) 해당 지방자치단체에서 주택임대차 관련 업무를 담당하는 4급 이상의 공무원

6) 그 밖에 주택임대차 관련 학식과 경험이 풍부한 사람으로서 대통령령으로 정하는 사람, 여기서 "대통령령으로 정하는 사람"이란 세무사·주택관리사·건축사로서 주택임대차 관계 업무에 6년 이상 종사한 사람을 말한다(주임법 시행령 제25조).

(3) 위원장 등 선임방법

조정위원회의 위원장은 상기 제2)에 해당하는 위원 중에서 위원들이 호선하고, 조정위원회위원장은 조정위원회를 대표하여 그 직무를 총괄하며, 조정위원회위원장이 부득이한 사유로 직무를 수행할 수 없는 경우에는 조정위원회위원장이 미리 지명한 조정위원이 그 직무를 대행한다.

(4) 임기 등

조정위원의 임기는 3년으로 하되 연임할 수 있으며, 보궐위원의 임기는 전임자의 남은 임기로 하고, 조정위원회는 조정위원회위원장 또는 상기 제2)에 해당하는 조정위원 1명 이상을 포함한 재적위원 과반수의 출석과 출석위원 과반수의 찬성으로 의결한다. 그 밖에 조정위원회의 설치, 구성 및 운영 등에 필요한 사항은 대통령령으로 정한다.

라. 조정부의 구성 및 운영(주임법 제17조)

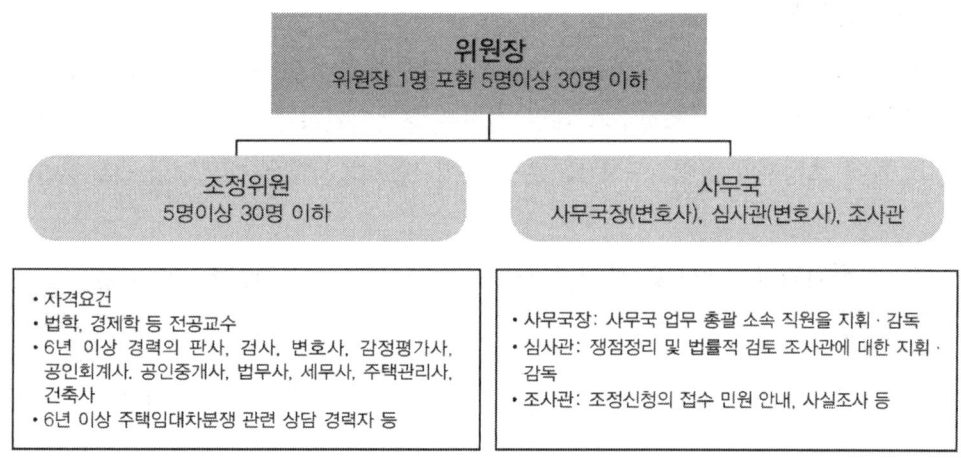

(1) 조정부 설치 및 구성

조정위원회는 분쟁의 효율적 해결을 위하여 3명의 조정위원으로 구성된 조정부를 둘수 있다. 조정부에는 판사·검사 또는 변호사로 6년 이상 재직한 사람에 해당하는 사람이 1명 이상 포함되어야 하며, 그 중에서 조정위원회위원장이 조정부의 장을 지명한다.

(2) 조정부의 심의·조정할 사항 등(주임법 시행령 제28조)

조정부에서는 주임법 제14조 제2항에 따른 주택임대차분쟁 중 대통령령으로 정하는 금액 이하의 분쟁을 심의·조정할 수 있는데, 여기서 말하는 대통령으로 정하는 금액 이하의 분쟁이란 아래의 내용을 말한다.

(가) 임대차계약의 보증금이 다음 각 목에서 정하는 금액 이하의 분쟁
1) 「수도권정비계획법」 제2조제1호에 따른 수도권 지역 : 5억원
2) 가목에 따른 지역 외의 지역 : 3억원

(나) 조정으로 주장하는 이익의 값(이하 "조정목적의 값"이라 한다)이 2억원 이하인 분쟁. 이 경우 조정목적의 값 산정은 「민사소송 등 인지법」에 따른 소송목적의 값에 관한 산정 방식을 준용한다.

(3) 의결방법

조정부는 조정부의 장을 포함한 재적위원 과반수의 출석과 출석위원 과반수의 찬성으로 의결한다. 이에 따라 조정부가 내린 결정은 조정위원회가 결정한 것으로 본다.
그 밖에 조정부의 설치, 구성 및 운영 등에 필요한 사항은 대통령령으로 정한다.

마. 조정위원의 결격사유(주임법 제18조) 및 신분보장(주임법 제19조)

(1) 원칙

결격사유로 「국가공무원법」 제33조 각 호의 어느 하나에 해당하는 사람은 조정위원이 될 수 없다.

(2) 예외

그러나, 조정위원은 자신의 직무를 독립적으로 수행하고 주택임대차분쟁의 심리 및 판단에 관하여 어떠한 지시에도 구속되지 아니하며, 다음 각 호의 어느 하나에 해당하는 경우를 제외하고는 그 의사에 반하여 해임 또는 해촉되지 아니한다.

1) 주임법 제18조 결격사유에 해당하는 경우
2) 신체상 또는 정신상의 장애로 직무를 수행할 수 없게 된 경우

바. 조정위원의 제척 등(주임법 제20조)

1) 제척

조정위원이 다음 각 호의 어느 하나에 해당하는 경우 그 직무의 집행에서 제척된다.

가) 조정위원 또는 그 배우자나 배우자이었던 사람이 해당 분쟁사건의 당사자가 되는 경우
나) 조정위원이 해당 분쟁사건의 당사자와 친족관계에 있거나 있었던 경우
다) 조정위원이 해당 분쟁사건에 관하여 진술, 감정 또는 법률자문을 한 경우
라) 조정위원이 해당 분쟁사건에 관하여 당사자의 대리인으로서 관여하거나 관여하였던 경우

사건을 담당한 조정위원에게 제척의 원인이 있는 경우에는 조정위원회는 직권 또는 당사자의 신청에 따라 제척의 결정을 한다.

2) 기피

당사자는 사건을 담당한 조정위원에게 공정한 직무집행을 기대하기 어려운 사정이 있는 경우 조정위원회에 기피신청을 할 수 있다. 이러한 기피신청에 관한 결정은 조정위원회가 하고, 해당 조정위원 및 당사자 쌍방은 그 결정에 불복하지 못한다. 이러한 기피신청이 있는 때에는 조정위원회는 그 신청에 대한 결정이 있을 때까지 조정절차를 정지하여야 한다.

3) 회피

또한 조정위원은 제척 또는 기피 등의 사유가 있는 경우 조정위원회의 허가를 받지 아

니하고 해당 분쟁사건의 직무집행에서 회피할 수 있다.

사. 조정의 신청 등(주임법 제21조)

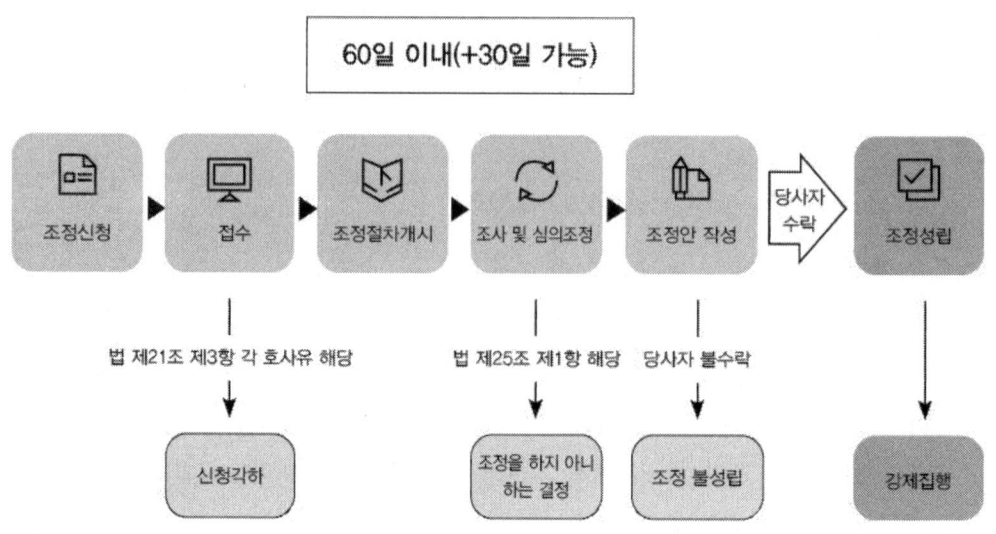

1) 신청
가) 신청자
조정신청은 서면 또는 구두로 할 수 있으며, 구두로 신청하는 경우에는 조정신청인은 심사관 또는 조사관에게 진술하여야 한다. 이 경우 조정신청을 받은 심사관 또는 조사관은 조정신청조서를 작성하고 신청인으로 하여금 서명 또는 기명날인하도록 하여야 한다. 이때 제출하는 조정신청서 또는 조정신청조서에는 당사자, 대리인, 신청의 취지와 분쟁의 내용 등을 기재하여야 한다. 이 경우 증거서류 또는 증거물이 있는 경우에는 이를 첨부하거나 제출하여야 한다(주임법 시행령 제30조 제3항).

주택임대차분쟁조정신청서

※ 뒤쪽의 작성방법을 읽고 작성하시기 바랍니다. (전면)

사건번호 20 년 주택조정 제 호	접수일	처리기간 60일 이내 (30일 연장가능)

신 청 인	성명		생년월일 (법인번호)	
	주소		(전화번호 :) (휴대전화번호 :) (전자우편주소 :)	
	송달 장소			

| 대표자 또는
대리인 | 성명 | | 생년월일
(법인번호) | |
| | 주소 | | (전화번호 :   )
(휴대전화번호 :   )
(전자우편주소 :   ) | |

피신청인	성명		생년월일 (법인번호)	
	주소		(전화번호 :) (휴대전화번호 :) (전자우편주소 :)	
	송달 장소			

신청의 취지 (신청금액)	(산정근거)

신청의 이유 (분쟁의 내용)	(필요시 뒤쪽이나 별지를 사용할 수 있습니다)

증거서류 또는 증거물	

「주택임대차보호법」 제21조 제1항, 같은 법 시행령 제30조 제1항에 따라 위와 같이 조정을 신청합니다.

년   월   일

신청인   (서명 또는 인)

대한법률구조공단   지부 주택임대차분쟁조정위원회 귀중

접수 처리	산정수수료		(인)	결재	조사관	심사관	사무국장	담당직원	
								조사관	심사관
	수 납		(인)						
	면 제	(대상자) (인)							
	지원대상자		(인)						
	보정권고								

（中面）

（중면）

환 급 계 좌	[신청인 본인 명의 계좌]
예 금 주	
은 행 명	
계좌정보	

※ 조정신청을 하는 경우 「주택임대차보호법 시행령」 제33조에 따라 아래 표에서 정하는 수수료를 내야 합니다.

조정목적의 값	수수료
1억원 미만	10,000원
1억원 이상 3억원 미만	20,000원
3억원 이상 5억원 미만	30,000원
5억원 이상 10억원 미만	50,000원
10억원 이상	100,000원

※ 조정목적의 값을 산정할 수 없는 경우 신청인이 내야 하는 수수료는 1만원으로 합니다.
※ 조정목적의 값은 「민사소송 등 인지법」에 따른 소송목적의 값에 관한 산정방식을 준용 합니다.

※ 신청인이 다음 각 호의 어느 하나에 해당하는 경우에는 수수료를 면제할 수 있습니다.
1. 법 제8조에 따라 우선변제를 받을 수 있는 임차인
2. 「국민기초생활 보장법」 제2조제2호에 따른 수급자
3. 「독립유공자예우에 관한 법률」 제6조에 따라 등록된 독립유공자 또는 그 유족(선순위자 1명만 해당된다. 이하 이 조에서 같다)
4. 「국가유공자 등 예우 및 지원에 관한 법률」 제6조에 따라 등록된 국가유공자 또는 그 유족
5. 「고엽제후유의증 등 환자지원 및 단체설립에 관한 법률」 제4조에 따라 등록된 고엽제후유증환자, 고엽제후유의증환자 또는 고엽제후유증 2세환자
6. 「참전유공자 예우 및 단체설립에 관한 법률」 제5조에 따라 등록된 참전유공자
7. 「5·18민주유공자예우에 관한 법률」 제7조에 따라 등록 결정된 5·18민주유공자 또는 그 유족
8. 「특수임무유공자 예우 및 단체설립에 관한 법률」 제6조에 따라 등록된 특수임무유공자 또는 그 유족
9. 「의사상자 등 예우 및 지원에 관한 법률」 제5조에 따라 인정된 의상자 또는 의사자유족
10. 「한부모가족지원법」 제5조에 따른 지원대상자
11. 「국민기초생활보장법」에 따라 보건복지부장관이 고시하는 기준 중위소득 125%인 국민 또는 국내 거주 외국인

공지사항

이 사건의 처리 결과에 대한 만족도 및 관련 제도 개선에 필요한 의견조사를 위하여 귀하의 전화번호 또는 휴대전화번호로 전화조사를 할 수 있습니다.

주택임대차분쟁조정신청을 위한 개인정보 수집·이용 및 제3자 제공 동의서

대한법률구조공단 주택임대차분쟁조정위원회는 주택임대차분쟁조정 업무를 수행하기 위하여 아래와 같이 개인정보를 수집·이용 및 제공하고자 합니다.

□ 개인정보 수집·이용 내역(필수사항 및 선택사항)

	항 목	수집목적	보유기간	
필수사항	• 성명, 생년월일, 연락처, 전자우편, 주소 및 신청내용 • (신청인이 위임장을 제출한 경우) 대리인의 성명, 생년월일, 연락처, 신청인과의 관계, 전자우편, 주소 및 신청내용	임대차분쟁조정사건 사실 확인 및 안건심의	영구	
	※ 위의 개인정보 수집·이용에 대한 동의를 거부할 권리가 있습니다. 그러나 동의를 거부할 경우 서비스 제공에 제한을 받을 수 있습니다. (개인정보를 이용하여 조정절차와 관련하여 귀하에게 연락할 수 있습니다).	☞ 위와 같이 개인정보를 수집·이용하는 데 동의하십니까?	동 의	
			미동의	
선택사항	• 수수료 면제 사유(소득소명자료 등) • 송달장소 • 계좌번호	분쟁조정신청 사건처리	10년	
	※ 위의 개인정보 수집·이용에 대한 동의를 거부할 권리가 있습니다. (동의거부 가능, 해당항목에 √) 그러나 동의를 거부할 경우 서비스 제공에 제한을 받을 수 있습니다.	☞ 위와 같이 개인정보를 수집·이용하는 데 동의하십니까?	전체동의	
			일부동의 (항목선택)	
			미 동 의	

□ 개인정보 제3자 제공 (필수사항)

	제3자	항 목	수집목적	보유기간	
필수사항	피신청인	• 신청인 성명, 생년월일, 연락처, 전자우편, 주소 및 신청내용 (단, 조정절차 진행을 위한 최소한의 정보만 제공)	임대차분쟁조정 사건 사실 확인 및 안건심의	10년	
	타 기관 조정위원회	• 신청인 성명, 생년월일, 연락처, 전자우편, 주소 및 신청내용 (단, 중복접수 확인을 위한 최소한의 정보만 제공)	분쟁조정신청 중복확인	10년	
	감사실 및 서비스 만족도조사 사업체	• 신청인 성명, 생년월일, 연락처, 신청내용 (단, 업무처리를 위한 최소한의 정보만 제공)	민원처리 및 서비스개선위한 만족도조사	10년	
	※ 위의 개인 정보 수집이용에 대한 동의를 거부할 권리가 있습니다. 그러나 동의를 거부할 경우 서비스 제공에 제한을 받을 수 있습니다.		☞위와 같이 개인 정보를 제공 하는데 동의하십니까?	동 의	
				미동의	

〈기타 고지 사항〉
• 개인정보 보호법 제15조제1항제2호, 제3호에 따라 **정보주체의 동의 없이** 아래와 같이 개인정보를 수집이용합니다.

개인정보 처리사유	개인정보 항목	수집 근거
분쟁조정신청 사건의 처리	• 주민등록번호(외국인등록번호), • 신청 내용에 민감정보가 포함된 경우 그 정보	「법률구조법」 제8조, 같은 법 시행령 제4조의2

• **분쟁조정제도 활성화**를 위하여 조정사례를 재구성하여 **개인의 특성에 관한 사항**(예 : 당사자의 성명, 주민등록번호, 분쟁목적물 소재지 등 삭제)**등이 기재되지 않도록 조치 후** 제3자 제공(국회의원,언론사 등) 및 임대차분쟁조정위원회 홈페이지에 게시할 수 있습니다.

본인은 위 동의서 내용과 같이 개인정보의 수집·이용에 관한 본인의 권리에 대하여 이해하고 서명합니다.

년   월   일

| | 본인 | 성명 | (서명 또는 인) |
| (정보주체가 만14세 미만인 경우) | 법정대리인 | 성명 | (서명 또는 인) |

대한법률구조공단 이사장 귀중

■ 주택임대차분쟁조정위원회 운영 및 사무 처리에 관한 규칙 시행규정 [별지 제13호 서식]

〈앞쪽〉

주택임대차분쟁조정절차에 관한 안내

☐ 조정 절차

○ 조정 신청 및 신청 각하

조정위원회의 심의·조정사항에 관한 주택임대차분쟁의 당사자는 해당 주택이 소재하는 공단 조정위원회에 분쟁의 조정을 신청할 수 있습니다.

(주택임대차보호법」 제21조 제1항)

그러나 조정위원회의 위원장은 다음 각 호의 어느 하나에 해당하는 경우에는 신청을 각하하고, 그 사유를 신청인에게 통지합니다(같은 법 제21조 제3항).

① 이미 해당 분쟁조정사항에 대하여 법원에 소가 제기되거나 조정 신청이 있은 후 소가 제기된 경우

② 이미 해당 분쟁조정사항에 대하여 「민사조정법」에 따른 조정이 신청된 경우나 조정신청이 있은 후 같은 법에 따른 조정이 신청된 경우

③ 이미 해당 분쟁조정사항에 대하여 주택임대차보호법에 따른 조정위원회에 조정이 신청된 경우나 조정 신청이 있은 후 조정이 성립된 경우

④ 조정신청 자체로 주택임대차에 관한 분쟁이 아님이 명백한 경우

⑤ 피신청인이 조정절차에 응하지 아니한다는 의사를 통지한 경우

⑥ 신청인이 정당한 사유 없이 조사에 응하지 아니하거나 2회 이상 출석요구에 응하지 아니한 경우

○ 조정 개시 (「주택임대차보호법」제22조 제1항, 제2항)

조정위원회의 위원장은 신청인으로부터 조정신청을 접수한 때에는 지체없이 조정절차를 개시하여야 하고, 피신청인에게 조정신청서를 송달하여야 합니다.

○ 조사 등(「주택임대차보호법」제24조, 제25조)

조정위원회는 조정을 위하여 필요하다고 인정하는 경우 신청인, 피신청인, 분쟁관련 이해관계인 또는 참고인에게 출석하여 진술하게 하거나 조정에 필요한 자료나 물건 등을 제출하도록 요구할 수 있습니다. 분쟁대상에 대하여 감정기관에 감정의뢰할 수 있습니다. 감정결과는 조정을 하기 위한 객관적 자료로 조정결과와 다를 수도 있습니다.

조정위원회는 해당 분쟁이 그 성질상 조정을 하기에 적당하지 아니하다고 인정하거나 당사자가 부당한 목적으로 조정을 신청한 것으로 인정할 때에는 조정을 하지 아니하는 결정을 할 수 있고, 그 결정을 당사자에게 통지하여야 합니다.

210mm×297mm(백상지 80g/㎡)

○ 조정의 성립(「주택임대차보호법」제26조, 제27조)

조정위원회가 조정안을 작성한 경우에는 그 조정안을 지체 없이 각 당사자에게 통지하여야 합니다.

조정안을 통지받은 당사자가 통지받은 날부터 14일 이내에 수락의 의사를 서면으로 표시하지 아니한 경우에는 조정을 거부한 것으로 봅니다.

반면, 각 당사자가 조정안을 수락한 경우에는 조정안과 동일한 내용의 합의가 성립된 것으로 봅니다.

합의가 성립한 경우 조정위원회위원장은 조정안의 내용을 조정서로 작성하고, 각 당사자 간에 금전, 그 밖의 대체물의 지급 또는 부동산의 인도에 관하여 강제집행을 승낙하는 취지의 합의가 있는 경우에는 조정위원회위원장은 그 내용을 조정서에 기재합니다.

조정위원회는 조정절차가 종료되면 그 결과를 당사자에게 통지하고, 작성된 조정서 정본을 당사자에게 교부 또는 송달합니다.

○ 처리기간(「주택임대차보호법」제23조)

조정위원회는 분쟁의 조정신청을 받은 날부터 60일 이내에 그 분쟁조정을 마쳐야 합니다.

다만, 부득이한 사정이 있는 경우에는 조정위원회의 의결을 거쳐 30일의 범위에서 그 기간을 연장할 수 있고, 연장할 경우 기간 연장의 사유와 그 밖에 기간 연장에 관한 사항을 당사자에게 통보합니다.

보정요구를 받은 날로부터 보정이 이르기까지의 기간 및 감정절차에 소요된 기간은 위의 분쟁조정 처리기간에 산입되지 않습니다.

□ 조정의 효력(「주택임대차보호법」제26, 27조)

성립된 조정은 조정서와 동일한 내용의 민사상 합의로서의 효력을 가지며, 강제집행을 승낙하는 취지의 내용이 기재된 조정서의 정본은 「민사집행법」제56조에도 불구하고 집행력 있는 집행권원과 같은 효력을 인정하고 있어, 그 실효성을 담보하고 있습니다.

□ 조정비용 부담(「주택임대차보호법 시행령」제33조)

조정을 신청하는 자는 조정 목적의 값(조정신청금액과 유사)에 따라 10,000원~100,000원의 수수료를 내야 합니다. (다만, 소액임차인, 기초생활수급자, 독립유공자, 국가유공자, 고엽제휴유증환자 등, 참전유공자, 5 · 18민주유공자, 특수임무유공자, 의상자 등, 한부모 가족지원법 지원대상자와 그밖에 법무부장관과 국토교통부장관이 공동으로 정하여 고시하는 사람은 수수료를 면제받을 수 있습니다.)

※ 수수료는 「주택임대차보호법 시행령」 제33조제3항에 해당하는 경우 환급을 청구할 수 있습니다.

※ 감정 등을 의뢰하는 경우 그 비용은 신청인이 부담할 수 있습니다.

「주택임대차보호법」제21조제2항, 같은 법 시행령 제31조에 따라 임대차분쟁 조정 절차 및 조정의 효력 등에 대하여 위와 같은 사항을 안내하여 드립니다.

년   월   일

확인인   (서명 또는 인)

대한법률구조공단   지부 주택임대차분쟁조정위원장 (인)

210mm×297mm(백상지 80g/㎡)

나) 신청관할

조정위원회의 심의 또는 조정 사항의 어느 하나에 해당하는 주택임대차분쟁의 당사자(임대인 · 임차인)는 해당 주택이 소재하는 공단 또는 시 · 도 조정위원회에 분쟁의 조정을 신청할 수 있다.

[별표 1] 〈신설 2017. 5. 29.〉

공단의 지부에 두는 조정위원회의 관할구역(제21조제2항 관련)

공단 지부	관할구역
서울중앙지부	서울특별시, 강원도
수원지부	인천광역시, 경기도
대전지부	대전광역시, 세종특별자치시, 충청북도, 충청남도
대구지부	대구광역시, 경상북도
부산지부	부산광역시, 울산광역시, 경상남도
광주지부	광주광역시, 전라북도, 전라남도, 제주특별자치도

다) 분쟁조정절차 등 안내

조정위원회는 신청인이 조정을 신청할 때 조정 절차 및 조정의 효력 등 분쟁조정에 관하여 대통령령으로 정하는 사항을 안내하여야 한다. 여기서 "대통령령으로 정하는 사항"이란 ⅰ) 법 제21조제3항 각 호에 따른 조정 신청의 각하 사유, ⅱ) 법 제22조제2항에 따른 조정절차의 개시 요건, ⅲ) 법 제23조의 처리기간, ⅳ) 법 제24조에 따라 필요한 경우 신청인, 피신청인, 분쟁 관련 이해관계인 또는 참고인에게 출석하여 진술하게 하거나 필요한 자료나 물건 등의 제출을 요구할 수 있다는 사실, ⅴ) 조정성립의 요건 및 효력, ⅵ) 당사자가 부담하는 비용 등의 사항을 말한다(법 시행령 제31조).

라) 수수료 납부

임차인 등이 조정신청을 할 경우 소정의 수수료를 납하여야 하는데, 이때 납부하는 수수료는 아래 별표 2와 같다.

[별표 2] 〈신설 2017. 5. 29.〉

수수료(제33조제1항 관련)

조정목적의 값	수수료
1억원 미만	10,000원
1억원 이상 3억원 미만	20,000원
3억원 이상 5억원 미만	30,000원
5억원 이상 10억원 미만	50,000원
10억원 이상	100,000원

비고: 조정목적의 값을 산정할 수 없는 경우 신청인이 내야 하는 수수료는 1만원으로 한다.

마) 수수료면제

신청인이 다음 각 호의 어느 하나에 해당하는 경우에는 제1항에 따른 수수료를 면제할 수 있다(주임법 시행령 제33조 제2항).

① 법 제8조에 따라 우선변제를 받을 수 있는 임차인

② 「국민기초생활 보장법」 제2조제2호에 따른 수급자

③ 「독립유공자예우에 관한 법률」 제6조에 따라 등록된 독립유공자 또는 그 유족(선순위자 1명만 해당된다. 이하 이 조에서 같다)

④ 「국가유공자 등 예우 및 지원에 관한 법률」 제6조에 따라 등록된 국가유공자 또는 그 유족

⑤ 「고엽제후유의증 등 환자지원 및 단체설립에 관한 법률」 제4조에 따라 등록된 고엽제후유증환자, 고엽제후유의증환자 또는 고엽제후유증 2세환자

⑥ 「참전유공자 예우 및 단체설립에 관한 법률」 제5조에 따라 등록된 참전유공자

⑦ 「5·18민주유공자예우에 관한 법률」 제7조에 따라 등록 결정된 5·18민주유공자 또는 그 유족

⑧ 「특수임무유공자 예우 및 단체설립에 관한 법률」 제6조에 따라 등록된 특수임무유공자 또는 그 유족

⑨ 「의사상자 등 예우 및 지원에 관한 법률」 제5조에 따라 인정된 의상자 또는 의사자유족

⑩ 「한부모가족지원법」 제5조에 따른 지원대상자

⑪ 그 밖에 제1호부터 제10호까지의 규정에 준하는 사람으로서 공단 규칙 또는 시·도 조례로 정하는 사람

바) 수수료 환급청구

신청인은 다음의 어느 하나에 해당하는 경우에는 수수료의 환급을 청구할 수 있으며(주임법 시행령 제33조 제3항), 이에 따른 수수료의 납부방법 및 제3항에 따른 수수료의 환급절차 등에 관하여 필요한 사항은 공단 규칙 또는 시·도의 조례로 정한다.

① 법 제21조제3항제1호 및 제2호에 따라 조정신청이 각하된 경우. 다만, 조정신청 있은 후 신청인이 법원에 소를 제기하거나 「민사조정법」에 따른 조정을 신청한 경우는 제외한다.

② 법 제21조제3항제3호 및 제5호에 따라 조정신청이 각하된 경우

③ 신청인이 조정위원회 또는 조정부의 회의가 소집되기 전에 조정신청을 취하한 경우. 이 경우 환급 금액은 납부한 수수료의 2분의 1에 해당하는 금액으로 한다.

2) 신청의 각하

조정위원회의 위원장은 다음 각 호의 어느 하나에 해당하는 경우 신청을 각하한다. 이 경우 그 사유를 신청인에게 통지하여야 한다.

가) 이미 해당 분쟁조정사항에 대하여 법원에 소가 제기되거나 조정 신청이 있은 후 소

가 제기된 경우

나) 이미 해당 분쟁조정사항에 대하여 「민사조정법」에 따른 조정이 신청된 경우나 조정 신청이 있은 후 같은 법에 따른 조정이 신청된 경우

다) 이미 해당 분쟁조정사항에 대하여 이 법에 따른 조정위원회에 조정이 신청된 경우 나 조정신청이 있은 후 조정이 성립된 경우

라) 조정신청 자체로 주택임대차에 관한 분쟁이 아님이 명백한 경우

마) 피신청인이 조정절차에 응하지 아니한다는 의사를 통지하거나 조정신청서를 송달받은 날부터 7일 이내에 아무런 의사를 통지하지 아니한 경우

바) 신청인이 정당한 사유 없이 조사에 응하지 아니하거나 2회 이상 출석요구에 응하지 아니한 경우

3) 조정절차(주임법 제22조)

조정위원회의 위원장은 조정신청을 접수하면 피신청인에게 조정신청서를 송달하여야 한다. 이에 따라 조정신청서를 송달받은 피신청인이 조정에 응하고자 하는 의사를 조정위원회에 통지하면 조정절차가 개시된다. 조정서류의 송달 등 조정절차에 관하여 필요한 사항은 대통령령으로 정한다.

4) 처리기간(주임법 제23조)

가) 원칙

조정위원회는 분쟁의 조정신청을 받은 날부터 60일 이내에 그 분쟁조정을 마쳐야 한다.

나) 예외

다만, 부득이한 사정이 있는 경우에는 조정위원회의 의결을 거쳐 30일의 범위에서 그 기간을 연장할 수 있다. 조정위원회는 기간을 연장한 경우에는 기간 연장의 사유와 그 밖에 기간 연장에 관한 사항을 당사자에게 통보하여야 한다.

5) 조사 등(주임법 제24조)

가) 자료 제출요구

조정위원회는 조정을 위하여 필요하다고 인정하는 경우 신청인, 피신청인, 분쟁관련 이

해관계인 또는 참고인에게 출석하여 진술하게 하거나 조정에 필요한 자료나 물건 등을 제출하도록 요구할 수 있다.

나) 조정위원 등의 조사

조정위원회는 조정을 위하여 필요하다고 인정하는 경우 조정위원 또는 사무국의 직원으로 하여금 조정 대상물 및 관련 자료에 대하여 조사하게 하거나 자료를 수집하게 할 수 있다. 이 경우 조정위원이나 사무국의 직원은 그 권한을 표시하는 증표를 지니고 이를 관계인에게 내보여야 한다.

다) 시장 등에 대한 확정일자 등 제료제출 요구

조정위원회위원장은 특별시장, 광역시장, 특별자치시장, 도지사 및 특별자치도지사(이하 "시·도지사"라 한다)에게 해당 조정업무에 참고하기 위하여 인근지역의 확정일자 자료, 보증금의 월차임전환율 등 적정 수준의 임대료 산정을 위한 자료를 요청할 수 있다. 이 경우 시·도지사는 정당한 사유가 없으면 조정위원회위원장의 요청에 따라야 한다.

6) 조정을 하지 아니하는 결정(주임법 제25조)

조정위원회는 해당 분쟁이 그 성질상 조정을 하기에 적당하지 아니하다고 인정하거나 당사자가 부당한 목적으로 조정을 신청한 것으로 인정할 때에는 조정을 하지 아니할 수 있다. 조정위원회는 조정을 하지 아니하기로 결정하였을 때에는 그 사실을 당사자에게 통지하여야 한다.

7) 조정의 성립(주임법 제26조)

가) 조정서 통지 등

조정위원회가 조정안을 작성한 경우에는 그 조정안을 지체 없이 각 당사자에게 통지하여야 한다. 이에 따라 조정안을 통지받은 당사자가 통지받은 날부터 7일 이내에 수락의 의사를 서면으로 표시하지 아니한 경우에는 조정을 거부한 것으로 본다.

각 당사자가 조정안을 수락한 경우에는 조정안과 동일한 내용의 합의가 성립된 것으로 본다. 이에 따른 합의가 성립한 경우 조정위원회위원장은 조정안의 내용을 조정서로 작성한다. 조정위원회위원장은 각 당사자 간에 금전, 그 밖의 대체물의 지급 또는 부동산의 인도에 관하여 강제집행을 승낙하는 취지의 합의가 있는 경우에는 그 내용을 조정서에 기재하여야 한다.

나) 조정서의 작성

조정서에는 다음 각 호의 사항을 기재하고, 위원장 및 조정에 참여한 조정위원이 서명 또는 기명날인하여야 한다(주임법 시행령 제34조).

① 사건번호 및 사건명
② 당사자의 성명, 생년월일 및 주소(법인의 경우 명칭, 법인등록번호 및 본점의 소재지를 말한다)
③ 임차주택 소재지
④ 신청의 취지 및 이유
⑤ 조정내용(법 제26조제4항에 따라 강제집행을 승낙하는 취지의 합의를 포함한다)
⑥ 작성일

다) 답변서제출요구

피신청인은 조정에 응할 의사가 있는 경우에는 조정신청서등을 송달받은 날부터 7일 이내에 그 의사를 조정위원회에 통지하여야 하여야 하며, 위원장은 이에 따른 통지를 받은 경우 피신청인에게 기간을 정하여 신청내용에 대한 답변서를 제출할 것을 요구할 수 있다(법 시행령 제32조 제3항).

8) 집행력의 부여(주임법 제27조)

강제집행을 승낙하는 취지의 내용이 기재된 조정서의 정본은 「민사집행법」제56조에도 불구하고 집행력 있는 집행권원과 같은 효력을 가진다. 다
만, 청구에 관한 이의의 주장에 대하여는 같은 법 제44조 제2항을 적용하지 아니한다.

아. 비밀유지의무(주임법 제28조)

조정위원, 사무국의 직원 또는 그 직에 있었던 자는 다른 법률에 특별한 규정이 있는 경우를 제외하고는 직무상 알게 된 정보를 타인에게 누설하거나 직무상 목적 외에 사용

하여서는 아니 된다.

자. 다른 법률의 준용(주임법 제29조)

조정위원회의 운영 및 조정절차에 관하여 이 법에서 규정하지 아니한 사항에 대하여는
「민사조정법」을 준용한다.

차. 주택임대차표준계약서 사용(주임법 제30조)

주택임대차계약을 서면으로 체결할 때에는 법무부장관이 서식을 정하여 권고하는 주택
임대차표준계약서를 우선적으로 사용한다. 다만, 당사자가 다른 서식을 사용하기로 합
의한 경우에는 그러하지 아니하다.

카. 벌칙 적용에서 공무원 의제(주임법 제31조)

공무원이 아닌 주택임대차위원회의 위원 및 주택임대차분쟁조정위원회의 위원은 「형법」
제127조, 제129조부터 제132조까지의 규정을 적용할 때에는 공무원으로 본다.

4. 계약갱신 시 임대료 합의절충 실패시 임대료 정하는 방법

계약을 갱신할 경우 일단 임대인과 임차인이 임대료 등의 임대조건에 대해 최대한 우호
적으로 상호 협의를 하려고 노력하는 것이 좋다. 다만 그러한 노력에도 불구하고 서로
의견이 맞지 않을 경우 임대인이나 임차인이 주택임대차분쟁조정위원회에 분쟁조정을
신청할 수 있다.

만일, 분쟁조정위원회에서도 조정이 되지 않으면, 임대인이나 임차인이 법원에 차임 증
감청구 소송을 제기할 수 있다. 이럴 경우 법원에서도 먼저 조정절차를 통해 당사자 간
합의를 시도해보고 합의가 되지 않으면 판결로 임대료를 정하게 된다. 이렇게 조정 또
는 법원의 판결로 임대료가 정해질 때까지는 월세를 내고 있던 임차인은 기존 임대료를
내고 있다가 조정 또는 판결로 임대료 인상폭이 정해지면 소급해서 정산하면 된다.

제8절 주택임대차와 일반임대차의 차이

구 분	주 택 임 대 차	일 반 임 대 차
법의 적용	주택임대차보호법의 적용을 받음	민법 중 임대차의 규정이 적용
최단계약기간	2년	1년
보증금의 회수	○소액보증금 : 최우선변제 ○나머지 : 확정일자 부여로 　　　　　 우선변제권 획득	채권이므로 전혀 대항력이 없음(등기하지 않은 경우)
목적물의 매매	새주인에게 그대로 인수인계됨 – 매매는 임대차를 깨뜨리지 못한다	새주인에게 인수인계되지 않음 (새주인과 다시 계약해야 됨) – 매매는 임대차를 깨뜨린다
적용대상	주택 및 주거용건물만 해당 (미등기, 무허가건물, 당해 토지도 포함)	주거용건물 제외
기한없는 임대차의 기간 (묵시의 갱신)	2년 자동연장(임차인이 원할 경우 3개월 전 통고로 해지, 임대인은 해지 불가)	당사자의 사전통고로 계약이 해지됨 (임대인 : 6개월 전, 임차인 : 1개월 전 해지통고)
양도 및 전대	소유자의 동의 없는 양도 및 전대는 소유자에게 대항할 수 없으나 동의를 한 경우에 양도는 합법적으로 새로운 임차인에게 인계되면서 전임차인은 빠지게 되나 전대의 경우는 전차인이 있어도 임차인은 그대로 소유자 즉 임대인과의 관계가 그대로 유지됨	
소부문 전대	소유자의 동의없이도 소부분 전대는 가능 (전대 : 임차인이 다시 세를 주는 것) (소부분 : 절반이하의 부분을 말함)	

제9절 전월세신고제

전월세신고제란 임차인들이 원하는 지역의 주택 보증금과 임대료 현황을 알아볼 수 있도록 전월세계약이 체결되면 임대차 계약 당사자들이 그 내용을 30일 이내에 신고하고 공개하는 제도이다.

이는 먼저 임차한 임차인들의 보증금이 얼마나 되는지, 또 주변 시세는 얼마나 되는지 등을 알 수 있기 때문에 임대료 협상도 할 수 있게 되고 보증금을 돌려받기 어려운 '깡통주택'의 위험성을 미리 알 수 있게 된다는 장점이 있다.

제3편 상가건물 임대차보호법

제1장 상가건물 임대차보호법의 목적 등

1. 목 적

상가건물임대차보호법은 상가건물 임대차에 관하여 민법에 대한 특례를 규정함으로써 국민경제생활의 안정을 보장하기 위하여(상임법 제1조) 2001. 12. 29. 법률 제6542호로 제정되어졌다. 즉 일반 토지, 건물 등에 대한 임대차를 규정한 민법에 대하여 상술한 주택에 대한 임대차를 보호하는 주택임대차보호법 외에 상인들이 상업목적으로 임대차를 할 경우 이에 대한 보호를 위해 규정된 법이 상가건물임대차보호법이다(이하 '상임법'이라 한다).

2. 2015. 5. 13. 개정

이러한 상임법은 2001. 제정 이후 현재까지 일부개정 등을 통하여 개정되어졌는데, 최근 2015. 5. 13.자 개정은 그간 문제가 되던 권리금에 관하여 규정하는 등 많은 변화가 있었다. 현행법은 임차인이 투자한 비용이나 영업활동의 결과로 형성된 지명도나 신용 등의 경제적 이익이 임대인의 계약해지 및 갱신거절에 의해 침해되는 것을 그대로 방치하고 있어, 그 결과 임대인은 새로운 임대차계약을 체결하면서 직접 권리금을 받거나 임차인이 형성한 영업적 가치를 아무런 제한 없이 이용할 수 있게 되지만 임차인은 다시 시설비를 투자하고 신용확보와 지명도 형성을 위하여 상당기간 영업손실을 감당하여야 하는 문제점이 발생하고 있다. 이러한 문제점을 해결하기 위하여 임차인에게는 권리금 회수기회를 보장하고, 임대인에게는 정당한 사유 없이 임대차계약의 체결을 방해할 수 없도록 방해금지의무를 부과하는 등 권리금에 관한 법적근거를 마련하려는 것이다. 또한 이해관계자에게 상가건물 임대차에 대한 확정일자 부여 등의 임대차 정보를 제공받을 수 있도록 하고, 상가건물 임대차계약에 관한 표준계약서와 권리금계약에 관한 표준권리금계약서를 마련하여 사용을 권장하도록 하는 등 상가임차인 보호를 더욱 강화하려는 것이다.

3. 2018. 10. 16. 일부개정

가. 개정이유

현행법은 상가건물 임차인이 계약갱신요구권을 행사할 경우 최초의 임대차기간을 포함하여 "5년"을 초과할 수 없도록 하여 임차인이 영업을 안정적으로 계속하기 어렵다는 주장이 지속적으로 제기되고 있다.

또한 임대인이 준수하여야 하는 권리금 지급 방해행위 금지기간을 임대차기간이 끝나기 3개월 전부터 종료 시까지로 제한하고 있는데 이에 대해 임차인의 권리금 회수기회 기간이 짧다는 지적이 있고, 2015년 개정된 현행법은 일반상가 임차인에 대한 권리금 회수 기회를 보장했지만 대다수의 영세상인이 영업하고 있는 전통시장은 포함되지 않아 논란이 있다. 한편 현행법은 임차인과 임대인의 갈등이 꾸준히 발생하고 있음에도 상가건물 임대차 분쟁 해결을 위한 분쟁조정위원회제도는 아직 도입되지 않아 지난해 이를 도입한 「주택임대차보호법」과 형평성이 맞지 않는다는 지적이 있음.

나. 주요내용

(1) 상가건물 임차인이 계약갱신요구권을 행사할 수 있는 기간을 "10년"까지로 확대하였다(제10조제2항).

(2) 임대인의 권리금 지급 방해행위 금지기간을 임대차 종료 6개월 전부터로 확대함으로써 임차인의 권리금 회수기회를 보다 강화하였다(제10조의4제1항).

(3) 「전통시장 및 상점가 육성을 위한 특별법」 제2조제1호에 의한 전통시장은 권리금 적용 제외대상에서 제외하여 전통시장 내 영세상인의 권리금 회수기회를 보장하려는 것이다(제10조의5제1호).

(4) 상가건물 임대차에 관한 분쟁을 조정하기 위하여 「법률구조법」에 따른 대한법률구조공단의 지부에 상가건물임대차분쟁조정위원회를 설치하여 임대인과 임차인 간의 분쟁이 신속하게 해결될 수 있도록 함으로써 상인들이 안정적으로 생업에 종사할 수 있도록 하려는 것이다(제20조부터 제22조까지 신설).

	주요 개정내용	기존	개정	적용범위
상가건물 임대차 보호법 일부개정 (2018.10.16)	계약갱신 요구권 행사기간 확대	5년	10년	■ 최초 계약일로부터 5년차에 도래하기 전 법 시행이 되더라도 5년간 임대차기간 종 료 후 임대인은 계약 갱신 거절 가능. ■ 이 법 시행후 최초로 체결되거나 갱신되는 임대차부터 적용.
	권리금 회수기회 보호기간 강화	3개월	6개월	■ 임대인의 권리금 지급 방해 행위 금지기간 을 "임대차 종료 3개월전부터 → 6개월전 부터"로 강화 ■ 이 법 시행당시 존속중인 임대차에도 적용
	전통시장 권리금 보호대상 적용	미적 용	적용	■ 이 법 시행당시 존속중인 임대차에도 적용
	상가건물임대차분재 조정위원회 설치		신설	■ 대한법률구조공단의 지부에 설치 ■ 2018.10.16 이 법 공포후 6개월 경과한 날 (2019. 04.16) 부터 시행

4. 2020. 7. 31. 일부개정

가. 개정이유

국민의 일상생활과 밀접한 관련이 있는 임대차 관련 제도를 마련하기 위해서는 임대차 현황에 대한 정확한 판단 및 관련 통계 분석 등이 수반되어야 하는바, 상가건물 임대차 제도를 부동산 정책과 연계하여 탄력적으로 대응하기 위하여 부동산 정책 소관부처인 국 토교통부와 상가건물 임대차와 관련된 주요 업무를 공동으로 관할하도록 하려는 것임.

나. 주요내용

(가) 현재 국토교통부장관이 정하던 표준권리금계약서 및 법무부장관이 정하던 상가건 물임대차표준계약서 서식을 앞으로는 각각 법무부장관과 국토교통부장관이 협의하여 정하도록 함(제10조의6 및 제19조).

(나) 이 법의 적용범위에 관한 상가건물의 임대차 보증금액, 우선변제를 받을 임차인 및 보증금 중 일정액의 범위와 기준에 관한 사항을 심의하기 위하여 법무부에 상가건물 임대차위원회를 설치하되, 위원장은 법무부차관으로 하고, 위원은 국토교통부에서 상가건물 임대차 관련 업무를 담당하는 고위공무원단에 속하는 공무원 등으로 함(제14조의2 신설).

(다) 현재 대한법률구조공단 지부에 설치하도록 한 상가건물임대차분쟁조정위원회를 앞으로는 한국토지주택공사 및 한국감정원의 지사 또는 사무소에도 설치하도록 함(제20조제1항).

Q 2층 사무실을 임대하여 사용 중 누군가가 유리창에 공기총 탄피로 보이는 것으로 구멍을 내어 유리창 3장이 깨어져 경찰에 신고하였으나 범인은 찾지 못하였습니다. 사용에 큰 불편은 없어 그대로 사용하였으나 임대차관계 종료 시 유리창 원상복구를 임차인이 해야 되는지요?

A 임차물에 수리를 요하는 경우에 임차인은 임대인에게 그 사실을 통지해야 합니다.(민법 제634조) 이 규정은 임차인의 고의 과실 없이 임차목적물에 하자가 발생한 경우에 해당됩니다. 따라서 이에 대한 수리는 임대인이 해야 합니다. 사안에서 임차인의 과실 없이 임차목적물에 하자가 발생한 것이므로 이를 임차인이 수리할 의무는 없습니다. 그러나 그 하자의 발생이 임차인의 과실에 의해 발생한 것이 아니라는 것을 입증해야 합니다.

---

5. 2022. 1. 4., 일부개정

가. 개정이유

코로나-19의 여파로 국내 소비지출이 위축되고 상가임차인의 매출과 소득이 급감하는 등 영업유지가 사실상 불가능하여 폐업하거나 폐업을 고려하는 상가임차인이 증가하고 있으나, 폐업하더라도 임대차계약의 구속력으로 인해 기존 임대료 지급의무에서 벗어나기 힘들어 임차인에게 과도한 부담이 되고 있는 상황이다.

이에 임차인이 3개월 이상 감염병 예방을 위한 집합 제한 또는 금지 조치를 받음으로써 발생한 경제사정의 중대한 변동으로 폐업한 경우에는 사정 변경을 이유로 임대차계약을 해지할 수 있도록 명문의 규정을 마련하려는 것이다.

나. 주요내용

(가) 제2조제3항 중 "제10조의9까지의 규정"을 "제10조의9까지의 규정, 제11조의2"로 한다.

(나) 제11조의2를 다음과 같이 신설한다.

제11조의2(폐업으로 인한 임차인의 해지권) ① 임차인은 「감염병의 예방 및 관리에 관한 법률」 제49조제1항제2호에 따른 집합 제한 또는 금지 조치(같은 항 제2호의2에 따라 운영시간을 제한한 조치를 포함한다)를 총 3개월 이상 받음으로써 발생한 경제사정의 중대한 변동으로 폐업한 경우에는 임대차계약을 해지할 수 있다.

② 제1항에 따른 해지는 임대인이 계약해지의 통고를 받은 날부터 3개월이 지나면 효력이 발생한다.

제2장 적용범위

제1절 서설

일반 건물, 토지 또는 주택 등의 임대차와는 달리 상임법에서는 그 적용범위를 특정하고 있는바, 상가건물(사업자등록의 대상이 되는 건물)에 관한 임대차로서 그 임대차보증금이 일정 금액 이하이어야 한다(상임법 제2조 제1항, 동법 시행령 제2조 제1항). 다만 상가건물임대차위원회의 심의를 거쳐 대통령령으로 정하는 보증금액을 초과하는 임대차에 대하여는 적용되지 아니하며, 이에 따른 보증금액을 정할 때에는 해당 지역의 경제 여건 및 임대차 목적물의 규모 등을 고려하여 지역별로 구분하여 규정하되, 보증금 외에 차임이 있는 경우에는 그 차임액에 「은행법」에 따른 은행의 대출금리 등을 고려하여 대통령령으로 정하는 비율을 곱하여 환산한 금액을 포함하여야 한다.

다만, 이에도 불구하고(제1항 단서) 제3조(대항력 등), 제10조제1항, 제2항, 제3항 본문(계약갱신요구), 제10조의2부터 제10조의9까지의 규정, 제11조의2 및 제19조는 제1항 단서에 따른 보증금액을 초과하는 임대차에 대하여도 적용한다.

【판시사항】

가. 상가건물임대차보호법(이하 '상가임대차법'이라 한다)의 적용 기준이 되는 보증금액을 대통령령에 위임하고 있는 구 상가임대차법(2009. 1. 30. 법률 제9361호로 개정되고, 2013. 8. 13. 법률 제12042호로 개정되기 전의 것) 제2조 제1항 단서(이하 '이 사건 제외조항'이라 한다) 및 차임액에 곱하는 비율을 대통령령에 위임하고 있는 상가임대차법(2010. 5. 17. 법률 제10303호로 개정된 것) 제2조 제2항(이하 '이 사건 기준조항'이라 한다)이 포괄위임입법금지원칙에 위반되는지 여부(소극)

나. 일정한 보증금액을 초과하는 상가건물 임대차를 상가임대차법의 적용범위에서 제외하고 있는 이 사건 제외조항이 재산권 형성에 있어서 입법자의 재량을 일탈하였는지 여부(소극)

다. 이 사건 제외조항이 보증금액을 기준으로 한 적용범위의 제한이 없는 주택임대차와 비교하여 평등원칙에 위반되는지 여부(소극)(헌법재판소 2014. 3. 27. 선고 2013헌바198 결정)

【결정요지】

가. 임대차관계에서 상대적으로 불리한 지위에 놓인 상가임차인을 보호하여 공정한 경제질서를 달성하고자 하는 상가임대차법의 입법취지와 관련조항들을 고려할 때, 상가임대차법의 적용 기준이 되는 보증금액은 상가임차인 보호와 다른 법익 간의 균형을 이루면서 상대적으로 영세한 임차인들을 보호범위에 포함시키기에 적정한 금액으로 정해질 것임을 예측할 수 있고, 차임액에 곱하게 될 비율도 보증금만 존재하는 임대차와 차임이 존재하는 임대차 간의 형평을 달성하기에 합리적인 수준으로 은행의 대출금리를 고려하여 정해질 것임을 예측할 수 있으므로 이 사건 기준조항 및 이 사건 제외조항은 포괄위임입법금지원칙에 위배되지 않는다.

나. 임차인 보호를 위해 사적자치원리에 수정을 가하여 임차인의 지위를 강화하는 것은 임대인 등 다른 권리주체의 법익과 충돌하므로 상충하는 법익 간의 균형을 이루기 위해 상가임대차법의 적용을 일정 범위의 임대차관계로 한정하는 것은 그 목적의 정당성이 인정된다. 또한 보증금이 소액일수록 그 임차인은 보호가 필요한 영세상인일 가능성이 크고, 보증금이 클수록 임대인 등 다른 권리주체의 재산권 제약이 커질 수 있다는 점을 고려할 때, 보증금의 액수를 상가임대차법의 적용 기준으로 선택한 입법자의 판단은 그 합리성이 충분히 인정될 수 있으므로 입법자가 재산권 형성에 있어서 입법자에게 주어진 재량을 일탈하였다고 보기 어렵다.

다. 주택임대차와 상가임대차는 건물의 임대차라는 점에서는 동일하지만, 주거의 안정은 인간다운 생활을 하기 위한 필수불가결한 요소로서 주택임차인의 보호는 헌법 제34조 제1항 및 제2항에 의해 정당화되는 반면, 상가는 기본적으로 영리활동을 목적으로 하는 공간으로서 사적자치에 의해 규율되는 것이 원칙이다. 또한 상가임대차법은 투자 회수 및 영업상 이익의 보호를 위한 계약갱신요구권을 인정하는 반면, 주택임대차법은 생존가족의 주거권 보호를 위한 상속의 특례 규정을 두는 등 그 보호내용에도 차이를 두고 있다. 이와 같은 차이점들을 고려할 때 주택임대차와 상가임대차를 그 적용범위에 있어서 달리 취급한다 하여 평등원칙에 위반된다고 볼 수 없다.

Q 저는 2007년 7월 서울 소재 의류전문 대형쇼핑몰에 임차해 있는 상인입니다. 이 건물은 일반인들에게 각 점포가 분양되어 각 점포마다 구분소유자가 있는데, 저는 건물주인 구분소유권자가 아닌 甲상가운영위원회와 임대차계약을 맺으면서 임차보증금 5,000만원에 매달 30만원씩 지급하기로 하고 입점하였습니다. 그런데 甲상가운영위원회는 구분소유자들로부터 상가임대 및 운영일체에 대한 권한을 위임받는 조건으로 이 상가들을 임차하고, 매달 월세를 각 구분소유자들에게 지급하고 있습니다. 저는 실제 소유자인 구분소유자와의 임대차계약을 체결하지 못한 관계로 「상가건물임대차보호법」의 적용을 받을 수 없는지요?

A 「상가건물임대차보호법」 제10조는 임차인의 계약갱신요구권을 인정하고 있는 반면, 예외적인 경우에 한하여 임차인의 임대차 계약갱신요구권에 대한 임대인의 거부권을 인정하는데, 그 중 하나가 '임차인이 임대인의 동의 없이 목적 건물의 전부 또는 일부를 전대한 경우'입니다.

단순히 이 규정으로 볼 때 귀하께서는 임대인과 계약을 체결하지 못했으므로 임대인이 임차인이나 전차인의 임대차계약갱신요구에 대해 거절하고 임차목적물에 대한 명도를 요구하면 동의를 받지 못한 전차인인 관계로 꼼짝없이 당할 수밖에 없다고 생각할 수도 있습니다.

그러나 대형쇼핑몰의 경우 단순히 임대수익을 목적으로 상가점포를 분양 받은 대부분의 구분소유자들은 스스로 임차인을 구하기도 어려울 뿐 더러 상가의 활성화를 통한 임대수익의 극대화를 도모하기 위한 노하우(Know How)가 전혀 없는 상태이며 점포운영보다는 임대수익에 더 관심이 있는지라 이에 대한 전문가일 수 있는 상가운영위원회(또는 상가전문운영회사)에 임대계약을 위임하고 이를 위임받은 상가운영위원회로 하여금 임대차계약을 체결하게 하거나, 아예 일정한 기간을 해당 상가운영위원회(또는 상가전문운영회사)에 임대를 하고 임료를 상가운영위원회(또는 상가전문운영회사)로부터 직접 받음으로써 그 목적을 달성하는 경우가 대부분인지라 상가운영위원회(또는 상가전문운영회사)에서 해당 점포에 적합한 업종을 운영할 수 있는 상인을 찾아 입점을 시키고 있는 것이 관례입니다.

따라서 귀하도 위와 같이 상가의 구분소유자들로부터 일정한 임대권한을 위임받은 상가운영위원회(또는 상가전문운영회사)와 전대차계약을 체결한 전차인으로서 「상가임대차보호법」 제13조 제2항의 임대인의 동의를 받고 전대차계약을 체결한 전차인에 해당한다 할 것이므로 귀하께서는 임차인의 임대인에 대한 계약갱신요구권 행사기간 범위 내에서 임차인을 대위하여 임대인에게 계약갱신요구권을 행사할 수 있을 것으로 보입니다.

Q 환산보증금을 초과하는 임대차의 경우에도 상가건물임대차보호법규정에 위반하는 약정은 원칙적으로무 효인가요?

A 권리금보호규정은 환산보증금을 초과하는 상가임대차의 경우에도 적용되기 때문에 환산보증금 초과여부와 관계없이 법규정에 반하는 약정은 임차인에게 불리한 경우 무효가 된다고 해석하여야 할 것입니다. 법 제2조제3항에서는 환산보증금초과 임대차에도 적용되는 법규정을 열거하면서 법 제15조(강행규정)를 명시적으로 포함하고 있지는 않으나, 상가임차인을 보호하기 위한 입법취지상 환산보증금초과 임대차에도 적용되는 규정의 강행규정적 성격은 상실되지 않는다고 보아야 할 것입니다

제2절 적용범위 - 요건

상가건물임대차보호법이 적용되기 위해서는 ① 부가가치세법, 소득세법, 법인세법에 따라 사업자등록이 대상이 되는 건물(상가건물)에 대한 임대차로서 ② 보증금액이 상가 건물임대차보호법 시행령 제2조에 규정된 금액의 범위 내의 것이어야 한다.

Q 丙은 그의 소유인 점포를 甲과 乙에게 임대하였는데, 甲과 乙은 위 점포의 임차보증금 3,000만원에 대하여 甲이 2,000만원을 부담하고 乙이 1,000만원을 부담하되, 위 점포는 甲이 경영하기로 하였고, 임대차계약기간 종료 후 임차보증금 전액은 甲이 반환 받는다는 의미에서 임차인을 甲 단독의 명의로 한 임대차계약서를 丙과 작성하였습니다. 그럼에도 불구하고 乙은 임대차계약기간 종료 후 위 임차보증금 중 1,000만원을 자기에게 반환하여야 한다고 주장하고 있습니다. 이 경우 丙으로서는 위 임차보증금 중 1,000만원을 누구에게 반환하여야 하는지요?

A 「민법」 제278조는 "본절(민법 제3절 공동소유)의 규정은 소유권 이외의 재산권에 준용한다. 그러나 다른 법률에 특별한 규정이 있으면 그에 의한다."라고 규정하여 채권의 경우에도 준공동소유할 수 있음을 규정하고 있습니다.

그리고 지명채권양도의 대항요건에 관하여 「민법」 제450조 제1항은 "지명채권의 양도는 양도인이 채무자에게 통지하거나 채무자가 승낙하지 아니하면 채무자 기타 제3자에게 대항하지 못한다."라 고 규정하고 있습니다.

그런데 관련 판례를 보면, "甲과 乙이 임대차보증금 중 각 일부를 부담하기로 하되 甲이 乙로부터 지급 받아야 할 채권이 많았기 때문에 그 임대차기간 종료시 임대차보증금 전액을 甲이 반환 받기로 하고, 이에 따라 甲과 乙, 임대인 丙 3자 합의에 의하여 임대차계약서를 작성하면서 그 임대차보증금 전액을 甲이 반환 받는다는 의미에서 임차인 명의를 甲 단독으로 한 경우, 그 임대차 계약서상의 임차인명의에 불구하고 甲과 乙이 공동임차인으로서 丙과 임대차계약을 체결한 것이 고, 다만 乙이 丙에게 지급한 임대차보증금의 반환채권을 甲의 乙에 대한 채권의 지급을 담보할 목적으로 甲에게 양도하고 丙이 이를 승낙한 것으로 봄이 상당하다."라고 하였습니다[236].

따라서 위 사안에서도 丙은 위 임차보증금 3,000만원 전액을 甲에게 지급함이 타당할 것으로 보입니다.

---

236) 대법원 1999. 8. 20. 선고 99다18039 판결

1. 상가건물에 대한 임대차

가. 상가건물에 대한 임대차

상가건물이라 함은 부가가치세법 제5조, 소득세법 제168조 또는 법인세법 제111조의 규정에 의한 사업자등록의 대상이 되는 건물을 말한다. 사업자등록은 신규로 사업을 개시하는 경우에 하는 것이므로 상가건물임대차보호법의 적용대상이 되는 건물은 사업용 내지 영업용 건물이어야 하고, 비사업용 내지 비영업용 건물이어서는 안된다. 따라서 관련법에 따라 사업자등록의 대상이 되지 않는 임대차는 권리금거래가 있다고 하더라도 권리금 보호규정의 대상이 될 수 없다. 예를 들어 유치원은 사업자등록대상이 아니므로 실제 권리금 거래가 있다고 하더라도 권리금 보호규정의 적용을 받을 수 없다.

여기에서 사업 내지 영업이라는 개념은 사업자등록을 위한 개념으로 상가임대차보호법의 적용을 위한 최소한의 요건이다. 따라서 특단의 사정이 없는 한 사업 내지 영업의 종류는 묻지 않는다. 따라서 비사업용 내지 비영업용인 종중이나 동창회 사무실 등의 건물임대차는 상가건물임대차보호법이 적용되지 않는다. 또한 임차한 부분 전체가 영업용으로 사용되는 경우는 물론 "주된 부분을 영업용으로 사용하는 경우"에도 그 적용이 있다. 주된 부분을 영업용으로 사용하는 경우에 해당하는지의 여부에 관하여는 주택임대차보호법의 적용범위에 관한 해석이 그대로 적용될 수 있다.

이와 관련하여 판례는 특별법으로 설립된 농업협동조합[237], 수산업협동조합[238], 신용보증기금[239]은 상인으로 볼 수 없다고 판시하였다.

> **Q** 甲동창회는 서울 소재 乙소유 건물을 2년간 임차하여 동창회 사무실로 사용하고 있습니다. 그런데, 건물주 乙은 계약만료 3개월 전에 재계약을 하려면 임대료를 45% 올려달라는 내용증명을 보내왔습니다. 이 경우 甲동창회는 「상가건물임대차보호법」상 상가임차인으로 인정받아 증액한도 규정이나 재계약 갱신요구권 등의 제반 권리를 주장할 수 있는지요?
>
> **A** 「상가건물임대차보호법」 제1조는 "이 법은 상가건물 임대차에 관하여 민법에 대한 특례를

---

237) 대법원 2000. 2. 11. 선고 99다53292 판결
238) 대법원 2001. 1. 15. 선고 2000다50817 판결
239) 대법원 1989. 6. 27. 선고 88다카16812 판결

규정함으로써 국민 경제생활의 안정을 보장함을 목적으로 한다."라고 규정하고 있고, 같은 법 제2조 제1항에 의하면 "이 법은 상가건물(제3조 제1항의 규정에 의한 사업자등록의 대상이 되는 건물을 말한다)의 임대차(임대차 목적물의 주된 부분을 영업용으로 사용하는 경우를 포함한다)에 대하여 적용한다."라고 규정하고 있습니다.

또한, 같은 법 제3조 제1항은 "임대차는 그 등기가 없는 경우에도 임차인이 건물의 인도와 부가가치세법 제8조, 소득세법 제168조 또는 법인세법 제111조의 규정에 의한 사업자등록을 신청하면 그 다음 날부터 제3자에 대하여 효력이 생긴다."라고 규정하고 있습니다.

그러므로 위 「상가건물임대차보호법」은 상가건물의 임대차에 관하여 「민법」에 대한 특례를 규정하고, 국민 경제생활의 안정을 보장함을 목적으로 하며, 그 적용범위를 사업자등록의 대상이 되는 상가건물로써 영업용으로 사용하는 경우에 국한하고 있다하겠습니다.

따라서 동창회, 동호회 사무실 등 비영리 단체의 건물 임대차에는 「상가건물임대차보호법」이 적용되지 않을 것으로 보입니다.

Q 2007년 5월에 단독주택을 임대하여(당시 식당을 함) 지금은 보리밥집을 하고 있습니다. 용도변경하고 사업자등록도 낸 상태인데 임대인이 주택을 매매하였습니다. 매수인이 나가라고 하는데 상가건물임대차보호법 적용을 받을 수 있는지요?(보증금 1,000만원에 월 55만원이고 들어와서 정화조공사 대문공사를 하는 등 시설비를 투자하였는데 갱신계약을 주장하여 5년간 할 수 있는지 알고 싶습니다. 계약당시는 상가건물임대차가 아닌 주택임대차계약서로 작성된바 그 계약서로 실제로 보리밥 영업을 주장할 수 있는지도 알고 싶습니다.)

A (1) 상가건물임대차보호법 제2조제1항은 이 법의 적용대상을 '상가건물'로 정하면서, 상가건물이란 '사업자등록의 대상이 되는 건물을 말 한다'고 정의하고 있을 뿐, 달리 특별한 제한을 하고 있지 않습니다. 따라서, 단독주택도 사업자등록의 대상이 된다면 위 법의 적용대상이 됩니다.

(2) 한편, 이 법의 적용대상은 '상가'건물이므로, 그곳에서 상행위로서의 영업행위가 이루어지는 장소이어야 합니다. 위 법은 '임대차목적물의 주된 부분을 영업용으로 사용하는 경우를 포함 한다'고 정하고 있습니다. 문제의 건물에서는 보리밥집을 하고 있다고 하므로 상행위가 이루어지고 있는 장소임에 틀림없습니다.

(3) 그런데 영업용 건물인지의 여부를 판단하는 기준시점은 임대차계약 체결 당시를 기준으로 판단해야 합니다. 따라서, 원래 비영업용 즉, 주거용으로 임대차 한 것을 임대인의 승낙 없이 임의로 영업용으로 개조하여 사용하는 경우에는 상가건물임대차보호법의 적용을 받지 못할 가능성이 있습니다. 이 사안에서는 원래 식당을 하던 곳이었고, 정황상 임대인도 주거용이 아닌 식당용도로 임대한 것으로 보이므로 위와 같은 문제는 없는 것으로 판단됩니다.

나. 법인에도 상임법이 적용되는지 여부

상임법은 상가건물의 임대차에서 사회적·경제적 약자인 임차인들을 보호하고 임차인들의 경제생활의 안정을 도모하기 위한 「민법」의 특별법으로서 「민법」에 대한 제특례를 규정하고 있다. 그러므로 영세상인들을 보호하기 위한 법률이라 할 것이므로 귀하가 속한 영리를 목적으로 하는 법인도 상인으로 볼 수 있는지 문제될 수 있다.

이러한 상인의 정의에 관하여 「상법」 제4조는 "자기명의로 상행위를 하는 자를 상인이라고 한다."라고 규정하고 있고, 같은 법 제5조는 "①점포 기타 유사한 설비에 의하여 상인적 방법으로 영업을 하는 자는 상행위를 하지 아니하더라도 상인으로 본다. ②회사는 상행위를 하지 아니하더라도 전항과 같다."라고 규정하여 법인도 상인이 될 수 있다고 하였고, 또한 「상가건물임대차보호법」 제3조 제1항 및 제2항은 "① 임대차는 그 등기가 없는 경우에도 임차인이 건물의 인도와 부가가치세법 제8조, 소득세법 제168조 또는 법인세법 제111조의 규정에 의한 사업자등록을 신청한 때에는 그 다음 날부터 제3자에 대하여 효력이 생긴다. ② 임차건물의 양수인(그 밖에 임대할 권리를 승계한 자를 포함한다)은 임대인의 지위를 승계한 것으로 본다."라고 규정하고 있고, 「법인세법」 제111조는 "① 신규로 사업을 개시하는 법인은 대통령령이 정하는 바에 따라 납세지 관할세무서장에게 등록하여야 한다. ② 부가가치세법에 의하여 사업자등록을 한 사업자는 당해 사업에 관하여 제1항의 규정에 의한 등록을 한 것으로 본다. ③ 이 법에 따라 사업자등록을 하는 법인에 관하여는 부가가치세법 제8조를 준용한다. ④ 제109조에 따른 법인설립신고를 한 경우에는 사업자등록신청을 한 것으로 본다."라고 규정하고 있다.

그러므로 영리행위를 목적으로 설립된 법인이 「상가건물임대차보호법」에서 정하고 있는 적용범위에 속하는 (기준)보증금의 범위 내에서 임대차계약을 체결하고 영업을 하고 있다면 상임법에 의한 상가임차인으로서 보호를 받을 수 있을 것이다.

2. 일정액의 보증금

(1) 보증금의 범위

상임법은 상가건물(사업자등록의 대상이 되는 건물)의 임대차(임대차목적물의 주된 부분을 영업용으로 사용하는 경우를 포함) 중 대통령령이 정한 보증금액을 초과하지 않는 임대차에 대하여 적용한다. 대통령령이 정하는 보증금액의 범위는 보증금만 있는 경우는 서울특별시에서 9억 원, 수도권정비계획법에 따른 과밀억제권역(서울특별시는 제외) 및 부산광역시 6억9천만 원, 광역시(수도권정비계획법에 따른 과밀억제권역에 포함된 지역과 군 지역은 제외), 세종특별자치시, 파주시, 화성시, 김포시, 용인시, 안산시, 광주시에서 5억4천만 원 이하, 그 밖의 지역에서 3억7천만 원 이하이고, 보증금 외에 차임이 있는 경우에는 그 차임액에 은행법에 따른 금융기관의 대여금리 등을 고려하여 대통령령으로 정하는 비율을 곱하여 환산한 금액을 포함하여야 하는데(이를 '환산보증금'이라 한다), 위 차임액은 월 단위의 차임액으로 하며, 대통령령이 정하는 비율이란 그 차임액에 1분의 100을 곱하여 환산한 금액을 말한다(상임법 제2조 제3,4항, 같은 법 시행령 제2조 제2,3항).

(2) 환산보증금

(가) 환산보증금의 개념

전세 계약이 많은 주택과 달리 상가건물의 경우 주로 월세와 보증금을 혼용한 방식으로 임대계약이 이루어지기 때문에 환산보증금이라는 개념을 사용한다. 보증금만 있는 경우에는 해당 금액을 기준으로 상가건물 임대차보호법의 적용 여부를 판단하지만, **월차임이 있는 경우에는 월 단위의 차임을 100으로 곱한 금액과 보증금을 더한 금액을 합산하여 적용 여**부를 결정한다. 이는 지역별 환산보증금 기준을 초과하는 상가임대차에는 적용되지 않는데, 일부 경우에는 지역별 기준을 초과하더라도 상가임차인 보호를 위해 적용되기도 한다.

(나) 지역별 환산보증금의 기준

지역별 환산보증금은, 서울특별시 : 9억 원 이하, 과밀억제권역 및 부산광역시 : 6억9천만 원 이하, 광역시, 세종시, 파주시, 화성시, 안산시, 용인시, 김포시, 광주시 : 5억4천만 원 이하, 그 외 지역 : 3억7천만 원 이하이다.

「표」 상가건물 임대차보호법 시행령 제2조 법적용 대상 보증금 개정 내용

구분	법적용대상 보증금 기준					
	2002. 11. 1.	2008. 8. 21.	2010. 7. 21.	2013. 12. 30.	2018. 1. 26.	2019. 4. 2. ~현재
서울특별시	2억 4천만 원 이하	2억 6천만 원 이하	3억 원 이하	4억 원 이하	6억 1천만 원	9억 원
과밀억제권역 (서울시 제외) 및 부산	1억 9천만 원 이하	2억 1천만 원 이하	2억5천만 원 이하	3억 원 이하	5억 원	6억 9천만 원
광역시(240), 세종시, 파주시, 화성시, 안산시, 용인시, 김포시 및 광주시	1억 5천만 원 이하 (군 지역, 인천광역시 제외)	1억 6천만 원 이하 (군 지역, 인천광역시 제외)	1억 8천만 원 이하	2억 4천만 원 이하	3억 9천만 원	5억 4천만 원
그 밖의 지역	1억 4천만 원 이하	1억 5천만 원 이하	1억 5천만 원 이하	1억 8천만 원 이하	2억 7천만 원	3억 7천만 원

(3) 환산보증금 계산식

[환산보증금 계산식]

> **환산보증금 = 보증금 + (월세 × 100)**
>
> → 보증금 1억, 월세 200만원 : 1억원 + (200만원 × 100) = 3억원

예를 들어 보증금 5,000만 원에 월세 100만 원 일 경우 그 환산보증금은 1억5,000만 원[241]이 되는 것이다.

---

240) 수도권정비계획법에 따른 과밀억제권역 포함에 포함된 지역 및 군사지역 제외
241) 5,000만 원 + (100만 원 X 100)

Q 　저는 경기도 성남시에 보증금 3,000만원에 월세 50만원으로 상가를 임차하여 조그마한 서점을 운영하려고 합니다. 그런데 주변에 아는 사람이 「상가건물임대차보호법」은 보증금의 액수에 따라 적용되지 않는 경우가 있다고 하고, 월세가 있는 경우는 월세를 환산하여 보증금 액에 합산해서 기준보증금을 산정한다고 하는데, 이 경우 제가 위 법의 보호를 받을 수 있는지요?

A 　「상가건물임대차보호법」 제3조 제1항은 "①임대차는 그 등기가 없는 경우에도 임차인이 건물의 인도와 부가가치세법 제8조, 소득세법 제168조 또는 법인세법 제111조의 규정에 의한 사업자등록을 신청하면 그 다음 날부터 제3자에 대하여 효력이 생긴다."라고 규정하고 있고, 이 법의 적용범위에 관하여 같은 법 제2조 제1항에 의하면 "이 법은 상가건물(제3조 제1항의 규정에 의한 사업자등록의 대상이 되는 건물을 말한다)의 임대차(임대차 목적물의 주된 부분을 영업용으로 사용하는 경우를 포함한다)에 대하여 적용한다. 다만, 대통령령이 정하는 보증금액을 초과하는 임대차에 대하여는 그러하지 아니하다."라고 규정하고 있습니다.

그리고 2014년 1월 1일부터 시행되고 있는 개정 「상가건물임대차보호법 시행령」 제2조 제1항에 의해 보호되는 보증금의 액수는 ① 서울특별시 : 4억 원, ② 「수도권정비계획법」에 따른 과밀억제권역(서울특별시는 제외): 3억 원, ③ 광역시(「수도권정비계획법」에 따른 과밀억제권역에 포함된 지역과 군지역은 제외한다), 안산시, 용인시, 김포시 및 광주시 : 2억 4천만 원, ④ 그 밖의 지역 : 1억 8천만 원 이하입니다. 다만, 위 규정은 이 영 시행 후 체결되거나 갱신되는 상가건물 임대차계약부터 적용하도록 하고 있습니다.

한편, 법 적용범위와 관련하여 보증금 외에 차임이 있는 경우에는 차임을 보증금으로 환산한 금액을 포함하여야 하며, 월세의 보증금 환산비율은 100으로 정해져 있습니다. 즉, 월세에 100을 곱하고 여기에 보증금을 더하면 되는 것입니다.

따라서 위 사안의 경우 귀하가 「상가건물임대차보호법」에 의한 보호를 받기 위해서는 건물의 인도(입점)와 관할세무서에의 사업자등록신청이라는 대항요건을 갖추고, 월세를 환산한 임차보증금액이 위 법의 적용범위에 해당되어야 할 것입니다.

예컨대, 보증금 3,000만원에 월세 50만원을 내는 계약을 체결하게 된다면 월세 50만원에 1백을 곱한 5,000만원에 보증금 3,000만원을 더한 8,000만원이 기준 보증금으로 되는 것이므로(3,000+50×100=8,000), 같은 법 시행령상 어느 지역에서도 「상가임대차보호법」의 적용을 받아 계약체결 후 입점 및 사업자등록을 신청한 때에는 그 다음 날부터 제3자에 대하여 효력이 생기며, 아울러 임대차계약서상에 확정일자인까지 받아 둔다면 임차건물에 대하여 「민사집행법」에 의한 경매 또는 「국세징수법」에 의한 공매 시 임차건물(임대인 소유의 대지를 포함한다)의 환가대금에서 후순위권리자 그 밖의 채권자보다 우선하여 보증금을 변제받을 권리가 있다고 할 것입니다.

> **Q** 저는 임차보증금이 3,000만원인 임대차계약서를 담보로 2,000만원을 빌려주었습니다. 이러한 경우 임대차계약서를 가지고 있으면 그 임차보증금에 관하여 질권이 설정된 것으로 본다고 하는데, 그것이 타당한지 그리고 그 권리행사는 어떻게 해야 하는지요?
>
> **A** 질권은 채권담보를 위하여 채권자가 채무자 또는 제3자 소유의 일정한 재산을 점유하고 채무의 변제가 있을 때까지 이를 유치(留置)함으로써 그 변제를 간접적으로 강제할 수 있는 권리입니다. 질권은 동산질권과 권리질권으로 구분되는데, 임차보증금은 채권으로서 권리질권의 대상이 될 수 있으나, 부동산의 사용·수익을 목적으로 하는 권리는 질권의 대상이 안됩니다(민법 제345조 단서).
>
> 그러므로 임차권은 질권의 대상이 아니나, 임차보증금반환채권은 장래에 지급될 차임과 임차물의 사용·수익 시 발생하는 일체의 손해배상을 담보하기 위한 지명채권으로서 질권의 대상이 된다고 할 수 있겠습니다.
>
> 그리고 「민법」 제346조에 따라 권리질권의 설정은 법률에 다른 규정이 없으면 그 권리의 양도에 관한 방법에 의하여야 합니다. 그런데 임차보증금반환채권은 지명채권이므로 지명채권의 양도방법에 의하여 채권자인 임차인이 임대인에게 임차보증금반환채권에 질권이 설정된 것을 통지하거나, 임대인이 임차인과 질권자 사이의 임차보증금반환채권의 질권설정계약을 승낙하여야 하고, 이러한 임차인의 통지나 임대인의 승낙은 확정일자 있는 증서에 의하여야만 제3자에 대하여 효력이 발생합니다.

3. 일정액의 보증금을 초과하는 경우

상기 제2.항에서와 같이 대통령령으로 정하는 보증금액을 초과하는 경우 원칙적으로 상임법이 적용되지 않지만, 제3항에서는 보증금액과 상관없이 아래의 일부규정(상임법 제3조, 제10조제1항, 제2항, 제3항 본문, 제10조의2부터 제10조의8까지의 규정 및 제19조는 제1항 단서)을 적용하게 하고 있다.

가. 대항력에 관한 규정(상임법 제3조)

보증금액이 일정액을 초과하는 경우에도 임차인이 건물의 인도와 사업자등록242)을 신청하면 그 다음날부터 제3자에 대하여 대항력을 주장할 수 있다. 또한 임차건물의 양수인(그 밖에 임대할 권리를 승계한 자 포함)은 임대인의 지위를 승계한 것으로 본다.

---

242) 사업자등록은 「부가가치세법」 제8조, 「소득세법」 제168조 또는 「법인세법」 제111조에 신청한다.

나. 계약갱신요구권에 관한 규정(상임법 제10조 제1항, 제2항, 제3항 본문, 제10조의2)

임대인은 임차인이 임대차기간이 만료되기 6개월 전부터 1개월 전까지 사이에 계약갱신을 요구할 경우 정당한 사유가 없을 경우 이를 거절하지 못하며, 이때 계약기간 10년을 초과(종전 5년에서 10년으로 확대됨)하지 않는 범위 내에서의 계약갱신요구권은 인정된다. 그러나 상임법 제10조 제3항 단서의 규정은 적용되지 않는 결과 차임과 보증금은 '청구 당시의 차임 또는 보증금의 5/100 금액 범위(종전 9/10에서 5/10로 변경됨) 안에서 증액할 수 있다'는 규정은 적용되지 않는다.

다. 권리금 규정(상임법 제10조의3부터 제10조의7)

권리금 회수기회의 보장과 관련한 규정도 보증금액의 액수와 상관없이 적용된다.

라. 차임연체와 해지 규정(상임법 제10조의8)

임차인의 차임연체액이 3기의 차임액에 달하는 때에는 임대인은 계약을 해지할 수 있는 규정은 보증금의 액수와 상관없이 적용된다.

마. 상가건물임대차표준계약서 규정(상임법 제19조)

법무부장관은 보증금, 차임액, 임대차기간, 수선비 분담 등의 내용이 기재된 상가건물임대차표준계약서를 정하여 그 사용을 권장하도록 한 규정 역시 보증금액과 상관없이 적용된다.

> **Q** 저는 서울 소재 甲소유 상가건물의 1층 점포 일부분을 보증금 2억원에 월 250만원의 임료를 내고 금은방을 운영하고 있습니다. 그런데 甲은 임대차기간이 만료하자 월 임료를 대폭 인상하겠다며 싫으면 나가라고 합니다. 저도 제가 「상가건물임대차보호법」의 적용범위를 벗어난 임차인이라는 것을 알고 있지만 전혀 보호를 받지 못하는지요?
>
> **A** 상가임차인의 권익보호를 위해 제정된 「상가건물임대차보호법」은 모든 상가임차인을 보호하는 것은 아니며 당해 지역의 경제여건 등을 감안하여 지역별로 구분하여 규정되어 있습니다.
>
> 그 적용범위에 관하여 같은 법 제2조는 "①이 법은 상가건물(제3조제1항의 규정에 의한 사업자등록의 대상이 되는 건물을 말한다)의 임대차(임대차 목적물의 주된 부분을 영업용으로 사용하는

경우를 포함한다)에 대하여 적용한다. 다만, 대통령령이 정하는 보증금액을 초과하는 임대차에 대하여는 그러하지 아니하다. ②제1항 단서의 규정에 의한 보증금액을 정함에 있어서는 당해 지역의 경제여건 및 임대차 목적물의 규모 등을 감안하여 지역별로 구분하여 규정하되, 보증금 외에 차임이 있는 경우에는 그 차임액에 은행법에 의한 금융기관의 대여금리 등을 감안하여 대통령령이 정하는 비율을 곱하여 환산한 금액을 포함하여야 한다. ③ 제1항 단서에도 불구하고 제3조, 제10조제1항, 제2항, 제3항 본문, 제10조의2 부터 제10조의8까지의 규정 및 제19조는 제1항 단서에 따른 보증금액을 초과하는 임대차에 대하여도 적용한다."라고 규정하고 있고, 2014년 1월 1일부터 시행되고 있는 개정 「상가건물임대차보호법 시행령」 제2조는 "①상가건물임대차보호법(이하 "법"이라 한다) 제2조 제1항 단서에서 '대통령령이 정하는 보증금액'이라 함은 다음 각호의 구분에 의한 금액을 말한다.

1. 서울특별시 : 9억 원

2. 「수도권정비계획법」에 따른 과밀억제권역(서울특별시는 제외한다): 6억9천만원

3. 광역시(「수도권정비계획법」에 따른 과밀억제권역에 포함된 지역과 군지역은 제외한다), 안산시, 용인시, 김포시 및 광주시: 5억 4천만 원

4. 그 밖의 지역 : 3억 7천만 원

② 법 제2조 제2항의 규정에 의하여 보증금 외에 차임이 있는 경우의 차임액은 월 단위의 차임액으로 한다.

③ 법 제2조 제2항에서 '대통령령이 정하는 비율'이라 함은 1분의 100을 말한다."라고 규정하고 있습니다. 다만 부칙에서 이 영 시행 후 체결되거나 갱신되는 상가건물 임대차계약부터 적용하도록 하고 있습니다.

이와 같이 「상가건물임대차보호법」이 적용되는 임차보증금액의 범위를 보면, 서울특별시에서는 보증금액이 9억원 이하, 「수도권정비계획법」에 의한 수도권 중 과밀억제권역(서울특별시는 제외)에서는 보증금액이 6억9천만원 , 광역시(「수도권정비계획법」에 따른 과밀억제권역에 포함된 지역과 군지역은 제외한다), 안산시, 용인시, 김포시 및 광주시에서는 보증금액이 5억4천만원 이하, 그 밖의 지역에서는 보증금액이 3억7천만원 이하로 되어 있습니다. 다만, 보증금액을 산정함에 있어서 보증금 외에 월차임이 있는 경우에는 월차임에 100을 곱한 금액을 보증금에 합산하면 될 것입니다.

그리고 이러한 위의 임차보증금을 넘는 금액의 상가임차인은 위 법의 보호대상에서 제외하고 있습니다.

따라서 위 사안의 경우 보증금 2억원에 월세 250만원을 내는 상가임차인인 귀하의 임차보증금액은 월세 250만원에 1백을 곱한 2억5천만원에 보증금 2억원을 더한 4억5천만원(2억원+250만원×100=4억5천만원)이 된다 할 것이므로, 귀하의 경우 「상가건물임대차보호법」 제2조 및 같은 법

시행령 제2조 제1항 제1호의 서울특별시의 경우 3억원원까지인 보호범위를 초과하기 때문에 원칙적으로 「상가건물임대차보호법」의 보호를 받기 어렵다 할 것입니다.

하지만 개정규정인 「상가건물임대차보호법」 제10조의2는, "제2조제1항 단서에 따른 보증금액을 초과하는 임대차의 계약갱신의 경우에는 당사자는 상가건물에 관한 조세, 공과금, 주변 상가건물의 차임 및 보증금, 그 밖의 부담이나 경제사정의 변동 등을 고려하여 차임과 보증금의 증감을 청구할 수 있다."고 규정하고 있으므로, 임대인은 이러한 사정을 고려하여 상당한 범위 내에서만 임차인에게 임료인상을 청구할 수 있다고 할 것입니다.

4. 기 타

상임법은 목적건물을 등기하지 아니한 전세계약에도 준용되고, 이 경우 '전세금'은 '임대차의 보증금'으로 본다(상임법 제17조). 또한 자연인은 물론 법인에 대하여도 적용된다. 그러나 일시사용을 위한 임대차에는 그 적용이 없다(상임법 제16조).

> *Q* 저는 2002년 12월 30일에 카센타를 보증금 2억 원에 월차임400만원에 2년 약정으로 임대차하여 오던 중 2004년 3월 20일 계약조건의 변경으로 계약서를 재작성하여 영업을 계속해 왔습니다. 그런데 어제 임대인으로부터 통고서가 왔습니다. 임대할 의사가 없으니 2007년 12월 30일까지 명도 해 달라고 합니다. 저는 2004년 3월 20일부터 5년을 주장하고 싶은데 가능한지요?
>
> *A* 상가건물임대차보호법에서는 5년의 범위 안에서 임차인을 보호하고 있지만, 상가임대차 전부를 보호하는 것은 아니고 서울특별시의 경우 환산보증금 3억원까지의 상가 임대차에 대하여 보호합니다.(2014년 1일 1일부터 법적용대상 환산보증금 4억까지 적용) 환산보증금은 보증금에 월세 곱하기 100을 더한 금액으로 계산 합니다. 위 사안에서는 환산보증금이 2억원 더하기 4억원(400만원 × 100)하여 6억 원이 되므로 상가건물임대차보호법이 적용되지 않습니다. 그러므로 이 법에 의하여 5년을 주장할 수 없습니다. 사안에서는 민법의 임대차에 의하여 규율됩니다. 사안은 임대차기간을 기재하지 아니하여 이를 알 수 없습니다. 통상 2년이라고 기간을 추정하면 2006년 3월 20일 만료일이 되고 그 이후에는 기간을 정하지 않은 임대차가 됩니다. 그럼 임대인은 언제든지 해지를 할 수 있고 해지의 효력은 그로부터 임차인이 통지를 받은 날로부터 6월이 경과하면 해지의 효력이 발생합니다. 임대인이 시설 일체를 사용하는 경우 특약에 따라 시설 일체를 보상받을 수 있습니다. 임대인이 자신이 사용하지 않으면서 타인에게 양도하는 경우 임차인은 위 특약을 들어 임대인의 채무불이행 책임을 지울 수 있습니다. 이때 손해에 대하여는 임차인이 위 시설에서 통상 얻을 수 있는 이익에서 비용을 공제한 잔액이 될 것입니다.

※ 2013년 8월 13일 이후 계약된 환산보증금 초과 임대차계약은 임대인에게(매수인에게는 갱신 주장 못함. 2015년 5월 13일 이후 임대차계약은 매수인에게도 갱신 주장가능 함) 5년까지 임대차계약 갱신 요구를 할 수 있습니다.

Q 저는 2007년 6월 7일 친구와 함께 소규모 소프트웨어개발회사를 차리기로 하고 마땅한 사업장을 찾던 중 마침 서울 소재 벤처빌딩의 건물주가 월세 없이 보증금만 내라기에 임차료를 절약할 수 있다는 생각에 성급히 임대차계약을 체결하면서 은행에서 대여를 받아 임차보증금으로 2억원을 지불하였으며, 계약서상 임차인은 법인명의로 하였습니다. 그 후 법인설립등기를 하였고 임대차계약서에는 확정일자인까지도 받아두었습니다. 그런데 만일, 위 임차건물이 경매처분되거나 소유자가 변경될 경우 임차보증금 확보에 문제가 생길 수 있을 것 같아 마음이 불안합니다. 임차인이 법인일지라도 「상가건물임대차보호법」의 보호를 받을 수 있는지요?

A 「상가건물임대차보호법」은 상가건물의 임대차에서 사회적·경제적 약자인 임차인들을 보호하고 임차인들의 경제생활의 안정을 도모하기 위한 「민법」의 특별법으로서 「민법」에 대한 제특례를 규정하고 있습니다.

그러므로 영세상인들을 보호하기 위한 법률이라 할 것이므로 귀하가 속한 영리를 목적으로 하는 법인도 상인으로 볼 수 있는지 문제됩니다.

이러한 상인의 정의에 관하여 「상법」 제4조는 "자기명의로 상행위를 하는 자를 상인이라고 한다." 라고 규정하고 있고, 같은 법 제5조는 "① 점포 기타 유사한 설비에 의하여 상인적 방법으로 영업을 하는 자는 상행위를 하지 아니하더라도 상인으로 본다. ② 회사는 상행위를 하지 아니하더라도 전항과 같다."라고 규정하여 법인도 상인이 될 수 있다고 하였습니다.

또한 「상가건물임대차보호법」 제3조 제1항 및 제2항은 "① 임대차는 그 등기가 없는 경우에도 임차인이 건물의 인도와 부가가치세법 제8조, 소득세법 제168조 또는 법인세법 제111조의 규정에 의한 사업자등록을 신청하면 그 다음 날부터 제3자에 대하여 효력이 생긴다. ② 임차건물의 양수인 (그 밖에 임대할 권리를 승계한 자를 포함한다)은 임대인의 지위를 승계한 것으로 본다."라고 규정하고 있고, 「법인세법」 제111조는 "① 신규로 사업을 시작하는 법인은 대통령령이 정하는 바에 따라 납세지 관할세무서장에게 등록하여야 한다. ② 부가가치세법에 의하여 사업자등록을 한 사업자는 당해 사업에 관하여 제1항의 규정에 의한 등록을 한 것으로 본다. ③ 이 법에 따라 사업자등록을 하는 법인에 관하여는 부가가치세법 제8조를 준용한다. ④ 제109조에 따른 법인설립 신고를 한 경우에는 사업자등록신청을 한 것으로 본다."라고 규정하고 있습니다.

그러므로 영리행위를 목적으로 설립된 법인이 「상가건물임대차보호법」에서 정하고 있는 적용범위에 속하는 (기준)보증금의 범위 내에서 임대차계약을 체결하고 영업을 하고 있다면 「상가건물임대차보호법」에 의한 상가임차인으로서 보호를 받을 수 있을 것입니다.

따라서 귀하가 설립한 법인은 소재지가 서울시이며 서울시의 경우 같은 법 제2조 제1항 및 같은 법 시행령(2008. 8. 21. 개정되기 전의 것) 제2조 제1항 제1호의 규정에 따라 임대차보증금이 2억 4,000만 원 이하인 경우 같은 법의 적용대상이 되며, 위 법인의 임차보증금은 이에 못 미치는 2억 원이므로 「상가건물임대차보호법」상의 보호를 받는 상인에 해당한다 할 것입니다.

그리고 위 법인은 같은 법 제5조 제2항에 의해 임대차계약서에 확정일자인까지 받아두었으므로 「민사집행법」에 의한 경매 또는 「국세징수법」에 의한 공매 시 임차건물(임대인 소유의 대지를 포함한다)의 환가대금에서 후순위권리자 그 밖의 채권자보다 우선하여 보증금을 변제받을 권리가 있다 하겠습니다.

참고로 2014년 1월 1일부터 시행되고 있는 개정 「상가건물임대차보호법 시행령」은 「상가건물임대차보호법」의 적용범위가 되는 보증금액을 ① 서울특별시에서는 보증금액이 4억 원 이하, ② 「수도권정비계획법」에 따른 과밀억제권역(서울특별시는 제외)에서는 보증금액이 3억 이하, ③ 광역시(「수도권정비계획법」에 따른 과밀억제권역에 포함된 지역과 군지역은 제외한다), 안산시, 용인시, 김포시 및 광주시에서는 보증금액이 2억4천만 원 이하, ④ 그 밖의 지역에서는 보증금액이 1억8천 만 이하로 증액하였습니다.

다만, 이 영 시행 당시 존속 중인 상가건물임대차계약에 대하여는 종전 규정을 따르도록 하고 있습니다.

5. 주택임대차보호법 및 상가건물임대차보호법의 적용범위의 상충

임차건물의 일부는 주거로, 일부는 상가로 사용하면서 주민등록과 사업자등록이 모두 되어 있는 경우 주택임대차인가 아니면 상가건물임대차인가에 관하여 논란이 있을 수도 있고, 이 경우 어떤 기준에 의하여 적용할 법률을 정하여야 할 것인가가 문제된다. 왜냐하면, 대항력의 효력발생요건과 시기, 임대차기간, 차임증액청구의 기준, 계약갱신요구권, 월차임 전환 시 산정률의 제한, 최우선변제권의 범위 등에 있어서 차이가 나기 때문이다. 양 법은 모두 민법의 특별법이라고만 규정하고 있을 뿐 양 법 사이의 관계에 관하여 아무런 언급 없으므로 결국 객관적이고 획일적인 기준을 제시할 수 없고 구체적인 사정을 고려하여 적용법률을 가려야 할 것이다.

제3장 대항력

제1절 서설

주임법에서 살펴보았듯, 상임법에서도 일정한 요건을 갖춘 경우 제3자 등에 대하여 상가건물 임대차의 효력을 주장할 수 있는 대항력에 관한 특별규정이 있는 바, 아래에서는 주임법과 다른 상임법 상의 요건(특히, 사업자등록), 대항력의 내용 등에 대하여 서술하기로 한다.

제2절 대항력의 성립요건

1. 개 요

상가건물의 임차인이 임차보증금 반환채권에 대하여 상임법 제3조 제1항 소정의 대항력 또는 같은 법 제5조 제2항 소정의 우선변제권을 가지려면 임대차의 목적인 상가건물의 인도 및 부가가치세법 등에 의한 사업자등록을 구비하고, 관할세무서장으로부터 확정일자를 받아야 하며, 그 중 사업자등록은 대항력 또는 우선변제권의 취득요건일 뿐만 아니라 존속요건이기도 하므로, 배당요구의 종기까지 존속하고 있어야 한다[243]. 즉 이러한 대항력의 요건으로는 첫째, 상가건물의 인도와 둘째, 사업자등록의 신청(부가가치세법 제5조, 소득세법 제168조 또는 법인세법 제1112조의 규정에 의한)이다(상임법 제3조). 상가건물의 임차인이 임대차보증금 반환채권에 대하여 상임법 제3조 제1항 소정의 대항력 또는 같은 법 제5조 제2항 소정의 우선변제권을 가지려면 임대차의 목적인 상가건물의 인도 및 부가가치세법 등에 의한 사업자등록을 구비하고, 관할세무서장으로부터 확정일자를 받아야 하며, 그 중 사업자등록은 대항력 또는 우선변제권의 취득요건 뿐만 아니라 존속요건이기도 하므로, 배당요구의 종기까지 존속하고 있어야 한다[244].

---

243) 대법원 2006. 1. 13. 선고 2005다64002 판결
244) 대법원 2006. 1. 13. 선고 2005다64002 판결, 2006. 10. 13. 선고 2006다56299 판결

2. 상가건물의 인도

임차인이 임대인으로부터 상가건물의 점유를 이전받은 것을 말한다. 주임법의 주택의 인도에 있어서와 같이 현실인도는 물론 간이인도, 점유개정에 의한 인도, 목적물반환청구권에 의한 인도 등도 포함된다.

그러나 주택의 경우에는 외관상으로도 그 점유의 이전이 비교적 뚜렷한 반면, 상가건물의 경우, 특히 건물의 일부에 대한 임대차의 경우에 있어서는 점유의 이전 여부가 외관상 명백하지 않는 경우가 있을 수 있다. 그리하여 상가건물의 경우에는 바로 영업을 개시하지 않고 영업을 위한 준비기간이 상당히 필요한 점을 이용하여 실체 점유를 하지도 않으면서 점유하는 것처럼 가장한 임차인이 생길 염려도 없지 않으므로 이 문제와 관련한 분쟁도 다수 있을 것으로 예상된다. 경우에 따라서는 주택임대차와 달리 상가건물임대차에 있어서는 임차인이 실제로 상가건물의 점유를 이전받았는지 여부에 대하여 자세한 심리를 해야 할 경우도 있을 수 있다.

Q 저는 6개월 전 甲이 구분소유자로 된 7층짜리 대형상가건물의 1층 102호를 보증금 7,000만 원에 1년간 임차하기로 하여 입점 후 사업자등록을 마치고 현재까지 1층 102호에서 액세서리가게를 운영하고 있습니다. 그런데 사업자등록 시 확정일자를 받아 둔 임대차계약서상 임차건물로는 당시 1층 102호에 저당권이 설정되어 있었으므로 역시 그의 소유로 된 위 같은 건물의 2층 211호를 임대차하는 것으로 기재하였습니다. 그 후 6개월 된 시점에서 다른 사람이 2층 211호를 임차하여 현재 의류매장을 운영하고 있습니다. 그러나 최근 매상이 부진하여 1년의 임차기간이 만료되면 가게를 비우려고 하는데 건물주인 甲은 다른 임차인이 들어오면 보증금을 돌려주겠다고 합니다. 이 경우 제가 계약 만료 시 임차건물을 비워주면서 임차보증금을 받아낼 수 있는 방법이 있는지요?

A 「상가건물임대차보호법」에 의한 보호를 받으려면 우선, 임대차계약서 등을 지참하여 관할 세무서에 사업자등록을 하여야 하며, 경매 또는 공매 시 임차건물(임대인 소유의 토지를 포함함)의 환가대금에서 후순위권리자 및 그 밖의 채권자보다 우선하여 변제받기 위해서는 임대차 계약서에 확정일자인을 받아 두어야 합니다(상가건물임대차보호법 제3조 제1항 및 제5조 제2항).

그리고 건물의 일부분을 임차하는 경우 그 해당 도면을 첨부하게 되어 있기 때문에(상가건물임대차 보호법 제3조, 부가가치세법 제8조 및 같은 법 시행령 제11조, 소득세법 제168조), 임대차계약서와 다른 곳을 임차하여 사용할 때는 「상가건물임대차보호법」에 의한 보호를 받지 못함이 원칙입니다.

그러므로 이 사안의 경우에는 임대차계약서상에는 2층이지만 당사자의 합의 내용이 원래 1층을 임대차하는 것이었고, 실제로도 1층을 사용하고 있으므로 1층이 임대차의 목적이 된다 할 것이므로 계약서상의 상가건물 주소와 입점장소의 일치를 요하는 상가건물임대차보호법상의 보호를 받지는 못할 것으로 보입니다.

따라서 귀하는 계약기간이 만료된 후에도 보증금을 회수할 수 없다면, 부득이 임대인 소유의 위 102호와 211호 상가점포에 대한 보전처분을 한 다음, 임차보증금반환청구의 소를 제기하여 집행권원을 얻어 위 2개 상가점포에 대한 강제집행을 통해 임차보증금을 회수하여야 할 것이지만, 법원에서의 배당순위는 「상가건물임대차보호법」에 의해 보호되는 상가임차인으로서가 아닌, 일반 채권자로서 배당받게 될 것으로 보입니다.

3. 사업자등록

가. 사업자

사업자라 함은 영리목적의 유무에 불구하고 사업상 독립적으로 재화 또는 용역을 공급하는 자를 말하고(부가가치세법 제2조 제1항), 사업자에는 개인뿐만 아니라 법인 및 비법인 사단·재단·기타 단체도 포함된다(같은 법 제2조 제2항). 여기서 '사업상 독립적으로 재화 또는 용역을 공급하는 자'라 함은 부가가치를 창출해 낼 수 있는 정도의 사업형태를 갖추고 계속적으로 반복하는 의사로 재화 또는 용역을 공급하는 사람을 뜻한다[245].

나. 사업자등록

사업자등록이라 함은 과세업무를 효율적으로 처리하고 납세의무자의 동태를 정확히 파악하기 위하여 납세의무자의 사업에 관한 일련의 사항을 사업장 관할세무서 사업자등록부에 등재하는 것을 말한다. 현행 세법상 사업자등록에 관한 규정을 두고 있는 법률로는 부가가치세법, 법인세법 및 소득세법이 있는데, 법인세법 및 소득세법상의 사업자등록은 부가가치세법상의 사업자등록관련 규정을 준용하고 있다.

부가가치세가 면제되는 재화와 용역을 공급하는 면세사업자는 부가가치세 납세의무 자체가 배제되므로 부가가치세법상 등록의무는 없으나[246], 면세사업자의 경우라도 법인의 경우 법인세법, 개인의 경우 소득세법의 규정에 의하여 사업자등록을 하여야 할 의

---

245) 대법원 1992. 7. 24. 선고 92누5225 판결 등
246) 대법원 1984. 7. 10. 선고 84누163 판결

무가 있다.

법인세법 및 소득세법상의 사업자등록은 부가가치법상의 사업자등록 관련규정을 준용하고 있으므로 이하에서는 부가가치세법상의 사업자등록을 중심으로 서술하기로 한다.

다. 사업자등록의 신청절차

신규로 사업을 개시하는 사업자는 사업장마다 사업개시일부터 20일 내에 사업장 관할 세무서장에게 필요한 서류를 첨부하여 사업자등록신청서를 제출하여야 한다(부가가치세법 제5조 제1항 본문).

사업자등록신청서에는 ① 사업자의 인적사항, ② 사업자등록신청사유. ③ 사업개시 연월일 또는 사업장설치 착수연월일, ④ 기타 참고사항을 기재하여야 하고(부가가치세법 시행령 제7조 제1항), ① 법인의 경우에는 법인등기부등본, ② 법령에 의하여 허가를 받거나 등록 또는 신고를 하여야 하는 사업의 경우에는 사업허가증 사본·사업등록증 사본 또는 신고필증 사본(사업허가증상의 명의자와 실사업자가 다른 경우에는 사업허가증을 실사업자 명의로 변경하여 사업허가를 받은 후 그 사본을 첨부하여야 한다), ③ 사업장을 임차한 경우에는 임대차계약서 사본, ④ 상가건물임대차보호법 제2조 제1항의 규정에 의한 상가건물의 일부분을 임차한 경우 해당 부분의 도면, ⑤ 공동사업자의 경우는 공동사업자 전원의 주민등록등본 및 공동으로 사업을 하는 사실을 증명할 수 있는 동업계약서 등, ⑥ 사업자금 내역 또는 재무상황 등을 확인할 수 있는 서류로서 기획재정부령으로 정하는 서류 등을 첨부하여야 한다(같은 조 제2항).

라. 신청의 수리와 등록거부

1) 신청의 수리

사업자등록을 신청 받은 세무서장은 필요한 요건이 갖추어져 있으면 사업자등록부에 등재하고 등록번호가 부여된 사업자등록증을 신청일부터 3일 내에 신청자에게 교부하여야 한다. 다만, 사업장 시설이나 사업현황을 확인하기 위하여 국세청장이 필요하다고 인정하는 경우에는 교부기한을 5일 이내에서 연장하고 그 조사한 사실에 따라 사업자등록증을 교부할 수 있다(부가가치세법 시행령 제7조 제1, 2, 3항, 제8조 제1항).

2) 등록거부

세무서장이 신청자가 사업을 사실상 개시하지 아니할 것이라고 인정하여 사업자등록을 정당하게 거부함에 따라 신청자가 재차 사업자등록을 신청하여 사업자등록증을 교부받은 경우에는 재차 사업자등록을 신청한 날을 사업자등록 신청일로 보아야 할 것이다.

마. 사업자등록의 효력발생시기

1) 사업개시 이후에 납세의무는 실제로 사업을 개시한 날을 기준으로 발생하나, 대항력은 상임법 제3조 제1항이 규정하고 있는 바에 따라 '사업자등록신청일 다음날'부터 효력을 발생한다고 할 것이다.

2) 사업개시일 이전에 등록신청하는 경우

부가가치세법에 의하여 사업개시일(재화 또는 용역의 공급을 개시하는 날, 같은 법 시행규칙 제3조) 이전에 사업자등록을 한 경우, 사업을 개시하였는지 여부는 이해관계인이 상가건물임대차보호법의 적용을 받는 임차인이 존재하는지를 판단하는 기준이 아니므로 결국 사업개시 이전에 등록신청을 한 경우에도 상임법 제3조 제1항이 규정하고 있는 바에 따라 '신청일 다음날'부터 효력을 발생한다.

3) 사업을 폐지하였으나 사업자등록을 말소하지 아니한 경우

사업을 폐지하여 사업자의 지위를 상실했다 하여 기존에 발생한 대항력이 상실되지는 않는다는 견해가 있지만, 상가건물임대차보호법의 제정취지에 따르면 사업을 폐지한 경우는 이미 사업자의 지위를 상실하였다 할 것이므로 사업자등록이 형식적으로 존속한다 하더라도 대항력을 인정할 수 없다. 이 경우 임차인이 상임법 상의 대항력 및 우선변제권을 유지하기 위해서는 건물을 직접 점유하면서 사업을 운영하는 전차인이 그 명의로 사업자등록을 신청하여야 한다.

4) 폐업신고 후 다시 사업자등록을 신청한 경우

사업은 계속 유지하면서도 사업기간이 길어짐에 따라 세금액이 증가하는 것을 방지할 목적으로 폐업신고를 하였다가 다시 신규로 사업자등록을 취득하는 경우, 폐업신고로

인하여 대항력이 소멸하게 되므로 새로이 사업자등록을 신청한 때로부터 대항력이 발생한다.

사업자등록은 대항력 또는 우선변제권의 취득요건일 뿐만 아니라 존속요건이기도 하므로 배당요구의 종기까지 존속하고 있어야 하는 것이며, 상가건물을 임차하고 사업자등록을 마친 사업자가 폐업한 경우에는 그 사업자등록은 상가건물임대차보호법이 상가임대차의 공시방법으로 요구하는 적법한 사업자등록이라고 볼 수 없으므로[247], 그 사업자가 폐업신고를 하였다가 다시 같은 상호 및 등록번호로 사업자등록을 하였다고 하더라도 상가건물임대차보호법상의 대항력 및 우선변제권이 그대로 존속한다고 할 수 없다.

5) 상가건물의 임차인이 임대차보증금 반환채권에 대하여 상가건물 임대차보호법상 대항력 또는 우선변제권을 가지기 위한 요건 및 사업자등록을 마친 사업자가 폐업신고를 한 후에 다시 같은 상호 및 등록번호로 사업자등록을 한 경우, 상가건물 임대차보호법상의 대항력 및 우선변제권이 존속하는지 여부

대법원은 상가건물을 임차하고 사업자등록을 마친 사업자가 폐업한 경우에는 그 사업자등록은 상가건물 임대차보호법이 상가임대차의 공시방법으로 요구하는 적법한 사업자등록이라고 볼 수 없으므로[248], 그 사업자가 폐업신고를 하였다가 다시 같은 상호 및 등록번호로 사업자등록을 하였다고 하더라도 상가건물 임대차보호법상의 대항력 및 우선변제권이 그대로 존속한다고 할 수 없다라고 하여 소극적인 태도를 취하고 있다[249].

바. 공시방법으로서의 사업자등록

1) 의 의

상가건물임대차보호법은 부가가치세 등의 징수를 위하여 부가가치세법 등이 정하고 있는 사업자등록이라는 제도를 상가임대차의 공시방법으로 차용한 것이다. 따라서 사업자등록이 대항력을 취득하기 위하여 적법한 것인지의 여부는 부가가치세법상의 사업자등록 개념에 따라 판단할 것이 아니라 주택임대차보호법상의 주민등록의 유효 여부 판단 기준과 같이 상가건물임대차보호법상 이해관계인의 제3자의 지위에서 해당

---

247) 대법원 2006. 1. 13. 선고 2005다64002 판결
248) 대법원 2006. 1. 13. 선고 2005다64002 판결 참조
249) 대법원 2006.10.13. 선고 2006다56299 판결

상가건물을 임차한 자가 사업자등록을 마친 자임을 확인할 수 있는지에 따라 판단되어야 한다.

2) 이해관계인의 사업자등록 열람

가) 열람절차 및 대상

이해관계자는 임차인의 성명, 주소, 주민등록번호, 건물의 소재지, 임차목적물 및 면적, 임차보증금 및 차임, 임차기간, 사업자등록신청일 등을 열람할 수 있다(상임법 제4조 제1항). 위 각 사항은 상가임차인이 사업자등록신청시에 작성하여 제출하는 사업자등록신청서 및 이에 첨부하는 임대차계약서 및 도면의 기재에 따라 관할세무서가 이를 열람에 제공하게 되므로 결국 위 신청서 및 임대차계약서의 각 기재가 공시방법으로서의 요건을 갖추고 있는 지가 문제된다. 예컨대, 위 각 사항을 열람하려는 이해관계인이 당해 요건을 갖추고 있는지가 문제된다. 예컨대, 위 각 사항을 열람하려는 이해관계인이 당해 건물의 소재지를 기재하여 제출하고 이에 따라 관할세무서가 위 소재지를 임대차목적물로 하는 사업자를 검색하여 위 각 사항을 제공하는 방식이라면, 결국 등기부등본상의 지번과 임대차계약서상의 목적물 소재지가 다른 경우에는 위 이해관계인의 열람이 불가능하게 되므로 주임법에서와 마찬가지로 '지번'의 정확성 여부가 관건이 될 것이다.

나) 열람의 주체

상임법은 등록사항의 열람 및 제공을 요청할 수 있는 자의 범위를 '건물의 임대차에 이해관계가 있는 자'로 정하고 있다(상임법 제4호 제1항). 임차인, 임대인, 소유자, 상가건물에 대한 권리를 취득하고자 하는 자, 경매절차의 이해관계인 등이 대표적이다. 상가건물의 임대차에 이해관계가 있는 자가 등록사항 등의 열람 또는 제공을 요청하는 때에는 일정한 서식에 의한 요청시에 이해관계가 있는 자임을 입증할 수 있는 서류를 첨부하여야 한다(상임법 시행령 제3조 제1항).

Q 저는 최근에 부동산중개인의 소개로 甲 소유 상가건물의 일부를 임차하기로 하는 점포임대차 계약을 체결하였습니다. 그런데 주변 사람들이 임대인 甲은 부채가 많다고 하기에 위 임차건물의 부동산등기사항증명서를 떼어보니 금융기관 및 개인으로부터 상당한 돈을 빌린 뒤 담보로 제가 임차할 예정인 건물과 그 토지에 근저당이 설정되어 있는 것을 알게 되었습니다. 이에 저는 제가 임차할 예정인 임대인 甲 소유의 상가건물에 입점해 있는 다른 상가임차인들의 임차보증금액 등을 알아보고 임차 여부를 결정하려고 하는데 법적으로 가능한 것인지요?

A 상가건물의 임대차에 이해관계가 있는 자는 당해 건물의 소재지를 관할하는 세무서장에게 등록사항 등에 대해 열람, 제공을 요청할 수 있습니다. 이 경우 상가건물의 임대차에 이해관계 인임을 입증할 수 있는 서류를 첨부하여 등록사항 등의 열람, 제공요청서를 작성」제출하시면 됩니다.

등록사항 등의 열람·제공에 관하여 「상가건물임대차보호법」 제4조는 "①건물의 임대차에 이해관 계가 있는 자는 건물의 소재지 관할 세무서장에게 다음 각 호의 사항의 열람 또는 제공을 요청할 수 있다. 이때 관할 세무서장은 정당한 사유 없이 이를 거부할 수 없다.

1. 임대인·임차인의 성명, 주소, 주민등록번호(임대인·임차인이 법인 또는 법인 아닌 단체인 경우에는 법인명 또는 단체명, 대표자, 법인등록번호, 본점·사업장소재지)

2. 건물의 소재지, 임대차 목적물 및 면적

3. 사업자등록 신청일

4. 사업자등록 신청일 당시의 보증금 및 차임, 임대차기간

5. 임대차계약서상의 확정일자를 받은 날

6. 임대차계약이 변경 또는 갱신된 경우에는 변경된 일자, 보증금 및 차임, 임대차기간, 새로운 확정일자를 받은 날

7. 그밖에 대통령령이 정하는 사항

② 제1항의 규정에 의한 자료의 열람 및 제공과 관련하여 필요한 사항에 대하여는 대통령령으로 정한다."라고 규정하고 있습니다.

또한, 등록사항 등의 열람 또는 제공을 요청하는 절차 및 방법에 관하여 「상가건물임대차보호법시 행령」 제3조는 "① 상가건물의 임대차에 이해관계가 있는 자는 법 제4조 제1항의 규정에 의하여 등록사항 등의 열람 또는 제공을 요청하는 때에는 별지 제1호 서식에 의한 요청서에 이해관계가 있는 자임을 입증할 수 있는 서류를 첨부하여 당해 건물의 소재지를 관할하는 세무서장에게 제출하 여야 한다. ② 법 제4조 제1항의 규정에 의한 등록사항 등의 열람 또는 제공은 사업자등록신청서· 사업자등록정정신고서 및 그 첨부서류와 확정일자를 기재한 장부 중 열람을 요청한 사항을 열람하

게 하거나, 별지 제2호 서식에 의한 현황서나 건물도면의 등본을 교부하는 방법에 의한다. ③ 법 제4조 제1항의 규정에 의한 등록사항 등의 열람 또는 제공은 전자적 방법에 의할 수 있다. ④ 법 제4조 제1항 제7호에서 '그밖에 대통령령이 정하는 사항'이라 함은 임대차의 목적이 건물의 일부분인 경우 그 부분의 도면을 말한다."라고 규정하고 있습니다.

따라서 위 사안의 경우 귀하는 위 상가건물의 임대차관계에 관하여 이해관계가 있다고 볼 수도 있으므로, 관할세무관서에서 이해관계인임을 입증하는 증거서류(임대차계약서 원본 등)와 신분증을 제시하면서 해당 절차를 밟으면 임차건물에 대한 등록사항 등을 열람 또는 제공받을 수 있을 것으로 보입니다.

참고로, 2015년 11월 14에 시행될 예정인 개정 상가건물임대차보호법 제4조는 확정일자의 부여 및 임대차정보의 제공 등과 관련하여, "① 제5조 제2항의 확정일자는 상가건물의 소재지 관할 세무서장이 부여한다.

② 관할 세무서장은 해당 상가건물의 소재지, 확정일자 부여일, 차임 및 보증금 등을 기재한 확정일자부를 작성하여야 한다. 이 경우 전산정보처리조직을 이용할 수 있다.

③ 상가건물의 임대차에 이해관계가 있는 자는 관할 세무서장에게 해당 상가건물의 확정일자 부여일, 차임 및 보증금 등 정보의 제공을 요청할 수 있다. 이 경우 요청을 받은 관할 세무서장은 정당한 사유 없이 이를 거부할 수 없다.

④ 임대차계약을 체결하려는 자는 임대인의 동의를 받아 관할 세무서장에게 제3항에 따른 정보제공을 요청할 수 있다.

⑤ 확정일자부에 기재하여야 할 사항, 상가건물의 임대차에 이해관계가 있는 자의 범위, 관할 세무서장에게 요청할 수 있는 정보의 범위 및 그 밖에 확정일자 부여사무와 정보제공 등에 필요한 사항은 대통령령으로 정한다."라고 규정하고 있습니다.

제3절 대항력의 발생과 존속

1. 발생시기

상임법은 대항력의 발생시기를 '인도 및 사업자등록신청일 다음날'로 규정하고 있으므로 사업자등록신청을 하였으나 신청이 부적법한 경우 또는 등록이 거부된 경우가 문제된다. 즉, ① 관할세무서장은 사업자등록신청에 대하여 신청자가 사업을 사실상 개시하지 아니할 것이라고 인정되는 때에는 등록을 거부할 수 있고(부가가치세법 시행령 제7조 제5항), ② 사업자가 폐업하거나 등록 후 사실상 영업을 개시하지 않는 때에는 사업자등록을 말소 할 수 있으며(같은 법 제5조 제6항), ③ 국세청장이 필요하다고 인정하는 때에는 사업자 인적사항 등을 조사하고 이에 따라 등록을 할 수 있고(같은 법 시행령 제7조 제3항), ④ 인가 또는 허가를 필요로 하는 사업에 관하여는 사업허가증 또는 신고필증 등을 첨부하여야 하므로 인·허가를 받지 못하고 등록을 신청하는 경우에는 등록을 거부하게 될 것이다.

부가가치세법이 정하고 있는 '등록'은 요건의 흠결 여부를 판단한 후 불수리 처분을 할 수 있는 강학상의 '등록'이라고 판단된다. 따라서 등록신청을 하였으나 요건의 흠결로 등록이 거부된 때에는 결국 등록이라는 요건을 충족한 사실이 없으므로 등록신청일 다음날부터 잠정적으로 생긴 대항력이 소급적으로 소멸한다고 볼 수밖에 없다고 판단한다.

2. 대항력의 내용과 범위

주임법에 있어서의 해석이 그대로 적용될 수 있을 것으로 보인다. 따라서 대항력이 미치는 인적 범위와 관련하여, 가등기에 기한 소유권이전등기를 마친 경우에는 가등기의 순위보전의 효력에 의하여 중간처분이 실효되는 효과가 있으므로 대항력 발생시기와 가등기 시기의 선후에 따라 대항력이 미치는지 여부를 결정하여야 하는 점도 주택임대차와 마찬가지이다.

> **Q** 상가임차인은 누구나 상가건물의 주인이 바뀌어도 바뀐 주인에게 기존의 임대차계약을 주장할 수 있나요?

> **A** 개정 상임법은 종전에 환산보증금이 일정금액(서울 4억) 이하인 임대차에만 인정되던 대항력을 모든 임대차에 적용되도록 하였습니다. 개정 상임법에 의하여 임차인은 보증금·차임 액수와 무관하게 이전 건물 주인과 체결한 임대차계약을 새로운 건물주인에게 주장할 수 있게 되었습니다. 대항력의 요건을 갖춘 임차인은 기존 임대차계약의 내용뿐만 아니라 계약갱신요구권, 권리금 회수 방해금지에 따른 손해배상청구권 등의 권리를 새로운 건물 주인에게도 행사할 수 있게 되었습니다.
>
> 예를 들어 임차인 A는 임대인 B와 임대차계약을 체결하였는데, 임대차기간 중 건물주인이 B에서 C로 바뀐 경우 A가 B와 체결한 임대차 계약을 C에게도 주장할 수 있는지 문제입니다. 법 개정 전에는 A가 환산보증금을 초과하지 않는 임대차 계약의 임차인의 경우에만 C에게 기존 임대차를 주장할 수 있었으나, 이번 개정으로 환산보증금 액수와 무관하게 A는 C에게 임대차를 주장할 수 있게 되었습니다.

3. 대항력의 존속

주임법과 마찬가지로 사업자등록이 말소, 변경(사업종류 등의 변경은 대항력의 존속에 방해가 되지 않으므로, 소재지 또는 사업자의 변경의 경우가 문제될 것이다)되지 아니 하고 유지되어야 한다. 경매절차에 있어서는 배당요구의 종기까지 존속되어야 배당받 을 수 있다.

> **Q** 상가건물 100㎡를 2,000만원/60만원으로 임대하여 영업하고 있던 중 30㎡를 500만원/20 만원으로 임대인의 동의를 받고 전대하였습니다. 전대차 기간 종료 시 전차인은 상가건물임대차보 호법에 의한 보호를 받을 수 있는지요?

> **A** 임차인은 사업자등록을 한 상태이고, 전차인은 사업자등록을 하지 않은 상태라고 보여 집니다. 상가건물임대차보호법은 일정액 이하의 상가건물의 임대차에 대하여 적용되며, 임차인이 건물의 인도와 사업자등록을 신청한 때의 다음날부터 제3자에 대하여 효력이 있으므로 원칙적으로 사업자 등록을 해야 동법에 의해 보호 받을 수 있습니다. 다만 전대의 경우 임차인이 보호받음으로서 전차인도 보호받을 수 있는지 문제됩니다. 그러나 위 대항력을 갖추지 아니하였다 면 전차인은 임차인이 보호받을 수 있는 기간 내에서만 보호를 받을 수 있다고 사료 됩니다.

또한, 임차인과 전차인은 전대차 관계를 지속합니다. 다만 전차인이 임대인에게 직접 차임을 지급하면 그 범위 내에서 임차인에 대한 차임지급의무를 면하게 됩니다. 임대차와 전대차가 동시 만료되는 경우 전차인이 직접 임대인에게 목적물을 반환하면 전대인에 대한 반환의무를 면하게 됩니다.

Q 개정 상임법 시행 전에 환산보증금을 초과하는 임대차 계약이 체결된 경우에도 대항력이 인정되나요?

A 개정 상임법 부칙 제2조에 의하면 "제2조 제3항의 개정규정 중 제3조 대항력에 관한 규정은 이 법 시행 후 최초로 계약이 체결되거나 갱신되는 임대차부터 적용한다"고 규정하고 있습니다. 즉, 개정된 대항력 규정은 개정법의 시행일인 2015. 5. 13. 이후 임대차계약이 체결되거나 또는 갱신에 합의(묵시적 갱신 포함)한 경우에 적용된다는 의미입니다. 그러므로 환산보증금을 초과하는 상가 임대차의 경우에도 2015. 5. 13. 이후 임대차계약이 체결되거나 또는 갱신에 합의한 경우에는 대항력이 인정된다고 할 것입니다. 즉, 환산보증금을 초과하는 임대차의 임차인이 2015. 5. 13. 이전에 계약을 체결하였다면 임대차기간 중 바뀐 건물주에게는 전 건물주와 체결한 임대차를 주장할 수 없다는 의미입니다.

제4장 보증금의 회수

제1절 서설

상임법에서도 역시 주임법과 마찬가지로 일정요건을 갖춘 경우 보증금에 대한 회수를 용이하게 하기 위하여 우선변제력과 함께 소액임차인의 최우선변제력에 관하여 규정하고 있다. 또한 보증금반환소송을 통한 보증금 회수의 경우 강제집행에 대한 절차를 간이하게 하고 있다.

제2절 우선변제권

1. 서 설

상임법에서도 주임법과 마찬가지로 보증금 회수를 위한 방안으로 우선변제권을 규정하고 있다. 즉 상임법 제3조 제1항의 대항요건(건물의 인도와 사업자등록)을 갖추고 관할 세무서장으로부터 임대차계약서 상에 확정일자를 받은 임차인은 민사집행법에 따른 경매 또는 국세징수법에 따른 공매 시 임차건물의 환가대금에서 후순위권리자나 그 밖의 채권자보다 우선하여 보증금을 변제받을 권리가 있다(상임법 제5조 제2항). 물권에만 인정되는 우선변제권을 채권인 상가임대차계약에서도 인정함으로 인해 상가건물의 임차인을 보호하고자 하는 취지에서 마련된 제도이다.

2. 우선변제권 행사의 요건

가. 상가건물의 인도 및 사업자등록

우선변제권 행사의 요건으로 상가건물의 인도 및 사업자등록은 상임법 제3조 제1항의 대항력의 발생을 위한 요건과 동일하다. 즉 우선변제권은 대항력을 갖춘 상가건물의 임차인에게 인정되는 권리이다.

나. 확정일자의 부여

1) 확정일자 부여권자

우선변제권의 요건인 상임법 제5조 제2항의 확정일자는 상가건물의 소재지 관할 세무서장이 부여한다. 즉 상가건물 임대차 계약증서 원본을 소지한 임차인은 상임법 제4조 제1항에 따라 상가건물의 소재지 관할 세무서장에게 확정일자 부여를 신청할 수 있다. 다만, 「부가가치세법」 제8조 제3항에 따라 사업자 단위 과세가 적용되는 사업자의 경우 해당 사업자의 본점 또는 주사무소 관할 세무서장에게 확정일자 부여를 신청할 수 있다 (상임법 시행령 제3조 제1항). 이러한 확정일자는 세무서장이 확정일자 번호, 확정일자 부여일 및 관할 세무서장을 상가건물 임대차 계약증서 원본에 표시하고 관인을 찍는 방법으로 부여한다(상임법 시행령 제3조 제2항). 또한 관할 세무서장은 임대차계약이 변경되거나 갱신된 경우 임차인의 신청에 따라 새로운 확정일자를 부여한다(상임법 시행령 제3조 제3항).

2) 확정일자부 기재사항

관할 세무서장은 해당 상가건물의 소재지, 확정일자 부여일, 차임 및 보증금 등을 기재한 확정일자부를 작성하여야 한다. 이 경우 전산정보처리조직을 이용할 수 있다. 이러한 확정일자부의 기재사항은 아래와 같다.

가) 확정일자 번호

나) 확정일자 부여일

다) 임대인·임차인의 인적사항

① 자연인인 경우 : 성명, 주민등록번호(외국인은 외국인등록번호)

② 법인인 경우 : 법인명, 대표자 성명, 법인등록번호

③ 법인 아닌 단체인 경우 : 단체명, 대표자 성명, 사업자등록번호·고유번호

라) 임차인의 상호 및 법 제3조제1항에 따른 사업자등록 번호

마) 상가건물의 소재지, 임대차 목적물 및 면적

바) 임대차기간

사) 보증금·차임

> **Q** 상가건물임대차계약을 2004년 04월 27일에 계약하고(보증금 3,000만원/월50만원) 세무서에서 확정일자를 받았음. 실제 계약은 보증금 3,000만원/월77만원을 임대인에게 지불하고 있음.
>
> [질문사항]
>
> (1) 계약서 변동사항과 관계없이 무조건 보증금에 대해 확정일자를 매년 세무서에 가서 받아야 하나요?
>
> (2) 보증금에 대해 변동 사항 없고 월세만 변동이 있을 경우도 다시 확정일자를 받아야 하나요?
>
> (3) 계약내용이 변동 없을 경우(보증금/월세가 동일 할 경우)은 다시 확정일자를 받지 않아도 되나요?
>
> **A** (1) 상가건물임대차보호법 제5조(보증금의 회수)제2항은 "제3조 제1항의 대항요건을 갖추고 관할 세무서장으로부터 임대차계약서상의 확정일자를 받은 임차인은 민사집행법에 따른 경매 또는 국세징수법에 따른 공매 시 임차건물(임대인 소유의 대지를 포함한다.)의 환가대금에서 후순위 권리자나 그 밖의 채권자보다 우선하여 보증금을 변제받을 권리가 있다"고 규정하고 있습니다.
>
> (2) 우선, 확정일자가 필요한 이유는 '보증금'을 다른 채권자보다 우선하여 변제받을 권리를 확보하기 위한 것입니다. 확정일자를 받은 후 월세만 변동이 있을 경우 다시 확정일자를 받을 필요는 없습니다.
>
> (3) 다음으로 확정일자를 1년마다 한 번씩 무조건 받아야 한다는 견해는 아무런 법적 근거가 없다고 판단됩니다. 다만, 보증금의 증감이 있는 경우 기존 확정일자로는 우선변제권을 보장받을 수 없으므로, 증액된 보증금이 표기된 별도의 계약서에 확정일자를 받아야 합니다.
>
> (4) 주의할 것은 경매절차에서 확정일자부 임차인이 우선변제를 받으려면 배당요구종기일 까지 배당요구 및 권리신고를 해야 한다는 점입니다.

3) 정보의 제공

가) 이해관계인

상가건물의 임대차에 이해관계가 있는 자는 관할 세무서장에게 해당 상가건물의 확정일자 부여일, 차임 및 보증금 등 정보의 제공을 요청할 수 있고, 이러한 요청을 받은 관할 세무서장은 정당한 사유 없이 이를 거부할 수 없다. 이 때 정보의 제공을 요청할 수 있는 상가건물의 임대차에 이해관계가 있는 자로는 해당 상가건물 임대차계약의 임대인·임차인, 해당 상가건물의 소유자, 해당 상가건물 또는 그 대지의 등기부에 기록된 권리자 중 법무부령으로 정하는 자, 상임법 제5조 제7항에 따라 우선변제권을 승계한 금융기관

등, 그 외 이러한 자에 준하는 지위 또는 권리를 가지는 자로서 임대차 정보의 제공에 관하여 법원의 판결을 받은 자 등이다.

나) 임대차계약을 체결하려는 자

또한 임대차계약을 체결하려는 자는 임대인의 동의를 받아 관할 세무서장에게 정보제공을 요청할 수 있다.

다) 요청할 수 있는 정보의 범위

해당 상가건물 임대차계약의 당사자는 관할 세무서장에게 아래의 사항이 기재된 서면의 열람 또는 교부를 요청할 수 있다.

① 임대인·임차인의 인적사항(확정일자부에 기재된 사항을 말한다. 다만, 주민등록번호 및 외국인등록번호의 경우에는 앞 6자리에 한정한다)

② 상가건물의 소재지, 임대차 목적물 및 면적

③ 사업자등록 신청일

④ 보증금·차임 및 임대차기간

⑤ 확정일자 부여일

⑥ 임대차계약이 변경되거나 갱신된 경우에는 변경·갱신된 날짜, 새로운 확정일자 부여일, 변경된 보증금·차임 및 임대차기간

⑦ 그 밖에 법무부령으로 정하는 사항

또한 임대차계약의 당사자가 아닌 이해관계인 또는 임대차계약을 체결하려는 자는 관할 세무서장에게 아래의 사항이 기재된 서면의 열람 또는 교부를 요청할 수 있다.

① 상가건물의 소재지, 임대차 목적물 및 면적

② 사업자등록 신청일

③ 보증금 및 차임, 임대차기간

④ 확정일자 부여일

⑤ 임대차계약이 변경되거나 갱신된 경우에는 변경·갱신된 날짜, 새로운 확정일자 부여일, 변경된 보증금·차임 및 임대차기간

⑥ 그 밖에 법무부령으로 정하는 사항

제3절 소액보증금의 최우선변제권

1. 서 설

상임법에서는 주임법과 마찬가지로 소액보증금에 대한 최우선변제권을 인정하고 있다. 즉 상가건물의 임차인은 보증금 중 일정액을 다른 담보물권자보다 우선하여 변제받을 권리가 있다. 이 경우 임차인은 건물에 대한 경매신청의 등기 전에 상임법 제3조 제1항의 대항요건을 갖추어야 한다. 즉 각 지역별로 보증금의 일정액을 정하고 강제집행 등의 절차상에서 물권법상의 담보권자 등보다 우선적으로 변제를 받게 하여 영세한 소액보증금의 상가건물 임차인 등을 보호하기 위한 취지에서 마련된 제도이다.

2. 우선변제를 받을 임차인의 범위

상임법 제14조의 규정에 의하여 우선변제를 받을 임차인은 보증금과 차임이 있는 경우 상임법 제2조 제2항의 규정에 의하여 환산한 금액의 합계가 아래의 지역별 구분에 의한 금액 이하인 임차인으로 한다.

① 서울특별시 : 6천500만 원

② 「수도권정비계획법」에 따른 과밀억제권역(서울특별시는 제외한다) : 5천 500만 원

③ 광역시(「수도권정비계획법」에 따른 과밀억제권역에 포함된 지역과 군지역은 제외한다), 안산시, 용인시, 김포시 및 광주시 : 3천8백만 원

④ 그 밖의 지역 : 3천만 원

3. 우선변제를 받을 보증금의 범위

상임법 제14조의 규정에 의하여 우선변제를 받을 보증금중 일정액의 범위는 아래의 각 지역별 구분에 의한 금액 이하로 한다.

① 서울특별시 : 2천200만 원

② 「수도권정비계획법」에 따른 과밀억제권역(서울특별시는 제외한다) : 1천 900만 원

③ 광역시(「수도권정비계획법」에 따른 과밀억제권역에 포함된 지역과 군지역은 제외한다), 안산시, 용인시, 김포시 및 광주시 : 1천 300만 원

④ 그 밖의 지역 : 1천만 원

이 때 상가건물 임차인의 보증금중 일정액이 상가건물의 가액의 2분의 1을 초과하는 경우에는 상가건물의 가액의 2분의 1에 해당하는 금액에 한하여 우선변제권이 있다. 또한 하나의 상가건물에 임차인이 2인 이상이고, 그 각 보증금중 일정액의 합산액이 상가건물의 가액의 2분의 1을 초과하는 경우에는 그 각 보증금중 일정액의 합산액에 대한 각 임차인의 보증금중 일정액의 비율로 그 상가건물의 가액의 2분의 1에 해당하는 금액을 분할한 금액을 각 임차인의 보증금중 일정액으로 본다.

Q 사무실을 보증금 300만원에 월세 30만원(관리비 포함)으로 임차하려는데 당 건물등기부등본을 열람해보니 세무서에서 압류가 있습니다. 건물이 경매가 될 경우 경매개시 결정 등기가 되기 전에 세무서에서 확정일자를 받는다면 상가건물임대차보호법에 의하여 보증금을 최우선 변제 받을 수 있는지요?(서울특별시가 아닌 수도권 중 과밀억제권역인 경우)

A 상가건물임대차보호법의 최우선변제권은 동법 시행령 제6조 (우선변제를 받을 임차인의 범위)에 의거 보증금 환산한 금액의 합계가 수도권 중 과밀억제권역(서울특별시 제외)인 경우 4,500만원 이하로 동 제7조 (우선변제를 받을 보증금의 범위 등)에 의거 1,350만 원이하입니다.

시행령 제6조의 환산금액이라 함은 보증금 + 월차임의 100이며, 우선변제를 받을 임차인이 보증금이 4,500만 원 이하 1,350만원 이상인 경우 우선변제금액은 1,350만 원이며, 보증금이 1,350만 원 미만인 경우 우선변제금액은 보증금 입니다. 단, 우선변제금의 합계가(낙찰금액에서 경매집행비용을 공제한 금액) 의 1/3을 초과하는 경우에는 우선변제금에 따라 비율 배당됩니다.(환산보증금 증가, 변제금액(1/2) 개정됨) 따라서 본 건에서 임차인이 대항요건(인도 + 사업자등록)을 경매개시결정등기 전에 갖춘 때에는 배당요구의 종기일 까지 배당요구를 하면, 이 건의 목적물의 경매가 진행되어 낙찰금대금에서 최우선변제를 받으실 수 있습니다. 다만, 상가건물임대차보호법 시행일 이전인 2002년 11월 1일 이전에 근저당권 등(물권)을 취득한 제3자에 대하여는 효력이 없습니다. (상가건물임대차보호법 부칙 제2항)

Q 저는 2005년 7월 甲소유 상가건물을 임차하면서 실제로는 보증금 8,000만원을 지급하면서 임대차계약을 체결하였으나, 임대인이 세금을 절감할 목적으로 부탁하여 보증금을 5,000만원이라고 신고하면서 사업자등록신고 후 확정일자인까지 받아두었습니다. 그런데 그 후 건물주 甲이 건물을 담보로 은행에 1억원을 대여 받았으나 변제를 하지 못하자, 은행은 위 임차건물을 경매신청하여 乙에게 1억 5천만원에 매각처분이 되었습니다. 이 경우 매각된 건물의 상가임차인인 저는 실제로 지급한 임차보증금 8,000만원을 은행에 우선하여 배당받을 수 있는지요?

A 「상가건물임대차보호법」 제3조 제1항은 "①임대차는 그 등기가 없는 경우에도 임차인이 건물의 인도와 부가가치세법 제5조, 소득세법 제168조 또는 법인세법 제111조의 규정에 의한 사업등록을 신청한 때에는 그 다음 날부터 제3자에 대하여 효력이 생긴다."라고 규정하고 있고, 같은 법 제5조 제2항은 "제3조 제1항의 대항요건을 갖추고 관할 세무서장으로부터 임대차계약서상의 확정일자를 받은 임차인은 민사집행법에 의한 경매 또는 국세징수법에 의한 공매시 임차건물(임대인 소유의 대지를 포함한다)의 환가대금에서 후순위권리자 그 밖의 채권자보다 우선하여 보증금을 변제받을 권리가 있다."라고 규정하고 있습니다.

이와 같이, 「상가건물임대차보호법」은 영세한 상인들을 보호하기 위하여 확정일자제도를 두고 있으므로, 상가건물임차인이 건물의 인도와 사업자등록신고라는 대항요건을 갖추고, 임대차계약서상에 확정일자를 받아 둔 경우에는 경매 또는 공매 시 후순위 저당권자와 일반채권자보다 우선하여 보증금을 배당받을 수 있을 것이며, 이 경우 우선변제권을 입증할 수 있는 근거서류로써 확정일자를 받은 임대차계약서를 제출하여야 할 것입니다.

그러므로 실제 지급한 임차보증금액을 기재한 것이 아니라 세금을 절감할 목적으로 실제보다 적은 금액이 기재된 계약서에 확정일자를 받았다면 낮게 표기된 보증금액을 기준으로 경매 또는 공매절차상 배당을 받을 수 있을 것입니다.

그렇게 되면 실제로 지급한 보증금과 경매, 또는 공매절차에서 배당받을 금액에 대하여 차액이 발생될 것이며 이는 임차인에게 불이익한 결과가 될 것입니다.

따라서 위 사안의 경우 귀하가 실제 지급한 8,000만원으로 사업자등록신고를 하고 그 금액을 기재한 임대차계약서에 확정일자를 받아 두었다면, 법원에서는 상가임차인인 귀하에게 8,000만원을 먼저 배당을 한 후, 후순위인 은행에 7,000만원을 배당하게 될 것이나, 귀하가 임대인과 임의로 합의하여 5,000만원으로 줄여서 신고를 하였고, 이 금액을 기재한 임대차계약서에 확정일자를 받았다고 한다면 귀하는 5,000만원만 우선 배당받게 될 것으로 보입니다.

4. 개정별 정리

「표」 소액임차인의 최우선변제 개정별 정리

시행일자	상가법 적용 지역 (상가법 시행령 제2조)		소액임차인의 기준 및 최우선변제금 (시행령 제6조, 제7조)
2002. 11. 1. 부터	서울특별시	2억 4천만 원 이하	4,500만 원 이하 임차인 중 1,350만 원
	수도권정비계획법에 의한 수도권 중 과밀억제권역(서울특별시 제외)	1억 9천만 원 이하	3,900만 원 이하 임차인 중 1,170만 원
	광역시(군지역과 인천광역시 제외)	1억 5천만 원 이하	3,000만 원 이하 임차인 중 900만 원
	그 밖의 지역	1억 4천만 원 이하	2,500만 원 이하 임차인 중 750만 원
2008. 8. 21. 부터	서울특별시	2억 6천만 원 이하	4,500만 원 이하 임차인 중 1,350만 원
	수도권정비계획법에 의한 수도권 중 과밀억제권역(서울특별시 제외)	2억 1천만 원 이하	3,900만 원 이하 임차인 중 1,170만 원
	광역시(군지역과 인천광역시 제외)	1억 6천만 원 이하	3,000만 원 이하 임차인 중 900만 원
	그 밖의 지역	1억 5천만 원 이하	2,500만 원 이하 임차인 중 750만 원
2010. 7. 21. 부터	서울특별시	3억 이하	5,000만 원 이하 임차인 중 1,500만 원
	수도권정비계획법에 의한 수도권 중 과밀억제권역(서울특별시 제외)	2억 5천만 원 이하	4,500만원 이하 임차인 중 1,350만 원
	광역시(군지역과 인천광역시 제외)와 김포시, 용인시, 안산시, 광주시	1억 8천만 원 이하	3,000만 원 이하 임차인 중 900만 원
	그 밖의 지역	1억 5천만 원 이하	2,500만 원 이하 임차인 중 750만 원
2014. 1. 1. 부터	서울특별시	4억 이하	6,500만 원 이하 임차인 중 2,200만 원
	광역시(군지역과 인천광역시 제외)와 김포시, 용인시, 안산시, 광주시	2억4,000만 원 이하	3,800만 원 이하 임차인 중 1,300만 원
	수도권정비계획법에 의한 수도권 중 과밀억제권역(서울특별시 제외)	3억 이하	5,500만 원 이하 임차인 중 1,900만 원
	그 밖의 지역	1억8,000만 원 이하	3,000만 원 이하 임차인 중 1,000만 원

2019. 4. 2. ~ 현재	서울특별시	9억원 이하	6,500만원 이하 임차인 중 2,200만원
	과밀억제권역(서울 외)	6억 9천만원 이하	5,500만원 이하 임차인 중 1,900만원
	부산광역시(기장군 외)	6억 9천만원 이하	3,800만원 이하 임차인 중 1,300만원
	광역시(군지역 외), 안산시, 용인시, 김포시, 광주시	5억 4천만원 이하	3,800만원 이하 임차인 중 1,300만원
	세종시, 파주시, 화성시	5억 4천만원 이하	3,000만원 이하 임차인 중 1,000만원
	그 밖의 지척	3억 7천만원 이하	상동

Q 저는 대전 소재 甲소유의 상가를 보증금 3,000만원에 기간은 2년으로 하여 2005년 11월 15일 임대차계약을 체결하고, 며칠 뒤 사업자등록을 마친 후 정육점을 운영하고 있었습니다. 그런데 그 후 위 상가건물에 대하여 7,000만원의 근저당권이 설정되더니 급기야는 저당권자가 경매를 신청하였습니다. 저는 확정일자를 받지 않아 소액임차인으로서 최우선변제금 900만원을 받았을 뿐인데, 경매절차의 매수인은 저에게 위 상가건물을 비워달라고 합니다. 이 경우 저는 경매절차의 매수인에게 대항할 수 없는지요?

A 위 사안에서 귀하는 상가건물에 대한 근저당권 등 제3자의 권리관계가 성립되기 전에 입점 및 사업자등록을 함으로써 상가건물임대차보호법상의 대항력을 취득하였고, 임차보증금이 대전광역시 소재에서 3,000만원이므로 소액임차인에 해당됩니다.

그리고 「상가건물임대차보호법」 제8조는 "임차권은 임차건물에 대하여 민사집행법에 의한 경매가 행하여진 경우에는 그 임차건물의 경락에 의하여 소멸한다. 다만, 보증금이 전액 변제되지 아니한 대항력이 있는 임차권은 그러하지 아니하다."라고 규정하고 있으므로, 임차한 상가건물의 경매시 귀하는 확정일자를 받아두지 않았으므로 확정일자에 의한 우선변제권은 주장할 수 없을 것이나, 경매절차의 매수인 등 제3자에 대한 대항력과 소액임차인으로서의 최우선변제권을 주장할 수 있다고 하겠습니다.

그런데 위 사안과 같이 상가임차인이 두 가지 권리를 겸유하여 어느 하나를 먼저 주장하였으나 권리의 전액 만족을 받지 못한 경우가 문제될 수 있습니다.

이와 관련하여 「상가건물임대차보호법」과 체계가 비슷한 「주택임대차보호법」에 관한 판례를 보면, "주택임대차보호법상의 대항력과 우선변제권의 두 가지 권리를 인정하고 있는 취지가 보증금을 반환받을 수 있도록 보장하기 위한 데에 있는 점, 경매절차의 안정성, 경매절차의 이해관계인들의 예측가능성 등을 아울러 고려하여 볼 때, 두 가지 권리를 겸유(兼有)하고 있는 임차인이 먼저 우선변제권을 선택하여 임차주택에 대하여 진행되고 있는 경매절차에서 보증금전액에 대하여 배당요구를 하였다고 하더라도, 그 순위에 따른 배당이 실시될 경우 보증금전액을 배당 받을 수 없었던 때에는 보증금 중 경매절차에서 배당받을 수 있었던 금액을 공제한 잔액에 관하여 경락인에게 대항하여 이를 반환 받을 때까지 임대차관계의 존속을 주장할 수 있다고 봄이 상당하며, 이 경우 임차인의 배당요구에 의하여 임대차는 해지되어 종료되고, 다만 주택임대차보호법 제4조 제2항에 의하여 임차인이 보증금의 잔액을 반환 받을 때까지 임대차관계가 존속하는 것으로 의제될 뿐이므로, 경락인은 주택임대차보호법 제3조 제2항(현행 주택임대차보호법 제3조 제3항)에 의하여 임대차가 종료된 상태에서의 임대인의 지위를 승계한다."라고 하였습니다[250].

따라서 이 사안의 경우 귀하는 「상가건물임대차보호법」상 소액임차인으로서 우선변제금액인 900만원을 배당 받았다 하더라도 대항력에 기하여 경매절차의 매수인에게 나머지 임차보증금 2,100만원을 반환 받을 때까지 임대차관계의 존속을 주장할 수 있을 것으로 보이고, 다만, 이러한 경우 귀하가 귀하의 배당요구로 임대차계약이 해지되어 종료된 다음에도 임차부분 전부를 사용·수익하고 있어 그로 인한 실질적 이익을 얻고 있다면 그 임차부분의 적정한 임료 상당액 중 임대차관계가 존속되는 것으로 보는 배당받지 못한 금액에 해당하는 부분을 제외한 나머지 보증금에 해당하는 부분에 대하여는 부당이득을 얻고 있다고 할 것이어서 경매 절차의 매수인이 요구하면 이를 반환하여야 할 것으로 보입니다[251].

---

250) 대법원 1997. 8. 22. 선고 96다53628 판결
251) 대법원 1998. 6. 26. 선고 98다2754 판결, 1998. 7. 10. 선고 98다15545 판결, 서울지법 1999. 1. 13. 선고 98나18178 판결

제4절 임차인의 경매신청

1. 소액사건심판법의 준용

상가건물 임차인이 임대차기간이 종료했음에도 불구하고 임대인의 보증금반환이 없는 경우 임차인은 관할 법원에 보증금반환청구소송을 제기한 후 승소판결을 받아 강제집행을 진행할 수 있다. 이러한 경우 보증금의 액수와 상관없이 임차인이 임대인에게 제기한 보증금반환청구소송에는 소액사건심판법의 일부 규정을 준용하고 있다.

2. 집행개시요건의 특례

임차인이 임차건물에 대하여 보증금반환청구소송의 확정판결, 그 밖에 이에 준하는 집행권원에 의하여 경매를 신청하는 경우 민사집행법 제41조[252]의 규정에도 불구하고 반대의무의 이행이나 이행의 제공을 집행개시의 요건으로 하지 아니한다 (상임법 제5조 제1항).

---

[252] 민사집행법 제41조(집행개시의 요건) ① 반대의무의 이행과 동시에 집행할 수 있다는 것을 내용으로 하는 집행권원의 집행은 채권자가 반대의무의 이행 또는 이행의 제공을 하였다는 것을 증명하여야만 개시할 수 있다.
② 다른 의무의 집행이 불가능한 때에 그에 갈음하여 집행할 수 있다는 것을 내용으로 하는 집행권원의 집행은 채권자가 그 집행이 불가능하다는 것을 증명하여야만 개시할 수 있다.

제5장 임대차의 공시

제1절 임차권등기명령제도

상임법은 주임법과 마찬가지로 상가건물에 대한 임대차기간이 종료된 후에도 보증금을 돌려받지 못한 경우 대항력과 우선변제권을 유지할 수 있는 상가 임차권등기명령제도를 규정하고 있다.

1. 의 의

상가건물에 대한 임대차기간이 종료된 후 보증금을 돌려받지 못한 임차인은 임차건물의 소재지을 관할하는 지방법원, 지방법원지원 또는 시·군법원에 임차권 등기명령을 신청할 수 있다. 즉 임차권등기명령제도란 임차인이 임대차가 종료되었음에도 보증금을 돌려받지 못하고 이사를 가게 되었을 때, 상임법에 의한 상가건물의 인도와 사업자등록 신청을 대항력의 취득 및 존속 요건 때문에, 종전에 취득하였던 대항력 및 우선변제권이 상실되는 것을 말한다.

2. 요 건

가. 신청

임차권등기명령의 신청에는 다음의 사항을 기재하여야 하며 신청의 이유 및 임차권등기의 원인이 된 사실을 소명하여야 한다.
① 신청의 취지 및 이유
② 임대차의 목적인 건물(임대차의 목적이 건물의 일부분인 경우에는 그 도면을 첨부)
③ 임차권등기의 원인이 된 사실(임차인이 상임법 제3조 제1항에 따른 대항력을 취득하였거나 동법 제5조 제2항에 따른 우선변제권을 취득한 경우에 그 사실)
④ 그 밖에 대법원규칙으로 정하는 사항

나. 불복

임차권등기명령신청을 기각하는 결정에 대하여 임차인은 항고할 수 있다.

다. 비용청구

임차인은 임차권명령의 신청 및 그에 따른 임차권등기와 관련하여 소요된 비용을 임대인에게 청구할 수 있다.

3. 효과

가. 대항력 및 우선변제권의 취득 및 유지

임차권등기명령의 집행에 의한 임차권등기를 마치면 임차인은 상임법 제3조 제1항에 따른 대항력과 제5조 제2항에 따른 우선변제권을 취득한다. 다만 임차인이 임차권등기 이전에 이미 대항력 또는 우선변제권을 취득한 경우에는 그 대항력 또는 우선변제권이 그대로 유지되며, 임차권등기 이후에는 대항요건을 상실하더라도 이미 취득한 대항력 또는 우선변제권을 상실하지 아니한다.

따라서, 임차인이 임차권등기 이후에 이사를 가더라도 종전의 임차한 상가건물에 대한 대항력이나 우선변제권은 상실하지 않으므로 보증금을 우선하여 변제 받을 수 있다.

나. 소액임차인의 우선변제권 배제

임차권등기명령의 집행에 따른 임차권등기를 마친 건물을 그 이후에 임차한 임차인은 우선변제권을 받을 권리가 없다. 임차권등기 후의 소액임차인에 의한 최우선변제권의 행사로 임차권등기를 한 임차인이 입을지 모르는 예상하지 못한 손해를 방지하기 위한 취지로, 임차권등기가 끝난 상가건물에 그 이후 임차한 임차인은 소액보증금의 우선변제를 받을 수 없게 된다.

다. 효과의 발생시점

이러한 임차권등기명령의 효과는 임차권등기명령의 신청시가 아니라 임차권등기가 마쳐진 시점부터 발생한다. 따라서 임차권등기 이전에 상가건물에 대한 저당권 등의 담보권이 설정된 경우에는 우선하여 배당을 받을 수 없게 되는 문제점이 있다.

Q 저는 甲소유 건물을 보증금 7,000만원에 월 100만원으로 임차하여 영업중에 있으나 2개월 후면 임대차계약기간이 만료될 예정입니다. 그런데 최근 임대인 甲의 경제 사정이 안 좋아 보이는 바, 만일 임차기간 만료 시 임차보증금을 받지 못할 경우 임차보증금만 확보해 둘 방법이 있다면 월세부담이라도 줄일 수 있으므로 건물을 비우고 싶은데 방법이 없는지요?

A 「상가건물임대차보호법」 제3조 제1항은 "임대차는 그 등기가 없는 경우에도 임차인이 건물의 인도와 부가가치세법 제8조, 소득세법 제168조 또는 법인세법 제111조의 규정에 의한 사업자등록을 신청한 때에는 그 다음 날부터 제3자에 대하여 효력이 생긴다."라고 규정하고 있고, 같은 법 제5조 제2항은 "제3조 제1항의 대항요건을 갖추고 관할 세무서장으로부터 임대차계약서상의 확정일자를 받은 임차인은 민사집행법에 의한 경매 또는 국세징수법에 의한 공매시 임차건물(임대인 소유의 대지를 포함한다)의 환가대금에서 후순위권리자 그 밖의 채권자보다 우선하여 보증금을 변제받을 권리가 있다."라고 규정하고 있으며, 같은 법 제6조는 "①임대차가 종료된 후 보증금을 돌려받지 못한 임차인은 임차건물의 소재지를 관할하는 지방법원, 지방법원지원 또는 시·군법원에 임차권등기명령을 신청할 수 있다...(중략)...⑤임차권등기명령의 집행에 따른 임차권등기를 마치면 임차인은 제3조 제1항에 따른 대항력과 제5조 제2항에 따른 우선변제권을 취득한다. 다만, 임차인이 임차권등기 이전에 이미 대항력 또는 우선변제권을 취득한 경우에는 그 대항력 또는 우선변제권이 그대로 유지되며, 임차권등기 이후에는 제3조제1항의 대항요건을 상실하더라도 이미 취득한 대항력 또는 우선변제권을 상실하지 아니한다. ⑥임차권등기명령의 집행에 따른 임차권등기를 마친 건물(임대차의 목적이 건물의 일부분인 경우에는 그 부분으로 한정한다)을 그 이후에 임차한 임차인은 제14조에 따른 우선변제를 받을 권리가 없다."라고 규정하고 있습니다.

그러므로 임대차계약이 종료되었으나 임대인의 사정으로 임차보증금을 돌려받지 못한 채 임차인이 사업장을 옮기는 등으로 건물을 비워주고자 할 사정이 있는 경우에는 상가건물임대차보호법상 임차권등기명령제도를 이용하여 임차보증금을 확보해 두는 방법이 있을 것입니다.

이와 같은 '임차권등기명령제도'란 임대차기간이 종료되었으나 임차보증금을 반환받지 못한 채 사업장을 이전하거나 폐업신고 등을 하는 경우 상가건물임차인이 당해 건물 소재지 관할법원에 임차권등기를 해 둠으로써 임차건물의 경매 시 이미 취득한 대항력이나 우선변제권의 효력을 주장할 수 있는 제도를 말하는 것으로써, 임차권등기명령의 신청은 임차건물 소재지 관할 지방법원이나 지방법원지원 또는 시·군법원에 할 수 있습니다.

상가임차인이 임차권등기 이전에 대항력 및 우선변제권을 이미 취득한 경우에는 임차인이 건물의 점유와 사업자등록의 대항요건을 상실하더라도 대항력이나 우선변제권은 소멸되지 않고 그대로 유지되며, 임차권등기가 경료된 상가건물에 다른 새로운 임차인이 입점할 경우에도 그 새로운 임차인의 대항력과 우선변제권은 인정되지 않는다 하겠습니다.

그리고 임차권등기명령신청을 기각하는 결정에 대하여 임차인은 항고할 수 있고, 임차권등기명령신청 및 그에 따른 임차권등기와 관련하여 소요된 비용을 임대인에게 청구할 수 있을 것입니다(같은 법 제6조 제4항 및 제8항).

따라서 상가임차인인 귀하가 임대차계약기간이 만료되어 점포를 비워 주더라도 임대인의 사정으로 받지 못한 임차보증금에 대하여는 「상가건물임대차보호법」상 임차권등기명령제도를 이용함으로써, 위 임차건물이 경매될 경우에도 이미 확보해 둔 임차인의 우선변제권을 행사할 수 있을 것입니다.

제2절 민법에 의한 임대차등기

상가건물의 임차인이 민법 제621조에 의해 등기한 경우에는 상임법 제6조 제5항 및 제6항을 준용하는 결과 임차권등기명령에 의한 등기와 마찬가지로 상가건물 임차인에게 대항력 또는 우선변제권을 취득하고, 만약 상가건물 임차인이 상임법 제3조 제1항의 대항요건을 상실하더라도 이미 취득한 대항력 또는 우선변제권을 상실하지 않는다.
또한 민법에 의한 임대차등기가 되어있다면, 그 등기 이후에 그 상가건물을 임차한 소액보증금의 임차인은 상임법 제14조에 따라 최우선변제권을 주장할 수 없다.

제6장 임대차기간

1. 개 요

실무상 상가건물에 대한 임대차의 경우 그 기간은 1년 또는 2년으로 하는 경우가 많은데, 만약 상가건물에 대한 임대차계약을 체결하면서 그 임대차기간을 정하지 않거나 1년 미만으로 정한 경우에 상임법은 임차인의 보호를 위해 임대차기간의 최단기간을 1년으로 정하여 그 기간을 1년으로 보고 있다. 그러나 이러한 규정은 임차인의 보호를 위한 목적인 바 임차인이 1년 미만으로 정한 임대차기간의 유효를 주장한다면 그 기간으로 한다.

또한 임대차기간의 만료 후 임대인이 그 상가건물 임대차보증금의 반환을 하지 않고 있다면, 임차인은 그 임대차의 존속을 주장할 수 있는 바 제3자에 대하여 대항할 수 있다. 아래에서는 임대차기간의 정함이 있는 경우 그 기간만료가 된 경우 임대차의 존속에 관한 상임법 규정을 살펴보기로 한다.

> **Q** 저는 2008년 2월 28일에 서울 소재 甲소유 건물 2층을 보증금 3,000만원에 월세20만원으로 하고 계약기간은 6개월로 하여 임차한 후, 사업자등록을 마치고 임대차계약서에 확정일자인을 받아두었습니다. 계약 당시 甲은 장기간 임대계약을 보장해 준다고 구두로 약속을 하였으나, 6개월이 지난 지금 자기가 직접 식당을 운영하겠다며 저와는 재계약을 하지 않겠다고 합니다. 저는 위 식당을 임차하면서 시설비 등 많은 비용을 투자했기 때문에 지금 나가면 막대한 손해를 피할 수 없는데, 임대차기간을 연장할 수 있는 방법은 없는지요?
>
> **A** 「상가건물임대차보호법」 제3조 제1항은 "① 임대차는 그 등기가 없는 경우에도 임차인이 건물의 인도와 부가가치세법 제8조, 소득세법 제168조 또는 법인세법 제111조의 규정에 의한 사업자등록을 신청한 때에는 그 다음 날부터 제3자에 대하여 효력이 생긴다."라고 규정하고 있고, 본 법의 적용범위에 관하여 같은 법 제2조 제1항은 "이 법은 상가건물(제3조 제1항의 규정에 의한 사업자등록의 대상이 되는 건물을 말한다)의 임대차(임대차 목적물의 주된 부분을 영업용으로 사용하는 경우를 포함한다)에 대하여 적용한다. 다만, 대통령령이 정하는 보증금액을 초과하는 임대차에 대하여는 그러하지 아니하다."라고 규정하고 있습니다.
>
> 그리고 임대차기간 등에 관하여 같은 법 제9조는 "① 기간의 정함이 없거나 기간을 1년 미만으로 정한 임대차는 그 기간을 1년으로 본다. 다만, 임차인은 1년 미만으로 정한 기간이 유효함을 주장할 수 있다. ② 임대차가 종료한 경우에도 임차인이 보증금을 반환 받을 때까지는 임대차 관계는 존속하는 것으로 본다."라고 규정하고 있습니다. 또한, 계약갱신요구 등에 관하여 같은 법 제10조 제1항 및 제2항은 "① 임대인은 임차인이 임대차기간 만료전 6월부터 1월까지 사이에

행하는 계약갱신 요구에 대하여 정당한 사유없이 이를 거절하지 못한다. 다만, 다음 각호의 1의 경우에는 그러하지 아니하다…(중략)…② 임차인의 계약갱신요구권은 최초의 임대차 기간을 포함한 전체 임대차 기간이 5년을 초과하지 않는 범위 내에서만 행사할 수 있다."라고 규정하고 있어, 최소 1년의 임대차기간을 보장해 주고 있으며 임차인이 3기의 차임액에 달하도록 차임을 연체한 사실 등의 이유가 없는 이상 최초의 임대차기간을 포함한 전체 임대차기간이 5년을 초과하지 않는 범위 내에서 임대인은 임차인의 계약갱신요구를 거절할 수 없도록 하고 있습니다.

따라서 위 사안의 경우 귀하는 사업자등록을 하고 입점하여 영업을 함으로써 「상가건물임대차보호법」 제3조 제1항에 의한 대항력을 갖추었으며, 임대차계약의 체결일자도 이 법 시행 이후이고 임차보증금액도 월세환산금을 합한 금 5,000만원이므로 서울지역의 계약 당시의 같은 법 적용한도인 2억4천만원을 넘지 않아 같은 법에 의한 보호를 받을 수 있는 임차인으로서, 위 임대차계약상 6개월을 약정하였더라도 임대차기간의 최소보장기간인 1년을 주장할 수 있을 것으로 보입니다.

그리고 3회 이상의 월세연체 등의 결격사유가 없는 이상 최초의 임대차기간으로부터 5년을 초과하지 않는 범위 내에서 계약갱신을 요구할 수도 있다고 할 것입니다.

참고로 2014년 1월 1일부터 시행되고 있는 개정 「상가건물임대차보호법 시행령」은 「상가건물임대차보호법」의 적용범위가 되는 보증금액을 ① 서울특별시에서는 보증금액이 4억원 이하, ② 「수도권정비계획법」에 따른 과밀억제권역(서울특별시는 제외)에서는 보증금액이 3억원 이하, ③ 광역시(「수도권정비계획법」에 따른 과밀억제권역에 포함된 지역과 군지역은 제외한다), 안산시, 용인시, 김포시 및 광주시에서는 보증금액이 2억4천만원 이하, ④그 밖의 지역에서는 보증금액이 1억 8천만원 이하로 증액하였습니다. 다만, 부칙에서 이 영 시행 후 체결되거나 갱신되는 상가건물임대차계약부터 적용하도록 하고 있습니다.

또한 2015년 5월 13일에 개정된 「상가건물임대차보호법」 제2조 제3항에 의하면, 위 법률의 적용범위가 되는 보증금액을 초과하는 임대차에 대하여도 같은 법 제10조 제1항 및 제2항에서 정한 임차인의 계약갱신요구권이 인정됩니다.

Q 저는 2012년 3월 2일 서울 소재 甲소유 상가건물 1층을 보증금 5,000만원에 임차하여, 입점 한 후 사업자등록 및 확정일자인까지 받아두었으므로 마음놓고 세탁소를 운영하고 있었습니다. 그런데, 건물 소유자인 甲이 저를 찾아와 임차건물이 낡아 이를 헐고 새로 지으려고 한다면서 다가오는 임대차계약기간이 만료되면 점포를 비워 달라고 요청하였습니다. 저는 임대차계약기간을 1년으로 하였지만 「상가건물임대차보호법」상 임차인이 원하면 최장 5년까지 임차가 가능하다기에 이를 믿고 투자한 시설비만도 5,000만원이나 지출하였습니다. 제가 상가임차인의 계약갱신요구권으로 보호받을 수는 없는지요?

A 상가임차인의 계약갱신요구권은 사회·경제적 약자인 상가임차인의 임대차 존속기간을

일정기간의 범위 내에서 보장해 줌으로써 임차인의 경제생활 안정을 기하기 위하여 인정된 권리입니다.

먼저, 상가임차인의 계약갱신요구권에 관하여 같은 법 제10조는 "① 임대인은 임차인이 임대차기간이 만료되기 6개월 전부터 1개월 전까지 사이에 계약갱신을 요구할 경우 정당한 사유 없이 거절하지 못한다. 다만, 다음 각 호의 어느 하나의 경우에는 그러하지 아니하다.

1. 임차인이 3기의 차임액에 해당하는 금액에 이르도록 차임을 연체한 사실이 있는 경우

2. 임차인이 거짓이나 그 밖의 부정한 방법으로 임차한 경우

3. 서로 합의하여 임대인이 임차인에게 상당한 보상을 제공한 경우

4. 임차인이 임대인의 동의 없이 목적 건물의 전부 또는 일부를 전대(轉貸)한 경우

5. 임차인이 임차한 건물의 전부 또는 일부를 고의나 중대한 과실로 파손한 경우

6. 임차한 건물의 전부 또는 일부가 멸실되어 임대차의 목적을 달성하지 못할 경우

7. 임대인이 다음 각 목의 어느 하나에 해당하는 사유로 목적 건물의 전부 또는 대부분을 철거하거나 재건축하기 위하여 목적 건물의 점유를 회복할 필요가 있는 경우

가. 임대차계약 체결 당시 공사시기 및 소요기간 등을 포함한 철거 또는 재건축 계획을 임차인에게 구체적으로 고지하고 그 계획에 따르는 경우

나. 건물이 노후·훼손 또는 일부 멸실되는 등 안전사고의 우려가 있는 경우

다. 다른 법령에 따라 철거 또는 재건축이 이루어지는 경우

8. 그 밖에 임차인이 임차인으로서의 의무를 현저히 위반하거나 임대차를 계속하기 어려운 중대한 사유가 있는 경우

② 임차인의 계약갱신요구권은 최초의 임대차기간을 포함한 전체 임대차기간이 5년을 초과하지 아니하는 범위에서만 행사할 수 있다. ..." 라고 규정하고 있습니다.

그러므로 임대인은 임차인이 임대차기간 만료 전 6월부터 1개월까지 계약갱신을 요구하는 경우 최초의 임대차 기간을 포함한 전체 임대차기간이 5년을 초과하지 않는 범위 내에서 위 법 제10조 제1항 각호에 의한 정당한 사유 없이 거절하지 못하는 것입니다.

위 사안의 경우 임대인 甲이 임차건물이 낡아서 재건축을 위한 필요성 때문에 귀하의 갱신요구권을 거절한다는 것이 위 법에서 규정한 정당한 사유로서의 각호 중 제7호 각목에 해당된다고 볼 수 있다면, 정당한 주장이라 할 것이어서, 이 경우 귀하는 임대차계약기간 만료 시 임차건물을 비워주어야 할 것으로 보입니다.

2. 법정갱신

가. 의의

임대차기간이 만료된 후에도 임차인이 임차목적물에 대한 사용, 수익을 계속하는 경우 임대인이 상당한 기간 내에 이의를 제기하지 않은 때 전 임대차와 동일한 조건으로 다시 임대차한 것으로 보는데, 이를 법정갱신 또는 묵시적 갱신이라고 한다. 상임법 제10조 제4항에서는 법정갱신에 대하여 규정을 하면서, 상가건물의 임대인이 임차인에게 임대차기간이 만료되기 6개월 전부터 1개월 전까지 사이에 갱신거절의 통지 또는 조건 변경의 통지를 하지 아니한 경우 그 기간이 만료된 때에 전 임대차와 동일한 조건으로 다시 임대차한 것으로 보고 있다. 이 경우 그 존속기간은 1년으로 본다.

나. 법정갱신 후 해지통고

계약이 법정갱신 된 경우 임차인은 언제든지 임대인에게 계약해지를 통고할 수 있다. 이 때 해지통고의 효력은 임대인이 통고를 받은 날로부터 3개월이 지나면 효력이 발생한다. 이에 비해 임대인은 법정갱신의 존속기간인 1년을 임차인에게 보장해야 하므로 해지의 통고를 할 수 없다.

3. 계약갱신요구권

가. 의의

상임법에서 상가건물의 임대인은 임차인이 임대차기간이 만료되기 6개월 전부터 1개월 전까지의 사이에 계약의 갱신을 요구할 경우 정당한 사유 없이 이를 거절할 수 없도록 한 규정을 두고 있는데, 이를 계약갱신요구권이라고 한다(상임법 제10조 제1항). 더불어 임대인의 동의를 받고 전대차계약을 체결한 전차인은 임차인의 계약갱신요구권 행사기간 범위 내에서 임차인을 대위하여 임대인에게 계약갱신요구권을 행사할 수 있다(상임법 제13조 제2항).

이러한 상가건물 임차인의 계약갱신요구권은 일정액 이하의 보증금에서만 인정되었으나, 2013. 8. 13. 개정 이후 보증금액과 상관없이 행사할 수 있게 되었다.

나. 계약갱신요구에 대한 거절사유

상가건물의 임차인의 계약갱신요구에 대하여 임대인은 정당한 사유 없이 이를 거절할 수 없는데, 상임법은 여기서의 '정당한 사유'에 대하여 아래와 같이 규정하고 있다(상임법 제10조 제1항).

1) 임차인이 3기의 차임액에 해당하는 금액에 이르도록 차임을 연체한 사실이 있는 경우

2) 임차인이 거짓이나 그 밖의 부정한 방법으로 임차한 경우

3) 서로 합의하여 임대인이 임차인에게 상당한 보상을 제공한 경우

4) 임차인이 임대인의 동의 없이 목적 건물의 전부 또는 일부를 전대(전대)한 경우

5) 임차인이 임차한 건물의 전부 또는 일부를 고의나 중대한 과실로 파손한 경우

6) 임차한 건물의 전부 또는 일부가 멸실되어 임대차의 목적을 달성하지 못할 경우

7) 임대인이 다음 각 목의 어느 하나에 해당하는 사유로 목적 건물의 전부 또는 대부분을 철거하거나 재건축하기 위하여 목적 건물의 점유를 회복할 필요가 있는 경우

　가) 임대차계약 체결 당시 공사시기 및 소요기간 등을 포함한 철거 또는 재건축 계획을 임차인에게 구체적으로 고지하고 그 계획에 따르는 경우

　나) 건물이 노후·훼손 또는 일부 멸실되는 등 안전사고의 우려가 있는 경우

　다) 다른 법령에 따라 철거 또는 재건축이 이루어지는 경우

8) 그 밖에 임차인이 임차인으로서의 의무를 현저히 위반하거나 임대차를 계속하기 어려운 중대한 사유가 있는 경우

다. 효과

상가건물 임차인이 계약갱신요구권을 행사한 경우 갱신되는 임대차는 전 임대차와 동일한 조건으로 다시 계약된 것으로 본다. 단 임대차기간은 최초의 임대차기간을 포함하여 10년을 초과하지 않는 범위 내(종전 5년에서 10년으로 확대 됨)에서만 행사할 수 있다. 여기서 '최초의 임대차기간'이라 함은 위 법 시행 이후에 체결된 임대차계약에 있어서나 위 법 시행 이전에 체결되었다가 위 법 시행 이후에 갱신된 임대차계약에 있어서 모두 당해 상가건물에 관하여 최초로 체결된 임대차계약의 기간을 의미하고[253], 이는 전체 임대차기간 중 실제 임차인(사업자)과 사업자등록

---

253) 대법원 2006. 3. 23. 선고 2005다74320 판결

명의자가 일치하지 않는 기간이 일부 있었더라도 전체 임대차기간의 실제 임차인이 동일하다면 달리 특별한 사정이 없는 이상 마찬가지라고 보아야 한다[254].

또한 차임과 보증금은 상임법 제11조에 따른 범위 내, 즉 100분의 5의 금액 범위 내에서 증감할 수 있다. 한편, 이러한 변경된 갱신요구권에 관한 규정은 개정안이 시행 전에 체결된 상가건물임대차계약은 적용되지 않고 신규로 체결되는 임대차계약 및 갱신되는 계약에만 적용됨에 유의하여 한다. 또한 1년 이내에는 임대료를 재인상할 수 없다. 그러나 10년의 임대기간이 종료되고 신규계약을 체결하고자 할 때에는 임대료 상승폭에 제한은 없다.

Q 보증금4,000만원에 월세120만원의 임대차계약 입니다. 환산보증금으로 하면 1억6,000만원으로 기준금액을 넘습니다. (기타지역 2010.07.26.시행) 그러나 건물주는 실지금액보다 적은 보증금3,000만원에 월세80만원으로 신고를 했었지요. 그 후 2년 후 건물주가 명도를 요구하는데 계약갱신요구가 가능한지요?

A 계약갱신요구권 행사와 관련하여 임대인과 소송이 진행되는 경우, 임대인이 실제 보증금을 밝히고 이것이 재판부에 의해 사실인정이 된다면, 상가건물임대차보호법의 적용을 받기는 어려울 것으로 보입니다. 왜냐하면, 상가건물임대차보호법의 적용여부는 신고내용 여하에 불구하고 실지 보증금액수에 따라 결정될 것이기 때문입니다.

Q 2007년 05월 06일 계약만기, 월세20만원의 상가전대차 계약의 전차인입니다. 2007년 03월 23일 전대인으로부터 구두로 계약이 만료 되었으니 명도를 하던지 보증금2,000만원 월세50만원으로 인상해 줄 것을 요구합니다. 전차인이 계약 갱신을 요구할 경우 전대인은 거절할 수 없다고 알고 있습니다, 계약갱신 요구를 내용증명 아니면 구두로 가능한 지요 그리고 시기는 어떻게 되는지요?

A 상가건물임대차보호법 제13조제1항은 임차인의 임대인에 대한 계약갱신요구권에 관한 조항인 이 법 제10조, 제10조의6, 제10조의8, 제11조 및 제12조의 규정은 전대인과 전차인의 전대차관계에 적용한다고 규정하고 있습니다. 따라서 전차인도 전대인에 대해서 계약갱신요구권을 행사할 수 있습니다. 다만, 전차인이 원 임대인으로부터 동의를 받은 전차인지 여부에 따라

---

254) 대법원 2006. 7. 13. 선고 2006다22272 판결

법적 판단이 다릅니다.

먼저, 전차인이 전대인에게 계약갱신 요구권을 행사하려면, 임대차기간 만료 전 6월부터 1월까지 사이에 행하여야 합니다. 사안을 보니 금년 4월 6일 밤 12시 전까지는 갱신요구에 관한 내용증명이 전대인에게 도달해야 합니다. 전차인의 갱신 요구권은 최초 기간을 포함하여 5년을 초과하지 않는 범위 내에서 유효합니다. 전차인의 갱신요구에 따라 계약이 갱신되면 갱신되는 임대차는 전 임대차와 동일한 조건으로 다시 갱신된 것으로 봅니다. 다만, 차임과 보증금은 일정범위 내에서 증감될 수 있습니다. 그 증감의 범위는 법 시행령에 규정되어 있습니다. 갱신요구를 하는 방법은 임차인이 임대차기간 만료 전 6월부터 1월까지 사이에 갱신을 요구한다는 취지의 서면을 작성하여 이를 내용증명 우편으로 발송하는 것입니다.(전대인에게 도달되었다는 것을 나중에 증명하기 위해) 급박한 사정의 경우 구두로 전대인에게 갱신요구를 하시고, 이를 녹취해 두는 방법도 고려할 수 있습니다.

Q 임대인은 시장주변에 사람과 개업공인중개사에게 매매의뢰를 하였습니다. 2007년 1월 3일에 상가매수 할 사람이 있어 임차인에게 인사를 시키고 매수자가 직접장사를 할 것인지 물어보아서 계약기간 완료시점(2007년 6월 8일)에 야채장사를 할 것이라고 하니 알겠다고 하였으며 별다른 의사표시가 없었습니다.(현임차인은 과일, 건어물가게를 운영 중임) 현임차인이 01월29일에 전화가 와서 상가건물임대차보호법에 의해 비워줄 수가 없다고 하여 매도인은 상기내용으로 임차인에게 내용증명을 발송하니 2006년 10월 중순에도 비워준다고 하지 않았다고 하며 2007년 1월 3일에 매수자가 장사를 한다니 그냥 알았다고 한 것이지 비워준다는 의사표시는 아니라고 회신이 왔습니다. 이런 상황에서 중도금(2월 1일)을 치렀으며 잔금은 2월15일입니다. 잔금을 치루기전에 매도인은 현 임차인에게 어떻게 해야 하는지 그렇지 않으면 계약만료일까지 미루어 명도소송을 해야 하는지요?

A (1) 우선, 임차인이 2007년 01월 29일 전화로 한 통지가 상가건물임대차보호법상의 계약갱신요구권 을 행사한 것인지 여부가 확정되어야 합니다. 계약갱신요구의 의사표시는 전체적으로 보아 임대차관계를 계속 유지하겠다는 취지의 의사표시로 볼 수 있으면 족하다고 보는 것이 다수설입니다.

(2) 임차인이 임대차기간 만료 전 6월부터 1월까지 사이에 임대인에게 계약갱신요구를 한 경우, 원칙적으로 전임대차와 동일한 조건으로 임대차가 갱신됩니다. 다만, 임대차기간은 전임대차기간을 포함하여 5년을 초과하지 않는 범위 내에서만 효력이 있습니다.

(3) 상가건물임대차보호법은 임대인이 임차인의 계약갱신요구를 정당한 사유없이 거절하지 못한다고 하면서 거절할 수 있는 사유 8가지를 열거하고 있습니다.(상가건물임대차보호법 제10조 참조) 위 8가지 사유 중 '매매'는 포함되지 않는 것으로 보입니다.

(4) 임차인이 2007년 01월 03일에 한 의사표시('알았다')가 무엇인지에 대해서는 해석상 논란이 있을 것으로 보이나, 이것이 임대차 합의해지의 의사표시로 해석되지 않는 한 임대인이 거절할 사유가 되기는 어렵다고 보입니다. 다만, 임대인(매도인)과 매수인이 임차인의 위 말을 믿고 매매계약을 체결하였다면 착오에 의한 취소나 손해배상의 청구 등의 별도의 구제방안을 강구해야 할 수는 있다고 보입니다.

(5) 개업공인중개사의 과실 유무에 대해서는 개업공인중개사가 임차인의 퇴거까지 보증한 것인지 여부 등을 보고 구체적으로 판단해 보아야 할 사항입니다.

Q 임대인이 임차인이 주선한 신규임차인과 새로운 계약을 체결한 경우 기존 임차인과 같이 5년 간 임대차기간을 보장해주어야 하나요?

A 임대인과 신규임차인 간의 계약은 기존 임차인의 계약과는 별개의 새로운 임대차 계약이므로 신규임차인은 종전임차인과 동일하게 5년의 범위에서 임대차를 주장할 수 있습니다. 따라서 임대인은 새로운 임차인에게도 5년 간 임대차기간을 보장해 주어야 할 것입니다. 다만 신규임차인이 임대인과 새로운 계약을 체결한 것이 아니라 종전임차인에게 임차권을 양도받아 임차인의 지위를 승계한 것으로 인정되는 경우(임차권양도)에는 기존의 임대차기간을 포함하여 5년 간 갱신요구권만이 인정됩니다. 새로운 계약인지, 기존 임차인의 지위를 승계하는 계약인지는 당사자들의 의사에 따라 결정될 것입니다.

4. 계약갱신요구 등에 관한 임시 특례

임차인의 차임연체액이 3기의 차임액에 달하는 때에는 임대인은 계약을 해지할 수 있다(상임법 제10조의8). 단, 임차인이 이 법(법률 제17490호 상가건물 임대차보호법 일부개정법률을 말한다. 본조신설 2020. 9. 29.)) 시행일(2020. 11. 1.)부터 6개월까지의 기간 동안 연체한 차임액은 제10조 제1항 제1호(임차인이 3기의 차임액에 해당하는 금액에 이르도록 차임을 연체한 사실이 있는 경우), 제10조의4 제1항 단서 및 제10조의8의 적용에 있어서는 차임연체액으로 보지 아니한다. 이 경우 연체한 차임액에 대한 임대인의 그 밖의 권리는 영향을 받지 아니한다(상임법 제10조의9).

한편, 상임법 제10조 제1항은 임대인은 임차인이 임대차기간이 만료되기 6개월 전부터 1개월 전까지 사이에 계약갱신을 요구할 경우 정당한 사유없이 거절을 하지 못한다는 임차인의 갱신요구권을 정하고 있고, 그 예외 같은 항 1호는 임차인이 3기의 차임액에 해당하는 금액에 이르도록 차임을 연체한 사실이 있는 경우를 정하고 있으며, 같은 법 제10조의 4는 임차인의 권리금회수기회권을 대해 정하는 있는 것으로 갱신요구권과 마찬가지로 임차인이 3기의 차임액에 이르도록 차임을 연체한 경우 임차인은 권리금회수기회권을 주장할 수 없는 내용을 규정한 것이고, 같은 법 제10조의 8은 임차인의 차임 연체액이 3기의 차임액에 달하는 때에 임대인은 임대차계약을 해지할 수 있다고 규정한 것이다.

위 3가지는 모두 3기의 차임액에 달하도록 차임을 연체한 경우 임차인의 권리행사가 제한되는 것인데, 상임법 제10조의 9로 계약갱신요구등에 관한 임시특례를 정하면서 이법(법률 제17490호 상가건물 임대차보호법 일부개정법률을 말한다) 시행일로부터 6개월 동안은 임차인이 차임을 연체하더라도 위 3가지에 있어서는 이를 차임의 연체로 보지 않도록 한 것이다. 다시 말해 위 기간 동안 임차인이 차임을 연체하여도 임차인은 추후 갱신요구권, 권리금회수기회권을 행사함에 아무런 영향을 받지 않고, 임대인은 3기 이상의 차임연체를 이유로 임대차계약을 해지할 수 없다는 것이다. 가령 개정 상임법 시행 전에 임차인이 2기의 차임을 연체한 상황에서 개정법이 시행되었다면 이후 임차인이 6개월 동안 차임을 지급하지 아니하더라도 임대인은 계약을 해지할 수 없으며 임차인은 여전히 계약갱신요구권을 가지고 계약 종료시 권리금회수기회를 보장받을 있다는 것이다. 다만 이미 3기 이상의 차임을 연체하였거나 2기의 차임을 연체한 상황에서 위 법 시행 후 6개월이 도과된 후 1개의 차임을 연체하였다면 임대인은 임대차계약을 해지할 수 있는 반면 임차인은 계약갱신요구권은 물론 권리금회수기회권도 행사할 수 없게 된다. 다만 이는 이법 시행 당시 존속 중인 임대차에만 적용됨에 유의하여야 한다.

제7장 권리금

권리금이란, 상가건물에서 영업을 하는 자 또는 하려는 자가 '영업시설, 비품, 거래처, 신용, 영업상의 노하우, 상가건물 위치에 따른 영업상의 이점' 등을 양도하거나 혹은 이를 이용하게 할 때 보증금, 차임 이외에 지급하는 금전 등의 대가를 의미한다.

제1절 상가권리금의 규정

1. 상가권리금에 대한 보호대책 추진 이유

과거 상가권리금을 둘러싼 갈등이 지속되고, 임대인이 권리금을 받는 등 부당한 개입으로 인한 피해사례가 지속 발생하고 있으나 법적, 제도적 구제수단이 전무하였다. 즉 권리금 관련 민법 및 상가건물임대차보호법 등에 명문화된 규정 존재하지 않았고, 대법원 판례에서도 권리금에 대해 소극적 입장이라는 견해가 다수였고, 임대인이 임대차기간 종료 시점에서 갱신을 거절할 경우 임차인은 더 이상 해당 점포에서 영업할 수 없게 되는 상황에서 투자비용을 회수하지 못하는 사례가 발생하였다. 또한 상가건물에 대한 권리금 관계는 일반적으로 임차인과 전 임차인 사이에 교부되는 금전으로 사적 자치의 영역이나, 임차인이 투자한 비용, 영업활동의 결과로 현성된 지명도나 고객 등의 가치를 반영하는 것으로 보호가치가 있었다.

이에 권리금의 개념과 보호방법을 법적 테두리에 포함하여 권리금으로 인한 사회적 갈등을 해소하고 정당한 임차인의 권리를 보호하여 임대차 시장의 선진화를 도모하고자 이번 대책을 추진하게 되었던 것이다.

2. 피해규모 및 구체적 사례

현재 권리금 회수와 관련한 분쟁과 그 피해사례는 공식 통계가 미비하여 정확히 파악하기는 어려우나, 임대인의 임차인 권리금 회수 방해로 인한 피해 가능성이 있는 규모는 약 1조3천억 원으로 추정되었다[255].

관련 피해사례는 임대인이 갱신거절 후 임차인이 이룩한 영업가치를 이용하여 직접 영업하면서 권리금을 지급하지 않거나, 임대인이 과도한 임대료 요구 등으로 전 임차인을 퇴거시킨 후 다른 임차인과 계약하면서 직접 권리금을 받아 권리금 회수를 방해하는 사례 등이 있었다.

3. 우리나라의 상가권리금 시장규모

우리나라의 상가권리금 시장의 규모에 대해서는 공식 통계가 미비하여 정확한 규모를 파악하기는 어려우나, 소상공인 현황 및 실태조사 결과(중기청) 등을 통해 분석해 볼 때 약 33조원 수준으로 추정된다[256].

4. 임대인에게 의무부과 등을 할 수 있는 근거

상가건물 임차인의 투자비용·영업활동으로 형성된 지명도나 고객 등 경제적 이익이 임대인의 갱신거절로 소멸되는 것은 '임차인의 계약갱신 교섭력 강화'라는 「상가건물임대차보호법」의 입법목적(2013헌바198)의 중대한 침해이고, 임대인은 임대차계약을 통해 임차인에게 영업활동으로 영업 가치를 형성하도록 하였으므로, 그 연장선상에서 임차인의 영업가치 회수에 협력할 의무를 규정함이 타당하나, 현행 제도는 임대인의 소유권만을 우선하여, 임대인의 의사로 영업이 순식간에 폐지되는 불균형과 불공정을 초래하였다. 또한 현행 민법이 인정하고 있는 부속물, 건물매수청구권은 사회적·경제적 손실을 막기 위한 것인데, 영업폐지로 인한 손실은 건물을 멸실하는 것보다 더 큰 손실일

---

255) 1조 3천억원 = 2,918,595업체×74.8%×2,748만원×55.1%×4%
  피해규모 추정산정식 = 사업체 수×임차비율×권리금×권리금지불여부×임대인의 권리금 개입비율
  * 소상공인 사업체 수 : 통계청 전국사업체조사에서 발췌(2012)
  * 임차비율(%) : 소상공인 사업체의 74.8%가 영업장소를 임차하여 영업('13년 전국소상공인 실태조사, 소상공인시장진흥공단)
  * 권리금 금액 : 평균 2,748만원의 권리금을 지불(소상공인 실태조사, '14.7월)
  * 권리금 지불여부 : 현 영업장소에 권리금을 지불하고 영업 중인 사업체비율 55.1%('13년도 상가건물임대차실태조사, 소상공인시장진흥공단)
  * 임대인의 권리금 개입비율 : 임대인이 권리금에 개입하는 비율은 4%(KDI, 권리금에 대한 법경제학적 접근, 2011)
256) 산출근거: 2,918,595업체(소상공인 업체수)×74.8%(임차점포 비율)×55.1%(권리금 수수비율)×2,748만원(소상공인 실태조사결과)=33.1조원

수도 있다. 즉 '소유권'과 '영업권' 조화를 위한 입법 필요하였던 것이다.

5. 권리금보호에 대한 외국 사례

권리금보호에 대한 외국의 입법사례 등을 살펴보면, 영국·프랑스 등 주요국은 임대차 계약 종료 시 임차인이 이룩한 영업가치 등에 대한 보상 의무*를 부과하고 있고, 임차인이 후속 임차인에게 권리금을 회수하지 않더라도 임대인이 영업가치에 대한 보상을 지급하고 있다.

이번 상가건물의 권리금에 대한 보호 법제화는 영국·프랑스처럼 임대인이 직접 권리금을 보상하는 것이 아니라, 임차인이 신규 임차인으로부터 권리금을 회수할 수 있도록 협력의무를 부과하고, 회수 방해 행위를 금지하여 기존 시장 관행과 최대한 조화를 이루고자 하였다.

	영국[257]	프랑스[258]	일본
법령	임대차법	상법	차지차가법
최단 기간	기간 제한 없음	법정최단기간 9년	법정 최단기간 1년
임차인의 갱신요구	임차인 갱신요구시 임대인 원칙적 거절 불가 – 차임연체 등 사유 있을 때만 거절 가능	임대인 갱신요구시 임대인 거절 가능, 거절시 원칙적 보상	해당없음
임대인 보상요건	임대인이 갱신거절할 수 있는 6가지 법정 사유[259] 중 3가지 사유의 경우 보상	임대인이 갱신거절하는 모든 경우, 다만, 3가지 예외 사유[260] 있음	기간 없는 임대차의 경우 임대인은 정당한 사유가 있을 때에만 해지 가능
임대인 보상액	임차권에 포함된 재산의 과세표준 가액	영업의 시장가치, 시설철거 및 재설치 비용, 동일한 가치의 영업취득을 위해 지출해야 하는 비용·세금	정당한 사유 판단에 있어 임대인이 건물 퇴거와 상환으로 임차인에게 재산상 급부 지급 여부 고려

---

257) ① 임대인은 자기의 영업을 개발하기 위하여는 물건의 점유를 회복할 수 있다. ② 그러나,

6. 기대효과

상가건물 임차인의 권리 보호가 크게 개선되며, 상가 임대차 시장의 선진화에도 기여할 전망이다. 모든 임차인에게 임대인이 변경되어도 5년간 계약갱신청구권을 보장하여 상가건물에 대한 임대차계약의 안정성이 제고될 것이고, 상가건물 임대인은 임차인이 주선한 신규임차인이 특별한 사정*이 없는 경우 계약을 체결할 의무를 부과하므로 인해 기존 임차인의 권리금 회수기회가 보호될 것이며, 권리금의 정의를 명시하고, 상가임대차 표준계약서 마련 등을 통해 상가임대차 관련 권리·의무 관계를 명확화하여 임대차 시장을 선진화할 것이다.

즉 소상공인 실태조사(중기청) 등을 근거로 추정하면, 상가권리금 보호제도 도입으로 권리금이 있는 상가에 입주한 임차인인 약 120만 명의 임차인이 직·간접적 보호 대상이 될 것으로 추정된다.

임대인이 건물의 회복을 필요로 하지 않으면 임차인에 대하여 현재의 시장차임을 청구할 수 있다. ③ 현재의 임차인이 시장차임을 지불하고 점유를 계속하고 있다면, 그에게는 새롭게 임차를 희망하는 자에 대해서보다 더한 권리를 부여하여야 한다.는 기본관점에서 출발

258) 19세기 초부터 임차인 즉, 상인이 가지는 영업재산의 보호를 위하여 보통법상의 임대차원칙을 극복하고, 상사임대차법제가 발전. 갱신거절자유의 원칙하에서는 갱신거절에 의하여 영업장소의 변경을 초래하고 임차인의 투하자본과 고객의 상실 즉, 영업재산에 대한 침해 발생. 따라서 임대인의 갱신거절로 임차인의 영업재산이 침해된다는 불공평을 시정하는 것을 목표로 하고, 갱신거절을 하는 경우 영업재산가액을 상환한다는 정책이 입법화. 퇴거보상액의 고액화로 사실상 갱신강제하는 효과

259) ① 임차인의 수선의무위반, ② 차임의 연체, ③ 임차목적물의 사용 등 의무위반, ④ 대체점포의 제공, ⑤ 일부 임대차의 경우 임대목적물 전체를 임대하려고 하는 경우, ⑥ 철거나 재건축의 경우, ⑦ 임대인이 스스로 점유하고자 하는 경우 〈⑤~⑦의 경우 보상〉

260) ① 임차인에게 주장할 수 있는 중대하고도 정당한 이유가 있는 경우, ② 안전상 이유로 건물을 철거하여야 하는 경우(임차인에게 우선권 있음), ③ 임대인 자신 또는 그 존비속의 거주를 위하여 반환을 요구하는 경우

제2절 권리금의 정의 등

1. 권리금의 정의 및 종류

권리금이란 임대차 목적물인 상가건물에서 영업을 하는 자 또는 영업을 하려는 자가 영업시설·비품, 거래처, 신용, 영업상의 노하우, 상가건물의 위치에 따른 영업상의 이점 등 유형·무형의 재산적 가치의 양도 또는 이용대가로서 임대인, 임차인에게 보증금과 차임 이외에 지급하는 금전 등의 대가를 말한다(상임법 제10조의3 제1항).

권리금은 영업을 하는 가게 등에 흔히 존재하는 것으로서 가게를 양수하는 양수인이 양수받은 가게가 장사가 잘 되어 돈을 벌 것이라는 기대감에 지급하는 돈이며, 이는 관행에 따라 거래 당사자 간의 흥정에 따라 달라 질 수 있습니다. 이러한 권리금은 그 특성에 따라 다음과 같은 4가지 유형으로 구분된다.

권리금의 유형

박닥권리금	장소적 이익(점포위치, 상권 등)을 토대로 형성
영업권리금	점포의 무형적 자산(영업노하우, 거래처, 신용 등)의 대가
시설권리금	영업시설, 비품 등 유형자산의 대가

① 바닥권리금 : 장소적 이익(점포위치, 상권 등)을 토대로 형성되는 권리금의 일종이다. 이러한 바닥권리금은 창업을 할 때 일정 수준의 매출이 발생할 것이라는 전제하에 받게 되는 것으로 신규점포에서 요구되기도 하며, 이를 지역 권리금이라고 부르기도 한다.

② 영업권리금 : 점포의 무형자산(영업노하우, 거래처, 신용 등)의 대가로 지급하는 권리금을 말한다. 상가를 인수하는 양수인은 기존 상가 임차인이 영업하던 사업자체 (식당, 학원, 음식점, 독서실, 카페 등)를 인수하고 단골 고객과 연결고리 및 영업비법을 전수받은 경우에 인정되는데, 이러한 영업권리금은 보통 양도 시점부터

6~12개월 동안 발생하는 평균 매출 수익을 기준으로 한다.

▶ 평가방법 : 수익환원법- 일정기간 동안 발생한 순수익(= 매출 - 비용)을 기준으로 임차인 간 협의

③ 시설권리금 : 영업시설, 비품 등 유형자산을 그대로 인수할 경우 그 대가로 지급하는 권리금을 말한다. 시설권리금에는 인테리어, 간판, 기재자 등이 포함되며, 이러한 시설권리금은 1년 단위로 보통 20%씩 비용을 감가하는 것이 관례이고, 3년이 지난 시설물이나 집기 등은 권리금 산정에서 제외한다.

▶ 원가법 : 최소설치 비용에서 사용연수를 고려해 임차인간 합의, 통상 5년의 임대차기간을 기초로 연 20%씩 비용 감가

④ 이익권리금 : 영업허가권을 같이 거래하면서 그에 대한 대가로 지급하는 권리금을 말한다. 주로 기존 상가 임차인과 새로운 임차인 사이의 사업 연속성이 있을 때 발생하는 권리금이다. 보통 영업권리금과 이익권리금을 분리하지 않는 경향이 있지만, 권리금에 관한 법률이 개정되면서 새로 구분된 권리금이 유형이다.

Q 임차인이 임대차계약 체결 당시 지급한 권리금이 있어야만 임대차 종료 시 권리금 보호를 받을 수 있는 것인가요?

A 임차인이 임대차계약 체결 당시 전 임차인에게 '권리금'을 지급하지 않았다고 하더라도 임대차 기간 동안 설치한 영업시설·비품이나, 임차인의 노력으로 형성된 거래처, 신용, 영업상의 노하우, 상가건물의 위치에 따른 영업상 이점 등 유형·무형의 재산적 가치가 임대차 종료시까지 남아 있다면 권리금 보호 조항의 적용을 받을 수 있을 것입니다. 이런 경우 임대인은 임차인의 권리금 회수를 방해해서는 안 될 의무를 부담하고, 이를 위반했을 경우 손해배상책임을 질 수 있습니다.

임차인 甲이 임대인 乙과 대구광역시 소재 상가건물에 관하여 보증금액(월 차임환산액을 포함한 금액)을 구 상가건물 임대차보호법 시행령 제2조 제1항 제3호의보증금액을 초과하는 금액으로 하고 임대차기간을 3년으로 하는 임대차계약을 체결하였다가 임대차기간 만료 후 다시 동일한 보증금액에 임대차기간을 2년으로 하는 내용의 임대차계약을 체결하여 위 건물에서 약국을 운영하였고, 그 후 위 임대차기간이 2015. 5. 13. 신설된 권리금 회수기회 보호에 관한 구 상가건물 임대차보호법 제10조의4가 시행되기 전에 종료되었는데, 甲이 乙을 상대로 乙이 권리금의 반환 또는 새로운 임차인을 통한 권리금 회수에 협조하지 않아 권리금을 회수하지 못하는 손해를 입었다며 같은 조 제3항에 따른 손해배상을 구한 사안에서, 위 임대차는 구 상가건물 임대차보호법 제10조의4의 시행일 현재 존속 중인 임대차에 해당하지 않으므로, 구 상가건물 임대차보호법 제10조의4는 위 임대차에 적용되지 않는다고 한 사례(대구고등법원 2018. 8. 14. 선고 2017나21191,21207 판결)

[판결요지]

임차인 甲이 임대인 乙과 대구광역시 소재 상가건물에 관하여 보증금액(월 차임 환산액을 포함한 금액)을 구 상가건물 임대차보호법 시행령(2015. 11. 13. 대통령령 제26637호로 개정되기 전의 것, 이하 '구 상가임대차법 시행령'이라 한다) 제2조 제1항제3호의 보증금액을 초과하는 금액으로 하고 임대차기간을 3년으로 하는 임대차계약을 체결하였다가 임대차기간 만료 후 다시 동일한 보증금액에 임대차기간을 2년으로 하는 내용의 임대차계약을 체결하여 위 건물에서 약국을 운영하였고, 그 후 위 임대차기간이 2015. 5. 13. 신설된 권리금 회수기회 보호에 관한 구 상가건물 임대차보호법(2018. 10. 16. 법률 제15791호로 개정되기 전의 것, 이하 '구 상가임대차법'이라 한다)제10조의4가 시행되기 전에 종료되었는데, 甲이 乙을 상대로 乙이 권리금의 반환 또는 새로운 임차인을 통한 권리금 회수에 협조하지 않아 권리금을 회수하지 못하는 손해를 입었다며 같은 조 제3항에 따른 손해배상을 구한 사안이다.

구 상가임대차법 부칙(2015. 5. 13.) 제3조에 따르면 구 상가임대차법 제10조의4

는그 규정의 시행일 현재 존속 중인 임대차부터 적용되는데, 甲과 乙이 약정한 임대차기간이 위 시행일 전에 이미 종료된 점, 위 임대차의 보증금액은 구 상가임대차법 제2조제1항, 구 상가임대차법 시행령 제2조 제1항 제3호에 따른 보증금액을 초과하는데, 임대차가 종료한 경우에도 임차인이 보증금을 돌려받을 때까지는 임대차관계가 존속한다고 정한 구 상가임대차법 제9조 제2항은 구 상가임대차법 시행령 제2조 제1항 제3호에 따른 보증금액을 초과하는 임대차에는 적용되지 않는 것이어서 구 상가임대차법제10조의4의 시행일 현재 甲이 임대차보증금을 반환받지 않았더라도 임대차관계가 존속하는 것으로 볼 수 없는 점을 종합하면, 위 임대차는 구 상가임대차법 제10조의4의시행일 현재 존속 중인 임대차에 해당하지 않으므로, 구 상가임대차법 제10조의4는 위임대차에 적용되지 않는다고 한 사례이다.

가. 권리금 산정기준 (국토부 고시)

권리금의 평가는 유형적 재산가액과 무형적 재산가액의 합으로, 유형적 재산은 시설비, 비품 등에 대해서는 구입원가에서 감가 상각하여 평가하거나, 중고거래가격으로 평가하는데, 그 예로 치킨점포의 경우 튀김기, 개수대, 테이블, 식기, 인테리어 등(다만, 사전에 목록을 작성하며 임대인과 임차인이 동의하여야 함)이다. 무형적 재산은 임대차 계약 종료 시점의 영업이익(수익환원법), 인근 점포의 권리금 수준을 고려하여 평가(거래사례비교법)하는데, 그 예로 매출액, 고객수, 인지도 등을 기반으로 향후 창출이 기대되는 수익 등이다[261].

나. 권리금에 관한 법원의 태도

(1) 권리금의 법적성질 및 일정기간이 보장된의 임대차에서 권리금반환문제

영업용 건물의 임대차에 수반되어 행하여지는 권리금의 지급은 임대차계약의 내용을 이루는 것은 아니고 권리금 자체는 거기의 영업시설·비품 등 유형물이나 거래처, 신용, 영업상의 노하우(know-how) 혹은 점포 위치에 따른 영업상의 이점 등 무형의 재산적

---

261) 실제 평가 시에는 전문기관이 현장조사 실시할 것으로, 해당 점포의 매출액, 고객수, 시설 상태 등 현황 조사와 인근 점포의 권리금 거래 실태 및 수준 조사 등이다.

가치의 양도 또는 일정 기간 동안의 이용대가라고 볼 것인바, 권리금이 그 수수 후 일정한 기간 이상으로 그 임대차를 존속시키기로 하는 임차권 보장의 약정하에 임차인으로부터 임대인에게 지급된 경우에는, 보장기간 동안의 이용이 유효하게 이루어진 이상 임대인은 그 권리금의 반환의무를 지지 아니한다.

다만 임차인은 당초의 임대차에서 반대되는 약정이 없는 한 임차권의 양도 또는 전대차 기회에 부수하여 자신도 일정 기간 이용할 수 있는 권리를 다른 사람에게 양도하거나 또는 다른 사람으로 하여금 일정기간 이용케 함으로써 권리금 상당액을 회수할 수 있을 것이지만, 반면 임대인의 사정으로 임대차계약이 중도 해지됨으로써 당초 보장된 기간 동안의 이용이 불가능하였다는 등의 특별한 사정이 있을 때에는 임대인은 임차인에 대하여 그 권리금의 반환의무를 진다고 할 것이고, 그 경우 임대인이 반환의무를 부담하는 권리금의 범위는, 지급된 권리금을 경과기간과 잔존기간에 대응하는 것으로 나누어, 임대인은 임차인으로부터 수령한 권리금 중 임대차계약이 종료될 때까지의 기간에 대응하는 부분을 공제한 잔존기간에 대응하는 부분만을 반환할 의무를 부담한다고 봄이 공평의 원칙에 합치된다.[262]

(2) 임대차계약서에 권리금액의 기재 없이 단지 '모든 권리금을 인정함'이라고 기재되어 있는 경우, 임대인이 임대차 종료시 임차인에게 권리금을 반환하겠다고 약정한 것으로 볼 수 있는지 여부

통상 권리금은 새로운 임차인으로부터만 지급받을 수 있을 뿐이고 임대인에 대하여는 지급을 구할 수 없는 것이므로 임대인이 임대차계약서의 단서 조항에 권리금액의 기재 없이 단지 '모든 권리금을 인정함'이라는 기재를 하였다고 하여 임대차 종료시 임차인에게 권리금을 반환하겠다고 약정하였다고 볼 수는 없고, 단지 임차인이 나중에 임차권을 승계한 자로부터 권리금을 수수하는 것을 임대인이 용인하고, 나아가 임대인이 정당한 사유 없이 명도를 요구하거나 점포에 대한 임대차계약의 갱신을 거절하고 타에 처분하면서 권리금을 지급받지 못하도록 하는 등으로 임차인의 권리금 회수 기회를 박탈하거나 권리금 회수를 방해하는 경우에 임대인이 임차인에게 직접 권리금 지급을 책임지겠다는 취지로 해석해야 할 것이다.[263]

---

262) 대법원 2002. 7. 26. 선고 2002다25013 판결.
263) 대법원 2000. 4. 11. 선고 2000다4517,4524 판결.

(3) 권리금계약이 임대차계약과는 별개의 계약인지

영업용 건물의 임대차에 수반되어 행하여지는 권리금의 지급은 임대차계약의 내용을 이루는 것은 아니고 권리금 자체는 거기의 영업시설·비품 등 유형물이나 거래처, 신용, 영업상의 노하우(know-how) 혹은 점포 위치에 따른 영업상 이점 등 무형의 재산적 가치의 양도 또는 일정 기간 동안의 이용대가라고 볼 것인바, 권리금계약은 임대차계약이나 임차권양도계약 등에 수반되어 체결되지만 임대차계약 등과는 별개의 계약이다.264)

(4) 임대차계약서상 "권리금은 임대인이 인정하되, 임대인이 점포를 요구시는 권리금을 임차인에게 변제한다"라고 기재한 경우, 임대차기간 만료시 임대인이 당연히 임차인에게 권리금을 지급하겠다고 약정한 것으로 볼 수 있는지

임대차계약서상의 "권리금은 임대인이 인정하되, 임대인이 점포를 요구시는 권리금을 임차인에게 변제한다"라는 기재에 관하여, 임대인이 임차인에게 점포의 명도를 요구하거나 특별한 사유도 없이 점포에 대한 임대차계약의 갱신을 거절하고 타에 처분하면서 권리금을 지급받지 못하도록 하는 등 점포에 대한 임차인의 권리금 회수를 방해하는 경우에는 임대인이 임차인에게 직접 권리금을 지급하겠다는 취지로 보일 뿐이고, 점포의 임대차기간이 만료된다고 하여 당연히 임차인에게 권리금을 지급하겠다고 약정한 것으로는 볼 수 없다고 하여, 임대차기간 만료를 이유로 한 임차인의 권리금 청구를 배척하였다.265)

(5) 상가건물의 소유주가 상가개설업자에게 점포의 임대분양권을 수여한 경우 상가개설업자가 임차인으로부터 받은 권리금에 대하여 소유주에게 반환의무가 있는지 여부

상가개발업자인 갑이 상가건물소유주인 을과 상가개설계약을 맺음에 있어 갑이 점포분양희망자들로부터 받을 임대보증금(순수한 임대보증금과 권리금을 포함한 것)에 대하여는 정하지 아니한 채 을은 0.7평 점포를 기준하여 금 250만원의 임대보증금으로 모든 점포를 임대하여 줄 것과 상가개조공사를 시행하기로 약정하고 그 개조로 인하여 증설되는 점포에 대한 임대분양권을 갑에게 수여하기로 하였다

---

264) 대법원 2013. 5. 9. 선고 2012다115120판결.
265) 대법원 1994. 9. 9. 선고 94다28598 판결.

면 갑은 을을 대리하여 점포분양희망자들과 임대차계약을 체결하고 그들로부터 임대보증금을 수령할 수 있는 지위와 다른 한편으로는 상가개발업자의 지위에서 상가개발비용과 수익 등을 고려하여 권리금 액수를 책정하고 분양희망자들과 절충하여 합의된 권리금을 수수하는 양면의 지위를 가진다고 볼 수 있고 따라서 임대 보증금수령의 효과가 소유주에게 미치는 것과는 달리 개발업자와 임차인 사이에 수수된 권리금은 당연히 소유주에게 그 효력을 미치는 것이 아니므로 임대차해지시에 소유주가 이를 반환키로 하였다는 등 특별한 사정이 없으면 소유주에게 그 권리금을 반환할 의무가 없다.[266]

(6) 전대차계약이 계약기간 도중에 해지된 경우 권리금의 반환관계

기간의 정함이 있는 전대차계약에 있어 권리금이 지급되고 그 권리금이 영업시설·비품 등의 유형물이나 거래처, 신용 또는 점포 위치에 따른 장소적 이익 등의 무형적 이익을 이용하는 대가로서의 성질을 가지는 경우에는, 계약기간 중에 전대차계약이 해지되어 종료되면 특별한 사정이 없는 한 지급된 권리금을 경과기간과 잔존기간에 대응하는 것으로 나누어, 전대인은 전차인으로부터 수령한 권리금 중 전대차계약이 종료될 때까지의 기간에 대응하는 부분을 공제한 잔존기간에 대응하는 부분만을 반환할 의무를 부담한다고 봄이 공평의 원칙에 합치된다고 할 것이다.[267]

(7) 임차인이 약정에 기한 권리금반환청구권을 가지고 임차물에 대해 유치권을 행사할 수 있는지 여부

임대인과 임차인 사이에 건물명도시 권리금을 반환하기로 하는 약정이 있었다 하더라도 그와 같은 권리금반환청구권은 건물에 관하여 생긴 채권이라 할 수 없으므로 그와 같은 채권을 가지고 건물에 대한 유치권을 행사할 수 없다.[268]

---

266) 대법원 1989. 2. 28. 선고 87다카823,87다카824 판결.
267) 대법원 2001. 11. 13. 선고 2001다20394, 20400 판결.
268) 대법원 1994. 10. 14. 선고 93다62119 판결.

2. 권리금 계약

가. 권리금 계약의 의미

권리금 계약이란 신규임차인이 되려는 자가 임차인에게 권리금을 지급하기로 하는 계약을 말한다(상임법 제10조의3 제2항). 이러한 권리금계약은 임대차계약이나 임차권양도계약 등에 수반되어 체결되지만 임대차계약 등과는 별개의 독립된 계약이다(대법원 2002. 7. 26. 선고 2002다25013 판결).

【판시사항】

상가건물을 임차하여 약국을 운영하는 갑이 임대차계약이 종료되기 전 신규임차인이 되려는 을이 약국을 임차할 수 있도록 주선하고 권리금을 받기로 하는 권리금계약을 체결하였으나, 건물의 소유자인 병이 임대차계약에 관한 협의 과정에서 을에게 약사자격증명서, 가족관계증명서, 예금잔고증명서, 약국운영 계획서 등의 제출을 요구하는 한편 기존의 월 차임보다 40% 넘게 인상된 액수를 계약 조건으로 제시하여 협의가 결렬되자, 갑이 임대차계약 종료 후 상가건물 임대차보호법 제10조의4에 따라 병을 상대로 손해배상을 구한 사안에서, 병의 손해배상책임을 인정한 사례(대구지방법원 2016. 9. 1. 선고 2015가합3796, 2016가합114 판결 : 항소)

【판결요지】

상가건물을 임차하여 약국을 운영하는 갑이 임대차계약이 종료되기 전 신규임차인이 되려는 을이 약국을 임차할 수 있도록 주선하고 권리금을 받기로 하는 권리금계약을 체결하였으나, 건물의 소유자인 병이 임대차계약에 관한 협의 과정에서 을에게 약사자격증명서, 가족관계증명서, 예금잔고증명서, 약국운영 계획서 등의 제출을 요구하는 한편 기존의 월 차임보다 40% 넘게 인상된 액수를 계약 조건으로 제시하여 협의가 결렬되자, 갑이 임대차계약 종료 후 상가건물 임대차보호법 제10조의4에 따라 병을 상대로 손해배상을 구한 사안에서, 제반 사정에 비추어 병은 직접 약국을 운영할 의사로 신규임차인이 되려는 을에게 통상적인 임대차계약의 체결 과정에서 요구되는 것보다 무리한 조건을 제시함으로써 갑이 을에게서 권리금을 회수하는 것을 방해하였으므로, 병은 상가건물 임대차보호법 제10조의4 제1항 제4호에서 정한 '정당한 사유 없이 임대인이 임차인이 주선한 신규임차인이 되려는 자와 임대차계약의 체결을 거절하는 행위'를 함으로써 갑이 권리금을 지급받는 것을 방해하고 갑에게 손해를 가하였다는 이유로, 병의 손해배상책임을 인정한 사례.

Q 저는 임차인이었던 乙로부터 점포를 인수하고 소유자인 甲과 임대차계약을 체결하면서 '권리금은 임대인이 인정하되, 임대인이 점포를 요구시는 권리금을 임차인에게 변제한다.'라고 특약사항란에 기재하였습니다. 이 경우 임대차계약기간이 만료되면 甲에게 권리금지급을 청구할 수 있는지요?

A 권리금이란 임대차 목적물인 상가건물에서 영업을 하는 자 또는 영업을 하려는 자가 영업시설·비품, 거래처, 신용, 영업상의 노하우, 상가건물의 위치에 따른 영업상의 이점 등 유형·무형의 재산적 가치의 양도 또는 이용대가로서 임대인, 임차인에게 보증금과 차임 이외에 지급하는 금전 등의 대가를 말합니다. 권리금은 토지나 건물의 사용·수익의 대가로서 지급되는 차임과는 전혀 별개의 것이며, 그 금액이 차임이상의 막대한 액으로 지급되는 경우가 적지 않습니다.

이러한 권리금의 반환을 임대인에게 청구할 수 있느냐에 관하여 판례는 특별한 사정이 없는 한 인정되지 않는 것으로 보고 있습니다[269].

그러나 위 사안과 같은 별도의 특약이 있을 경우 그 효력에 관하여 판례는 "임대차계약서상의 '권리금은 임대인이 인정하되, 임대인이 점포를 요구시는 권리금을 임차인에게 변제한다.'라는 기재에 관하여, 임대인이 임차인에게 점포명도를 요구하거나 특별한 사유도 없이 점포에 대한 임대차계약갱신을 거절하고 타인에게 처분하면서 권리금을 지급 받지 못하도록 하는 등 점포에 대한 임차인의 권리금회수를 방해하는 경우에는 임대인이 임차인에게 직접 권리금을 지급하겠다는 취지로 보일 뿐이고, 점포의 임대차기간이 만료된다고 하여 당연히 임차인에게 권리금을 지급하겠다고 약정한 것으로는 볼 수 없다."라고 하였으며[270], "당사자 사이에 계약의 해석을 둘러싸고 이견이 있어 처분문서에 나타난 당사자의 의사해석이 문제되는 경우에 그 해석은 문언의 내용, 그와 같은 약정이 이루어진 동기와 경위, 약정에 의하여 달성하려는 목적, 당사자의 진정한 의사 등을 종합적으로 고찰하여 논리와 경험칙에 따라 합리적으로 해석하여야 한다."라고 하면서 "통상 권리금은 새로운 임차인으로부터만 지급받을 수 있을 뿐이고 임대인에 대하여는 지급을 구할 수 없는 것이므로 임대인이 임대차계약서의 단서 조항에 권리금액의 기재 없이 단지 '모든 권리금을 인정함'이라는 기재를 하였다고 하여 임대차 종료시 임차인에게 권리금을 반환하겠다고 약정하였다고 볼 수는 없고, 단지 임차인이 나중에 임차권을 승계한 자로부터 권리금을 수수하는 것을 임대인이 용인하고, 나아가 임대인이 정당한 사유 없이 명도를 요구하거나 점포에 대한 임대차계약의 갱신을 거절하고 타에 처분하면서 권리금을 지급 받지 못하도록 하는 등으로 임차인의 권리금회수의 기회를 박탈하거나 권리금회수를 방해하는 경우에 임대인이 임차인에게 직접 권리금 지급을 책임지겠다는 취지로 해석해야 할 것이다."라고 한 바 있습니다[271].

따라서 위 사안에서도 단순히 임대차계약기간이 만료되었다는 이유만으로 甲에게 권리금반환을 청구할 수는 없을 것이지만, 甲이 귀하의 권리금 회수를 적극적으로 방해하거나 점포의 명도를 청구하는 경우에만 甲에게 권리금의 반환을 청구할 수 있을 것입니다.

또한, 판례가 "임대인과 임차인 사이에 건물명도 시 권리금을 반환하기로 하는 약정이 있었다 하더라도 그와 같은 권리금반환청구권은 건물에 관하여 생긴 채권이라 할 수 없으므로 그와 같은 채권을 가지고 건물에 대한 유치권을 행사할 수 없다."라고 하였음을 유의하여야 할 것입니다[272].

다만 2015년 5월 13일부터 시행되고 있는 개정 「상가건물임대차보호법」 제10조의3 제2항은 "권리금계약이란 신규임차인이 되려는 자가 임차인에게 권리금을 지급하기로 하는 계약을 말한다."고 규정하여 권리금을 명문화하였습니다.

상가임차인의 권리금 회수기회를 보호하기 위하여 같은 법 제10조의4는

"① 임대인은 임대차기간이 끝나기 3개월 전부터 임대차 종료 시까지 다음 각 호의 어느 하나에 해당하는 행위를 함으로써 권리금 계약에 따라 임차인이 주선한 신규임차인이 되려는 자로부터 권리금을 지급받는 것을 방해하여서는 아니 된다. 다만, 제10조제1항 각 호의 어느 하나에 해당하는 사유가 있는 경우에는 그러하지 아니하다.

1. 임차인이 주선한 신규임차인이 되려는 자에게 권리금을 요구하거나 임차인이 주선한 신규임차인이 되려는 자로부터 권리금을 수수하는 행위

2. 임차인이 주선한 신규임차인이 되려는 자로 하여금 임차인에게 권리금을 지급하지 못하게 하는 행위

3. 임차인이 주선한 신규임차인이 되려는 자에게 상가건물에 관한 조세, 공과금, 주변 상가건물의 차임 및 보증금, 그 밖의 부담에 따른 금액에 비추어 현저히 고액의 차임과 보증금을 요구하는 행위

4. 그 밖에 정당한 사유 없이 임대인이 임차인이 주선한 신규임차인이 되려는 자와 임대차계약의 체결을 거절하는 행위

② 다음 각 호의 어느 하나에 해당하는 경우에는 제1항제4호의 정당한 사유가 있는 것으로 본다.

1. 임차인이 주선한 신규임차인이 되려는 자가 보증금 또는 차임을 지급할 자력이 없는 경우

2. 임차인이 주선한 신규임차인이 되려는 자가 임차인으로서의 의무를 위반할 우려가 있거나 그 밖에 임대차를 유지하기 어려운 상당한 사유가 있는 경우

3. 임대차 목적물인 상가건물을 1년 6개월 이상 영리목적으로 사용하지 아니한 경우

4. 임대인이 선택한 신규임차인이 임차인과 권리금 계약을 체결하고 그 권리금을 지급한 경우

③ 임대인이 제1항을 위반하여 임차인에게 손해를 발생하게 한 때에는 그 손해를 배상할 책임이 있다. 이 경우 그 손해배상액은 신규임차인이 임차인에게 지급하기로 한 권리금과 임대차 종료 당시의 권리금 중 낮은 금액을 넘지 못한다.

④ 제3항에 따라 임대인에게 손해배상을 청구할 권리는 임대차가 종료한 날부터 3년 이내에 행사하지 아니하면 시효의 완성으로 소멸한다.

⑤ 임차인은 임대인에게 임차인이 주선한 신규임차인이 되려는 자의 보증금 및 차임을 지급할 자력 또는 그 밖에 임차인으로서의 의무를 이행할 의사 및 능력에 관하여 자신이 알고 있는 정보를 제공하여야 한다."고 개정하였습니다. 같은 법 제10조의4의 개정규정은 이 법 시행 당시 존속 중인 임대차부터 적용하고 있습니다.

나. 임대인의 권리금을 인정한다는 약정의 효력

가량 임차인이었던 乙로부터 점포를 인수하고 소유자인 甲과 임대차계약을 체결하면서 '권리금은 임대인이 인정하되, 임대인이 점포를 요구시는 권리금을 임차인에게 변제한다.'라고 특약사항란에 기재하였을 경우 임대차계약기간이 만료되면 甲에게 권리금지급을 청구할 수 있는지가 문제될 수 있다.

상가건물임대차보호법 제10조의 3에서는 권리금이란 상가건물에서 영업을 하는 자 또는 하려는 자가 '영업시설, 비품, 거래처, 신용, 영업상의 노하우, 상가건물 위치에 따른 영업상의 이점' 등을 양도하거나 혹은 이를 이용하게 할 때 보증금, 차임 이외에 지급하는 금전 등의 대가를 말한다"라고 규정하고 있다.

이러한 권리금의 반환을 임대인에게 청구할 수 있느냐에 관하여 별도의 특약이 있을 경우 그 효력에 관하여 판례는 "임대차계약서상의 '권리금은 임대인이 인정하되, 임대인이 점포를 요구시는 권리금을 임차인에게 변제한다.'라는 기재에 관하여, 임대인이 임차인에게 점포명도를 요구하거나 특별한 사유도 없이 점포에 대한 임대차계약갱신을 거

---

269) 대법원 2000. 9. 22. 선고 2000다26326 판결, 2001. 4. 10. 선고 2000다59050 판결, 2002. 7. 26. 선고 2002다25013 판결
270) 대법원 1994. 9. 9. 선고 94다28598 판결
271) 대법원 2000. 4. 11. 선고 2000다4517 등 판결
272) 대법원 1994. 10. 14. 선고 93다62119 판결

절하고 타인에게 처분하면서 권리금을 지급 받지 못하도록 하는 등 점포에 대한 임차인의 권리금회수를 방해하는 경우에는 임대인이 임차인에게 직접 권리금을 지급하겠다는 취지로 보일 뿐이고, 점포의 임대차기간이 만료된다고 하여 당연히 임차인에게 권리금을 지급하겠다고 약정한 것으로는 볼 수 없다."라고 하였으며(대법원 1994. 9. 9. 선고 94다28598 판결), "당사자 사이에 계약의 해석을 둘러싸고 이견이 있어 처분문서에 나타난 당사자의 의사해석이 문제되는 경우에 그 해석은 문언의 내용, 그와 같은 약정이 이루어진 동기와 경위, 약정에 의하여 달성하려는 목적, 당사자의 진정한 의사 등을 종합적으로 고찰하여 논리와 경험칙에 따라 합리적으로 해석하여야 한다."라고 하면서 "통상 권리금은 새로운 임차인으로부터만 지급받을 수 있을 뿐이고 임대인에 대하여는 지급을 구할 수 없는 것이므로 임대인이 임대차계약서의 단서 조항에 권리금액의 기재 없이 단지 '모든 권리금을 인정함'이라는 기재를 하였다고 하여 임대차 종료시 임차인에게 권리금을 반환하겠다고 약정하였다고 볼 수는 없고, 단지 임차인이 나중에 임차권을 승계한 자로부터 권리금을 수수하는 것을 임대인이 용인하고, 나아가 임대인이 정당한 사유 없이 명도를 요구하거나 점포에 대한 임대차계약의 갱신을 거절하고 타에 처분하면서 권리금을 지급 받지 못하도록 하는 등으로 임차인의 권리금회수의 기회를 박탈하거나 권리금회수를 방해하는 경우에 임대인이 임차인에게 직접 권리금 지급을 책임지겠다는 취지로 해석해야 할 것이다."라고 한 바 있다(대법원 2000. 4. 11. 선고 2000다4517 등 판결).

따라서 위 사안에서는 甲이 귀하의 권리금 회수를 적극적으로 방해하거나 점포의 명도를 청구하는 경우에 甲에게 권리금의 반환을 청구할 수 있다.

또한, 판례가 "임대인과 임차인 사이에 건물명도 시 권리금을 반환하기로 하는 약정이 있었다 하더라도 그와 같은 권리금반환청구권은 건물에 관하여 생긴 채권이라 할 수 없으므로 그와 같은 채권을 가지고 건물에 대한 유치권을 행사할 수 없다."라고 하였음을 유의하여야 한다(대법원 1994. 10. 14. 선고 93다62119 판결).

제3절 권리금 회수기회의 보호

주임법은 임대인에게 임차인의 권리금 회수를 방해하지 못하게 하고, 이를 위반하여 임대인이 방해행위를 하였을 경우 임차인이 입은 손해를 배상하도록 함으로써 임차인의 권리금이 보호되도록 하였다. 이는 소위'폭탄돌리기'로 표현되는 권리금침해가 대부분 임대인이 임차인에게 권리금을 회수할 기회를 주지 않아 발생해 왔고, 이러한 경우 임차인은 자신의 노력으로 이룩한 영업적 가치를 회수할 기회를 박탈당하여 손해를 보는 반면, 임대인은 새로운 임차인으로부터 권리금을 받거나 임차인의 영업가치를 이용(차임및보증금인상, 임대인직접운영)하여 이익을 취해왔다. 따라서 개정법은 위와 같은 불합리한 거래관행을 시정하고자 임차인의 권리금회수기회보호를 명문화한 것이다.

1. 원 칙

가. 임대인의 방해행위 금지

상가건물의 임대인은 임대차기간이 끝나기 전 6개월(종전 3개월에서 6개월로 확대됨)부터 임대차 종료시까지 임차인이 주선한 신규임차인이 되려는 자로부터 권리금을 지급받는 것을 방해하는 행위를 하여서는 아니된다(상임법 제10조의4 제1항). 이에 따라 종전에는 임대인이 마음대로 임차인이 소개한 사람과의 계약체결을 거절할 수 있었지만 이제는 임대인이 정당사유 없이는 반드시 임차인이 소개해 준 사람과 임대차계약을 체결하여야 한다.

위 개정규정은 상가건물임대차보호법 개정안 공포 당시 존속 중인 임대차에도 적용되지만, 계약갱신요구기간에 관한 규정은 개정안이 시행 전에 체결된 계약은 적용도지 아니하고 새로이 체결되는 임대차계약 및 갱신되는 계약에만 적용됨에 유의하여 한다.

임대인의 방해행위에 대하여는 상임법이 명문으로 아래와 같이 규정하고 있다.
1) 임차인이 주선한 신규임차인이 되려는 자에게 권리금을 요구하거나 임차인이 주선한 신규임차인이 되려는 자로부터 권리금을 수수하는 행위

2) 임차인이 주선한 신규임차인이 되려는 자로 하여금 임차인에게 권리금을 지급하지 못하게 하는 행위

3) 임차인이 주선한 신규임차인이 되려는 자에게 상가건물에 관한 조세, 공과금, 주변 상가건물의 차임 및 보증금, 그 밖의 부담에 따른 금액에 비추어 현저히 고액의 차임과 보증금을 요구하는 행위

> 여기서 '현저히 고액의 차임과 보증금'은 상가건물에 관한 조세, 공과금, 주변상가 건물의 차임 및 보증금, 그 밖의 부담 등에 따른 금액을 기준으로 상식적인 수준에서 크게 벗어났는지 객관적으로 판단되어야 할 것이다.
> 이는 전임차인이 지급하였던 차임·보증금이 '현저히 고액'을 판단하는 하나의 기준이 될 수 있으나, 사안마다 상가건물의 조세·공과금, 주변상가의 차임·보증금 그 밖의 부담 등 구체적 사정을 고려하여 '현저히 고액'인지여부가 결정되어야 한다.

4) 그 밖에 정당한 사유 없이 임대인이 임차인이 주선한 신규임차인이 되려는 자와 임대차계약의 체결을 거절하는 행위

【판시사항】

상가건물의 일부를 임차하여 10년 이상 점포를 운영하던 甲이 임대차기간 종료 전 乙과 위 점포에 관한 유·무형의 시설과 재산적 가치를 권리금을 받고 양도하기로 하는 계약을 체결하고 임대인 丙 등에게 乙과 새로운 임대차계약을 체결할 것을 주선하였다가 거절당하자, 丙 등을 상대로 상가건물 임대차보호법 제10조의4 제1항에서 정한 권리금회수 방해금지 의무 위반을 이유로 같은 조 제3항에 따른 손해배상금의 지급을 구하였는데, 丙 등이 전체 임대차기간이 5년을 초과하는 위 임대차계약의 경우는 상가건물 임대차보호법 제10조 제2항에 따라 계약갱신요구권이 없으므로 임대인인 丙 등은 같은 법 제10조의4에서 정한 권리금회수 방해금지 의무를 부담하지 않는다고 주장한 사안에서, 상가건물 임대차보호법 제10조의4를 해석·적용함에 있어 같은 법 제10조 제2항을 유추적용하는 것은 법원의 법률해석 권한의

한계를 일탈한 것이므로, 丙 등은 상가건물 임대차보호법 제10조의4에서 정한 권리금회수 방해금지 의무를 부담한다고 한 사례(대전지법 2017. 5. 19., 선고, 2016 나108951, 108968, 판결 : 상고)

【판결요지】

상가건물의 일부를 임차하여 10년 이상 점포를 운영하던 甲이 임대차기간 종료 전 乙과 위 점포에 관한 유·무형의 시설과 재산적 가치를 권리금을 받고 양도하기로 하는 계약을 체결하고 임대인 丙 등에게 乙과 새로운 임대차계약을 체결할 것을 주선하였다가 거절당하자, 丙 등을 상대로 상가건물 임대차보호법 제10조의4 제1항에서 정한 권리금회수 방해금지 의무 위반을 이유로 같은 조 제3항에 따른 손해배상금의 지급을 구하였는데, 丙 등이 전체 임대차기간이 5년을 초과하는 위 임대차계약의 경우는 상가건물 임대차보호법 제10조 제2항에 따라 계약갱신요구권이 없으므로 임대인인 丙 등은 같은 법 제10조의4에서 정한 권리금회수 방해금지 의무를 부담하지 않는다고 주장한 사안에서, 상가건물 임대차보호법 제10조의4는 같은 법 제10조 제1항 각호를 준용하고 있을 뿐 임차인의 계약갱신요구권 행사의 시적 한계를 규정한 같은 조 제2항을 명시적으로 준용하고 있지 않은데, 상가건물 임대차보호법 제10조의4 자체에 내재된 법원의 법률해석 권한의 폭, 상가건물 임대차보호법 제10조 제1항에서 정한 계약갱신요구권과의 관계, 상가건물 임대차보호법 제10조의4의 입법 취지 등에 비추어 보면, 상가건물 임대차보호법 제10조의4를 해석·적용함에 있어 같은 법 제10조 제2항을 유추적용하는 것은 법원의 법률해석 권한의 한계를 일탈한 것이므로, 丙 등은 상가건물 임대차보호법 제10조의4에서 정한 권리금회수 방해금지 의무를 부담한다고 한 사례.

Q 임대인의 방해행위 중 '현저히 고액의 차임과 보증금을 요구하는 행위'는 구체적으로 어떤 의미인가요?

A 개정 상임법 제10조의4 제1항 제3호는 '현저히 고액의 차임과 보증금을 요구하는 행위'를 임대인의 방해행위의 하나로 규정하고 있습니다. 본 규정은 임대인이 임차인이 주선한 신규임차인과 계약을 거절할 목적으로 신규임차인이 수용할 수 없는 수준의 차임·보증금을 제시하여 계약을 무산시키는 것을 방지하기 위한 것입니다. 여기서 '현저히 고액의 차임과 보증금'은 상가건물에 관한 조세, 공과금, 주변 상가건물의 차임 및 보증금, 그 밖의 부담 등에 따른 금액을 기준으로 상식적인 수준에서 크게 벗어났는지 객관적으로 판단되어야 할 것입니다. 전 임차인이 지급하였던 차임·보증금이 '현저히 고액'을 판단하는 하나의 기준이 될 수 있으나, 사안마다 상가건물의 조세·공과금, 주변상가의 차임·보증금 그 밖의 부담 등 구체적 사정을 고려하여 '현저히 고액'인지 여부가 결정되어야 할 것입니다.

Q 임차인이 임대차계약체결 당시 지급한 권리금이 있어야만 임대차종료시 권리금보호를 받을 수 있는 것인가요?

A 임차인이 임대차계약체결 당시 전(前)임차인에게 '권리금'을 지급하지 않았다고 하더라도 임대차기간 동안 설치한 영업시설·비품이나, 임차인의 노력으로 형성된 거래처, 신용, 영업상의 노하우, 상가건물의 위치에 따른 영업상 이점 등 유형·무형의 재산적가치가 임대차종료시까지 남아있다면 권리금보호조항의 적용을 받을 수 있을 것입니다. 이런 경우 임대인은 임차인의 권리금회수를 방해해서는 안 될 의무를 부담하고, 이를 위반했을 경우 손해배상책임을 질 수 있습니다.

Q 임대인이 미리 임대차계약체결의 거절의사를 표시한 경우에도 임차인은 신규임차인을 주선하여야만 임대인에게 권리금회수기회방해를 이유로 손해배상을 청구 할 수 있나요?

A 임대인이 임차인에게 신규임차인을 주선하여도 임대차계약을 체결하지 않겠다는 의사를 명시적으로 표시했다면 이러한 임대인의 행위는 법제10조의4제1항 제4호의 '그밖에 정당한 사유 없이 임대인이 임차인이 주선한 신규임차인이 되려는자와 임대차계약의 체결을 거절하는 행위'에 해당한다고 볼 수 있을 것입니다. 따라서 이런 경우 임차인의 주선행위는 아무 의미가 없을 것이므로 임차인이 실제 신규임차인을 주선하지 않더라도 바로 임대인에게 권리금 회수기회 방해를 이유로 손해배상을 청구할 수 있을 것입니다. 물론 임대인에게 계약거절의 정당한사유가 있다면 손해배상책임이 면제된다고 할 것입니다.

나. 임차인의 정보제공 의무 등

또한 상가건물의 임차인은 임대인에게 임차인이 주선한 신규임차인이 되려는 자의 보증금 및 차임을 지급할 자력 또는 그 밖에 임차인으로서의 의무를 이행할 의사 및 능력에 관하여 자신이 알고 있는 정보를 제공할 의무가 있으며(상임법 제10조의4 제5항), 권리금 회수에 관한 규정은 전대인과 전차인 사이에서는 적용되지 않는다(상임법 제13조 제1항).

> **Q** 계약갱신을 요구할 수 있는 기간인 5년이 지난 경우에도 권리금 회수기회를 보호받을 수 있나요?
>
> **A** 임차인이 계약갱신을 요구할 수 있는 5년의 기간이 지난 이후라도 임대차가 종료되었다면 권리금 보호를 받을 수 있습니다. 계약갱신요구권이라는 것은 임대차 기간이 종료하였더라도 임차인이 임대인에게 다시 계약을 체결할 것을 요구할 수 있는 권리를 말합니다. 상가건물 임대차보호법은 임차인에게 5년의 범위에서 계약갱신요구권을 인정하고 있습니다. 다만 계약갱신 시 법에 반하지 않는 범위에서 차임, 보증금 등 계약조건은 상호 협의 하에 다시 정할 수 있습니다. 개정법의 '권리금 보호'는 임대차가 종료될 때 적용되는 것이므로 임차인에게 계약갱신요구권이 있는지 여부와는 관련이 없습니다. 즉 예를 들면, 2009. 11. 1. 상가 임대차 계약을 체결한 임차인 A씨는 5년 동안 임대인에게 계약갱신요구권이 있으므로 2014. 10. 31.까지는 임대인의 의사와 무관하게 A씨가 원하면 계약을 유지할 수 있습니다. 그 이후에는 임대인과 합의를 통해 임대차계약을 갱신하여야 할 것입니다. 이런 경우 A씨는 갱신요구권 행사 기간인지 여부와 무관하게, 즉 2014. 10. 31. 전후를 불문하고 임대차가 종료되었다면 권리금 보호를 받을 수 있습니다.

다. 새로운 임차인 주선기간

임차인이 임대인에게 신규임차인을 주선할 수 있는 기간이 따로 정해져 있는 것은 아니다. 원칙적으로 임차인은 임대차가 종료되면 임대인과의 합의를 통해 신규임차인을 주선하여 계약을 체결하게 함으로써 권리금을 회수할 수 있다.

만일 임대차기간 종료 시까지 권리금을 회수하지 못한 경우라도 임차인은 임대인과의 합의하에 신규임차인을 주선하고 그로부터 권리금을 지급받을 수 있다. 다만 상임법의 보호를 받기 위해서는 임차인은 '임대차기간이 끝나기 3개월 전부터 임대차종료 시까지' 신규임차인을 주선하여야 한다.

상임법이 권리금회수방해금지기간을 "임대차기간이 끝나기 3개월 전부터 임대차종료

시까지"로 정하면서, 이 기간 내에 임대인이 방해행위를 할 경우에만 임대인에게 손해배상책임이 있다고 규정하고 있다(상임법 제10조의4).

이 기간 중에는 임차인의 권리금회수를 어렵게 하는 임대인의 방해행위가 원칙적으로 금지될 뿐만 아니라, 방해행위로 인하여 임차인에게 손해가 발생할 경우 임차인은 그에 대한 배상을 청구할 수 있다. 단, 손해배상의 청구의 대상은 이 기간 내의 행위에 한하므로, 임차인은 이 기간이 아닌 때에 발생한 임대인의 방해행위를 이유로 하여 상임법에 따른 손해배상을 청구할 수는 없다. 따라서 임차인이 손해배상청구를 통해 권리금상당의 금액을 되돌려 받기 위해서는 반드시 '임대차기간이 끝나기 3개월 전부터 임대차 종료 시까지' 신규임차인을 주선하여야 할 필요가 있다.

라. 새로운 임차인의 임대차기간

임대인과 신규임차인간의 계약은 기존임차인의 계약과는 별개의 새로운 임대차계약이므로 신규임차인은 종전임차인과 동일하게 5년의 범위에서 임대차를 주장할 수 있다. 따라서 임대인은 새로운 임차인에게도 5년간 임대차기간 을보장해 주어야 할 것이다. 다만 신규임차인이 임대인과 새로운 계약을 체결한 것이 아니라 종전 임차인에게 임차권을 양도받아 임차인의 지위를 승계한 것으로 인정되는 경우(임차권양도)에는 기존의 임대차기간을 포함하여 5년간 갱신요구권만이 인정된다. 새로운 계약인지, 기존임차인의 지위를 승계하는 계약인지는 당사자들의 의사에 따라 결정될 것이다.
참고로 여기서 임차권 양도란, 임차권을 양도하면 양도인은 임차인의 지위에서 벗어나고 양수인이 임차인의 지위를 승계하게 되는 법률관계를 의미한다. 그 결과 임대인과 종전임차인사이에서 임대차관계는 소멸하고, 임대인과 신규임차인사이에서 기존임대차와 동일한 임대차관계가 발생한다.

마. 임대인의 방해행위 입증책임

기본적으로 임차인이 '임대인의 방해행위', '정당한 사유없음'을 주장·입증하여야 한다. 즉, 임차인이 임대인의 방해행위 또는 계약거절을 이유로 손해배상을 청구하는 경우에는 임차인이 그에 관해 주장·입증을 해야 한다. 만일 이를 입증하지 못하면 손해배상소송에 있어 임차인에게 불이익이 돌아가게 된다. 다만, 법제10조의4제2항에 의해 계약거절에 정당한사유가 있는 것으로 인정되는 '신규임차인의 무자력, 의무위반우려, 1년6개월 비영리사용, 권리금지급' 등4 가지 사유에 대하여는 임대인이 정당한 사유가 있음을 인정받기위하여 적극적으로 그 사유를 주장하여야 하고, 이러한 주장이 받아들여지면 손해배상책임을 면할 수 있다.

2. 예 외

가. 거절에 대한 정당한 사유가 있는 경우

다음과 같은 사유가 있는 경우 임대인은 임차인이 주선한 신규임차인이 되려는 자와 임대차계약의 체결을 거절할 수 있는 정당한 사유가 있다고 보아 이를 거절할 수 있다(상임법 제10조의4 제2항).

1) 임차인이 주선한 신규임차인이 되려는 자가 보증금 또는 차임을 지급할 자력이 없는 경우

2) 임차인이 주선한 신규임차인이 되려는 자가 임차인으로서의 의무를 위반할 우려가 있거나 그 밖에 임대차를 유지하기 어려운 상당한 사유가 있는 경우

3) 임대차 목적물인 상가건물을 1년 6개월 이상 영리목적으로 사용하지 아니한 경우

4) 임대인이 선택한 신규임차인이 임차인과 권리금 계약을 체결하고 그 권리금을 지급한 경우

Q 임대인이 직접 영업하기 위해 신규임차인과의 계약체결을 거부하는 것이 가능한가요?

A 원칙적으로 임대인이 직접 영업한다는 이유로 임차인이 주선한 신규임차인과 계약체결을 거부할 수는 없습니다. 다만, 상임법 제10조의4 제2항 제3호에 의하여 임대인이 임대차 종료 후 그 상가건물을 1년 6개월 이상 영리목적으로 사용하지 아니한 경우라면 임차인이 주선한 신규임차인과 계약체결을 거절할 수 있습니다. 여기서 '1년 6개월'의 기간은 임대인이 임차인이 이룩해 놓은 영업가치를 가로채지 못하게 하려는 개정법의 취지에 비추어 '연속적인 기간'으로 해석하여야 할 것입니다. 영업가치란 '영업시설, 거래처, 신용, 영업상 노하우, 상가건물 위치에 따른 영업상의 이점 등'에 대한 재산적 가치를 의미합니다. 종전에는 임차인의 노력으로 상권이 활성화되면 임대인이 그곳에서 직접 장사를 하여 권리금에 해당하는 이익을 취득하거나 혹은 직접 장사를 한다고 하면서 임차인을 쫓아내고 다른 임차인으로부터 권리금을 직접 받는 경우

등이 문제가 되어 왔습니다. 개정된 상가건물 임대차보호법은 이러한 임차인의 피해를 막고자 임대인에게 임차인의 권리금 회수를 방해하지 못하도록 한 것입니다. 임대인이 영리목적으로 사용하지 않을 것처럼 신규임차인과의 계약체결을 거절해놓고 1년 6개월 이내에 상가건물을 '영리목적'으로 사용한 경우에는 임차인에 대한 권리금 회수 방해행위가 되어 손해배상책임이 발생할 수 있습니다.

Q 임대인이 아닌 다른 사람이 1년 6개월 이상 해당 상가를 '영리목적으로 사용하지 않을 경우'에도 신규임차인과 계약 체결을 거절할 수 있는 정당한 사유로 인정되는 것인가요?

A '임대인이 직접' 1년 6개월 이상 해당 상가를 영리목적으로 사용하지 않을 경우에만 정당한 사유로 인정되는 것은 아닙니다. 비영리목적 사용의 주체는 임대인을 포함하여 어느 누구라도 가능하며 현재의 임대차계약 종료 후 장래에 상가건물을 사용할 자를 말합니다. '영리목적으로 사용하지 않을 경우'란 경제적 이익을 취득하지 않고 영업 이외의 행위를 목적으로 사용하는 것으로, 임대인을 포함하여 누구라도 해당 상가를 1년 6개월 이상 영리목적으로 사용하지 않는다면 정당한 사유에 해당될 수 있습니다. 예를 들어 임대인이 자신의 자녀 또는 친척에게 무상으로 상가를 빌려주고, 그 자녀 또는 친척이 장사를 하는 경우는 임대인이 직접 이득을 취한바 없더라도 영리목적으로 사용한 경우에 해당합니다.

Q 임대인이 차임·보증금을 받고 상가건물을 주거용 으로 임대하는 것도 신규임차인과 임대차 계약을 거절할 수 있는 정당한 사유에 해당되나요?

A 임대인이 상가가 아닌 주거로 임대하였다고 하더라도 차임·보증금 등의 경제적인 이익을 취득하였으므로 상가건물을 영리목적으로 사용하는 것에 해당된다고 판단됩니다. 임대인 입장에서는 주거로 임대하는 것 자체가 '영리목적'에 해당되기 때문입니다. 그러므로 다른 특별한 사정이 없는 한 임대인이 계약을 거절할 수 있는 정당한 사유가 있다고 보기 어려울 것입니다.

건축물의 용도변경은 허가 혹은 신고사항이고 위반시 형사처벌의 대상이 될 수 있으므로 사업용 건물을 주거로 사용할 경우 주의해야 할 것입니다(건축법 제19조).

나. 계약갱신요구의 거절가능사유가 있는 경우

아래와 같은 상임법 제10조 제1항의 상가건물 임차인의 계약갱신요구에 대한 거절가능 사유가 있는 경우 임대인은 임차인이 주선한 신규임차인이 되려는 자로부터 권리금을 지급받는 행위를 방해할 수 있다.

1) 임차인이 3기의 차임액에 해당하는 금액에 이르도록 차임을 연체한 사실이 있는 경우

2) 임차인이 거짓이나 그 밖의 부정한 방법으로 임차한 경우

3) 서로 합의하여 임대인이 임차인에게 상당한 보상을 제공한 경우

4) 임차인이 임대인의 동의 없이 목적 건물의 전부 또는 일부를 전대한 경우

5) 임차인이 임차한 건물의 전부 또는 일부를 고의나 중대한 과실로 파손한 경우

6) 임차한 건물의 전부 또는 일부가 멸실되어 임대차의 목적을 달성하지 못할 경우

7) 임대인이 다음 각 목의 어느 하나에 해당하는 사유로 목적 건물의 전부 또는 대부분을 철거하거나 재건축하기 위하여 목적 건물의 점유를 회복할 필요가 있는 경우

　　가) 임대차계약 체결 당시 공사시기 및 소요기간 등을 포함한 철거 또는 재건축 계획을 임차인에게 구체적으로 고지하고 그 계획에 따르는 경우

　　나) 건물이 노후·훼손 또는 일부 멸실되는 등 안전사고의 우려가 있는 경우

　　다) 다른 법령에 따라 철거 또는 재건축이 이루어지는 경우

8) 그 밖에 임차인이 임차인으로서의 의무를 현저히 위반하거나 임대차를 계속하기 어려운 중대한 사유가 있는 경우

Q 임차인이 기존영업과 동일한 업종을 하려는 신규임차인을 주선하였는데 임대인이 다른 업종의 임차인을 원하는 경우 계약체결을 거절할 수 있나요?

A 이번 법 개정과정에서는 임차인 보호와 더불어 임대인의 영업 변경권도 보호해주어야 한다는 점에 대한 공감대가 형성되었습니다. 따라서 임대인의 업종과 관련된 요구가 주위 상권이나 영업의 종류 등 제반 사정을 고려할 때 신규임차인과의 계약체결을 회피하기 위하여 계약체결을 거절하는 등 합리적 범위를 벗어났다고 볼만한 특별한 사정이 없다면, 다른 업종의 신규임차인을 원하는 임대인은 업종변경을 이유로 신규임차인과의 계약을 거절할 수 있을 것으로 판단됩니다. 예를 들어 임대인이 건물의 청결이나 늦은 밤 취객 등을 고려하여 종전 유흥업소를 하던 상가건물을 커피전문점으로 바꾸고 싶은데 임차인이 유흥업소를 운영할 신규임차인 주선만을 고집한다면 임대인은 신규임차인과의 계약체결을 거절할 수 있습니다. 이러한 경우 임차인은 커피전문점을 운영할 신규임차인을 주선하여 권리금을 회수할 수 있습니다. 반대로 부근에 학교나 주택가가 없는 유흥가 밀집지역에서 유흥업소를 운영하던 임차인이 동일영업을 하려는 신규임차인을 주선하였는데, 임대인이 그 신규임차인과 계약체결을 회피하기 위하여 특별한 이유 없이 초등학생을 상대로 하는 영어학원을 운영한다면서 신규임차인과 계약체결을 거절하였고, 지역적인 특성 때문

에 임차인이 그 건물에서 학원을 운영할 신규임차인을 구하지 못하는 상황 등이라면 '합리적 범위'를 벗어났다고 볼 수 있을 것입니다. 다만 합리적 범위를 벗어났는지 여부는 구체적인 사정을 모두 고려하여 사안마다 개별적으로 결정되어야할 문제입니다. 이러한 경우 임차인은 임대인이 요구하는 업종의 영업을 할 신규임차인을 다시 주선할 수 있고, 그럼에도 계약체결을 거절한다면 임대인은 손해배상책임을 질 수 있습니다.

> **Q** 임대인의 권리금 회수 '방해행위'와 '계약거절의 정당한 사유'에 대한 주장·입증은 누가 해야 하는 것인가요?

> **A** 개정법은 기본적으로 임차인이 '임대인의 방해행위', '정당한 사유 없음'을 주장·입증하도록 의견이 모아져 마련되었습니다. 즉, 임차인이 임대인의 방해행위 또는 계약거절을 이유로 손해배상을 청구하는 경우에는 임차인이 그에 관해 주장·입증을 해야 하는 것입니다. 이를 입증하지 못하면 손해배상 소송에 있어 임차인에게 불이익이 돌아가게 됩니다. 다만, 상임법 제10조의4 제2항에 의해 계약거절에 정당한 사유가 있는 것으로 인정되는 '신규임차인의 무자력, 의무위반 우려, 1년 6개월 비영리 사용, 권리금 지급' 등 4가지 사유에 대하여는 임대인이 정당한 사유가 있음을 인정받기 위하여 적극적으로 그 사유를 주장하여야 하고, 이러한 주장이 받아들여지면 손해배상책임을 면할 수 있을 것입니다.

3. 위반시의 효과

상가건물의 임대인이 상임법 제10조의4 제1항을 위반하여 임차인에게 손해를 발생하게 한 때에는 그 손해를 배상할 책임이 있다. 이 경우 그 손해배상액은 신규임차인이 임차인에게 지급하기로 한 권리금과 임대차 종료 당시의 권리금 중 낮은 금액을 넘지 못한다(상임법 제10조의4 제3항). 둘 중 낮은 금액을 기준으로 한다.

> 【판시사항】
> 상가건물을 임차하여 약국을 운영하는 甲이 임대차계약이 종료되기 전 신규임차인이 되려는 乙이 약국을 임차할 수 있도록 주선하고 권리금을 받기로 하는 권리금계약을 체결하였으나, 건물의 소유자인 丙이 임대차계약에 관한 협의 과정에서 乙에게 약사자격증명서, 가족관계증명서, 예금잔고증명서, 약국운영 계획서 등의 제출

을 요구하는 한편 기존의 월 차임보다 40% 넘게 인상된 액수를 계약 조건으로 제시하여 협의가 결렬되자, 甲이 임대차계약 종료 후 상가건물 임대차보호법 제10조의4에 따라 丙을 상대로 손해배상을 구한 사안에서, 丙의 손해배상책임을 인정한 사례 (대구지법 2016. 9. 1., 선고, 2015가합3796, 2016가합114, 판결 : 항소)

【판결요지】

상가건물을 임차하여 약국을 운영하는 甲이 임대차계약이 종료되기 전 신규임차인이 되려는 乙이 약국을 임차할 수 있도록 주선하고 권리금을 받기로 하는 권리금계약을 체결하였으나, 건물의 소유자인 丙이 임대차계약에 관한 협의 과정에서 乙에게 약사자격증명서, 가족관계증명서, 예금잔고증명서, 약국운영 계획서 등의 제출을 요구하는 한편 기존의 월차임보다 40% 넘게 인상된 액수를 계약 조건으로 제시하여 협의가 결렬되자, 甲이 임대차계약 종료 후 상가건물 임대차보호법 제10조의4에 따라 丙을 상대로 손해배상을 구한 사안에서, 제반 사정에 비추어 丙은 직접 약국을 운영할 의사로 신규임차인이 되려는 乙에게 통상적인 임대차계약의 체결 과정에서 요구되는 것보다 무리한 조건을 제시함으로써 甲이 乙에게서 권리금을 회수하는 것을 방해하였으므로, 丙은 상가건물 임대차보호법 제10조의4 제1항 제4호에서 정한 '정당한 사유 없이 임대인이 임차인이 주선한 신규임차인이 되려는 자와 임대차계약의 체결을 거절하는 행위'를 함으로써 甲이 권리금을 지급받는 것을 방해하고 甲에게 손해를 가하였다는 이유로, 丙의 손해배상책임을 인정한 사례.

또한 상가건물의 이러한 손해배상청구권은 임대차가 종료한 날로부터 3년 이내에 행사하지 아니하면 시효의 완성으로 소멸한다(상임법 제10조의4 제4항).

Q 임차인이 권리금 회수 방해행위를 한 임대인을 상대로 손해배상소송을 제기할 경우 손해배상액의 범위는 어떻게 되나요?

A 임대인이 임차인에게 지급해야 하는 손해배상액은 신규임차인이 임차인에게 지급하기로 한 권리금과 임대차 종료 당시의 권리금 중 낮은 금액을 넘지 못합니다(개정 상임법 제10조의4 제3항). 즉, 임차인이 신규임차인과 권리금 계약을 통해 지급받기로 했었던 권리금 액수와 임대차 종료 당시에 객관적으로 형성되어 있는 권리금 액수 둘 중 낮은 금액이 임차인이 지급받을 수 있는 손해배상액의 상한이 된다는 의미입니다. 임대차 종료 당시 객관적으로 형성되어 있는 권리금 액수는 영업시설, 비품, 거래처, 신용, 영업상의 노하우, 상가건물의 위치에 따른 영업상의 이점 등 유무형의 재산적 가치를 객관적으로 평가하여 결정되게 됩니다. 개정 상임법 제10조의7은 '국토교통부장관은 권리금에 대한 감정평가의 절차 및 방법 등에 관한 기준을 고시할 수 있다'고 규정하고, 국토교통부에서는 권리금 산정의 기준을 고시로 정하고 있으므로 객관적인 권리금 산정에 참고하실 수 있을 것입니다. 다만, 객관적 권리금 액수는 최종적으로 손해배상 소송에서 법원이 정하는 감정인의 감정을 통해 결정될 수 있을 것입니다.

Q 손해배상은 국토교통부장관이 고시한 기준에 따라 산정된 권리금의 범위에서 결정되는 것인가요?

A 국토교통부장관의 고시는 권리금에 대한 감정평가의 절차와 방법을 정하는 것으로서 객관적인 권리금을 정하는 기준의 하나가 될 수 있을 것입니다. 다만 국토교통부장관의 고시를 법원이 반드시 따라야 하는 것은 아니므로 구체적인 손해배상액은 궁극적으로 재판과정에서 감정 등을 통해 결정될 것입니다.

Q 임대인이 미리 임대차계약 체결의 거절의사를 표시한 경우에도 임차인은 신규임차인을 주선하여야만 임대인에게 권리금 회수기회 방해를 이유로 손해배상을 청구할 수 있나요?

A 임대인이 임차인에게 신규임차인을 주선하여도 임대차 계약을 체결하지 않겠다는 의사를 명시적으로 표시했다면 이러한 임대인의 행위는 법 제10조의4 제1항 제4호의 '그 밖에 정당한 사유없이 임대인이 임차인이 주선한 신규임차인이 되려는 자와 임대차계약의 체결을 거절하는 행위'에 해당한다고 볼 수 있을 것입니다. 따라서 이런 경우 임차인의 주선행위는 아무 의미가 없을 것이므로 임차인이 실제 신규임차인을 주선하지 않더라도 바로 임대인에게 권리금 회수기회 방해를 이유로 손해배상을 청구할 수 있을 것입니다. 물론 임대인에게 계약 거절의 정당한 사유가 있다면 손해배상 책임이 면제된다고 할 것입니다.

4. 계약갱신요구권행사와 권리금의 관계

계약갱신요구권이라는 것은 임대차기간이 종료하였더라도 임차인이 임대인에게 다시 계약을 체결할 것을 요구할 수 있는 권리를 말한다. 상임법은 임차인에게 5년의 범위에서 계약갱신요구권을 인정하고 있다. 다만 계약갱신 시 법에 반하지 않는 범위에서 차임, 보증금 등 계약조건은 상호협의 하에 다시정할 수 있는 것이다. 한편, '권리금보호'는 임대차가 종료될 때 적용되는 것이므로 임차인에게 계약갱신요구권이 있는지 여부와는 관련이 없다

5. 신규임차인에게 기존 권리금보다 많은 권리금 요구가능성

권리금의 액수는 임차인과 신규임차인간의 권리금계약을 통해 자율적으로 정할 수 있으며, 경우에 따라 임대차계약당시에 전임차인에게 지급했던 권리금보다 더 많은 권리금을 신규임차인에게 요구할 수 도 있다. 만일 임차인의 노력으로 임대차기간 동안 해당 상가의 상권이 번창하고, 단골손님이 늘어나 매출이 늘어나는 등 영업의 객관적가치가 상승하였다면, 임차인이 임대차계약체결 당시 지급하였던 권리금보다 더 큰 액수의 권리금을 신규임차인과 합의하여 정할 수 있다. 그러나 해당 상가의 인근에 경쟁점포가 생겨 지속적으로 매출이 떨어지는 등 영업의 객관적가치가 하락하였다면 임차인은 자신이 지급한 권리금보다 적은 액수의 권리금을 회수하게 될 수 도 있다.

6. 임대인의 영업변경권보호 가부

임대인의 업종과 관련된 요구가 주위상권이나 영업의 종류 등 제반사정을 고려할 때 신규임차인과의 계약체결을 회피하기 위하여 계약체결을 거절하는 등 합리적 범위를 벗어났다고 볼만한 특별한 사정이 없다면, 다른 업종의 신규임차인을 원하는 임대인은 업종변경을 이유로 신규임차인과의 계약을 거절할 수 있다. 다만 이러한 경우 임차인은 임대인이 요구하는 업종의 영업을 할 신규임차인을 다시 주선할 수 있고, 그럼에도 계약체결을 거절한다면 임대인은 손해배상책임을 질 수 있다

7. 임대인에 대한 권리금직접 지급 요구가능성

임대인은 임차인이 신규임차인으로부터 권리금을 회수하는 것을 방해하지 않을 의무를 부담할 뿐이므로, 임차인은 임대인에게 직접 권리금지급을 요구할 수는 없다.

권리금계약은 임차인과 신규임차인간의계약이므로 권리금회수는 새로운 임차인과의 권리금계약을 통해할 수 있다. 다만 임대인이 정당한 사유없이 임차인의 신규임차인으로부터 권리금을 회수하는 것을 방해 할 경우, 임차인은임대인에게 손해배상청구를 할 수 있다(제10조의4제3항).

제4절 적용제외

상임법 제10조의4 권리금회수기회의 보호 규정은 아래의 어느 하나에 해당하는 상가건물의 임대차에는 그 적용을 하지 아니한다(상임법 제10조의5). 여기에 해당하는 건물은 '상가건물'에만 해당하는데 상가건물 임대차보호법 제2조에서 '부가가치세법', '소득세법', '법인세법'에 따라 사업자등록의 대상이 되는 건물이라고 규정하고 있다. 예를 들어 유치원은 사업자등록 대상이 아니므로 실제 권리금 거래가 있었다고 하더라도 권리금 보호규정의 적용을 받을 수 없는 것이다.

1. 대규모점포 또는 준대규모점포의 일부인 경우

임대차 목적물인 상가건물이 '유통산업발전법' 제2조에 따른 대규모점포 또는 준대규모점포의 일부인 경우에는 권리금회수기회의 보호에 관한 규정을 적용하지 아니한다. '유통산업발전법'이 규정하고 있는 "대규모점포"란 하나 또는 대통령령으로 정하는 둘이상의 연접되어 있는 건물 안에 하나 또는 여러 개로 나누어 설치되는 매장일 것, 상시 운영되는 매장일 것, 매장면적의 합계가 3천 제곱미터 이상일 것 등의 모든 요건을 갖춘 매장을 보유한 점포의 집단으로서 그 종류는 아래와 같다.

대규모점포란?

「유통산업발전법」 제2조에 따르면 대규모점포는 다음 3가지 요건을 모두 충족하여야합니다. ① 하나 또는 둘이상의 연접되어 있는 건물 내 상시 운영되는 매장일 것 '연접되어 있는 건물'이란 ① 건물간거리가 50m이내이고, ② 소비자가 통행할 수 있는 지하도 또는 지상통로가 설치되어 있으며, ③ 하나의 대규모 점포로 기능할 수 있는 건물(시행령 제3조)을 의미
② 매장면적의 합계가 3천㎡이상 점포의 집단일 것
③ 대형마트, 전문점, 백화점, 쇼핑센터, 복합쇼핑몰, 그 밖의 대규모점포 중 하나에 해당할 것 용역의 제공 장소를 제외한 매장면적의 합계가 3천m 이상인 점포의 집단 등

가. 대형마트 : 대통령령으로 정하는 용역의 제공장소(이하 "용역의 제공장소"라 한다)를 제외한 매장면적의 합계가 3천 제곱미터 이상인 점포의 집단으로서 식품·가전 및 생활용품을 중심으로 점원의 도움 없이 소비자에게 소매하는 점포의 집단

나. 전문점 : 용역의 제공장소를 제외한 매장면적의 합계가 3천 제곱미터 이상인 점포의 집단으로서 의류·가전 또는 가정용품 등 특정 품목에 특화한 점포의 집단

다. 백화점 : 용역의 제공장소를 제외한 매장면적의 합계가 3천 제곱미터 이상인 점포의 집단으로서 다양한 상품을 구매할 수 있도록 현대적 판매시설과 소비자 편익시설이 설치된 점포로서 직영의 비율이 30퍼센트 이상인 점포의 집단

라. 쇼핑센터 : 용역의 제공장소를 제외한 매장면적의 합계가 3천 제곱미터 이상인 점포의 집단으로서 다수의 대규모점포 또는 소매점포와 각종 편의시설이 일체적으로 설치된 점포로서 직영 또는 임대의 형태로 운영되는 점포의 집단

마. 복합쇼핑몰 : 용역의 제공장소를 제외한 매장면적의 합계가 3천 제곱미터 이상인 점포의 집단으로서 쇼핑, 오락 및 업무 기능 등이 한 곳에 집적되고, 문화·관광 시설로서의 역할을 하며, 1개의 업체가 개발·관리 및 운영하는 점포의 집단

바. 그 밖의 대규모점포 : 제1호부터 제5호까지의 규정에 해당하지 아니하는 점포의 집단

으로서 다음 각 목의 어느 하나에 해당하는 것

1) 용역의 제공장소를 제외한 매장면적의 합계가 3천 제곱미터 이상인 점포의 집단

2) 용역의 제공장소를 포함하여 매장면적의 합계가 3천 제곱미터 이상인 점포의 집단으로서 용역의 제공장소를 제외한 매장면적의 합계가 전체 매장면적의 100분의 50 이상을 차지하는 점포의 집단. 다만, 시장·군수 또는 구청장이 지역경제의 활성화를 위하여 필요하다고 인정하는 경우에는 매장면적의 100분의 10의 범위에서 용역의 제공장소를 제외한 매장의 면적 비율을 조정할 수 있다.

'유통산업발전법'이 규정하고 있는 "준대규모점포"란 대규모점포를 경영하는 회사 또는 그 계열회사(「독점규제 및 공정거래에 관한 법률」에 따른 계열회사를 말한다)가 직영하는 점포, 「독점규제 및 공정거래에 관한 법률」에 따른 상호출자제한기업집단의 계열회사가 직영하는 점포, 가목 및 나목의 회사 또는 계열회사가 제6호 가목에 따른 직영점형 체인사업 및 같은 호 나목에 따른 프랜차이즈형 체인사업의 형태로 운영하는 점포 등에 해당하는 점포로서 대통령령으로 정하는 것을 말한다.

2. 국유재산 또는 공유재산인 경우

임대차 목적물인 상가건물이 '국유재산법'에 따른 국유재산, 즉 국가의 부담, 기부채납이나 법령 또는 조약에 따라 국가소유로 된 재산 또는 '공유재산 및 물품관리법'에 따른 공유재산, 즉 지방자치단체의 부담, 기부채납이나 법령에 따라 지방자치단체 소유로 된 재산인 경우 권리금회수기회의 보호에 관한 규정을 적용하지 아니한다.

> **국유재산**이란 국가가 소유하는 부동산·선박·증권·지식재산 등 재산을 의미합니다.
> **국유재산법 제2조 공유재산**이란 지방자치단체가 소유하는 부동산·선박·증권·지식재산 등 재산을 의미합니다.
> **국유재산**은 국가소유 재산, 공유재산은 지방자치단체소유 재산을 의미합니다.

Q 법이 개정된 이후에 임대차계약을 체결한 경우에만 권리금 회수기회를 보호받을 수 있는 것인가요?

A 임차인은 법이 개정되기 전 임대차 계약을 체결하였다고 하더라도 개정법 시행일인 2015. 5. 13.에 계약 기간 중에 있다면 권리금 보호를 받을 수 있습니다(부칙 제3조). 2015. 5. 13. 이후 체결된 임대차에 대하여는 당연히 개정법이 적용됩니다. 반면에 개정법 시행일인 2015. 5. 13. 당시 이미 종료된 임대차계약의 임차인은 개정법에 따라 권리금 보호를 받을 수 없습니다. 예를 들면, 임차인 A씨의 임대차계약이 2015. 5. 12. 종료되었다면 A씨가 아직 권리금을 회수하지 못하였다 하더라도 법의 보호를 받을 수 없습니다. 물론 이런 경우에도 A씨는 임대인과 합의를 통해 신규 임차인을 주선하여 권리금을 회수할 수 있을 것입니다.

Q 건물이 경매되는 경우에도 권리금을 보호받을 수 있나요?

A 임차한 건물에 대하여 경매가 실시된 경우 임차권은 소멸하는 것이 원칙입니다(상임법 제8조 전단). 다만, 이런 경우 대항력을 갖추고 임대차 계약서에 확정일자를 부여받은 임차인은 건물 경매에서 우선변제권을 행사할 수 있습니다. 따라서 임차인은 임차건물을 낙찰 받은 사람에게 임대차 계약의 효력을 더 이상 주장할 수 없게 되므로 법상의 권리금 보호 규정도 더 이상 적용될 수 없습니다. 즉 임차인은 경매로 인해 건물의 소유권을 취득한 낙찰자가 임차인이 주선한 사람과 임대차 계약 체결을 거절하였다고 하여 그 낙찰자에게 손해배상을 청구할 수 없습니다.

다만, 선순위 담보권자가 없고, 상가건물 임대차보호법상의 대항력을 갖춘 임차인이 경매에서 보증금을 전액 변제받지 못한 경우 예외가 인정됩니다(상임법 제8조 후단). 즉 임차인이 상가건물에 대한 사업자등록이 있고, 그 곳에서 계속 영업을 하는 등 점유를 하고 있어 대항력이 유지가 된다면 선순위 담보권자가 없는 이상 보증금을 반환받을 때까지 낙찰자에게 임대차관계의 존속을 주장할 수 있습니다. 이 경우 낙찰자는 임대인의 지위에서 권리금 규정의 적용을 받게 되므로 정당한 사유가 없다면 임대차 종료 시 임차인의 권리금 회수를 방해하지 말아야 할 의무를 부담하게 됩니다.

구체적인 예를 들면, 임차인 A씨는 이미 근저당이 설정되어 있는 상가건물을 임차하여 대항력을 갖추고 확정일자까지 받았습니다. 근저당권자인 B은행이 상가건물에 대한 임의경매를 신청하여 경매절차에 들어갔고, 이 건물은 C씨에게 낙찰되었습니다. A씨는 낙찰금액으로부터 보증금을 전액 배당받지 못하였는데 C씨에게 상가를 넘겨줘야 하는 것일까요? 이 경우 권리금은 어떻게 되는 것일까요? A씨보다 후순위 저당권자인 D씨가 경매를 신청했다면 어떻게 되는 것일까요? 그 답은 A씨는 C씨에게 상가건물을 넘겨주어야 합니다. 또한 C씨에게 권리금을 회수하기 위하여 자신이 주선한 임차인과 계약을 체결해 달라고 요구할 수도 없습니다. 경매신청자가 후순위 저당권자인 D라고 해도 동일합니다.

다른 예를 들면, 임차인 A씨가 임대차 계약을 체결하여 대항력을 갖추고 확정일자까지 받은 후 B은행이 상가건물에 대한 근저당권을 설정한 경우 A씨는 상가건물 경매에서 보증금을 다 받지 못하였다면 낙찰자 C씨에게 건물을 넘겨주어야 하는 것일까요? 그 답은 A씨는 C씨에게 기존 임대차계약이 존속됨을 주장할 수 있으므로 C씨에게 건물을 넘겨줄 필요가 없습니다. 또한 A씨는 기간만료 등으로 임대차계약이 종료된 경우 임대인 지위에 있는 C씨에게 권리금을 회수하기 위하여 자신이 주선한 임차인과 계약을 체결해 달라고 요구할 수 있습니다. 다만 이 경우에도 A씨가 경매에서 보증금 전액을 변제받았다면 임차권이 소멸하므로 C씨에게 권리금 규정의 적용을 주장할 수 없을 것입니다.

Q 전통시장 내에서 영업을 하는 상인들은 개정법에 의한 권리금 보호를 받지 못하는 것인가요?

A 전통시장 내에서 영업하는 상인들이 상가건물 임차인이라면 개정 상임법에 의하여 권리금 보호를 받을 수 있는 것이 원칙입니다. 다만 전통시장이 유통산업발전법상 대규모점포에 해당한다면 법 제10조의5에 의하여 권리금 보호대상에서 제외될 수 있습니다. 즉 전통시장이 3천㎡ 이상의 면적을 가진 하나의 건물로 이루어져 있거나, 여러 개의 건물이 하나의 전통시장을 이루고 있더라도 건물간 거리가 50m 이내이고, 건물 면적의 합계가 3천㎡ 이상이 되어 대규모점포에 해당되는 대형시장이라면 그 안에서 영업을 하는 상가임차인들은 권리금 보호대상에서 제외됩니다. 대규모점포인지 여부는 대규모점포로 지방자치단체에 등록이 되어 있는지 여부가 일응의 기준이 될 수 있겠으나, 등록이 되어 있다고 하여 반드시 보호대상에서 제외되는 것은 아닙니다. 시장의 면적 등을 면밀히 살펴 유통산업발전법상의 대규모점포의 요건에 해당하는지 다시 판단해야 할 것입니다. 법무부는 현재 관계부처와 대규모점포에 해당되어 권리금 보호대상에서 제외되는 전통시장의 현황과 그러한 전통시장 내 상가권리금의 규모 등에 대한 실태조사를 진행 중에 있습니다. 앞으로 이러한 실태조사를 바탕으로 권리금 보호대상의 범위에 관하여 검토할 예정입니다.

Q 임대인이 상가건물을 철거·재건축하는 경우 권리금 보상을 받을 수 있나요?

A 상가건물을 철거·재건축하는 경우에는 권리금 보상을 받을 수 없습니다. 개정 상임법은 임대인에게 직접 권리금을 보상하도록 하는 것이 아니라 임차인이 주선한 신규임차인과 계약체결 의무를 부과하는 방법으로 임차인의 권리금 회수를 보장하고 있습니다. 그런데 건물이 철거·재건축되는 경우 임차인이 기존 건물의 신규임차인을 주선할 수가 없고, 임차인이 기존건물에서 이룩한 영업가치를 가로채는 경우로 보기 어렵습니다. 따라서 이번 개정시 권리금 보호 범위에 포함되지 않았습니다. 다만, 법 제10조 제1항 제7호는 임대인이 건물의 재건축을 이유로

임차인과의 계약갱신을 거절할 수 있는 사유를 엄격히 제한하고 있습니다. 상임법 제10조 제1항 제7호는 ① 임대인이 임대차계약 체결당시 임차인에게 철거 또는 재건축 계획을 구체적으로 고지하고 그 계획에 따르는 경우, ② 건물이 노후, 훼손 또는 그 일부가 멸실되는 등 안전사고의 우려가 있는 경우, ③ 다른 법령에 따라 철거, 재건축이 이루어지는 경우에만 임대인이 임차인의 갱신요구를 거절할 수 있도록 규정하고 있습니다. 따라서 임차인은 재건축을 이유로 권리금을 보호받을 수 없을지라도, 법에 규정된 갱신거절 사유가 없다면 원칙적으로 5년간의 영업을 보장받을 수 있을 것입니다.

3. 「전통시장 및 상점가 육성을 위한 특별법」에 따른 전통시장

여기서 전통시장"이란 자연발생적으로 또는 사회적·경제적 필요에 의하여 조성되고, 상품이나 용역의 거래가 상호신뢰에 기초하여 주로 전통적 방식으로 이루어지는 장소로서 ⅰ) 해당 구역 및 건물에 대통령령으로 정하는 수 이상의 점포가 밀집한 곳일 것, ⅱ) 「유통산업발전법 시행령」 제2조에 따른 용역제공장소의 범위에 해당하는 점포수가 전체 점포수의 2분의 1 미만일 것, ⅲ) 그 밖에 대통령령으로 정하는 기준에 맞을 것 등의 요건을 모두 충족한다고 특별자치시장·특별자치도지사·시장·군수·구청장(구청장은 자치구의 구청장을 말한다. 이하 "시장·군수·구청장"이라 한다)이 인정하는 곳을 말한다(전통시장 및 상점가 육성을 위한 특별법 제2조 제1호).

이러한 전통시장의 경우 권리금 적용 제외대상에서 제외하여 전통시장 내 영세상인의 권리금 회수기회를 보장하였다(상임법 제10조의5 제1호).

제5절 권리금회수 기타

1. 건물 경매시 권리금회수

임차한 건물에 대하여 경매가 실시된 경우 임차권은 소멸하는 것이 원칙이다. 하지만 「상가건물임대차보호법」제8조는 "임차권은 임차건물에 대하여 민사집행법에 따른 경매가 실시된 경우에는 그 임차건물이 매각되면 소멸한다. 다만, 보증금이 전액 변제되지 아니한 대항력이 있는 임차권은 그러하지 아니하다."라고 하여 선순위 담보권자가 없고, 상가건물 임대차보호법상의 대항력을 갖춘 임차인이 경매에서 보증금을 전액 변제 받지 못한 경우 예외를 인정하고 있다. 즉 임차인이 상가건물에 대한 사업자등록이 있고, 그곳에서 계속 영업을 하는 등 점유를 하고 있어 대항력이 유지가 된다면 선순위 담보권자가 없는 이상 보증금을 반환받을 때까지 낙찰자에게 임대차관계의 존속을 주장할 수 있다.

이 경우 낙찰자는 임대인의 지위에서 권리금규정의 적용을 받게되므로 정당한 사유가 없다면 임대차종료 시 임차인의 권리금회수를 방해하지 말아야 할의무를 부담하게 된다.

2. 차임연체 시 권리금 보호

임차인이 3번 이상 차임액을 연체하는 경우 등 임차인의 잘못이 있는 경우 권리금 보호 조항의 적용을 제외하도록 되어 있어 위 경우라면 권리금이 보호되지 않는다.

3. 임대인이 신규임차인에 대한 권리금요구 가능성

권리금이란 임대차 목적물인 상가건물에서 영업을 하는 자 또는 영업을 하려는 자가 영업시설·비품, 거래처, 신용, 영업상의 노하우, 상가건물의 위치에 따른 영업상의 이점 등 유형·무형의 재산적 가치의 양도 또는 이용대가로서 임대인, 임차인에게 보증금과 차임 이외에 지급하는 금전 등의 대가를 말한다(상가건물임대차보호법 제10조의3 제1항). 상가건물에 대해 임차인이 있는 경우 임차인은 신규임차인이 되려는 자로부터 권리금을 지급받는 권리금 계약을 체결할 수 있다(상가건물임대차보호법 제10조의3 제2항). 또한 임차인의 권리금 회수기회를 보호하기 위해 상가건물임대차보호법 제10조의4 제1항은 "임대인은 임대차기간이 끝나기 6개월 전부터 임대차 종료 시까지 다음 각 호의 어느 하나에 해당하는 행위를 함으로써 권리금 계약에 따라 임차인이 주선한 신규임차인이 되려는 자로부터 권리금을 지급받는 것을 방해하여서는 아니 된다."고 하고 있고, 동조 제1호는 임대인은 "임차인이 주선한 신규임차인이 되려는 자에게 권리금을 요구하거나 임차인이 주선한 신규임차인이 되려는 자로부터 권리금을 수수하는 행위"를 할 수 없다고 규정하고 있다. 따라서 임대인이 신규임차인이 되려는 자에게 권리금을 요구하는 것은 상가건물임대차보호법의 규정에 반하므로 그러한 행위를 하여서는 아니 되며, 임대인이 이를 위반하여 임차인에게 손해를 발생시킨 경우 손해배상책임을 부담할 수 있다.

4. 영업용 건물의 임대차에 수반하여 지급되는 권리금계약의 취소

영업용 건물의 임대차에 수반되어 행하여지는 권리금의 지급은 임대차계약의 내용을 이루는 것은 아니고 권리금 자체는 거기의 영업시설·비품 등 유형물이나 거래처, 신용, 영업상의 노하우(know-how) 혹은 점포 위치에 따른 영업상의 이점 등 무형의 재산적 가치의 양도 또는 일정 기간 동안의 이용대가라고 볼 것인바, 권리금계약은 임대차계약이나 임차권 양도계약 등에 수반되어 체결되지만 임대차계약 등과는 별개의 계약이다(대법원 2002. 7. 26. 선고 2002다25013 판결, 대법원 2011. 1. 27. 선고 2010다85164 판결).

한편 여러 개의 계약이 체결된 경우에 그 계약 전부가 하나의 계약인 것과 같은 불가분의 관계에 있는 것인지 여부는 계약체결의 경위와 목적 및 당사자의 의사 등을 종합적으로 고려하여 판단하여야 할 것이고, 각 계약이 전체적으로 경제적, 사실적으로 일체로서 행하여진 것으로 그 하나가 다른 하나의 조건이 되어 어느 하나의 존재 없이는 당사자가 다른 하나를 의욕하지 않았을 것으로 보이는 경우 등에는 하나의 계약에 대한 기망 취소의 의사표시는 법률행위의 일부무효이론과 궤를 같이하는 법률행위 일부취소의 법리에 따라 전체 계약에 대한 취소의 효력이 있다(대법원 1994. 9. 9. 선고 93다31191 판결, 대법원 2003. 5. 16. 선고 2000다54659 판결, 대법원 2006. 7. 28. 선고 2004다54633 판결, 대법원 2013. 5. 9. 선고 2012다115120 판결).

제6절 표준권리금계약서 작성 등

1. 도입취지

국토교통부장관은 권리금에 대한 감정평가의 절차와 방법 등에 관한 기준을 고시할 수 있는(상임법 제10조의7) 한편, 임차인과 신규임차인이 되려는 자가 권리금 계약을 체결하기 위한 표준권리금계약서를 정하여 그 사용을 권장할 수 있게 하였는데(상임법 제10조의6), 이는 현재 권리금과 관련된 증빙은 별도 계약서 없이 영수증 수수로만 이루어지고 있어 분쟁이 빈번히 발생하여, 이에 이러한 분쟁을 사전에 예방하고 안전한 권리금 거래를 가능하게 하기 위해 표준계약서 마련 추진하였다.

2. 「상가건물임대차 표준계약서」의 주요 내용

상임법이 규정하고 있는 표준계약서의 주요 내용은 아래와 같다.
상가건물임대차표준계약서는 ① 보증금, 차임액, 임대차기간, 수선비분담 등에 관한 총 12개조의 「계약내용」, ② 임대인과 임차인간에 자율적으로 정할 수 있는 「특약사항」, ③ 법의 보호를 받기위하여 반드시 확인해야하는 「중요사항」이 설명된 별지 등으로 구성되어 있다.

특히 표준계약서의 「계약내용」부분에는 임대인에 대한 임차인의 권리금회수방해금지의무와 손해배상 등을 계약내용에 포함시켰고, 임대인은 임차인이 3기의 차임액에 달하도록 차임을 연체하는 경우 계약을 해지 할 수 있도록 하였다.
또한, 임차인으로 하여금 임대차계약시 「등기사항증명서, 미납국세, 상가건물확정일자현황」등을 확인하도록 하고, 임대인이 상가건물의 철거 또는 재건축계획을 고지하고 그 계획을 이행하는 경우 임차인의 계약갱신요구를 거절할 수 있다는 내용을 포함시켰다. 그 외 임차인이 임대인의 몫에 해당하는 수선비용을 지출한 때에는 임대인으로부터 수선비용에 해당하는 금액을 받을 수 있도록 하였고, 임차인이 임대차계약종료 시 소유자에게 이미 납부한 관리비 중 장기수선충당금의 반환을 청구할 수 있도록 하였다.

가. 임차인의 권리금 회수 보호 및 손해배상 명시

임대인에 대한 임차인의 권리금 회수 방해금지의무와 손해배상 등을 계약내용에 포함시켰고, 임대인은 임차인이 3기의 차임액에 달하도록 차임을 연체하는 경우 계약을 해지할 수 있도록 하였다(법률 개정 전에는 민법에 의해 2기 차임액을 연체하는 경우 해지 가능).

나. 임차인의 권리를 충실히 보호

임차인으로 하여금 임대차계약 시 「등기사항증명서, 미납국세, 상가건물 확정일자 현황」 등을 확인하도록 하고, 임대인이 상가건물의 철거 또는 재건축을 위해 임차인의 계약 갱신 요구를 거절할 수 있는 사유가 제한됨을 포함시켰다. 임차인이 임대인의 부담에 속하는 수선비용을 지출한 때에는 임대인에게 그 상환을 청구할 수 있도록 하였고, 임차인이 임대차계약 종료시 소유자에게 이미 납부한 관리비 중 장기수선충당금의 반환을 청구할 수 있도록 하였다.

다. 권리관계를 명확히 하여 분쟁 발생을 최소화

임대인과 임차인 사이에 별도로 정할 수 있는 「특약사항」을 예시하여 사전에 권리관계를 명확히 정할 수 있도록 하였으며, 임대차 종료시 관리비 등 비용 정산 관계도 명확히 하였다.

※ 특약사항 : ① 입주 전 수리 및 개량, ② 임대차기간 중 수리 및 개량, ③ 임차 상가 건물 인테리어, ④ 관리비의 지급주체, 시기 및 범위, ⑤ 귀책사유 있는 채무불이행 시 손해배상액예정 등

라. 임대인과 임차인이 법의 보호를 받기 위하여 반드시 확인해야 할 중요사항을 계약 단계별(계약 체결시, 계약기간 중, 계약 종료시)로 나누어 알기 쉽게 별지에 설명하였다.

Q 상가건물임대차표준계약서는 어떻게 구할 수 있나요?

A 2015. 법률개정에 맞추어 법무부는 '상가건물임대차표준계약서'를 만들어 배포 하였습니다. 표준계약서는 법무부, 국토교통부, 중소기업청 홈페이지에 게시되어 있어 누구나 다운로드 받아 활용할 수 있으며, 각 지방자치단체의 주민센터와 세무서에서도 구할 수 있습니다. 표준권리금 계약서 파일도 법무부, 국토교통부 홈페이지에 게시되어 있으므로 다운로드 받아 활용하시기 바랍니다.

Q 상가건물임대차표준계약서를 사용하면 어떤 장점이 있는 가요?

A 상가건물임대차표준계약서를 사용하면 임대인과 임차인 사이에 권리관계를 명확하게 할 수 있는 장점이 있습니다. 상가건물임대차표준계약서에는 임대인과 임차인이 법의 보호를 받기 위하여 반드시 확인해야 할 중요사항을 계약 단계별(계약 체결시, 계약기간 중, 계약 종료 시)로 나누어 알기 쉽게 별지에 설명하여 분쟁 발생을 최소화할 수 있도록 하였습니다. 또한 상가건물임대차표준계약서는 차임, 보증금, 임대차기간, 임차목적, 계약의 해제, 손해배상 등 반드 시 계약서에 포함되어야 할 사항은 물론 임대인과 임차인 사이에 별도로 정할 수 있는 특약사항을 예시로 나열하여 당사자들이 중요한 권리관계를 누락하지 않고 사전에 명확히 할 수 있도록 하고 있습니다.

※ 특약사항 : ① 입주 전 수리 및 개량 ② 임대차기간 중 수리 및 개량 ③ 임차 상가건물 인테리어 ④ 관리비의 지급주체, 시기 및 범위 ⑤ 귀책사유 있는 채무불이행 시 손해배상액예정 등

Q 상가건물임대차표준계약서의 사용은 강제되는 것인가요?

A 개정 상임법 제19조에 의하면 법무부장관은 보증금, 차임액, 임대차기간, 수선비 분담 등의 내용이 적혀있는 상가건물임대차표준계약서를 정하여 그 사용을 권장할 수 있습니다. 법문상 표준계약서의 사용이 강제되는 것은 아니지만, 표준계약서를 이용할 경우 상가임대차와 관련한 불필요한 분쟁이 사전에 예방될 수 있을 것으로 기대됩니다.

〈서식〉 상가건물 표준임대차계약서

이 계약서는 법무부에서 국토교통부·서울시·중소기업청 및 학계 전문가와 함께 민법, 상가건물 임대차보호법, 공인중개사법 등 관계법령에 근거하여 만들었습니다. 법의 보호를 받기 위해 【중요확인사항】(별지)을 꼭 확인하시기 바랍니다.

상가건물 임대차 표준계약서

☐보증금 있는 월세
☐전세　　☐월세

임대인(이름 또는 법인명 기재)과 임차인(이름 또는 법인명 기재)은 아래와 같이 임대차 계약을 체결한다

[임차 상가건물의 표시]

소 재 지				
토 지	지목		연적	㎡
건 물	구조·용도		연적	㎡
임차할부분			연적	㎡

유의사항: 임차할 부분을 특정하기 위해서 도면을 첨부하는 것이 좋습니다.

[계약내용]

제1조(보증금과 차임) 위 상가건물의 임대차에 관하여 임대인과 임차인은 합의에 의하여 보증금 및 차임을 아래와 같이 지급하기로 한다.

보증금	금		원정(₩	)	
계 약 금	금	원정(₩	)은 계약시에 지급하고 수령함. 수령인 (	인)	
중 도 금	금	원정(₩	)은 _____년 _____월_____일에 지급하며		
잔 금	금	원정(₩	)은 _____년 _____월_____일에 지급한다		
차임(월세) (입금계좌:	금	원정(₩	)은 매월 일에 지급한다. 부가세 ☐ 불포함 ☐ 포함)		
환산보증금	금		원정(₩	)	

유의사항: ① 당해 계약이 환산보증금을 초과하는 임대차인 경우 확정일자를 부여받을 수 없고, 전세권 등을 설정할 수 있습니다 ② 보증금 보호를 위해 등기사항증명서, 미납국세, 상가건물 확정일자 현황 등을 확인하는 것이 좋습니다 ※ 미납국세·선순위확정일자 현황 확인방법은 "별지"참조

제2조(임대차기간) 임대인은 임차 상가건물을 임대차 목적대로 사용·수익할 수 있는 상태로 _____년 ____월 ___일까지 임차인에게 인도하고, 임대차기간은 인도일로부터 _____년 _____월 _____일까지로 한다.

제3조(임차목적) 임차인은 임차 상가건물을 _____(업종)을 위한 용도로 사용한다.

제4조(사용·관리·수선) ① 임차인은 임대인의 동의 없이 임차 상가건물의 구조·용도 변경 및 전대나 임차권 양도를 할 수 없다.

② 임대인은 계약 존속 중 임차 상가건물을 사용·수익에 필요한 상태로 유지하여야 하고, 임차인은 임대인이 임차 상가건물의 보존에 필요한 행위를 하는 때 이를 거절하지 못한다.

③ 임차인이 임대인의 부담에 속하는 수선비용을 지출한 때에는 임대인에게 그 상환을 청구할 수 있다.

제5조(계약의 해제) 임차인이 임대인에게 중도금(중도금이 없을 때는 잔금)을 지급하기 전까지, 임대인은 계약금의 배액을 상환하고, 임차인은 계약금을 포기하고 계약을 해제할 수 있다.

제6조(채무불이행과 손해배상) 당사자 일방이 채무를 이행하지 아니하는 때에는 상대방은 상당한 기간을 정하여 그 이행을 최고하고 계약을 해제할 수 있으며, 그로 인한 손해배상을 청구할 수 있다. 다만, 채무자가 미리 이행하지 아니할 의사를 표시한 경우의 계약해제는 최고를 요하지 아니한다.

제7조(계약의 해지) ① 임차인은 본인의 과실 없이 임차 상가건물의 일부가 멸실 기타 사유로 인하여 임대차의 목적대로 사용, 수익할 수 없는 때에는 임차인은 그 부분의 비율에 의한 차임의 감액을 청구할 수 있다. 이 경우에 그 잔존부분만으로 임차의 목적을 달성할 수 없는 때에는 임차인은 계약을 해지할 수 있다.

② 임대인은 임차인이 3기의 차임액에 달하도록 차임을 연체하거나, 제4조 제1항을 위반한 경우 계약을 해지할 수 있다.

제8조(계약의 종료와 권리금회수기회 보호) ① 계약이 종료된 경우에 임차인은 임차 상가건물을 원상회복하여 임대인에게 반환하고, 이와 동시에 임대인은 보증금을 임차인에게 반환하여야 한다.

② 임대인은 임대차기간이 끝나기 3개월 전부터 임대차 종료 시까지 「상가건물임대차보호법」 제10조의4제1항 각 호의 어느 하나에 해당하는 행위를 함으로써 권리금 계약에 따라 임차인이 주선한 신규임차인이 되려는 자로부터 권리금을 지급받는 것을 방해하여서는 아니 된다. 다만, 「상가건물임대차보호법」 제10조제1항 각 호의 어느 하나에 해당하는 사유가 있는 경우에는 그러하지 아니하다.

③ 임대인이 제2항을 위반하여 임차인에게 손해를 발생하게 한 때에는 그 손해를 배상할 책임이 있다. 이 경우 그 손해배상액은 신규임차인이 임차인에게 지급하기로 한 권리금과 임대차 종료 당시의 권리금 중 낮은 금액을 넘지 못한다.

④ 임차인은 임대인에게 신규임차인이 되려는 자의 보증금 및 차임을 지급할 자력 또는 그 밖에 임차인으로서의 의무를 이행할 의사 및 능력에 관하여 자신이 알고 있는 정보를 제공하여야 한다.

제9조(재건축 등 계획과 갱신거절) 임대인이 계약 체결 당시 공사시기 및 소요기간 등을 포함한 철거 또는 재건축 계획을 임차인에게 구체적으로 고지하고 그 계획에 따르는 경우, 임대인은 임차인이 상가건물임대차보호법 제10조 제1항 제7호에 따라 계약갱신을 요구하더라도 계약갱신의 요구를 거절할 수 있다.

제10조(비용의 정산) ① 임차인은 계약이 종료된 경우 공과금과 관리비를 정산하여야 한다.

② 임차인은 이미 납부한 관리비 중 장기수선충당금을 소유자에게 반환 청구할 수 있다. 다만, 임차 상가건물에 관한 장기수선충당금을 정산하는 주체가 소유자가 아닌 경우에는 그 자에게 청구할 수 있다.

제11조(중개보수 등) 중개보수는 거래 가액의 _____% 인 _____원(부가세 ☐ 불포함 ☐ 포함)으로 임대인과 임차인이 각각 부담한다. 다만, 개업공인중개사의 고의 또는 과실로 인하여 중개의뢰인간의 거래 행위가 무효·취소 또는 해제된 경우에는 그러하지 아니하다.

제12조(중개대상물 확인·설명서 교부) 개업공인중개사는 중개대상물 확인·설명서를 작성하고 업무보증관계증서 (공제증서 등) 사본을 첨부하여 임대인과 임차인에게 각각 교부한다.

[특약사항]

① 입주전 수리 및 개량, ②임대차기간 중 수리 및 개량, ③임차 상가건물 인테리어, ④ 관리비의 지급주체, 시기 및 범위, ⑤귀책사유 있는 채무불이행 시 손해배상액예정 등에 관하여 임대인과 임차인은 특약할 수 있습니다

본 계약을 증명하기 위하여 계약 당사자가 이의 없음을 확인하고 각각 서명·날인 후 임대인, 임차인, 개업공인중개사는 매 장마다 간인하여, 각각 1통씩 보관한다.   년   월   일

임대인	주 소							
	주민등록번호 (법인등록번호)		전 화			성 명 (회사명)		서명 또는 날인⑩
	대 리 인	주소		주민등록번호		성 명		
임차인	주 소							
	주민등록번호 (법인등록번호)		전 화			성 명 (회사명)		서명 또는 날인⑩
	대 리 인	주소		주민등록번호		성 명		
개업공인중개사	사무소소재지			사무소소재지				
	사 무 소 명 칭			사 무 소 명 칭				
	대 표	서명 및 날인	⑩	대 표	서명 및 날인			⑩
	등 록 번 호		전화	등 록 번 호			전화	
	소 속 공 인 중 개 사	서명 및 날인	⑩	소 속 공 인 중 개 사	서명 및 날인			⑩

별지)

법의 보호를 받기 위한 중요사항! 반드시 확인하세요

< 계약 체결 시 꼭 확인하세요 >

【당사자 확인 / 권리순위관계 확인 / 중개대상물 확인·설명서 확인】

① 신분증·등기사항증명서 등을 통해 당사자 본인이 맞는지, 적법한 임대·임차권한이 있는지 확인합니다.

② 대리인과 계약 체결 시 위임장·대리인 신분증을 확인하고, 임대인(또는 임차인)과 직접 통화하여 확인하여야 하며, 보증금은 가급적 임대인 명의 계좌로 직접 송금합니다.

③ 중개대상물 확인·설명서에 누락된 것은 없는지, 그 내용은 어떤지 꼼꼼히 확인하고 서명하여야 합니다.

【대항력 및 우선변제권 확보】

① 임차인이 상가건물의 인도와 사업자등록을 마친 때에는 그 다음날부터 제3자에게 임차권을 주장할 수 있고, 환산보증금을 초과하지 않는 임대차의 경우 계약서에 **확정일자**까지 받으면, 후순위권리자나 그 밖의 채권자에 우선하여 변제받을 수 있습니다.

   ※ 임차인은 최대한 신속히 ① 사업자등록과 ② 확정일자를 받아야 하고, 상가건물의 점유와 사업자등록은 임대차 기간 중 계속 유지하고 있어야 합니다.

② 미납국세와 확정일자 현황은 임대인의 동의를 받아 임차인이 관할 세무서에서 확인할 수 있습니다.

< 계약기간 중 꼭 확인하세요 >

【계약갱신요구】

① 임차인이 임대차기간이 만료되기 6개월 전부터 1개월 전까지 사이에 계약갱신을 요구할 경우 임대인은 정당한 사유 (3기의 차임액 연체 등, 상가건물 임대차보호법 제10조제1항 참조) 없이 거절하지 못합니다.

② 임차인의 계약갱신요구권은 최초의 임대차기간을 포함한 전체 임대차기간이 5년을 초과하지 아니하는 범위에서만 행사할 수 있습니다.

③ 갱신되는 임대차는 전 임대차와 동일한 조건으로 다시 계약된 것으로 봅니다. 다만, 차임과 보증금은 청구당시의 차임 또는 보증금의 100분의 9의 금액을 초과하지 아니하는 범위에서 증감할 수 있습니다.

   ※ 환산보증금을 초과하는 임대차의 계약갱신의 경우 상가건물에 관한 조세, 공과금, 주변 상가건물의 차임 및 보증금, 그 밖의 부담이나 경제사정의 변동 등을 고려하여 차임과 보증금의 증감을 청구할 수 있습니다.

【묵시적 갱신 등】

① 임대인이 임대차기간이 만료되기 6개월 전부터 1개월 전까지 사이에 임차인에게 갱신 거절의 통지 또는 조건 변경의 통지를 하지 않으면 종전 임대차와 동일한 조건으로 자동 갱신됩니다.

   ※ 환산보증금을 초과하는 임대차의 경우 임대차기간이 만료한 후 임차인이 임차물의 사용, 수익을 계속하는 경우에 임대인이 상당한 기간내에 이의를 하지 아니한 때에는 종전 임대차와 동일한 조건으로 자동 갱신됩니다. 다만, 당사자는 언제든지 해지통고가 가능합니다.

② 제1항에 따라 갱신된 임대차의 존속기간은 1년입니다. 이 경우, 임차인은 언제든지 계약을 해지할 수 있지만 임대인은 계약서 제8조의 사유 또는 임차인과의 합의가 있어야 계약을 해지할 수 있습니다.

< 계약종료 시 꼭 확인하세요 >

【보증금액 변경시 확정일자 날인】

계약기간 중 보증금을 증액하거나, 재계약을 하면서 보증금을 증액한 경우에는 증액된 보증금액에 대한 우선변제권을 확보하기 위하여 반드시 **다시 확정일자**를 받아야 합니다.

【임차권등기명령 신청】

임대차가 종료된 후에도 보증금이 반환되지 아니한 경우 임차인은 임대인의 동의 없이 임차건물 소재지 관할 법원에서 임차권등기명령을 받아, 등기부에 **등재된 것**을 확인하고 이사해야 우선변제 순위를 유지할 수 있습니다. 이때, 임차인은 임차권등기명령 관련 비용을 임대인에게 청구할 수 있습니다.

【임대인의 권리금 회수방해금지】

임차인이 신규임차인으로부터 권리금을 지급받는 것을 임대인이 방해하는 것으로 금지되는 행위는 ① 임차인이 주선한 신규임차인이 되려는 자에게 권리금을 요구하거나, 임차인이 주선한 신규임차인이 되려는 자로부터 권리금을 수수하는 행위, ② 임차인이 주선한 신규임차인이 되려는 자로 하여금 임차인에게 권리금을 지급하지 못하게 하는 행위, ③ 임차인이 주선한 신규임차인이 되려는 자에게 상가건물에 관한 조세, 공과금, 주변 상가 건물의 차임 및 보증금, 그 밖의 부담에 따른 금액에 비추어 현저히 고액의 차임 또는 보증금을 요구하는 행위, ④ 그 밖에 정당한 이유 없이 임차인이 주선한 신규임차인이 되려는 자와 임대차계약의 체결을 거절하는 행위 입니다.

임대인이 임차인이 주선한 신규임차인과 임대차계약의 체결을 거절할 수 있는 정당한 이유로는 예를 들어 ① 신규임차인이 되려는 자가 보증금 또는 차임을 지급할 자력이 없는 경우, ② 신규임차인이 되려는 자가 임차인 으로서의 의무를 위반할 우려가 있거나, 그 밖에 임대차를 유지하기 어려운 상당한 사유가 있는 경우, ③ 임대차 목적물인 상가건물을 1년 6개월 이상 영리목적으로 사용하지 않는 경우, ④ 임대인이 선택한 신규임차인이 임차인과 권리금 계약을 체결하고 그 권리금을 지급한 경우입니다.

제7절 권리금소송

1. 개설

상가임대차계약 만료 기간이 다가오는데도 임차인이 신규 임차인을 구하지 못할 경우 임차인은 권리금의 수령이 어려워질 수도 있다. 법률상 임차인의 권리금 회수 기회는 보장되어야 하고 임대인도 건물주도 이를 준수해야만 한다. 하지만 임대인이 아무런 방해를 하지 않았는데도 임차인이 새로운 임차인을 스스로 구하지 못했다면 상황은 간단치 않다.

이는 상가임대차의 경우 임차인이 권리금 회수를 위해 스스로 신규 임차인을 구해 건물주에게 주선해야 하기 때문이다. 만약 임대인이 그러한 행위를 방해한다면 법률상 책임을 부담해야 되지만 반면 임대인이 아무런 방해를 하지 않았음에도 신규 임차인을 구하지 못했다면 그 책임은 임차인에게 있어 손해배상청구소송조차 제기할 수 없게 된다.

2. 권리금소송의 요건(손해배상청구소송)

가. 개설

권리금관계에서 손해배상청구소송이란 건물주 방해로 권리금 회수 기회를 놓쳤음을 이유로 임대인에게 그에 상응하는 금액을 계산해 배상토록 제기하는 일명 '권리금소송'을 말한다.

나. 권리금 소송의 요건

(1) 권리금에 대한 손해배상청구소송은 아무 때나 제기할 수 있는 소송은 아니고, 소송을 제기할 근거가 있어야 한다. 가령 임대인이 주변 공인중개사와 결탁해 신규 임차인이 구해지지 아니하도록 하는 등 직접적으로는 아니지만 간접적으로라도 방해하였을 경우에도 임차인의 권리금 회수 방해로 볼 수 있다.

상임법 제10조의4 제1항 각호에는 제2호에는 '임차인(세입자)이 주선한 신규임차인이 되려는 자에게 상가건물에 관한 조세, 공과금, 주변 상가건물의 차임(임대료) 및 보증금, 그 밖의 부담에 따른 금액에 비추어 현저히 고액의 차임과 보증금을 요구하는 행위'도 위법으로 규정하고 있기 때문이다.

(2) 권리금 소송을 제기하기 위한 조건에는 건물주의 방해 말고도 권리금 회수 기간을 준수할 것을 요한다. 임대인의 방해가 있더라도 법률상 정해진 권리금 회수 기간에 방해했느냐를 판단해야 하기 때문이다. 상임법 제10조의4 제1항에는 '임대인(건물주)은 임대차기간이 끝나기 6개월 전부터 임대차 종료 시까지 임차인(세입자)이 주선한 신규임차인이 되려는 자로부터 권리금을 지급 받는 것을 방해해서는 아니 된다'고 규정하고 있다.

따라서 계약 기간이 끝나기 6개월 전부터 권리금 거래가 가능하다는 뜻이다. 그러므로 이전에 임차인이 신규 임차인과의 계약을 거부하더라도 이는 위법이 될 수 없으며, 다만, 기간 준수 시 임대인은 정당한 사유 없이는 반드시 임차인이 소개해 준 사람과 임대계약을 체결해야 한다.

다. 권리금소송시 체크 사항

(1) 사업자등록의 대상이 되는 건물
상임법상 권리금회수기회가 보호되고 동법이 적용되기 위해서는 사업자등록의 대상이 되는 건물 또는 임대건물의 주된 부분이 영업용으로 사용하는 경우여야 한다. 따라서 사업자등록이 되지 아니하는 건물이거나 임대건물의 주된 부분을 주택으로 사용되는 건물이라면 권리금회수기회를 보호받지 못한다.

(2) 신규임차인 주선 및 임대인의 방해
상임법 제10조의 4 제1항에 의하여 임차인은 임대차 계약이 끝나기 6개월 전부터 종료 시까지 신규임차인을 주선하고 정당한 사유없이 임대인이 이를 방해하는 경우 임대인을 상대로 권리금 상당의 손해배상청구를 할 수가 있다.

임대인의 방해 행위는 신규임차인이 되려는 자에게 권리금을 요구하거나 권리금을 수수하는 행위, 신규임차인으로 하여금 임차인에게 권리금을 지급하지 못하도록 하는 행위, 신규임차인에게 현저히 고액의 차임과 보증금을 요구하는 행위, 기타 정당한 사유없이 신규임차인과의 계약을 거절하는 행위로 규정하고 있다.

(3) 권리금 제외 사유가 없을 것

권리금소송을 제기하기 위해서는 권리금 제외가 없어야 한다. 대표적인 제외 사유는 다음과 같다(상임법 제10조의4).

- 3기분의 차임연체
- 무단전대
- 계약 체결 당시 공사시기 및 소요기간 등을 포함한 철거 또는 재건축 계획을 임차인에게 구체적으로 고지하고 그 계획에 따른 경우
- 건물의 노후, 훼손 또는 일부 멸실로 안전사고 우려가 있는 경우
- 다른 법령으로 철거 또는 재건축이 되는 경우
- 신규임차인이 보증금, 차임을 지급할 자력이 없는 경우
- 임차건물을 1년 6개월 이상 영리목적으로 사용하지 않은 경우
- 임대인이 선택한 신규임차인이 임차인과 권리금계약을 체결하고 그 권리금을 지급한 경우
- 임대차가 종료한 때로부터 3년이 경과해서 손해배상 청구하는 경우

3. 행사기간

임대인에게 손해배상을 청구할 권리는 임대차가 종료한 날부터 3년 이내에 행사하지 아니하면 시효의 완성으로 소멸한다.

제8장 상가건물 임대차 관련 기타 쟁점

1. 차임증감청구권 등

가. 차임증감청구권

차임 또는 보증금이 임차건물에 관한 조세, 공과금, 그 밖의 부담의 증감이나 경제 사정의 변동으로 인하여 상당하지 아니하게 된 경우에는 당사자는 장래의 차임 또는 보증금에 대하여 증감을 청구할 수 있다. 그러나 증액의 경우에는 대통령령으로 정하는 기준에 따른 비율을 초과하지 못한다(상임법 제11조 제1항). 이러한 증액의 경우 상임법 시행령에서는 청구당시의 차임 또는 보증금의 100분의 5의 금액(종전 9/100에서 5/100으로 하향되었음)을 초과하지 못한다고 규정하고 있는데, 위 규정은 임대차계약의 존속중 당사자 일방이 약정한 차임 등의 증감을 청구한 경우에 한하여 적용되고, 임대차계약이 종료한 후 재계약을 하거나 임대차계약 종료 전이라도 당사자의 합의로 차임 등을 증액하는 경우에는 적용되지 않으며, 나아가 증액비율을 초과하여 지급된 차임은 그 초과범위 내에서 무효이고, 이를 부당이득반환으로 청구할 수 있다.

> **[판시사항]**
> 임대차계약 종료 후 재계약을 하거나 임대차계약 종료 전 당사자의 합의로 차임 등을 증액하는 경우, 상가건물 임대차보호법 제11조가 적용되는지 여부(대법원 2014. 2. 13 선고 2013다80481 판결)
>
> **[판결요지]**
> 상가건물 임대차보호법 제11조 제1항에서 "차임 또는 보증금이 임차건물에 관한 조세,공과금,그 밖의 부담의 증감이나 경제사정의 변동으로 인하여 상당하지 아니하게 된 경우에는 당사자는 장래의 차임 또는 보증금에 대하여 증감을 청구할 수 있다. 그러나 증액의 경우에는 대통령령으로 정하는 기준에 따른 비율을 초과하지 못

한다."고 규정하고, 제2항에서 "제1항에 따른 증액 청구는 임대차계약 또는 약정한 차임 등의 증액이 있은 후 1년 이내에는 하지 못한다."고 규정하고 있는바, 위 규정은 임대차계약의 존속 중 당사자 일방이 약정한 차임 등의 증감을 청구한 경우에 한하여 적용되고, 임대차계약이 종료한 후 재계약을 하거나 임대차계약 종료 전이라도 당사자의 합의로 차임 등을 증액하는 경우에는 적용되지 않는다.

[판시사항]
구 상가건물 임대차보호법 제11조 제1항에 따른 차임 증액비율을 초과하여 지급된 차임에 대하여 임차인이 부당이득으로 반환을 구할 수 있는지 여부(대법원 2014. 4. 30 선고 2013다35115 판결)

[판결요지]
구 상가건물 임대차보호법(2009. 1. 30. 법률 제9361호로 개정되기 전의 것, 이하 '법'이라 한다)의 입법 목적, 차임의 증감청구권에 관한 규정의 체계 및 취지 등에 비추어 보면, 법 제11조 제1항에 따른 증액비율을 초과하여 지급하기로 하는 차임에 관한 약정은 증액비율을 초과하는 범위 내에서 무효이고, 임차인은 초과 지급된 차임에 대하여 부당이득으로 반환을 구할 수 있다.

또한 이에 따른 증액 청구는 임대차계약 또는 약정한 차임 등의 증액이 있은 후 1년 이내에는 하지 못한다(상임법 제11조 제2항).

Q 동작구에서 보증금 2천만 원 월세 100만 원에 2년 계약을 하고 영업중인 임차인인데, 금번 갱신때 임대인은 보증금 5%를 올리지 아니하는 대신 월세를 10% 올리겠다고 합니다. 저는 보증금은 100만 원, 월세는 5만 원 각각 올려줄 의사가 있지만 월세만 10만 원 올리는 것은 손해 보는 것 같습니다. 임대인의 요구가 정당한가요?

A 임대인은 상가건물 임대차보호법의 증액 상한요율 5%까지 임대료 인상을 요구할 수 있으므로, 기존 보증금 2천만 원, 월세 100만 원을 보증금 2천100만 원, 월세 105만 원까지 인상할 수 있습니다. 보증금을 월세로 전환할 경우는 12%를 초과할 수 없기 때문에, 보증금의

증액분인 100만 원을 월세 1만 원으로 전환할 수 있습니다.

1,000,000원×12%÷12개월=1만원

결국 보증금 대신 월세만 올릴 경우에는 기존 월세 100만 원에 대한 5% 즉 5만 원과 보증금 인상액의 월세전환액 1만원을 합해서 월세 6만 원을 올려주면 되며, 임대인의 10만 원 인상요구를 거절할 수 있습니다.

Q 저는 1년 전 甲소유 상가건물 3층 일부를 임차하여 학원을 운영하고 있습니다. 그런데 건물주 甲은 계약기간 만료 전 2월이 된 지난달 말 저에게 경제사정 등 여러 가지 이유를 들어 임대료를 50%까지 올리겠다는 내용증명을 보내왔습니다. 저는 위 학원운영으로 생계를 유지하고 있으므로 재계약을 하여야 할 입장인데, 갑자기 1,000만원~1,500만원의 돈을 마련하자니 너무 힘든 상황입니다. 건물주 甲의 과다한 임대료 인상요구에 대한 법적 대응방안은 없는지요?

A 차임 등의 증감청구권에 관하여 「상가건물임대차보호법」 제11조는 "①차임 또는 보증금이 임차건물에 관한 조세, 공과금 그 밖의 부담의 증감이나 경제사정의 변동으로 인하여 상당하지 아니하게 된 때에는 당사자는 장래에 대하여 그 증감을 청구할 수 있다. 그러나 증액의 경우에는 대통령령이 정하는 기준에 따른 비율을 초과하지 못한다. ②제1항의 규정에 의한 증액청구는 임대차계약 또는 약정한 차임 등의 증액이 있은 후 1년 이내에는 이를 하지 못한다."라고 규정하고 있고, 차임 등 증액청구의 기준에 관하여 2010년 7월 26일부터 시행중인 「상가건물임대차보호법 시행령」 제4조는 "법 제11조 제1항의 규정에 의한 차임 또는 보증금의 증액청구는 청구 당시의 차임 또는 보증금의 100분의 9의 금액을 초과하지 못한다."라고 규정하고 있습니다.

또한, 계약갱신의 요구에 관하여 같은 법 제10조는 "①임대인은 임차인이 임대차기간 만료 전 6월부터 1월까지 사이에 행하는 계약갱신 요구에 대하여 정당한 사유없이 이를 거절하지 못한다. 다만, 다음 각호의 1의 경우에는 그러하지 아니하다.

1. 임차인이 3기의 차임액에 달하도록 차임을 연체한 사실이 있는 경우

2. 임차인이 거짓 그 밖의 부정한 방법으로 임차한 경우

3. 쌍방 합의 하에 임대인이 임차인에게 상당한 보상을 제공한 경우

4. 임차인이 임대인의 동의 없이 목적 건물의 전부 또는 일부를 전대한 경우

5. 임차인이 임차한 건물의 전부 또는 일부를 고의 또는 중대한 과실로 파손한 경우

6. 임차한 건물의 전부 또는 일부가 멸실되어 임대차의 목적을 달성하지 못할 경우

7. 임대인이 목적 건물의 전부 또는 대부분을 철거하거나 재건축하기 위해 목적 건물의 점유 회복이 필요한 경우

8. 그밖에 임차인이 임차인으로서의 의무를 현저히 위반하거나 임대차를 존속하기 어려운 중대한 사유가 있는 경우

② 임차인의 계약갱신요구권은 최초의 임대차 기간을 포함한 전체 임대차 기간이 5년을 초과하지 않는 범위 내에서만 행사할 수 있다. ③갱신되는 임대차는 전 임대차와 동일한 조건으로 다시 계약된 것으로 본다. 다만, 차임과 보증금은 제11조의 규정에 의한 범위 안에서 증감할 수 있다."라고 규정하고 있습니다.

따라서 임대차계약의 당사자는 약정한 차임 등이 임대물에 대한 공과금 기타 부담의 증감이나 경제사정의 변동으로 인하여 상당하지 않을 때에는 상대방에게 장래에 대하여 차임 등의 증감을 요구할 수 있을 것입니다.

또한, 상가임차인에게는 최초의 임대차 기간을 포함한 전체 임대차 기간이 5년을 초과하지 않는 범위 내에서 계약갱신요구권이 인정되며, 이 경우에도 위 차임 등의 증감청구권규정이 적용된다 할 것입니다.

다만, 위 사안의 경우와 같이 임대인이 차임 등의 증액을 청구할 경우에는 임대차계약 또는 증액이 있은 후 1년이 경과하여야 하며, 증액 시에도 청구 당시의 차임 또는 보증금의 9%를 초과하지 않는 범위 내에서 하여야 할 것이므로 건물주 甲의 청구액 중 이를 초과하는 부분은 인정받지 못할 것으로 보입니다.

Q 저는 2007년 6월 10일 甲주식회사로부터 서울 소재 아파트단지 내 상가점포를 임차보증금 4,000만원, 월세 100만원, 계약기간 3년으로 하는 임대차계약을 체결한 후 사업자등록을 하고 입점하여 컴퓨터 대리점을 운영하고 있습니다. 그런데 그 단지 내 상가는 최고의 상업지역이라는 계약 당시 甲주식회사의 광고내용과는 달리 인접지역에 더 큰 상권이 새로이 형성되었고, 그 단지 내 상가의 다른 점포에는 입주도 제대로 되지 않고 있는 실정입니다. 저는 지금의 월세가 영업수입에 비하여 너무 비싸다는 생각이 드는데, 월세인하를 요구할 법적인 권리는 없는지요?

A 「상가건물임대차보호법」 제11조는 "①차임 또는 보증금이 임차건물에 관한 조세, 공과금 그 밖의 부담의 증감이나 경제사정의 변동으로 인하여 상당하지 아니하게 된 때에는 당사자는 장래에 대하여 그 증감을 청구할 수 있다. 그러나 증액의 경우에는 대통령령이 정하는 기준에 따른 비율을 초과하지 못한다. ②제1항의 규정에 의한 증액청구는 임대차계약 또는 약정한 차임 등의 증액이 있은 후 1년 이내에는 이를 하지 못한다."라고 규정하고 있고, 차임 등 증액청구의 기준에 관하여 2010년 7월 26일부터 시행중인 「상가건물임대차보호법 시행령」 제4조는 "법 제11조 제1항의 규정에 의한 차임 또는 보증금의 증액청구는 청구 당시의 차임 또는 보증금의 100분의 9의 금액을 초과하지 못한다."라고 규정하고 있으며, 같은 법 제15조는 "이 법의 규정에

위반된 약정으로서 임차인에게 불리한 것은 그 효력이 없다."라고 규정하고 있습니다.

그러므로 상가임대차계약 후 임대차계약의 당사자는 기간만료 전에도 약정한 차임 등이 임대물에 대한 공과금 기타 부담의 증감이나 경제사정의 변동으로 인하여 상당하지 않을 때에는 상대방에게 장래에 대하여 차임 등의 증감을 요구할 수 있을 것입니다. 반면에, 임대인이 증액을 청구할 경우에는 임대차계약 또는 약정한 차임 등의 증액이 있은 후 1년 이내에는 하지 못하며, 그 범위도 청구 당시의 차임 또는 보증금의 9%를 초과할 수 없다 하겠습니다.

만일, 임대차계약 당시에 임대인의 증액요구 시 이의할 수 없다고 한다는 등의 임차인에게 불리한 약정을 하였더라도 이는 위 법 시행령 제15조 강행규정에 위반되어 무효라 할 것입니다.

이는 또한 「민법」 제628조 및 제652조와 그 내용이 동일한 것으로 차임증감과 관련하여 판례는 "임대차계약에 있어서 차임은 당사자간에 합의가 있어야 하고, 임대차기간 중에 당사자의 일방이 차임을 변경하고자 할 때에도 상대방의 동의를 얻어서 하여야 하며, 그렇지 아니한 경우에는 민법 제628조에 의하여 차임의 증감을 청구하여야 할 것이고, 만일 임대차계약체결시에 임대인이 일방적으로 차임을 인상할 수 있고 상대방은 이의를 할 수 없다고 약정하였다면, 이는 강행규정인 민법 제628조에 위반하는 약정으로서 임차인에게 불리한 것이므로 민법 제652조에 의하여 효력이 없다."라고 하였으며(대법원 1992. 11. 24. 선고 92다31163, 31170 판결), "임대차계약에 있어서 차임불증액의 특약이 있더라도 그 약정 후 그 특약을 그대로 유지시키는 것이 신의칙(信義則)에 반한다고 인정될 정도의 사정변경이 있다고 보여지는 경우에는 형평의 원칙상 임대인에게 차임증액청구를 인정하여야 한다."라고 하였습니다[273].

그리고 「민법」 제628조에 의하여 장래에 대한 차임의 증액 또는 감액을 청구하였을 때에 그 청구가 상당하다고 인정되면 그 효력은 재판시를 표준으로 할 것이 아니고, 그 청구시에 곧 발생한다고 보는 것이 상당하고 그 청구는 재판 외의 청구라도 무방하다고 할 것입니다[274].

따라서 위 사안의 경우 단지 내 상가에는 입주가 제대로 되지 못하여 상권이 형성되지 못하고, 이웃에 대형 상업지역이 형성되어 임대차계약체결 당시 예상하였던 것과는 달리 영업이 잘 되지 않는다는 것이 객관적으로 증명되고, 그럼에도 불구하고 계약체결 시 약정된 차임을 계속 지급하는 것이 현저히 부당하다고 인정할 만한 구체적인 입증자료가 있다면, 상가임차인인 귀하는 임대인에 대하여 장래 지급할 월세의 감액을 청구해볼 수 있을 것으로 생각됩니다.

---

273) 대법원 1996. 11. 12. 선고 96다34061 판결
274) 대법원 1974. 8. 30. 선고 74다1124 판결

나. 폐업으로 인한 임차인의 해지권

임차인은 「감염병의 예방 및 관리에 관한 법률」 제49조 제1항 제2호에 따른 집합 제한 또는 금지 조치(같은 항 제2호의2에 따라 운영시간을 제한한 조치를 포함한다)를 총 3개월 이상 받음으로써 발생한 경제사정의 중대한 변동으로 폐업한 경우에는 임대차계약을 해지할 수 있으며, 이에 따른 해지는 임대인이 계약해지의 통고를 받은 날부터 3개월이 지나면 효력이 발생한다(상임법 제11조의2). 이는 현재 코로나-19의 여파로 국내 소비지출이 위축되고 상가임차인의 매출과 소득이 급감하는 등 영업유지가 사실상 불가능하여 폐업하거나 폐업을 고려하는 상가임차인이 증가하고 있으나, 폐업하더라도 임대차계약의 구속력으로 인해 기존 임대료 지급의무에서 벗어나기 힘들어 임차인에게 과도한 부담이 되고 있는 상황에 따라 임차인이 3개월 이상 감염병 예방을 위한 집합 제한 또는 금지 조치를 받음으로써 발생한 경제사정의 중대한 변동으로 폐업한 경우에는 사정 변경을 이유로 임대차계약을 해지할 수 있도록 명문의 규정을 마련하려는 것이다.

2. 월차임 전환 시 산정률

> **제12조 (월차임 전환 시 산정률의 제한)** 보증금의 전부 또는 일부를 월 단위 차임으로 전환하는 경우에는 그 전환되는 금액에 다음 각 호 중 낮은 비율을 곱한 월차임의 범위를 초과할 수 없다.
> 1. 은행법에 따른 은행의 대출금리 및 해당 지역의 경제 여건 등을 고려하여 **대통령령으로 정하는 비율**
> 2. 한국은행에서 공시한 기준금리에 **대통령령으로 정하는 배수를 곱한 비율**

상가건물보증금의 전부 또는 일부를 월 단위 차임으로 전환하는 경우에는 그 전환되는 금액에 은행법에 따른 은행의 대출금리 및 해당 지역의 경제 여건 등을 고려하여 ⅰ) **대통령령으로 정하는 비율(연 1할 2푼 : 연 12%)** 및 ⅱ) 한국은행에서 공시한 기준금리(현행, 3.5%)에 **대통령령으로 정하는 배수를 곱한 비율(4.4배)** 중 낮은 비율을 곱한 월차임의 범위를 초과할 수 없다. 즉 연 12%와 연 15.75%{=3.5(기준금리의 4.5배)} 중 낮은 비율인 연 12%가 적용된다는 의미다.

가령, 상가보증금 1천만원을 월세를 전환할 경우 1천만원 ×12%÷12개월 = 100,000원이 되는 것입니다. 즉, 보증금 1천만원을 낮추는 대신 월세로 100,000원 더 지급하면 된다.

Q 2004년 10월 상가건물임대차 계약 시 계약조건은 보증금5,000만원 월세240만원 계약기간 2년이었습니다. 1년 후 임대인의 요청에 따라 당사자 간에 임대인의 종합소득세 축소신고용으로 다운계약서(보증금5,000만원 월세100만원 계약기간은 동일함)를 작성하였습니다. 이를 근거로 임대인은 소득세를 월100만원으로 신고하였으며, 임차인은 확정일자를 세무서에서 받았습니다. 계약기간 만료기에 임차인이 확정일자를 받은 다운계약서를 근거로 당초계약은 무효라 주장하며 그동안 과다 지급한 월세(총3,360만원)를 임대인에게 환불 요청하려고 합니다. 환불 요청이 법적으로 가능한지요?

A 임차인이 법을 이용하려고 하는 것 같습니다. 신고한 임대차 계약서 말고 당초의 임대차 계약서가 있고, 240만원씩 월세를 받은 통장사본이 있다면 임대인은 이를 반환하지 아니 하여도 됩니다. 그러나 이러한 증거서류가 없으면 쉽지 않은 소송이 될 것입니다.

Q 저는 2008년 2월 서울 소재 甲소유 상가건물의 일부를 보증금 1억 원에 월세 90만 원으로 1년간 임차하기로 하는 계약을 체결하여 현재까지 사진관으로 운영하고 있습니다. 저는 계약 당시 입점하고 사업자등록신청을 하면서 임대차계약서에 확정일자인도 받아 두었습니다. 그런데 최근 임대인 甲은 위 임대차기간이 만료되어 재계약시에는 임대차보증금 중 5,000만원은 월세로 전환하되 그 적용금리를 3부(연 36%)로 하겠다고 합니다. 현재 주변지역의 경우를 보면 2부(연 24%)로 하는 것이 일반적인데 임대인 甲의 무리한 증액요구에 대응할 방법이 없는지요?

A 「상가건물임대차보호법」 제12조는 "보증금의 전부 또는 일부를 월 단위의 차임으로 전환하는 경우에는 그 전환되는 금액에 은행법에 의한 금융기관에서 적용하는 대여금리 및 당해 지역의 경제여건 등을 감안하여 대통령령이 정하는 비율을 곱한 월차임의 범위를 초과할 수 없다." 라고 규정하고 있고, 같은 법 시행령 제5조는 "법 제12조에서 대통령령이 정하는 비율이라 함은 연 1할 5푼을 말한다."라고 규정하고 있습니다.

또한 같은 법 제11조는 "①차임 또는 보증금이 임차건물에 관한 조세, 공과금 그 밖의 부담의 증감이나 경제사정의 변동으로 인하여 상당하지 아니하게 된 때에는 당사자는 장래에 대하여 그 증감을 청구할 수 있다. 그러나 증액의 경우에는 대통령령이 정하는 기준에 따른 비율을 초과하지 못한다. ②제1항의 규정에 의한 증액청구는 임대차계약 또는 약정한 차임등의 증액이 있은 후 1년 이내에는 이를 하지 못한다."라고 규정하고 있고, 2010년 7월 26일부터 시행중인 「상가건물임대차보호법 시행령」 제4조는 "법 제11조 제1항의 규정에 의한 차임 또는 보증금의 증액청구는 청구 당시의 차임 또는 보증금의 100분의 9의 금액을 초과하지 못한다."라고 규정하고 있습니다.

그러므로 상가임대차보증금의 전부 또는 일부를 월 단위의 차임으로 전환하는 경우에는 그 전환되는 금액에 연 15%의 비율을 곱한 월차임의 범위를 초과할 수 없고, 임대인이 차임 또는 보증금의 증액청구를 할 경우에는 청구 당시의 차임 또는 보증금의 100분의 9의 금액을 초과하지 못한다 할 것입니다.

참고로 2014년 1월 1일부터 시행되고 있는 개정 「상가건물임대차보호법 시행령」 제5조는 "법 제12조제1호에서 "대통령령으로 정하는 비율"이란 연 1할2푼을 말한다."라고 규정하고 있습니다. 다만, 위 제5조의 개정규정은 이 영 시행 당시 존속 중인 상가건물 임대차계약에 대해서도 적용하되, 이 영 시행 후 보증금의 전부 또는 일부를 월 단위 차임으로 전환하는 경우부터 적용합니다. 위 2014년 1월 1일부터 시행되는 「상가건물임대차보호법 시행령」이 적용되는 경우 그 전환되는 금액에 연 12%의 비율을 곱한 월차임의 범위를 초과할 수 없고, 임대인이 차임 또는 보증금의 증액청구를 할 경우에는 청구 당시의 차임 또는 보증금의 100분의 9의 금액을 초과하지 못한다 할 것입니다.

따라서 위 사안의 경우 귀하는 「상가건물임대차보호법」이 시행된 후 임대차계약의 체결 및 사업자등록신청을 하였고, 현재까지 영업을 하면서 그 임차보증금액도 위 법상 서울지역의 적용한도인 3억 원을 넘지 않아(귀하의 기준 보증금액은 같은 법 제2조 제2항 및 같은 법 시행령 제2조 제3항에 의해 1억+90만원×100=1억 9천만원임) 「상가건물임대차보호법」의 적용을 받는 상가임차인이라 할 것이므로, 임대인 甲의 위와 같은 요구에 대하여 같은 법 제12조와 제11조의 범위 내에서 임차료를 정하여 재계약을 할 수 있다고 하겠습니다.

참고로 2010년 7월 26일부터 시행되고 있는 개정 「상가건물임대차보호법 시행령」은 「상가건물임대차보호법」의 적용범위가 되는 보증금액을 ①서울특별시에서는 보증금액이 3억 원 이하, ②「수도권정비계획법」에 따른 과밀억제권역(서울특별시는 제외)에서는 보증금액이 2억 5천만 원 이하, ③광역시(「수도권정비계획법」에 따른 과밀억제권역에 포함된 지역과 군지역은 제외한다), 안산시, 용인시, 김포시 및 광주시에서는 보증금액이 1억 8천만 원 이하, ④그 밖의 지역에서는 보증금액이 1억5천만원 이하로 증액하였습니다. 다만, 이 영 시행 당시 존속 중인 상가건물임대차계약에 대하여는 종전 규정을 따르도록 하고 있습니다.

또한, 2014년 1월 1일부터 시행되고 있는 개정 「상가건물임대차보호법 시행령」은 「상가건물임대차보호법」의 적용범위가 되는 보증금액을 ①서울특별시에서는 보증금액이 4억 원 이하, ②「수도권정비계획법」에 따른 과밀억제권역(서울특별시는 제외)에서는 보증금액이 3억 원 이하, ③광역시(「수도권정비계획법」에 따른 과밀억제권역에 포함된 지역과 군지역은 제외한다), 안산시, 용인시, 김포시 및 광주시에서는 보증금액이 2억 4천만 원 이하, ④그 밖의 지역에서는 보증금액이 1억 8천만 원 이하로 증액하였습니다. 다만, 이 개정규정은 이 영 시행 후 체결되거나 갱신되는 상가건물임대차계약부터 적용하고 있습니다.

> **Q** 환산보증금을 초과하는 임차인도 권리금 회수기회를 보호받을 수 있나요?
>
> **A** 환산보증금을 초과하는 임대차계약의 임차인도 권리금 회수기회를 보호받을 수 있습니다. 원칙적으로 상가건물 임대차보호법은 환산보증금 내의 임대차계약만을 적용범위로 하지만, 권리금 보호 조항의 경우 예외적으로 환산보증금을 초과하는 임대차에도 적용됩니다.
>
> 한편, 여기서 환산보증금이란 상가건물임대차보호법에서 보증금과 월세환산액을 합한 금액으로서 아래와 같이 계산됩니다.
>
> 환산보증금=보증금+(월세×100)
>
> 예를 들어 보증금액 500만원에 월차임 60만원인 상가인 경우, 500만원+(60만원×100)=6,500만원이 환산보증금이 됩니다. 상가건물임대차보호법은 환산보증금을 기준으로 세입자에 대한 보호범위를 구분하고 있습니다. 2014.1.1. 이후 현재까지 지역별 상가건물임대차보호법적용대상 환산보증금액은 아래 표와 같습니다.
>
> | 지 역 | 상임법 적용 대상 환산보증금액(2019년 개정) |
> |---|---|
> | 서울특별시 | 9억원 이하 |
> | 수도권정비계획법에 따른 과밀억제권역275) | 6억 9천만원 이하 |
> | 광역시, 안산시, 용인시, 김포시, 광주시 | 5억 4천만원 이하 |
> | 그 밖의 지역 | 3억 7천만원 이하 |

3. 차임의 연체와 해지

주임법과 달리 상임법에서는 임차인의 차임연체액이 3기의 차임액에 달하는 때에는 임대인은 계약을 해지할 수 있게 규정하고 있다(상임법 제10조의8).

---

275) 인천광역시(강화군, 웅진군, 서구 대곡동 불로동 마전동 금곡동 오류동·왕길동·당하동·원당동, 인천경제자유구역 및 남동국가산업단지는 제외), 의정부시, 구리시, 남양주시(호평동, 평내동, 금곡동, 일패동, 이패동, 삼패동, 가운동, 수석동, 지금동 및 도농동만 해당한다), 하남시, 고양시, 수원시, 성남시, 안양시, 부천시, 광명시, 과천시, 의왕시, 군포시, 시흥시[반월특수지역(반월특수지역에서 해제 된 지역포함)은 제외.

Q (1) 확정일자를 받지 않았는데 배당가능한지요? 또한 임차보증금을 배당 받은 후 임대차관계는 존속 되는지요?

(2) 경매진행 중 월차임의 지급거절은 가능한지요? 배당 시 미지급차임이 상계처리 되는지요?

(3) 3기의 차임 연체 시 경매진행중이라도 임대인이 계약해지가 가능한지요?

A (1) 질의하신 상가건물이 상가건물임대차보호법의 적용대상이 된다는 전제하에 답변하겠습니다.

(2) 상가 임차보증금에 대한 우선변제권을 취득하려면 대항요건 외에도 임대차계약서상에 확정일자를 갖추어야 합니다. 이 요건은 배당요구의 종기까지 존속하고 있어야 합니다. 대항요건은 건물의 인도, 사업자등록(부가가치세법 제3조제1항), 확정일자는 관할세무서로부터 받아야 합니다.(상가건물임대차보호법 제5조제2항) 또한 주의할 것은 임차인이 경매절차에서 배당요구 신청을 해야 보증금을 우선변제 받을 수 있다는 점입니다.

(3) 상가건물임대차보호법 제8조 단서는 "다만, 보증금이 전액 변제되지 아니한 대항력이 있는 임차권은 그러하지 아니하다.(임차건물의 경락에 의하여 소멸하지 않는다.)"고 규정하고 있습니다. 따라서, 상가건물임차인이 비록 배당요구를 신청하여 배당금을 받았다고 하더라도 그 액수가 보증금에 미달하면 임대차는 소멸하지 않고 존속합니다.

(4) 위와 같이 임대차가 존속하고, 임차인이 대항요건을 구비하고 있는 한 낙찰자가 임대인의 지위를 승계하므로(상가건물임대차보호법 제3조제2항), 임차인의 낙찰자(임대인)에 대한 갱신요구권은 보장됩니다.

(5) 단지 임차건물이 경매가 진행 중이라는 점만으로 차임지급을 거절할 사유는 될 수 없다고 봅니다. 따라서, 경우에 따라 임대인이 차임지급 연체를 이유로 해지도 가능하리라고 봅니다.

Q 10년 이상 임차인이 영업(보증금 2,500만원/45만원)을 해오던 상가를 매매하게 되었습니다. 현 매매조건은 매수자가 직접 사용목적이기 때문에 특약사항에 명도책임(원상회복)을 매도인에게 있다고 명기하였습니다. 세입자가 계약금도 받지 않고 명도를 거부하는 경우에는 어떻게 해야 하는지요?

A 먼저 임차인이 상가건물임대차보호법에 의해 보호될 수 있는지 여부를 판단해야 합니다. 10년이 지났다면 5년의 갱신기간이 종료한 것으로 보이므로 임대인은 임대차 계약의 만료를 이유로 임차인에게 인도 청구를 할 수 있습니다. 다만 임차보증금 반환의무와 건물인도의무는 동시이행 관계에 있으므로 임차인을 이행지체에 빠뜨리기 위해서는 임차보증금을 공탁해야 합니다. 그런 다음 소송으로써 건물인도 청구를 해야 합니다. 이 소송에서 승소 후에도 임차인이 나가지 아니하면 인도명령을 신청하면 됩니다. 물론 임차인이 계약 만료 후 나가지 않는 기간 동안의 임대료는 공탁금에서 공제할 수 있습니다.

Q 2층 사무실을 임대하여 사용 중 누군가가 유리창에 공기총 탄피로 보이는 것으로 구멍을 내어 유리창 3장이 깨어져 경찰에 신고하였으나 범인은 찾지 못하였습니다. 사용에 큰 불편은 없어 그대로 사용하였으나 임대차관계 종료 시 유리창 원상복구를 임차인이 해야 되는지요?

A 임차물에 수리를 요하는 경우에 임차인은 임대인에게 그 사실을 통지해야 합니다.(민법 제634조) 이 규정은 임차인의 고의 과실 없이 임차목적물에 하자가 발생한 경우에 해당됩니다. 따라서 이에 대한 수리는 임대인이 해야 합니다. 사안에서 임차인의 과실 없이 임차목적물에 하자가 발생한 것이므로 이를 임차인이 수리할 의무는 없습니다. 그러나 그 하자의 발생이 임차인의 과실에 의해 발생한 것이 아니라는 것을 입증해야 합니다.

4. 상가건물 임대차의 종료

상가건물의 임대차 역시 일반 임대차 또는 주택임대차의 종료 사유와 마찬가지로, 갱신 등의 사유 없는 그 임대기간의 경과, 당사자간의 합의, 채무불이행사유에 의한 해지 등이 있다.

Q 저는 3년 전부터 경기도 소재 甲 소유 상가 점포를 보증금 2,000만원에 월세 30만으로 임차하여 해마다 재계약을 하면서 슈퍼마켓을 운영해 오고 있습니다. 그런데 최근 임대인 甲은 오는 10월 재계약기간이 만료되면 슈퍼마켓을 직접 운영하겠다며 비워 줄 것을 요구하고 있습니다. 그러나 저는 이 가게에 시설비와 권리금으로 5,000만원 정도 투자한 상태이므로 그만 둘 수 없는 처지에 있습니다. 그래서 임차료 인상조건으로 계약갱신을 요청하고 있으나, 甲은 갖은 횡포와 협박으로 재계약을 거부하고 있습니다. 이 경우 제가 재계약을 체결하지 못하면 시설비 등 5,000만원의 투자비용을 회수할 수 있는 방법이 있는지요?

A 개정 「상가건물임대차보호법」은 명문규정을 통해 임차인의 권리금을 보호할 수 있는 법적 장치를 마련해 두었습니다. 법 제10조의 3은 "① 권리금이란 임대차 목적물인 상가건물에서 영업을 하는 자 또는 영업을 하려는 자가 영업시설·비품, 거래처, 신용, 영업상의 노하우, 상가건물의 위치에 따른 영업상의 이점 등 유형·무형의 재산적 가치의 양도 또는 이용대가로서 임대인, 임차인에게 보증금과 차임 이외에 지급하는 금전 등의 대가를 말한다" 라고 규정하여 상가임차인의 권리금을 법적인 권리로 보호하고 있습니다. 다만, 대규모점포 및 국유재산, 공유재산의 경우 권리금 보호의 범위에서 제외하고 있습니다. (제10조의 5)

따라서 임차인은 위의 예외에 해당하지 아니하는 이상, 권리금을 보호받을 수 있으며, 특히 법 제10조의 4는 임대인의 방해로부터 임차인의 권리금을 보호하고 있습니다. 구체적으로 "① 임대인은 임대차기간이 끝나기 3개월 전부터 임대차 종료 시까지 다음 각 호의 어느 하나에 해당하는 행위를 함으로써 권리금 계약에 따라 임차인이 주선한 신규임차인이 되려는 자로부터 권리금을 지급받는 것을 방해하여서는 아니 된다. 다만, 제10조제1항 각 호의 어느 하나에 해당하는 사유가 있는 경우에는 그러하지 아니하다. (중략)" 라고 규정하여 임차인이 신규임차인으로부터 권리금을 회수하는 것을 임대인이 방해할 수 없도록 하고 있습니다.

만약 임대인이 이를 위반하여 임차인에게 손해를 발생하게 한 때에는 그 손해를 배상할 책임이 있습니다. 이 경우 그 손해배상액은 신규임차인이 임차인에게 지급하기로 한 권리금과 임대차 종료 당시의 권리금 중 낮은 금액으로 정해집니다 (제10조의 4 ③)

다만 예외적으로 임대인은 임차인이 3기의 차임액에 해당하는 금액에 이르도록 차임을 연체하였거나(제10조 제1항 제1호), 신규임차인으로 되려는 자가 보증금 또는 차임을 지급할 자력이 없거나 임차인으로서의 의무를 위반할 우려가 있는 등의 경우(제10조 제2항) 임차인이 신규임차인으로부터 권리금을 회수하는 것에 개입할 수 있습니다. 따라서 이 경우에 해당하지 아니하는 경우에만 임차인은 신규임차인으로부터 권리금을 회수할 수 있습니다.

또한, 임차인의 권리금은 신규임차인뿐만 아니라 임차인의 영업을 계속하려는 임대인으로부터도 보호받아야 하기 때문에 임대인이 자신이 영업을 하기 위해 임대차계약을 해지하고 상가의 인도를 구할 경우 임차인은 임대인에 대해 권리금 또는 권리금 상당의 손해배상액을 지급을 청구할 수 있습니다.

한편, 「상가건물임대차보호법」 제10조는 임차인이 최초의 임대차기간을 포함한 전체 임대차기간이 5년을 초과하지 않는 범위 내에서 임대인에게 계약갱신을 요구할 경우 임대인은 임차인의 계약갱신요구를 거절할 수 없도록 하고 있습니다.

따라서 위 사안의 경우 임차인은 계약갱신요구권을 활용하여 5년의 범위 내에서 계약을 갱신하여 영업을 계속하거나, 영업을 종료하고 상가를 인도하고자 할 경우 임대인을 상대로 권리금의 지급을 청구하여 피해를 줄일 수 있을 것입니다.

Q 저는 2007년 11월 15일 서울 소재 甲 소유 상가건물의 일부를 임차보증금 3,500만원에 임차하여 사업자등록을 하고, 임대차계약서에 확정일자까지 받아두고 영업을 하고 있습니다. 그런데 임대인 甲은 저도 모르게 2008년 7월 임차건물을 乙에게 매도하였습니다. 종전 임대인이자 매도인 甲은 위 건물 이외에도 다른 부동산이 다수 있는 부자이므로 임대차계약기간이 만료되면 제가 위 임차보증금을 반환 받음에 지장이 없었을 것이지만, 乙은 甲으로부터 매수한 위 건물 이외에 다른 부동산을 가지고 있지 못하므로 저는 위 임대차계약을 해지하고 甲으로부터 임차보증금을 반환 받고자 하는데 그것이 가능한지요?

A 「상가건물임대차보호법」 제3조 제1항은 "①임대차는 그 등기가 없는 경우에도 임차인이 건물의 인도와 부가가치세법 제5조, 소득세법 제168조 또는 법인세법 제111조의 규정에 의한 사업자등록을 신청한 때에는 그 다음 날부터 제3자에 대하여 효력이 생긴다."라고 규정하고 있고, 위 법의 적용범위에 관하여 같은 법 제2조 제1항에 의하면 "이 법은 상가건물(제3조 제1항의 규정에 의한 사업자등록의 대상이 되는 건물을 말한다)의 임대차(임대차 목적물의 주된 부분을 영업용으로 사용하는 경우를 포함한다)에 대하여 적용한다. 다만, 대통령령이 정하는 보증금액을 초과하는 임대차에 대하여는 그러하지 아니하다."라고 규정하고 있습니다.

그리고 이에 따른 같은 법 시행령(2008. 8. 21. 개정되기 전의 것) 제2조 제1항에 의해 보호되는 보증금의 액수는 서울시 : 2억4,000만원 이하, 수도권 과밀억제권역(인천·의정부·구리·하남·남양주일부·고양·과천·성남·안양·부천·광명·수원·의왕·군포·시흥) : 1억9,000만원 이하, 광역시(인천시, 군지역 제외) : 1억5,000만원 이하, 그 밖의 지역 : 1억4,000만원 이하입니다.

그러므로 귀하는 「상가건물임대차보호법」 제3조 제1항에 의한 대항력을 갖춘 임차인으로, 만약 귀하가 원한다면 재계약 등을 하지 않고도 임대인 甲에게 주장할 수 있었던 임대차기간 및 보증금반환청구 뿐만 아니라 상가임대차보호법의 규정에 의한 모든 것을 매수인 乙에게 주장할 수 있습니다.

이때 임대차보증금반환채무도 부동산의 소유권과 함께 양수인에게 이전되므로 양도인의 보증금반환채무는 소멸하고, 임차인은 종전의 소유자에 대하여는 더 이상 보증금반환을 요구할 수 없게 됩니다.

그런데 이 사안의 경우 귀하는 매수인 乙의 임대인으로서의 지위승계를 원하지 않고 있어, 이를 이유로 임대차계약을 해지하고, 임대인 甲에게 보증금반환을 청구할 수 있는지가 문제입니다.

이에 관하여 판례는 "임대차계약에 있어 임대인의 지위의 양도는 임대인의 의무의 이전을 수반하는 것이지만 임대인의 의무는 임대인이 누구인가에 의하여 이행방법이 특별히 달라지는 것은 아니고, 목적물의 소유자의 지위에서 거의 완전히 이행할 수 있으며, 임차인의 입장에서 보아도 신 소유자에게 그 의무의 승계를 인정하는 것이 오히려 임차인에게 훨씬 유리할 수도 있으므로 임대인과 신 소유자와의 계약만으로써 그 지위의 양도를 할 수 있다 할 것이나, 이 경우에 임차인이 원하지 아니하면 임대차의 승계를 임차인에게 강요할 수는 없는 것이어서 스스로 임대차를 종료시킬 수 있어야 한다는 공평의 원칙 및 신의성실의 원칙에 따라 임차인이 곧 이의를 제기함으로써 승계되는 임대차관계의 구속을 면할 수 있고, 임대인과의 임대차관계도 해지할 수 있다고 보아야 한다."라고 하였습니다[276].

따라서 위 사안에 있어서도 귀하가 위 임차목적물의 소유권이 甲에게서 乙에게로 이전되면 즉시 이의를 제기하여 위 임대차계약을 해지하고 甲에게 임차보증금반환청구를 할 수 있다고 할 것입니다.

참고로 2013년 12월 30일부터 시행되고 있는 개정 「상가건물임대차보호법 시행령」은 「상가건물 임대차보호법」의 적용범위가 되는 보증금액을 ①서울특별시에서는 보증금액이 4억원 이하, ②「수도권정비계획법」에 의한 수도권 중 과밀억제권역(인천·의정부·구리·하남·남양주 일부·고양·과천·성남·안양·부천·광명·수원·의왕·군포·시흥, 서울특별시는 제외)에서는 보증금액이 3억원 이하, ③광역시(군지역과 인천광역시는 제외)안산·용인·김포 및 광주에서는 보증금액이 2억4천만원 이하, ④그 밖의 지역에서는 보증금액이 1억8천만원 이하로 증액하였습니다. 다만, 이 영 시행 당시 존속 중인 상가건물임대차계약에 대하여는 종전 규정을 따르도록 하고 있습니다.

---

276) 대법원 1998. 9. 2.자 98마100 결정, 1996. 7. 12. 선고 94다37646 판결

Q 저는 의류판매를 목적으로 점포 1칸을 보증금 900만원, 월세 10만원으로 1년 간 임차하였으나, 영업을 시작한지 3개월이 지난 시점에서 저의 사정으로 장사를 계속할 수 없게 되어 임대인에게 계약해지를 요구하였습니다. 임대인은 계약기간 만료시까지인 9개월 간의 월세를 모두 지불해야 보증금을 반환해주겠다고 하는데, 임대인의 요구가 정당한지요?

A 「민법」제635조는 "토지, 건물 기타 공작물에 관하여 임대차기간의 약정이 없는 때에는 당사자가 언제든지 계약해지의 통고를 할 수 있고, 임대인이 통고한 경우에는 임차인이 통고를 받은 날로부터 6월, 임차인이 통고한 경우에는 임대인이 통고를 받은 날로부터 1월의 기간이 경과하면 해지의 효력이 생긴다"라고 규정하고 있으며, 같은 법 제636조는 "임대차기간의 약정이 있는 경우에도 당사자 일방 또는 쌍방이 그 기간 내에 해지할 권리를 보류한 때에는 민법 제635조를 준용한다"라고 규정하고 있습니다.

한편, 「상가건물임대차보호법」제9조 제1항은 "기간의 정함이 없거나 기간을 1년 미만으로 정한 임대차는 그 기간을 1년으로 본다. 다만, 임차인은 1년 미만으로 정한 기간이 유효함을 주장할 수 있다."라고 규정하고 있어, 최소 1년의 임대차기간을 보장해주고 있는데 이 규정도 임차인에게 무한정의 계약해지권을 부여하고 있는 것은 아닙니다.

따라서 위 사안에서와 같이 임대차계약기간을 약정하면서 특별히 해지권을 유보한 것이 아니고 임차인의 개인적 사정으로 계약만료기간 전에 계약을 해지하고자 하는 경우에는 임차인이 일방적으로 계약을 해지할 수는 없다 할 것이고 당초의 계약내용대로 이행하든지 남은 월세를 주고 합의해지를 하여야 할 것입니다.

다만, 귀하가 일방적으로 가게를 비워주고 나간 후 귀하의 임대차계약기간 중에 임대인이 다른 새로운 임차인에게 세를 놓게 된다면 임대인은 이 상가에 새로운 임차인이 입주한 이후부터 계약기간 만료시까지 임차료를 이중으로 받게 되므로 그 부분은 부당이득이 되는 것으로 보아야 할 것입니다.

Q 저는 甲에게 제 소유 상가건물의 1층에 소재한 점포 중 1칸을 보증금 없이 월세 30만원으로 정하여 임대하였으나, 甲은 처음 두 달간만 제때에 월세를 내다가 어느 날 점포문을 닫고 어디론가 잠적하였으며 지금까지 아무런 연락도 없습니다. 甲은 상품을 점포 안에 들여놓은 채 자물쇠로 문을 채워 버렸는데, 지금 제 심정은 월세를 받지 못해도 좋으니 점포를 비우게 하고 새로 세를 놓고 싶습니다. 어떻게 해야 하는지요?

A 건물임대차계약에 있어서 임차인의 임차료연체액이 2기(期)의 차임액에 달하는 때에는 임대인은 계약을 해지할 수 있는데(민법 제640조), 이 경우 계속하여 2기에 걸쳐 연체할 필요는 없으며, 임차인은 임차보증금의 존재를 이유로 임차료의 지급을 거절하거나 그 연체에 따른 채무불이행책임을 면할 수 없습니다[277].

그리고 이 경우 계약의 해지는 일반적인 계약해지와 달리 임차인에 대한 이행의 최고절차가 필요 없으므로[278], 임차인이 2개월 분에 해당하는 월 임차료를 내지 않은 이상 계약해지의 요건이 되며 임대인은 연체된 월세부분을 입증하여 건물명도청구소송을 제기할 수 있습니다.

그런데 임차인이 행방불명된 때에는 공시송달방법을 이용하여 임차인의 최후 주소지 또는 부동산 소재지의 관할법원에 건물명도청구소송을 제기하여야 하며, 공시송달의 효력은 공시송달사유가 법원게시판에 게시된 날로부터 2주일이 지나면 효력이 발생하게 됩니다(민사소송법 제194조 내지 제196조). 공시송달에 의하여 송달된 후 건물명도소송에서 승소하게 되면, 건물명도집행절차를 집행관에게 위임하여 임차인의 물품을 적당한 곳에 적재하여 선량한 관리자의 주의의무로 보관하고 있다가 상대방이 나타나면 보관비용을 청구하든가(민사집행법 제274조), 임차인소유의 물건을 공탁절차를 밟아 공탁소에 보관할 수도 있습니다(민법 제488조).

공탁방법을 이용하는 경우 임차인의 물건이 공탁에 적당하지 않거나 멸실·훼손될 염려가 있거나 공탁에 과다한 비용을 요하는 경우에는 법원의 허가를 얻어 그 물건을 경매하거나 시가로 방매하여 대금을 공탁할 수도 있습니다(민법 제490조).

---

277) 대법원 1994. 9. 9. 선고 94다4417 판결, 1999. 7. 27. 선고 99다24881 판결
278) 대법원 1962. 10. 11. 선고 62다496 판결, 1977. 6. 28. 선고 77다402 판결

5. 상가건물임대차분쟁조정위원회

가. 도입취지

상가건물 임대차에 관한 분쟁을 조정하기 위하여 법률구조법에 따른 대한법률구조공단의 지부에 상가건물임대차분쟁조정위원회를 설치하여 임대인과 임차인 간의 분쟁이 신속하게 해결될 수 있도록 함으로써 상인들이 안정적으로 생업에 종사할 수 있도록 하려는 것이다.

나. 상가건물임대차분쟁조정위원회

(1) 조정위원회 설치

상가건물임대차보호법의 적용을 받는 상가건물 임대차(식당, 병원, 학원, 약국 등)와 관련된 분쟁을 심의·조정하기 위하여 대통령령으로 정하는 바에 따라 「법률구조법」제8조에 따른 대한법률구조공단의 지부에 상가건물임대차분쟁조정위원회(이하 "조정위원회"라 한다)를 둔다. 특별시·광역시·특별자치시·도 및 특별자치도는 그 지방자치단체의 실정을 고려하여 조정위원회를 둘 수 있다(상임법 제20조 제1항).

(2) 조정위원회의 조정·심의 사항

조정위원회는 다음 각 호의 사항을 심의·조정한다(상임법 제20조 제2항).

(가) 차임 또는 보증금의 증감에 관한 분쟁

(나) 임대차 기간에 관한 분쟁

(다) 보증금 또는 임차상가건물의 반환에 관한 분쟁

(라) 임차상가건물의 유지·수선 의무에 관한 분쟁

(마) 권리금에 관한 분쟁

(바) 그 밖에 대통령령으로 정하는 상가건물 임대차에 관한 분쟁

(3) 조정위원회의 조직

조정위원회의 사무를 처리하기 위하여 조정위원회에 사무국을 두고, 사무국의 조직 및 인력 등에 필요한 사항은 대통령령으로 정한다(상임법 제20조 제3항).

(4) 겸직금지

사무국의 조정위원회 업무담당자는 「주택임대차보호법」 제14조에 따른 주택임대차분쟁조정위원회 사무국의 업무를 제외하고 다른 직위의 업무를 겸직하여서는 아니 된다(상임법 제20조 제4항).

다. 주택임대차분쟁조정위원회 준용

조정위원회에 대하여는 이 법에 규정한 사항 외에는 주택임대차분쟁조정위원회에 관한 「주택임대차보호법」 제14조부터 제29조까지의 규정을 준용한다. 이 경우 "주택임대차분쟁조정위원회"는 "상가건물임대차분쟁조정위원회"로 본다(상임법 제21조).

라. 벌칙 적용에서 공무원 의제

공무원이 아닌 상가건물임대차분쟁조정위원회의 위원은 「형법」 제127조, 제129조부터 제132조까지의 규정을 적용할 때에는 공무원으로 본다(상임법 제22조).

6. 상가건물 임대차계약서상의 확정일자 부여 및 임대차 정보제공

가. 확정일자 부여 신청 방법

(1) 확정일자 신청서 작성·제출

상가건물 임대차 계약서(이하 "계약서"라 한다)에 확정일자를 부여받으려는 자(이하 "확정일자 신청인"이라 한다)는 「상가건물 임대차보호법 시행령」(이하 "영"이라 한다) 제3조에 따른 관할 세무서장(이하 "관할 세무서장"이라 한다)에게 별지 제1호서식의 확정일자 신청서를 작성하여 제출하여야 한다. 다만, 임대차의 목적이 상가건물의 일부분인 경우 확정일자 신청서와 함께 그 부분의 도면을 제출하여야 한다(상가건물 임대차계약서상의 확정일자 부여 및 임대차 정보제공에 관한 규칙 제2조 제1항).

■ 상가건물 임대차계약서상의 확정일자 부여 및 임대차 정보제공에 관한 규칙 [별지 제1호서식]

확정일자 신청서

※ 색상이 어두운 난은 신청인이 적지 않습니다.

(앞쪽)

접수번호		처리기간 즉시	

임차인 (신청인)	성명(법인명)	주민(법인)등록번호	
	상호	사업자등록번호	
	주소(본점)	전화번호	휴대전화번호

| 임대인 | 성명(법인명) | 주민(법인)등록번호 | |
| | 주소(본점) | 전화번호 | 휴대전화번호 |

임대차 계약내용	상가건물 소재지(임대차 목적물) *상가건물명, 동, 호수 등 구체적으로 기재*		
	계약일	임대차기간	
	보증금	차임	
	면적(㎡) ㎡	확정일자번호	

※ *아래 난은 대리인에게 확정일자 신청을 위임하는 경우 적습니다.*

신청인은 아래 위임받은 자에게 확정일자 신청에 관한 사항을 위임합니다.

위임 받은 자	성명	주민등록번호
	신청인과의 관계	전화번호

「상가건물 임대차보호법」 제5조제2항에 따른 확정일자를 신청합니다.

년   월   일

신청인   (서명 또는 인)

위임받은 자   (서명 또는 인)

세무서장 귀하

1. 임차한 상가건물이 주로 사업에 이용되는 경우만 신청대상이며, 주로 주거에 이용되는 경우에는 「주택 임대차보호법」에 따라 신청하여야 합니다.
2. 「상가건물 임대차보호법」의 적용을 받기 위해서는 임차부동산의 소재지를 사업자등록증상의 사업장 소재지 등 공적 장부상 소재지와 일치되도록 적어야 합니다.
3. 「상가건물 임대차보호법」 제2조제1항 단서에 따른 보증금액을 초과하는 임대차의 경우 확정일자 부여를 신청할 수 없습니다.

210mm×297mm[백상지 80g/㎡]

첨부서류	1. 상가건물 임대차계약서 원본 2. 주민등록증, 운전면허증, 여권 또는 외국인등록증 등 신청인(또는 대리인)의 신분을 확인할 수 있는 서류 3. 상가건물의 일부분을 임차한 경우 상가건물 도면(뒷면 상가건물 도면 양식 또는 별지로 제출)

상가건물 도면

※ 상가건물의 일부분을 임차한 경우에는 상가건물 도면을 제출해야 합니다.

임차인 (신청인)	성명(법인명) (서명 또는 인)	주민(법인)등록번호	
	상호	사업자등록번호	
	주소(본점)	전화번호	휴대전화번호

[도 면]

작성요령 1. 상가건물의 전체면적(㎡)과 해당 임차부분의 면적(㎡) 등을 표시합니다.
2. 평면도 등으로 작성하며, 통로·주출입구 등을 표시합니다.
3. 해당 임차부분을 빗금으로 표시합니다.
4. 임대차목적물의 면적이 변동된 경우 최종 총면적과 위치를 표시합니다.
5. 상가건물의 형상, 길이, 위치 등을 적어 위 도면으로 제3자가 해당 임차건물의 위치를 정확히 인지할 수 있도록 작성해야 합니다.

(2) 첨부서류

확정일자 신청인은 제1항에 따른 신청 시 다음 각 호의 서류를 제시하여야 한다(같은 규칙 제2조 제2항).

(가) 다음 각 목의 사항이 적혀 있는 계약서 원본
 1) 임대인·임차인의 인적사항, 임대차 목적물·면적, 임대차기간, 보증금·차임
 2) 계약당사자(대리인에 의하여 계약이 체결된 경우에는 그 대리인을 말한다)의 서명 또는 기명날인

(나) 주민등록증, 운전면허증, 여권 또는 외국인등록증 등 본인을 확인할 수 있는 서류

(3) 사업자등록등 신청과 동시에 확정일자 부여신청

사업자등록 신청 또는 사업자등록 정정신고와 동시에 확정일자 부여를 신청하는 경우 확정일자 신청서를 갈음하여 사업자등록 신청서 또는 사업자등록 정정신고서에 확정일자 부여 신청 의사를 표시하여 제출할 수 있다(같은 규칙 제2조 제3항).

나. 확정일자 부여 방법 등

(1) 확정일자 부여

관할 세무서장은 계약서 원본의 여백(여백이 없는 경우에는 뒷면을 말한다)에 별지 제2호서식의 확정일자인을 찍고, 확정일자인의 인영(印影) 안에 날짜와 확정일자번호를 아라비아숫자로 적은 후 같은 서식의 확정일자용 관인(官印)을 날인하는 방법으로 확정일자를 부여한다(같은 규칙 제3조 제1항).

■ 상가건물 임대차계약서상의 확정일자 부여 및 임대차 정보제공에 관한 규칙 [별지 제2호서식]

《확정일자인》   《확정일자용 관인》

8cm

| 확
정
일
자 | 제○○○－○○○○－ □□□□□ 호

년　월　일

○ ○ 세 무 서 장　인 |

3cm

50mm×30mm[재질 : 고무]

확정일자용 ……… 0.5cm

○○세무
서장의인 ……… 1cm

○○과 ……… 0.5cm

2cm

(2) 계약서가 2장인 경우

계약서가 두 장 이상인 경우에는 간인(間印)하여야 한다. 다만, 간인은 천공(穿孔) 방식으로 갈음할 수 있다(같은 규칙 제3조 제2항).

(3) 확정일자인 원본부여

관할 세무서장은 확정일자를 부여한 계약서를 복사하여 사본과 원본을 간인한 후 원본을 신청인에게 내준다(같은 규칙 제3조 제3항).

(4) 확정일자부 작성

관할 세무서장은 별지 제3호서식에 따라 영 제3조제4항 각 호의 사항을 적은 확정일자부를 작성하여야 한다(같은 규칙 제3조 제4항).

확정일자부

상가건물 소재지(임대차 목적물) :

확정일자 번호	확정일자 부여일	임대인 성명, 주민등록번호	임대차기간	
		임차인 성명, 주민등록번호	면적	
		임차인 상호 · 사업자등록번호	보증금	차임

210mm×297mm[백상지|80g/㎡]

다. 이해관계인의 범위 등

(1) 영 제3조의2제3호에서 "법무부령으로 정하는 자"

영 제3조의2 제3호에서 "법무부령으로 정하는 자"란 해당 상가건물 또는 대지의 등기부에 기록되어 있는 환매권자, 지상권자, 전세권자, 질권자, 저당권자·근저당권자, 임차권자, 신탁등기의 수탁자, 가등기권리자, 압류채권자 및 경매개시결정의 채권자를 말한다(같은 규칙 제4조 제2항).

(2) 영 제3조의3제1항 제7호에서 "법무부령으로 정하는 사항"

영 제3조의3제1항 제7호에서 "법무부령으로 정하는 사항"이란 임대차의 목적이 상가건물의 일부분인 경우 그 부분의 도면을 말한다(같은 규칙 제4조 제2항).

라. 임대차 정보제공 요청방법

(1) 임대차 정보제공 요청서를 작성·제출

영 제3조의2에 따른 이해관계인과 임대차계약을 체결하려는 자가 영 제3조의3에 따라 임대차 정보의 제공을 요청하는 경우 관할 세무서장에게 별지 제4호서식의 임대차 정보제공 요청서를 작성하여 제출하여야 한다. 다만, 제4조제2항에 따른 상가건물 도면을 요청하는 경우에는 별지 제5호서식에 따른 도면 제공 요청서를 작성하여 제출하여야 한다(같은 규칙 제5조 제1항).

■ 상가건물 임대차계약서상의 확정일자 부여 및 임대차 정보제공에 관한 규칙 [별지 제4호서식]

임대차 정보제공 요청서

※ 색상이 어두운 난은 신청인이 적지 않습니다.

(앞쪽)

접수번호	접수일자	발급일	처리기간	즉시

요청인	성명(법인명)		주민(법인)등록번호		사업자등록번호
	주소 또는 본점(주사무소) 소재지			휴대전화번호 : 주소지 전화번호 : 사업장 전화번호 :	
	□ 이해관계인*(해당 번호에 체크)* 　1. 해당 상가건물의 임대인, 2. 해당 상가건물의 임차인, 3. 해당 상가건물의 소유자 　4. 해당 상가건물 또는 그 대지의 등기부에 기록된 권리자 　　*(환매권자, 지상권자, 전세권자, 질권자, 저당권자, 근저당권자, 임차권자, 신탁등기의 수탁자, 가등기* 　　*권리자, 압류채권자 및 경매개시결정의 채권자 중 기재)* 　5. 「상가건물 임대차보호법」 제5조제7항에 따라 우선변제권을 승계한 금융기관 　6. 임대차 정보의 제공에 관하여 법원의 판결을 받은 자					
	□ 임대차계약을 체결하려는 자				

정보제공 대상	상가건물 소재지(임대차 목적물) *상가건물명, 동, 호수 등 임대차계약의 대상이 되는 상가의 범위를 구체적으로 기재합니다.*		
	상가건물 중 해당 임대차 대상 부분을 특정할 수 있는 표지 *'출입문에서 오른쪽 ○㎡' 등 임대차 대상을 특정할 수 있도록 구체적으로 기재합니다.*		
	등기 기록상 소유자	주민(법인)등록번호	
		사업자등록번호	

제공방법	1. 열람 (　　　) 　　　2. 출력물 교부 (　　　　　)

「상가건물 임대차보호법」 제4조에 따라 위 건물 임대차에 대한 정보제공을 요청합니다.

년　　　월　　　일

(서명 또는 인)

요청인 성명

○○○ 세무서의 장　귀하

210mm×297mm[백상지 80g/㎡]

아래 난은 대리인에게 임대차 정보제공 요청을 위임하는 경우 적습니다.

요청인은 아래 위임받은 자에게 「상가건물 임대차보호법」 제4조에 따른 임대차 정보제공 요청 및 열람, 출력물 수령에 관한 일체의 권리와 의무를 위임합니다.

년   월   일

위임자   (서명 또는 인)

위임 받은 자	성명	주민등록번호
	신청인과의 관계	전화번호

아래 난은 '임대차 계약을 체결하려는 자'가 임대차 정보제공을 요청할 경우 임대인이 동의를 해 주었음을 확인하는 난입니다(별도 서식으로도 가능합니다).

임대인은 아래 임대차계약을 체결하려는 자의 「상가건물 임대차보호법」 제4조에 따른 임대차 정보제공 요청 및 열람, 출력물 수령에 관하여 동의합니다.

년   월   일

임대인   (서명 또는 인)

임대인	성명	주민(법인)등록번호
		전화번호
임대차계약을 체결하려는 자	성명	주민(법인)등록번호
		전화번호

첨부서류

1. 주민등록증, 운전면허증, 여권 또는 외국인등록증 등 요청인(대리인 포함)의 신분을 확인할 수 있는 서류
2. 이해관계인임을 증명할 수 있는 서류
3. 임대차계약을 체결하려는 자의 경우 임대인의 동의서 및 임대인의 신분을 확인할 수 있는 신분증 사본 등

유의사항

1. 임대차 정보제공은 「상가건물 임대차보호법」 제4조에 따라 요청자가 이해관계인이거나 임대차계약을 체결하려는 자로서 임대인의 동의를 받은 경우에만 허용됩니다.
2. 관할 세무서 아닌 세무서에 임대차 정보제공 요청서를 제출하더라도 관할 세무서장으로부터 임대차정보를 제공받을 수 있습니다.
3. 정보제공 요청은 「상가건물 임대차보호법」 제2조제1항 단서에 따른 보증금액을 초과하지 않는 임대차의 경우에 가능합니다.

■ 상가건물 임대차계약서상의 확정일자 부여 및 임대차 정보제공에 관한 규칙 [별지 제5호서식]

도면 제공 요청서

※ 색상이 어두운 난은 신청인이 적지 않습니다.

(앞쪽)

접수번호	접수일자	발급일	처리기간	3일

요청인	성명(법인명)	주민등록번호(법인등록번호)	사업자등록번호
	주소 또는 본점(주사무소) 소재지	휴대전화번호 : 주소지 전화번호 : 사업장 전화번호 :	
	□ 이해관계인*(해당 번호 체크)* 1. 해당 상가건물의 임대인, 2. 해당 상가건물의 임차인, 3. 해당 상가건물의 소유자 4. 해당 상가건물 또는 그 대지의 등기부에 기록된 권리자 *(환매권자, 지상권자, 전세권자, 질권자, 저당권자, 근저당권자, 임차권자, 신탁등기의 수탁자, 가등기권 리자, 압류채권자 및 경매개시결정의 채권자 중 기재)* 5. 「상가건물 임대차보호법」 제5조제7항에 따라 우선변제권을 승계한 금융기관 6. 임대차 정보의 제공에 관하여 법원의 판결을 받은 자		
	□ 임대차계약을 체결하려는 자		
정보제공 대상	상가건물소재지 *상가건물명, 동, 호수 등 임대차 계약의 대상이 되는 상가의 범위를 구체적으로 적습니다.*		
	상가건물 중 해당 임대차 대상 부분을 특정할 수 있는 표지 '출입문에서 오른쪽 ○㎡' 등 임대차 대상을 특정할 수 있도록 구체적으로 적습니다.		
	등기 기록상 소유자	주민(법인)등록번호	
		사업자등록번호	
제공방법	1. 열람 ( ) 2. 사본 교부 ( )		

「상가건물 임대차보호법」 제4조에 따라 상가건물 임대차의 대상이 된 상가건물의 도면 제공을 요청합니다.

년　　월　　일

(서명 또는 인)

요청인 성명

○○○ 세무서의 장 귀하

210mm×297mm[백상지 80g/㎡]

아래 난은 대리인에게 임대차 정보제공 요청을 위임하는 경우 적습니다.

　요청인은 아래 위임받은 자에게 「상가건물 임대차보호법」 제4조에 따른 임대차 정보제공 요청 및 열람, 사본 수령에 관한 일체의 권리와 의무를 위임합니다.

년　　　월　　　일

위임자　　　　　　　　　　　　　(서명 또는 인)

위임 받은 자	성명	주민등록번호
	신청인과의 관계	전화번호

아래 난은 '임대차 계약을 체결하려는 자'가 임대차 정보제공을 요청할 경우 임대인이 동의를 해 주었음을 확인하는 난입니다(별도 서식으로도 가능합니다).

　임대인은 아래 임대차계약을 체결하려는 자의 「상가건물 임대차보호법」 제4조에 따른 임대차 정보제공 요청 및 열람, 사본 수령에 관하여 동의합니다.

년　　　월　　　일

임대인　　　　　　　　　　　　　(서명 또는 인)

임대인	성명	주민(법인)등록번호
		전화번호
임대차계약을 체결하려는 자	성명	주민(법인)등록번호
		전화번호

첨부서류

1. 주민등록증, 운전면허증, 여권 또는 외국인등록증 등 요청인(대리인 포함)의 신분을 확인할 수 있는 서류
2. 이해관계인임을 증명할 수 있는 서류
3. 임대차계약을 체결하려는 자의 경우 임대인의 동의서 및 임대인의 신분을 확인할 수 있는 신분증 사본 등

유의사항

1. 임대차 대상이 된 상가건물 도면의 제공 요청은 상가건물 일부 임대차의 경우에만 가능합니다.
2. 도면의 제공 요청은 임차인이 제출한 도면이 보관되어 있는 세무서에서만 가능합니다.
3. 임대차 정보제공은 「상가건물 임대차보호법」 제4조에 따라 요청자가 이해관계인이거나 임대차계약을 체결하려는 자로서 임대인의 동의를 받은 경우에만 허용됩니다.
4. 정보제공 요청은 「상가건물 임대차보호법」 제2조제1항 단서에 따른 보증금액을 초과하지 않는 임대차의 경우에 가능합니다.

■ 상가건물 임대차계약서상의 확정일자부여 및 임대차 정보제공에 관한 규칙 [별지 제6호서식]

상가건물 임대차 현황서

발급번호	처리기간 즉시

대상	상가건물 소재지(임대차목적물)		
임대인	성명		주민등록번호(앞부분 6자리)
	※ *법인(법인 아닌 단체)의 경우*		
	법인명(단체명)		법인등록번호(사업자등록번호 또는 고유번호)
	대표자		

임차인별 현황 (□ 전부 □ 일부)

구분	인적사항 성명(법인명), 주민등록번호(법인등록번호), 법인 등의 대표자 ※ 주민등록번호는 앞부분 6자리만 제공				
	사업자등록 신청일 (정정신고일)	위치 (건물명, 층·열·호수)	면적(㎡)	임대차기간	보증금 차임
	확정일자 부여일 ※ 새로운 확정일자 부여일이 있는 경우 차례대로 적습니다.				
1					
2					
3					

「상가건물 임대차보호법」 제4조에 따라 요청한 상가건물 임대차의 현황은 위와 같습니다.

※ 「상가건물임대차보호법」 제2조제1항 단서에 따른 보증금액을 초과하지 않는 임대차의 현황을 의미합니다.

년 월 일

○○○ 세무서의 장 [인]

210㎜×297㎜(백상지 80g/㎡)

(2) 관련 제시

요청인은 주민등록증, 운전면허증, 여권 또는 외국인등록증 등 본인을 확인할 수 있는 서류를 제시하여야 한다(같은 규칙 제5조 제2항).

(3) 임대차 정보제공 요청시 첨부서류

(가) 이해관계인의 경우

이해관계인이 임대차 정보의 제공을 요청하는 경우에는 관할 세무서장에게 제1항에 따른 요청서에 다음 각 호의 서류를 첨부하여 제출하여야 한다(같은 규칙 제5조 제2항).

1) 영 제3조의2제1호의 경우 : 계약서 등 해당 상가건물의 계약당사자임을 증명하는 서류

2) 영 제3조의2제2호의 경우 : 해당 상가건물의 등기사항증명서 등 소유자임을 증명하는 서류

3) 영 제3조의2제3호의 경우 : 해당 상가건물 또는 그 대지의 등기사항증명서 등 권리자임을 증명하는 서류

4) 영 제3조의2제4호의 경우 : 채권양도증서 등 우선변제권을 승계하였음을 증명하는 서류

5) 영 제3조의2제5호의 경우 : 법원의 판결문

(나) 임대차계약을 체결하려는 경우

임대차계약을 체결하려는 자가 임대차 정보의 제공을 요청하는 경우에는 제1항에 따른 요청서에 다음 각 호의 서류를 첨부하여 제출하여야 한다(같은 규칙 제5조 제2항).

1) 임대인의 동의서

2) 임대인의 신분증명서 사본, 인감증명서, 본인서명사실 확인서 등 임대인의 동의를 받았음을 증명할 수 있는 서류

마. 임대차 정보제공 방법

임대차 정보의 제공은 관할 세무서장이 별지 제6호서식의 상가건물 임대차 현황서를 열람하도록 하거나 교부하는 방법으로 한다. 다만, 도면의 경우에는 임차인이 제출한 도면을 열람하게 하거나 사본을 내주는 방법으로 한다(같은 규칙 제6조 제1항). 이에

따른 상가건물 임대차 현황서의 열람 또는 제공은 전자적 방법으로 할 수 있다(같은 규칙 제6조 제2항).

제9장 부동산직거래 계약

1. 부동산직거래계약의 개념

부동산직거래란 부동산중개업자를 거치지 아니하고 개인간에 거래를 직접하는 방식을 말한다. 이러한 부동산직거래는 표현 그대로 중개를 통한 거래가 아니기 때문에 관련 계약서는 공인중개사가 작성을 할 수 없으며, 이를 작성할 경우 행사정사법 등에 의거하여 불법적인 행위가 됨에 유의하여야 한다.

이와 관련하여, 주무관청인 국토교통부 또한, 공인중개사법 제2조제1호에 "중개"라 함은 제3조의 규정에 의한 중개대상물에 대하여 거래당사자간의 매매·교환·임대차 그 밖의 권리의 득실변경에 관한 행위를 알선하는 것을 말한다.라고 규정하고 있다. 따라서 쌍방이 합의한 사항에 대하여 단순한 대서만 한 경우에는 공인중개사법에서 정한 중개행위로 볼 수 없을 것으로 사료되며, 중개를 한 경우라면 거래계약서, 중개대상물 확인설명서, 공제증서 등을 교부하여야 할 것으로 사료된다. 다시 말해서, 공인중개사 사무실에서 부동산 중개계약서를 작성하는 것은 해당 공인중개사가 중개한 행위에 따른 부수적 행위로서 작성하는 것이지 부동산 중개계약서 작성 업무 자체가 공인중개사들의 고유 업무는 아니다라고 설명하고 있다. 따라서 중개를 통한 부동산거래가 아닌 개인간의 직거래 계약서는 작성은 변호사 또는 행정사의 업무영역이며, 이들을 통해 작성하는 것이 안전하다.

[판시사항]
부동산 중개업자가 중개를 하지 않았음에도 거래계약서 등을 작성·교부하는 것이 허용되는지 여부(대법원 2010. 5. 13. 선고 2009다78863,78870 판결)

[판결요지]
'공인중개사의 업무 및 부동산 거래신고에 관한 법률'의 목적, 중개업자의 자격요

건·기본윤리 등이 엄격하게 규정되어 있는 점, 위 법이 중개업자로 하여금 중개가 완성된 때에 거래계약서 등을 작성·교부하도록 정하고 있는 점 등을 고려하면, 중개업자는 중개가 완성된 때에만 거래계약서 등을 작성·교부하여야 하고 중개를 하지 아니하였음에도 함부로 거래계약서 등을 작성·교부하여서는 아니된다.

2. 부동산직거래계약서 작성시 유의사항

가. 계약체결 전

계약체결시 매매계약체결 등의 대상이 되는 부동산에 대한 권리관계를 명확히 파악할 필요가 있다. 이때 이러한 권리관계는 부동산등본 '갑구' 또는 '을구'를 통해 확인할 수 있는데, '갑구'는 소유권에 관한 사항 및 소유권 행사에 제한을 줄 수 있는 (가)압류, 가등기, 경매, 예고 등기 등이 사항이 기재되어 있고, '을구'는 권리관계에 관한 사항 즉, 담보권에 관한 사항인 (근)저당, 지상권, 전세권 등의 권리가 등기되어 있으므로, 계약체결 전에 반드시 위의 각 권리의 말소 등 소멸가능성을 확인할 필요가 있다.

나. 계약체결 시

계약체결 시에는 소유자확인을 위해 직접 대면을 통한 등기부등본 및 매도인의 신분증 확인(만일, 대리인과의 계약체결시에는 대리권을 증명하는 위임장 및 위임장 상 대리권의 범위 등 확인필요) 후 계약절차를 진행하되 그 사이 권리관계의 변동사항이 없었는지 다시 한번 등기부등본을 발급받아 위 가.항의 각 사항을 확인할 필요가 있다.

다. 기타 주의사항

(1) 적정가격 여부 확인

직거래 계약서 작성시 적정가격 여부는 여타 매매계약과 같이 매우 중요한 요소이다. 이는 주변 중개사사무소를 통해 확인을 하거나, 국토교통부 부동산실거래가 확인, KB 실거래가 등에서 사전 확인하는 것이 안전하다.

(2) 매매물건의 하자 확인

매매계약체결 시 매매 목적물에 하자가 존재할 경우 매도인은 그에 대한 하자담보책임을 부담하는 것이 원칙이다. 그러나 이러한 문제발생시 원만한 합의를 통한 해결이 불가할 경우 결국 소송을 통하는 방법밖에 없는데, 이는 주거의 불완전성, 감정적인 문제, 시간, 비용 등 여러 측면에서 불필요한 고통이 수반될 수밖에 없기 때문에 매우 주의를 요하는 부분이다.

따라서 매매계약시에는 부동산공부(건축물대장 등)를 통해 목적물의 면적, 층수, 구조 등 기본적인 정보를 확인하고, 건축물 전체에 대한 사진이나 촬영을 해두는 것이 좋다. 혹, 그 과정에서 예상치 못한 하자가 발견될 경우 그 하자 부분을 쌍방의 동의하에 특정한 다음 협상을 통해 하자보수 금액을 사전에 책정하거나 매매대금에서 감액(공제)한다는 등의 내용을 계약서 특약 란에 적시해두는 것도 좋은 방책이다.

(3) 등기부등본, 건축물대장 분석하기

부동산등기부등본은 계약시에 한번, 잔금지급 시점에 한번 최소 두 번 정도는 확인하여 소유권이전 등기시 권리상의 문제는 없는지 철저히 확인할 필요가 있다. 특히 다가구주택의 경우 선순위보증금을 확인하는 것은 매우 중요하다.

그 외 부동산등기부등본을 통해, 매도인의 정보, 임차권, 전세권, 저당권 등의 설정여부를 확인하는 것도 좋고, 만일 금융권의 근저당권 등이 임차보증금이나 매매가격대비 과하게 설정된 경우에는 매매를 피하거나 중단하는 것이 좋다. 나아가 목적물의 권리관계를 명확히 하기 위하여 계약서상에 잔금지급과 동시에 근저당권을 말소한다는 특약사항을 정하고 실제 잔금지급시 매도인과 함께 금융기관에서 그 절차를 직접 확인하는 것 또한 좋은 방법이다.

그리고 건축물대장을 통해 위법 건축사항이 있는지를 꼼꼼히 확인한 후 그에 대한 원상회복절차 또는 비용에 관한 협의를 함께 진행하는 것도 좋다. 이는 위법건축물일 경우 향후 전세대출 등에 장해가 발생할 수도 있기 때문이다.

4. 계약서 작성

부동산직거래 계약서를 작성할 때는 법무부 홈페이지에 있는 주택임대차계약서 등의 양식을 사용하여 작성하면 된다. 주택임대차보호법 제30조에 따르면 당사자가 다른 서식을 사용하기로 합의한 경우가 아니라면 주택임대차 표준계약서를 우선적으로 사용하는 것을 권장하고 있는데, 이는 상기 계약서에 권리보장 특약이 기재되어 있기 때문이다.

[서식] 부동산매매계약서

부동산매매계약서

매도인과 매수인 쌍방은 아래 표시 부동산에 관하여 다음 계약 내용과 같이 매매계약을 체결한다.

1. 부동산의 표시

소 재 지	서울특별시						
토 지	지 목	대	대지권	소유권대지권	면적	m²	
건 물	구조용도		면적	m²			

2. 계약내용

제1조(목적) 위 부동산의 매매에 대하여 매도인과 매수인은 합의에 의하여 매매대금을 아래와 같이 지불하기로 한다.

매매대금	금 이억천칠백오십만원정 (₩ 217,500,000)				
계 약 금	금 이천백칠십오만원정은 계약시에 지불하고 영수함. (₩ 21,750,000) 영수자 (홍길동 ㊞)				
중 도 금	금	원정은	년	월	일에 지불하며
	금	원정은	년	월	일에 지불한다.
잔 금	금	(₩)	2021년	월	일에 지불한다.

제2조 (소유권 이전 등) 매도인은 매매대금의 잔금 수령과 동시에 매수인에게 소유권이전등기에 필요한 모든 서류를 교부하고 등기절차에 협력하며, 위 부동산의 인도일은 2024 년   월   일로 한다.

제3조 (제한물권 등의 소멸) 매도인은 위의 부동산에 설정된 저당권, 지상권, 임차권 등 소유권의 행사를 제한하는 사유가 있거나, 제세공과금 기타 부담금의 미납금 등이 있을 때에는 잔금 수수일까지 그 권리의 하자 및 부담 등을 제거하여 완전한 소유권을 매수인에게 이전한다. 다만, 승계하기로 합의하는 권리 및 금액은 그러하지 아니하다.

제4조 (지방세 등) 위 부동산에 관하여 발생한 수익의 귀속과 제세공과금 등의 부담은 위 부동산의 인도일을 기준으로 하되, 지방세의 납부의무 및 납부책임은 지방세법의 규정에 의한다.

제5조(계약의 해제) 매수인이 매도인에게 중도금(중도금이 없을 때에는 잔금)을 지불하기 전까지 매도인은 계약금의 배액을 상환하고, 매수인은 계약금을 포기하고 본 계약을 해제할 수 있다.

제6조(채무불이행과 손해배상의 예정) 매도인 또는 매수인이 본 계약상의 내용에 대하여 불이행이 있을 경우 그 상대방은 불이행한자에 대하여 서면으로 최고하고 계약을 해제할 수 있다. 그리고 계약당사자는 계약해제에 따른 손해배상을 각각 상대방에게 청구할 수 있으며, 손해배상에 대하여 별도의 약정이 없는 한 계약금을 손해배상의 기준으로 본다.

【특약사항】

1. 현 시설 상태에서의 계약임.

2. 매수자가 소유권이전등기를 마치기 전까지 부동산에 관한 권리에 변동이 있을 경우 계약은 무효로 한다.

3. 매수인의 사정에 따라 잔금일이 앞당겨질 수 있다. 잔금일은 협의 하에 2024년 00월 00일 앞으로만 조정가능하기로 한다.

4. 본 특약사항에 기재되지 않은 사항은 민법상 계약에 관한 규정과 부동산매매 일반관례에 따른다.

5. 계약금과 잔금은 다음의 계좌로 입금한다. **[국민은행 0000-000-000000 예금주: 홍길동]**

본 계약을 증명하기 위하여 계약 당사자가 이의 없음을 확인하고 각각 서명·날인 후 매도인, 매수인은 매장마다 간인하여야 하며, 각각 1통씩 보관한다.

2021년   월   일

매도인	주 소						인
	주민등록번호		전 화		성 명		
	대 리 인	주소	주민등록번호		성 명		
매수인	주 소						인
	주민등록번호		전 화		성 명		
	대 리 인	주소	주민등록번호		성 명		
공동명의인	주 소		주민등록번호		성 명		인

■ 부동산 거래신고 등에 관한 법률 시행규칙 [별지 제1호서식] 부동산거래관리시스템(rtms.molit.go.kr)에서도 신청할 수 있습니다.

부동산거래계약 신고서

※ 뒤쪽의 유의사항·작성방법을 읽고 작성하시기 바라며, [ ]에는 해당하는 곳에 √표를 합니다.　(앞쪽)

접수번호		접수일시		처리기간	지체없이
① 매도인	성명(법인명)		주민등록번호(법인·외국인등록번호)		국적
	주소(법인소재지)				거래지분 비율 (　　　분의　　　)
	전화번호		휴대전화번호		
② 매수인	성명(법인명)		주민등록번호(법인·외국인등록번호)		국적
	주소(법인소재지)				거래지분 비율 (　　　분의　　　)
	전화번호		휴대전화번호		
	③ 자금조달 및 입주 계획	[ ]제출　　　　[ ]매수인 별도제출　　　　[ ]해당 없음			
	외국인의 부동산등 매수용도	[ ]주거용(아파트) [ ]주거용(단독주택) [ ]주거용(그 밖의 주택) [ ]레저용　　　　[ ]상업용　　　　[ ]공업용　　　[ ]그 밖의 용도			
개업 공인중개사	성명(법인명)		주민등록번호(법인·외국인등록번호)		
	전화번호		휴대전화번호		
	상호		등록번호		
	사무소 소재지				
거래대상	종류	④ [ ]토지 [ ]건축물 (　　　　　　) [∨]토지 및 건축물(다세대 주택)			
		⑤ [ ]공급계약 [ ]전매 [ ]분양권 [ ]입주권		[ ]준공전 [ ]준공후 [ ]임대주택 분양전환	
	⑥ 소재지/지목/ 면적	지목	토지면적 　　　　m²	토지 거래지분 (　　　분의　　　)	

		대지권비율 ( )	건축물면적 ㎡	건축물 거래지분 (분의)
⑦ 계약대상 면적		토지 ㎡	건축물 ㎡	
⑧ 물건별 거래가격			원	
		공급계약 또는 전매	공급가액 원	발코니등 옵션 비용 원	추가지불액 등 원

⑨ 총 실제 거래가격(전체)	합계 원	계약금 원	계약 체결일	년 월 일
		중도금 원	중도금 지급 일	
		잔금 원	잔금 지급일	년 월 일

		소재지		
⑩ 종전 부동산	소재지/지목 /면적	지목	토지면적 ㎡	토지 거래지분 (분의)
		대지권비율 (분의)	건축물면적 ㎡	건축물 거래지분 (분의)
	계약대상 면적	토지 ㎡	건축물 ㎡	건축물 유형( )
	거래금액	합계 원	추가지불액 원	권리가격 원
		계약금 원	중도금 원	잔금 원

⑪ 계약의 조건 및 참고사항	

「부동산 거래신고 등에 관한 법률」제3조제1항부터 제3항 및 같은 법 시행규칙 제2조제1항부터 제5항까지의 규정에 따라 위와 같이 부동산거래계약 내용을 신고합니다.

2021년   월   일

매도인 :

매수인 :   (서명 또는 인)

신고인   개업공인중개사 :   (서명 또는 인)

(개업공인중개사 중   (서명 또는 인)

개 시)

시장・군수・구청장 귀하

210mm×297mm[백상지(80g/㎡) 또는 중질지(80g/㎡)]

첨부 서류	1. 부동산 거래계약서 사본(「부동산 거래신고 등에 관한 법률」제3조제2항에 따라 단독으로 부동산 거래의 신고를 하는 경우에만 해당합니다) 2. 단독신고사유서(「부동산 거래신고 등에 관한 법률」제3조제2항에 따라 단독으로 부동산거래의 신고를 하는 경우에만 해당합니다)

유의사항

1. 「부동산 거래신고 등에 관한 법률」제3조 및 같은 법 시행령 제3조의 실제 거래가격은 매수인이 매수한 부동산을 양도하는 경우 「소득세법」 제97조제1항·제7항 및 같은 법 시행령 제163조제11항제2호에 따라 취득 당시의 실제 거래가격으로 보아 양도차익이 계산될 수 있음을 유의하시기 바랍니다.
2. 거래당사자 간 직접거래의 경우에는 공동으로 신고서에 서명 또는 날인을 하여 거래당사자 중 일방이 신고서를 제출하고, 중개거래의 경우에는 개업공인중개사가 신고서를 제출해야 하며, 거래당사자 중 일방이 국가 및 지자체, 공공기관인 경우(국가 등)에는 국가 등이 신고하여야 합니다.
3. 부동산거래계약 내용을 기간 내에 신고하지 않거나, 거짓으로 신고하는 경우 법 제28조제2항 또는 제3항에 따라 과태료가 부과됩니다.
4. 담당 공무원은 법 제6조에 따라 거래당사자 또는 개업공인중개사에게 거래계약서, 거래대금지급 증명 자료 등 관련 자료의 제출을 요구할 수 있으며, 이 경우 자료를 제출하지 않거나, 거짓으로 자료를 제출하거나, 그 밖의 필요한 조치를 이행하지 않으면 법 제28조제1항 또는 제2항에 따라 과태료가 부과됩니다.
5. 거래대상의 종류가 공급계약(분양) 또는 전매계약(분양권, 입주권)인 경우 ⑧ 물건별 거래가격 및 ⑨ 총 실제거래가격에 부가가치세를 포함한 금액을 적고, 그 외의 거래대상의 경우 부가가치세를 제외한 금액을 적습니다.

작성방법

①·② 거래당사자가 다수인 경우 매도인 또는 매수인의 주소란에 ⑥의 거래대상별 거래 지분을 기준으로 각자의 거래 지분 비율(매도인과 매수인의 거래 지분 비율은 일치해야 합니다)을 표시하고, 거래당사자가 외국인인 경우 거래당사자의 국적을 반드시 기재하여야 하며, 외국인이 부동산등을 매수하는 경우 매수용도란의 주거용(아파트), 주거용(단독주택), 주거용(그 밖의 주택), 레저용, 상업용, 공장용, 그 밖의 용도 중 하나에 √표시를 합니다.
③ 자금조달 및 입주 계획란은 투기과열지구에 소재한 주택으로서 실제 거래가격이 3억원 이상인 주택을 거래하는 경우(주택을 포함한 다수 부동산을 거래하는 경우 각 주택의 거래가격이 3억원 이상인 경우를 포함한다) 별지 제1호의2서식의 계획서를 이 신고서와 함께 제출하는지 또는 매수인이 별도 제출하는지를 √표시하고, 그 밖의 경우에는 해당 없음에 √표시를 합니다.
④ 부동산 매매의 경우 "종류"에는 토지, 건축물 또는 토지 및 건축물(복합부동산의 경우)에 √표시를 하고, 해당 부동산이 "건축물" 또는 "토지 및 건축물"인 경우에는 ( )에 건축물의 종류를 "아파트, 연립, 다세대, 단독, 다가구, 오피스텔, 근린생활시설, 사무소, 공장 등"「건축법 시행령」 별표 1에 따른 용도별 건축물의 종류를 적습니다.
⑤ 공급계약은 시행사 또는 건축주등이 최초로 부동산을 공급(분양)하는 계약을 말하며, 준공전과 준공후 계약 여부에 따라 √표시하고, "임대주택 분양전환"은 임대주택사업자 (법인으로 한정)가

임대기한이 완료되어 분양전환하는 주택인 경우에 √표시합니다. 전매는 부동산을 취득할 수 있는 권리의 매매로서, "분양권" 또는 "입주권"에 √표시를 합니다.

⑥ 소재지는 지번(아파트 등 집합건축물의 경우에는 동·호수)까지, 지목/면적은 토지대장상의 지목·면적, 건축물대장상의 건축물 면적(집합건축물의 경우 호수별 전용면적, 그 밖의 건축물의 경우 연면적), 등기사항증명서상의 대지권 비율, 각 거래대상의 토지와 건축물에 대한 거래 지분을 정확하게 적습니다.

⑦ 계약대상 면적에는 실제 거래면적을 계산하여 적되, 건축물 면적은 집합건축물의 경우 전용면적을 적고, 그 밖의 건축물의 경우 연면적을 적습니다.

⑧ 물건별 거래가격란에는 각각의 부동산별 거래가격을 적습니다. 최초 공급계약(분양) 또는 전매계약(분양권, 입주권)의 경우 공급가격(분양가액 등), 발코니 등 옵션비용(발코니 확장비용, 시스템에어컨 설치비용 등) 및 추가지불액(프리미엄 등 공급가액을 초과 또는 미달하는 금액)을 각각 적습니다. 이 경우 각각의 비용에 부가가치세가 있는 경우 부가가치세를 포함한 금액으로 적습니다.

⑨ 총 실제 거래가격란에는 전체 거래가격(둘 이상의 부동산을 함께 거래하는 경우 각각의 부동산별 거래가격의 합계 금액)을 적고, 계약금/중도금/잔금 및 그 지급일을 적습니다.

⑩ 종전 부동산란은 입주권 매매의 경우에만 작성하고, 거래금액란에는 추가지불액(프리미엄 등 공급가액을 초과 또는 미달하는 금액) 및 권리가격, 합계 금액, 계약금, 중도금, 잔금을 적습니다.

⑪ 계약의 조건 및 참고사항란은 부동산 거래계약 내용에 계약조건이나 기한을 붙인 경우, 거래와 관련한 참고내용이 있을 경우에 적습니다.

※ 다수의 부동산, 관련 필지, 매도·매수인, 개업공인중개사 등 기재사항이 복잡한 경우에는 다른 용지에 작성하여 간인 처리한 후 첨부합니다.

※ 소유권이전등기 신청은 「부동산등기특별조치법」제2조제1항 각 호의 정하여진 날부터 60일 이내에 신청하여야 하며, 이를 해태한 때에는 같은 법 제11조에 따라 과태료가 부과될 수 있사오니 유의하시기 바랍니다.

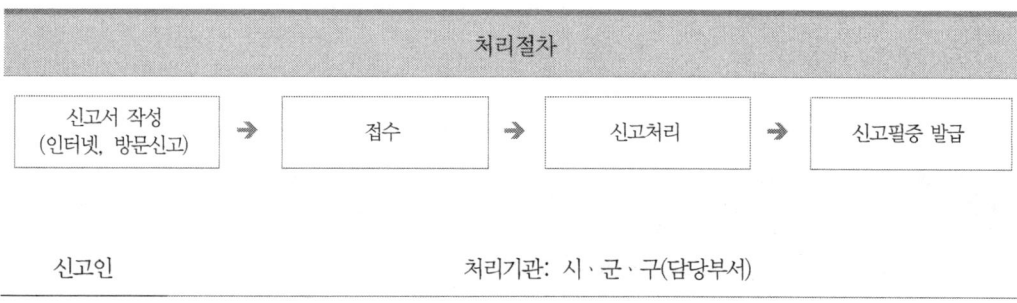

처리절차			
신고서 작성 (인터넷, 방문신고) →	접수 →	신고처리 →	신고필증 발급

신고인 　　　　　　　　　　　처리기관: 시·군·구(담당부서)

부동산거래계약 신고서 별지

접수일		관리번호	

[매도인 추가]

매도인	성명(법인명)		주민(법인)등록번호		–	
	주소 (법인소재지)		(거래지분비율: 분의)		국적	
	전화번호		(휴대전화:)			

이하 여백

[매수인 추가]

매수인	성명(법인명)		주민(법인)등록번호		–	
	주소 (법인소재지)		(거래지분비율: 분의)		국적	
	전화번호		(휴대전화:)			

이하 여백

[개업공인중개사 추가]

성명		주민(법인)등록번호	–	전화번호	
				휴대번호	
상호		등록번호		사무소 소재지	

이하 여백

[소재지 관계지번 추가]

(지목:)	(토지 거래지분 :분의) (토지면적: ㎡) (대지권비율: 분의)			
(지목:)	(토지 거래지분 :분의) (토지면적: ㎡) (대지권비율: 분의)			

이하 여백

[거래부동산 추가]

추가물건 1	종류	[ ]토지 [ ]건축물 ( ) [ ]토지 및 건축물 ( )		
		[ ]공급계약 [ ]전매	[ ]분양권 [ ]입주권	[ ]준공전 [ ]준공후 [ ]임대주택 분양전환
	소재지/지목/면적	소재지 : (동 호) (지목:) (토지면적: ㎡) (토지 거래지분: 분의) (대지권비율: 분의) (건축물면적: ㎡) (건축물 거래지분: 분의)		
	계약대상 면적	토지: ㎡, 건축물: ㎡		
	물건별 거래가격	원		
		공급계약 또는 전매	공급가액 원	발코니등 옵션비용 원	추가지불액 등 원

이하 여백

[종전부동산 물건 및 관계지번 추가]

소재지/지목/면적	소재지 : (동 호) (지목:) (토지면적: ㎡) (토지 거래지분: 분의) (대지권비율: 분의) (건축물면적: ㎡) (건축물 거래지분: 분의)
계약대상 면적	토지: ㎡, 건축물: ㎡ 건축물 유형( )

제10장 주택임대차보호법과의 비교(시행령 포함)

구 분	주택임대차보호법	상가건물 임대차보호법
적용범위	1. 자연인 및 일정범위의 법인 2. 주거용건물의 전부 또는 일부 3. 미등기전세 4. 일시사용 임대차 ×	1. 자연인 및 법인 2. 사업자등록의 대상이 되는 건물 3. 미등기전세 4. 일정액 이하의 보증금(일정액의 보증금을 초과하여도 대항력 등 일부규정 적용 가능) 5. 일시사용 임대차 ×
대항력	1. 주택의 인도 및 주민등록 2. 성립요건 충족의 다음날부터 효력발생	1. 건물의 인도 및 사업자등록 2. 성립요건 충족의 다음날부터 효력발생
우선변제권	대항요건 및 임대차계약서 상 확정일자 부여	대항요건 및 관할세무서장으로부터 임대차계약서 상 확정일자 부여
최우선 변제권	서울 : 1억원 이하 → 3,400만원 과밀억제권 : 8,000만원 → 2,700만원 광역시 등 : 6,000만원 → 2,000만원 그 밖의 지역 : 5,000만원 → 1,700만원	서울 : 6,500만원 → 2,200만원 과밀억제권역 : 5,500만원 → 1,900만원 광역시 등 : 3,800만원 → 1,300만원 그 밖의 지역 : 3,000만원 → 1,000만원
	주택가액의 1/2에 해당하는 금액까지 한하여 인정	상가건물 가액의 1/2에 해당하는 금액에 한하여 인정
집행개시의 특례	경매를 신청하는 경우 반대의무의 이행 또는 이행의 제공을 집행개시의 요건으로 하지 않는다.	같음
임차권등기 명령	임대차가 종료된 후 보증금이 반환되지 아니한 경우	같음
존속기간	최단기간 : 2년	최단기간 : 1년
법정갱신	1. 임대인 : 만료 6월부터 1월전까지 2. 임차인 : 만료전 1월까지 3. 존속기간 : 2년(단, 임차인은 언제든지 계약해지 통지 가능) 4. 적용제외 : 2기 차임액 연체 또는 임차인의 현저한 의무 위반	1. 임대인 : 만료 6월부터 1월 전까지 2. 임차인 : 규정 없음 3. 존속기간 : 1년(단, 임차인은 언제든지 계약해지 통지 가능. 최초 임대차기간 포함 5년 초과 불가) 4. 적용제외 : 3기 차임액 연체 또는 기타 규정
차임증감청 구권	임대차 기간 중/증액은 연 5% 이내	임대차 기간 중/증액은 연 9% 이내
월차임 전환 시 산정률 제한	연 10% 또는 금리연동비율(4배) 중 낮은 비율	연 12% 또는 금리연동비율(4.5배) 중 낮은 비율
임차권의 승계	사실혼관계에 있는 배우자에게 일정한 범위 내 인정	규정 없음
소액사건 심판법 준용	동법 제6조, 제7조, 제10조, 제11조의2	같음

제4편 임대차 관련 분쟁 정리

제1장 개요

본편에서는 앞서 설명한 주택임대차보호법 및 상가건물 임대차보호법 상의 각 법 조문 및 법리에 의거 실생활에서 그 적용과 함께 실제례를 살펴보기로 한다.

먼저 제2장 계약에서는 임대차계약을 체결할 시 그 유의사항, 각 임대차목적물 별로 임대차계약서의 각 예시를 살펴보기로 하고, 제3장 내용증명에서는 내용증명에 대한 설명과 함께 사례별 내용증명의 예시를 하기로 하며, 제4장 소송에서는 당사자간 합의 등에 의해 임대차계약관계가 종료되지 않은 경우 그 해결책으로 법원에서의 쟁송을 통한 방법에 대한 각 예시를 설명과 함께 서식을 통해 소개하기로 한다.

제2장 계약

제1절 서설

임대차의 계약은 임대인과 임차인의 낙성의 불요식 계약으로 합의가 이루어진 경우 임차인은 그 임차목적물에 대한 사용 및 수익을 하고, 임대인은 그 사용의 대가를 임차인으로부터 수령을 하면 된다.

본장에서는 이러한 임대차계약에 대하여 그 체결시의 유의사항을 살펴본 후 동산, 부동산, 상가 등 임차목적물 별로 계약서의 서식에 대한 예시를 하기로 한다.

제2절 주택임대차계약 시 유의사항

1. 계약 시 준비사항

계약금을 고액수표로 지불할 경우 수표번호, 발행지점, 발행일 등을 수첩에 적어 두면 분실이나 도난 시 해당은행에 신속하게 지급정지 요청을 할 수 있는 이점이 있다.

2. 임대차건물의 권리분석

가. 주택의 토지 및 건물 등기부 등본을 직접 떼어보고 확인해야 하는데, 등기부 등본상 확인해야 하는 점은 아래와 같다.

○ 표제부 : 임차주택이 맞는지 확인, 토지의 지분면적확인(가격감정)
○ 갑구 : 소유자 이름과 주소확인, 가등기, 압류, 가압류 등 확인
○ 을구 : 지상권, 지역권, 전세권, 저당권, 임차권 등 확인

가장 좋은 것은 소유권등기 외에 아무것도 물권등기가 없는 것이나, 저당권이 설정된 경우는 경매가 실행될 경우를 가정하여 자기의 보증금 회수가 될 것인지 계산해볼 것 (경매 시 가격으로 판단)이며, 가처분, 가등기, 가압류, 압류, 예고등기 등은 주택임대 차의 대항력이 없으므로 계약을 하지 않는다.

나. 토지이용계획 확인원을 떼어 볼 것

도시계획상 철거대상인지 여부를 확인한다. 참고로 토지대장, 가옥대장도 확인하고, 미 등기·무허가의 주택을 임차하는 경우 대지 소유자를 찾아내어 주택의 세부내용을 파 악할 것이다.

3. 계약 시 확인사항

계약당사자 각 본인의 확인이 중요하고, 가능하다면 전 임차인도 같이 합석하는 것이 좋다.

1) 등기부상 본인이 나온 경우 ⇒ 주민등록증으로 본인 확인(통상 중개업자가 함)
2) 부인이 나온 경우 ⇒ 최소한 권리증은 확인(물론 주민등록증도)
3) 대리인이 나온 경우 ⇒ 위임장 + 인감증명서(주민등록증으로 본인 확인)

4. 계약 직전 확인사항

1) 임차주택의 사용부분(계약서상에 정확히 표시)
2) 계약의 개요 : 계약금 및 잔금(필요시 중도금)의 금액 및 지급일정, 임대차 기간
3) 전 임차인의 퇴거일과 자기의 입주일
4) 전 임차인과의 관리비 등 제세공과금 처리문제
5) 시설상태 및 수리여부 확인(벽면 도배포함)
6) 구조변경 및 원상회복문제
7) 위약 및 계약해제사항(계약금의 성격 및 해약조건)
8) 기타 특약사항
9) 중개수수료 문제

5. 계 약

1) 계약서의 내용을 읽어보고 이상이 없으면 계약서에 기명·날인한다.
2) 기명·날인한 계약서를 1부 보관한다.
3) 계약금을 주고, 계약금 영수증을 받는다.
4) 잔금(필요시 중도금) 지급일의 시간을 우선 정하고 추후 시간이 변동되면 연락하기로 한다(집주인과 중개인의 연락처를 반드시 적어 놓을 것)
5) 중개업자에게 중개물건 확인서를 받고 중개수수료의 1/2을 지불한다.

6. 중도금

중도금이 없는 계약은 잔금이 중도금 및 잔금으로 간주된다. 중도금이 지급되면서 계약은 확정되었다고 볼 수 있는데, 중도금 혹은 잔금이 지급되기 전까지는 임차인은 계약금을 포기하고 임대인은 배액을 변상하고 임대차계약을 해제할 수 있는데 이때에는 상대방에게 손해배상을 해주지 않아도 된다.

7. 잔금처리

계약 시 등기부 확인을 하였더라도 전세 계약의 잔금을 지급하는 날 혹은 이사하는 날은 등기부상의 내용이 계약 시와 변동이 없는지 확실히 확인한 후 잔금을 지불하고 영수증을 받는다. 또한 동시에 주택에 대한 키를 받는다(주택의 시설상태 여부도 확인). 종전 임차인과(혹은 집주인) 관리비 등 제공과금을 처리하고, 중개수수료를 지불한다.

8. 임대차 대항력 구비 조치 : 주택임대차보호법의 적용을 받기 위한 대항력 구비요건을 신속하게 준비할 것

잔금지급 즉시 주민등록 전입신고를 마친다. 동시에 임대차 계약서상에 확정일자를 부여받는다(공증사무실, 법원, 읍·면·동사무소). 주민등록신고는 가족전원이 아니더라도 일부만 하여도 상관없으며, 집주인이 전세권이나 임차권의 등기를 해주면 즉시 등기를 하는 것이 유리하다.

> *Q* 임차인이 원계약서를 잊어 버렸다고 하고 새로운 계약서를 작성하고 보증금 반환을 요구합니다. 이럴 때 새로운 계약서를 작성하면 나중에 원계약서와 틀린 보증금문제가 발생할 소지가 있는지요?
>
> *A* 이 건에서는 보증금을 내리고 재계약서를 작성하는 경우에 임대인은 계약내용으로 "임차인의 계약서 분실로 인하여 계약서를 다시 작성함"이라는 단서를 기재하는 것이 좋을 것으로 판단이 됩니다. 임차인의 계약서 분실을 원인으로 임대차계약서를 다시 작성하는 경우의 법률적인 문제로서, 임차인이 자신의 채무관계로 인하여 임대차계약서를 원인으로 채무를 발생케 하였다면, 그에 관한 채권자들은 임차보증금에 대하여 채권가압류를 행사할 수 있습니다.

Q 토지, 건물이 모두 2인 공유(2분의1)인 경우 임대차 계약서 작성은 어떻게 해야 하는지요?

A 이 사건 중개대상물은 공유입니다. 공유물은 일반적으로 민법 제262조에서 제270조까지 규정하고 있습니다. 공유물의 관리에 관한 사항은 공유자 지분의 과반수로써 결정해야 합니다. 다만 보존행위는 각자가 할 수 있습니다. 이 사건 중개대상물의 임대는 관리행위라고 볼 것이므로 공유자 전원을 임대인으로 하거나, 일방이 타방 지분에 대하여 타방을 대리하고, 자기의 지분은 본인으로 계약을 체결해야 합니다. 일방이 타방을 대리하여 임대차계약을 체결하는 경우 타방의 위임장 및 위임장에 날인된 도장을 확인할 수 있는 인감증명서를 첨부해야 합니다.

Q 부부 공유로 된 주택의 임대차 계약서 작성 시 1인 명의만 표시해서 임대차 계약서 작성해도 되나요?

A 공유물은 일반적으로 민법 제262조에서 제270조까지 규정하고 있습니다. 공유물의 관리에 관한 사항은 공유자 지분의 과반수로써 결정해야 합니다. 따라서 공유자의 지분이 별도 표기가 되어 있지 않은 경우라면 2인 모두 받으셔야 합니다.

만약, 공유자 1인이 임대차 계약을 체결할 경우에는 공유자 1인의 임대차에 대한 위임장과 인감증명서 등을 첨부해야 합니다.

Q 사용승인전인 신축상가건물의 1층 부분을 계약금100만원 받고 계약을 하였습니다. 그런데 임차인이 지나친 요구를 하여 계약금의 배액을 배상하고 계약 해제를 하려고 하는데 집기, 간판 등을 준비 하였다고 주장하면서 계약금수령을 거부하고 손해배상을 하라고 하는데 어떻게 해야 하는지요?

A (1) 계약금을 수령한 임대인이 계약금에 기해 계약을 해제하려면 '배액을 상환하여 해제'해야 합니다.(민법 제565조 참조)

(2) 여기서 '배액을 상환'한다는 것은 계약금의 배액을 상대방에게 이행 제공하는 정도는 되어야 한다는 것이 판례의 태도입니다.[279]

(3) 임대인으로서는 배액을 무통장입금하거나 공탁하고 계약을 해제하겠다는 내용증명을 보내야 할 것입니다.

(4) 임차인의 손해배상요구는 인정되지 않을 것입니다.

---

279) 대판2008.10.23.,2007다72274,72281 "여기에서 이행에 착수한다는 것은 객관적으로 외부에 서 인식할 수 있는 정도로 채무의 이행행위의 일부를 하거나 또는 이행을 하기 위하여 필요한

Q 상가 임대차 계약을 함에 있어 임대인이 아래와 같은 화해조서를 요구합니다. "임대보증금은 임대인의 동의 없이 제3자에게 담보로 제공할 수 없다", "월세를 3회 이상 연체 시 계약을 해지할 수 있으며 별도의 명도 소송 없이 강제집행하기로 한다." 화해조서로 효력이 인정 되는지요?

A 임대인이 의도하는 화해조서는 제소 전 화해인 것으로 보입니다. 제소 전 화해는 일반민사 분쟁이 소송으로 발전하는 것을 방지하기 위하여 당사자가 소제기 전에 지방법원의 단독판사 앞에서 화해신청을 하여 해결하는 절차를 말합니다. 즉 문제가 발생하기 이전에 문제가 될 만한 사항을 판사 앞에서 화해조서를 작성하여 문제가 발생 시 이 조서를 근거로 바로 강제집행 절차 등을 행하기 위한 절차입니다. 제소 전 화해는 경제적 강자가 그 우월한 지위를 이용하여 폭리행위를 해 놓고 이를 집행권원화 하기 위하여 악용되어 왔으며, 판례가 무제한 기판력을 인정하는 것을 기화로 강행법규의 탈법을 합법화시키고 뒤에 재판상 다투는 길을 봉쇄하는 방편으로 이용되고 있습니다. 그러나 문제 해결을 사전에 할 수 있다는 그 효용성은 있습니다. 위 사안에서 임대인이 주장하는 화해조서는 제소 전 화해 입니다. 그 절차는 당사자가 법원에 제소 전 화해 신청을 하고, 법원으로부터 출석요구를 받으면 그 날에 가서 판사 앞에서 판사가 제소 전 화해조서의 내용에 대해 간략하게 당사자에게 신문하고 그 의사가 확인되면 화해조서를 작성하게 됩니다. 그 효력은 판결과 동일한 효력이 있습니다. 즉 동일 사안에 대하여 다시 다툴 수 없으며, 바로 강제집행을 실시할 수 있습니다. 그러나 공증으로 화해조서를 작성하는 경우 이는 민법상 화해계약 입니다. 그 효력은 계약이므로 바로 강제집행을 할 수 없고 소 제기하여 판결을 받은 후 강제집행을 해야 합니다. 화해계약에 반하여 소 제기하는 경우 청구기각을 당하게 됩니다.

Q 점포임대차 계약을 하면서 특약사항에 "임차인은 점포가 매매되면 점포를 명도한다." 라는 특약을 하면 계약갱신요구 권을 주장하지 못하고 점포를 반환해야 하는지요?

A 상가건물임대차보호법상 임차인의 계약갱신 요구권은 최초의 임대차 기간을 포함한 전체 임대차 기간이 5년을 초과하지 않는 범위 내에서 행사할 수 있습니다. 따라서, 동법 제10조의 규정에 의한 계약갱신 요구권을 행사할 수 없는 사유 1호부터 8호의 규정에만 해당을 하지 않는다면 임차인은 계약갱신 요구권을 행사할 수 있습니다. 그러므로, 상가건물임대차 계약을 체결하면서 특약사항에 "임차인은 당해 상가건물이 매매되면 점포를 명도한다."라는 특약을 한 경우에는 상가건물임대차보호법의 법적 성격인 편면적 강행규정에 위배가 되므로 그 규정은 무효로 해석을 할 수 있습니다.

전제행위를 하는 경우를 말하는 것으로서 단순히 이행의 준비를 하는 것만으로는 부족하고 반드시 계약내용에 들어맞는 이행제공의 정도에까지 이르러야 하는 것은 아니지만, 매도인이 매수인에 대하여 매매계약의 이행을 최고하고 매매잔대금의 지급을 구하는 소송을 제기한 것만으로는 이행에 착수하였다고 볼 수 없다. "

Q 토지등기부 갑 구에 소유권은 대지권이고, 건물의 표시는 3층 업무시설(오피스텔) 및 근린생활시설로 표기되어 있으나, 건물 등기부가 없는 경우 계약서를 어떻게 작성해야 하는지요?

A 건물 등기부가 없는 오피스텔의 계약 시 소유자의 등기가 이루어지지 않은 상태의 건물에 임대차계약을 하고 계약서에 확정일자를 받고 주민등록 전입을 하였다면 임대차계약을 하기 전에 금융기관에서 융자를 받았다 할지라도 등기 전 상태(즉, 근저당권설정이 되어 있지 않은 상태)이므로 순위는 임차인이 금융기관보다 선순위입니다. 그러나 만약 단서조항으로 등기 및 근저당 설정 후에 전입을 하는 조건으로 달았고, 설정등기 후에 우선변제권의 요건(확정일자+전입신고) 한다면 2순위로 밀립니다. 이 건에서 개업공인중개사는 중개실무상 분양회사(건설회사)에 계약자가 맞는지 확인을 하여야 하며, 당해 건물에 건축물 대장이 존재한다면 확인 후 사실을 기재하고 계약서를 작성하면 될 것으로 판단이 됩니다.

제3절 임대차목적물에 따른 계약서

1. 동 산

[서식] 임대차계약서(기계)

기계 임대차계약서

○○주식회사(이하 "갑"이라 한다)와 ○○주식회사(이하 "을"이라 한다)는 다음기계에 대하여 임대차계약을 체결한다.

다 음

※ 기계의 표시

○○주식회사 제품

○○○○기 (기계번호 ○○번)   ○대

제1조【목 적】 "갑"은 "을"에 대해서 "갑"소유의 후기 표시의 기계 (이하 "본건기계"라 한다)를 임대하고 "을"은 이것을 임차한다.

제2조【임대료】 본 건 기계의 임대료는 월 ○○○원으로 하고 "을"은 매월 말일까지 익월분을 "갑"이 지정한 방법으로 지불한다. 단, 1개월에 미치지 않는 기간의 임대료는 일당으로 계산한다.

제3조【기 간】 본 건 기계의 임대차기간은 20○○년 ○월 ○일부터 ○년간으로 한다. 단, 기간만료 2개월 전까지 "갑", "을" 누구로부터 별도의 신청이 없는 경우는 다시 1년간 연장하고 이후에도 동일하다.

제4조【선량한 관리주의의무】

1. "을"은 본 건 기계를 선량한 관리자의 주의의무를 갖고 관리하며 본 건 기계에 대해서 양도, 전대, 담보제공, 그 밖의 어떤 처분을 일체 해서는 안 된다.

2. "을"은 본 건 기계가 "갑"의 소유물인 것을 명시하고 제3자가 본 건 설비에 대해서 압류, 가압류 등의 집행을 하려고 할 때는 "갑"의 소유물인 사실을 주장

하고 이것을 방지해야 한다.

제5조 【보수관리】 "을"은 그 책임과 비용부담에 있어서 본 건 기계에 대해서 부품교환, 수선, 그 밖의 보수관리를 해야 한다.

제6조 【비밀유지】

1. "을"은 "갑"으로부터 임차한 본 건 기계의 구조, 사양, 능력, 그 밖의 설비에 관한 일체의 정보를 엄중히 지키고 이것을 제3자에게 개시해서는 안된다.

2. 앞 항의 의무는 본 계약이 해약되거나 종결된 후라고 해도 효력을 갖는다.

제7조 【보증금】

1. "을"은 "갑"에 대해서 본 계약으로 발생한 일체의 채무를 담보하기 위해 보증금으로써 금 ○○○원을 예탁해야 한다.

2. 앞 항의 보증금에는 이자를 붙이지 않고 "갑"은 본 계약 종료 후에 본 건 기계의 반환인도를 받음으로써 이것을 "을"에게 반환한다.

제8조 【보 험】 "을"은 본 건 기계에 대해 손해보험을 부가하여 보험금청구권상 "갑"을 위해 질권설정절차를 취한다.

제9조 【해약 등】 "을"이 본 계약을 위반하였을 경우 "갑"은 어떤 통지나 최고없이 곧바로 본 계약을 해약하고 아울러 "갑"이 입은 손해배상을 "을"에게 청구할 수가 있다.

이상 본 계약의 성립을 증명하기 위해 본 계약서 2통을 작성하여 "갑"과 "을"이 기명날인한 후 각각 1통씩을 보유한다.

20○○. ○.   .

갑	㉑	사업자 등 록 번 호		사무소	
				전 화 번 호	
을	㉑	사업자 등 록 번 호		사무소	
				전 화 번 호	

[서식] 임대차계약서(동산)

동산 임대차계약서

임대인과 임차인 사이에 다음과 같이 동산임대차계약을 체결한다.

제1조 임대인은 그 소유인 하기 표시의 동산을 임차인에게 임대하고 사용 및 수익토
록 약정하고 임차인은 이것을 임차하여 그 임료를 지급할 것을 약정한다.

　　　　기형 제작기계　　○대

　　　　기형 발동기　　　○대

제2조 임료는 월 금 ○○○원으로 하고 임차인은 매월 말일까지 당해 월분을 임대인의
주소에 지참하여 지급하여야 한다.

제3조 임차인이 임료의 지급을 2개월 이상 태만히 할 때는 임대인은 즉시 본 계약을
해제하여 임대물의 반환을 청구할 수 있다.

제4조 임차인은 임차물을 그 성질 및 용법에 따라서 사용 수익하는 외의 목적에 사용
수익할 수 없다.

제5조 임차인은 임차권을 양도 또는 임차물을 제3자에게 전대할 수 없다.

제6조 본 임대차의 존속기간은 계약일로부터 ○년간으로 한다.

제7조 임차인이 그의 책임으로 돌아갈 사유로 인하여 임차물을 멸실 또는 훼손하였
을 때는 그 손해를 배상하여야 한다.

제8조 임차인은 임대차가 종료했을 때 즉시 임차물을 임대인에게 반환하여야 한다.

상기 계약을 증명하기 위하여 본 증서 2통을 작성하여 각자 서명 날인하고 후일을
위하여 각 1통씩 보존한다.

　　　　　　　　　　　　　　20○○.　○.　　.

임대인	㉞	주민등록 번호		주　소	
				전　화 번　호	
임차인	㉞	주민등록 번호		주　소	
				전　화 번　호	

상품대임대차계약서

제1조 상품대를 차용함에 있어서 차주는 보증금으로서 금 ○○○원을 대주에게 지급한다.

제2조 위 회관 내 상품대 차용기한은 6개월로 하고 6개월마다 재계약을 한다. 단, 재계약에 응하지 않을 경우는 계약을 해소해도 이의가 없다.

제3조 위 상품대는 귀관이 정한 방법에 따라 1대로 하고 1.5대를 차용하는 것에 관해 임차금은 월 ○○○원 선납하며 23일부터 말일 사이에 대주에게 지참 지급한다.

제4조 계약기간 중 7일 이상 출품하지 않거나, 회관 전체에 불신을 초래하는 행위를 했을 경우는 계약을 해소해도 이의를 하지 아니한다.

제5조 차주의 부주의로 인한 일체의 손해(부주의에 의한 도난, 오발송 등) 또는 천재·화재·수해 등의 불가항력에 의한 손해는 차주가 부담한다.

제6조 위 상품대를 차용한 후는 절대 타인에게 양도함이 없이 필히 차주에게 반환한다.

제7조 위 상품대의 임차금을 10일 이상 체납한 경우는 계약을 해소시켜도 이의를 하지 아니한다.

제8조 계약해소의 경우 대주는 보증금을 반환한다. 단, 연체임료 또는 대주가 받은 손해금 등을 공제하여도 차주는 이의를 하지 아니한다.

제9조 상품대를 차용한 이상은 귀 관내의 규칙을 지키고 결코 타인에게 폐해를 끼치지 아니한다. 단, 위반했을 경우 또는 계약을 해소할 때는 차주 부재 시라도 대주 임의로 제3자 입회하에 상품을 타에 이전하여도 이의를 할 수 없다. 본조(제9조)는 귀관 경영상 중대함을 알고 특별히 약정한다.

위 계약을 증명하기 위하여 본 증서 2통을 작성하고 양 당사자간 이의 없음을 확인하고 각 1통씩을 보관한다.

20○○년 ○월 ○일

				주 소	
대주	㉑	주민등록 번호		전 화 번 호	
차주	㉑	주민등록 번호		주 소	
				전 화 번 호	

[서식] 임대차표준계약서(건설기계)

건설기계 임대차 표준계약서

1. 목적물의 표시

가. 건설기계

건설기계명	등록번호	형 식	보험(공제) 가입현황	정기검사 여부	비 고

나. 현 장

현 장 명	현 장 소 재 지	발주자(원수급자)	건 설 업 자	비 고

2. 사용기간 : 20ㅇㅇ년 ㅇ월 ㅇ일부터 20ㅇㅇ년 ㅇ월 ㅇ일까지

3. 사용금액 : 당 금 ㅇㅇㅇ원 (부가가치세 별도)

4. 지급시기(제6조 제2항이 적용되지 않는 경우 적용)

 – 대여기간이 1개월 초과하는 경우에는 매월 종료하는 날부터 ㅇ일 이내

 – 대여기간이 1개월 이하인 경우에는 그 기간이 종료하는 날부터 ㅇ일 이내

건설기계임대인과 건설기계임차인은 합의에 따라 붙임서류에 의하여 계약을 체결하고, 신의에 따라 성실히 계약상의 의무를 이행할 것을 확약하며, 이 계약의 증거로 계약서를 2통 작성하여 서명 날인한 후 각 1부씩 보관한다.

붙임서류 :　1. 건설기계임대차 표준계약 일반조건 1부
　　　　　　2. 건설기계임대차 계약 특수조건 1부(필요시)

20○○.　○.　　.

임대인	㉑	주민등록 번호		주　소	
				전　화 번　호	
임차인	㉑	주민등록 번호		주　소	
				전　화 번　호	

[서식] 임대계약서(정수기)

정수기 임대계약서

　정수기 이용자 (주)○○○○(이하 "갑"이라 칭한다)와 정수기 임대자 (주)○○○○(이하 "을"이라 칭한다)는 상호간에 다음과 같이 정수기 임대계약을 체결한다.

제1조【목 적】 본 계약은 "을"이 소유한 정수기를 "갑"이 이용하도록 제공하고 "갑"은 본 계약서의 정한 바에 따라 임대요금을 지급하는 내용을 규율함을 목적으로 한다.

제2조【정 의】
　1. "임대"라 함은 "을"에게 소유권이 유보되어 있는 정수기를 "갑"이 임대 사용하고 "을"이 사용 기간동안 보수유지 및 소모품을 실비로 "갑"에게 공급하는 것을 말한다.

2. "정기점검"이라 함은 정수기의 현상적 성능을 유지하기 위하여 매월 1회 방문하여 필요한 서비스를 하는 것을 지칭한다.

3. "소모품"이라 함은 사용기간의 경과로 인한 자연적 노후로 교체가 필요한 부품을 말한다.

제3조 【임대료】

1. 임대료는 본 계약 체결 시 보증금으로 금 ○○○원(₩ ○○○)을 "을"에게 지급하며 계약 종료 시 "갑"에게 반환한다. 단, 이자는 가산하지 않는다.

2. "갑"은 매월 정수기 임대 사용료로서 금 ○○○원(₩ ○○○)을 매월 ○일 "을"의 은행계좌에 현금 입금한다.

3. 보증금은 "갑"의 귀책사유로 인한 "을"의 손해발생 시 이에 충당할 수 있다.

4. 대금지급의 연체시 연 ○%의 연체이자가 발생한다.

제4조 【설 치】

1. "을"은 본 계약 체결 후 ○일 이내에 "갑"의 사업장을 방문하여 정수기 설치를 완료하여야 한다. 다만, "갑"의 사업장의 사정상 설치에 장해사유가 있을 시 이의 해소시점까지는 정당한 사유로 연기된다.

2. "갑"은 정수기 설치와 관련하여 "갑"의 건물이 임차건물일 경우 당해 건물주의 동의를 얻어야 하며 "을"이 정수기 설치와 관련한 일체의 책임은 전적으로 "갑"이 부담한다.

제5조 【장소변경】 "갑"이 정수기의 설치장소를 변경하고자 할 때에는 사전에 "을"에게 통지하여 "을"의 기사로 하여금 재 설치하도록 하여야 한다. 다만, "을"은 "갑"사업체의 이전에 따른 재설치의 경우에는 설치비용을 받지 아니한다.

제6조 【서비스 등】

1. "을"은 ○개월 마다 정수필터를 교환하여 청결한 정수물의 제공이 이루어지도록 한다.

2. "을"은 ○개월 마다 ○회의 정기점검을 하여야 하며, "갑"이 요구하는 경우 즉시 해당사항을 조치 서비스 제공한다.

제7조 【선관의무】

1. "갑"은 정수기를 선량한 관리자의 주의의무로써 관리하여야 하며 화재 및 분실 등의 사태에 대해 배상책임이 있다.

2. "갑"은 정수기의 소유권자가 "을"임을 표시하여 제3자가 쉽게 이를 인식할 수 있도록 하여야 한다. 다만, "을"이 부착한 임대관련 표지가 있는 경우에는 이

를 제3자가 쉽게 인식할 수 있는 상태로 두면 족하다.

3. "갑"은 정수기를 제3자에게 매각, 양도, 대여, 유용, 저당물로 제공하는 등 "을"의 소유권에 대한 일체의 침해 행위를 하지 아니한다.

4. "갑"은 제3자가 "을"의 소유권을 침해하는 경우 "을"의 소유재산이라는 사실을 주장, 입증하고 즉시 그 사실을 "을"에게 통지하여 "을"의 조치에 따라야 한다.

제8조 【부품사용】 임대 정수기의 소모품은 "을"이 공급한 것만을 사용하되 긴급을 요하거나 "을"이 적기에 부품을 공급하지 못하는 경우에는 예외로 한다. 다만, "갑"이 조달 사용한 경우 그로 인한 정수기의 훼손에 대하여 "갑"이 전적인 책임을 부담한다.

제9조 【유효기간】

1. 본 계약의 유효기간은 20○○년 ○월 ○일부터 20○○년 ○월 ○일까지로 한다.

2. 계약만료일 1개월 전까지 일방의 계약종료 통보가 없을 시는 본 계약은 1년씩 자동 연장되는 것으로 간주한다.

제10조 【해 지】

1. 쌍방 중 일방이 계약기간 만료 이전에 해지 하고자 할 때에는 ○개월의 유예기간을 둔다.

2. 다음 각 호의 사유 시 별도의 통보 없이 계약이 해지되며 "갑"은 "을"의 정수기 회수에 협조하고 해지까지의 임대사용료 전액을 즉시 지불하여야 한다.

　　가. "갑"이 본 계약서에서 정하는 임대료의 지급을 ○개월 이상 지체한 경우

　　나. "갑"이 본 계약 조항 중 어느 하나라도 위반하는 사유 발생시

　　다. "갑"에게 가압류, 사업의 부도 등 본 계약의 유지가 어려울 것으로 판단할 수 있는 사유가 발생 하였을 때

제11조 【기타사항】

1. 계약의 당사자는 본 계약의 내용을 신의성실에 의거하여 준수하여야 한다.

2. 계약기간 중 계약의 변경은 당사자의 서면 합의에 의해서만 변경될 수 있으며 서명날인 된 문서를 본 계약서의 말미에 첨부한다.

3. 본 계약서에서 명시되지 않은 부분에 대하여는 관련 법규 및 상관습에 따르기로 한다.

제12조 【분쟁해결】

1. 본 계약과 관련하여 양 당사자 간의 분쟁이 발생한 경우, 원칙적으로 "갑"과

"을" 상호간의 합의에 의해 해결한다.

　　2. 제1항에도 불구하고 분쟁이 해결되지 않을 경우 "갑"의 주소지 관할 지방법원을 그 관할로 하여 재판함으로써 해결한다.

제13조【특약사항】 상기 계약일반사항 이외에 "갑"과 "을"은 아래 내용을 특약사항으로 정하며, 특약사항이 본문과 상충되는 경우에는 특약사항이 우선하여 적용된다.

　　위와 같이 본 계약이 유효하게 성립하였음을 양 당사자는 증명하면서 본 계약서 2통을 작성하여, 각각 서명(또는 기명)날인 후 "갑"과 "을"이 각각 1통씩을 보관한다.

20○○.　○.　　.

갑	㊞	사업자 등록 번호		사무소	
				전　화 번　호	
을	㊞	사업자 등록 번호		사무소	
				전　화 번　호	

임대서버호스팅 서비스이용계약서

제 1 장 총　　칙

제 1 조【목 적】본 계약서는 ○○○(이하 "회사"라 한다) 서버호스팅고객(이하 "고객"이라 한다)간의 서비스 이용조건에 관한 사항과 그 밖의 이용에 필요한 사항을 규정함에 목적을 둔다.

제 2 조【용어의 정의】

1. 임대 서버호스팅

    임대 서버호스팅이란 고객에게 서버와 네트웍 환경, 장소를 제공하고 이에 일정한 계약기간 후에 서버소유권을 양도해 주는 서비스를 말한다.

2. 셋업비

    셋업비는 고객이 서비스를 이용하기 위한 기본적인 설비를 구축하는데 소요되는 비용을 말한다.

제 3 조【약관 공지 및 계정】

1. "회사"와 "고객"은 서면에 의한 상호 합의 하에 당 약관의 내용을 변경할 수 있다.

2. 약관공시는 ○○○의 홈페이지를 통해 공시된다.

3. 본 약관은 변경내용과 변경개시 일이 포함되며, 이용요금의 변경은 통지한 달의 다음달부터 효력을 발생한다.

제 4 조【약관의 준칙】이 계약서에 기재되지 않은 실제 필요한 세부항목에 대해서는, 회사와 고객의 합의에 의해 정하며, 또한 명시되지 않은 사항이 관계법령에 규정되어 있을 경우 해당 규정을 따른다.

제 2 장 서비스 내용

제 5 조【서비스 종류 및 내용】

1. "회사"의 서비스종류는 홈페이지에 개시되어 있다.

2. 서버의 무상제공 조건은 ○개월 계약이 유지, 종료되었을 때이며, 중도 서버소유권은 회사에게 있다.

3. 중도해지 시 서버에 추가 된 장비옵션의 소유권은 "회사"에게 있다.

제 3 장 이 용 계 약

제6조【계약기간】
1. 계약기간은 서비스 개시일로부터 ○개월이며, 계약해지는 계약기간만료 ○일 전까지 서면으로 계약해지 의사를 통보하여야 한다.
2. 계약해지 의사 통보가 없을 경우 "회사"의 ○○○ 서비스로 전환된다.
3. 계약기간이 만료되기 전에 해지를 원할 경우에는 남은 개월에 대한 이용요금의 ○% 정산하여야 한다. 그리고 서버의 소유권은 "회사"에게 있다.

제7조【이용자격의 박탈】 다음의 경우 고객 및 타 회원의 보호를 위해 "회사"는 이용자격을 박탈할 수 있다.
1. 사용요금을 연체할 경우 단, ○일간의 유예기간이 있으며, 이후에도 연체 시에는 서버의 모든 접속이 차단된다. 연체기간 ○일이 지나고, "고객"이 연체료를 내려고 하는 의지가 없을 시에는 제6조 제3항에 따른 해지절차에 들어간다.
2. 미풍양속에 어긋난 정보를 제공한 경우
3. 소프트웨어보호법에 저촉된 행위를 한 경우
4. 법률에 반하는 행위를 한 경우

제8조【권리 의무의 양도】 "회사"와 "고객"은 사전 서면 승인 없이는 계약상 권리, 의무를 제3자에게 양도할 수 없다.

제9조【계약자의 지위의 계승】 법적인 합병 및 상속, 기타 불가피한 사유에 의해 "고객" 지위의 승계가 인정되는 경우, 승계를 하는 자는, 승계를 하는 날로부터 ○일 이내에 "회사"에게 통보하여야 한다.

제10조【계약자의 이름 등의 변경】 고객은 사명, 신상에 관한 사항의 변경이 있을 경우, ○일 이내에 "회사"에게 통보하여야 한다.

제 4 장 기 밀 유 지

제11조【보안책임】
1. "고객"은 "회사"로부터 부여 받은 ID와 비밀번호가 누출되지 않도록 해야 하며 누출로 인한 데이터의 유출 또는 손상에 대하여는 "회사"가 책임지지 아니한다.
2. 회사와 고객은 본 계약과 관련하여 취득한 상대의 정보, 자료 등을 포함한 기밀

사항을 제3자에게 누설하여서는 안 된다.

제 5 장 보수 및 서비스 중단

제12조【제공의 중단】
1. "회사"는 계약에 규정된 사항에 따라 서비스를 중단할 수 있으나, 돌발적인 상황이 발생치 않는 한 이에 대해 "고객"에게 사전 통보해야 한다.
2. "회사"는 24시간 서비스가 중지되었을 경우 서비스가 중지된 시간에 대해 고객에게 이 시간 동안의 서비스 요금을 청구하지 않고, 심각한 장애 발생 시에는 서로 합의 하에 "회사"는 "고객"에게 보상을 해줄 의무가 있다.
3. 통상적인 서버점검을 위한 경우, 서버의 설비 및 보수공사, 전용선의 경로 문제, 해킹, 천재지변으로 인한 문제로 인해 서비스를 통보 없이 중지할 수 있다.

제 6 장 요   금

제13조【이용 요금】 "고객"의 서버 호스팅 서비스 요금 세부내역은 〈별첨1〉에 요금을 명기한다.

제14조【요금의 적용】 "고객"의 서비스 요금 중 셋업 비용은 이용계약 시 1회 지불하는 금액이며 당월 사용료는 "회사"가 "고객"에게 서비스가 개시됨을 통보한 날로부터 1달 사용료를 말하며 선불제로 적용한다.

제15조【요금의 납부】 "고객"은 "회사"가 사전에 지정한 금융기관에 온라인 자동이체를 원칙으로 한다. 단, 요금 연체가 발생시 "고객"은 연체금에 대하여 "회사"가 지정한 금융기관에 무통장 입금을 해야 한다. 이때 제반 수수료는 "고객"이 부담한다.

제 7 장 임대서버 운영의 규약

제16조【프로그램설치】 "고객"이 사전 협의없이 문제가 발생할 수 있는 프로그램을 임의로 설치한 후 발생하는 문제에 대해서 "회사"는 책임을 지지 않는다.

제17조【백 업】 백업서비스를 이용하지 않는 "고객"의 자료에 대한 백업은 "고객"에게 의무가 주어지며, "고객"의 과실이나 하드웨어 결함, 천재지변, 기타 사고로 인한 자료의 유실에 대해서는 "회사"는 책임을 지지 않는다.

제18조【보 안】
1. 보안서비스를 이용하지 않는 "고객"의 자료와 서버에 대한 보안은 "고객"에게

책임과 의무가 주어지며, "고객"의 과실이나 천재지변, 크래킹으로 발생한 자료 유실에 대해서는 "회사"는 책임을 지지 않는다.

2. "회사"는 해킹 당한 시스템을 예고 없이 네트웍에서 분리할 수 있다. 또한 "고객"은 이러한 조치에 적극 협조해야 한다.

제19조 【root 패스워드】

1. "회사"는 초기 셋팅 시 사용된 root 패스워드를 서비스 개통 시 "고객"에게 통보해야 하며, 개통 후 "고객"이 임의로 변경한 root 패스워드는 시스템 유지보수를 위해 "회사"가 요청한 경우 이를 통보해야 한다.

2. "회사"는 root 패스워드를 통해 알게 된 "고객"의 어떠한 정보도 3자에게 유출해서는 안되며, "고객"의 기밀사항을 누출해서는 안 된다(단, 조사 또는 감사권을 지닌 행정기관의 요청에 의한 경우는 제외한다).

제20조 【서버성능】 사전통보 없이 "고객"의 과도한 사용으로 인한 시스템 성능저하 문제에 대해서 "회사"는 책임을 지지 않는다.

제21조 【네트웍사용】

1. 기본적으로 "회사"는 고객에게 100Mbps Dedicated 라인과 스위치를 제공하며, 비정상적인(해킹, 바이러스, 스팸 메일 등…) 트래픽 증가를 제외한 트래픽량의 매달 최대점 6개의 평균을 구하여 계약초기의 기준 Bandwidth가 넘을 시에 1Mbps추가 당 ○○○원(부가세별도)을 추가로 요금납부 시에 지불해야 한다. 단, 다시 초기 계약시의 기준 Bandwidth 이하로 떨어졌을 때는 1달 후 요금을 다시 조정할 수 있다.

2. "회사"의 통보이후 아무런 회선증설이나 아무런 조치가 없어, 기준 Bandwidth 초과가 ○일 이상 지속될 경우 "회사"는 네트웍 제공을 중단할 수 있다.

3. 네트웍 제공 중단 후 "고객"이 ○일간 아무런 조치가 없을 경우, 제5조와 제6조항에 따라 해지절차를 통해 해지 처리된다.

제22조 【프로그램 라이센스】 서버의 설치된 프로그램은 "회사"가 설치를 대행해 주었다고 해도 모든 책임은 "고객"에게 있다.

제23조 【장애처리비용】 "고객"의 독단적인 시스템 점검이나 프로그램 설치로 인해 발생한 문제에 대해선 "회사"의 기술이 필요한 경우 "회사"는 비용을 청구할 수 있다. 기본 설치 및 프로그램 설치는 서비스 차원에서 제공되는 것이고, "회사"의 의무사항은 아니다.

제 8 장 기 타

제24조 【계약자의 의무】

1. "고객"은 서비스를 이용함에 있어 합법적인 용도로만 사용하여야 하며, 법률 또는 사회 규칙에 반하는 형태로 사용 할 수 없으며 그로 인한 소송 및 배상 또는 그 부대비용에 대하여 "회사"가 책임 지지 아니한다.

2. "고객"은 "회사"가 제공하는 서비스를 이용하여 타인의 초상권, 저작권 권리에 대하여 침해하여서는 안 된다.

제25조【일반 상관례】 본 약관에 명시되지 않는 사항은 일반 상관례에 따르기로 한다.

제26조【면책】

1. "회사"가 제공하는 서비스를 이용하여 "고객"이 행하는 모든 행위에 대하여 그 행위의 결과로 인한 손해 및 불법행위에 대한 모든 민, 형사상의 책임 및 배상의 책임은 지지 않으며, 그 책임은 "고객"에게 있다.

2. "회사"가 "고객"이 기록한 데이터에 대하여 별도로 저장할 책임이 없으며 외부 침입에 의한 정보의 누락 및 유출에 대하여 "회사"가 책임 지지 아니한다.

제27조【적 용】

본 규정은 20○○년 ○월 ○일부터 적용된다.

20○○. ○. .

회사	㊞	사업자 등 록 번 호		사무소	
				전 화 번 호	
고객	㊞	주민등록 번호		주 소	
				전 화 번 호	

[서식] 전세계약서(국내여행알선 및 관광버스)

국내여행알선 및 관광버스 전세계약서

예 약 자	주 소						
	성 명			전화번호			
승차단체명				알선여행사명			
운행일자	20○○년	○월 ○일 ○시 ○분				○일간	
		○월 ○일 ○시 ○분					
운행코스							
운행요금	대당대절료		대 수		총 액		
	1인당회비		승차인원		총 액		
예 약 금		잔 금			적 요		
승차장소							
특기사항							
구약 또는 요망 사항	1. 정원 초과를 하지 못합니다. 2. 전세료는 출발전에 완불하여야 합니다. 3. 도착지 및 경유지는 변경할 수 없습니다. 4. 차륜 계약시는 우천불문코 운행합니다. 5. 도로비와 주차비는 사용자가 부담합니다. 6. 차내에서 음주가무를 금합니다.						

상기와 같이 계약하였음을 증명함

20○○년　○월　○일

본사 : ○○시 ○○구 ○○로 ○○(○○동)

TEL :

FAX :　　　　　　　　　　HP :

　　　주식회사 ○ ○ ○ ○

　　　대표이사 ○ ○ ○ (인)

* 주 의 : 계약서에 취급자인이 없는것은 무효입니다.	취급자인

2. 건 물

가. 주택임대차 표준계약서

본 계약서는 법무부에서 국토교통부, 서울시 및 학계의 각 전문가와 함께 민법은 물론 주택임대차보호법, 공인중개사법 등을 근거로 하여 만든 것으로, 주택의 임대차의 경우 그 활용도가 높다.

[서식] 주택임대차 표준계약서

이 계약서는 법무부에서 국토교통부·서울시 및 학계 전문가와 함께 민법, 주택임대차보호법, 공인중개사법 등 관계법령에 근거하여 만들었습니다. 법의 보호를 받기 위해 【중요확인사항】(별지)을 꼭 확인하시기 바랍니다.

주택임대차계약서

□ 보증금 있는 월세
□ 전세 □ 월세

임대인( )과 임차인( )은 아래와 같이 임대차 계약을 체결한다

[임차주택의 표시]

소 재 지	(도로명주소)				
토 지	지목		면적		㎡
건 물	구조·용도		면적		㎡
임차할부분	상세주소가 있는 경우 동·층·호 정확히 기재		면적		㎡

미납 국세	선순위 확정일자 현황	확정일자 부여란
□ 없음 (임대인 서명 또는 날인 ㊞)	□ 해당 없음 (임대인 서명 또는 날인 ㊞)	
□ 있음(중개대상물 확인·설명서 제2쪽 II. 개업공인중개사 세부 확인사항 '⑨ 실제 권리관계 또는 공시되지 않은 물건의 권리사항'에 기재)	□ 해당 있음(중개대상물 확인·설명서 제2쪽 II. 개업공인중개사 세부 확인사항 '⑨ 실제 권리관계 또는 공시되지 않은 물건의 권리사항'에 기재)	

유의사항: 미납국세 및 선순위 확정일자 현황과 관련하여 개업공인중개사는 임대인에게 자료제출을 요구할 수 있으나, 세무서와 확정일자부여기관에 이를 직접 확인할 법적권한은 없습니다. ※ 미납국세·선순위확정일자 현황 확인방법은 "별지"참조

[계약내용]

제1조(보증금과 차임) 위 부동산의 임대차에 관하여 임대인과 임차인은 합의에 의하여 보증금 및 차임을 아래와 같이 지불하기로 한다.

보 증 금	금	원정(₩)			
계 약 금	금	원정(₩)은 계약시에 지불하고 영수함. 영수자 (인)			
중 도 금	금	원정(₩)은 년 월 일에 지불하며			
잔 금	금	원정(₩)은 년 월 일에 지불한다			
차임(월세)	금	원정은 매월 일에 지불한다(입금계좌:)			

제2조(임대차기간) 임대인은 임차주택을 임대차 목적대로 사용·수익할 수 있는 상태로 ___년 ___월 ___일 까지 임차인에게 인도하고, 임대차기간은 인도일로부터 ___년 ___월 ___일까지로 한다.

제3조(입주 전 수리) 임대인과 임차인은 임차주택의 수리가 필요한 시설물 및 비용부담에 관하여 다음과 같이 합의한다.

수리 필요 시설	□ 없음 □ 있음(수리할 내용:)
수리 완료 시기	□ 잔금지급 기일인 ___년 ___월 ___일까지 □ 기타 ( )
약정한 수리 완료 시기 까지 미 수리한 경우	□ 수리비를 임차인이 임대인에게 지급하여야 할 보증금 또는 차임에서 공제 □ 기타( )

제4조(임차주택의 사용·관리·수선) ① 임차인은 임대인의 동의 없이 임차주택의 구조변경 및 전대나 임차권 양도를 할 수 없으며, 임대차 목적인 주거 이외의 용도로 사용할 수 없다.

② 임대인은 계약 존속 중 임차주택을 사용·수익에 필요한 상태로 유지하여야 하고, 임차인은 임대인이 임차주택의 보존에 필요한 행위를 하는 때 이를 거절하지 못한다.

③ 임대인과 임차인은 계약 존속 중에 발생하는 임차주택의 수리 및 비용부담에 관하여 다음과 같이 합의한다. 다만, 합의되지 아니한 기타 수선비용에 관한 부담은 민법, 판례 기타 관습에 따른다.

임대인부담	(예컨대, 난방, 상하수도, 전기시설 등 임차주택의 주요설비에 대한 노후·불량으로 인한 수선은 민법 제623조, 판례상 임대인이 부담하는 것으로 해석됨)
임차인부담	(예컨대, 임차인의 고의·과실에 기한 파손, 전구 등 통상의 간단한 수선, 소모품 교체 비용은 민법 제623조, 판례상 임차인이 부담하는 것으로 해석됨)

④ 임차인이 임대인의 부담에 속하는 수선비용을 지출한 때에는 임대인에게 그 상환을 청구할 수 있다.

- 1 / 3 -

제5조(계약의 해제) 임차인이 임대인에게 중도금(중도금이 없을 때는 잔금)을 지급하기 전까지, 임대인은 계약금의 배액을 상환하고, 임차인은 계약금을 포기하고 이 계약을 해제할 수 있다.

제6조(채무불이행과 손해배상) 당사자 일방이 채무를 이행하지 아니하는 때에는 상대방은 상당한 기간을 정하여 그 이행을 최고하고 계약을 해제할 수 있으며, 그로 인한 손해배상을 청구할 수 있다. 다만, 채무자가 미리 이행하지 아니할 의사를 표시한 경우의 계약해제는 최고를 요하지 아니한다.

제7조(계약의 해지) ① 임차인은 본인의 과실 없이 임차주택의 일부가 멸실 기타 사유로 인하여 임대차의 목적대로 사용할 수 없는 경우에는 계약을 해지할 수 있다.

② 임대인은 임차인이 2기의 차임액에 달하도록 연체하거나, 제4조 제1항을 위반한 경우 계약을 해지할 수 있다.

제8조(계약의 종료) 임대차계약이 종료된 경우에 임차인은 임차주택을 원래의 상태로 복구하여 임대인에게 반환하고, 이와 동시에 임대인은 보증금을 임차인에게 반환하여야 한다. 다만, 시설물의 노후화나 통상 생길 수 있는 파손 등은 임차인의 원상복구의무에 포함되지 아니한다.

제9조(비용의 정산) ① 임차인은 계약종료 시 공과금과 관리비를 정산하여야 한다.

② 임차인은 이미 납부한 관리비 중 장기수선충당금을 소유자에게 반환 청구할 수 있다. 다만, 관리사무소 등 관리주체가 장기수선충당금을 정산하는 경우에는 그 관리주체에게 청구할 수 있다.

제10조(중개보수 등) 중개보수는 거래 가액의 _____% 인 _____원(□ 부가가치세 포함 □ 불포함)으로 임대인과 임차인이 각각 부담한다. 다만, 개업공인중개사의 고의 또는 과실로 인하여 중개의뢰인간의 거래행위가 무효·취소 또는 해제된 경우에는 그러하지 아니하다.

제11조(중개대상물확인·설명서 교부) 개업공인중개사는 중개대상물 확인·설명서를 작성하고 업무보증관계증서(공제증서등) 사본을 첨부하여 _____년_____월_____일 임대인과 임차인에게 각각 교부한다.

[특약사항]

상세주소가 없는 경우 임차인의 상세주소부여 신청에 대한 소유자 동의여부(□ 동의   □ 미동의)

※ 기타 임차인의 대항력·우선변제권 확보를 위한 사항, 관리비·전기료 납부방법 등 특별히 임대인과 임차인이 약정할 사항이 있으면 기재

― 【대항력과 우선변제권 확보 관련 예시】"주택을 인도받은 임차인은 ____년 ____월 ____일까지 주민등록(전입신고)과 주택임대차계약서상 확정일자를 받기로 하고, 임대인은 ____년 ____월 ____일(최소한 임차인의 위 약정일자 이틀 후부터 가능)에 저당권 등 담보권을 설정할 수 있다"는 등 당사자 사이 합의에 의한 특약 가능

본 계약을 증명하기 위하여 계약 당사자가 이의 없음을 확인하고 각각 서명·날인 후 임대인, 임차인, 개업공인중개사는 매 장마다 간인하여, 각각 1통씩 보관한다.   년   월   일

임대인	주 소						서명 또는 날인㊞
	주민등록번호		전 화		성 명		
	대 리 인	주소	주민등록번호		성 명		
임차인	주 소						서명 또는 날인㊞
	주민등록번호		전 화		성 명		
	대 리 인	주소	주민등록번호		성 명		
중개업자	사무소소재지			사무소소재지			
	사무소명칭			사 무 소 명 칭			
	대 표	서명 및 날인	㊞	대 표	서명 및 날인		㊞
	등 록 번 호		전화	등 록 번 호		전화	
	소속공인중개사	서명 및 날인	㊞	소속공인중개사	서명 및 날인		㊞

법무부   국토교통부   서울특별시

별지)

< 계약 체결 시 꼭 확인하세요 >

【당사자 확인 / 권리순위관계 확인 / 중개대상물 확인·설명서 확인】

① 신분증·등기사항증명서 등을 통해 당사자 본인이 맞는지, 적법한 임대·임차권한이 있는지 확인합니다.

② 대리인과 계약 체결 시 위임장·대리인 신분증을 확인하고, 임대인(또는 임차인)과 직접 통화하여 확인하여야 하며, 보증금은 가급적 임대인 명의 계좌로 직접 송금합니다.

③ 중개대상물 확인·설명서에 누락된 것은 없는지, 그 내용은 어떤지 꼼꼼히 확인하고 서명하여야 합니다.

【대항력 및 우선변제권 확보】

① 임차인이 주택의 인도와 주민등록을 마친 때에는 그 다음날부터 제3자에게 임차권을 주장할 수 있고, 계약서에 확정일자까지 받으면, 후순위권리자나 그 밖의 채권자에 우선하여 변제받을 수 있습니다.

- 임차인은 최대한 신속히 ① 주민등록과 ② 확정일자를 받아야 하고, 주택의 점유와 주민등록은 임대차 기간 중 계속 유지하고 있어야 합니다.

② 등기사항증명서, 미납국세, 다가구주택 확정일자 현황 등 반드시 확인하여 선순위 담보권자가 있는지, 있다면 금액이 얼마인지를 확인하고 계약 체결여부를 결정하여야 보증금을 지킬 수 있습니다.

※ 미납국세와 확정일자 현황은 임대인의 동의를 받아 임차인이 관할 세무서 또는 관할 주민센터·등기소에서 확인하거나, 임대인이 직접 납세증명원이나 확정일자 현황을 발급받아 확인시켜 줄 수 있습니다.

< 계약기간 중 꼭 확인하세요 >

【차임증액청구】

계약기간 중이나 묵시적 갱신 시 차임·보증금을 증액하는 경우에는 5%를 초과하지 못하고, 계약체결 또는 약정한 차임 등의 증액이 있은 후 1년 이내에는 하지 못합니다.

【월세 소득공제 안내】

근로소득이 있는 거주자 또는 「조세특례제한법」 제122조의3 제1항에 따른 성실사업자는 「소득세법」및 「조세특례제한법」에 따라 월세에 대한 소득공제를 받을 수 있습니다. 근로소득세 연말정산 또는 종합소득세 신고 시 **주민등록표등본, 임대차계약증서 사본 및 임대인에게 월세액을 지급하였음을 증명할 수 있는 서류**를 제출하면 됩니다. 기타 자세한 사항은 국세청 콜센터(국번 없이 126)로 문의하시기 바랍니다.

【묵시적 갱신 등】

① 임대인은 임대차기간이 끝나기 6개월부터 1개월 전까지, 임차인은 1개월 전까지 각 상대방에게 기간을 종료하겠다거나 조건을 변경하여 재계약을 하겠다는 취지의 통지를 하지 않으면 종전 임대차와 동일한 조건으로 자동 갱신됩니다.

② 제1항에 따라 갱신된 임대차의 존속기간은 2년입니다. 이 경우, 임차인은 언제든지 계약을 해지할 수 있지만 임대인은 계약서 제7조의 사유 또는 임차인과의 합의가 있어야 계약을 해지할 수 있습니다.

< 계약종료 시 꼭 확인하세요 >

【보증금액 변경시 확정일자 날인】

계약기간 중 보증금을 증액하거나, 재계약을 하면서 보증금을 증액한 경우에는 증액된 보증금액에 대한 우선변제권을 확보하기 위하여 반드시 다시 **확정일자**를 받아야 합니다.

【임차권등기명령 신청】

임대차가 종료된 후에도 보증금이 반환되지 아니한 경우 임차인은 임대인의 동의 없이 임차주택 소재지 관할 법원에서 임차권등기명령을 받아, **등기부에 등재된 것을 확인하고 이사해야** 우선변제 순위를 유지할 수 있습니다. 이때, 임차인은 임차권등기명령 관련 비용을 임대인에게 청구할 수 있습니다.

법무부 MINISTRY OF JUSTICE　국토교통부 Ministry of Land, Infrastructure and Transport　서울특별시

나. 각종의 계약서

[서식] 건물임대차계약서

임 대 차 계 약 서

임대인(이하"갑(甲)"이라고 함)과 임차인(이하"을(乙)"이라고 함)은 서로간 합의 하에 다음과 같이 부동산 임대차계약을 체결한다.

1. 부동산의 표시

소 재 지	
건　　물	용도 :　　　　구조 :　　　　면적 :　　　㎡/(　　평)
임 대 할 부　　분	

2. 계약내용(약정사항)

제1조(보증금) 을(乙)은 상기 표시 부동산의 임대차보증금 및 차임(월세)을 다음과 같이 지불하기로 한다.

　○보증금 : 금○○○원(₩○○○)

　○계약금 : 금○○○원은 계약시에 지불한다.

　○중도금 : 금○○○원은 20○○년 ○월 ○일에 지불한다.

　○잔　금 : 금○○○원은 건물명도와 동시에 지불한다.

　○차임(월세금) : 금○○○원은 매월 말일에 지불한다.

제2조(임대차기간) 임대차 기간은 20○○년 ○월 ○일부터 20○○년 ○월 ○일까지 ○○개월로 한다.

제3조(건물의 인도) 갑(甲)은 상기 표시 부동산을 임대차 목적대로 사용·수익할 수 있는 상태로 하여   20○○년 ○월 ○일까지 을(乙)에게 인도한다.

제4조(구조변경, 전대등의 제한) 을(乙)은 갑(甲)의 동의 없이 상기 표시 부동산의 용도나 구조 등의 변경, 전대, 양도, 담보제공 등 임대차 목적 외에 사용할 수 없다.

제5조(계약의 해제) 을(乙)이 갑(甲)에게 중도금(중도금 약정이 없는 경우에는 잔금)을 지불하기 전까지는 본 계약을 해제할 수 있는바, 갑(甲)이 해약할 경우에는 계약금의 2배액을 상환하며 을(乙)이 해약할 경우는 계약금을 포기하는 것으로 한다.

제6조(원상회복의무) 乙은 존속기간의 만료, 합의해지 및 기타 해지사유가 발생하면 즉시 원상 회복하여야 한다.

제7조(민법의 적용) 본 계약에서 정하지 아니한 사항에 대해서는 민법의 규정을 적용토록 한다.

위 계약을 증명하기 위하여 계약서 2통을 작성하고, 각 서명·날인하여 각자 1통씩 보관한다.

20○○년 ○월 ○일

임대인	주　소						
	성　명		인	주민등록번호	－	전화번호	
임차인	주　소						
	성　명		인	주민등록번호	－	전화번호	

건 물 임 대 차 계 약 서

임대인○○○(이하"갑"이라 한다)과 임차인◎◎◎(이하 "을"이라 한다)은 아래표시의 부동산(이하 "표시부동산"이라 한다.)에 관하여 다음과 같이 합의하여 계약을 체결한다.

〈부동산의 표시〉

소 재 지				
	구 조		면 적	
	용 도			

제1조(목적) 갑은 표시부동산을 임대하고 을은 이를 임차하여 상품홍보용 공간으로 사용한다.

제2조(기간) 임대차 기간은 20○○년 ○월 ○일부터 20○○년 ○월 ○일로 함

제3조(임차료) 임차료는 금　　원으로 하고 다음과 같이 지급하기로 한다.

계 약 금	금	원은 계약체결시에 지급하고
잔　　금	금	원은 20○○년 ○월 ○일에 지급하기로 함

제4조(부동산 명도 등) ① 위 부동산의 명도는 20○○년 ○월 ○일로 함.

② 갑이 제1항의 인도기일까지 인도하지 못할 경우에는 금　　원의 손해를 배상하여야 한다.

제5조(증축 및 전대 등 제한) 표시 부동산의 구조변경 또는 증·개축시, 표시부동산의 전부나 일부를 용도 변경시, 표시부동산의 전부나 일부를 전대, 임차권의 양도하려 할 때에는 갑의 동의를 얻어야 한다.

제6조(제세공과금) 제세공과금 등은 임차기간 동안 갑이 일체 부담하기로 한다.

제7조(계약의 해제 및 해지) ① 을의 잔금 지급 전까지 갑은 계약금의 배액을 상환하고, 을은 계약금을 포기하고 이 계약을 해제할 수 있다.

② 갑은 다음과 같은 경우에 최고 없이 계약을 해지할 수 있다.

1. 을이 제5조에 위반한 경우
2. 표시부동산을 심하게 파손하고 갑의 요구에도 원상회복하지 않는 경우
3. 기타 공동생활의 질서를 문란하게 하는 행위가 있을 경우

제8조(원상회복) ① 을은 임대기간 중 그의 귀책사유에 의한 표시부동산의 파손·오손 또는 무단 변경하였을 때에는 원상회복 후 갑에게 명도 하여야 한다.

② 표시부동산의 일부 또는 전부가 을의 부주의로 인하여 화재 기타 원인으로 멸실되었을 때에는 시가 상당액의 손해를 배상하여야 한다.

이 계약을 증명하기 위하여 계약서 2통을 작성하여 갑과 을이 서명·날인한 후 각각 1통씩 보관한다.

2000년 0월 0일

임대인	주 소						
	성 명		인	주민등록번호	−	전 화 번 호	
임차인	주 소						
	성 명		인	주민등록번호	−	전 화 번 호	
입회인	주 소						
	성 명		인	주민등록번호	−	전 화 번 호	

3. 토 지

[서식] 토지임대차계약서(건물 소유목적)

토 지 임 대 차 계 약 서

○○○을 갑, ◎◎◎을 을로 하여 갑, 을 사이에 갑 소유의 별지목록1 기재 토지(이하 '이건 토지'라 함)의 임대차에 관하여 다음과 같이 계약한다.

다   음

제1조(계약목적) 갑은 이건 토지를 을에게 임대하고, 을은 이건 토지를 임차하며 차임을 지급할 것을 약정한다.

제2조(사용목적) ① 을은 이건 토지 위에 별지목록2 기재 건물(이하 '이건 건물'이라 함) 을 건축하고 소유할 수 있다.

② 을이 이건 건물에 대하여 증축을 하거나 개축을 하고자 할 때에는 사전에 갑의 서면에 의한 승낙을 얻어야 한다.

③ 을이 위 항을 위반하였을 때에는 갑은 최고 없이 이건 계약을 해지할 수 있다.

제3조(기간) 이건 계약의 기간은 20○○년 ○월 ○일부터 20○○년 ○월 ○일까지 사이 ○○년으로 한다.

제4조(차임) ① 을은 계약 체결 후 즉시 금○○○원을 권리금으로 갑에게 지급한다.(임 차보증금은 금○○○원으로 한다.)

② 차임은 월 금○○○원으로 하기로 하되 매달 말일에 지급하기로 한다. 지급 방법 은 을이 갑에 대하여 송금(지참) 방식에 의하여 지급하기로 한다.

③ 을이 제1항의 금원을 지급하지 않거나, 제2항의 금원을 연속 여부에 관계없이 2회 이상 연체하였을 때에는 갑은 아무런 최고 없이 이 계약을 해제, 해지할 수 있다.

제5조(전대 등) ① 을은 사전에 갑의 서면에 의한 승낙 없이 이건 토지임차권을 제3자에 게 양도하거나 이건 토지를 무단으로 제3자에게 사용케(제3자에게 전대) 하여서는 아니 된다.

② 을이 위 항의 규정을 위반하였을 때에는 갑은 아무런 최고 없이 이 계약을 해지할

수 있다.

제6조(계약의 실효 등) ① 천재지변, 토지수용 등 갑, 을 누구의 책임으로도 돌릴 수 없는 사유에 의해 이건 토지를 사용치 못하게 되었을 때에는 이 계약은 해지된 것으로 본다.

② 위 항의 경우에는 당사자 상호간 손해배상의 청구를 하지 않기로 한다.

제7조(상린관계) 을은 건물을 짓고 본 건 토지를 이용함에 있어서는 이웃과의 조화로운 이용을 도모하고, 타인에게 일체의 불쾌감을 주는 행위를 하여서는 아니된다.

제8조(계약종료후의 조치) ① 이 계약이 종료된 때에는 을은 즉시 이건 토지를 원상복구한 뒤 갑에게 반환하여야 한다. 다만, 을이 지상물매수청구권을 행사하고, 갑이 건물을 매입할 의무가 있을 때에는 을은 갑에 대해 이건 토지를 그 건물과 함께 인도함으로써 족한 것으로 한다.

② 을이 위 항 본문의 의무를 이행하지 않을 경우 갑은 을의 비용으로 이건 토지를 원상복구할 수 있다.

제9조(기타) 갑, 을은 성실하게 이 계약을 이행하기로 하며, 이 계약이 정하지 않은 사항이 발생했을 때나, 이 계약 각 조항의 해석에 이의가 있을 때에는 상호간에 성심성의껏 협의하여 해결한다.

이상과 같이 계약했으므로 계약서 2통을 작성하고, 갑과 을이 서명·날인한 후 각자 1통을 보관하기로 한다.

20○○년 ○월 ○일

임대인	주 소						
	성 명		인	주민등록번호	-	전 화 번 호	
임차인	주 소						
	성 명		인	주민등록번호	-	전 화 번 호	

[별 지1]

부 동 산 목 록

○○시 ○○구 ○○동 ○○

대 ○○○○㎡. 끝.

[별 지2]

부 동 산 목 록

○○시 ○○구 ○○동 ○○

[도로명주소] ○○시 ○○구 ○○길 ○○

위 지상

철근콘트리트조 슬래브지붕 2층 주택

1층 80.35㎡

2층 50㎡. 끝.

토 지 임 대 차 계 약 서

임대인 갑과 임차인 을 사이에 아래와 같이 토지임대차계약을 체결한다.

제1조(계약목적) 갑은 그 소유인 다음의 토지를 을에게 임대하기로 한다.

    ○○시 ○○구 ○○동 ○○

    ○○주차장　1,000 ㎡

제2조(계약기간) 본 임대차계약의 존속기간은 20○○년 ○월 ○일로부터 1년간으로 한다. 단, 기간만료시에는 갑·을간에 이의가 없을 때에는 다시 1년간 기간을 연장한 것으로 한다.

제3조(임대료) 임료는 월 금 ○○만원으로 하고 매월 말일에 익월분을 갑의 주소지에 지참하여 지급한다. 단, 갑·을 쌍방이 약정임료가 부적당하다고 인정한 때에는 그 증감을 청구할 수 있다.

제4조(계약해지) 을이 2기분이상의 임료를 지급하지 않거나 부도·파산선고·회생개시 결정을 받았을 때 또는 본 계약 각 항에 위반하여 갑의 최고에도 불구하고 이를 이행하지 아니할 경우 갑은 임대차계약을 해지할 수 있다.

제5조(계약변경) 다음의 각 경우에 을은 갑의 승낙을 얻어야 한다.

1. 을이 위의 토지를 타에 전대하거나 또는 임차권을 양도하고자 할 때.
2. 을이 위 토지의 지목·형질을 변경하거나 사용목적에 위배되는 경우.

제6조(손해배상등) 을은 관계법령을 준수하여야 하며 을이 관계법령 위반으로 인하여 을에게 손해를 입힌 경우에 이로 인한 모든 손해와 을 및 을의 관계인(사용인·운전원 등을 포함)이 고의·과실로 인하여 갑에게 손해를 야기한 경우 이를 배상하고 복구할 의무를 진다.

제7조(안전조치 협력의무) 갑 또는 갑의 사용인은 임차토지의 보전, 방범, 방화, 구호 등에 관하여 필요한 때에는 즉시 임차토지내에 들어가 필요한 조치를 강구할 수 있으며 이 경우 을은 갑의 조치에 협력하여야 한다.

제7조(원상회복) 을이 위 토지를 갑에게 반환할 경우에는 계약당시의 원상으로 회복하여 반환하여야 한다.

제8조(보증금) 을은 갑에게 임대차보증금으로 20○○년 ○월 ○일 ○○○만원을 지급하고 갑은 임대차종료시 토지반환과 상환으로 이를 을에게 반환한다. 단, 갑이 을에게 이행기가 도래한 임료채권 등이 있을 때에는 언제라도 대등액에서 상계할 수 있다.

제9조(계약목적) 토지의 유지와 개량 및 기타 이건 임대차계약에 관하여 필요한 사항은 필요시 갑·을이 협의하여 정한다.

제10조(기타) 임대차종료시 을은 즉시 본건 토지를 갑에게 인도하여야 하며 인도를 지연할 때에는 임료의 배액에 상당하는 손해금을 지급하여야 한다.

위의 계약을 증명하기 위하여 이 증서를 작성하여 각자 서명·날인하고 각 1통씩 보관하기로 한다.

20○○년 ○월 ○일

임 대 인	주 소						
	성 명	인	주민등록번호	–	전 화 번 호		
임 차 인	주 소						
	성 명	인	주민등록번호	–	전 화 번 호		
입 회 인	주 소						
	성 명	인	주민등록번호	–	전 화 번 호		

전대차계약서

　　○○주식회사를 "갑"으로 하고 ○○○를 "을"로 하여 당사자간에 다음과 같은 토지 임대차계약을 체결한다.

제1조【전대차계약의 약정】 "갑"은 소유자 ○○주식회사로부터 임대차계약에 따라 임차한 ○○시 ○○구 ○○동 ○○번지 소재의 약 ○㎡의 토지를 "을"에게 전대하여 "을"은 해당 지상에 별지 도면 표시의 사설 도로를 부설하고 영화관 및 이의 경영에 필요한 부속건물 즉 매표소, 간판, 게시장, 아치, 사무소, 매점 등을 건축할 것을 승인한다. 단, 위 토지에 대하여 "을"은 "을"이외의 누구에게도 전대할 수 없다.

제2조【임　료】 "갑"이 ○○주식회사에 대하여 지급하여야 할 토지의 임료는 "을"이 "갑"에게 지급한다.

제3조【계약의 소멸】 "갑"의 위 토지는 ○○주식회사로부터 임차한 것이므로 "갑"과 동 회사와의 임차권이 소멸될 경우는 이 전대차계약도 원인의 여하를 불문하고 동시에 소멸될 것으로 한다.

제4조【존속기간】 이 계약의 존속기간은 향후 3년간으로 한다. 단, 위 존속기간은 쌍방 협의하여 계약을 계속할 수 있다.

제5조【계약 외의 사항】 위 각조 이외의 문제에 대해서는 "갑", "을" 쌍방간의 협의에 의하여 결정한다.

　　위 계약을 증명하기 위하여 본 증서를 작성하고 각기 서명 날인하여 각각 1통씩을 보관한다.

20○○.　○.　　.

갑	㉑	주민등록 번호		주　소	
				전　화 번　호	
을	㉑	주민등록 번호		주　소	
				전　화 번　호	

승 낙 서

　　귀하에게 임대 중인 ○○시 ○○동 ○○○번지 소재 대지 ○○m²를 귀하가 ○○
○에 대하여 전대하는 것을 승낙합니다. 단, 전대의 조건인 임대조건의 범위 내로 한
정합니다.

20○○.　○.　　.

임대인　○　○　○　(인)
　　　　　○○시 ○○동 ○○○

○　○　○　**귀하**
○○**시** ○○**동** ○○○

4. 상 가

가. 상가건물 임대차 표준계약서

본 계약서는 법무부에서 국토교통부, 서울시, 중소기업청 및 학계의 각 전문가와 함께
민법은 물론 상가건물 임대차보호법, 공인중개사법 등 관계법령에 근거하여 만든 것으
로서, 상가건물에 대한 임대차계약 시 그 활용도가 높다.

[서식] 상가건물 표준임대차계약서

이 계약서는 법무부에서 국토교통부·서울시·중소기업청 및 학계 전문가와 함께 민법, 상가건물 임대차보호법, 공인중개사법 등 관계법령에 근거하여 만들었습니다. 법의 보호를 받기 위해 【중요확인사항】(별지)을 꼭 확인하시기 바랍니다.

상가건물 임대차 표준계약서

☐보증금 있는 월세
☐전세   ☐월세

임대인(이름 또는 법인명 기재)과 임차인(이름 또는 법인명 기재)은 아래와 같이 임대차 계약을 체결한다

[임차 상가건물의 표시]

소 재 지				
토 지	지목		면적	㎡
건 물	구조·용도		면적	㎡
임차할부분			면적	㎡

유의사항 : 임차할 부분을 특정하기 위해서 도면을 첨부하는 것이 좋습니다.

[계약내용]

제1조(보증금과 차임) 위 상가건물의 임대차에 관하여 임대인과 임차인은 합의에 의하여 보증금 및 차임을 아래와 같이 지급하기로 한다.

보 증 금	금		원정(₩	)
계 약 금	금	원정(₩	)은 계약시에 지급하고 수령함. 수령인 (	인)
중 도 금	금	원정(₩	)은 _____년 ____월____일에 지급하며	
잔 금	금	원정(₩	)은 _____년 _____월 _____일에 지급한다	
차임(월세)	금 (입금계좌:	원정(₩	)은 매월 일에 지급한다. 부가세 ☐ 불포함 ☐ 포함)	
환산보증금	금		원정(₩	)

유의사항: ① 당해 계약이 환산보증금을 초과하는 임대차인 경우 확정일자를 부여받을 수 없고, 전세권 등을 설정할 수 있습니다 ② 보증금 보호를 위해 등기사항증명서, 미납국세, 상가건물 확정일자 현황 등을 확인하는 것이 좋습니다 ※ 미납국세·선순위확정일자 현황 확인방법은 "별지"참조

제2조(임대차기간) 임대인은 임차 상가건물을 임대차 목적대로 사용·수익할 수 있는 상태로 _____년 ____월 ____일까지 임차인에게 인도하고, 임대차기간은 인도일로부터 _____년 _____월 _____일까지로 한다.

제3조(임차목적) 임차인은 임차 상가건물을 _____(업종)을 위한 용도로 사용한다.

제4조(사용·관리·수선) ① 임차인은 임대인의 동의 없이 임차 상가건물의 구조·용도 변경 및 전대나 임차권 양도를 할 수 없다.

② 임대인은 계약 존속 중 임차 상가건물을 사용·수익에 필요한 상태로 유지하여야 하고, 임차인은 임대인이 임차 상가건물의 보존에 필요한 행위를 하는 때 이를 거절하지 못한다.

③ 임차인이 임대인의 부담에 속하는 수선비용을 지출한 때에는 임대인에게 그 상환을 청구할 수 있다.

제5조(계약의 해제) 임차인이 임대인에게 중도금(중도금이 없을 때는 잔금)을 지급하기 전까지, 임대인은 계약금의 배액을 상환하고, 임차인은 계약금을 포기하고 계약을 해제할 수 있다.

제6조(채무불이행과 손해배상) 당사자 일방이 채무를 이행하지 아니하는 때에는 상대방은 상당한 기간을 정하여 그 이행을 최고하고 계약을 해제할 수 있으며, 그로 인한 손해배상을 청구할 수 있다. 다만, 채무자가 미리 이행하지 아니할 의사를 표시한 경우의 계약해제는 최고를 요하지 아니한다.

제7조(계약의 해지) ① 임차인은 본인의 과실 없이 임차 상가건물의 일부가 멸실 기타 사유로 인하여 임대차의 목적대로 사용, 수익할 수 없는 때에는 임차인은 그 부분의 비율에 의한 차임의 감액을 청구할 수 있다. 이 경우에 그 잔존부분만으로 임차의 목적을 달성할 수 없는 때에는 임차인은 계약을 해지할 수 있다.

② 임대인은 임차인이 3기의 차임액에 달하도록 차임을 연체하거나, 제4조 제1항을 위반한 경우 계약을 해지할 수 있다.

- 1 / 3 -

제8조(계약의 종료와 권리금회수기회 보호) ① 계약이 종료된 경우에 임차인은 임차 상가건물을 원상회복하여 임대인에게 반환하고, 이와 동시에 임대인은 보증금을 임차인에게 반환하여야 한다.

② 임대인은 임대차기간이 끝나기 3개월 전부터 임대차 종료 시까지 「상가건물임대차보호법」 제10조의4제1항 각 호의 어느 하나에 해당하는 행위를 함으로써 권리금 계약에 따라 임차인이 주선한 신규임차인이 되려는 자로부터 권리금을 지급받는 것을 방해하여서는 아니 된다. 다만, 「상가건물임대차보호법」 제10조제1항 각 호의 어느 하나에 해당하는 사유가 있는 경우에는 그러하지 아니하다.

③ 임대인이 제2항을 위반하여 임차인에게 손해를 발생하게 한 때에는 그 손해를 배상할 책임이 있다. 이 경우 그 손해배상액은 신규임차인이 임차인에게 지급하기로 한 권리금과 임대차 종료 당시의 권리금 중 낮은 금액을 넘지 못한다.

④ 임차인은 임대인에게 신규임차인이 되려는 자의 보증금 및 차임을 지급할 자력 또는 그 밖에 임차인으로서의 의무를 이행할 의사 및 능력에 관하여 자신이 알고 있는 정보를 제공하여야 한다.

제9조(재건축 등 계획과 갱신거절) 임대인이 계약 체결 당시 공사시기 및 소요기간 등을 포함한 철거 또는 재건축 계획을 임차인에게 구체적으로 고지하고 그 계획에 따르는 경우, 임대인은 임차인이 상가건물임대차보호법 제10조 제1항 제7호에 따라 계약갱신을 요구하더라도 계약갱신의 요구를 거절할 수 있다.

제10조(비용의 정산) ① 임차인은 계약이 종료된 경우 공과금과 관리비를 정산하여야 한다.

② 임차인은 이미 납부한 관리비 중 장기수선충당금을 소유자에게 반환 청구할 수 있다. 다만, 임차 상가건물에 관한 장기수선충당금을 정산하는 주체가 소유자가 아닌 경우에는 그 자에게 청구할 수 있다.

제11조(중개보수 등) 중개보수는 거래 가액의 _____ % 인 _____ 원(부가세 □ 불포함 □ 포함)으로 임대인과 임차인이 각각 부담한다. 다만, 개업공인중개사의 고의 또는 과실로 인하여 중개의뢰인간의 거래 행위가 무효·취소 또는 해제된 경우에는 그러하지 아니하다.

제12조(중개대상물 확인·설명서 교부) 개업공인중개사는 중개대상물 확인·설명서를 작성하고 업무보증관계증서 (공제증서 등) 사본을 첨부하여 임대인과 임차인에게 각각 교부한다.

[특약사항]

① 입주전 수리 및 개량, ②임대차기간 중 수리 및 개량, ③임차 상가건물 인테리어, ④ 관리비의 지급주체, 시기 및 범위, ⑤귀책사유 있는 채무불이행 시 손해배상액예정 등에 관하여 임대인과 임차인은 특약할 수 있습니다

본 계약을 증명하기 위하여 계약 당사자가 이의 없음을 확인하고 각각 서명날인 후 임대인, 임차인, 개업공인중개사는 매 장마다 간인하여, 각각 1통씩 보관한다.　　　　　년　　　　월　　　　일

임대인	주　　　소							서명 또는 날인⑩
	주민등록번호 (법인등록번호)			전　화		성　명 (회사명)		
	대　리　인	주소		주민등록번호		성　명		
임차인	주　　　소							서명 또는 날인⑩
	주민등록번호 (법인등록번호)			전　화		성　명 (회사명)		
	대　리　인	주소		주민등록번호		성　명		
개업공인중개사	사무소소재지			사무소소재지				
	사무소명칭			사무소명칭				
	대　　표	서명 및 날인	⑩	대　　표	서명 및 날인			⑩
	등록번호		전화	등록번호			전화	
	소속공인중개사	서명 및 날인	⑩	소속공인중개사	서명 및 날인			⑩

법의 보호를 받기 위한 중요사항! 반드시 확인하세요

< 계약 체결 시 꼭 확인하세요 >

【당사자 확인 / 권리순위관계 확인 / 중개대상물 확인·설명서 확인】

① 신분증·등기사항증명서 등을 통해 당사자 본인이 맞는지, 적법한 임대·임차권한이 있는지 확인합니다.

② 대리인과 계약 체결 시 위임장·대리인 신분증을 확인하고, 임대인(또는 임차인)과 직접 통화하여 확인하여야 하며, 보증금은 가급적 임대인 명의 계좌로 직접 송금합니다.

③ 중개대상물 확인·설명서에 누락된 것은 없는지, 그 내용은 어떤지 꼼꼼히 확인하고 서명하여야 합니다.

【대항력 및 우선변제권 확보】

① 임차인이 상가건물의 인도와 사업자등록을 마친 때에는 그 다음날부터 제3자에게 임차권을 주장할 수 있고, 환산보증금을 초과하지 않는 임대차의 경우 계약서에 **확정일자**까지 받으면, 후순위권리자나 그 밖의 채권자에 우선하여 변제받을 수 있습니다.

　※ 임차인은 최대한 신속히 ① 사업자등록과 ② 확정일자를 받아야 하고, 상가건물의 점유와 사업자등록은 임대차 기간 중 계속 유지하고 있어야 합니다.

② 미납국세와 확정일자 현황은 임대인의 동의를 받아 임차인이 관할 세무서에서 확인할 수 있습니다.

< 계약기간 중 꼭 확인하세요 >

【계약갱신요구】

① 임차인이 임대차기간이 만료되기 6개월 전부터 1개월 전까지 사이에 계약갱신을 요구할 경우 임대인은 정당한 사유(3기의 차임액 연체 등, 상가건물 임대차보호법 제10조제1항 참조) 없이 거절하지 못합니다.

② 임차인의 계약갱신요구권은 최초의 임대차기간을 포함한 전체 임대차기간이 5년을 초과하지 아니하는 범위에서만 행사할 수 있습니다.

③ 갱신되는 임대차는 전 임대차와 동일한 조건으로 다시 계약된 것으로 봅니다. 다만, 차임과 보증금은 청구당시의 차임 또는 보증금의 100분의 9의 금액을 초과하지 아니하는 범위에서 증감할 수 있습니다.

　※ 환산보증금을 초과하는 임대차의 계약갱신의 경우 상가건물에 관한 조세, 공과금, 주변 상가건물의 차임 및 보증금, 그 밖의 부담이나 경제사정의 변동 등을 고려하여 차임과 보증금의 증감을 청구할 수 있습니다.

【묵시적 갱신 등】

① 임대인이 임대차기간이 만료되기 6개월 전부터 1개월 전까지 사이에 임차인에게 갱신 거절의 통지 또는 조건 변경의 통지를 하지 않으면 종전 임대차와 동일한 조건으로 자동 갱신됩니다.

　※ 환산보증금을 초과하는 임대차의 임대차기간이 만료된 후 임차인이 임차물의 사용, 수익을 계속하는 경우에 임대인이 상당한 기간내에 이의를 하지 아니한 때에는 종전 임대차와 동일한 조건으로 자동 갱신됩니다. 다만, 당사자는 언제든지 해지통고가 가능합니다.

② 제1항에 따라 갱신된 임대차의 존속기간은 1년입니다. 이 경우, 임차인은 언제든지 계약을 해지할 수 있지만 임대인은 계약서 제8조의 사유 또는 임차인과의 합의가 있어야 계약을 해지할 수 있습니다.

< 계약종료 시 꼭 확인하세요 >

【보증금액 변경시 확정일자 날인】

계약기간 중 보증금을 증액하거나, 재계약을 하면서 보증금을 증액한 경우에는 증액된 보증금액에 대한 우선변제권을 확보하기 위하여 반드시 **다시 확정일자**를 받아야 합니다.

【임차권등기명령 신청】

임대차가 종료된 후에도 보증금이 반환되지 아니한 경우 임차인은 임대인의 동의 없이 임차건물 소재지 관할 법원에서 임차권등기명령을 받아, 등기부에 등재된 것을 확인하고 이사해야 우선변제 순위를 유지할 수 있습니다. 이때, 임차인은 임차권등기명령 관련 비용을 임대인에게 청구할 수 있습니다.

【임대인의 권리금 회수방해금지】

임차인이 신규임차인으로부터 권리금을 지급받는 것을 임대인이 방해하는 것으로 금지되는 행위는 ① 임차인이 주선한 신규임차인이 되려는 자에게 권리금을 요구하거나, 임차인이 주선한 신규임차인이 되려는 자로부터 권리금을 수수하는 행위, ② 임차인이 주선한 신규임차인이 되려는 자로 하여금 임차인에게 권리금을 지급하지 못하게 하는 행위, ③ 임차인이 주선한 신규임차인이 되려는 자에게 상가건물에 관한 조세, 공과금, 주변 상가건물의 차임 및 보증금, 그 밖의 부담에 따른 금액에 비추어 현저히 고액의 차임 또는 보증금을 요구하는 행위, ④ 그 밖에 정당한 이유 없이 임차인이 주선한 신규임차인이 되려는 자와 임대차계약의 체결을 거절하는 행위입니다.

임대인이 임차인이 주선한 신규임차인과 임대차계약의 체결을 거절할 수 있는 정당한 이유로는 예를 들어 ① 신규임차인이 되려는 자가 보증금 또는 차임을 지급할 자력이 없는 경우, ② 신규임차인이 되려는 자가 임차인으로서의 의무를 위반할 우려가 있거나, 그 밖에 임대차를 유지하기 어려운 상당한 사유가 있는 경우, ③ 임대차 목적물인 상가건물을 1년 6개월 이상 영리목적으로 사용하지 않는 경우, ④ 임대인이 선택한 신규임차인이 임차인과 권리금 계약을 체결하고 그 권리금을 지급한 경우입니다.

나. 권리금 관련 계약서

아래에 서식 예시로 첨부된 '상가건물 임대차 권리금 계약서'는 상가건물 임대차보호법을 기준으로 만든 것으로 권리금 계약에 대한 필요한 기본적인 사항만을 제시한 것으로, 당사자간에 다른 내용의 약정을 할 수 있다. 또한 만약 상가건물 임대차보호법의 개정 등이 있는 경우 그 내용을 수정 또는 변경할 수도 있고, 강행규정이 추가되는 경우 반드시 그 내용을 수정하여야 할 것이다.

[서식] 상가건물 임대차 권리금계약서

상가건물 임대차 권리금계약서

임차인(이름 또는 법인명 기재)과 신규임차인이 되려는 자(이름 또는 법인명 기재)는 아래와 같이 권리금 계약을 체결한다.

※ 임차인은 권리금을 지급받는 사람을, 신규임차인이 되려는 자(이하 「신규임차인」 이라한다)는 권리금을 지급하는 사람을 의미한다.

[임대차목적물인 상가건물의 표시]

소 재 지		상 호	
임대면적		전용면적	
업 종		허가(등록)번호	

[임차인의 임대차계약 현황]

임 대 차 관 계	임차보증금		월 차 임	
	관 리 비		부가가치세	별도( ), 포함( )
	계약기간	년 월 일부터	년 월 일까지(월)	

[계약내용]

제1조(권리금의 지급) 신규임차인은 임차인에게 다음과 같이 권리금을 지급한다.

총 권리금	금	원정(₩)	
계 약 금	금	원정은 계약시에 지급하고 영수함. 영수자((인))	
중 도 금	금	년 월 일에 지급한다.	
잔 금	금	년 월 일에 지급한다.	
	※ 잔금지급일까지 임대인과 신규임차인 사이에 임대차계약이 체결되지 않는 경우 임대차계약 체결일을 잔금지급일로 본다.		

제2조(임차인의 의무) ① 임차인은 신규임차인을 임대인에게 주선하여야 하며, 임대인과 신규임차인 간에 임대차계약이 체결될 수 있도록 협력하여야 한다.

② 임차인은 신규임차인이 정상적인 영업을 개시할 수 있도록 전화가입권의 이전, 사업등록의 폐지 등에 협력하여야 한다.

③ 임차인은 신규임차인이 잔금을 지급할 때까지 권리금의 대가로 아래 유형·무형의 재산적 가치를 이전한다.

유형의 재산적 가치	영업시설·비품 등
무형의 재산적 가치	거래처, 신용, 영업상의 노하우, 상가건물의 위치에 따른 영업상의 이점 등

※ 필요한 경우 이전 대상 목록을 별지로 첨부할 수 있다.

④ 임차인은 신규임차인에게 제3항의 재산적 가치를 이전할 때까지 선량한 관리자로서의 주의의무를 다하여 제3항의 재산적 가치를 유지·관리하여야 한다.

⑤ 임차인은 본 계약체결 후 신규임차인이 잔금을 지급할 때까지 임차목적물상 권리관계, 보증금, 월차임 등 임대차계약 내용이 변경된 경우 또는 영업정지 및 취소, 임차목적물에 대한 철거명령 등 영업을 지속할 수 없는 사유가 발생한 경우 이를 즉시 신규임차인에게 고지하여야 한다.

제3조(임대차계약과의 관계) 임대인의 계약거절, 무리한 임대조건 변경, 목적물의 훼손 등 임차인과 신규임차인의 책임 없는 사유로 임대차계약이 체결되지 못하는 경우 본 계약은 무효로 하며, 임차인은 지급받은 계약금 등을 신규임차인에게 즉시 반환하여야 한다.

제4조(계약의 해제 및 손해배상) ① 신규임차인이 중도금(중도금 약정이 없을 때는 잔금)을 지급하기 전까지 임차인은 계약금의 2배를 배상하고, 신규임차인은 계약금을 포기하고 본 계약을 해제할 수 있다.

② 임차인 또는 신규임차인이 본 계약상의 내용을 이행하지 않는 경우 그 상대방은 계약상의 채무를 이행하지 않은 자에 대해서 서면으로 최고하고 계약을 해제할 수 있다.

③ 본 계약체결 이후 임차인의 영업기간 중 발생한 사유로 인한 영업정지 및 취소, 임차목적물에 대한 철거명령 등으로 인하여 신규임차인이 영업을 개시하지 못하거나 영업을 지속할 수 없는 중대한 하자가 발생한 경우에는 신규임차인은 계약을 해제하거나 임차인에게 손해배상을 청구할 수 있다. 계약을 해제하는 경우에도 손해배상을 청구할 수 있다.

④ 계약의 해제 및 손해배상에 관하여는 이 계약서에 정함이 없는 경우 「민법」의 규정에 따른다.

[특약사항]

본 계약을 증명하기 위하여 계약 당사자가 이의 없음을 확인하고 각각 서명 또는 날인한다.

년   월   일

임차인	주 소					
	성 명		주민등록번호		전화	(인)
대리인	주 소					
	성 명		주민등록번호		전화	
신규임차인	주 소					
	성 명		주민등록번호		전화	(인)
대리인	주 소					
	성 명		주민등록번호		전화	

- 2 / 3 -

별지)

작　성　요　령

1. 이 계약서는 권리금 계약에 필요한 기본적인 사항만을 제시하였습니다. 따라서 권리금 계약을 체결하려는 당사자는 이 표준계약서와 **다른 내용을 약정할 수 있습니다.**

2. 이 계약서의 일부 내용은 현행 「상가건물임대차보호법」을 기준으로 한 것이므로 계약 당사자는 법령이 개정되는 경우에는 개정내용에 부합되도록 기존의 계약을 수정 또는 변경할 수 있습니다. 개정법령에 **강행규정이 추가되는 경우**에는 반드시 그 개정규정에 따라 계약내용을 수정하여야 하며, 수정계약서가 작성되지 않더라도 **강행규정에 반하는 계약내용은 무효로 될 수 있습니다.**

3. 임차인이 신규임차인에게 이전해야 할 대상은 **개별적으로 상세하게 기재**합니다. 기재되지 않은 시설물 등은 이 계약서에 의한 이전 대상에 포함되지 않습니다.

4. 계약내용 제3조 **"무리한 임대조건 변경"** 등의 사항에 대해 구체적으로 특약을 하면, 추후 임대차 계약조건에 관한 분쟁을 예방할 수 있습니다.

   (예: 보증금 및 월차임 oo% 인상 등)

5. 신규임차인이 임차인이 영위하던 **영업을 양수**하거나, 임차인이 사용하던 **상호를 계속사용** 하는 경우, **상법 제41조(영업양도인의 경업금지), 상법 제42조(상호를 속용하는 양수인의 책임)** 등 상법 규정을 참고하여 특약을 하면, 임차인과 신규임차인간 분쟁을 예방할 수 있습니다.

   (예: 임차인은 oo동에서 음식점 영업을 하지 않는다, 신규임차인은 임차인의 영업상의 채무를 인수하지 않는다 등)

   > 상법 제41조(영업양도인의 경업금지) ①영업을 양도한 경우에 다른 약정이 없으면 양도인은 10년간 동일한 특별시·광역시·시·군과 인접 특별시·광역시·시·군에서 동종영업을 하지 못한다.
   >
   > ②양도인이 동종영업을 하지 아니할 것을 약정한 때에는 동일한 특별시·광역시·시·군과 인접 특별시·광역시·시·군에 한하여 20년을 초과하지 아니한 범위내에서 그 효력이 있다.

   > 상법 제42조(상호를 속용하는 양수인의 책임) ①영업양수인이 양도인의 상호를 계속 사용하는 경우에는 양도인의 영업으로 인한 제3자의 채권에 대하여 양수인도 변제할 책임이 있다.
   >
   > ②전항의 규정은 양수인이 영업양도를 받은 후 지체없이 양도인의 채무에 대한 책임이 없음을 등기한 때에는 적용하지 아니한다. 양도인과 양수인이 지체없이 제3자에 대하여 그 뜻을 통지한 경우에 그 통지를 받은 제3자에 대하여도 같다.

- 3 / 3 -

다. 각종의 계약서

[서식] 임대차계약서(점포)

점포 임대차계약서

귀하 소유인 하기 물건에 관하여 이하 조항에 의하여 임차하고 해당 조항을 준수 이행할 것을 확약합니다.

[물건의 표시]

    ○○시 ○○구 ○○로 ○○(○○동)

- 계 약 조 항 -

제1조 임차기한 20○○년 ○월 ○일부터 20○○년 ○월 ○일까지 만 ○년 ○월간

제2조 권리금 ○○○원, 단, 무이자로서 대주의 동의가 있으면 양도할 수 있다.

제3조 월 임료 금 ○○○원, 단, 매월 말일까지 1개월분을 귀하에게 지참 지급한다.

제4조 임차점포의 사용목적은 ○○○점포로 사용한다.

제5조 임차물건을 선량한 관리자의 주의 의무로서 물건의 성질에 따라 정해진 용법으로 사용 및 보관한다.

제6조 임차인은 임대인의 승락이 없으면 아래 행위를 하지 아니한다.

    1. 임차물건의 일부 또는 전부에 관하여 양도·전대, 기타 명목의 여하를 불문하고 제3자에게 사용 및 동거시키는 행위 단, 대주의 동의를 얻으면 임차권의 양도는 할 수 있다.

    2. 물건의 변경 및 사용 목적의 변경

    3. 폭발성을 가진 물품 또는 화재를 일으키기 쉬은것 및 심하게 취기를 발생하는 것은 수용 취급

    4. 기타 인근에 폐해를 야기하는 행위.

제7조 계약기간 내에 해약했을 때 또는 해약된 경우에는 권리금에서 ○%, 기한만료에 의한 해약의 경우는 ○%를 각 공제하여 반환받을 것을 승인한다.

제8조 가족·고용인 등의 고의 또는 과실에 의해 임차물건 및 타의 물건이 현저히 훼손·멸실되었을 경우에는 이로 인한 손해를 배상한다.

제9조 천재 기타 불가항력의 재해에 의하여 본 계약 물건이 멸실한 경우는 본 계약은 소멸하고 또한 권리금 반환의 청구권을 포기한다.

제10조 전기·가스·수도·위생비는 점포 명도일 기준으로 각각 임대인과 임차인이 부담한다.

제11조 임차인이 임료의 지급을 2회분 이상 연체했을 때 및 본 계약에 위배했을 때는 본 계약을 해제하여도 이의 없음은 물론 즉시 물건을 명도한다.

제12조 해약 또는 기간만료의 경우는 공작물을 원형으로 회복하고 또 이의 매입, 퇴거료, 기타 명목의 여하를 불문하고 귀하에게 재산상의 청구를 하지 아니한다. 또 임료는 일수 ○의 계산으로 지급한다.

제13조 본 계약기간 중 귀하로부터 별단으로 갱신하지 않은 취지의 통지를 받지 않아도 본 계약은 경신되지 아니한다.

제14조 보증인은 임차인이 부담해야할 일체의 채무를 연대하여 그 책임을 진다.

제15조 본 계약에 특별히 정함이 없는 것은 모두 민법의 규정에 따르며 귀하와 소송사건 등이 일어났을 경우에는 ○○지방법원으로 할 것에 동의한다.

제16조 본 임대차물건을 대주의 의사에 따라 빌딩으로 다시 세울 경우에는 임차인에게 동평수정도를 우선적으로 임차함에 이의가 없다.

위 계약을 증명하기 위해 이를 2부 작성하여 각자 서명 날인한 후 각 1부씩 보관한다.

20○○. ○.   .

임대인	㉛	주민등록번호		주 소	
				전 화 번 호	
임차인	㉛	주민등록번호		주 소	
				전 화 번 호	

구내점포 임대차계약서

　○○전기주식회사(이하 "갑"이라 한다)와 ○○○를 (이하 "을"이라 한다)양자간에 다음과 같이 구내점포 임대차계약을 체결한다.

제1조 "갑"은 "을"이 소유하는 하기 물건에 대하여 "을"이 자기를 위하여 물품판매의 영업을 경영할 목적으로 사용 수익하는 것을 승인한다. 단, 주거로 사용하여서는 아니된다.

제2조 물건의 표시

　　　　○○도 ○○시 ○○구 ○○동 ○○

　　　　　토지　○○○ ㎡

　　　　　건물　○○○ ㎡

제3조 "을"이 전조에 규정한 물건에서 영업하는 종목 및 판매품목은 다음 사항에 한하며 이를 증감 또는 변경할 때는 미리 서면으로 "갑"의 승인을 받아야 한다.

　　　　1. 경영종목

　　　　2. 판매품목

제4조 본 계약의 유효기간은 계약체결일로부터 1년간으로 한다. 단 기간만료 3개월 전에 "갑" 또는 "을"이 상대방에게 본 계약의 해약 또는 갱신 거절 또는 조건이나 내용 등의 변경에 관하여는 문서에 의한 의사표시가 없는 한 본 계약과 동일내용·동일조건으로 다시 1년간 계약을 계속하는 것으로 한다. 이후 기간만료시마다 동일하다.

제5조 영업료는 월 금 ○○○원으로 하고 매월 25일까지 그 익월분을 "갑"의 본사에 지참하여 지급한다.

제6조 전조에 규정하는 영업료는 본 계약 존속기간 중에도 물가 조세공과 또는 지대나 영업장소의 입지조건 기타 경제정세가 변화했을 경우, "을"의 영업성적의 향상 등에 의하여 "갑"이 영업료의 증액이 필요하다고 인정했을 경우에 "을"은 "갑"의 요구에 따라 이의없이 승낙하여야 한다.

제7조 "을"은 제3조에 규정한 판매품의 가격을 시중 일반의 가격을 표준으로 하여

이를 정하고 문서에 의하여 "갑"의 승인을 받아야 한다. 전항에 규정한 판매품의 가격을 변경할 경우도 동일하다.

제8조   "을"은 영업을 함에 있어 "갑"의 명예 및 신용을 훼손하는 행위를 하여서는 아니된다. "을" 또는 "을"의 사용인이 고의·과실 또는 해태 등으로 인하여 제삼자에게 손해를 주었을 경우 "을"의 책임하에 즉시 이를 적법하고 유감이 없도록 처리하지 않으면 아니된다.

제9조   "을" 또는 "을"의 사용인이 고의·과실 또는 해태 등으로 "갑"에게 손해를 끼쳤을 때는 "을"은 "갑"에게 그 손해를 배상하여야 한다.

제10조   여하한 경우에 있어서도 제삼자에 대하여 본 계약상의 권리를 양도, 전대, 매매를 하여서는 아니된다.

제11조   "을"은 매점·점포 등의 건물 또는 부속설비의 증·개축·변경 또는 위치이전을 할 경우 미리 문서로 "갑"의 승인을 받아야 한다. 전항의 증·개축, 변경 또는 위치이전은 "을"의 부담으로 하고 공사완료와 동시에 건물 및 부속설비는 모두 "갑"의 소유로 한다.

제12조   매점 또는 점포 등의 건물 이에 부속하는 설비에 필요한 수선에 관하여도 전조와 동일하다.

제13조   "갑"의 사정으로 인하여 매점·점포 등의 건물 또는 설비의 위치이전 및 개수를 명할 수 있다. 이 경우 "을"은 즉시 이의 없이 "갑"의 명령을 승락하고 이에 요한 비용의 일부를 부담하여야 한다.

제14조   "을"은 폐업 또는 휴업을 한 경우 미리 문서로 "갑"의 승인을 받아야 한다.

제15조   "갑"은 사정에 따라 "을"에게 영업의 정지 또는 휴지를 명할 수 있다. "을"은 전항에 규정한 명령을 받은 즉시 영업을 정지 또는 휴지하고 사후의 조치에 관하여 "갑"의 지휘·감독에 복종하여야 한다.

제16조   "을"은 "갑"이 승인하는 ○○○에 거주하는 연대보증인을 세우지 않으면 아니된다. 전항에 규정하는 연대보증인은 모두 "을"과 함께 연대책임이 있으며 본 계약상의 채무자의 채무를 보증하고 "을"과 연대하여 채무를 이행하지 않으면 아니된다.

제17조   "을"은 영업 중 다음의 사항을 엄수하지 않으면 아니된다.

1. "을"은 소정의 장소를 청소하고 복장·판매품 및 용기는 항상 청결을 보지하고 또 인기에 주의하여 건물구조 및 설비의 관계에 따라 소화기를 설치하지 않으면 아니된다.

2. "을" 또는 "을"의 사용인은 승강객에 대하여 비평의 언동은 물론 역구내에서 고성방가·소란 등의 행위 및 운수상 지장을 초래할 행위를 하여서는 아니된다.

제18조 "갑"은 다음의 경우에는 "을"에 대한 일방적 의사표시로서 본 계약을 해제하고 본 물건의 명도를 요구할 수 있다. 전항에 규정한 "갑"의 요구에 의하여 "을"은 즉시 본 물건을 본 계약체결 시의 원상으로 회복하고 이를 "갑"에게 인도하여야 한다. 단, 원상회복 및 인도는 모두 "을"의 부담으로 이를 행하고, 하등의 명목 이유의 여하는 불문하고 이전 또는 배상금 등에 관한 일체의 비용을 청구할 수 없다.

1. 제15조에 규정하는 "갑"의 영업정지명령에 의한 경우.

2. 천재사변·법령 또는 기타 불가항력의 사유로 인하여 본 계약이 이행불능으로 인정되는 사태가 발생했을 경우나 영업불능으로 되었을 경우

3. 본 계약에 위배하는 행위를 했을 경우

4. 영업료를 3개월 이상 체납했을 경우

제19조 "갑"이 "을"에게 "갑"의 전기·수도의 사용을 인정했을 경우 "갑"은 그 요금에 관하여 따로 이를 징수한다. 상기 계약을 증명하기 위하여 본 증서 2통을 작성하고 각자 1통을 보유한다.

2000. 0.   .

갑	㉑	사업자 등 록 번 호		사무소	
				전 화 번 호	
을	㉑	주민등 록번호		주 소	
				전 화 번 호	

5. 기 타

[서식] 임대차계약 갱신청구서

임대차계약갱신청구서

　20○○년 ○월 ○일자로 임대인 ○○○와 체결한 식목을 목적으로한 토지 임대차계약에 따라, 임차하고 있는 ○○시 ○○구 ○○동 소재 ○○○평방미터 토지에 대해 임차인의 임차권이 20○○년 ○월 ○일자로 존속기간이 만료되어 소멸예정입니다. 그러나, 위 토지 상에는 본인이 식재한 수목이 현존하고 있으므로 계약의 갱신을 청구합니다.

20○○년 ○월 ○일

임차인 ○　○　○
　　　　○○시 ○○구 ○○길 ○○번지

임대인 ○　○　○　귀하
　　　　○○시 ○○구 ○○길 ○○번지

임대차계약 갱신거절통지서

본인 소유의 ○○도 ○○군 ○○면 ○○리 ○○대지 300평방미터에 대한 귀하와의 3
년의 토지임대차계약이 20○○년 ○월 ○일 기간만료로써 소멸되었으나 귀하는 위 대
지를 더 사용할 사정이 있다는 이유로 위 계약의 갱신을 요청하였는바, 본인은 조만
간 위 지상에 주택을 건립할 예정에 있으므로 귀하의 갱신청구를 거절합니다.

20○○년 ○월 ○일

토지임대인 : ○　○　○ (인)
○○시 ○○구 ○○길 ○○

토지임차인 :　양 ○ ○ 귀 하
○○시 ○○구 ○○길 ○○

[서식] 임대차계약 해지통지

임대차계약해지통지

수 신 인 임 대 인 ○ ○ ○
　　　　　　　　　주소 : ○○시 ○○구 ○○길 ○○

발 신 인 임 차 인 ○ ○ ○
　　　　　　　　　주소 : ○○시 ○○구 ○○길 ○○

목적물 : ○○시 ○○구 ○○길 ○○○번지 ○○호 철근콘크리트 기와지붕 4층 건물 중 3층 302호

제목 : 임대차계약해지

상기 물건지에 대해서 임대인과 임차인은 20○○년 ○월 ○일부터 20○○년 ○월 ○일까지 ○년간 임대차계약을 체결하였는 바, 20○○년 ○월 ○일에 계약이 종료되므로 이에 계약을 해지하고자 본 통지서를 보냅니다. 20○○년 ○월 ○일까지 건물을 비우겠사오니 이때에 맞추어 임대차보증금 전액을 반환해주시기를 부탁드립니다.

20○○년 ○월 ○일

임차인 ○ ○ ○ (인)

[서식] 부속물매수청구서

부 속 물 매 수 청 구 서

본인이 20ㅇㅇ년 ㅇ월 ㅇ일 귀하와 체결한 귀하 소유의 ㅇㅇ시 ㅇㅇ구 ㅇㅇ동 ㅇㅇ번지 대지에 관한 토지임대차계약이 20ㅇㅇ년 ㅇ월 ㅇ일의 경과로서 기간 만료 되었습니다. 또한 본인은 20ㅇㅇ년 ㅇ월 ㅇ일 귀하에게 계약의 갱신을 청구하였으나, 귀하로부터 이에 대한 거절의 통지를 받았습니다. 이에 본인은 귀하에게 위 대지상에 존재하는 본인 소유의 별지 기재 건물 및 본인이 권원에 의하여 위 대지에 부속시킨 것을 시가로 매수하여 주실 것을 청구합니다.

20ㅇㅇ년 ㅇ월 ㅇ일

임 차 인   ㅇ   ㅇ   ㅇ (인)

임대인(토지소유자)   ㅇ   ㅇ   ㅇ   귀 하
ㅇㅇ시 ㅇㅇ구 ㅇㅇ길 ㅇㅇ

임대차계약 종료 후의 토지 인도 최고장

본인과 귀하 사이에 ○○시 ○○구 ○○동 ○○대지에 관하여 체결된 토지임대차계약이 20○○년 ○월 ○일이 경과함으로써 종료되었습니다. 본인이 귀하에게 위 토지를 인도하여 줄 것을 여러 차례 최고하였음에도 불구하고, 귀하는 현재까지 이를 이행하지 않고 있습니다. 귀하의 계속적인 토지 사용으로 인하여 본인은 상당한 손해를 입고 있으므로, 본 통지서를 받는 즉시 위 토지를 인도하여 줄 것을 최고합니다.

20○○년 ○월 ○일

토지소유자　○　○　○ (인)
　　　　　　　○○시 ○○구 ○○길 ○○

임　차　인　○　○　○ 귀하
　　　　　　　○○시 ○○구 ○○길 ○○

제3장 내용증명

제1절 의의

어떤 사실에 대하여 그 내용을 증거로 보전하는 방법에는 여러 가지가 있는데, 임대차 계약에서 가장 보편적으로 사용하고 있는 방법이 내용증명이다. 내용증명이란 어떤 내용의 것을 언제 누가 누구에게 발송하였는가 하는 사실을 발송인이 작성한 등본에 의하여 우체국장이 공적인 입장에서 증명하는 제도이다(우편법시행규칙 제46조). 즉 법률상 각종의 최고(催告)·승인(承認)·위임(委任)의 해제·취소 등 권리 의무의 변경 기타로 후일 당사자간의 분쟁 등이 생겼을 때의 증거로서 소송이나 재판에 도움을 주기 위한 제도이다.

제2절 작성방법

구두로 계약을 하고 서로 약속을 받아 내는 것보다는 향후 문제들이 발생되었을 때 증거가 될 수 있도록 글로써 양식을 작성하여 보는 게 매우 중요하다. 이러한 증거물로 활용되는 내용증명을 작성하고자 하는 분들은, 우선 이를 작성하는 사람과 그리고 상대방의 신상 정보를 정확하게 기입을 하여야 한다. 이름과 함께 주민등록번호, 전화번호와 주소 등을 빠짐없이 기록하여 내용증명을 작성하는 것이 향후 소송 등의 분쟁 시당사자의 확정 및 특정을 할 경우 여러모로 유리하다. 이때 작성일자와 도장 또는 직인을 찍어 사실 확인을 하여 보는 게 내용증명작성방법에 확실한 도움이 될 수 있으니이점을 기억하여야 할 것이다.

다음으로, 내용에 대한 면인데, 작성하는 본인이 상대방에게 내용적으로 분명히 해두어야 하는 사항, 특히 임대차계약의 경우 임대차계약 해지의 사실, 해제의 사실 등 기간상확정되어야 하는 경우가 많은 데 이 때 내용증명을 통해 그 증거를 확보하는 장점이 뚜렷하다. 또는 손해배상의 청구를 위해 현재 임대차목적물에 발생한 상황 등을 상대방에게 통지함으로써 향후 발생할 분쟁에 대비할 수 있을 것이다.

제3절 발송방법

기록취급을 하지 않는 통상우편으로는 증명을 할 수 없으므로 반드시 등기우편으로 하여 기록을 남겨야 하며, 또 언제 배달하였다는 것을 증명하는 '배달증명' 우편물로서 발송하면 완전하다. 내용증명 우편물은 보통 3통을 작성하여 1통은 내용문서의 원본으로서 수취인에게 우송하고, 등본 2통은 우체국과 발송인이 각각 1통씩 보관한다. 발송인은 내용증명 우편물을 발송한 날로부터 3년 이내에 한하여 발송 우체국에서 재차 증명을 받거나 등본의 열람을 청구할 수 있다. 이때에는 특수우편물의 수령증을 제시하여야 한다.

제4절 사례별 예시

I. 계약 계속 중

1. 계약 계속 중 임차목적물의 수리 등 요구

[사례] 임차건물의 하자보수를 임대인에게 청구하고자 할 때

통 지 서

받는 사람   성 명 :
               주 소 :

보내는 사람   성 명 :
               주 소 :
               연락처 :

부동산의 표시 :

1. 삼가 귀댁의 안녕을 기원합니다.

2. 귀하는 위 부동산의 소유주로서 이에 대하여 본인과 임대보증금 ㅇㅇㅇ원, 임대기간을 20ㅇㅇ. ㅇ. ㅇ. 부터 2년간으로 하는 임대차계약을 체결한 바 있습니다.

3. 그러나 본인은 위 건물을 사용하던 도중 지붕에 하자가 발생하여 비만 오면 물이 새어나 들어와서 생활하는데 막대한 지장을 주고 있어 이에 대하여 임대인인 귀하에게 구두상으로 수차에 걸쳐 보수를 요구하였으나 귀하가 보수를 하여주지 않아 이에 정식으로 보수하여 주실 것을 독촉하는 바이오니, 조속한 시일 내에 하자를 보수하여 주시기 바랍니다.

20ㅇㅇ. ㅇ. .

위 발신인 :   (인)

통 지 서

받는 사람   성 명 :

　　　　　　 주 소 :

보내는 사람   성 명 :

　　　　　　 주 소 :

　　　　　　 연락처 :

부동산의 표시 :

1. 삼가 귀댁의 안녕을 기원합니다.

2. 본인은 위 부동산의 소유주로서 이에 대하여 귀하와 임대보증금 금 ○○○원, 월임료 금 ○○○원, 임대기간을 20○○. ○. ○.부터 2년간으로 하는 임대차계약을 체결한 바 있습니다.

3. 그러나 귀하는 20○○. ○.월경 임대인인 본인과 사전에 한마디 동의도 없이 일방적으로 임차한 건물의 원형을 변경하고 불법으로 증축하였습니다. 따라서 본인은 귀하의 불법행위를 이유로 임대차계약의 해지를 통보하는 바이므로, 귀하는 20○○. ○. ○.까지 일방적으로 원형을 변경한 부분과 증축한 부분에 대해서 원상태로 복구하여 주시기 바라며, 이와 동시에 점유하고 있는 건물을 명도하여 주시기 바랍니다.

4. 혹 귀하가 원상복구와 명도일시를 아무런 권한 없이 지체할 경우 본인은 건물명도 및 원상회복 청구소송을 제기할 것은 물론이고 이에 따른 제반비용을 전가할 것이오니 부디 불미스러운 일이 발생하지 않도록 많은 협조 부탁드립니다.

20○○. ○. .

위 발신인 :　　　　　 (인)

[사례] 임차건물의 용도 이외의 사용중지를 촉구하고자 할 때

통 지 서

받는 사람　　　성　명 :

　　　　　　　　주　소 :

보내는 사람　　성　명 :

　　　　　　　　주　소 :

　　　　　　　　연락처 :

1. 삼가 귀댁의 안녕을 기원합니다.

2. 본인이 귀하에게 임대중인 ○○시 ○○로 ○○(○○동) 소재 철근 콘크리트조 건평 ○○평의 건물은 당초 주거용으로만 사용한다는 조건으로 임대차계약을 체결하였음을 귀하께서도 잘 알고 있을 것입니다.

3. 그러나 귀하께서는 본인도 모르는 사이에 동 건물에 스텐드 바를 설비하여 유흥음식점으로 사용을 하고 있습니다. 위와 같은 귀하의 행위는 명백히 계약위반일 뿐만 아니라 동 건물이 주택가 한복판에 위치하고 있는 관계로 심야에 발생하는 밴드음악이 매우 시끄러워 주위의 주민들로부터 소음을 제거해 달라는 진정이 끊이지 않고 있습니다.

4. 귀하께서는 스탠드바 영업을 즉시 중지하시고 본래 계약 내용대로 주거용으로만 사용할 것을 요구합니다.

20○○.　○.　　.

위 발신인 :　　　　　　(인)

통 지 서

받는 사람 성 명 :

      주 소 :

보내는 사람 성 명 :

      주 소 :

      연락처 :

부동산의 표시 :

1. 삼가 귀댁의 안녕을 기원합니다.

2. 다름이 아니옵고 귀하는 위 부동산의 소유주로서 이에 대하여 임대보증금 ○○○
원, 임대기간을 20○○. ○. ○.부터 2년간으로 하는 임대차계약을 본인과 체결한
바 있습니다.

3. 그러나 본인은 위 건물을 사용하던 도중 지붕에 하자가 발생하여 비만 오면 물이
새어나 들어와서 생활하는데 막대한 지장을 주고 있어 이에 대하여 임대인인 귀하
에게 구두상으로 수차에 걸쳐 보수를 요구하였으나 귀하가 보수를 하여주지 않아
이에 정식으로 보수하여 주실 것을 독촉하는 바이오니 조속한 시일 내에 하자를
보수하여 주시기 바랍니다.

20○○. ○. .

위 발신인   (인)

[사례] 임차인이 임대건물의 수리를 요청하고자 할 때

통 지 서

받는 사람   성 명 :

                주 소 :

보내는 사람   성 명 :

                주 소 :

                연락처 :

1. 귀하의 무궁한 발전을 기원합니다.

2. 본인이 귀하로부터 임차하여 사용하고 있는 다음 부동산의 표시 기재의 건물은 지난 20○○년 ○월 장마이후 지방의 손상이 너무 심하여 빗물의 누수가 심하니 조속한 수리가 필요합니다. 임대차 계약의 성질상 임대목적물의 수리책임은 임대인에게 있는 것으로 알고 있습니다. 본인과 가족은 위 지붕누수로 인하여 장롱의 일부가 썩는 등 가재에 손상을 입었습니다. 그러니 바쁘시더라도 조속한 시일 내에 위 공사를 해주시기를 청구하는 바입니다.

3. 혹 귀하가 아무런 이유 없이 본인의 요구를 이행하지 않을 경우 본인은 제3자에게 하자보수를 하고 이에 따른 보수비용 등 청구의 소송을 제기할 수밖에 없사오니 불미스러운 일이 발생하지 않도록 협조하여 주시기 바랍니다.

                              － 부동산의 표시 －

                                20○○. ○. .

                        위 발신인 :   (인)

2. 임대료 등 독촉

[사례] 임대인이 임차인에게 점포에 대한 임대료 독촉을 할 때

통 지 서

받는 사람   성 명 :
                  주 소 :

보내는 사람   성 명 :
                  주 소 :
                  연락처 :

1. 귀댁의 안녕을 기원합니다.

2. 귀하와 본인간에 본인소유의 ○○시 ○○구 ○○로 ○○(○○동) 소재 건물 ○층 점포를 보증금 ○○○원에 월 임료 ○○○원으로 하는 임대차계약을 체결하고 특약으로 귀하께서 월 임료를 3개월 이상 연체시 임대차계약을 해지할 수 있도록 하였습니다.

3. 그런데 귀하께서는 20○○. ○. ○.부터 같은 해 ○. ○.까지 4개월간의 임대료금 ○○○원이 미납된 채 본인의 수차의 독촉요구에도 지급하지 아니한 채 현재에 이르고 있어 부득이 본 내용증명을 발부하게 되오니 귀하께서는 20○○. ○. ○. 까지 위 연체된 임대료를 지불하여 주시기 바랍니다.

4. 아울러 이를 지급치 아니하면 본인과 귀하간의 임대차계약을 별도의 통지없이 해지하게 됨을 알려드리오니 기일을 엄수하여 주시기 바랍니다.

20○○. ○.   .

위 발신인 :   (인)

통 지 서

받는 사람   성 명 :
               주 소 :

보내는 사람   성 명 :
               주 소 :
               연락처 :

부동산의 표시 :

1. 삼가 귀댁의 안녕을 기원합니다.

2. 본인은 위 부동산의 소유주로서 이에 대하여 귀하와 임대보증금 ○○○원, 월임료 금 ○○○원, 임대기간을 20○○. ○. ○.부터 2년간으로 하는 임대차계약을 체결한 바 있습니다.

3. 그러나 귀하는 위의 계약과는 달리 20○○. ○.월분부터 현재까지 월임료를 일체 지급하지 않은 상황으로 현재 연체된 월임료 만도 금 ○○○원에 달할 정도입니다. 이에 본인은 귀하에게 수차에 걸쳐 연체된 임료를 지급할 것을 독촉하였음에도 불구하고 귀하는 이에 대하여 전혀 반응이 없어 본인은 본 내용증명을 통하여 임대차계약을 해지함을 정식으로 통보하는 바이오니 20○○. ○. ○.까지 연체된 임대료 금 ○○○원의 지급과 귀하가 점유하고 있는 건물을 명도하여 주시기 바랍니다.

4. 혹 귀하가 명도일시와 연체된 임대료의 지급을 아무런 권한 없이 지체할 경우 본인은 건물명도 및 월임료의 청구소송을 제기할 것은 물론이고 이에 따른 제반 비용의 전가와 그간의 연체된 월임료에 대해서도 소송을 통하여 연 20%의 이자를 가산할 것이오니 부디 불미스러운 일이 발생하지 않도록 많은 협조 부탁드립니다.

20○○. ○. .

위 발신인 :   (인)

3. 차임증감청구

[사례] 임차인이 차임의 감액을 청구하고자 할 때

통 지 서

받는 사람   성 명 :

             주 소 :

보내는 사람   성 명 :

             주 소 :

             연락처 :

1. 삼가 귀댁의 안녕을 기원합니다.

2. 본인은 귀하로부터 다음 부동산의 표시 기재의 건물을 20○○. ○. ○.부터 1개월 임료 금 ○○○원에 빌려 쓰고 있습니다만, 지난 20○○년 초에 있었던 태풍으로 인하여 지붕의 일부가 파손되어 내려 앉게 되었고 급기야는 외부와 맞닿게 되어 그 부분은 더 이상 방으로 쓸 수 없게 되었습니다.

3. 본인이 이와 같은 사실을 우려하여 누차에 걸쳐 귀하에게 수선해 줄 것을 통지하였으나 귀하께서는 아무런 조치를 해 주시지 아니하셨습니다. 따라서 본인은 위 건물에 대한 임대료를 20○○. ○월분부터는 제가 사용하지 못하는 부분을 감안하여 월 금 ○○○원으로 감액하여 지불하겠습니다. 부디 양해하여 주시기 바랍니다.

– 부 동 산 의 표 시 –

20○○. ○. .

위 발신인 :   (인)

통 지 서

받는 사람   성 명 :

                주 소 :

보내는 사람   성 명 :

                주 소 :

                연락처 :

1. 귀하의 무궁한 발전을 기원합니다.

2. 귀하는 ○○군 ○○면 ○○로 ○○ 시멘트블록조 슬래브지붕 1층 주택의 소유주로서 이에 대하여 임대보증금 ○○○원, 월임료 금 ○○○원, 임대기간을 20○○. ○. ○.부터 2년간으로 하는 임대차계약을 본인과 체결한 바 있습니다.

3. 그러나 귀하는 위의 계약과는 달리 계약한지 1년이 지난 20○○. ○. ○.부터 월임료를 지금의 금액보다 2배에 이르는 금 ○○○원으로 인상을 한다고 일방적으로 통보를 하였습니다.

4. 그러나 이런 귀하의 통보는 주택임대차보호법상 연 5%를 넘지 못한다는 내용에 위배되는 행위이고, 또한 귀하는 임대차계약 기간을 2년으로 정하였음에도 불구하고 임대기간이 종료되지도 않은 시점에서 월 임료를 인상하는 것 또한 주택임대차보호법에 위배되는 행위라고 할 것으로서 본 내용증명을 통하여 귀하의 계약변경 통보는 무효임을 통보하는 바이니 양해하여 주시기 바랍니다.

20○○. ○. .

위 발신인 :   (인)

4. 전대 등

[사례] 임차인의 사정에 의하여 임차건물을 전대할 때

통 지 서

받는 사람   성   명 :
                      주   소 :

보내는 사람   성   명 :
                      주   소 :
                      연락처 :

부동산의 표시 :

1. 삼가 귀댁의 안녕을 기원합니다.

2. 귀하는 위 건물의 소유주로서 이에 대하여 본인과 임대보증금 ○○○원, 임대기간을 20○○. ○. ○.부터 2년간으로 하는 임대차계약을 체결하였습니다.

3. 그러나 본인은 개인적인 사정에 의하여 위 임대차 부분을 ○○○에게 20○○. ○. ○.자로 전대하여 이를 귀하에게 통보하는 바이오니 이점 양지하여 주시고, 본인의 책임 하에 전대하였으므로 이로 인하여 귀하에게 있을 불이익은 전혀 없을 것으로 예상되오니 널리 이해하여 주시기를 바라는 바입니다.

4. 본인이 내용증명서를 발송하는 것은 서로간의 의사표현을 서면상으로 하는 것이 현명할 것으로 판단되어 발송하는 것이오니 부디 너그러운 마음으로 이해하시기 바랍니다.

20○○. ○.   .

위 발신자 :   (인)

---

5. 계약내용의 변경 등

[사례] 임대차계약 면적의 착오발생에 따라 임차인이 계약변경 등을 요청할 때

통 지 서

받는 사람   성 명 :

           주 소 :

보내는 사람   성 명 :

           주 소 :

           연락처 :

부동산의 표시 :

1. 삼가 귀댁의 안녕을 기원합니다.

2. 귀하는 위 부동산의 소유주로서 이에 대하여 본인과 임대보증금 ○○○원, 임대기간을 20○○. ○. ○.부터 2년간으로 하는 임대차계약을 체결한 바 있습니다.

3. 그러나 본인은 귀하가 위의 임대차계약상의 면적이 ○○㎡이라고 주장하여 이에 계약을 하였으나 본인이 사용하고 있는 실재 면적은 ○○㎡이므로 이는 계약서상과 판이하게 차이가 나므로 본 내용증명을 통하여 이를 바로잡음은 물론이고 이에 따른 보증금의 차액을 반환할 것을 요구하오니 20○○. ○. ○.까지 이를 이행하여 주시기 바랍니다.

4. 혹 귀하가 아무런 이유없이 위의 이행을 지체할 경우 본인은 임대차계약을 귀하의 과실을 원인으로 해지함은 물론이고 보증금의 반환 및 위약금 청구소송을 제기할 것이오니 부디 불미스러운 일이 발생하지 않도록 많은 협조 부탁드립니다.

20○○. ○. .

위 발신인 : (인)

[사례] 임대차계약 연장을 임대인이 거절하고자 할 때

통 지 서

받는 사람   성 명 :

              주 소 :

보내는 사람   성 명 :

              주 소 :

              연락처 :

1. 삼가 귀댁의 안녕을 기원합니다.

2. 본인이 귀하에게 임대하고 있는 아래 기재 건물의 임대기간은 20○○. ○. ○.까지로 약정되어 있습니다.

3. 위 임대차기간 종료 후에는 아래 건물을 본인이 사용할 필요가 있어 귀하와의 임대차계약을 갱신 할 수 없으므로 주택임대차보호법 제6조에 의하여 개약갱신의 거절을 통지하는 바입니다.

4. 그러므로 임대기간 만료 시에는 아래 부동산(건물)을 명도하여 주시기 바랍니다.

– 부동산의 표시 –

20○○. ○. .

위 발신인 :   (인)

통 지 서

받는 사람   성 명 :

주 소 :

보내는 사람   성 명 :

주 소 :

연락처 :

1. 삼가 귀댁의 안녕을 기원합니다.

2. 본인은 귀하에게 ○○시 ○○구 ○○로 ○○(○○동) 소재 본인 소유의 ○○ 빌딩 제5번째 층 전체를 1개월 금 ○○○원에 임대하였는바, 지난 ○월말일로 벌써 만 ○년이 경과하게 되었습니다.

3. 그러나 귀하께서도 잘 아시다시피 그 동안의 물가가 상승하였을 뿐만 아니라 건물 분 재산세를 포함하여 각종의 제공과금이 증액되고 있어 인근 건물의 임대료도 현저하게 상승하였습니다. 따라서 현재의 1개월 금 ○○○원은 상당하지 아니하다고 생각하는 것입니다. 그리하여 부득불 임대료를 20○○. ○월분부터 1개월 금 ○○○원으로 인상하지 않을 수 없음을 통보하오니 양해하여 주시기 바랍니다.

4. 본 금액은 최소한의 증액이라 사료되오니, 금년 ○월분부터는 증액된 대로 매월 말일에 본인의 거소에 지참하여 다음달 분 임대료를 지불하시기 바랍니다.

20○○. ○. .

위 발신인 :   (인)

[사례] 임대권에 대해 승계를 통지하고자 할 때

통 지 서

받는 사람   성 명 :

                주 소 :

보내는 사람   성 명 :

                주 소 :

                연락처 :

1. 발신인의 모친과 귀하는 아래 부동산을 임대차하기 위해 다음과 같은 조건으로 임대차 계약을 체결하였습니다.

– 다   음 –

    가. 임대차물건 소재지 : ○○시 ○○구 ○○로 ○○(○○동)

    나. 임대차 기간 : 20○○. ○. ○.부터 20○○. ○. ○.까지

    다. 임대보증금 : ○○○(m^2)당 금 000원

2. 그러나 발신인의 모친이 20○○. ○. ○. 심장질환으로 운명하시어 본 부동산을 본인이 상속하여 등기를 마쳤습니다.

3. 따라서 발신인이 모친의 권리와 의무를 승계받아 위 부동산에 대한 임대권을 가지고 있음을 통보합니다. 이 서면을 받은 후부터는 위 부동산에 대한 임대료는 발신인에게 지급하여 주시길 요청합니다.

20○○. ○. .

위 발신인 :   (인)

[사례] 전대차계약에 대하여 임대인의 동의를 구할 때

통　지　서

받는 사람　　성　명 :
　　　　　　　주　소 :

보내는 사람　성　명 :
　　　　　　　주　소 :
　　　　　　　연락처 :

1. 삼가 귀댁의 안녕과 번영을 기원합니다.

2. 아뢰올 말씀은 귀하와의 임대차계약서와 같이 ○○시 ○○로 ○○(○○동) 소재 귀하의 2층 주택 중 1층 부분 ○○㎡를 임차하여 살고 있습니다.

3. 하온데 본인의 시골에 계신 노모님의 병환으로 갑자기 시골로 이사를 내려가야겠기에 동 주택은 임대차기간이 아직 ○개월 남아있으므로 이를 본인의 동생 ○○○ 에게 양도하여 주고자 하오니 이를 허락하여 주시기 바라옵기에 본 통지서를 발송하오니 조속한 시일 내에 회답하여 주시기 바랍니다.

20○○.　○.　　.

위 발신인 :　　　　　(인)

II. 계약의 종료

1. 계약종료의 통지

[사례] 임대인이 계약연장 의사가 없어 집을 비워줄 것을 요구할 때

통 지 서

받는 사람   성 명 :

                  주 소 :

보내는 사람   성 명 :

                  주 소 :

                  연락처 :

부동산의 표시 :

1. 삼가 귀댁의 안녕을 기원합니다.

2. 본인은 위 부동산의 소유주로서 이에 대하여 귀하와 임대보증금 ○○○원, 임대기간을 20○○. ○. ○.부터 2년간으로 하는 임대차계약을 체결하였는 바, 돌아오는 20○○. ○. ○.이 임대기간이 종료되는 날로서 본인은 더 이상 계약을 연장할 의사가 없어 본 내용증명을 통하여 임대기간이 종료됨과 동시에 본 계약을 해지할 것을 통보하오니 계약이 종료되는 날까지 본인에게 위 부동산을 명도하여 주시기 바라옵고, 아울러 본인도 명도와 동시에 위 임대보증금을 지불할 것임을 통보하는 바입니다.

3. 본 내용증명서를 발송하는 것은 서로간의 의사표현을 서면상으로 하는 것이 현명할 것으로 판단되어 발송하는 것이오니 부디 너그러운 마음으로 이해하시기 바랍니다.

20○○. ○. .

위 발신인 :   (인)

[사례] 토지임대차계약에 대한 임대인의 해지 요구

통 지 서

받는 사람   성 명 :

             주 소 :

보내는 사람   성 명 :

             주 소 :

             연락처 :

1. 삼가 귀댁의 안녕을 기원합니다.

2. 본인은 귀하에게 20○○. ○. ○. ○○시 ○○동 ○○번지 소재 답 ○○㎡를 연 ○○○원에 임대해 주었는데 금번 ○○에 있던 아들 ○○○이 실직을 하여 농사를 지으려고 하는 까닭에 귀하에게 임대한 상기 토지를 올해 추수를 끝내고 그 임대관계를 해지하려고 합니다.

20○○. ○. .

위 발신인 :   (인)

[사례] 임대인이 토지임대차 계약갱신 요구에 거절을 할 때

통 지 서

받는 사람   성   명 :

                 주   소 :

보내는 사람   성   명 :

                 주   소 :

                 연락처 :

1. 본인이 귀하에게 20○○. ○. ○.에 임대한 위 토지에 대하여 20○○. ○. ○.에 계약기간이 만료됩니다.

2. 귀하께서는 20○○. ○. ○. 내용증명우편으로 본인에게 전과 동일한 조건으로 계약기간의 갱신을 청구하였습니다.

3. 그러나 본인의 부득이한 사정으로 위 토지를 직접 사용하여야 하므로 계약기간을 갱신할 수 없음을 알려드리오니 양지하시기 바라며, 계약기간 만료시 위 토지를 인도하여 주시기 바랍니다.

20○○.   ○.   .

위 발신인 :   (인)

[사례] 임대인의 사망으로 상속인에게 계약해지를 통보하고자 할 때

통 지 서

받는 사람   성 명 :

                주 소 :

보내는 사람   성 명 :

                주 소 :

                연락처 :

부동산의 표시 :

1. 삼가 귀댁의 안녕을 기원합니다.

2. 다름이 아니옵고 본인은 귀하의 가장이던 ○○○와 위 건물에 대하여 임대보증금 ○○○원, 임대기간을 20○○. ○. ○.부터 2년간으로 하는 임대하는 임대차계약을 체결하였습니다.

3. 그러나 2개월 후면 임대계약이 종료가 되는 바, 본인은 더 이상의 계약의 연장을 원하지 않고 있는 데, 임대인인 ○○○가 사망하여 부득이 ○○○의 상속인들인 귀하 및 다른 상속인들에게 각 통보하오니 본인은 계약종료와 동시에 본인의 점유부분을 명도할 것으로 이에 따른 보증금을 지급하여 주실 것을 아울러 통보하는 바입니다.

4. 본인이 내용증명서를 발송하는 것은 서로간의 의사표현을 서면상으로 하는 것이 현명할 것으로 판단되어 발송하는 것이오니 부디 너그러운 마음으로 이해하시고 본 내용에 있어 차질 없는 처리 부탁드립니다.

20○○. ○. .

위 발신인 :   (인)

통 지 서

받는 사람　　　성　명 :
　　　　　　　　주　소 :

보내는 사람　　성　명 :
　　　　　　　　주　소 :
　　　　　　　　연락처 :

부동산의 표시 :

1. 삼가 귀댁의 안녕을 기원합니다.

2. 본인은 ○○○소유의 위 부동산에 대하여 2년간으로 하는 임대차 계약을 체결하여 이를 다시 귀하에게 전대기간은 위와 같은 기간으로 하고, 보증금 ○○○원으로 하여 전대차 계약을 하였던 바, 돌아오는 20○○. ○. ○.이 본인의 임대기간이 종료되는 날로서 본인은 이미 더 이상 계약을 연장할 의사가 없어 위 부동산의 소유자인 ○○○에게 계약이 종료되면 임대차계약을 해지한다는 통보를 하였던 바, 이에 귀하에게도 본 내용증명을 통하여 임대기간이 종료됨과 동시에 계약을 해지할 것을 통보하는 바입니다.

3. 따라서 귀하는 계약이 종료되는 대로 위 부동산에 대하여 명도할 것이므로 촉구하는 바이고, 본인 또한 차질없이 위 보증금 금 ○○○원을 지급하여 줄 것임을 통보합니다.

4. 본 내용증명서를 발송하는 것은 서로간의 의사표현을 서면상으로 하는 것이 현명할 것으로 판단되어 발송하는 것이오니 부디 너그러운 마음으로 이해하시기 바랍니다.

20○○. ○. .

위 발신인 :　　　　　(인)

[사례] 임대건축물의 무단변경으로 인한 임대차계약을 해지하고자 할 때

최 고 장

받는 사람   성 명 :

               주 소 :

보내는 사람   성 명 :

               주 소 :

               연락처 :

1. 삼가 귀댁의 안녕을 기원합니다.

2. 본인은 위 부동산의 소유주로서 이에 대하여 귀하와 임대보증금 금 ○○○원, 월임료 금 ○○○원, 임대기간을 20○○. ○. ○.부터 2년간으로 하는 임대차계약을 체결한 바 있습니다.

3. 그러나 귀하는 20○○년 ○월 임대인인 본인과 사전에 한마디 동의도 없이 일방적으로 임차한 건물의 원형을 변경하고 불법으로 증축하였습니다. 따라서 본인은 귀하의 불법행위를 이유로 임대차계약의 해지를 통보하는 바이므로, 귀하는 20○○. ○. ○.까지 일방적으로 원형을 변경한 부분과 증축한 부분에 대해서 원상태로 복구하여 주시기 바라며, 이와 동시에 점유하고 있는 건물을 명도하여 주시기 바랍니다.

4. 혹 귀하가 원상복구와 명도일시를 아무런 권한 없이 지체할 경우 본인은 건물명도 및 원상회복 청구소송을 제기할 것은 물론이고 이에 따른 제반비용을 전가할 것이오니 부디 불미스러운 일이 발생하지 않도록 많은 협조 부탁드립니다.

20○○. ○. .

위 발신인 :   (인)

통 지 서

받는 사람　　성 명 :
　　　　　　　주 소 :

보내는 사람　　성 명 :
　　　　　　　주 소 :
　　　　　　　연락처 :

1. 귀하의 사업이 번창하시기를 기원합니다.

2. 아뢰올 말씀은 본인이 귀하에게 다음 기재 건물을 임대차기간을 정하지 아니하고 임대하였습니다.

3. 이에 본인은 동 건물을 ○○으로 개조하여 ○○으로 사용하고자 귀하와의 임대차 계약을 해제하고자 하오니 본 통지서를 받은 날부터 6월이 경과하면 본 건물을 비워주시기 바랍니다.

– 다　　음 –

○○시 ○○구 ○○로 ○○(○○동)
철근콘크리트 슬래브지붕 2층 사무소 및 주택
1층 ○○㎡
2층 ○○㎡ 전부

20○○.　○.　　.

위 발신인 :　　　　　(인)

답 변 서

받는 사람   성   명 :

               주   소 :

보내는 사람   성   명 :

               주   소 :

               연락처 :

1. 귀하의 임대차계약해약통지서를 20○○. ○. ○. 송달 받았습니다.

2. 본인은 귀하의 주장과 같이 주택임대차 계약에 따른 계약위반행위를 한 적이 없으며 만일 귀하가 이를 기화로 임대차계약을 해제하겠다면 본인이 보관하고 있는 보증금 ○○○원을 돌려 줄 수가 없습니다.

3. 따라서 귀하가 계약위반의 조건으로 제시하고 있는 내부시설물 등의 수리는 본인이 부동산 중개업소에서 중개사가 참석한 자리에서 본인이 전문업자를 불러 이를 수리하고자 하니 귀하가 직접 수리할 것이니 재료 등의 비용만 부담하라고 하여 구두합의 하여 귀하가 필요한 형태로 수리를 하고 그 비용을 적은 내역서를 청구하면 본인이 이를 지급하여 주겠다고 하였는데 그 이후 귀하는 이에 대하여 아무런 연락도 하지 않은 채 마치 본인이 귀하에게 수리비용을 부담하여 이를 수리하여 입주하라는 형태로 이야기하고 있는데 이는 허무맹랑한 사실무근의 이야기이며 이 사실은 당시 중개업소의 중개사에게 물어보면 상세히 알 수 있는 것이므로 의심스러우면 확인하시기 바랍니다.

4. 끝으로 본인은 본 계약서에 의하여 귀하가 이사를 하겠다면 임대차관계로 인정할 것이나 만약 귀하가 이사를 하지 아니하고 계약위반을 운운한다면 계약서에 따라 동 업무를 처리할 것이오니 양지하시기 바랍니다.

20○○. ○. .

위 발신인 :   (인)

2. 계약종료에 따른 보증금반환청구

[사례] 임차인이 계약연장의사가 없어 보증금반환을 청구할 때

통 지 서

받는 사람 　　성 명 :

　　　　　　　주 소 :

보내는 사람　　성 명 :

　　　　　　　주 소 :

　　　　　　　연락처 :

1. 삼가 귀댁의 안녕을 기원합니다.

2. 귀하는 위 부동산의 소유주로서 이에 대하여 임대보증금 ○○○원, 임대기간을 20
　○○. ○. ○.부터 2년간으로 하는 임대차계약을 본인과 체결하였던 바, 돌아오는
　20○○. ○. ○.이 임대기간이 종료되는 날로서 본인은 더 이상 계약을 연장할 의
　사가 없어 본 내용증명을 통하여 임대기간이 종료됨과 동시에 본 계약해지 할 것을
　통보하는 바입니다.

3. 따라서 본인은 계약이 종료되는 대로 위 부동산을 귀하에게 명도할 것이므로 귀하
　또한 차질 없이 본인에게 위 임대보증금을 지급하여 주실 것을 부탁드립니다.

4. 본 내용증명서를 발송하는 것은 서로간의 의사표현을 서면상으로 하는 것이 현명
　할 것으로 판단되어 발송하는 것이오니 부디 너그러운 마음으로 이해하시기 바랍
　니다.

20○○. ○. .

위 발신인 : 　　　　　(인)

[사례] 임대인이 보증금과 권리금을 반환하지 않을 때

통 지 서

받는 사람   성 명 :

             주 소 :

보내는 사람   성 명 :

             주 소 :

             연락처 :

부동산의 표시 :

1. 삼가 귀댁의 안녕을 기원합니다.

2. 위 부동산에 대하여 본인은 소유주인 귀하와 보증금 ㅇㅇㅇ원에 권리금 ㅇㅇㅇ원, 계약기간을 계약일로 부터 2년으로 하여 임대차계약을 체결하였습니다.

3. 그러나 계약서상에 계약이 종료되면 보증금은 물론 권리금 또한 지급하겠다고 명시한 바 있으므로, 귀하는 보증금과 권리금을 지불하여야 마땅할 것이나 계약이 종료된 현재 귀하는 보증금과 권리금은 지불하지 못하겠다고 버티고 있는 실정입니다. 따라서 본인은 본 내용증명을 통하여 임대차계약의 해지를 통보하고 20ㅇ ㅇ. ㅇ. ㅇ.까지 보증금과 권리금의 반환을 요구하는 바입니다.

4. 혹 위의 기간을 아무런 이유 없이 지키지 않을시 본인은 귀하를 상대로 보증금 및 권리금반환청구의 소를 제기함은 물론이고, 이에 따른 제반비용 또한 아울러 전가할 것이오니 부디 불미스러운 일이 발생하지 않도록 협조하여 주시기 바랍니다.

20ㅇㅇ. ㅇ. .

위 발신인 :   (인)

통 지 서

받는 사람   성 명 :
　　　　　　　　주 소 :

보내는 사람   성 명 :
　　　　　　　　주 소 :
　　　　　　　　연락처 :

부동산의 표시 :

1. 삼가 귀댁의 안녕을 기원합니다.

2. 본인은 위 부동산의 소유주로서 ○○○와 위 부동산에 대하여 2년간으로 하는 임대 차계약을 체결하였고, ○○○는 이를 다시 귀하에게 전대기간은 위와 같은 기간으로 하고, 보증금 ○○○원으로 하여 전대차계약을 체결하였습니다.

3. 그러나 귀하는 ○○○와의 계약이 종료되어 ○○○에게 보증금을 반환 받아야 하나 ○○○이 행방불명이 되었다는 이유로 계약당사자도 아니고 단지 건물의 소유주인 본인에게 귀하의 보증금을 돌려달라고 요구하고 있으나, 본인은 귀하와 계약한 당사자도 아니고 단지 건물의 소유주이므로 ○○○와 귀하간에 발생한 보증금 분쟁에 대하여 본인이 지급하여야 할 책임은 전혀 없음을 본 내용증명을 통하여 정식으로 통보하는 바입니다.

4. 따라서 귀하는 더 이상 본인에게 위와 같은 내용을 거론하지 않기를 바라며 혹 또다시 지급 당사자도 아닌 본인에게 지급을 요구하는 등의 행동을 할 경우 본인 또한 이에 적절한 행동을 취할 것이오니 부디 불미스러운 일이 발생하지 않도록 협조 바랍니다.

20○○. ○. .

위 발신인 : 　　　　　　(인)

통 지 서

받는 사람 　　성　명 :
　　　　　　　주　소 :

보내는 사람 　　성　명 :
　　　　　　　주　소 :
　　　　　　　연락처 :

부동산의 표시 :

1. 삼가 귀댁의 안녕을 기원합니다.

2. 홍길동은 명의상 소유자로 되어있으나 이는 명의신탁에 의한 소유자이며, 김갑동
   은 위 부동산의 실질적인 소유자로서 이에 대하여 임대보증금 ○○○원, 임대기간
   을 20○○. ○. ○.부터 2년간으로 하는 임대차계약을 본인과 체결하였던 바, 본인
   은 계약만기일인 20○○. ○. ○. 2개월 전 이미 내용증명을 통하여 더 이상의 임
   대기간을 연장하지 않겠다는 통보를 한 바 있습니다.

3. 그러나 홍길동은 이미 임대기간이 종료되었음에도 불구하고 보증금을 지급할 생각
   을 하지 않고 있어 이에 본인이 구두상으로 계약당사자인 홍길동은 물론 명의상
   소유자인 김갑동에게 수차에 걸쳐 요구하였으나 귀하들은 전혀 지급할 의사가 없
   는 관계로 본인은 본 내용증명을 통하여 귀하들에게 20○○. ○. ○.까지 보증금을
   반환하여 줄 것을 요구하는 바입니다.

4. 혹 본인의 주장을 아무런 이유없이 지체할 경우 본인은 이에 따른 계약금반환 관련
   민사조정신청을 법원에 청구 할 것은 물론 이에 따른 제반비용 또한 청구 할 것이
   오니 부디 불미스러운 일이 발생하지 않도록 많은 협조 부탁드립니다.

　　　　　　　　　　　　　　20○○. ○. 　.

　　　　　　　　　　　　위 발신인 : 　　　　　(인)

[사례] 임차기간만료로 인한 이사 후 임차보증금의 반환을 청구할 때

통 지 서

받는 사람   성 명 :

               주 소 :

보내는 사람   성 명 :

               주 소 :

               연락처 :

계 약 일 : 20○○. ○. ○.

전세보증금 : ○○○원(₩   )

임대차계약기간 : 20○○. ○. ○.부터 20○○. ○. ○.까지

임차부분 : ○○시 ○○로 ○○(○○동) 시멘트 벽돌조 슬래지붕 2층 주택 중 1층
           전부

계약해지사유 : 20○○. ○. ○.로 ○년간의 임차기간이 만료됨으로, 임차계약을 해지
           하고 이사를 갔으나 임차보증금을 반환받지 못하였기에 반환하여 주
           시기 바랍니다.

20○○. ○. .

위 발신인 :   (인)

[사례] 전세권자가 소유자에게 전세보증금 반환청구에 대한 답변

통 지 서

받는 사람   성 명 :

                주 소 :

보내는 사람   성 명 :

                주 소 :

                연락처 :

1. 삼가 귀댁의 안녕을 기원합니다.

2. 본인은 20○○. ○. ○. 귀하의 전세보증금 반환통지서를 송달받았습니다.

3. 하오나 본인은 귀하에게 전세보증금을 전액 돌려주었는데 미반환보증금 ○○○원을 운운하며 이를 돌려달라고 하니 이해가 가지 않습니다.

4. 귀하의 전세보증금은 금 ○○○원으로 귀하가 이사하던 20○○. ○. ○.에 본인이 귀하에게 직접 금 ○○○원을 지급하고 나머지 금 ○○○원은 귀하가 본인에게 차용한 금 ○○○원에 변제한 것으로 하여 귀하도 이를 수락한 사실이온데 이제 와서 귀하가 차용하고 변제한 금 ○○○원을 미지급 하였다고 하면 이는 귀하의 심상이 의심스럽기까지 합니다.

5. 이에 본인은 귀하가 서명하여 주신 모든 자료를 보관하고 있으니 착오가 있었다면 이를 확인하시고 본인은 보증금 전액을 돌려주었다는 사실을 다시 한번 통지하오니 확인하시기 바랍니다.

                        20○○. ○. .

                    위 발신인 :   (인)

[사례] 임차인이 계약금 반환을 청구할 때

통 지 서

받는 사람　　성　명 :

　　　　　　　주　소 :

보내는 사람　성　명 :

　　　　　　　주　소 :

　　　　　　　연락처 :

1. 본인은 20○○. ○. ○. 귀하 소유의 사무실을 보증금 ○○○원에 월세 ○○○원, 임대기간을 1년으로 하여 계약금으로 금 ○○○원을 지급하고 임대차계약을 체결한 바 있습니다.

2. 귀하는 계약을 체결하고 며칠 후 본인에게 "2층 전체를 빌려 달라는 사람이 있는데 양보 할 수 있겠느냐"고 양해를 구했습니다. 본인은 아무래도 ○○○호를 사용하기에는 사무실이 협소할 것 같아 "계약금을 반환해주면 계약을 해지해 주겠다"고 하였습니다.

3. 귀하는 계약금을 "새로운 사람이 이사를 오면 그 때 주겠다"고 하여 새로운 사람이 이사 온 다음날 사무실을 방문하여 계약금을 반환해 달라고 하였습니다. 그런데 "사정에 의하여 보증금을 다른 용도로 사용해 버렸으므로 월말 경에 오면 주겠다"고 하여 월말에 갔으나 역시 지급해 주지 않고 차일피일 미루기만 하였습니다. 현재는 언제 지급하겠다는 약속마저 하지 않고 있습니다.

3. 따라서 귀하는 20○○. ○. ○.까지 계약금을 반환하여 주시기 바라며 만일 불응 시는 법적인 조치를 할 것이오니 양지하시기 바랍니다.

　　　　　　　　　　　20○○. ○. 　.

　　　　　　　　위 발신인 :　　　　　(인)

통 지 서

받는 사람   성 명 :

　　　　　　주 소 :

보내는 사람   성 명 :

　　　　　　주 소 :

　　　　　　연락처 :

부동산의 표시 :

1. 삼가 귀댁의 안녕을 기원합니다.

2. 위 부동산의 소유주인 본인은 귀하와 보증금 ○○○원, 임대기간을 계약일로부터 2년으로 하는 임대차계약을 20○○. ○. ○. 체결하였습니다.

3. 그러나 귀하는 계약한지 몇 시간도 지나지 않아 개인의 사정에 의하여 계약을 해지한다는 일방적인 통보를 하며, 계약한지 12시간이 되지 않았는데 보증금을 반환하여 달라고 요구한 바 있습니다.

4. 그러나 이것은 귀하 입장에서의 주장으로 이미 귀하와 본인간의 임대차 계약은 이루어졌고, 계약한지 얼마가 지났든 그 시간을 떠나 정식으로 체결한 계약을 귀하가 일방적으로 계약을 해지한 만큼 보증금은 본인에게 귀속할 수밖에 없으므로 귀하에게 보증금을 반환하는 문제는 불가능하다고 할 것으로 본 내용증명을 통하여 확실히 밝히고자 합니다.

20○○. ○.　.

위 발신인 :　　　(인)

3. 부속물매수청구 등

[사례] 임대인이 임차주택 매수청구거절을 하고자 할 때

통 지 서

받는 사람   성 명 :

                 주 소 :

보내는 사람   성 명 :

                 주 소 :

                 연락처 :

1. 귀하의 사업이 번창하시기를 기원합니다.

2. 귀하의 내용증명을 잘 받아 보았습니다.

3. 본인은 귀하의 임차주택매수청구서를 20○○. ○. ○.에 송부 받아 살펴본 즉 귀하의 사정은 이해할만하나 동 주택은 금번에 본인의 아들 ○○○이 장가를 들게 되어 아들에게 살게 하려고 하기 때문에 귀하의 청구를 거절하오며 귀하가 다른 주택을 구입하는데 차질이 없도록 임차보증금은 귀하가 원하는 날짜에 언제든지 반환하여 줄 것이니 다른 주택을 구입하시기 바랍니다.

20○○. ○. .

위 발신인 :   (인)

통 지 서

받는 사람   성 명 :

             주 소 :

보내는 사람   성 명 :

             주 소 :

             연락처 :

1. 귀하는 본인의 소유 토지를 20○○. ○. ○. 임차하여 자비를 들여 쇠파이프 골격 비닐하우스를 축조하고 채소를 재배하였습니다. 본인은 이번 달 말 임차계약기간 이 만료되자 계약갱신을 거절하고 위 쇠파이프 골격 비닐하우스의 철거 및 토지의 인도를 청구하였습니다.

2. 귀하는 내용증명을 통해 지상권매수청구권을 요구하며 쇠파이프 골격 비닐하우스 의 매수를 청구하였습니다.

3. 그러나 귀하의 주장과는 반대로 쇠파이프 골격 비닐하우스는 토지임차인의 지상물 매수청구의 대상이 되기 어렵습니다. 화초의 판매용지로 임차한 토지에 설치한 비 닐하우스가 화훼판매를 위하여 필요한 시설물이라 하더라도 그 자체의 소유가 그 임대차의 주된 목적은 아니었을 뿐 아니라, 비용이 다소 든다고 하더라도 주구조체 인 철재파이프를 토지로부터 쉽게 철거할 수 있는 점 등에 비추어 지상물매수청구 권을 청구할 수 없음을 밝힙니다.

4. 지상물청구권을 인정하기 위해서는 지상물의 가치가 보존할 만한 경제적 가치가 있어야 하는데 비닐하우스는 이러한 조건에 부합되지 않으므로 지상권매수청구권 의 효력이 없음을 알려드리며 계약기간 만료 후 계약서대로 토지를 인도하여 주시 기 바랍니다.

20○○. ○. .

위 발신자 :   (인)

4. 계약종료에 따른 임차목적물반환청구

[사례] 임대차계약해지건물에 대하여 임대인이 사용중지를 요청할 때

통 지 서

받는 사람   성 명 :

              주 소 :

보내는 사람   성 명 :

              주 소 :

              연락처 :

1. 삼가 귀댁의 안녕을 기원합니다.

2. 본인이 귀하에 대해 임대하고 있는 다음 기재의 건물에 대해서 본인은 20○○. ○. ○.자 내용증명 우편을 통해서 건물임대차계약을 해지한다는 요지를 알려 드렸고 동 우편물은 20○○. ○. ○. 귀하에게 도달하였습니다. 따라서 본인과 귀하와의 본 건물에 대한 임대차계약은 적법하게 해지된 것입니다.

3. 그럼에도 불구하고 귀하는 본 건물의 사용에 대해서 아무런 권한이 없음에도 불구하고 계속 사용을 하고 있습니다. 그러므로 본 건물의 사용을 즉시 중지하고 비워 주시기 바랍니다.

- 부 동 산 의 표 시 -

20○○. ○. .

위 발신인 :   (인)

[사례] 임대차계약해지건물에 대하여 임차인에게 건물명도를 요구할 때

통 지 서

받는 사람   성 명 :
                  주 소 :

보내는 사람   성 명 :
                  주 소 :
                  연락처 :

부동산의 표시 :

1. 삼가 귀댁의 안녕을 기원합니다.

2. 본인은 위 부동산의 소유주로서 이에 대하여 귀하와 임대보증금 ○○○원, 임대기간을 20○○. ○. ○.부터 2년간으로 하는 임대차계약을 체결하였던 바, 본인은 계약만기일인 20○○. ○. ○. 2개월 전 이미 내용증명을 통하여 더 이상의 임대기간을 연장하지 않겠다는 통보를 한 바 있습니다.

3. 그러나 귀하는 이미 임대기간이 종료되었음에도 불구하고 건물을 명도할 생각을 하지 않고 있어 이에 본인이 구두상으로 수차에 걸쳐 명도를 요구하였으나 귀하는 전혀 명도할 의사가 없는 관계로, 본인은 본 내용증명을 통하여 마지막으로 건물을 명도할 것을 요구하는 바입니다. 따라서 귀하께서는 20○○. ○. ○.까지 건물을 명도하여 주시기 바랍니다.

4. 혹 본인의 주장을 아무런 이유없이 지체할 경우 본인은 이에 따른 건물명도 및 원상회복청구를 함은 물론이고 이에 따른 제반비용 또한 청구 할 것이오니 부디 불미스러운 일이 발생하지 않도록 많은 협조 부탁드립니다.

20○○. ○. .

위 발신인 :   (인)

[사례] 임대기간의 연장 후에 임대인이 임대부동산의 명도를 요청할 때

통 지 서

받는 사람   성 명 :

               주 소 :

보내는 사람   성 명 :

               주 소 :

               연락처 :

부동산의 표시 :

1. 삼가 귀댁의 안녕을 기원합니다.

2. 다름이 아니옵고 본인은 위 부동산의 소유주로서 이에 대하여 귀하와 임대보증금 ○○○원, 월임료 금 ○○○원, 임대기간을 20○○. ○. ○.부터 2년간으로 하는 임대차계약을 체결한 바 있습니다.

3. 그러나 본인과 귀하는 20○○. ○. ○. 임대차계약이 종료되었음에도 불구하고 상호간 아무런 의사표시가 없어 이 계약이 묵시적으로 갱신되었습니다. 그러나 본인은 개인의 사정에 의하여 계약을 종료하고자 합니다. 그러므로 귀하는 계약의 해지를 통보하는 본 내용증명을 받은 후 6개월이 경과됨과 동시 본인에게 위 부동산을 명도하여 주시기 바라옵고, 아울러 본인도 명도와 동시에 위 임대보증금을 지불 할 것임을 통보하는 바입니다.

4. 본 내용증명서를 발송하는 것은 서로간의 의사표현을 서면상으로 하는 것이 현명할 것으로 판단되어 발송하는 것이오니 부디 너그러운 마음으로 이해하시기 바랍니다.

                            20○○. ○. .

                      위 발신인 :   (인)

5. 계약종료에 따른 원상회복청구

[사례] 임차건물의 원상복구비용을 임차인에게 청구하고자 할 때

통 지 서

받는 사람　　성　명 :
　　　　　　　주　소 :

보내는 사람　성　명 :
　　　　　　　주　소 :
　　　　　　　연락처 :

부동산의 표시 :

1. 삼가 귀댁의 안녕을 기원합니다.

2. 본인은 위 부동산의 소유주로서 이에 대하여 귀하와 임대보증금 ○○○원, 월임료 금 ○○○원, 임대기간을 20○○. ○. ○.부터 2년간으로 하고, 임차인이 설치한 인테리어 및 기타 시설에 관하여는 계약종료시 모두 원상복구한다는 내용으로 하는 임대차계약을 체결한 바 있습니다.

3. 그러나 본인은 계약이 종료됨과 동시에 귀하를 믿고 보증금을 반환하였음에도 불구하고 귀하는 자신이 설치한 시설물을 원상복구를 하지 않고 그냥 이전을 하였습니다. 이에 본인은 귀하에게 수차에 걸쳐 원상복구를 요구한 바, 귀하는 이에 대하여 아무런 반응이 없어 부득이 본인은 직접 금 ○○○원을 들여 건물을 원상복구한 사실이 있습니다. 따라서 본인이 원상복구 비용으로 들인 금 ○○○○원을 귀하에게 청구하는 바이오니, 귀하는 20○○. ○. ○.까지 지급하여 주시기 바랍니다.

4. 혹 귀하가 아무런 권한 없이 위 지급을 지체 할 경우 본인은 부득이 귀하를 상대로 원상복구비용 청구소송을 제기하고 이에 따른 제반비용을 전가할 것이오니 부디 불미스러운 일이 발생하지 않도록 많은 협조하여 주시기 바랍니다.

20○○. ○. .

위 발신인 :　　　　　(인)

통 지 서

받는 사람   성 명 :

               주 소 :

보내는 사람   성 명 :

               주 소 :

               연락처 :

부동산의 표시 :

1. 삼가 귀댁의 안녕을 기원합니다.

2. 귀하는 위 부동산의 소유주로서 이에 대하여 본인과 임대보증금 ㅇㅇㅇ원, 월임료 금 ㅇㅇㅇ원 ,임대기간을 20ㅇㅇ. ㅇ. ㅇ부터 2년간으로 하는 임대차계약을 체결 한 바 있습니다.

3. 그러나 귀하는 위의 계약과는 달리 계약한지 1년이 지난 20ㅇㅇ. ㅇ. ㅇ. 임대차 보호법에 위배되는 요구를 하여 이에 본인이 귀하의 통보는 무효임을 통보하는 내 용증명을 발송하였으나 귀하는 본인의 요구를 받아들이지 않고 위 임대차계약을 해지하고 건물을 명도하라고 통보를 하였습니다.

4. 이에 본인의 계약기간은 아직 남아있으나 귀하가 일방적으로 본인과의 임대차 계 약을 종료하고 명도할 것을 강력히 독촉하여 20ㅇㅇ. ㅇ. ㅇ. 다른 집으로 이전을 하였으므로 이에 따른 이사비용 금 ㅇㅇㅇ원과 부동산 중개사비용 금 ㅇㅇㅇㅇ원 의 합계인 금 ㅇㅇㅇ원을 청구하는 바이오니 20ㅇㅇ. ㅇ. ㅇ.까지 지급하여주실 것을 독촉하는 바입니다.

5. 혹 귀하가 아무런 이유 없이 위의 이행을 지체할 경우 본인은 법원에 민사 소송을 제기함은 물론 이에 따른 제반 비용까지 청구할 것이오니 부디 불미스러운 일이 발생하지 않도록 많은 협조 부탁드립니다.

20ㅇㅇ. ㅇ.   .

위 발신인 :   (인)

제4장 소송

제1절 서설

주택임대차계약이나 상가건물에 대한 임대차계약은 각 특별법 및 민법에 의해 그 권리와 의무가 확정되어져있다. 즉 대표적으로 임대인은 목적물을 각 임대차의 목적에 맞게 임차인이 사용할 수 있도록 해야 하고, 임차인은 그 사용에 따른 임차료 등을 지불하여야 하며, 임대차계약이 종료된 경우 임차인은 임대목적물에 대한 반환을 하고, 임대인은 보증금에 대한 반환을 하여야 한다. 이러한 과정은 계약의 당사자인 임대인과 임차인 간의 합의에 의해 진행되어지나, 만약 당사자간의 합의 등에 의한 진행이 어려운 경우 결국 법원의 소송을 통해 문제를 해결할 수 밖에 없다.

본장에서는 당사자간 합의가 되지않아 법원에 분쟁해결을 도모할 경우 그 소제기 방법 및 유의사항에 대하여 각 진행사항별 신청서, 소장, 답변서, 준비서면 등을 서식을 위주로 기술하기로 한다. 더불어 법적 분쟁의 여지를 계약단계에서 해결하기 위한 제소전화해제도에 대하여도 기술한다.

제2절 보전처분(가압류 또는 가처분)

I. 보전처분의 개념

보전처분의 의미를 광의와 협의로 구분한다면 광의의 보전처분이란 법원이 권리자의 집행보전과 손해방지를 목적으로 잠정적인 조치를 명하는 내용의 재판의 전부를 말하고, 이러한 광의의 보전처분에서는 민사소송에서의 각종 처분 외에 비송사건에서의 보전처분 및 공법상의 보전처분까지 모두를 포함한다. 이에 대해 협의의 보전처분이라 함은 민사집행법 제4편에 규정된 가압류와 가처분의 재판과 그 집행절차만을 가리킨다. 즉 보전처분이라 함은 권리 또는 법률관계에 관한 쟁송이 있을 것을 전제로 하여 이에 대한 판결의 집행을 용이하게 하거나 그 확정판결이 있을 때까지의 손해가 발생하는 것을 방지할 목적으로 일시적으로 현상을 동결하거나 임시적 법률관계를 형성하게 하는 재판이다. 다시 말하면 집행보전 또는 손해방지를 위하여 잠정적 조치를 명하는 재판으로서 보전재판이라고도 부른다.

이러한 보전처분 중 가압류란 금전채권 또는 돈이나 돈으로 환산할 수 있는 채권의 집행을 보전할 목적으로 미리 채무자의 재산을 동결시켜 채무자가 마음대로 재산을 처분하지 못하게 하는 제도이고, 가처분이란 금전채권 이외의 권리 또는 법률관계에 관한 확정판결의 강제집행을 보전하기 위한 집행보전제도이다.

임대차계약에서는 주로 보증금반환청구권 등 관련소송을 하기에 앞서 또는 소송진행 중 상대방의 재산에 대한 처분을 제한하기 위하여 주로 사용되어지고 있다.

II. 유형별 접수방법 및 유의사항

1. 부동산가압류신청서(민집법 제276조[280])

가. 신청서의 접수

신청서 1부를 가압류할 부동산이 있는 관할하는 지방법원이나 본안의 관할법원에 제출한다. 수입인지 10,000원과 당사자 1인당 3회분의 송달료를 납부한다. 더불어 가압류 등록세로 청구금액(이자포함)에 2/1000을 곱한 금액, 교육세는 등록세의 20/100를 각 납부하고, 대법원수입증지는 부동산 1필지 당 3,000원을 납부한다.

---

280) 제276조(가압류의 목적) ① 가압류는 금전채권이나 금전으로 환산할 수 있는 채권에 대하여 동산 또는 부동산에 대한 강제집행을 보전하기 위하여 할 수 있다.
② 제1항의 채권이 조건이 붙어 있는 것이거나 기한이 차지 아니한 것인 경우에도 가압류를 할 수 있다.

나. 집행절차

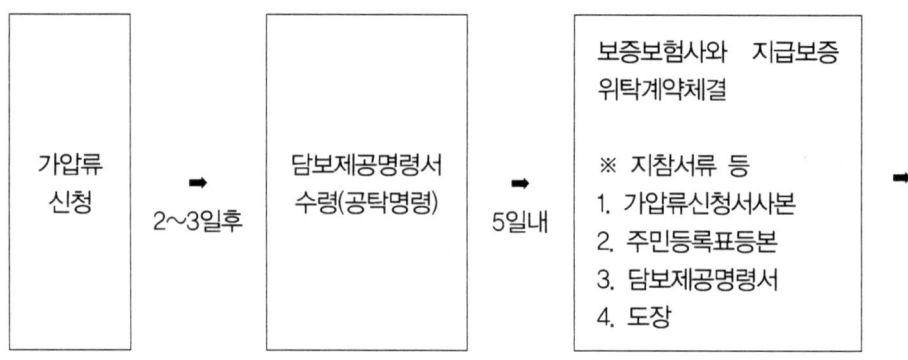

가압류 신청	→	담보제공명령서 수령(공탁명령)	→	보증보험사와 지급보증 위탁계약체결 ※ 지참서류 등 1. 가압류신청서사본 2. 주민등록표등본 3. 담보제공명령서 4. 도장	→
	2~3일후		5일내		

보험증권을 법원신청과에 제출
(보험증권앞면 사본 수통과 등록면허세 및 지방교육세납부서를 함께 제출)

다. 가압류신청 진술서

2003. 11. 1.부터 접수되는 가압류신청 사건부터 가압류를 신청할 경우에는 가압류신청 진술서를 별지로 제출해야 하는데, 가압류신청 진술서를 첨부하지 아니하거나, 고의로 진술사항을 누락하거나 진술한 내용이 허위가 발견된 때에는 특별할 사정이 없는 한 보정명령 없이 신청을 각하할 수 있다.

라. 담보의 제공

채권자가 부동산에 대한 가압류신청을 하는 때에는 보증보험회사와 지급보증위탁계약을 맺은 문서를 제출하고 이에 대하여 법원의 허가를 받는 방법으로 담보를 제공할 수 있다(민집규 제204조).

부동산, 자동차 및 채권에 대한 가압류신청 사건에서 선담보제공 방식을 도입하고 있다. 즉 부동산, 자동차, 임금 또는 영업자 예금을 제외한 채권에 대한 가압류 사건은 채권자가 가압류신청 시에 법원의 담보제공명령 없이 보증보험회사로부터 미리 공탁보증보험증권(보증서)을 발급받아 보증서 원본을 신청서에 첨부하여 제출할 수 있다(단, 가처분 사건과 유체동산 가압류 사건은 제외).

이 때 가압류신청서상에 담보제공은 증권제출 허가신청 의사표시를 기재하여야 하여야 하는데, 그 예로 '담보제공은 공탁보증보험증권(○○보험증권회사 증권번호 제○○○ - ○○○ - ○○○호)을 제출하는 방법에 의할 수 있도록 허가하여 주시기 바랍니다.' 라고 표시하면 된다.

보증금액은 아래의 '가압류신청사건에 대한 담보기준'을 참고하면 될 것이다.

「표」 가압류신청사건에 대한 담보기준

구 분	부 동 산	채 권	유 체 동 산
담보제공액	청구금액의 1/101)	청구금액의 2/52)	청구금액의 4/53)
담보제공 방법	현금공탁 또는 보증보험증권4)	○ 현금공탁 또는 보증보험증권4) ○ 다만, 임금, 영업자 예금의 경우에는 반드시 담보제공액의 1/2 범위 내의 현금공탁 (즉, 청구금액의 1/5 범위 내의 현금공탁과 나머지 담보제공액에 관한 보증보험증권)5)	담보제공액의 1/2(청구금액의 2/5) 범위 내의 현금공탁과 나머지 담보제공액에 관한 보증보험증권5)
채권자별 구분6)	없음	없음	없음
선담보7)	가능	가능 (임금, 영업자 예금 제외)	불가능
기타8)	소명 정도에 따라 담보제공액 중 일정한 부분에 대하여는 현금공탁만을 허용	임금, 영업자 예금 이외의 채권에 대하여도 소명 정도에 따라 담보제공액 중 일정한 부분에 대하여는 현금공탁만을 허용	

1) 변동 없음

2) 담보제공액 100% 증액(1/5 → 2/5)

3) 담보제공액 140% 증액(1/3 → 4/5)

4) 원칙적으로 현금공탁을 할 것인지 보증보험증권으로 할 것인지의 선택을 채권자에게 맡김

5) 유체동산, 임금, 영업자 예금의 경우 담보제공액의 일정한 비율에 대하여는 현금공탁만을 담보로 인정함

6) 공공기관, 금융기관, 개인 구분을 없앰.

　　다만, 대한민국에 대하여는 합리적인 담보제공 방법을 찾을 때까지 현행과 같이 무
　　공탁

7) 임금, 영업자 예금, 유체동산을 제외하고는 현행과 같이 선담보제공 허용

8) 부동산가압류, 임금 및 영업자 예금을 제외한 채권가압류에 대하여는 피보전권리와
　　보전의 필요성에 대한 소명 정도에 따라 담보제공액 중 일정한 부분에 대하여는 담
　　보로 현금공탁만을 허용

마. 결정에 대한 불복 방법

채권자는 가압류신청을 기각하거나 각하하는 결정에 대하여 재판이 고지된 날부터 1주
이내(민소 제444조. 불변기간임 주의)에 즉시항고 할 수 있다(민집법 제281조 제2항).
채무자는 가압류결정에 대한 이의신청(민집법 제283조), 본안의 제소명령신청(민집법
제287조)을 할 수 있는데, 이의신청의 시기에 관하여는 법률상 제한이 없으므로 가압류
결정이 유효하게 존재하고 취소·변경을 구할 실익이 있는 한 언제든지 할 수 있고, 가
압류명령이 발령되어 유효하게 존속함에도 불구하고 채권자가 본안소송을 제기하지 않
는 이상 채무자는 본안의 제소명령을 신청할 수 있다.

바. 서식

[서식] 부동산가압류신청서(임대차보증금)

부동산가압류신청

채 권 자 ○○○

　　　　○○시 ○○구 ○○길 ○○(우편번호 ○○○-○○○)

　　　　전화·휴대폰번호:

　　　　팩스번호, 전자우편(e-mail)주소:

채 무 자 ◇◇◇

○○시 ○○구 ○○길 ○○(우편번호 ○○○-○○○)

전화·휴대폰번호:

팩스번호, 전자우편(e-mail)주소:

청구채권의 표시

금 ○○○원

○○시 ○○구 ○○길 ○○에 있는 점포에 대하여 임대차기간 종료에 의한 임차보증금반환채권

가압류하여야 할 부동산의 표시

별지 제1목록 기재와 같습니다.

신 청 취 지

채권자의 채무자에 대한 위 청구채권을 보전하기 위하여 채무자 소유 별지 제1목록 기재 부동산을 가압류한다.

라는 재판을 구합니다.

신 청 이 유

1. 채권자는 채무자와 20○○. ○. ○. 채무자 소유의 ○○시 ○○구 ○○길 ○○에 있는 점포 66㎡를 임차보증금 ○○○원에 임대기간을 ○○개월로 하여 임차한 사실이 있습니다.

2. 채무자는 기간이 만료되었음에도 불구하고 임대차보증금을 반환하지 아니하고 채권자에게 전세를 놓아서 나가라고만 하고 기일만 연기할 뿐만 아니라, 근래에 와서 별지 1목록 기재 부동산을 매매하려고 하고 있으므로, 만약 별지 1목록 기재 부동산을 다른 사람에게 매도하면 채무자는 재산이 전혀 없어지는 상태입니다.

3. 그리고 담보제공은 공탁보증보험증권(■■보증보험주식회사 증권번호 제○○호)을 제출하는 방법으로 할 수 있도록 허가하여 주시기 바랍니다.

첨 부 서 류

1. 부동산임대차계약서   1통
1. 부동산등기사항전부증명서   1통
1. 가압류신청진술서   1통
1. 송달료납부서   1통

20○○. ○. ○.

위 채권자 ○○○ (서명 또는 날인)

○○**지방법원** ○○**지원 귀중**

[별지1] 부동산의 표시

[별 지 1]

부동산의 표시

1. ○○시 ○○구 ○○동 ○○-○○

    대 157.4㎡
1. 위 지상

    벽돌조 평슬래브지붕 2층주택

    1층 74.82㎡

    2층 74.82㎡

    지층 97.89㎡. 끝.

[별 지 2]

가압류신청 진술서

채권자는 가압류 신청과 관련하여 다음 사실을 진술합니다. 다음의 진술과 관련하여 고의로 누락하거나 허위로 진술한 내용이 발견된 경우에는, 그로 인하여 보정명령 없이 신청이 기각되거나 가압류이의절차에서 불이익을 받을 것임을 잘 알고 있습니다.

20   .   .   .

채권자(소송대리인)   (날인 또는 서명)

※ 채무자가 여럿인 경우에는 각 채무자별로 따로 작성하여야 합니다.

◇ 다 음 ◇

1. 피보전권리(청구채권)와 관련하여

가. 채무자가 신청서에 기재한 청구채권을 인정하고 있습니까?

    □ 예

    □ 아니오 → 채무자 주장의 요지 :

    □ 기타 :

나. 채무자의 의사를 언제, 어떠한 방법으로 확인하였습니까? (소명자료 첨부)

다. 채권자가 신청서에 기재한 청구금액은 본안소송에서 승소할 수 있는 금액으로 적정하게 산출된 것입니까? (과도한 가압류로 인해 채무자가 손해를 입으면

배상하여야 함)

      □ 예   □ 아니오

2. 보전의 필요성과 관련하여

가. 채권자가 채무자의 재산에 대하여 가압류하지 않으면 향후 강제집행이 불가능하거나 매우 곤란해질 사유의 내용은 무엇입니까?

나. 채권자는 신청서에 기재한 청구채권과 관련하여 공정증서 또는 제소전화해조서가 있습니까?

다. 채권자는 신청서에 기재한 청구채권과 관련하여 취득한 담보가 있습니까? 있다면 이 사건 가압류를 신청한 이유는 무엇입니까?

라. [채무자가 (연대)보증인인 경우] 채권자는 주채무자에 대하여 어떠한 보전조치를 취하였습니까?

마. [다수의 부동산에 대한 가압류신청인 경우] 각 부동산의 가액은 얼마입니까? (소명자료 첨부)

바. [유체동산 또는 채권 가압류신청인 경우] 채무자에게는 가압류할 부동산이 있습니까?

      □ 예   □ 아니오 → 채무자의 주소지 소재 부동산등기부등본 첨부

사. ["예"로 대답한 경우] 가압류할 부동산이 있다면, 부동산이 아닌 유체동산 또는 채권 가압류신청을 하는 이유는 무엇입니까?

      □ 이미 부동산상의 선순위 담보 등이 부동산가액을 초과함 → 부동산등기부등본 및 가액소명자료 첨부

      □ 기타 사유 → 내용 :

아. [유체동산가압류 신청인 경우]

    ① 가압류할 유체동산의 품목, 가액은?

    ② 채무자의 다른 재산에 대하여 어떠한 보전조치를 취하였습니까? 그 결과는?

3. 본안소송과 관련하여

가. 채권자는 신청서에 기재한 청구채권과 관련하여 채무자를 상대로 본안소송을 제기한 사실이 있습니까?

    □ 예   □ 아니오

나. ["예"로 대답한 경우]

  ① 본안소송을 제기한 법원·사건번호·사건명은?

  ② 현재 진행상황 또는 소송결과는?

다. ["아니오"로 대답한 경우] 채권자는 본안소송을 제기할 예정입니까?

    □ 예 → 본안소송 제기 예정일 :

    □ 아니오 → 사유 :

4. 중복가압류와 관련하여

가. 채권자는 신청서에 기재한 청구채권(금액 불문)을 원인으로, 이 신청 외에 채무자를 상대로 하여 가압류를 신청한 사실이 있습니까? (과거 및 현재 포함)

    □ 예   □ 아니오

나. ["예"로 대답한 경우]

  ① 가압류를 신청한 법원·사건번호·사건명은?

  ② 현재 진행상황 또는 결과(취하/각하/인용/기각 등)는? (소명자료 첨부)

다. [다른 가압류가 인용된 경우] 추가로 이 사건 가압류를 신청하는 이유는 무엇입니까? (소명자료 첨부)

■ 작성·접수방법

1. 비용은 인지 10,000원이고, 송달료는 당사자 1인당 3회분을 송달료취급은행에 납부하고 첨부하여야 한다. 등록면허세는 채권금액의 1,000분의 2, 지방교육세는 등록면허세액의 100분의 20이고, 등기신청수수료 3,000원이다.
2. 관할법원은 가압류할 부동산이 있는 곳을 관할하는 지방법원이나 본안의 관할법원이다
3. 신청서 1부와 부동산목록 5부를 관할법원에 접수한다.

부동산가압류신청

채 권 자   박 ○   ○ (000000-0000000)   (전화 :   )

　　　　　 ○○시 ○○구 ○○로 ○○(○○동)   (우 :   )

채 무 자   신 ○   ○ (000000-0000000)

　　　　　 ○○시 ○○구 ○○로 ○○(○○동)   (우 :   )

청구채권의 표시 및 피보전 권리의 요지

금 15,000,000원,   단, 20○○. 3. 1.자 임대차보증금 반환청구권

가압류할 부동산의 표시

별지 부동산 목록 기재와 같음

신 청 취 지

　채권자가 채무자에 대하여 가지는 위 청구채권의 표시 기재 채권집행을 보전하기 위
하여 채무자 소유명의의 별지 부동산 목록 기재 부동산을 가압류한다.
라는 재판을 구합니다.

신 청 이 유

1. 채권자는 채무자 소유의 ○○시 ○○구 ○○동 345 지하 방 1칸을 20○○. 3. 1.부터
   24개월, 임대차보증금 15,000,000원에 계약을 하여 거주한 사실이 있습니다.

2. 그러나 계약기간이 만료하여 임대차보증금 반환을 청구하였는데 채무자는 차일피일
   미루며 반환을 거부하고 있고, 또한 채무자는 채권자에 대한 위 채무 외에도 타에
   많은 채무를 부담하고 있습니다.

3. 따라서 채권자는 채무자를 상대로 청구채권의 표시 금액의 지급을 구하는 소를 제

기하려고 준비 중에 있으나 채무자는 별다른 재산이 없고 단지 이건 가압류할 별지 부동산 목록 기재 부동산만이 채무자의 유일한 재산인데 본건 외에 다른 많은 부채를 부담하고 있어 위 부동산을 타에 매도하여 버리면 후일 위 소송에서 승소한다고 할지라도 현저히 집행이 곤란하거나 집행이 불가능하게 될 염려가 농후하므로 부득이 본 신청에 이른 것입니다.

4. 또한 이건 명령에 대한 담보의 제공은 채권자의 형편을 고려하여 담보금 공탁에 관하여 서울보증보험주식회사와의 지급보증위탁계약을 체결한 문서(증권번호 제 ○○○-○○○-○○○○○○○○호)를 제출하는 조건으로 신청취지와 같은 가압류 결정을 하여 주시기 바랍니다.

소명방법 및 첨부서류

1. 임대차계약서 사본   1통
1. 내용증명 사본   2통
1. 주민등록초본   2통
1. 부동산등기부등본   1통
1. 가압류신청진술서   1통
1. 위임장   1통

20○○. ○. .

위 채권자 박 ○ ○ (인)

○○**지방법원** ○○**지원 귀중**

부동산가압류신청

채 권 자   정 ○   ○ (000000-0000000)   (전화 :   )

○○시 ○○구 ○○로 ○○(○○동)   (우 :   )

채 무 자   신 ○   ○ (000000-0000000)

○○시 ○○구 ○○로 ○○(○○동)   (우 :   )

청구채권의 표시 및 피보전 권리의 요지

금 50,000,000원, 단, 채권자가 채무자로부터 지급받을 임대차보증금반환청구권

가압류할 부동산의 표시

별지 부동산 목록 기재와 같음

신 청 취 지

채권자가 채무자에 대하여 가지는 위 청구채권의 표시 기재 채권집행을 보전하기 위하여 채무자 소유명의의 별지 부동산 목록 기재 부동산을 가압류한다.
라는 재판을 구합니다.

신 청 이 유

1. 채권자와 채무자간에 20○○. ○. ○.별지 목록 기재 부동산에 관하여 다음과 같은 내용의 임대차계약을 체결하였습니다.

다   음

가. 임대차보증금 : 금 50,000,000원

나. 임대차기간 : 20○○. ○. ○.부터 20○○. ○. ○.까지(2년간)

2. 원고는 임대차기간이 만료할 때까지 위 건물을 점유하다가 계약기간이 만료되자

피고에 대하여 임대차보증금을 반환해 줄 것을 촉구하였습니다. 그러나 피고는 정당한 이유 없이 임대차보증금의 반환을 미루고 있습니다. 이에 원고는 다른 곳으로 이전하기 위하여 20○○. ○. ○.위 건물을 피고에게 명도하고 ○○시 ○○구 ○○로 ○○(○○동)로 이전하였습니다. 그럼에도 불구하고 피고는 아직도 임대차보증금을 반환하지 않고 있습니다.

3. 따라서 채권자는 채무자를 상대로 청구채권의 표시 금액의 지급을 구하는 소를 제기하려고 준비 중에 있으나 채무자는 별다른 재산이 없고 단지 이건 가압류할 별지 부동산 목록 기재 부동산만이 채무자의 유일한 재산인데 본건 외에 다른 많은 부채를 부담하고 있어 위 부동산을 타에 매도하여 버리면 후일 위 소송에서 승소한다고 할지라도 현저히 집행이 곤란하거나 집행이 불가능하게 될 염려가 농후하므로 부득이 본 신청에 이른 것입니다.

4. 또한 이건 명령에 대한 담보의 제공은 채권자의 형편을 고려하여 담보금 공탁에 관하여 서울보증보험주식회사와의 지급보증위탁계약을 체결한 문서(증권번호 제 ○○○-○○○-○○○○○○○○호)를 제출하는 조건으로 신청취지와 같은 가압류 결정을 하여 주시기 바랍니다.

소명방법 및 첨부서류

1. 임대차계약서 사본	1통
1. 주민등록초본	2통
1. 부동산등기부등본	2통
1. 가압류신청진술서	1통
1. 위임장	1통

20○○. ○. .

위 채권자 정 ○ ○ (인)

○○지방법원 ○○지원 귀중

[서식] 부동산가압류신청서(임대차보증금)

부동산가압류신청

채 권 자   정 ○ ○ (000000-0000000)   (전화 :   )
　　　　　○○시 ○○구 ○○로 ○○(○○동)   (우 :   )

채 무 자   신 ○ ○ (000000-0000000)
　　　　　○○시 ○○구 ○○로 ○○(○○동)   (우 :   )

청구채권의 표시 및 피보전 권리의 요지

금 30,000,000원, 단, 채권자가 채무자로부터 지급받을 임대차보증금반환청구권

가압류할 부동산의 표시

별지 부동산 목록 기재와 같음

신 청 취 지

　채권자가 채무자에 대하여 가지는 위 청구채권의 표시 기재 채권집행을 보전하기
위하여 채무자 소유명의의 별지 부동산 목록 기재 부동산을 가압류한다.
라는 재판을 구합니다.

신 청 이 유

1. 채권자는 채무자간에 20○○. ○. ○.부터 20○○. ○. ○.까지 2년간 보증금
   30,000,000원으로 한 임대차계약을 체결한 바 있으며, 20○○. ○. ○.부터 20○
   ○. ○. ○.까지 금 5,000,000원을 증액하여 역시 채무자 소유의 별지 목록 기재
   부동산에 대하여 채무자와 보증금 35,000,000원으로 한 임대차계약을 재 체결한
   적이 있습니다.

2. 채권자는 20○○. ○. ○.임대차기간이 만료되었고, 일신상의 사유로 인하여 채무
   자로부터 임대보증금을 반환받아 이사를 가려함에 계약기간만료 3개월 전에 보증

금을 통보한 바 있고, 그 후에도 수차례에 걸쳐 유선과 문서로서 그 반환을 촉구한 바 있으나, 채무자는 차일피일 기일만 연기할 뿐 현재까지 보증금을 반환하지 않고 있습니다.

3. 따라서 채권자는 채무자를 상대로 청구채권의 표시 금액의 지급을 구하는 소를 제기하려고 준비 중에 있으나 채무자는 별다른 재산이 없고 단지 이건 가압류할 별지 부동산 목록 기재 부동산만이 채무자의 유일한 재산인데 본건 외에 다른 많은 부채를 부담하고 있어 위 부동산을 타에 매도하여 버리면 후일 위 소송에서 승소한다고 할지라도 현저히 집행이 곤란하거나 집행이 불가능하게 될 염려가 농후하므로 부득이 본 신청에 이른 것입니다.

4. 또한 이건 명령에 대한 담보의 제공은 채권자의 형편을 고려하여 담보금 공탁에 관하여 서울보증보험주식회사와의 지급보증위탁계약을 체결한 문서(증권번호 제○○○-○○○-○○○○○○○○호)를 제출하는 조건으로 신청취지와 같은 가압류 결정을하여 주시기 바랍니다.

소명방법 및 첨부서류

1. 임대차계약서 사본　　　　　　　1통
1. 통고서 사본　　　　　　　　　　2통
1. 주민등록초본　　　　　　　　　　2통
1. 부동산등기부등본　　　　　　　　2통
1. 가압류신청진술서　　　　　　　　1통
1. 위임장　　　　　　　　　　　　　1통

20○○.　○.　　.

위 채권자　정 ○ ○　　(인)

○○지방법원 ○○지원　귀중

2. 채권가압류신청서(민집법 제276조)

가. 신청서의 접수

신청서 1부 및 별지 목록 5부 가압류할 채권이 있는 지방법원 또는 본안의 관할법원 중 한곳에 제출한다. 수입인지는 10,000원, 송달료는 당사자 1인당 3회분을 납부한다.

나. 집행절차

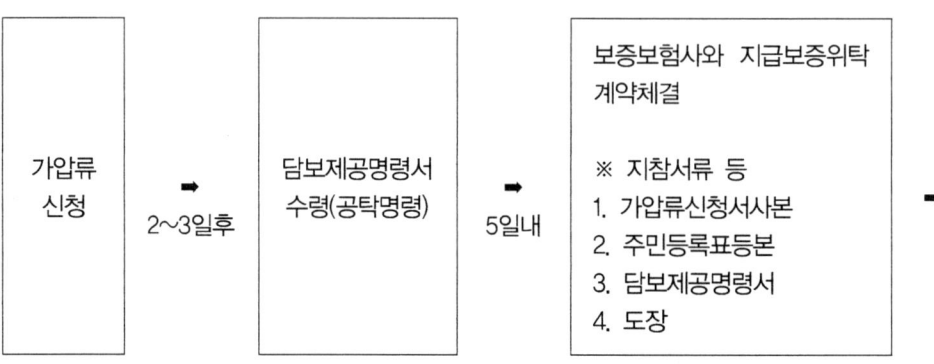

다. 유의사항

가압류를 신청하는 경우에 가압류신청 진술서를 첨부하지 아니하거나, 고의로 진술사항을 누락하거나 진술한 내용이 허위가 발견된 때에는 특별할 사정이 없는 한 보정명령 없이 신청을 각하할 수 있다. 제3채무자 진술최고서를 작성하여 제3채무자에 대하여 가압류신청과 동시 또는 가압류명령송달 전까지 최고를 신청할 수 있다. 채권자가 채권에 대한 가압류신청을 하는 때에는 보증보험회사와 지급보증위탁계약을 맺은 문서를 제출하고 이에 대하여 법원의 허가를 받은 방법으로 담보를 제공할 수 있다(민집규 제204조). 채권자는 가압류신청을 기각하거나 각하하는 결정에 대하여 즉시항고 할 수 있고(민집법 제281조 제2항), 채무자는 가압류결정에 대한 이의신청(민집법 제283조), 본안의 제소명령신청(민집법 제287조)을 할 수 있다.

라. 서식

[서식] 채권가압류신청서(전세금반환)

채권가압류신청

채 권 자   홍 ㅇ ㅇ (000000-0000000)   (전화 :   )

                  ㅇㅇ시 ㅇㅇ구 ㅇㅇ로 ㅇㅇ(ㅇㅇ동)   (우 :   )

채 무 자   손 ㅇ ㅇ (000000-0000000)

                  ㅇㅇ시 ㅇㅇ구 ㅇㅇ로 ㅇㅇ(ㅇㅇ동)   (우 :   )

제3채무자   김ㅇㅇ

                  ㅇㅇ시 ㅇㅇ구 ㅇㅇ로 ㅇㅇ(ㅇㅇ동)   (우 :   )

청구채권의 표시 및 피보전권리의 요지

금 16,400,000원,   단, 채권자가 채무자에 대하여 가지는 전세금반환 채권

가압류할 채권의 표시

별지 채권 목록 기재와 같음.

신 청 취 지

1. 채권자가 채무자에 대하여 가지고 있는 위 청구채권의 집행을 보전하기 위하여 채무자의 제3채무자에 대한 별지 기재 채권을 가압류한다.
2. 제3채무자는 채무자에게 위 채권에 관한 지급을 하여서는 아니된다.
라는 재판을 구합니다.

신 청 이 유

1. 채권자는 2009. 3. 29. 채무자 소유의 ㅇㅇ시 ㅇㅇ구 ㅇㅇ동 123 대 142㎡ 및 위 지상 2층 건물 전부에 대하여 전세금 25,000,000원을, 전세기간은 2009. 3. 29. 부터 2011. 3. 25.까지(2년간)로 정하여 전세계약을 체결함과 동시 위 전세금을 일

시불로 지급하였습니다.

2. 채권자는 위 주택에 2009. 3. 29. 입주하여 거주하다가, 2010. 2. 10. 채무자는 채권자에게 동인의 의사와 상관없이 일방적으로 2009. 2. 28.까지 위 부동산을 명도하여 줄 것을 요구하여, 채권자는 채무자에게 2010. 6. 10.경 위 건물을 명도한 다음, 채권자는 2010. 7. 24. 위 임대차계약을 해지통보하고 2010. 8. 23.까지 위 전세금을 반환할 것을 통보하였으나 채무자는 아무런 이유 없이 변제하지 않고 있을 뿐만 아니라 최근에 이르러서는 여러 곳에서 수많은 채무를 지고 있습니다.

3. 그러므로 채권자는 채무자로부터 위 전세금을 지급받아야 하는데 채무자가 언제 제3채무자인 별지목록 기재 채권의 지급을 청구하여 수령할 지 알 수 없는데다가 채무자는 다른 채권자들로부터 수많은 채무를 지고 있어, 지금 채무자가 제3채무자에 대하여 가지고 있는 별지 기재 채권을 가압류하지 않으면 달리 채권보전을 할 방법이 없습니다.

4. 또한 이건 명령에 대한 담보의 제공은 채권자의 형편을 고려하여 담보금 공탁에 관하여 서울보증보험주식회사와의 지급보증위탁계약을 체결한 문서(증권번호 제○○○-○○○-○○○○○○○호)를 제출하는 조건으로 신청취지와 같은 가압류 결정을 하여 주시기 바랍니다.

소명자료 및 첨부서류

1. 전세계약서 사본	1통
1. 계약해지통지서 사본	1통
1. 주민등록초본	2통
1. 법인등기부초본	1통
1. 진술서	1통
1. 목록	5통
1. 위임장	1통

20○○.　○.　　.

위 채권자 홍 ○ ○ (인)

○○지방법원 ○○지원 귀중

[별지1] 가압류할 채권의 표시

[별 지 1]

가압류할 채권의 표시

금 16,400,000원

채무자가 제3채무자로부터 20○○. ○. ○. ○○시 ○○구 ○○길 ○○에 있는 철
근콘크리트조 평슬래브지붕 다세대주택인 ○○빌라 401호를 임차함에 있어서 제3
채무자에게 지급한 임대차보증금의 반환채권[다만, 「주택임대차보호법」 제8조, 같
은 법 시행령의 규정에 따라 우선변제를 받을 수 있는 금액에 해당하는 경우에는
이를 제외한 나머지 금액] 가운데 위 청구금액에 이르기까지의 금액. 끝.

[별 지 2]

가압류신청 진술서

채권자는 가압류 신청과 관련하여 다음 사실을 진술합니다. 다음의 진술과 관련하여 고의로 누락하거나 허위로 진술한 내용이 발견된 경우에는, 그로 인하여 보정명령 없이 신청이 기각되거나 가압류이의절차에서 불이익을 받을 것임을 잘 알고 있습니다.

20 . . .

채권자(소송대리인) _____ (날인 또는 서명)

※ 채무자가 여럿인 경우에는 각 채무자별로 따로 작성하여야 합니다.

◇ 다 음 ◇

1. 피보전권리(청구채권)와 관련하여

가. 채무자가 신청서에 기재한 청구채권을 인정하고 있습니까?

    □ 예

    □ 아니오 → 채무자 주장의 요지 :

    □ 기타 :

나. 채무자의 의사를 언제, 어떠한 방법으로 확인하였습니까? (소명자료 첨부)

다. 채권자가 신청서에 기재한 청구금액은 본안소송에서 승소할 수 있는 금액으로 적정하게 산출된 것입니까? (과도한 가압류로 인해 채무자가 손해를 입으면 배상하여야 함)

    □ 예   □ 아니오

2. 보전의 필요성과 관련하여

가. 채권자가 채무자의 재산에 대하여 가압류하지 않으면 향후 강제집행이 불가능하거나 매우 곤란해질 사유의 내용은 무엇입니까?

나. 채권자는 신청서에 기재한 청구채권과 관련하여 공정증서 또는 제소전화해조서가 있습니까?

다. 채권자는 신청서에 기재한 청구채권과 관련하여 취득한 담보가 있습니까? 있다면 이 사건 가압류를 신청한 이유는 무엇입니까?

라. [채무자가 (연대)보증인인 경우] 채권자는 주채무자에 대하여 어떠한 보전조치를 취하였습니까?

마. [다수의 부동산에 대한 가압류신청인 경우] 각 부동산의 가액은 얼마입니까? (소명자료 첨부)

바. [유체동산 또는 채권 가압류신청인 경우] 채무자에게는 가압류할 부동산이 있습니까?

    □ 예   □ 아니오 → 채무자의 주소지 소재 부동산등기부등본 첨부

사. ["예"로 대답한 경우] 가압류할 부동산이 있다면, 부동산이 아닌 유체동산 또는 채권 가압류신청을 하는 이유는 무엇입니까?

    □ 이미 부동산상의 선순위 담보 등이 부동산가액을 초과함 → 부동산등기부등본 및 가액소명자료 첨부

    □ 기타 사유 → 내용 :

아. [유체동산가압류 신청인 경우]

  ① 가압류할 유체동산의 품목, 가액은?

  ② 채무자의 다른 재산에 대하여 어떠한 보전조치를 취하였습니까? 그 결과는?

3. 본안소송과 관련하여

가. 채권자는 신청서에 기재한 청구채권과 관련하여 채무자를 상대로 본안소송을 제기한 사실이 있습니까?

    □ 예   □ 아니오

나. ["예"로 대답한 경우]

　① 본안소송을 제기한 법원·사건번호·사건명은?

　② 현재 진행상황 또는 소송결과는?

다. ["아니오"로 대답한 경우] 채권자는 본안소송을 제기할 예정입니까?

　□ 예 → 본안소송 제기 예정일 :

　□ 아니오 → 사유 :

4. 중복가압류와 관련하여

가. 채권자는 신청서에 기재한 청구채권(금액 불문)을 원인으로, 이 신청 외에 채무자를 상대로 하여 가압류를 신청한 사실이 있습니까? (과거 및 현재 포함)

　□ 예　　　□ 아니오

나. ["예"로 대답한 경우]

　① 가압류를 신청한 법원·사건번호·사건명은?

　② 현재 진행상황 또는 결과(취하/각하/인용/기각 등)는? (소명자료 첨부)

다. [다른 가압류가 인용된 경우] 추가로 이 사건 가압류를 신청하는 이유는 무엇입니까? (소명자료 첨부)

■ 작성·접수방법

1. 비용은 인지 10,000원이고, 송달료는 당사자 1인당 3회분을 송달료취급은행에 납부하고 첨부하여야 한다.
2. 관할법원은 가압류할 물건이 있는 곳을 관할하는 지방법원이나 본안의 관할법원이다
3. 신청서 1부와 가압류할 채권목록 5부를 관할법원에 접수한다.

3. 전세권처분금지 가처분신청서(민집법 제300조[281])

가. 신청서의 접수

신청서 1부 및 별지 목록은 5부를 별도로 제출한다. 그 관할로 원칙적으로 '가처분'은 본안의 관할법원 또는 다툼이 있는 곳(계쟁물)을 관할하는 법원에 제출한다(민집법 제303조). 본안의 관할법원이란 본안으로 삼을 법원을 말하므로 본안소송이 제기하지 않았더라도 본안을 제기할 경우인 부동산의 소재지(민소법 제20조), 채무자의 주소지 법원(민소법 제3조)도 가능하다. 따라서 부동산 소재지, 채무자 주소지 관할법원 중에서 제출가능한 법원을 선택하여 선택된 법원에 제출한다. 시·군법원은 가처분의 관할법원이 아니다. 수입인지 10,000원과 송달료로 당사자 1인당 3회분을 납부한다. 더불어 가처분등록세로 목적물금액에 2/1000을 곱한 금액, 교육세는 등록세의 20/100을 납부하고, 대법원수입증지는 1필지당 3,000원이다.

나. 집행절차

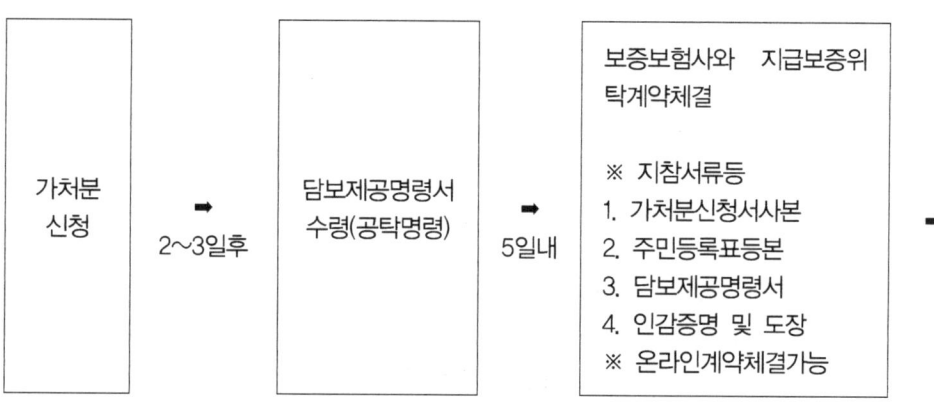

---

281) 제300조(가처분의 목적) ① 다툼의 대상에 관한 가처분은 현상이 바뀌면 당사자가 권리를 실행하지 못하거나 이를 실행하는 것이 매우 곤란할 염려가 있을 경우에 한다.
② 가처분은 다툼이 있는 권리관계에 대하여 임시의 지위를 정하기 위하여도 할 수 있다. 이 경우 가처분은 특히 계속하는 권리관계에 끼칠 현저한 손해를 피하거나 급박한 위험을 막기 위하여, 또는 그 밖의 필요한 이유가 있을 경우에 하여야 한다.

다. 유의사항

담보제공은 선담보제공이 안되므로 가처분 접수 2일 후 법원신청계를 방문하여 담보제공명령을 찾은 후 담보를 제공한다. 채권자는 가처분신청을 기각하거나 각하하는 결정에 대하여 즉시항고(민집법 제301조, 제281조 제2항)할 수 있다. 단, 재판이 고지된 날부터 1주 이내 하여야 한다(민소법 제444조). 채무자는 가처분결정에 대한 이의신청(민집법 제301조, 제283조), 본안의 제소명령(민집법 제301조, 제287조)을 할 수 있다.

라. 서식

[서식] 전세권처분금지 가처분신청서(사해행위취소)

전세권 처분금지 가처분신청

신 청 인   ○○○ (000000-0000000)

전남 ○○군 ○○읍 ○○로 ○○○

피신청인   ○○○ (000000-0000000)

전남 ○○군 ○○읍 ○○로 ○○○

목 적 물 의 가 액

금 8,725,832원,   (별지 소가계산표와 같음)

피보전권리의 요지

사해행위 취소로 인한 전세권설정등기 말소등기 청구권

목적 부동산의 표시

별지 부동산 목록 기재와 같음

가처분할 전세권의 표시

2003. 8. 31. 설정계약의 전세권, 전세금 20,000,000원, 범위 주거용건물전부, 존속기간 2003. 8. 31.부터 2008. 8. 30.까지, 반환기 2008. 8. 30. ○○지방법원 ○○등기소 2003. 9. 4. 등기 접수 제○○○○호

신 청 취 지

피신청인은 별지 기재 부동산에 대한 2008. 8. 30. ○○지방법원 ○○등기소 접수 제○○○○호로 등기한 전세권을 양도, 전전세, 임대, 기타 일체의 처분행위를 하여서는 아니된다.
라는 재판을 구합니다.

신 청 이 유

1. 신청인의 채권

신청인은 신청외 ○○○에게 2002. 6. 29. 일반소비대차계약상의 대여금으로 20,000,000원을 대여하면서, 대여만일은 2004. 6. 29. 이자는 연 10.5%, 연체이율은 연 17%로 정하여 매년 1월, 7월 각 10일마다 후취로 이자를 지급하기로 하되, 만약 대여기간만료일에 위 채무를 이행하지 않거나 이자 등을 지급하여야 할 때로부터 계속하여 1개월간 지체하는 등의 사유로 기한의 이익을 상실할 때에는 그때로부터 대여금잔액 전부에 대하여 다 갚는 날까지 각 지연배상금을 가산하여 일시에 지급하기로 대여거래약정을 체결하면서, 신청외 ○○○은 위 약정서에 직접 서명날인하였습니다.

2. 채무불이행

그런데 신청외 ○○○은 위 대여금에 관하여 2003. 8. 24.까지의 이자만을 어렵게 지급하였는데, 동 이자를 지급하는 과정에서 이자지급이 지연되었고(2003. 7. 4.부터 2003. 8. 24.까지의 지연이자), 이후에 불입할 이자마저 지급하지 않으면, 별지 기재 부동산에 대하여 신청인으로부터 강제집행될 염려가 되어, 신청외 ○○○과 피신청인간에 2003. 8. 31. 허위로 전세권설정계약을 체결하고 아래와 같이 전세권설정등기를 하였습니다.

3. 피신청인 등의 사해행위

신청외 ○○○은 신청인에게 부담하고 있는 위 채무를 면할 목적으로 신청외 ○○○은 피신청인과 본건 전세권설정계약이 있었다는 것을 가장하여, 신청외 ○○○은 동인 소유의 별지 기재 부동산에 대하여 2003. 8. 31. 피신청인을 전세권자로 하여 전세금 20,000,000원, 전세기간 5년으로 하는 전세권설정계약을 체결하고, 2003. 9. 4. ○○지방법원 ○○등기소 접수 제○○○○호로서 전세권설정등기를 마쳤는 바, 이는 신청외 ○○○이가 신청인을 해함을 알면서 피신청인과 통모하여 가장 전세권설정에 근거한 것으로 무효로서 사해행위임이 틀림없습니다.

4.

따라서 신청인은 채무자인 신청외 ○○○ 소유 재산인 별지 목록 기재 부동산에 대한 강제집행을 실시하기 위한 사전조치로서 채권자 취소권의 법리에 의거, 피신청인을 상대로 위 전세권설정등기말소청구의 소를 제기하려고 준비중에 있는 바, 최근 신청인이 조사한 바로는 신청인의 위와 같은 소송을 미연에 방지하고자 피신청인과 신청외 ○○○은 서로 공모하여 위 전세권을 신청인 몰래 제3자에게 양도하려는 움직임이 있어, 만일 위와 같이 되면 신청인은 피신청인을 상대로 한 사해행위 등 취소청구소송에서 승소한다 하더라도 그 집행불능 상태에 이를 위험이 있으므로, 본 건 신청취지와 같은 재판을 구하고져 이건 신청에 이른 것입니다.

5.

담보제공에 관하여는 서울보증보험 주식회사와 지급보증위탁계약을 체결한 문서로서 제출하는 방법에 의할 수 있도록 허가하여 주시기 바랍니다.

입 증 방 법

1. 대여거래약정서 사본	1통	
1. 부동산등기부등본	1통	
1. 일반건축물대장	1통	
1. 개별공시지가확인서	1통	

첨 부 서 류

1. 위 입증자료   각 1통

1. 주민등록초본   1통
1. 위임장   1통

20○○. ○. .

위 신청인 ○ ○ ○ (인)

○○지방법원 ○○지원 귀중

[별지] 부동산목록

부 동 산 목 록

1. 전라남도 ○○군 ○○읍 ○○로 ○○○
       벽돌조 판넬지붕 단층주택   96.00㎡
     부속건물
       조립식 판넬조 판넬지붕 단층창고   40.00㎡
       조립식 판넬조 판넬지붕 단층창고   12.50㎡

– 이   상 –

[별지] 소송물가액산정내역서

소송물가액산정내역서

1. 부동산의 표시
    전라남도 ○○군 ○○읍 ○○로 ○○○
       벽돌조 판넬지붕 단층주택   96.00㎡
     부속건물
       조립식 판넬조 판넬지붕 1층 창고   40.00㎡
       조립식 판넬조 판넬지붕 1층 창고   12.50㎡

2. 목적물가액

분류번호	면적(가)	면적단위가격(나)	과세시가표준액(가)×(나)

$$19,300,000원 \times 1/3 = 6,433,333원$$

165   40㎡   ×   131,000원   =   5,240,000원 × 1/3 = 1,746,666원

165   12.5㎡ ×   131,000원   =   1,637,500원 × 1/3 =   545,833원

계 8,725,832원

3. 소송물가액 : 금 8,725,832원,

(사해행위 취소로 인한 전세권설정등기 말소 청구권이므로 취소되는 법률행위의 목적의 가액을 한도로 한 신청인의 채권액임)

■ 작성·접수방법

1. 비용은 인지 10,000원이고, 송달료는 당사자 1인당 3회분을 송달료취급은행에 납부하고 첨부하여야 한다. 등록면허세는 채권금액의 1,000분의 2, 지방교육세는 등록면허세액의 100분의 20이고, 등기신청수수료 3,000원이다.
2. 관할법원은 가처분할 부동산이 있는 곳을 관할하는 지방법원이나 본안의 관할법원이다.
3. 신청서 1부와 부동산목록 5부를 관할법원에 접수한다.

4. 부동산점유이전금지 가처분신청서

가. 신청서의 접수

신청서 1부와 별지 목록은 5부를 별도로 제출한다. 그 관할로 원칙적으로 '가처분'은 본안의 관할법원 또는 다툼이 있는 곳(계쟁물)을 관할하는 법원에 제출한다(민집법 제303조). 본안의 관할법원이란 본안으로 삼을 법원을 말하므로 본안소송이 제기하지 않았더라도 본안을 제기할 경우인 부동산의 소재지(민소법 제20조), 채무자의 주소지 법원(민소법 제3조)도 가능하다. 따라서 부동산 소재지, 채무자 주소지 관할법원 중에서 제출 가능한 법원을 선택하여 선택된 법원에 제출한다. 시·군법원은 가처분의 관할법원이 아니다. 수입인지는 10,000원, 송달료는 당사자수 1인당 3회분을 납부하고, 목적물가액은 건물시가표준액 × 30/100 × 1/2이다.

부동산의 일부가 목적물인 경우에는 도면, 사진 등의 그 계쟁물 부분을 특정하여야 한다. 부동산목록의 표시에는 부동산의 실제현황과 등기부상의 표기가 다른 경우 실제 부동산의 현황을 표시하여야 한다. 부동산의 표시가 일체하지 않을 경우에는 집행이 불능하게 된다.

나. 집행절차

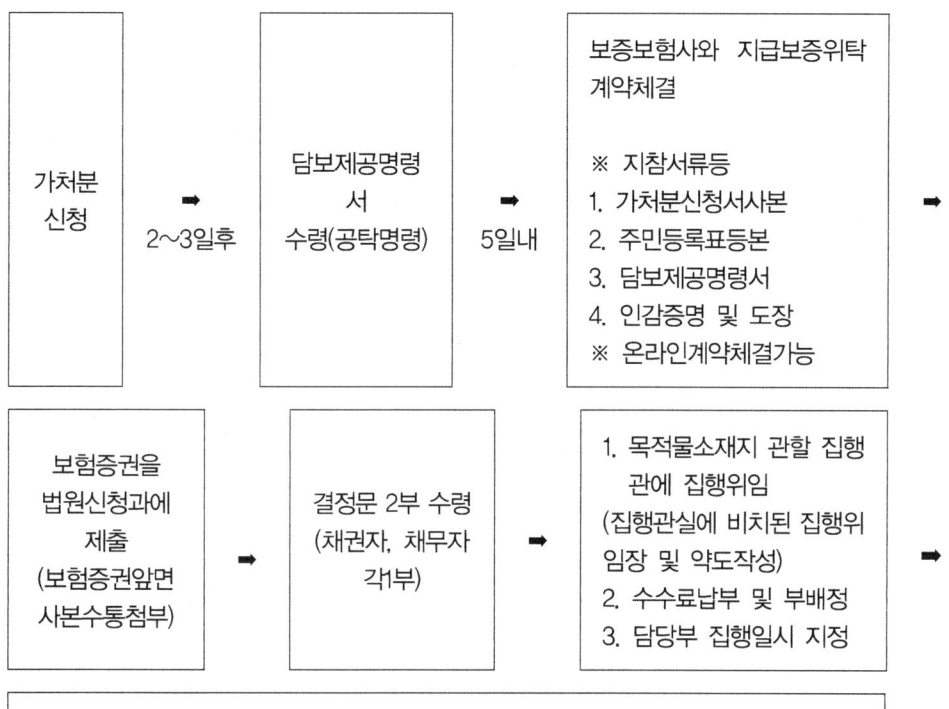

다. 유의사항

담보제공은 선담보제공이 안되므로 가처분 접수 2일 후 법원신청계를 방문하여 담보제공명령을 찾은 후 담보를 제공한다.

신청인은 가처분결정정본을 수령한 후 가처분대상 물건이 소재하는 관할 '집행관사무실'에 가처분집행을 위임하여야 한다. 이 집행은 가처분결정 송달일로부터 14일 이내에

하여야 하고, 집행관에 의한 현장집행착수 할 때 함께 있어야 하며, 강제집행신청서(집행관사무실에 비치)를 작성하여 가처분신청서, 신분증과 도장, 대리인이 신청할 경우에는 위임장(집행관 사무실에 비치)을 제출하고, 집행비용을 예납하여야 한다. 구체적인 집행비용은 집행관사무실에 문의하도록 한다.

라. 서식

[서식] 부동산점유이전금지 가처분신청서(건물임대차계약해지로 인한 건물반환청구권, 채무자보관형)

부동산점유이전금지 가처분신청

채 권 자   서 ○ ○ (000000-0000000)   (전화 :   )
            ○○시 ○○구 ○○로 ○○(○○동)   (우 :   )

채 무 자   신 ○ ○ (000000-0000000)
            ○○시 ○○구 ○○로 ○○(○○동)   (우 :   )
            등기부상주소 : ○○시 ○○구 ○○로 ○○(○○동)

목 적 물 의 가 액

금 82,620,500원,

피보전권리의 요지

건물임대차계약해지로 인한 건물반환청구권

가처분할 목적물의 표시

별지 부동산 목록 기재와 같음

신 청 취 지

1. 채무자는 별지 목록 기재 부동산에 대한 점유를 풀고 채권자가 위임하는 ○○지방법원 소속 집행관에게 그 보관을 명한다.

---

2. 집행관은 그 현상을 변경하지 않을 것을 조건으로 하여 채무자로 하여금 이를 사용하게 허용할 수 있다.

3. 채무자는 그 점유를 타인에게 이전하거나 또는 점유명의를 변경하여서는 아니된다.

4. 집행관은 위 명령의 취지를 적당한 방법으로 공시하여야 한다.

라는 재판을 구합니다.

신 청 이 유

1. 채권자는 채무자 소유의 별지 목록 건물을 채무자에게 20○○. 6. 1. 임대기간은 2년간, 권리금 없이 월 임대료 400,000원을 매월 말일에 지급하기로 하고 임대하였습니다.

2. 그런데 채무자는 처음부터 4개월 동안 임대료의 지급을 지체하여 채권자는 채무자에게 내용증명우편에 의한 계약해지통고서를 발송하여 임대차계약을 해지하고 수차에 걸쳐 위 건물을 인도해 줄 것을 촉구하였으나 채무자는 권리금을 주지 않으면 나갈 수 없다고 합니다.

3. 따라서 채권자는 채무자에 대하여 위 임대차계약 해지로 인한 건물반환 청구의 소를 제기하려고 준비 중에 있으나 채무자는 인근 부동산중개업소 통해 위 건물을 권리금 8,000,000원, 보증금 30,000,000원, 월세 400,000원을 세를 내 놓았습니다. 만약 그렇게 되면 채권자가 후일 위 소송에서 승소한다고 할지라도 현저히 집행이 곤란하거나 집행이 불가능하게 될 염려가 농후하므로 본 신청에 이른 것입니다.

4. 담보제공에 관하여는 서울보증보험 주식회사와 지급보증위탁계약을 체결한 문서로서 제출하는 방법에 의할 수 있도록 허가하여 주시기 바랍니다.

첨 부 서 류

1. 임대차계약서 사본	1통
1. 내용증명 사본	1통
1. 부동산등기부등본	1통
1. 주민등록초본	2통
1. 목록	5통
1. 위임장	1통

20○○. ○. .

위 채권자 서 ○ ○   (인)

○○지방법원 ○○지원 귀중

[별지] 부동산의 표시

[별 지]

부동산의 표시

○○시 ○○구 ○○동 ○○
[도로명주소] ○○시 ○○구 ○○길 ○○ 지상
   철근콘트리트조 슬래브지붕 2층 주택
     1층 80.35㎡
     2층 50㎡
       중 **2층 50㎡**. 끝.

■ 작성·접수방법

1. 비용은 인지 10,000원이고, 송달료는 당사자 1인당 3회분을 송달료취급은행에 납부하고 첨부하여야 한다.
2. 관할법원은 가처분할 부동산이 있는 곳을 관할하는 지방법원이나 본안의 관할법원이다
3. 신청서 1부와 부동산목록 5부를 관할법원에 접수한다.

[서식] 부동산점유이전금지 가처분신청서(임대차계약 종료를 원인으로 한 건물명도청구권, 채무자보관형)

부동산점유이전금지 가처분신청

채 권 자　홍　○　　○ (000000-0000000)　　　　　(전화 :　　)
　　　　　○○시 ○○구 ○○로 ○○(○○동)　　　　(우 :　　)

채 무 자　최　○　　○ (000000-0000000)
　　　　　○○시 ○○구 ○○로 ○○(○○동)　　　　(우 :　　)
　　　　　등기부상주소 : ○○시 ○○구 ○○로 ○○(○○동)

목 적 물 의 가 액

금 68,260,340원,

피보전권리의 요지

임대차계약 종료를 원인으로 한 건물명도청구권

가처분할 목적물의 표시

별지 부동산 목록 기재와 같음

신 청 취 지

1. 채무자는 별지 목록 기재 부동산에 대한[일부인 경우 : 별지 도면 표시 (1), (2), (3), (4), (1)을 순차로 연결한 선내 (가)부분 76.2㎡에 대한] 점유를 풀고 채권자가 위임하는 ○○지방법원 소속 집행관에게 그 보관을 명한다.
2. 집행관은 현상을 변경하지 아니할 것을 조건으로 하여 채무자에게 그 사용을 허가할 수 있다.
3. 채무자는 그 점유를 타인에게 이전하거나 또는 점유명의를 변경하여서는 아니된다.

4. 집행관은 위 취지를 공시하기 위하여 적당한 방법으로 취하여야 한다.
라는 재판을 구합니다.

신 청 이 유

1. 채권자 소유인 별지 목록 기재 건물 1층 별지 도면 표시의 일부의 76.2㎡ 점포에 대하여 채권자는 채무자와 20○○. 1. 10. 보증금 2,000만원, 월 400,000원, 임대기간 1년으로 정하여 임대차계약을 체결하였습니다.
   이후 매년 계약만료일에 구두로 계약을 연장(재계약)하여 오던 중 채권자는 20○○. 10. 말경 위 부동산을 타에 매도하는 계약을 체결하고, 20○○. 11. 초순경 갱신거절의 의사표시가 남긴 내용증명우편에 의한 통고서를 채무자에게 발송하였습니다.

2. 이와 같이 채권자는 20○○. 10. 말경 채무자와 더 이상 임대차계약을 계속할 수 없다는 서면에 의한 의사표시를 하였는데, 채무자는 위 부동산이 매수인에게 인도될 때까지만 사용하게 해달라고 하여 이를 승낙하였습니다.
   이에 20○○. 1. 15. 부동산 잔대금을 받기로 예정되어 채권자는 20○○. 1. 초순경 재차 채무자에게 부동산을 20○○. 1. 15. 이전에 명도하여 줄 것을 요구하였으나 채무자는 당초 약속과는 달리 현재까지 채권자의 명도요구에 불응하고 있습니다.

3. 한편 채무자는 20○○. 9월분부터 임대료를 지급하지 않고 있으므로 채권자는 채무자에게 월임료를 2회 이상 연체함으로써 기한의 이익을 상실하였으므로 임대차계약을 해지한다고 통보하고 명도를 요구하였으나 채무자는 이에 불응하고 있습니다.

4. 따라서 채권자는 채무자를 상대로 건물명도 소송을 제기하였으나 본안 판결시까지는 상당한 시일이 소요될 것이 예상되어 그 사이에 채무자가 점유하고 있는 위 부동산을 타인에게 점유이전시킬 우려가 있으므로 채권자는 후일의 집행을 보전하기 위하여 신청취지와 같은 재판을 구하고자 이 건 신청에 이른 것입니다.

5. 담보제공에 관하여는 서울보증보험 주식회사와 지급보증위탁계약을 체결한 문서로서 제출하는 방법에 의할 수 있도록 허가하여 주시기 바랍니다.

첨 부 서 류

1. 임대차계약서 사본	1통
1. 부동산등기부등본	1통
1. 토지대장	1통
1. 건축물대장	1통
1. 주민등록초본	2통
1. 목록	6통
1. 위임장	1통

20○○. ○.   .

위 채권자 홍 ○ ○   (인)

○○**지방법원** ○○**지원 귀중**

[별지] 부동산의 표시

부 동 산 의 표 시

1. ○○시 ○○구 ○○로 ○○(○○동)

시멘트 벽돌조 슬래브지붕 2층 점포 및 사무실

1층 184.6㎡

2층 184.6㎡ 중 1층 76.2㎡

부동산점유이전금지 가처분신청

신 청 인   홍 ○   ○ (000000-0000000)   (전화 :   )

　　　　　　○○시 ○○구 ○○로 ○○(○○동)   (우 :   )

피신청인   최 ○   ○ (000000-0000000)

　　　　　　○○시 ○○구 ○○로 ○○(○○동)   (우 :   )

목 적 물 의 표 시

별지 부동산 목록 기재와 같음(미등기)

목 적 물 의 가 액

금 10,246,800원,

피보전권리의 요지

임대차계약의 만료로 인한 건물명도청구권

신 청 취 지

1. 피신청인의 별지 목록 기재의 건물에 대한 점유를 풀고 ○○지방법원 소속 집행관에게 그 보관을 명한다.
2. 집행관은 그 현상을 변경하지 않을 것을 조건으로 하여 피신청인에게 그 사용을 허가할 수 있다.
3. 피신청인은 그 점유를 타인에게 이전하거나 또는 점유명의를 변경하여서는 아니된다.
4. 집행관은 위 취지를 공시하기 위하여 적당한 방법으로 취하여야 한다.

라는 재판을 구합니다.

신 청 이 유

1. 피신청인은 20ㅇㅇ부터 약 10년 동안 신청인 소유의 미등기인 별지 목록 기재 건물을 임차하여 ㅇㅇ식당업을 운영하고 있는 바, 이 사건 임대차기간은 20ㅇㅇ. 3. 20.부터 20ㅇㅇ. 3. 20.까지로 되어있습니다.

2. 그 후 신청인은 위 임대차기간만료 수개월 전에 피신청인에 대하여 위 임대차계약 갱신의 조건을 제시하였으나, 피신청인은 신청인의 위 조건이 부당하므로 승낙할 수 없다는 답변만 할 뿐이므로, 신청인을 대신한 신청외 김ㅇㅇ과 피신청인 사이에 수차 만나면서 합의한 결과 20ㅇㅇ. 4. 15.까지 위 임대차기간을 갱신하는 계약을 체결하기로 합의가 이루어졌으나 동 기간이 도래하자 피신청인을 일방적으로 이를 이행하지 않으므로, 신청인은 피신청인에게 20ㅇㅇ. 4. 25. 내용증명우편으로 20ㅇㅇ. 5. 10.까지 위 임대차의 갱신여부의 확답을 통고하였으며, 동 내용증명은 같은 해 4. 27. 피신청인에게 도달하였습니다.

3. 그런데 피신청인은 위 기간이 경과되어도 아무런 의사표시를 없이 계속하여 위 부동산을 점유 사용하면서 위 건물을 신청인 몰래 제3자에게 전대하려 하고 있습니다.

4. 그러므로 신청인은 위 건물의 소유자로서 피신청인에 대하여 위 임대차기간의 만료로 인한 임차권의 소멸을 원인으로 하여 위 건물의 명도를 구하는 본안소송을 제기하려고 준비중에 있으나, 그 사이에 피신청인이 위 건물에 대한 점유를 제3자에게 이전하게 되면 신청인이 후일 본안소송에서 승소한다고 할지라도 현저히 집행이 곤란하거나 집행이 불가능하게 될 염려가 농후하므로 본 신청에 이른 것입니다.

5. 담보제공에 관하여는 서울보증보험 주식회사와 지급보증위탁계약을 체결한 문서로서 제출하는 방법에 의할 수 있도록 허가하여 주시기 바랍니다.

첨 부 서 류

1. 최고장 사본   1통

```
1. 부동산등기부등본            1통
1. 건축물대장                 1통
1. 주민등록초본               2통
1. 목록                      6통
1. 위임장                    1통
```

20○○. ○.   .

위 신청인 홍 ○ ○   (인)

○○지방법원 ○○지원 귀중

[별지] 부동산의 표시

부동산의 표시 (미등기)

1. ○○시 ○○구 ○○로 ○○(○○동)
   시멘트 벽돌조 슬래브지붕 1층 점포
   187.4m^2

제3절 지급명령신청 또는 조정신청

I. 지급명령신청

1. 개 념

지급명령신청이란 금전 기타의 대체물 또는 유가증권의 일정 수량의 지급을 목적으로 하는 청구에 관하여 채권자의 일방적 신청이 있으면 채무자를 심문하지 않고 채무자에게 그 지급을 명하는 재판(민소법 462~474조)으로서 독촉절차라고도 한다. 다만, 대한민국에서 공시송달 외의 방법으로 송달할 수 있는 경우에 한한다(민소법 제462조).

2. 관할법원

이러한 지급명령은 채무자의 보통재판적 소재지나 근무지 또는 사무소·영업소의 특별재판적 소재지를 관할하는 지방법원에 전속한다. 즉 관할법원에 대하여 민소법상의 규정을 보면 아래와 같다(민소법 제463조, 동법 제7조 내지 제9조, 제12조, 제18조).

    가. 채무자의 보통재판적이 있는 곳의 지방법원

    나. 사무소 또는 영업소에 계속하여 근무하는 사람에 대하여 소를 제기하는 경우에는 그 사무소 또는 영업소가 있는 곳을 관할하는 법원

    다. 재산권에 관한 소를 제기하는 경우에는 거소지 또는 의무이행지의 법원

    라. 어음·수표에 관한 소를 제기하는 경우에는 지급지의 법원

    마. 사무소 또는 영업소가 있는 사람에 대하여 그 사무소 또는 영업소의 업무와 관련이 있는 소를 제기하는 경우에는 그 사무소 또는 영업소가 있는 곳의 법원

    바. 불법행위에 관한 소를 제기하는 경우에는 행위지의 법원. 선박 또는 항공기의 충돌이나 그 밖의 사고로 말미암은 손해배상에 관한 소를 제기하는 경우에는 사고선박 또는 항공기가 맨 처음 도착한 곳의 법원.

3. 불복방법

채권자인 신청인이 지급명령을 할 수 없거나 관할위반이거나 청구의 이유 없음이 명백한 경우에는 결정으로 신청을 각하하며, 이에 대해서는 불복신청을 할 수 없다(민소법 제465조).

채무자는 지급명령이 송달된 날로부터 2주일 내에 이의신청을 할 수 있고(민소법 제468조), 채무자가 이의신청을 한 때에는 이의의 범위 내에서 지급명령이 실효된다(민소법 제470조). 법원은 이의신청이 적법하지 않다고 인정한 때에는 결정으로 이를 각하하여야 하며, 이 결정에 대해서는 즉시 항고를 할 수 있다(민소법 제471조). 적법한 이의신청이 있는 때에는 소송으로 이행하게 되는데, 지급명령을 신청한 때에 소를 제기한 것으로 본다(민소법 제472조). 그러나 지급명령에 대하여 이의신청이 없거나 이의신청을 취하하거나 각하결정이 확정된 때에는 지급명령이 확정된다(민소법 제474조). 판결절차 외에 이 독촉절차를 둔 것은 채무자의 자발적 이행을 촉구하는 동시에 채권자를 위하여 수고와 비용의 부담을 덜어 주고 간이·신속하게 집행권원을 얻게 하기 위해서이다.

4. 지급명령과 집행(민사집행법 제58조)

확정된 지급명령에 기한 강제집행은 집행문을 부여받을 필요없이 지급명령 정본에 의하여 행한다. 다만, 아래 해당하는 경우에는 그러하지 아니하다.

　　가. 지급명령의 집행에 조건을 붙인 경우
　　나. 당사자의 승계인을 위하여 강제집행을 하는 경우
　　다. 당사자의 승계인에 대하여 강제집행을 하는 경우

채권자가 여러 통의 지급명령 정본을 신청하거나, 전에 내어준 지급명령 정본을 돌려주지 아니하고 다시 지급명령 정본을 신청한 때에는 법원사무관등이 이를 부여한다. 이 경우 그 사유를 원본과 정본에 적어야 한다.

청구에 관한 이의의 주장에 대하여는 민집법 제44조 제2항의 규정을 적용하지 아니한다. 집행문부여의 소, 청구에 관한 이의의 소 또는 집행문부여에 대한 이의의 소는 지급명령을 내린 지방법원이 관할한다. 이 경우에 그 청구가 합의사건인 때에는 그 법원이 있는 곳을 관할하는 지방법원의 합의부에서 재판한다.

5. 서 식

[서식] 지급명령 - 임대차보증금반환청구의 독촉사건

지 급 명 령 신 청

채권자 ○○○(주민등록번호)

　　　　○○시 ○○구 ○○길 ○○(우편번호 ○○○-○○○)

　　　　전화·휴대폰번호:

　　　　팩스번호, 전자우편(e-mail)주소:

채무자 ◇◇◇(주민등록번호)

　　　　○○시 ○○구 ○○길 ○○(우편번호 ○○○-○○○)

　　　　전화·휴대폰번호:

　　　　팩스번호, 전자우편(e-mail)주소:

임차보증금반환청구의 독촉사건

청구금액 : 금 35,000,000원

신 청 취 지

　채무자는 채권자에게 금 35,000,000원 및 이에 대한 20○○. ○○. ○○.부터 이 사건 지급명령정본을 송달 받는 날까지는 연 5%, 그 다음날부터 다 갚는 날까지는 연 15%의 각 비율에 의한 금액 및 아래 독촉절차비용을 합한 금액을 지급하라는 지급명령을 구합니다.

아　　　래

독촉절차비용 : 45,800원

내 역

인지대 : 16,200원
송달료 : 29,600원

신 청 이 유

1. 채권자와 채무자는 20○○. ○. ○. 피고 소유 ○○시 ○○구 ○○길 ○○ 소재 목조기와지붕 평가건물 단층주택 47.36㎡ 중 방 1칸 및 부엌에 대하여 임차보증금 35,000,000원, 임대차기간은 2년으로 하는 임대차계약을 체결하고 점유·사용하여 오다가 20○○. ○○. ○. 임대차계약기간의 만료로 인하여 임대인인 채무자에게 건물을 명도 하였습니다.

2. 그렇다면 채무자는 채권자에게 위 임차보증금을 지급할 의무가 있음에도 불구하고 지급하지 아니하여 채권자는 채무자에게 임차보증금을 반환하여 줄 것을 여러 차례에 걸쳐 독촉하였음에도 채무자는 지금까지 위 임차보증금을 반환하지 않고 있습니다.

3. 따라서 채권자는 채무자로부터 위 임차보증금 35,000,000원 및 이에 대한 20○○. ○○. ○○.부터 이 사건 지급명령결정정본을 송달 받는 날까지는 민법에서는 연 5%, 그 다음날부터 다 갚는 날까지는 소송촉진등에관한특례법에서 정한 연 15%의 각 비율에 의한 지연손해금 및 독촉절차비용을 합한 금액의 지급을 받기 위하여 이 사건 신청을 하기에 이르게 된 것입니다.

첨 부 서 류

1. 부동산임대차계약서   1통
1. 부동산등기사항증명서   1통
1. 송달료납부서   1통

20○○.　　○○.　　○○.

위 채권자 ○○○ (서명 또는 날인)

○○지방법원　귀중

■ 작성·접수방법

1. 비용은 인지의 경우 해당 소가에 대한 인지액의 1/100이고, 송달료는 당사자 1인당 4회분을 송달료취급은행에 납부하고 첨부하여야 한다.

   상기 사안의 경우 인지액은 {(35,000,000원)×0.0045)+5000}×1×1/10=16,200원이고, 송달료는 4×2×(5,200원)=40,800원이다.

2. 신청서 1부와 상대방 수만큼의 부본을 관할법원에 접수한다.

[서식] 지급명령 – 임대차보증금반환청구의 독촉사건

지 급 명 령 신 청

채 권 자   ○   ○   ○ (000000-0000000)   (전화 :   )

          ○○시 ○○구 ○○로 ○○(○○동)   (우 :   )

채 무 자   ○   ○   ○ (000000-0000000)

          ○○시 ○○구 ○○로 ○○(○○동)   (우 :   )

임대차보증금반환 청구의 독촉사건

청 구 취 지

채무자는 채권자에게 50,000,000원과 이에 대하여 이 사건 지급명령정본 송 달다음날부터 다 갚는 날까지 연 15%의 비율로 계산한 돈과 아래 독촉절차비용을 지급하라. 라는 지급명령을 구합니다.

독촉절차비용 : 52,600원

      (내   역)

        첨용인지대 : 23,000원

        송달료 : 29,600원

청 구 원 인

1. 채권자와 채무자간에 2007. 7. 19. 다음과 같은 목적물에 관하여 임대차계약을 체

결하였습니다.

다 음

(1) 목적물 : ○○시 ○○구 ○○로 ○○(○○동)

　　　　　　　철근 콘크리트 및 라멘조 슬래브지붕 2층 대중음식점

　　　　　　　및 주택 중 2층 주택 전부

(2) 임대차보증금 : 금 50,000,000원

(3) 임대차기간 : 2007. 7. 19.부터 2010. 7. 18.까지(3년간)

2. 채권자는 채무자에게 2007. 7. 19. 임대차보증금 50,000,000원(= 계약금 12,000,000원 + 잔금 38,000,000원)을 지급하고, 같은 날 입주 거주해오다가 위 임대차기간만료일에 이르러 위 부동산을 채무자에게 명도하고, 위 임대차보증금 반환할 것을 수차에 걸쳐 촉구하였으나 채무자는 차일피일하면서 지급하지 않고 있으므로, 부득이 청구취지와 같은 돈과 독촉절차비용을 같이 지급받고자 이 신청에 이르렀습니다.

첨 부 서 류

1. 임대차계약서 사본　　　　　　1통
1. 건물등기부등본　　　　　　　　1통
1. 주민등록초본　　　　　　　　　2통

20○○. ○. .

위 채권자 홍 길 동 　(인)

○○지방법원 ○○지원　귀중

[서식] 지급명령에 대한 이의신청서

지급명령에 대한 이의신청서

사 　 건 　 　 20○○차 ○○○ 　 임대차보증금반환

채 권 자 　 홍 　 길 　 동

채 무 자 　 이 　 몽 　 룡

　 위 사건에 관하여 채무자는 20○○. ○. ○.지급명령정본을 송달받았으나 동 명령에 불복하므로 이의를 신청합니다.

20○○. 　 ○. 　 .

채무자 이 　 몽 　 룡 　 (인)

(전화 : 　 　)

○○**지방법원** ○○**지원** 　 **귀중**

▪ 작성·접수방법

1. 비용으로 이의신청인인 채무자는 인지대와 송달료 등 비용이 필요하지 않다. 그러나 지급명령의 신청인인 채권자는 민사소송등인지법 제7조 제3항에 "민사소송법 제388조 또는 제472조의 규정에 의하여 화해 또는 지급명령신청 시에 소의 제기가 있는 것으로 보는 때에는 당해 신청인은 소를 제기하는 경우에 소장에 붙여야 할 인지액으로부터 당해 신청서에 붙인 인지액을 공제한 액의 인지를 보정하여야 한다."라고 규정하고 있는바, 인지를 보정하여야 하며, 송달료 역시 통상의 소에 기준한 금액을 추납하여야 한다.
2. 이의신청서 1부와 상대방 수만큼의 부본을 관할법원(지급명령을 결정한 법원)에 접수한다.

지급명령에 대한 이의신청서

사   건   20○○차 ○○○ 임대차보증금반환

채 권 자   홍   길   동

채 무 자   이   몽   룡

　위 사건에 관하여 채무자는 20○○. ○. ○.지급명령정본을 송달받았으나 동 명령에
불복하므로 이의를 신청합니다.

신 청 취 지

1. ○○지방법원 ○○지원 20○○차 ○○○ 임대차보증금반환 청구의 지급명령은 이
   를 취소한다.
2. 채권자의 신청은 기각한다.
3. 신청비용은 채권자의 부담으로 한다.
라는 재판을 구합니다.

신 청 이 유

1. 채무자는 20○○. ○. ○.자로 임대차보증금 50,000,000원을 채권자에게 반환하였
   습니다.

2. 따라서 채권자의 청구에 응할 아무런 이유가 없으므로 이 신청에 이르렀습니다.

첨 부 서 류

1. 변제영수증   1통
1. 이의신청서 부본   1통
1. 송달료납부서   1통

20○○.　○.　　.

채무자 　이　몽　룡　　(인)

(전화 :　　　　　)

○○지방법원 ○○지원 귀중

II. 조정신청

1. 개 념

민사분쟁을 해결하는 절차에는 크게 소송절차와 조정절차가 있다. 소송절차는 분쟁당사자가 쌍방이 권리를 주장하고 다툼있는 사실관계에 대한 증거를 제출하면 법원이 어느 당사자의 주장이 옳은지를 판단하여 판결로서 분쟁을 강제적으로 해결하는 차이가 있다. 즉 조정신청은 당사자간 대립하는 분쟁사안에 대하여 법원을 사이에 두고 조정안에 대하여 서로 타협점을 찾아 법원의 결정을 받는 제도로서, 상대방도 조정에 응할 의사가 있어야 한다는 것이 전제되어야 하므로 무작정 조정신청을 하게 되면 조정이 성립되지 않고 시간만 낭비하고 있는 경우가 많다. 즉 민사조정절차는 조정담당판사 또는 법원에 설치된 조정위원회가 분쟁 당사자로부터 주장을 듣고 여러 사정을 참작하여 조정안을 제시하고 서로 양보와 타협을 통하여 협의에 이르게 함으로써 분쟁을 평화적이고, 간이·신속하게 해결하는 제도이다.

이러한 조정신청은 소송절차와 같은 엄격한 절차를 거치지 않고 자유로운 분위기에서 자신의 의견을 충분히 말할 수 있다. 민사조정을 신청하면 빠른 시일 내에 조정기일이 정해지고, 대부분 한 번의 기일(출석)로 종료되므로 소송에 비하여 신속한 해결이 가능하다. 또한 민사조정은 소송에 비하여 인지대가 1/5로 저렴하며, 당사자 사이의 상호타협과 양보에 의하여 분쟁을 해결하므로 감정대립이 남지 않는다. 일반적으로 민사조정절차는 조정담당판사 또는 조정위원회가 딱딱한 법정이 아닌 자유로운 분위기의 조정실에서 당사자의 말을 듣고 실정에 맞게 분쟁을 해결하고 진행되기 때문에 비밀이 철저히 보장된다.

부동산임대차관련사건은 당사자 사이에 임대차계약이라고 하는 신뢰관계를 기초로 하는 계속적 채권관계가 있고, 특히 임료증감청구사건 등 장래에도 임대차관계가 계속될 경우에는 그 후 원만한 계약관계를 유지할 필요가 있으므로 판결에 의하여 일도양단적인 처리를 함으로서 당사자 사이에 감정적인 응어리가 남는 해결방법보다는 조정에 의한 해결방법이 바람직하다.

2. 관할법원

조정사건은 아래 중 하나에 해당하는 곳을 관할하는 지방법원, 지방법원지원, 시법원 또는 군법원의 관할로 한다(민조법 제3조).

　　가. 피신청인에 대한 민사소송법 제3조 내지 제6조의 규정에 의한 보통재판적 소재지
　　나. 피신청인의 사무소 또는 영업소 소재지
　　다. 피신청인의 근무지
　　라. 분쟁의 목적물 소재지
　　마. 손해발생지

그러나, 조정사건은 상기와 같은 규정에도 불구하고 그에 상응하는 소송사건의 전속관할법원 또는 당사자간의 합의에 의하여 정하여진 법원의 관할로 할 수 있으므로, 따라서 신청인은 피신청인의 주소지 관할법원 등에 조정신청을 할 수 있다.

3. 접수방법

신청서 1부 및 부본 1부를 피신청인의 주소지, 사무소 영업소의 소재지, 근무지, 분쟁의 목적물이 있는 곳을 관할하는 지방법원, 지방법원지원, 시·군 법원에 제출한다. 그 첨부서류로 임대차계약서 사본, 부동산등기부등본, 내용증명 사본, 개별공시지가 등이다.

4. 조정이의신청서

조정에 갈음하는 결정(강제조정)에 대하여 당사자는 그 조정조서정본이 송달된 날로부

터 2주일 이내에 이의신청을 할 수 있다. 따라서 조정이 성립되지 않거나 법원의 조정 결정에 대하여 이의신청을 한 때에는 그 결정은 효력을 상실하고 자동적으로 통상소송이 제기된 것으로 본다. 그러나 인지액은 소를 제기한 것과 같은 인지액(나머지 5분의 4)을 납부하여야 한다.

5. 서 식

[서식] 조정신청서 - 임차보증금 감액청구

조 정 신 청 서

신 청 인 ○○○(주민등록번호)

　　　　　○○시 ○○구 ○○로 ○○(우편번호 ○○○-○○○)

　　　　　전화·휴대폰번호 :

　　　　　팩스번호, 전자우편(e-mail)주소 :

피신청인 ◇◇◇(주민등록번호)

　　　　　○○시 ○○구 ○○로 ○○(우편번호 ○○○-○○○)

　　　　　전화·휴대폰번호 :

　　　　　팩스번호, 전자우편(e-mail)주소 :

임차보증금감액청구

신 청 취 지

피신청인은 신청인에게 금 15,000,000원을 지급한다.

라는 조정을 구합니다.

분 쟁 내 용

1. 신청인은 20○○. ○. ○. 피신청인으로부터 그의 소유인 ○○시 ○○구 ○○로

　　○○ 소재 건물을 임대차보증금 30,000,000원으로 하면서 임대차보증금 전액을

지급하였습니다. 그 뒤 20○○. ○○. ○. 신청인은 피신청인과 위 임대차계약을 갱신하기로 합의하고 임대차보증금 50,000,000원, 임대차기간 20○○. ○○. ○.부터 2년간으로 하는 재계약을 체결하고, 증액된 임대차보증금 20,000,000원을 지급하였습니다.

2. 그런데 최근 경제불황과 부동산가격의 하락 및 임대료의 하락에 따라 위 아파트와 유사한 인근 아파트의 임대차보증금이 금 35,000,000원까지 떨어진 상황입니다.

그에 따라 신청인은 피신청인에 대하여 위 아파트에 대한 임대차보증금을 현 시세와 같은 금 35,000,000원으로 감액해줄 것을 청구하였으나 피신청인은 이에 응하지 않고 있습니다.

3. 따라서 신청인은 피신청인으로부터 현재의 임대차보증금과 현 시세와의 차액인 금 15,000,000원을 반환 받고자 조정을 신청합니다.

입 증 방 법

1. 갑 제1호증   임대차계약서
1. 갑 제2호증   주민등록표등본
1. 갑 제3호증   영수증
1. 갑 제4호증   부동산중개업자확인서

첨 부 서 류

1. 위 입증방법   각 1통
1. 신청서부본   1통
1. 송달료납부서   1통

20○○. ○○. ○○.
위 신청인 ○○○ (서명 또는 날인)

○○지방법원 귀중

1. 비용은 인지의 경우 해당 소가에 대한 인지액의 1/50이고, 송달료는 당사자 1인당 5회분을 송달료취급은행에 납부하고 첨부하여야 한다.
   상기 사안의 경우 인지액은 {(15,000,000원)×0.0045)+5000}×1×1/5=14,500원이고, 송달료는 5×2×(5,200원)=51,000원이다.
2. 신청서 1부와 상대방 수만큼의 부본을 관할법원에 접수한다.

[서식] 조정신청서 – 임차보증금반환

조 정 신 청 서

신 청 인　　○　　○　　○ (000000-0000000)　　　　　(전화 :　　　)

　　　　　　○○시 ○○구 ○○로 ○○(○○동)　　　　(우 :　　　)

피신청인　　○　　○　　○ (000000-0000000)

　　　　　　○○시 ○○구 ○○로 ○○(○○동)　　　　(우 :　　　)

임대차보증금 반환

신 청 취 지

　피신청인은 신청인에게 50,000,000원을 반환하라.

라는 조정을 구합니다.

분 쟁 내 용

1. 신청인은 20○○. ○. ○. 피신청인으로부터 동인 소유의 ○○시 ○○구 ○○로 ○
   ○(○○동) 소재 주택을 임대차보증금 50,000,000원, 임대차기간 20○○. 6. 30.
   부터 20○○. 6. 30.까지 1년간으로 정하여 임차하고, 20○○. ○. ○. 임대차보증
   금 전액을 일시불로 지급하였습니다.

2. 그 후 20○○. ○. ○.임대차기간이 만료되었으나 피신청인은 정당한 이유 없이 임대보증금을 반환하지 않고 있으므로, 그, 지급을 구하기 위하여 본 조정을 신청합니다.

입 증 방 법

1. 갑 제1호증　　　　　　건물등기부등본
1. 갑 제3호증　　　　　　임대차계약서 사본
1. 갑 제4호증　　　　　　영수증 사본

첨 부 서 류

1. 위 입증서류　　　　　　1통
1. 주민등록초본　　　　　　2통
1. 신청서 부본　　　　　　1통

20○○. ○. .

위 신청인 ○ ○ ○ (인)

○○지방법원 ○○지원 귀중

[서식] 조정이의신청서

조 정 이 의 신 청 서

사　　건　　20○○머 ○○○　임대차보증금반환

신 청 인　　홍 　길 　동 (000000-0000000)　　　　　(전화 :　　　)

　　　　　　전라남도 ○○군 ○○읍 ○○로 ○○○　　　　(우 :　　　)

피신청인　　이 　몽 　룡 (000000-0000000)

　　　　　　전라남도 ○○군 ○○읍 ○○로 ○○○　　　　(우 :　　　)

　위 사건에 관한 20○○. ○. ○.조정에 갈음하는 결정에 대하여 20○○. ○. ○. 조정조서정본을 송달받았는 바, 신청인은 동 결정에 불복하므로 이의를 신청합니다.

첨 부 서 류

1. 이의신청서 부본　　　　　　　1통
1. 송달료납부서　　　　　　　　1통

20○○. ○. .

신청인 홍 길 동　(인)

○○**지방법원** ○○**지원** ○○**군법원　귀중**

■ 작성·접수방법

1. 비용으로 이의신청인은 인지대와 송달료 등 비용이 필요하지 않다. 그러나 조정신청의 신청인은 소를 제기한 것과 같은 금액의 인지(나머지 4/5의 금액)를 보정하여야 하며, 송달료 역시 통상의 소에 기준한 금액을 추납하여야 한다.
2. 이의신청서 1부와 상대방 수만큼의 부본을 관할법원(조정결정을 한 법원)에 접수한다.

제4절 임대차 관련 분쟁해결

제1항 서설

임대차관계에서의 본안사건은 임대인이 임대차관계가 종료되었음에도 불구하고 그 보증금을 반환하지 않는 경우 임차인이 제기하는 임대차보증금반환청구의 소, 그 반대로 임대차관계가 종료되었음에도 불구하고 임차인이 임차목적물을 반환하지 않는 경우 임대인이 제기하는 건물반환청구의 소가 대표적이다. 또한 상가건물에 대한 임대차에서 권리금관계가 주로 문제되는데 이에 대한 청구를 하는 권리금반환청구의 소가 있다. 이하에서는 각 유형별 접수방법 및 유의사항에 대하여 기술한다.

제2항 소장 - 유형별 분류

I. 임대차보증금반환청구의 소

1. 개 념

보증금계약은 임대차계약의 기간이 만료된 경우 보증금을 반환한다는 내용과 그 반환되는 보증금의 액수는 당해 임대차에 관하여 임차목적물 명도시까지 생긴 임차인의 임대인에 대한 모든 채무를 정산한 나머지로 한다는 내용인 것이 보통이다. 그리고 보증금 잔액반환의무와 임차목적물 반환의무는 동시이행관계에 있다. 이러한 경우 임대차가 종료되었음에도 불구하고 임대인으로부터 그 반환이 없는 경우 임차인은 관련 소장을 법원에 제출함으로서 본안의 소가 제기된다.

2. 청구취지, 청구원인 및 요건사실

가. 예제

> **[기본사례]** 원고(임차인)→피고(임대인)
>
> 원고는 피고로부터 다세대 주택 1동을 임대보증금 50,000,000원에 임차하였는데, 임대차가 종료되었으므로 임대보증금반환을 구함
>
> **[부대청구]** 지연손해금(임대건물인도일 이후의 지연이자 청구)

나. 청구취지

1) 임대인이 한 명인 경우

> 피고는 원고에게 금 50,000,000원 및 이에 대하여 2011. 11. 11.부터 이 사건 소장부본 송달일까지는 연 5%의, 그 다음날부터 완제일까지는 연 12%의 각 비율에 의한 금원을 지급하라.
>
> ※ 지연손해금 : 2003. 12. 31.까지 임대목적물을 반환한 경우

2) 임대인들이 여러 명인 경우

임대인이 여러 명인 경우에는 불가분채무이므로, "각자"에게 전액 청구하여야 한다.

> 피고들은 각자 원고에게 금 50,000,000원 및 이에 대하여 2011. 11. 11.부터 이 사건 소장부본 송달일까지는 연 5%의, 그 다음날부터 완제일까지는 연 12%의 각 비율에 의한 금원을 지급하라.

다. 청구원인

청구원인이란, 소장에 기재할 원고의 주장하는 심판의 대상, 즉 소송물을 특정함에 필요한 사실을 말하는 것이다.

[청구원인]	○ 임대차계약을 체결하고
	○ 보증금을 지급한 사실
	○ 임대차가 종료한 사실
[부대청구] 지연손해금을 구하는 경우에는 임대목적물을 인도한 사실	

라. 요건사실

법률효과는 권리의 발생, 변경, 소멸 등의 모습으로 나타나는데, 그 요건에 해당하는 구체적인 사실을 요건사실이라고 한다.

	임대차보증금반환
	* 임대차계약을 체결한 사실
	* 보증금을 지급한 사실
요건사실	* 임대차가 종료한 사실
	부대청구(지연손해금)
	* 임대목적물을 인도한 사실

3. 접수방법

가. 관할

관할은 피고의 보통재판적이 있는 곳의 법원의 관할에 속하고, 사람의 보통재판적은 그의 주소에 따라 정하여지나, 대한민국에 주소가 없거나 주소를 알 수 없는 경우에는 거소에 따라 정하고, 거소가 일정하지 아니하거나 거소도 알 수 없으면 마지막 주소에 따라 정하여진다. 재산권에 관한 소를 제기하는 경우에는 거소지 또는 의무이행지의 법원에 제기할 수 있다. 따라서 원고는 피고의 주소지를 관할하는 법원이나 의무이행지(특정물의 인도는 채권성립당시에 그 물건이 있던 장소에서 하여야 하지만, 그 밖의 채무변제는 채권자의 현주소에서 하여야 하므로 당사자간에 특별한 약정이 없는 한 채권자는 자기의 주소지를 관할하는 법원에 소를 제기할 수 있다. 민법 제467조 제1항, 제2항) 관할 법원에 소를 제기할 수 있음.

나. 인지

인지는 소장에는 소송목적의 값에 따라 민사소송등인지법 제2조 제1항 각 호에 따른 금액 상당의 인지를 붙여야 함. 다만, 대법원 규칙이 정하는 바에 의하여 인지의 첩부에 갈음하여 당해 인지액 상당의 금액을 현금이나 신용카드·직불카드 등으로 납부하게 할 수 있는바, 현행 규정으로는 인지첩부액이 1만원 이상일 경우에는 현금으로 납부하여야 하고 또한 인지액 상당의 금액을 현금으로 납부할 수 있는 경우 이를 수납은행 또는 인지납부대행기관의 인터넷 홈페이지에서 인지납부대행기관을 통하여 신용카드 등으로도 납부할 수 있음(민사소송등인지규칙 제27조 제1항 및 제28조의 2 제1항).

다. 송달료

사건의 청구금액에 따라 당사자 1인당 합의사건, 단독사건인 경우 15회, 소액사건인 경우 10회의 송달료를 납부한다.

4. 서 식

[서식] 소장-임대차보증금반환청구의 소(묵시적 갱신 후 기간만료. 다세대주택)

소   장

원   고   ○○○ (주민등록번호)
　　　　　 ○○시 ○○구 ○○길 ○○(우편번호)
　　　　　 전화·휴대폰번호 :
　　　　　 팩스번호, 전자우편(e-mail)주소 :

피   고   ◇◇◇ (주민등록번호)
　　　　　 ○○시 ○○구 ○○길 ○○(우편번호)
　　　　　 전화·휴대폰번호 :
　　　　　 팩스번호, 전자우편(e-mail)주소 :

임차보증금반환청구의 소

청 구 취 지

1. 피고는 원고에게 금 25,000,000원 및 이에 대하여 20○○. ○○. ○○.부터 이 사건 소장부본 송달일까지는 연 5%의, 그 다음날부터 다 갚는 날까지는 연 15%의 각 비율에 의한 돈을 지급하라.
2. 소송비용은 피고의 부담으로 한다.
3. 위 제1항은 가집행 할 수 있다.
라는 판결을 구합니다.

청 구 원 인

1. 원고는 20○○. ○. ○. 피고와 피고소유의 ○○시 ○○구 ○○길 ○○○ 소재 다세대주택 203호에 대하여 계약기간은 2년, 임차보증금은 금 50,000,000원으로 정하여 주택임대차계약을 체결하고 입주하여 기간이 만료된 뒤에도 새로운 계약을 체결하지 않고 계속하여 약 3년간 거주하였습니다.

2. 그 뒤 원고는 20○○. ○. ○○.경 피고에게 위 주택임대차계약을 더 이상 연장할 의사가 없음을 명백히 통지하고 임차보증금의 반환을 요구하였으나, 피고는 새로운 임차인이 나타나지 않는다는 이유로 20○○. ○○. ○.에 와서야 임차보증금 중 금 25,000,000원만을 반환하고 나머지 임차보증금 25,000,000원은 지금까지 지급해 주지 않고 있습니다. 한편, 원고는 20○○. ○○. ○. 피고로부터 임차보증금 중 위 일부금만을 지급 받은 채 임차목적물인 위 다세대주택 203호를 피고에게 명도하였습니다.

3. 따라서 원고는 피고로부터 위 임차보증금 잔액 금 25,000,000원 및 이에 대한 위 임차주택을 피고에게 명도한 날의 다음날인 20○○. ○○. ○○. 이 사건 소장부본 송달일까지는 민법에서 정한 연 5%의, 그 다음날부터 다 갚는 날까지는 소송촉진 등에관한특례법에서 정한 연 15%의 각 비율에 의한 지연손해금을 지급 받기 위하여 이 사건 청구에 이른 것입니다.

입 증 방 법

1. 갑 제1호증   임대차계약서
1. 갑 제2호증   영수증
1. 갑 제3호증   통고서(내용증명우편)

첨 부 서 류

1. 위 입증방법   각 1통
1. 소장부본   1통
1. 송달료납부서   1통

20○○. ○. ○.

위 원고 　○○○　(서명 또는 날인)

○○지방법원 　귀중

■ 작성·접수방법

1. 비용으로 인지는 소송목적의 값에 따라 민사소송등인지법 제2조 제1항 각 호에 따른 금액 상당의 인지를 붙여야 하고, 송달료는 적용대상 사건별 기준에 의거 송달료취급은행에 납부하면 된다. 위 사안의 경우 인지액은 {(25,000,000원×0.0045)+5000}×1=117,500원이고, 송달료는 당사자 1인당 15회분으로 15×2×5,200원=153,000원이다.
2. 관할법원은 위 사안에서 원고는 피고의 주소지를 관할하는 법원이나 의무이행지(특정물의 인도는 채권성립당시에 그 물건이 있던 장소에서 하여야 하지만, 그 밖의 채무변제는 채권자의 현주소에서 하여야 하므로 당사자간에 특별한 약정이 없는 한 채권자는 자기의 주소지를 관할하는 법원에 소를 제기할 수 있음 : 민법 제467조 제1항, 제2항)관할 법원에 소를 제기할 수 있다.
3. 법원용 1부, 상대방 1부 합계 2부를 관할법원에 접수한다.

소   장

원   고   ○○○ (주민등록번호)
　　　　○○시 ○○구 ○○길 ○○(우편번호)
　　　　전화·휴대폰번호 :
　　　　팩스번호, 전자우편(e-mail)주소 :
피   고   ◇◇◇ (주민등록번호)
　　　　○○시 ○○구 ○○길 ○○(우편번호)
　　　　전화·휴대폰번호 :
　　　　팩스번호, 전자우편(e-mail)주소 :

임차보증금반환청구의 소

청 구 취 지

1. 피고는 원고에게 금 15,000,000원 및 이에 대한 20○○. ○○. ○○.부터 이 사건 소장부본 송달일까지는 연 5%의, 그 다음날부터 다 갚는 날까지는 연 15%의 각 비율에 의한 돈을 지급하라.
2. 소송비용은 피고가 부담한다.
3. 위 제1항은 가집행 할 수 있다.
라는 판결을 구합니다.

청 구 원 인

1. 원고는 피고와 피고 소유의 ○○시 ○○구 ○○길 ○○ 소재 주택의 지하 방2칸에 대하여 계약기간은 2년, 임차보증금은 금 15,000,000원으로 정하여 임대차계약을 체결하고 입주하면서 피고에게 위 임차보증금 전액을 지급하였습니다.
2. 그런데 여름철 장마가 계속되면서 벽을 통하여 비가 스며들어 벽이 썩고 배수시설

이 나빠 지하로 물이 쏟아져 방이 침수되는 등 하자가 발생하여 도저히 계속 거주할 수가 없어 피고에게 여러 차례에 걸쳐 하자보수를 요구하였으나, 피고는 하자보수를 해주지 않았습니다.

3. 원고는 할 수 없이 아직 기간이 만료되지 않았지만 위 임대차계약의 해지를 통보하고 피고에게 임차보증금반환을 요구하였으나 반환해주지 않아 20○○. ○○. ○. 이사를 하였습니다.

4. 따라서 원고는 피고로부터 위 임차보증금 15,000,000원 및 이에 대한 원고의 이사 다음날인 20○○. ○○. ○○.부터 이 사건 소장부본 송달일까지는 민법에서 정한 연 5%의, 그 다음날부터 다 갚는 날까지는 소송촉진등에관한특례법에서 정한 연 15%의 각 비율에 의한 지연손해금을 지급 받고자 이 사건 청구에 이른 것입니다.

입 증 방 법

1. 갑 제1호증	임대차계약서
1. 갑 제2호증	확인서
1. 갑 제3호증	사진
1. 갑 제4호증 1, 2	각 통고서(내용증명우편)

첨 부 서 류

1. 위 입증방법	각 1통
1. 소장부본	1통
1. 송달료납부서	1통

20○○. ○. ○.

위 원고   ○○○   (서명 또는 날인)

○○지방법원   귀중

소   장

원   고   ○○○ (주민등록번호)

　　　　　○○시 ○○구 ○○길 ○○(우편번호)

　　　　　전화·휴대폰번호 :

　　　　　팩스번호, 전자우편(e-mail)주소 :

피   고   1.◇◇◇ (주민등록번호)

　　　　　2.◆①◇ (주민등록번호)

　　　　　3.◆②◇ (주민등록번호)

　　　　　위 피고들 주소 ○○시 ○○구 ○○길 ○○(우편번호)

　　　　　전화·휴대폰번호 :

　　　　　팩스번호, 전자우편(e-mail)주소 :

임차보증금반환청구의 소

청 구 취 지

1. 원고에게 피고 ◇◇◇는 금 30,000,000원, 피고 ◆①◇, 피고 ◆②◇는 각 금
   20,000,000원 및 각 이에 대한 이 사건 소장부본 송달 다음날부터 다 갚는 날까지
   연 15%의 비율에 의한 돈을 지급하라.
2. 소송비용은 피고들의 부담으로 한다.
3. 위 제1항은 가집행 할 수 있다.
라는 판결을 구합니다.

청 구 원 인

1. 신분관계
 가. 원고는 피고들의 피상속인인 소외 망 ◆◆◆로부터 소외 망 ◆◆◆소유였던 ○○
    시 ○○구 ○○길 ○○ 소재 건물을 임차한 임차인입니다.
 나. 피고 ◇◇◇는 소외 망 ◆◆◆의 배우자이고, 피고 ◆①◇, 피고 ◆②◇는 각 소
    외 망 ◆◆◆의 아들로서 소외 망 ◆◆◆를 상속한 상속인들입니다.
2. 원고는 소외 망 ◆◆◆로부터 20○○. ○. ○. ○○시 ○○구 ○○길 ○○ 소재 소

외 망 ◈◈◈ 소유의 건물을 임차보증금 70,000,000원, 임차기간 20○○. ○. ○. 부터 2년으로 하여 임차·거주하고 있었는데, 20○○. ○. ○○. 피고들의 피상속인인 소외 망 ◈◈◈는 원인불명의 돌연사를 당함으로써 피고들은 소외 망 ◈◈◈의 배우자 및 아들로서 소외 망 ◈◈◈를 상속한 정당한 상속인입니다.

3. 원고는 임차기간만료 1개월 전인 20○○. ○○. ○○. 피고들에게 임대차계약갱신 거절을 통지하면서 임차보증금반환을 요구하였는데, 피고들은 임차기간이 만료된 지금까지 별다른 사유 없이 임차보증금을 반환하지 아니하고 있습니다.

4. 따라서 원고는 피고들의 각 법정상속지분에 따라 피고 ◇◇◇로부터는 금 30,000,000원(70,000,000원×3/7), 피고 ◈①◇, 피고 ◈②◇로부터는 각 금 20,000,000원(70,000,000원×2/7) 및 각 이에 대한 이 사건 소장부본 송달 다음 날부터 다 갚는 날까지 소송촉진등에관한특례법에서 정한 연 15%의 비율에 지연 손해금을 지급 받기 위하여 이 사건 청구에 이른 것입니다.

입 증 방 법

1. 갑 제1호증   부동산등기사항증명서
1. 갑 제2호증   임대차계약서
1. 갑 제3호증   영수증
1. 갑 제4호증   주민등록등본
1. 갑 제5호증   기본증명서(망 ◈◈◈)
1. 갑 제6호증   가족관계증명서(망 ◈◈◈)

첨 부 서 류

1. 위 입증방법   각1통
1. 소장부본   3통
1. 송달료납부서   1통

20○○.   ○.   ○.

위 원고   ○○○   (서명 또는 날인)

○○지방법원 귀중

[서식] 소장-임대차보증금반환청구의 소

(매수인이 전세금반환채무를 인수한 경우, 상가)

<h1 style="text-align:center">소　　　장</h1>

원　고　　○○○ (주민등록번호)
　　　　　○○시 ○○구 ○○길 ○○(우편번호)
　　　　　전화·휴대폰번호 :
　　　　　팩스번호, 전자우편(e-mail)주소 :
피　고　　◇◇◇ (주민등록번호)
　　　　　○○시 ○○구 ○○길 ○○(우편번호)
　　　　　전화·휴대폰번호 :
　　　　　팩스번호, 전자우편(e-mail)주소 :

임차보증금반환청구의 소

<h2 style="text-align:center">청 구 취 지</h2>

1. 피고는 원고에게 금 30,000,000원 및 이에 대한 이 사건 소장부본 송달 다음날부터 다 갚는 날까지 연 15%의 비율에 의한 돈을 지급하라.
2. 소송비용은 피고의 부담으로 한다.
3. 위 제1항은 가집행 할 수 있다.
라는 판결을 구합니다.

<h2 style="text-align:center">청 구 원 인</h2>

1. 원고는 20○○. ○. ○. 소외 ◆◆◆와 그의 소유인 ○○시 ○○구 ○○길 ○○ 소재 1층 점포 33㎡를 임차보증금 30,000,000원에 1년간 임차하여 식당을 운영하던 중 피고가 위 임차건물을 매수하였습니다.
2. 피고는 위 건물을 매수할 때 소외 ◆◆◆가 원고에게 부담하는 임차보증금반환채무를 인수한 사실이 있으며, 원고도 그에 동의한 사실이 있습니다.
3. 그 뒤 묵시의 갱신이 이루어져 지금에 이르고 있으며, 원고는 3개월 전에 피고에게 위 임대차계약의 해지 및 임차보증금의 반환을 요구하였으나, 피고는 별다른 이유

없이 위 임차보증금을 반환하지 않고 있습니다.

4. 따라서 원고는 피고로부터 위 임차보증금 30,000,000원 및 이에 대한 이 사건 소장부본 송달 다음날부터 다 갚는 날까지 소송촉진등에관한특례법에서 정한 연 15%의 비율에 의한 지연손해금을 지급 받고자 이 사건 청구에 이른 것입니다.

입 증 방 법

1. 갑 제1호증 부동산등기사항증명서(건물)
1. 갑 제2호증 임대차계약서

첨 부 서 류

1. 위 입증방법 각 1통
1. 소장부본 1통
1. 송달료납부서 1통

20○○. ○. ○.

위 원고 ○○○ (서명 또는 날인)

○○**지방법원 귀중**

[서식] 소장-임대차보증금반환청구의 소(임차인이 사망하여 상속인들이, 주택)

소   장

원   고   1. ○○○ (주민등록번호)
　　　　　　2. ◉①○ (주민등록번호)
　　　　　　3. ◉②○ (주민등록번호)
　　　　　　위 원고들 주소 ○○시 ○○구 ○○길 ○○(우편번호)
　　　　　　전화·휴대폰번호 :
　　　　　　팩스번호, 전자우편(e-mail)주소 :
피   고   ◇◇◇ (주민등록번호)
　　　　　　○○시 ○○구 ○○길 ○○(우편번호)
　　　　　　전화·휴대폰번호 :
　　　　　　팩스번호, 전자우편(e-mail)주소 :

임차보증금반환청구의 소

청 구 취 지

1. 피고는 원고 ○○○에게 금 30,000,000원, 원고 ◉①○, 원고 ◉②○에게 각 금 20,000,000원 및 각 이에 대한 이 사건 소장부본 송달 다음날부터 다 갚는 날까지 연 15%의 비율에 의한 돈을 지급하라.
2. 소송비용은 피고의 부담으로 한다.
3. 위 제1항은 가집행 할 수 있다.
라는 판결을 구합니다.

청 구 원 인

1. 신분관계
　가. 원고 ○○○는 소외 망 ◉◉◉의 배우자이고, 원고 ◉①○, 원고 ◉②○는 각 소외 망 ◉◉◉의 아들이고, 소외 망 ◉◉◉는 ○○시 ○○구 ○○길 ○○-○ 소

재 피고 소유의 건물을 피고로부터 임차한 임차인입니다.

　나. 피고는 원고들의 피상속인인 소외 망 ◉◉◉에게 피고 소유의 건물을 임대한 임대인입니다.

2. 소외 망 ◉◉◉는 피고와 20○○. ○. ○. ○○시 ○○구 ○○길 ○○-○ 소재 피고 소유의 건물을 임대차보증금 70,000,000원, 임대차기간 20○○. ○. ○.부터 2년으로 하여 임차·거주하던 중 20○○. ○. ○○. 갑작스런 심장마비로 사망하였던 바, 원고들은 소외 망 ◉◉◉의 배우자 및 아들로서 소외 망 ◉◉◉를 상속한 정당한 상속인입니다.

3. 원고들은 임대차기간만료 1개월 전인 20○○. ○○. ○. 임대인인 피고에게 임대차계약갱신거절의 통지를 하고 임대차보증금의 반환을 요구하였으나, 피고는 임대차기간이 만료된 지금까지 별다른 사유 없이 임대차보증금을 반환하지 않고 있습니다.

4. 따라서 피고는 법정상속지분에 따라 원고 ○○○에게 금 30,000,000원(70,000,000원×3/7), 원고 ◉①○, 원고 ◉②○에게 각 금 20,000,000원(70,000,000원×2/7) 및 각 이에 대한 이 사건 소장부본 송달 다음날부터 다 갚는 날까지 소송촉진등에관한특례법에서 정한 연 15%의 비율에 의한 지연손해금을 지급할 의무가 있다고 할 것이므로 이를 구하기 위하여 이 사건 청구에 이른 것입니다.

입 증 방 법

1. 갑 제1호증　　　　　　　　부동산등기사항증명서
1. 갑 제2호증　　　　　　　　임대차계약서
1. 갑 제3호증　　　　　　　　주민등록등본
1. 갑 제4호증　　　　　　　　기본증명서(망 ◉◉◉)
1. 갑 제5호증　　　　　　　　가족관계증명서(망 ◉◉◉)

첨 부 서 류

1. 위 입증방법　　　　　　　　각1통
1. 소장부본　　　　　　　　　　1통
1. 송달료납부서　　　　　　　　1통

                              20○○.   ○.   ○.
                        위 원고 1. ○○○   (서명 또는 날인)
                                 2. ◉①○   (서명 또는 날인)
                                 3. ◉②○   (서명 또는 날인)

○○**지방법원 귀중**

[서식] 소장-임대차보증금반환청구의 소(대항력있는 임차인이 경락인에게)

소   장

원   고   ○○○ (주민등록번호)
           ○○시 ○○구 ○○길 ○○(우편번호)
           전화·휴대폰번호 :
           팩스번호, 전자우편(e-mail)주소 :
피   고   ◇◇◇ (주민등록번호)
           ○○시 ○○구 ○○길 ○○(우편번호)
           전화·휴대폰번호 :
           팩스번호, 전자우편(e-mail)주소 :

임차보증금반환청구의 소

청 구 취 지

1. 피고는 원고에게 금 60,000,000원 및 이에 대한 이 사건 소장부본 송달 다음날부
   터 다 갚는 날까지 연 15%의 비율에 의한 돈을 지급하라.
2. 소송비용은 피고의 부담으로 한다.
3. 위 제1항은 가집행 할 수 있다.
라는 판결을 구합니다.

청 구 원 인

1. 원고는 2000. 5. 1. 소외 ◆◆◆소유의 주택을 임차보증금 60,000,000원, 임대차기간 2000. 5. 14.부터 2년으로 하여 임대차계약을 체결한 뒤, 2000. 5. 10. 주민등록전입신고를 하고 2000. 5. 14. 위 주택을 인도 받았으나 위 주택 및 대지에 근저당권설정 또는 가압류 등이 없어 임대차계약서에 확정일자를 갖추지 아니하였습니다.

2. 그런데 임대인인 소외 ◆◆◆의 사업부진으로 인한 채무과다로 임차주택이 경매되어 피고에게 2001. 9. 19. 매각되었습니다.

3. 원고는 2002. 3월경 피고에게 계약갱신의 거절통지 및 계약만료시 임차보증금의 반환을 요구하였으나, 피고는 계약기간이 만료하였음도 하등의 이유 없이 임차보증금의 반환을 미루고 있습니다.

4. 따라서 원고는 피고로부터 위 임차보증금 60,000,000원 및 이에 대한 이 사건 소장부본 송달 다음날부터 다 갚는 날까지 소송촉진등에관한특례법에서 정한 연 15%의 비율에 의한 지연손해금을 지급 받기 위하여 이 사건 청구에 이른 것입니다.

입 증 방 법

1. 갑 제1호증   부동산등기사항증명서(건물)
1. 갑 제2호증   임대차계약서
1. 갑 제3호증   주민등록등본

첨 부 서 류

1. 위 입증방법   각1통
1. 소장부본   1통
1. 송달료납부서   1통

20○○. ○. ○.

위 원고   ○○○   (서명 또는 날인)

○○지방법원 귀중

[서식] 소장-임대차보증금반환청구의 소(임대인의 변동사실, 임대차종료를 원인)

소 장

원 고 　ㅇ 　ㅇ 　ㅇ (000000-0000000) 　　　　(전화 : 　　)

　　　　ㅇㅇ시 ㅇㅇ구 ㅇㅇ로 ㅇㅇ(ㅇㅇ동) 　　　　(우 : 　　)

피 고 　ㅇ 　ㅇ 　ㅇ (000000-0000000)

　　　　ㅇㅇ시 ㅇㅇ구 ㅇㅇ로 ㅇㅇ(ㅇㅇ동) 　　　　(우 : 　　)

임대차보증금반환 청구의 소

청 구 취 지

1. 피고는 원고에게 50,000,000원과 이에 대하여 이 사건 소장부본 송달다음날부터 다 갚는 날까지 연 15%의 비율로 계산한 돈을 지급하라.
2. 소송비용은 피고의 부담으로 한다.
3. 위 제1항은 가집행 할 수 있다.

라는 판결을 구합니다.

청 구 원 인

1. 원고와 소외 홍길동간에 체결한 임대차계약 및 보증금지급

원고는 소외 홍길동 사이에 20ㅇㅇ. ㅇ. ㅇ. 동인 소유의 ㅇㅇ시 ㅇㅇ구 ㅇㅇ로 ㅇㅇ(ㅇㅇ동)에 소재한 시멘트 블록조 스레브지붕 2층 주택 1동 87㎡을 차임 월 200,000원, 매월 말일 지급 다음달분 지급, 임대차기간의 약정 없이 임대차계약을 체결하고, 같은 날 보증금으로 금 50,000,000원에 소외 홍길동에게 지급하고, 그 전세권등기를 마쳤습니다.

2. 피고의 임대차지위 승계

위 임대차계약에 기하여 원고가 위 건물을 사용 중에 20ㅇㅇ. ㅇ. ㅇ. 소외 홍길동에게 위 건물을 매도하고, 피고는 같은 날 피고 명의로 소유권이전등기를 경료함으로써 임대인의 지위를 승계하였습니다.

3. 임대차의 종료와 건물의 명도

피고는 위 건물의 소유권을 취득한 후 종종 원고에게 본 건 건물의 명도를 요구하였으므로 원고는 피고와 합의한 끝에 20○○. ○. ○. 위 임대차계약을 합의해지하고, 원고는 20○○. ○. ○. 위 건물을 명도하였습니다.

4. 보증금반환청구의 불이행

위 임대차계약의 합의해지시에 피고는 원고에게 원고가 건물명도를 완료한 때에는 즉시 임대차보증금 50,000,000원을 반환하겠다는 약속을 하였음에도 불구하고 정당한 이유 없이 이를 이행하지 않고 있습니다.

5. 그러므로 원고는 임대차보증금 50,000,000원과 이에 대하여 이 사건 소장부본 송달다음날부터 다 갚는 날까지 소송촉진등에관한특례법에서 정한 연 15%의 비율로 계산한 지연손해금을 지급 받고자 본 소 청구에 이른 것입니다.

입 증 방 법

1. 갑 제1호증   건물등기부등본
1. 갑 제2호증   임대차계약서 사본
기타 입증서류는 변론시 수시 제출하겠습니다.

첨 부 서 류

1. 위 입증서류   1통
1. 주민등록초본   2통
1. 소장부본   1통

20○○. ○.   .

위 원고 ○ ○ ○   (인)

○ ○ 지 방 법 원 귀중

[서식] 소장-임대차보증금반환청구의 소(임차주택의 양도인에게 청구)

소 장

원 고   ○   ○   ○ (000000-0000000)   (전화 :   )
         ○○시 ○○로 ○○(○○동)   (우 :   )

피 고   ○   ○   ○ (000000-0000000)
         ○○시 ○○로 ○○(○○동)   (우 :   )

임대차보증금반환 청구의 소

청 구 취 지

1. 피고는 원고에게 50,000,000원과 이에 대하여 이 사건 소장부본 송달다음날부터 다 갚는 날까지 연 15%의 비율로 계산한 돈을 지급하라.
2. 소송비용은 피고의 부담으로 한다.
3. 위 제1항은 가집행 할 수 있다.
라는 판결을 구합니다.

청 구 원 인

1. 원고는 피고 사이에 20○○. ○. ○.동인 소유의 ○○시 ○○로 ○○(○○동)에 소재한 주택 87㎡에 대하여 임대차보증금 50,000,000원, 임대차기간 2년으로 정하고 임차하여 주민등록전입신고를 마치고, 입주한 후 거주하고 있습니다.

2. 그 후 계약기간이 6개월 정도 남아있는 무렵, 피고는 위 주택을 소외 ○○○에게 매도하여 소유권이전등기를 마쳤고, 피고와 소외 ○○○ 사이에 원고에 대한 피고의 주택임대인으로서의 지위를 소외 ○○○가 승계하기로 약정하였습니다.

3. 그런데 위 임차주택과 그 대지 시가에 비하여 임차보증금이 90%에 정도에 이를 상태이므로 원고가 비록 임대차계약서에 확정일자를 받아 두어 제1순위로 우선변제권이 인정되고, 대항력이 갖추었다고 하여도 위 임차주택과 대지가 경매될 경우에 원고의 임차보증금이 전부 확보되기는 어려운 실정입니다. 한편, 피고는 위 임차주택과 대지 이외에도 다수의 부동산을 소유하고 있는 반면 소외 ○○○는 위 임차주택과 대지 이외에 다른 재산이 거의 없는 상태이므로 원고로서는 원고와 피고 사이

에 다른 재산이 거의 없는 상태이므로 원고로서는 원고와 피고 사이에 피고의 주택임대인으로의 지위가 소외 ○○○에게 승계되는 것을 원하지 않았으므로, 원고는 피고에게 위 주택임대차계약의 해지 및 임차보증금반환을 내용증명으로 통고하였으나, 피고는 피고와 소외 ○○○ 사이에 원고에 대한 피고의 주택임대인로서의 지위를 소외 ○○○가 승계하기로 약정하였으므로 원고에게 위 임차보증금을 반환을 거절하고 있습니다.

4. 그러나 임대차계약에 있어 임대인의 지위의 양도는 임대인과 신소유자와의 계약만으로서 그 지위의 양도할 수 있다 할 것이나, 이 경우에 임차인이 원하지 않으면 임대차의 승계를 임차인에게 강요할 수 없으므로 임차인은 곧 이의를 제기함으로써 승계되는 임대차관계의 구속을 면할 수 있고, 임대인과의 임대차관계도 해지할 수 있다고 하여야 할 것입니다.

5. 따라서 원고는 피고로부터 임차보증금 50,000,000원과 이에 대하여 이 사건 소장부본 송달다음날부터 다 갚는 날까지 소송촉진등에관한특례법 소정의 연 15%의 비율로 계산한 지연손해금을 지급 받고자 본 소 청구에 이른 것입니다.

입 증 방 법

1. 갑 제1호증   건물등기부등본
1. 갑 제2호증   임대차계약서 사본
1. 갑 제3호증   내용증명(통고서) 사본
기타 입증서류는 변론시 수시 제출하겠습니다.

첨 부 서 류

1. 위 입증서류   1통
1. 주민등록초본   2통
1. 소장부본   1통

                    20○○. ○.   .

            위 원고 ○ ○ ○   (인)

○ ○ **지 방 법 원 귀중**

[서식] 소장-임대차보증금반환청구의 소(임대인의 매수인에게 청구)

소 장

원 고   ○ ○   ○ (000000-0000000)   (전화 :   )
        ○○시 ○○구 ○○로 ○○(○○동)   (우 :   )

피 고   ○ ○   ○ (000000-0000000)
        ○○시 ○○구 ○○로 ○○(○○동)   (우 :   )

임대차보증금반환 청구의 소

청 구 취 지

1. 피고는 원고에게 50,000,000원과 이에 대하여 이 사건 소장부본 송달다음날부터
   다 갚는 날까지 연 15%의 비율로 계산한 돈을 지급하라.
2. 소송비용은 피고의 부담으로 한다.
3. 위 제1항은 가집행 할 수 있다.
라는 판결을 구합니다.

청 구 원 인

1. 원고는 2008. 5. 10. 전 소유자인 소외 홍길동과 ○○시 ○○구 ○○로 ○○(○○동)에
   소재한 주택 68㎡에 대하여 임대차보증금 50,000,000원, 임대차기간 2년으로 정하고
   임차하여 주민등록전입신고를 마치고, 입주한 후 거주하고 있습니다.

2. 위 임대차계약에 의하여 원고가 위 건물을 사용 중에 2008. 10. 20. 소외 홍길동은
   피고에게 위 건물을 매도하고, 피고는 동월 23. 피고명의로 소유권이전등기를 마침
   으로써 임대인의 지위를 승계하였습니다.

3. 피고는 위 건물의 소유권을 취득한 후 원고에게 위 건물의 인도를 요구하여 원고와
   피고는 2009. 1. 15. 위 임대차계약을 합의해제하고, 원고는 2009. 1. 20. 위 건
   물을 인도하였습니다.

4. 위 임대차계약의 합의해제 당시 피고는 원고에게 위 건물을 인도함과 동시 원고는 피고에게 보증금 전부를 반환하기로 하였음에도 불구하고 아무런 이유 없이 반환하지 않고 있습니다.

5. 따라서 원고는 피고로부터 임차보증금 50,000,000원과 이에 대하여 이 사건 소장 부본 송달다음날부터 다 갚는 날까지 소송촉진등에관한특례법 소정의 연 15%의 비율로 계산한 지연손해금을 지급 받고자 본 소 청구에 이른 것입니다.

입 증 방 법

1. 갑 제1호증   건물등기부등본
1. 갑 제2호증   임대차계약서 사본
1. 갑 제3호증   내용증명(통고서) 사본
기타 입증서류는 변론시 수시 제출하겠습니다.

첨 부 서 류

1. 위 입증서류   1통
1. 주민등록초본   2통
1. 소장부본   1통

20○○. ○.   .

위 원고 ○ ○ ○   (인)

○ ○ **지 방 법 원 귀중**

[서식] 소장-임대차보증금반환청구의 소(상속인들을 상대로)

소　　장

원　고　　이　몽　룡 (000000-0000000)　　　　　　(전화 :　　　　)

　　　　　　○○시 ○○구 ○○로 ○○(○○동)　　　　(우 :　　　　)

피　고　1. 이　미　녀 (000000-0000000)

　　　　2. 김　일　남 (000000-0000000)

　　　　3. 김　이　남 (000000-0000000)

　　　　위 피고들의 주소 ○○시 ○○로 ○○(○○동)　(우 :　　　　)

임대차보증금반환 청구의 소

청　구　취　지

1. 원고에게 피고 이미녀는 15,000,000원, 피고 김일남, 같은 피고 김이남은 각 10,000,000원과 각 이에 대하여 이 사건 소장부본 송달다음날부터 다 갚는 날까지 연 15%의 비율로 계산한 돈을 지급하라.
2. 소송비용은 피고들의 부담으로 한다.
3. 제1항은 가집행할 수 있다.

라는 판결을 구합니다.

청　구　원　인

1. 원고는 피고들이 피상속인인 소외 망 김길동으로부터 동인의 소유였던 ○○시 ○○구 ○○로 ○○(○○동)에 소재한 주택 82㎡를 임차한 임차인이고, 피고 이미녀는 소외 망 김길동의 배우자이고, 피고 김일남, 같은 김이남은 소외 망 김길동의 아들로서 소외 망 김길동의 상속인들입니다.

2. 원고는 소외 망 김길동으로부터 20○○. ○. ○. ○○시 ○○구 ○○로 ○○ 소재 소외 망 김길동 소유의 건물을 임대차보증금 35,000,000원, 임대차기간 20○○. ○. ○.부터 24개월간(2년)으로 정한 임대차계약을 체결하고, 거주하고 있었는데, 소외 망 김길동은 20○○. ○. ○.교통사고로 사망함으로써 피고들은 소외 김길동의 배우

자 및 아들로서 소외 김길동의 정당한 상속인들입니다.

3. 한편, 원고는 임대차기간만료 1개월 전인 20○○. ○. ○.피고들에게 임대차계약 갱신거절을 통지하고, 임차보증금을 반환할 것을 촉구하였으나 피고들은 임차기간이 만료된 현재까지 정당한 이유 없이 임차보증금을 지급하지 않고 있습니다.

4. 따라서 원고는 피고들의 법정상속지분에 따라 피고 이미녀로부터는 15,000,000원 (35,000,000원 × 3/7), 피고 김일남, 같은 김이남으로 부터는 각 10,000,000 (35,000,000원 × 3/7)과 각 이에 대하여 이 사건 소장부본 송달다음날부터 다 갚는 날까지 소송촉진등에관한특례법 소정의 연 15%의 비율로 계산한 지연손해금을 지급 받고자 본 소 청구에 이르렀습니다.

입 증 방 법

1. 갑 제1호증   건물등기부등본
1. 갑 제2호증   임대차계약서 사본
1. 갑 제3호증   내용증명(통고서) 사본
1. 갑 제4호증   제적등본
1. 갑 제3호증   가족관계증명서
기타 입증서류는 변론시 수시 제출하겠습니다.

첨 부 서 류

1. 위 입증서류   1통
1. 주민등록초본   4통
1. 소장부본   3통

20○○. ○.   .

위 원고 이 몽 룡   (인)

○ ○ 지 방 법 원 귀중

[서식] 소장-전세금반환청구의 소

(채권적 전세계약, 낙찰자가 임대인의 지위를 승계)

소 장

원 고   박 ○ 숙 (000000-0000000)   (전화 :   )

          ○○시 ○○구 ○○로 ○○○(○○동)   (우 :   )

피 고   김 ○ 수 (000000-0000000)   (전화 :   )

          ○○시 ○○구 ○○로 ○○○(○○동)   (우 :   )

전세금반환 청구의 소

청 구 취 지

1. 피고는 원고에게 30,000,000원과 이에 대하여 이 사건 소장부본 송달다음날부터 다 갚는 날까지 연 15%의 비율로 계산한 돈을 지급하라.
2. 소송비용은 피고의 부담으로 한다.
3. 위 제1항은 가집행할 수 있다.

라는 판결을 구합니다.

청 구 원 인

1. 원고는 2007. 4. 26. 소외 홍○○와 사이에 당시 소외 홍○○의 소유이던 ○○시 ○○로 241 소재 ○○주공아파트 305동 403호(이하 '이 사건 건물'이라고 한다)에 관하여 전세금 30,000,000원, 전세기간 2007. 5. 26.부터 2009. 5. 25.까지로 정하여 채권적 전세계약을 체결하고 2007. 5. 26.이 사건 건물에 입주하고 2007. 5. 30. 주민등록 전입신고를 마쳤습니다.
   그리하여 2007. 5. 31.부터 제3자에 대한 대항력을 가지게 되었습니다.
   원고와 소외 홍○○ 사이의 위 계약은 주택임대차보호법 규정에 의한 2년의 전세기간이 2009. 5. 25.의 경과로 만료됨으로써 종료되었으나 소외 홍○○가 위 전세금을 반환 하지 아니함으로써 존속되었고 그 후 소외 정○○이 2009. 7. 7. 이 사건 건물을 양수하였으며, 그 후에 또다시 피고가 소외 최○○이 2008. 10. 24.자 근저당권에 기하여 신청한 임의경매절차에서 매각받아 양수하였습니다.

따라서 피고는 이 사건 건물의 양수인으로서 임대인의 지위를 승계하였습니다.

2. 그러므로 원고는 피고로부터 전세금 30,000,000원과 이에 대하여 이 사건 소장 부본송달 다음날부터 다 갚는 날까지 소송촉진등에관한특례법에서 정한 연 15%의 비율로 계산한 지연손해금을 지급받고자 본 소 청구에 이른 것입니다.

입 증 방 법

1. 갑 제1호증　　　　　　　부동산임대차계약서
1. 갑 제2호증　　　　　　　주민등록등본
1. 갑 제3호증　　　　　　　건물등기부등본

그 밖의 입증서류는 변론시 수시 제출하겠습니다.

첨 부 서 류

1. 위 입증서류 사본　　　　각 1통
1. 주민등록초본　　　　　　2통
1. 소장부본　　　　　　　　1통

20○○. ○. .

위 원고 박 ○ 숙 (인)

○ ○ 지 방 법 원 귀중

반 소 장

사 건(본 소)   20○○가단 ○○○○ 건물명도청구

반소원고(본소피고)   ○   ○   ○ (000000-0000000)   (전화 :   )

                      ○○시 ○○구 ○○로 ○○(○○동)   (우 :   )

반소피고(본소원고)   ○   ○   ○ (000000-0000000)   (전화 :   )

                      ○○시 ○○구 ○○로 ○○(○○동)   (우 :   )

   위 사건에 관하여 피고(반소원고)는 다음과 같이 반소를 제기합니다.

임차보증금반환청구의 반소

반소 청구취지

1. 원고(반소피고)는 피고(반소원고)에게 30,000,000원과 이에 대하여 건물명도일부
   터 다 갚는 날까지 연 5%의 비율로 계산한 돈을 지급하라.
2. 소송비용은 원고(반소피고)의 부담으로 한다.
3. 위 제1항은 가집행 할 수 있다.
라는 판결을 구합니다

반소 청구원인

1. 원고가 이 사건 건물을 경매절차에서 매수하여 소유권을 취득한 사실은 인정합니
   다.

2. 피고가 이 사건 건물의 명도를 거절하고 있는 사실도 인정합니다.

3. 그러나 피고는 소외 ○○○와 이 사건 건물에 관하여 채권적 전세계약을 체결하여
   20○○. 5. 5. 입주 및 전입신고를 마쳤고, 소외 ○○○는 20○○. 5. 11. 근저당
   설정등기를 마친 뒤 현재까지 거주하고 있습니다. 따라서 피고는 입주 및 전입신고
   다음날인 20○○. 5. 8. 이후에 설정된 근저당권에 의하여 진행된 근저당권실행을

위한 경매절차에서 이 사건 건물을 매수한 원고에 대하여 대항할 수 있다고 할 것입니다.

4. 그러므로 피고는 주택임대차법보호상의 대항력이 인정되므로 원고는 피고에게 임차보증금 30,000,000원을 지급할 의무가 있고 그것은 본소의 목적인 청구 및 방어 방법과 견련관계를 갖고 있다 할 것이므로 이에 반소를 제기합니다.

입 증 방 법

1. 을 제1호증   임대차계약서 사본
1. 을 제2호증   부동산등기부등본
1. 을 제3호증   주민등록표등본

첨 부 서 류

1. 위 입증서류   각 1통
1. 반소장 부본   1통

20○○. ○.   .

위 반소원고(본소피고) ○ ○ ○   (인)

○○지방법원 ○○지원 제○민사단독　귀중

[서식] 반소장-주택임대차(건물명도에 대하여 임차보증금청구)

반 소 장

사　건(본　소)　　　　20○○가단 ○○○　건물명도청구

반소원고(본소피고)　　○　○　　○ (000000-0000000)　(전화 :　　　)

　　　　　　　　　　　○○시 ○○구 ○○로 ○○(○○동)　(우 :　　　)

반소피고(본소원고)　　○　○　　○ (000000-0000000)　(전화 :　　　)

　　　　　　　　　　　○○시 ○○구 ○○로 ○○(○○동)　(우 :　　　)

　위 사건에 관하여, 반소원고(본소피고)는 다음과 같이 반소를 제기합니다.
임차보증금반환청구의 반소

반소 청구취지

1. 반소피고(본소원고)는 반소원고(본소피고)에게 21,000,000원과 이에 대하여 이 사건 반소장부본 송달 다음날부터 다 갚는 날까지 연 15%의 비율로 계산한 돈을 지급하라.
2. 소송비용은 반소피고(본소원고)의 부담으로 한다.
3. 위 제1항은 가집행 할 수 있다.
라는 판결을 구합니다.

반소 청구원인

1. 반소피고(본소원고)가 20○○. ○. ○.자로 ○○지방법원 20○○타경 ○○○호 근저당권실행을 위한 경매절차에서 이 사건 주택을 매수하여 20○○. ○. ○. 매각대금을 완납하고 소유자가 된 사실은 인정합니다.

2. 그러나 반소원고(본소피고)는 20○○. ○. ○. 소외 ○○○와 그의 소유 이 사건 주택에 대해 임차보증금 21,000,000원, 임대차기간은 2년으로 하는 주택임대차계약을 체결하고 같은 해 ○. ○. 이 사건 주택의 지번으로 주민등록을 전입하여 대항

력을 취득한 뒤 현재까지 거주하고 있습니다.

3. 반소원고가 임대차계약을 체결하고 주민등록을 전입할 당시 이 사건 주택에는 어떠한 담보물권, 가처분, 가압류 등이 설정된 사실이 없었으므로 반소원고는 주택임대차보호법상의 완전한 대항력을 취득하였다고 할 것인 바, 이 사건 부동산을 경매절차에서 매수하여 소유권을 취득한 반소피고라 할지라도 위 임차보증금 21,000,000원을 반소원고에게 지급하기 전에는 이 사건 주택의 명도를 요구할 권리가 없음은 물론입니다.

4. 한편, 반소원고는 위 임대차기간이 만료되었고 분양 받은 아파트에 입주하여야 할 형편이므로 이 사건 주택을 비워두고 열쇠만 채워둔 상태인 바, 이 사건 반소장부본의 송달로써 명도이행제공통지에 갈음하고자 합니다.

5. 따라서 반소원고는 반소피고에 대하여 위 임차보증금 21,000,000원과 이에 대하여 이 사건 반소장부본 송달 다음날부터 다 갚는 날까지 연 15%의 비율로 계산한 지연손해금을 지급 받고자 이 사건 반소에 이르게 된 것입니다.

입 증 방 법

1. 을 제1호증   임대차계약서 사본
1. 을 제2호증   주민등록표등본
1. 을 제3호증   부동산등기부등본

첨 부 서 류

1. 위 입증서류   각 1통
1. 반소장 부본   1통

20○○. ○. .

위 반소원고(본소피고) ○ ○ ○ (인)

○○지방법원 ○○지원 제○○민사단독 귀중

반 소 장

본소의 표시 　　　　　 귀원 20○○가단 ○○○○　 건물명도

반소원고(본소피고) 　　 ○　　○　　○ (000000-0000000)　 (전화 : 　　　)

　　　　　　　　　　　 ○○시 ○○구 ○○로 ○○(○○동)　 (우 : 　　　)

반소피고(본소원고) 　　 ○　　○　　○ (000000-0000000)

　　　　　　　　　　　 ○○시 ○○구 ○○로 ○○(○○동)　 (우 : 　　　)

　위 사건에 관하여 피고(반소원고)는 다음과 같이 반소를 제기합니다.

임차보증금반환청구의 반소

청 구 취 지

1. 원고(반소피고)는 피고(반소원고)에게 21,912,809원과 이에 대하여 이 사건 반소
   장부본 송달 다음날부터 다 갚는 날까지 연 5%의 비율로 계산한 돈을 지급하라.
2. 소송비용은 원고(반소피고)의 부담으로 한다.
3. 위 제1항은 가집행 할 수 있다.
라는 판결을 구합니다.

청 구 원 인

1. 피고(반소원고)의 대항력

　가. 피고(반소원고, 다음부터 '피고'라고 한다.)는 20○○. ○. ○. ○○시 ○○구 ○
　　　○동 ○○ 지상 벽돌조 기와지붕 단층주택 ○○○㎡(다음부터 '이 사건 주택'이
　　　라고 한다.)의 소유자인 소외 김○○와 이 사건 주택을 임차보증금 23,000,000
　　　원, 임대차기간 24개월로 정하여 임차하는 계약을 체결하고 계약당일 계약금
　　　2,000,000원을, 같은 해 7. 10. 이 사건 주택에 입주하면서 잔금 21,000,000
　　　원을 소외 김○○에게 각 지급하였습니다.

나. 그 뒤 피고는 20○○. 2. 20. 임대차계약서상에 확정일자를 받고 같은 달 24. 전입신고를 하였는데, 20○○. 5.경 이 사건 주택의 보일러가 고장나고 물탱크가 터지는 문제가 생기자 피고는 이 사건 주택에 살림도구를 일부 남겨놓고 시정장치를 한 다음 회사사택에서 생활하는 한편 소외 김○○의 동의를 얻어 같은 해 9. 7. 소외 이○○에게 전대하였으며, 소외 이○○는 곧바로 그의 주민등록을 이 사건 주택의 지번으로 전입신고 하였습니다. 그 뒤 피고는 20○○. 9.경에 소외 이○○와 재계약을 체결하였는 바, 소외 이○○는 처음 전대계약을 체결한 20○○. ○. ○.경부터 현재까지 이 사건 주택에 거주하고 있습니다.

다. 따라서 피고는 20○○. 7. 10. 이 사건 주택에 입주한 이래로 현재까지 피고의 직접점유 또는 전차인인 소외 이○○를 통한 간접점유에 의해 이 사건 주택을 점유하고 있고 피고의 주민등록에 이어 소외 이○○의 주민등록이 20○○. 2. 24. 이후 현재까지 지속되고 있었으므로 주택임대보호법상의 대항력 있는 임차인이라 할 것입니다.

2. 강제경매로 인한 배당 및 소유권이전등기

가. 이 사건 주택에 대한 소외 박○○ 강제경매신청에 의하여 20○○. 2. 2. ○○지방법원 ○○지원 ○○타경 ○○○호로 경매개시결정이 내려지고 위 경매절차에서 피고는 배당요구를 하여 임차보증금 23,000,000원 중 금 1,087,191원을 배당 받았습니다.

나. 그리고 이 사건 주택에 대하여 선순위 근저당권자가 없음에도 불구하고 위 경매절차에서 소외 ○○협동조합이 근저당권자로서 선순위로 배당 받은 것처럼 기재되어 있는 것은 이 사건 주택이 위치한 토지에 대하여 별도의 등기가 되어 있어서 이 사건 주택과 위 토지가 일괄 경매되었고 위 토지에 대한 근저당권자인 소외 ○○협동조합이 위 토지의 매각대금에서 배당을 받았기 때문입니다.

다. 한편, 원고(반소피고, 다음부터 '원고'라고 한다.)는 위 강제경매절차에서 이 사건 주택을 금 3,100,000원에 매수하여 ○○○○. 12. 16. 자신의 명의로 소유권이전등기를 마쳤습니다.

라. 따라서 피고의 배당요구에 의해 위 임대차계약은 해지되어 종료되고, 다만 피고는 임차보증금 중 경매절차에서 배당 받지 못한 잔액에 관하여 이를 반환 받을 때까지 임대인의 지위를 승계한 매수인 원고에게 임대차관계의 존속을 주장할 수 있는바(대법원 1997. 8. 22. 선고 96다53628 판결), 원고는 피고에

게 나머지 임대차보증금을 반환할 의무가 있다고 할 것입니다.

3. 결 론

그렇다면 원고의 본소청구는 기각되어야 하고, 피고의 반소청구는 인용되어야 합니다.

입 증 방 법

1. 을 제1호증의 1 내지 3   각 임대차계약서
1. 을 제2호증의 1 내지 2   각 주민등록표초본
1. 을 제3호증의 1 내지 2   각 부동산등기부등본
1. 을 제4호증   배당표

첨 부 서 류

1. 위 입증서류   각 1통
1. 반소장 부본   1통

20○○. ○.   .

위 반소원고(본소피고) ○ ○ ○   (인)

○○지방법원 ○○지원 제○민사단독   귀중

[서식] 반소장-건물임대차(월 차임)

반 소 장

반소원고(피고)　　○　　○　　○ (000000-0000000)
　　　　　　　　　○○시 ○○로 ○○(○○동) 부영○차아파트 ○○○-○○○

반소피고(원고)　　○　　○　　○ (000000-0000000)
　　　　　　　　　○○시 ○○로 ○○(○○동)

　위 사건에 대하여 반소원고(피고)는 다음과 같이 반소를 청구합니다.
임료 청구의 소

청 구 취 지

1. 반소피고(원고)는 반소원고(피고)에게 2,100,000원과 이에 대하여 이 사건 반소장
　 송달일 다음날부터 다 갚는 날까지 연 15%의 비율로 계산한 돈을 지급하라.
2. 반소비용은 반소피고(원고)가 부담한다.
3. 제1항은 가집행 할 수 있다.
라는 판결을 구합니다.

청 구 원 인

1. 반소원, 피고 등의 임대차계약 체결

　가. 반소원고(피고, 이하 '반소원고'라고 합니다.)와 소외 근로복지공단 2004. 12.
　　　10. 반소원고 소유의 ○○시 ○○동 129-6, 동소 129-7 지상 철골조스라브
　　　지붕 2층 제2종 근린생활시설 2층 250.53㎡(이하 '이 사건 건물'이라고 합니
　　　다.)에 대하여 임대인 반소원고, 임차인 근로복지공단, 임대차기간 2004. 12.
　　　13부터 2005. 12. 12.까지, 임대차 보증금 5,000만원으로 하는 내용의 임대차
　　　계약을 체결하였습니다.
　나. 소외 근로복지공단과 반소피고(원고, 이하 '반소피고'라고 합니다.)는 2004. 12.
　　　10. 이 사건 건물에 대하여 위 임대차계약기간 동안 점포운영자를 반소피고로
　　　하는 내용의 점포운영계약을 체결하였습니다.

다. 반소원고와 반소피고는 위 계약 당일 이 사건 건물에 대한 임대차계약을 체결함에 있어, 반소피고는 반소원고에게 위 근로복지공단의 임대차보증금 5,000만원에 월차임 30만원씩을 매월 지급키로 구두계약을 체결하였습니다.

라. 근로복지공단에서 지원한 임대차보증금은 장기실업자에게 도움을 주기 위한 자영업지원사업자금으로, 위 근로복지공단은 점포운영자로부터 일정비율의 이자를 지급 받고 제3자로부터 건물 등을 임차하여 점포운영자에게 목적물을 임대하여 주고 있습니다.

2. 계약내용 및 월차임관계

가. 반소원고와 반소피고는 이 사건 건물에 대하여 2004. 12. 10. 임대차계약을 체결함에 있어 기간을 2004. 12. 13.부터 20025 12. 12.까지, 2005. 12. 13.부터 2007. 12. 12.까지, 2007. 12. 13.부터 2009. 12. 12.까지, 2009. 12. 13.부터 2010. 12. 12.까지 각 갱신하여 왔습니다.

나. 반소피고는 반소원고와의 임대차계약에 따라 반소원고에게 매월 금 30만원씩을 월차임으로 지급하여야 함에도 2010. 8. 15.부터 현재까지 이행을 하지 않고 있습니다.

3. 결 어

그러므로 반소피고는 반소원고에게 2010. 8. 15.부터 2011. 3. 15.까지 7개월 동안의 월차임 금 2,100,000원(금 300,000원 × 7개월)과 이에 대하여 이 사건 반소장 송달일 다음날부터 다 갚는 날까지 연 15%의 비율로 계산한 돈을 지급할 의무가 있다 할 것입니다.

첨 부 서 류

1. 반소장 부본   1통

20○○. ○.   .

반소원고(피고) ○ ○ ○   (임)

○○**지방법원 민사제**○**단독 귀중**

[서식] 임차보증금반환채권 부존재확인의 소

소 장

원 고 ○○○ (주민등록번호)
　　　 ○○시 ○○구 ○○로 ○○(우편번호 ○○○-○○○)
　　　 전화·휴대폰번호 :
　　　 팩스번호, 전자우편(e-mail)주소 :
피 고 ◇◇◇ (주민등록번호)
　　　 ○○시 ○○구 ○○로 ○○(우편번호 ○○○-○○○)
　　　 전화·휴대폰번호 :
　　　 팩스번호, 전자우편(e-mail)주소 :

임차보증금반환채권부존재확인의 소

청 구 취 지

1. 피고의 소외 ◆◆◆에 대한 별지목록 기재 부동산에 대한 20○○. ○. ○.자 임대차
   계약에 기한 금 20,000,000원의 임차보증금반환청구채권은 존재하지 아니함을 확
   인한다.
2. 소송비용은 피고의 부담으로 한다.
라는 판결을 구합니다.

청 구 원 인

1. 피고는 원고가 근저당권자로서 소외 ◆◆◆ 소유의 별지목록 기재 부동산에 대한
   근저당권실행을 위한 경매신청을 하여 귀원 20○○타경○○○○호로 계류 중이던
   경매절차에 20○○. ○. ○.자로 매각대금에 대한 배당요구신청을 하면서 피고가
   소외 ◆◆◆와의 사이에 별지목록 기재 부동산에 관하여 임차보증금을 금
   20,000,000원으로 한 임대차계약을 체결한 뒤 약정된 임차보증금을 소외 ◆◆◆
   에게 지급하고 별지목록 기재 부동산 소재지로 주민등록을 옮긴 뒤 거주하고 있으
   므로 피고가 주택임대차보호법상의 소액보증금우선변제청구권자라고 주장하고 있

습니다.

2. 그러나 피고와 별지목록 기재 부동산의 소유자인 소외 ◆◆◆는 숙부와 조카간으로 비록 임대차계약서를 작성하고 주민등록을 전입하였다 하더라도 이제까지 피고는 별지목록 기재 부동산에 거주한 사실이 전혀 없으며, 또한 피고는 별지목록 기재 부동산 소재지와는 아주 먼 다른 시에서 직장생활을 하고 있고, 그곳에 피고의 처 명의로 주택을 임차하여 자녀들과 거주하고 있는 점 등으로 보아 피고가 주장하는 임대차계약은 가공의 허위계약으로서 피고는 위 경매절차에서 근저당권자인 원고 에 우선하여 배당금을 수령할 아무런 권원이 없는 사람임에도 피고 주장의 임차보 증금채권의 변제를 위하여 매각대금 일부가 배당될 형편에 이르게 되었습니다.

3. 따라서 원고는 피고가 주장하는 소액임차보증금반환채권이 존재하지 아니함을 즉시 확정하여야 할 법률상의 이익이 있어 이 사건 청구에 이르게 된 것입니다.

입 증 방 법

1. 갑 제1호증 　　　　　　주민등록등본(피고의 처)
1. 갑 제2호증 　　　　　　불거주사실확인서

첨 부 서 류

1. 위 입증방법 　　　　　각 1통
1. 소장부본 　　　　　　　1통
1. 송달료납부서 　　　　　1통

200○.　　○.　　○.

위 원고　　○○○　　(서명 또는 날인)

○○지방법원　귀중

[별지]

부동산의 표시

1동의 건물의 표시

  ○○시 ○○구 ○○동 ○○ ○○○아파트 제5동

  [도로명주소] ○○시 ○○구 ○○로 ○○

전유부분의 건물표시

      건물의 번호 : 5 - 2- 205

      구   조 : 철근콘크리트라멘조 슬래브지붕

      면   적 : 2층 205호 84.87㎡

대지권의 표시

      토지의 표시 : ○○시 ○○구 ○○동 ○○

                 대 9,355㎡

      대지권의 종류 : 소유권

      대지권의 비율 : 935500분의 7652. 끝.

[서식] 전부금청구의 소(집행권원 : 약속어음 공증, 임차보증금반환채권)

소　　　　장

원　　고　　○○○ (주민등록번호)

        ○○시 ○○구 ○○길 ○○(우편번호)

        전화·휴대폰번호 :

        팩스번호, 전자우편(e-mail)주소 :

피　　고　　◇◇◇ (주민등록번호)

        ○○시 ○○구 ○○길 ○○(우편번호)

        전화·휴대폰번호 :

팩스번호, 전자우편(e-mail)주소 :

전부금청구의 소

청 구 취 지

1. 피고는 원고에게 10,000,000원 및 이에 대한 20○○. ○○. ○○.부터 이 사건 소장부본 송달일까지는 연 5%의, 그 다음날부터 다 갚는 날까지는 연 15%의 각 비율에 의한 돈을 지급하라.
2. 소송비용은 피고의 부담으로 한다.
3. 위 제1항은 가집행 할 수 있다.
라는 판결을 구합니다.

청 구 원 인

1. 원고는 20○○. ○. ○. 소외 ◆◆◆로부터 공증인가 ○○합동법률사무소 20○○ 증서 제○○호로, 발행일자 20○○. ○. ○. 발행인 : ◆◆◆, 수취인 : ○○○, 지급기일 : 20○○. ○. ○○. 지급지 지급처소·발행지 : 각 ○○시, 액면 : 금 10,000,000원으로 한 약속어음공정증서 1매를 작성·교부받았으며 지급기일에 지급제시 하였으나 소외 ◆◆◆가 지금까지 이를 변제하지 않고 있습니다.
2. 소외 ◆◆◆는 피고에게 ○○시 ○○구 ○○길 ○○의 지상건물 일부에 대하여 임차보증금 20,000,000원의 반환채권을 가지고 있습니다.
3. 원고는 위 집행력 있는 공정증서로써, 소외 ◆◆◆가 피고로부터 받을 위 임차보증금반환채권에 대하여, 청구금액을 금 10,000,000원, 소외 ◆◆◆를 채무자로, 피고를 제3채무자로 하여 ○○지방법원 20○○타채○○○호로 채권압류 및 전부명령을 신청하였고 그 채권압류 및 전부명령 결정정본은 20○○. ○. ○○. 피고에게 송달되어 20○○. ○○. ○. 확정됨으로써 위 금 10,000,000원은 원고에게 전부되었습니다.
4. 그런데 위 건물의 임대차기간이 끝났으므로 원고가 피고에게 위 전부금의 지급을 요청하자 피고는 소외 ◆◆◆가 위 임차건물을 피고에게 명도하지 않았으므로 위 전부금을 지급할 수 없다고 항변하여 원고는 소외 ◆◆◆를 설득하여 소외 ◆◆◆

는 위 임차건물을 20○○. ○○. ○○. 피고에게 명도 하였습니다. 그러나 피고는 원고에게 위 전부금을 지금까지도 지급하지 않고 있습니다.

5. 따라서 원고는 피고로부터 위 전부금 10,000,000원 및 이에 대한 소외 ◆◆◆가 위 임차건물을 피고에게 명도한 20○○. ○○. ○○.부터 이 사건 소장부본 송달일까지는 민법에서 정한 연 5%의, 그 다음날부터 다 갚는 날까지는 소송촉진등에관한특례법에서 정한 연 15%의 각 비율에 의한 지연손해금을 지급 받고자 이 사건 청구에 이른 것입니다.

입 증 방 법

1. 갑 제1호증   채권압류 및 전부명령
1. 갑 제2호증   위 결정 송달증명 및 확정증명

첨 부 서 류

1. 위 입증방법   각 1통
1. 소장부본   1통
1. 송달료납부서   1통

20○○.　○.　○.

위 원고　○○○　(서명 또는 날인)

○○**지방법원　귀중**

II. 건물명도청구의 소

1. 개 념

임대차가 종료된 경우 임차인이 그 반환을 하지 않는 경우 임대인이 법원에 제기할 수 있는 소이다.

2. 청구취지, 청구원인 및 요건사실

가. 사례

[기본사례] 원고(임대인)→피고(임차인)
임대차기간 종료되어 임대목적물의 인도를 구함

[부대청구] 차임상당 부당이득 청구

나. 청구취지

[주 청 구] 피고는 원고에게 별지목록 기재 건물(토지)를 인도하라

[부대청구] 피고는 원고에게 2003. 10. 1.부터 인도완료일까지 원금 500,000원 비율에 의한 금원을 지급하라

다. 청구원인

[청구원인] ○ 원고 소유의 부동산인 사실

○ 피고가 점유중인 사실

○ 임대차가 종료한 사실

[부대청구] 임대목적물을 계속 사용 수익한 사실

라. 요건사실

요건사실	* 임대차계약의 체결 * 건물을 임차인에게 인도한 사실 * 임대차종료의 원인이 되는 사실(기간만료, 해지)

3. 접수방법

원고는 법원용과 상대방용 소장 2부를 준비하여 부동산 소재지를 관할하는 법원에 제출한다. 수입인지 및 송달료는 통상의 소와 같다. 즉 인지는 소장에는 소송목적의 값에 따라 민사소송등인지법 제2조 제1항 각 호에 따른 금액 상당의 인지를 붙여야 하고, 송달료는 사건의 청구금액에 따라 당사자 1인당 합의사건, 단독사건인 경우 15회, 소액사건인 경우 10회를 납부한다.

4. 서 식

[서식] 소장-건물명도청구의 소(임대차기간 만료를 이유로)

소   장

원 고   ○   ○   ○ (000000-0000000)   (전화 :   )
            ○○시 ○○구 ○○로 ○○(○○동)   (우 :   )

피 고   ○   ○   ○ (000000-0000000)
            ○○시 ○○구 ○○로 ○○(○○동)   (우 :   )

건물명도 청구의 소

청 구 취 지

1. 피고는 원고로부터 100,000,000원을 지급 받음과 동시에 원고에게 별지 목록 기재 건물을 명도하라.

2. 소송비용은 피고의 부담으로 한다.

3. 위 제1항은 가집행 할 수 있다.

라는 판결을 구합니다.

청 구 원 인

1. 원고는 피고 사이에 원고 소유의 별지 목록 기재 건물에 대하여 20○○. ○. ○. 임대차보증금 100,000,000원, 임대차기간은 24개월로 정하여 임대차계약을 체결하였습니다.

2. 위 임대차기간이 만료되기 2개월 전인 20○○. ○. ○. 원고와 피고간에 위 임대차 기간 연장문제에 관하여 논의면서 위 부동산에 대한 세금이 인상되고, 주변의 부동산 시세가 상승하였으므로 다시 임대차기간을 연장할 경우 임차보증금 15,000,000원을 올려달라고 하였습니다.

3. 그러나 피고는 10,000,000원 밖에는 올려줄 수 없다고 하여 원고는 위 임대차계약의 갱신을 하지 않고, 계약기간이 만료는 즉시 위 건물을 비워달라고 하였습니다.

4. 그런데 피고는 이사갈 곳이 없다는 이유로 차일피일 하면서 현재까지 위 건물을 명도하지 않고 있습니다.

5. 따라서 원고는 피고로부터 위 건물을 명도 받기 위하여 부득이 본 소 청구에 이른 것입니다.

입 증 방 법

1. 갑 제1호증	건물등기부등본
1. 갑 제2호증	임대차계약서 사본
1. 갑 제3호증	내용증명(통고서) 사본
1. 갑 제4호증	사실확인서 사본

기타 입증서류는 변론시 수시 제출하겠습니다.

첨 부 서 류

1. 위 입증서류	1통
1. 주민등록초본	2통

```
        1. 토지대장등본                    1통
        1. 건축물대장등본                   1통
        1. 소장부본                        1통


                         20○○.  ○.    .


                    위 원고  ○  ○  ○   (인)


     ○ ○ 지 방 법 원  귀중
```

■ 작성·접수방법

1. 비용으로 인지는 소송목적의 값에 따라 민사소송등인지법 제2조 제1항 각 호에 따른 금액 상당의 인지를 붙여야 하고, 송달료는 적용대상 사건별 기준에 의거 송달료취급은행에 납부하면 된다. 위 사안의 경우 인지액은 {(25,000,000원×0.0045)+5000}×1=117,500원이고, 송달료는 당사자 1인당 15회분으로 15×2×5,200원=153,000원이다.

2. 관할법원은 위 사안에서 원고는 피고의 주소지를 관할하는 법원이나 의무이행지(특정물의 인도는 채권성립당시에 그 물건이 있던 장소에서 하여야 하지만, 그 밖의 채무변제는 채권자의 현주소에서 하여야 하므로 당사자 간에 특별한 약정이 없는 한 채권자는 자기의 주소지를 관할하는 법원에 소를 제기할 수 있음 : 민법 제467조 제1항, 제2항)관할 법원에 소를 제기할 수 있다.

3. 법원용 1부, 상대방 1부 합계 2부를 관할법원에 접수한다.

[서식] 소장-건물명도청구의 소(상가임대차기간 만료를 이유로)

소   장

원   고 ○ ○ ○ (000000-0000000)   (전화 :   )
          ○○시 ○○구 ○○로 ○○(○○동)   (우 :   )

피   고 ○ ○ ○ (000000-0000000)
          ○○시 ○○구 ○○로 ○○(○○동)   (우 :   )

건물명도 청구의 소

청 구 취 지

1. 피고는 원고에게 별지 목록 기재 2층 건물 중 별지 도면 표시 가, 나, 다, 마, 바, 가의 각 점을 차례로 연결한 선내의 (가)부분 점포 48.6㎡를 명도하라.
2. 소송비용은 피고의 부담으로 한다.
3. 위 제1항은 가집행 할 수 있다.
라는 판결을 구합니다.

청 구 원 인

1. 별지 목록 기재 건물은 원고가 20○○. ○. ○.소외 ○○○으로부터 매수하여 원고 앞으로 소유권이전등기를 마친 원고 소유의 건물입니다.

2. 원고는 20○○. ○. ○.피고 사이에 별지 목록 기재의 2층 건물 중 별지 도면 표시 가, 나, 다, 마, 바, 가의 각 점을 차례로 연결한 선내의 (가)부분 점포 48.6㎡를 임대차보증금 50,000,000원, 월임대료 600,000원, 임대차기간은 2년으로 정하여 임대차계약을 체결하였으며, 피고는 위 건물을 인도받아 점유, 사용해 오고 있습니다.

3. 그런데 피고가 점유하여 사용하는 위 건물 2층의 쥐 점포에 대한 임대차계약은 20 ○○. ○. ○.자로 약정한 2년이 경과되었고, 원고는 임대차기간만료 3개월 전에 피고에게 재계약을 하지 않겠다고 기재한 임대차계약해지의 통지를 하였으며, 피

고는 위 임대차기간이 만료될 때까지 계약갱신의 요청을 한 바 없습니다.

4. 그러나 피고는 위 임대차기간이 3개월이 지나서야 비로소 이전할 점포를 구하지 못하였으므로 위 점포의 명도를 거부하고 있습니다.

5. 따라서 원고는 위 임대차기간의 만료를 이유로 피고로부터 별지 목록 기재의 건물 2층 중 별지 도면 표시 가, 나, 다, 마, 바, 가의 각 점을 차례로 연결한 선내의 (가)부분 점포 48.6㎡을 명도 받기 위하여 본 소 청구에 이른 것입니다.

입 증 방 법

1. 갑 제1호증   건물등기부등본
1. 갑 제2호증   건축물대장등본
1. 갑 제3호증   임대차계약서 사본
1. 갑 제4호증   내용증명(통고서) 사본
기타 입증서류는 변론시 수시 제출하겠습니다.

첨 부 서 류

1. 위 입증서류   1통
1. 주민등록초본   2통
1. 토지대장등본   1통
1. 소장부본   1통

20○○. ○.   .

위 원고 ○ ○ ○   (인)

○ ○ 지 방 법 원 귀중

소 장

원 고   ○   ○   ○ (000000-0000000)   (전화 :   )

           ○○시 ○○구 ○○로 ○○(○○동)   (우 :   )

피 고   ○   ○   ○ (000000-0000000)

           ○○시 ○○구 ○○로 ○○ (○○동)   (우 :   )

건물명도 청구의 소

청 구 취 지

1. 피고는 원고에게 별지 목록 기재 건물을 명도하라.
2. 소송비용은 피고의 부담으로 한다.
3. 위 제1항은 가집행 할 수 있다.

라는 판결을 구합니다.

청 구 원 인

1. 원고는 별지 목록 기재 건물에 대한 각 제1번 근저당권자가 경매신청한 ○○지방법원 ○○지원 20○○타경 ○○○ 부동산임의경매사건의 매수인으로 금 00000원에 매각허가결정을 받아 20○○. ○. ○.위 매각대금을 모두 납부함으로서 위 건물에 대한 소유권이전등기를 마쳤습니다.

2. 위 건물의 등기부에는 제1번 근저당권자에 앞서는 용익물권자가 전혀 없고 갑구란에도 위 제1번 근저당권 설정일 이전의 가등기, 가처분등기 등이 전혀 없었으므로, 원고는 위 매각대금을 전부 지급함으로써 위 건물에 대하여 어떠한 제한도 없는 완전한 소유권을 취득하게 된 것입니다.

3. 피고는 20○○. ○. ○.별지 목록 기재 건물을 당시 소유자인 소외 ○○○으로부터 임차하여 주민등록전입신고를 하지 않고 거주하고 있는 자로서 위 경매절차의 매

수인인 원고에게 대항할 수 없는 주택임차인이 명백함에도 정당한 이유 없이 위 건물의 명도를 거절하고 있습니다.

4. 따라서 원고는 피고로부터 별지 목록 기재 건물을 명도받기 위하여 본 소 청구에 이른 것입니다.

입 증 방 법

1. 갑 제1호증   건물등기부등본
1. 갑 제2호증   건축물대장등본
1. 갑 제3호증   매각허가결정문사본 사본
1. 갑 제4호증   대금납부영수증 사본
1. 갑 제5호증   임대차관계조사서 사본

기타 입증서류는 변론시 수시 제출하겠습니다.

첨 부 서 류

1. 위 입증서류   1통
1. 주민등록초본   2통
1. 토지대장등본   1통
1. 소장부본   1통

20○○. ○. .

위 원고 ○ ○ ○ (인)

○○지방법원 ○○지원 귀중

[서식] 소장-건물명도청구의 소(동의없는 임차권양도의 경우)

소 장

원 고 　 ○ 　 ○ 　 ○ (000000-0000000)　　　　(전화 : 　　　)
　　　　　○○시 ○○구 ○○로 ○○(○○동)　　　　　　(우 : 　　　)

피 고 　 ○ 　 ○ 　 ○ (000000-0000000)
　　　　　○○시 ○○구 ○○로 ○○(○○동)　　　　(우 : 　　　)

건물명도 청구의 소

청 구 취 지

1. 피고는 원고에게 별지 목록 기재 건물을 명도하라.
2. 소송비용은 피고의 부담으로 한다.
3. 위 제1항은 가집행 할 수 있다.
라는 판결을 구합니다.

청 구 원 인

1. 원고는 소외 ○○○ 사이에 원고 소유의 별지 목록 기재 건물에 대하여 20○○.
　○. ○.임대차보증금 50,000,000원, 월세 400,000원, 임대차기간은 24개월로 정
　하여 임대차계약을 체결하였습니다.

2. 위 임대차기간이 만료되기 1개월 전인 20○○. ○. ○.원고는 소외 ○○○에게 재
　계약시에는 임차보증금 10,000,000원과 월세 100,000원을 올려 달라고 하였으
　나, 소외 ○○○은 이를 거부하였고, 원고인 소외 ○○○에게 재계약을 하지 않겠다
　고 하였습니다.

3. 그런데 소외 ○○○은 임차보증금을 올려주지 않은 상태에서 원고의 동의 없이 제3
　자인 피고에게 별지 목록 기재 건물에 대한 임차권을 양도하였고, 별지 목록 기재
　건물에는 현재 피고가 거주하고 있습니다. 원고는 소외 ○○○에게 위 임대차계약
　의 해지를 통지하였고, 피고에게는 별지 목록 건물을 비워줄 것을 요구하였으나,
　피고는 소외 ○○○에게 금 80,000,000원에 임차보증금을 지급하였다고 하면서
　위 건물의 명도를 거절하고 있습니다.

4. 따라서 원고는 피고로부터 별지 목록 기재 건물을 명도 받고자 본 소 청구에 이른
　것입니다.

입 증 방 법

1. 갑 제1호증   건물등기부등본
1. 갑 제2호증   건축물대장등본
1. 갑 제3호증   임대차계약서 사본
1. 갑 제4호증의 1, 2,   각 통고서
기타 입증서류는 변론시 수시 제출하겠습니다.

첨 부 서 류

1. 위 입증서류   1통
1. 주민등록초본   2통
1. 토지대장등본   1통
1. 소장부본   1통

20○○. ○.   .
위 원고 ○ ○ ○ (인)

○○**지방법원** ○○**지원 귀중**

소 장

원 고 　○ 　○ 　○ (000000-0000000) 　　　　(전화 : 　　　)
　　　　○○시 ○○구 ○○로 ○○(○○동) 　　　　(우 : 　　　)

피 고 　○ 　○ 　○ (000000-0000000)
　　　　○○시 ○○구 ○○로 ○○(○○동) 　　　　(우 : 　　　　)

건물명도 등 청구의 소

청 구 취 지

1. 피고는 원고에게 별지 목록 기재 부동산에 대한 별지 도면 표시 가, 나, 다, 마,
   바, 가의 각 점을 차례로 연결한 선내의 (가)부분 38㎡를 명도하고, 금 2,000,000
   원과 20○○. ○. ○.부터 위 건물의 명도일까지 매월 금 400,000원의 비율로 계
   산한 돈을 지급하라.
2. 소송비용은 피고의 부담으로 한다.
3. 위 제1항은 가집행 할 수 있다.
라는 판결을 구합니다.

청 구 원 인

1. 원고는 피고 사이에 20○○. ○. ○.별지 목록 기재 단층주택 60㎡ 중 별지 도면
   표시 가, 나, 다, 마, 바, 가의 각 점을 차례로 연결한 방 1칸 38㎡(지급일 매월
   말일), 임대차기간을 24개월로 정하여 임대차계약을 체결하였습니다.

2. 이후 피고는 매월 말일마다 위 임차료를 지급해오다가 20○○. ○. ○.부터는 임대
   료를 지급하지 아니하여 5개월의 임차료가 연체되었습니다. 그러므로 원고는 피고
   에게 20○○. ○. ○. 내용증명에 의한 통고서를 발송하여 20○○. ○. ○.까지 연
   체된 임차료를 지급하지 아니하면 임대차계약을 해지하겠다고 하였으나, 피고는
   임차보증금이 남아있다는 이유로 연체된 임차료를 지급하지 않고 있습니다.

3. 그러나 건물의 임대차계약서에는 임차인이 2기의 임차료를 연체할 경우에는 임대

인이 계약을 해지할 수 있고, 이러한 경우 임대인의 해지 통고없이 임대차계약은 해지되는 것으로 되어 있습니다.

또한 임차인이 임대차계약을 체결할 당시 임대인에게 지급한 임대차보증금으로 연체된 임차료 등 임대차관계에서 발생하는 임차인의 모든 채무를 담보하는 보증금에 불과하므로 임차인이 그 임대차보증금의 존재를 이유로 임차료의 지급을 거절하거나 그 연체에 따른 채무불이행책임을 면할 수는 없습니다.

4. 따라서 원고는 위 임대차계약의 해지통보로 인한 계약종료를 이유로 피고에 대하여 별지 목록 기재 건물 중 별지 도면 표시 가, 나, 다, 마, 바, 가의 각 점을 차례로 연결한 선내의 (가)부분 38㎡의 명도를 구하고, 아울러 20○○. ○. ○.부터 20○○. ○. ○.까지 연체된 임차료 2,000,000원과 불법점유를 이유로 20○○. ○. ○.부터 위 건물의 명도일까지 매월 금 400,000원의 비율로 계산한 임차료 상당의 손해배상금을 지급 받기 위하여 본 소 청구에 이른 것입니다.

입 증 방 법

1. 갑 제1호증   건물등기부등본
1. 갑 제2호증   임대차계약서 사본
1. 갑 제3호증   통고서 사본
1. 갑 제4호증   건축물대장

기타 입증서류는 변론시 수시 제출하겠습니다.

첨 부 서 류

1. 위 입증서류   1통
1. 주민등록초본   2통
1. 토지대장등본   1통
1. 소장부본   1통

20○○. ○. .

위 원고 ○ ○ ○   (인)

○○지방법원 ○○지원 귀중

소   장

원 고   이 몽 룡 (000000-0000000)   (전화 :   )
         ○○시 ○○로 ○○(○○동)   (우 :   )

피 고   1. 이 미 녀 (000000-0000000)
         2. 김 일 남 (000000-0000000)
         3. 김 이 남 (000000-0000000)
         위 피고들의 주소 ○○시 ○○로 ○○(○○동)   (우 :   )

건물명도 등 청구의 소

청 구 취 지

1. 피고들은 원고에게 별지 목록 기재 건물 3층 210㎡ 중 별지 중 별지 도면 표시 가, 나, 다, 마, 바, 가의 각 점을 순차로 연결한 선내의 (다)부분 120㎡를 명도하라.
2. 피고들은 연대하여 20○○. ○. ○.부터 위 건물의 명도일까지 매월 금 400,000원을 지급하라.
3. 소송비용은 피고들의 부담으로 한다.
4. 위 제1, 2항은 가집행할 수 있다.
라는 판결을 구합니다.

청 구 원 인

1. 원고는 20○○. ○. ○.소외 망 김갑동과 ○○시 ○○구 ○○동 ○○ 지상에 있는 원고 소유의 별지 목록 기재 건물 3층 주택 210㎡ 중 별지 도면 표시 가, 나, 다, 마, 바, 가의 각 점을 차례로 연결한 선내의 (다)부분 120㎡를 임차보증금 30,000,000원, 월세 금 400,000원(매월 말일 지급), 임대차기간을 인도일로부터 24개월로 정하여 임대차계약을 체결하고, 20○○. ○. ○.임차보증금을 지급받고 같은 날 위 주택을 소외 망 김갑동에게 인도하였습니다.

2. 그런데 소외 망 김갑동은 교통사고로 20○○. ○. ○.사망하였고, 상속인인 처 이미녀 및 아들인 피고 김일남과 같은 김이남이 소외 망 김갑동의 임차인으로서의 지위 및 월세지급의무를 그들의 상속지분별로 상속하였습니다. 원고는 이 사건 임대차기간이 만료되기 30일 전인 20○○. ○. ○.내용증명에 의한 통고서를 피고 이미녀와

같은 김일남, 같은 김이남에게 통지하였습니다(이 통지서는 20○○. ○. ○.자로 각 피고들이 수령하였습니다).

3. 그러나 피고들은 임대차기간만료일인 20○○. ○. ○.원고에게 별지 도면 표시 기재의 주택 120㎡를 정당한 이유 없이 명도하지 아니한 채 현재까지 점유하며 거주하고 있습니다.

4. 따라서 원고는 피고들에게 위 임대차계약기간이 만료됨에 따라 별지 도면 표시 선내 (다)부분 120㎡의 구하고, 또한 법률상 원인 없는 점유를 이유로 한 20○○. ○. ○.부터 위 건물의 명도일까지 월세 상당의 부당이득금을 지급받고자 본 소 청구에 이른 것입니다.

입 증 방 법

1. 갑 제1호증   건물등기부등본
1. 갑 제2호증   임대차계약서 사본
1. 갑 제3호증의 1 내지 3   각 내용증명(통고서) 사본
1. 갑 제4호증   제적등본
1. 갑 제5호증   가족관계증명서
기타 입증서류는 변론시 수시 제출하겠습니다.

첨 부 서 류

1. 위 입증서류   1통
1. 주민등록초본   4통
1. 토지대장등본   1통
1. 소장부본   3통

20○○. ○.   .

위 원고 이 몽 룡   (인)

○○ **지 방 법 원 귀중**

[서식] 소장-건물명도청구의 소(임대인의 상속인이 청구)

소　　장

원　고　1. 이　미　녀 (000000-0000000)　　　　(전화 :　　　)
　　　　2. 김　일　남 (000000-0000000)
　　　　3. 김　이　남 (000000-0000000)
　　　　위 피고들의 주소 ○○시 ○○로 ○○(○○동)　　(우 :　　　)

피　고　이　몽　룡 (000000-0000000)
　　　　○○시 ○○로 ○○(○○동)　　　　　　　　(우 :　　　)

건물명도 청구의 소

청　구　취　지

1. 피고는 원고들에게 별지 목록 기재 건물을 명도하라.
2. 소송비용은 피고의 부담으로 한다.
4. 위 제1항은 가집행할 수 있다.
라는 판결을 구합니다.

청　구　원　인

1. 피고는 20○○. ○. ○.별지 목록 기재 아파트의 소유자였던 소외 김갑동과 임대차보증금 100,000,000원, 임대차기간은 위 아파트의 인도일로부터 2년간으로 한 임대차계약을 체결하고, 20○○. ○. ○.부터 위 아파트를 인도받아 현재까지 점유하며 거주하고 있습니다.

2. 그런데 위 아파트의 소유자였던 소외 망 김갑동은 20○○. ○. ○. 교통사고로 사망하여, 상속인들인 소외 망 김갑동의 처인 원고 이미녀, 그의 아들인 원고 김일남과 같은 김이남은 위 아파트에 대하여 상속을 원인으로 하여 법정상속비율로 상속등기를 하였습니다. 이와 같이 임대인의 지위를 승계한 원고들은 피고와 재계약하지 않겠다는 내용을 기재한 내용증명에 의한 통고서를 20○○. ○. ○.피고에게 발송하였습니다(피고는 이 통고서를 20○○. ○. ○. 수령하였음).

3. 그러나 피고는 임대차기간종료일인 20○○. ○. ○.이후에도 원고들에게 위 아파트를 명도하지 아니한 채 현재까지 점유하면서 사용하고 있습니다.

4. 따라서 위 임대차계약기간이 종료됨에 따라 원고들은 피고로부터 위 아파트를 명도 받고자 본 소 청구에 이르렀습니다.

입 증 방 법

1. 갑 제1호증   부동산등기부등본
1. 갑 제2호증   임대차계약서 사본
1. 갑 제3호증   내용증명(통고서) 사본
1. 갑 제4호증   건축물대장
1. 갑 제5호증   제적등본
1. 갑 제6호증   가족관계증명서

기타 입증서류는 변론시 수시 제출하겠습니다.

첨 부 서 류

1. 위 입증서류   1통
1. 주민등록초본   4통
1. 토지대장등본   1통
1. 소장부본   3통

20○○. ○.   .

위 원고 이 미 녀 (인)
        김 일 남 (인)
        김 이 남 (인)

○ ○ 지 방 법 원 귀중

III. 권리금반환청구의 소

1. 개 념

일반적으로 권리금이란 상가 영업시설, 비품 등 유형물이나, 거래처 신용, 영업상의 노하우 또는 점포 위치에 따른 영업상의 이점 등 무형의 재산적 가치의 양도 또는 일정기간 동안의 이용대가를 의미한다. 권리금은 실제 거래에서 금액이 상당함에도 불구하고 법적으로는 반환이 보장되지 않으며, 액수산정에서도 특별한 기준이 없어서 실제로 거래관계에서는 문제가 되고 있다.

권리금의 반환을 임대인에게 청구할 수 있느냐에 관하여 판례는 특별한 사정이 없는 한 인정되지 않는다. 단순히 임대차계약기간이 만료되었다는 이유만으로 권리금반환을 청구할 수는 없지만 권리금 회수를 적극적으로 방해하거나 점포의 명도를 청구하는 경우에만 권리금의 반환을 청구할 수 있다. 또한, 판례가 "임대인과 임차인 사이에 건물명도 시 권리금을 반환하기로 하는 약정이 있었다 하더라도 그와 같은 권리금반환청구권은 건물에 관하여 생긴 채권이라 할 수 없으므로 그와 같은 채권을 가지고 건물에 대한 유치권을 행사할 수 없다"라고 하고 있다[282].

2. 접수방법

원고는 법원용과 상대방용 소장 2부를 준비하여 부동산 소재지를 관할하는 법원에 제출한다. 수입인지 및 송달료는 통상의 소와 같다. 즉 인지는 소장에는 소송목적의 값에 따라 민사소송등인지법 제2조 제1항 각 호에 따른 금액 상당의 인지를 붙여야 하고, 송달료는 사건의 청구금액에 따라 당사자 1인당 합의사건, 단독사건인 경우 15회, 소액사건인 경우 10회를 납부한다.

---

282) 대법원 1994. 10. 14. 선고 93다62119 판결

3. 서 식

[서식] 소장-권리금반환 청구의 소

(임차건물을 임대인이 사용할 때 권리금반환특약)

소   장

원   고   ○   ○   ○ (000000-0000000)   (전화 :   )

           ○○시 ○○구 ○○로 ○○(○○동)   (우 :   )

피   고   ○   ○   ○ (000000-0000000)

           ○○시 ○○구 ○○로 ○○(○○동)   (우 :   )

권리금반환 청구의 소

청 구 취 지

1. 피고는 원고에게 ○○○원과 이에 대하여 20○○. ○. ○.부터 이 사건 소장부본 송달일까지는 연 5%, 그 다음날부터 다 갚는 날까지는 연 15%의 각 비율로 계산한 돈을 지급하라.
2. 소송비용은 피고의 부담으로 한다.
3. 위 제1항은 가집행 할 수 있다.

라는 판결을 구합니다.

청 구 원 인

1. 원고는 피고로부터 20○○. ○. ○. ○○시 ○○구 ○○로 ○○(○○동)에 소재한 피고 소유 벽돌조 건물의 1층 ○○㎡를 임대차기간 20○○. ○. ○.부터 20○○. ○. ○.까지, 매월 임대료 금 ○○○원으로, 권리금 ○○○원으로 정하고 임차한 사실이 있습니다.

2. 계약당시 원고와 피고는 동 임대차 계약기간 만료이후 원고의 임차부분을 임대인인 피고가 동일업종의 영업장소로 사용하는 경우에는 원고가 피고에게 지급한 권리금을 원고에게 다시 반환하여 주기로 하는 특약을 하였습니다.

3. 20○○. ○. ○. 계약이 만료되어 원고는 당일 건물 임차부분을 피고에게 명도완료
   하였고 피고는 원고가 명도 완료한 이후 원고의 임차부분을 원고가 운영하던 당시
   의 동일 업종의 영업장소로 사용하고 있는 상태인바, 피고는 원고와의 약속을 이행
   하지 않고 원고의 계속적인 독촉에도 불구하고 위 권리금 ○○○원을 반환하지 않
   고 있습니다.

4. 사정이 위와 같으므로 피고는 당사자의 약정대로 마땅히 원고에게 ○○○원을 반환
   하여 줄 의무가 있다고 할 것이므로 청구취지기재와 같이 권리금 ○○○원과 이에
   대하여 원고가 위 건물임차부분을 명도한 다음날인 20○○. ○. ○.부터 이 사건
   소장부본 송달일까지는 민법에서 정한 연 5%, 그 다음날부터 다 갚는 날까지는 소
   송촉진등에관한특례법에서 정한 연 15%의 각 비율로 계산한 지연손해금을 지급 받
   고자 이 사건 청구에 이르게 된 것입니다.

입 증 방 법

1. 갑 제1호증   임대차계약서
기타 입증서류는 변론시 수시 제출하겠습니다.

첨 부 서 류

1. 위 입증서류 사본   1통
1. 주민등록초본   2통
1. 소장부본   1통

20○○. ○. .

위 원고 ○ ○ ○   (인)

○ ○ 지 방 법 원 귀중

[서식] 소장–권리금반환청구의 소(계약기간 내 계약해지할 때 권리금반환특약)

소　　장

원　고　　○　　○　　○ (000000-0000000)　　　　　(전화 :　　　　)

　　　　　○○시 ○○구 ○○로 ○○(○○동)　　　　　(우 :　　　　)

피　고　　○　　○　　○ (000000-0000000)

　　　　　○○시 ○○구 ○○로 ○○(○○동)　　　　　(우 :　　　　)

권리금반환 청구의 소

청 구 취 지

1. 피고는 원고에게 ○○○원과 이에 대하여 20○○. ○. ○.부터 이 사건 소장부본 송달일까지는 연 5%, 그 다음날부터 다 갚는 날까지는 연 15%의 각 비율로 계산한 돈을 지급하라.
2. 소송비용은 피고의 부담으로 한다.
3. 위 제1항은 가집행 할 수 있다.
라는 판결을 구합니다.

청 구 원 인

1. 원고는 20○○. ○. ○. 피고와 ○○시 ○○구 ○○로 ○○(○○동)에 소재한 건물의 점포 40㎡에 대하여 임대차보증금 ○○○원, 월임차료 금 ○○○원, 임대차기간 1년, 권리금 ○○○원으로 하는 임대차계약을 체결하고, 위 임차기간의 만료 전에 임대인인 피고의 사정으로 계약을 해지하여 위 건물을 명도할 경우에는 권리금전액을 반환할 것을 약정하였습니다.

2. 위 임차기간 만료 전에 피고의 사정으로 계약을 합의해지하고, 피고에게 위 건물을 명도 하였습니다.

3. 그러나 피고는 원고에게 위 권리금을 반환하지 않고 계속 미루고 지금까지 지급하지 않고 있습니다.

4. 따라서 원고는 피고로부터 위 권리금 ○○○원과 이에 대하여 원고가 위 건물임차부분을 명도한 다음날인 20○○. ○. ○.부터 이 사건 소장부본 송달일까지는 민법에서 정한 연 5%, 그 다음날부터 다 갚는 날까지는 소송촉진등에관한특례법에서 정한 연 15%의 각 비율로 계산한 지연손해금을 지급 받고자 이 사건 청구에 이르게 된 것입니다.

입 증 방 법

1. 갑 제1호증   임대차계약서
기타 입증서류는 변론시 수시 제출하겠습니다.

첨 부 서 류

1. 위 입증서류 사본   1통
1. 주민등록초본   2통
1. 소장부본   1통

20○○. ○.   .

위 원고 ○ ○ ○   (인)

○ ○ 지 방 법 원 귀중

[서식] 소장-권리금반환청구의 소(권리금반환특약)

소 장

원 고   ○   ○   ○ (000000-0000000)   (전화 :   )

           ○○시 ○○구 ○○로 ○○(○○동)   (우 :   )

피 고   ○   ○   ○ (000000-0000000)

           ○○시 ○○구 ○○로 ○○(○○동)   (우 :   )

권리금반환 청구의 소

청 구 취 지

1. 피고는 원고에게 15,0000,000원과 이에 대하여 20○○. ○. ○.부터 이 사건 소장부
   본 송달다음날부터 다 갚는 날까지 연 15%의 비율로 계산한 돈을 지급하라.
2. 소송비용은 피고의 부담으로 한다.
3. 위 제1항은 가집행 할 수 있다.

라는 판결을 구합니다.

청 구 원 인

1. 임대차계약체결

원고는 피고로부터 2010. 2. 10. ○○시 ○○구 ○○로 ○○(○○동) 소재 시멘
블록조 스레트지붕 점포 87㎡에 대하여 임대차기간은 2010. 2. 10.부터 2011.
2. 10.까지 1년간, 임료는 매월 600,000원, 다음달 분은 전월 중에 지급하기로
약정하여 권리금 15,000,000원을 피고에게 지급하고, 임대차기간의 만료로 계약
을 해제하여 명도할 경우에는 권리금 15,000,000원을 반환할 것을 특약하였습니
다.

2. 임대차기간의 만료 및 권리금 청구

원고는 2011. 2. 10. 임대차기간의 만료로 피고에게 위 점포를 명도하였으므로

권리금을 반환할 것을 수차에 걸쳐 촉구하였으나 피고는 정당한 이유 없이 지급하지 않고 있습니다.

3. 결 론

그러므로 피고는 원고에게 금 15,000,000원과 이에 대하여 이 사건 소장부본 송달다음날부터 다 갚는 날까지 소송촉진등에관한특례법소정의 연 15%의 비율로 계산한 지연손해금을 지급받고자 본 소 청구에 이른 것입니다.

입 증 방 법

1. 갑 제1호증   임대차계약서 사본
1. 갑 제2호증   건물등기부등본
기타 입증서류는 변론시 수시 제출하겠습니다.

첨 부 서 류

1. 위 입증서류 사본   1통
1. 주민등록초본   2통
1. 소장부본   1통

20○○. ○.   .

위 원고 ○ ○ ○   (인)

○ ○ 지 방 법 원 귀중

소 장

원 고   ○   ○   ○ (000000-0000000)   (전화 :   )
        ○○시 ○○구 ○○로 ○○(○○동)   (우 :   )
피 고   ○   ○   ○ (000000-0000000)
        ○○시 ○○구 ○○로 ○○(○○동)   (우 :   )

권리금반환 청구의 소

청 구 취 지

1. 피고는 원고에게 2,666,666원과 이에 대하여 이 사건 소장부본 송달다음날부터 다 갚는 날까지는 연 15%의 비율로 계산한 돈을 지급하라.
2. 소송비용은 피고의 부담으로 한다.
3. 위 제1항은 가집행 할 수 있다.
라는 판결을 구합니다.

청 구 원 인

1. 원, 피고간의 임대차계약

원고는 피고 소유의 ○○시 ○○구 ○○로 ○○(○○동)에 소재한 시멘트 블록조 슬래브지붕 단층 점포 120㎡에 대하여 다음과 같은 약정으로 임대차계약을 체결하였습니다.

다 음

가. 임대차기간 : 20○○. ○. ○.부터 3년간
나. 용 도 : 점포
다. 차 임 : 월 금 200,000원을 매월 말일 다음달분을 지급

2. 권리금의 지급

원고는 위 계약시에 피고의 요구에 의하여 권리금으로서 금 3,000,000원을 지급

하였습니다. 위 권리금은 임대차기간 3년간에 대한 대가이었으므로 기간 도중에 종료한 때에는 권리금을 안분하여 잔존기간에 상당한 금액을 반환하여야 할 것입니다.

3. 임대차계약의 합의해제

그런데, 원고는 본 건 건물을 임차한 후, 겨우 3개월이 경과될 무렵 영업을 폐지하게 되었으므로 20○○. ○. ○.피고와 협의하여 본 건 건물의 임대차계약을 해지하고 같은 해 20○○. ○. ○.이를 명도하였습니다.

4. 권리금의 반환청구

피고는 위 합의해지에 의하여 원고가 불입한 권리금 3,000,000원 중, 임대차기간 3년 가운데 4개월분을 안분한 금액을 공제한 잔액 2,666,666원을 원고에게 반환하여야 할 의무가 있음에도 이를 지급하지 않고 있습니다.

그러므로 위 금 2,666,666원과 이에 대하여 이 사건 소장부본 송달다음날부터 다 갚는 날까지 소송촉진등에관한특례법에서 정한 연 15%의 비율로 계산한 지연손해금을 지급 받고자 본 소 청구에 이르렀습니다.

입 증 방 법

1. 갑 제1호증   임대차계약서
1. 갑 제2호증   권리금영수증
기타 입증서류는 변론시 수시 제출하겠습니다.

첨 부 서 류

1. 위 입증서류 사본   1통
1. 주민등록초본   2통
1. 소장부본   1통

20○○. ○. .

위 원고 ○ ○ ○ (인)

○ ○ 지 방 법 원 귀중

제3항 답변서 - 유형별 분류

임대차관련 사건의 피고는 원고의 소장의 청구취지에 대하여는 기각 등을, 청구원인에 대하여는 공제의 항변, 동시이행의 항변 등을 이유로 원고의 청구에 대하여 답변서를 작성하여 제출할 수 있다.

즉 답변서에는 청구의 취지와 원인에 대한 구체적인 진술을 적어야하고 상대방 수만큼의 부본을 첨부하여야 한다. 「청구의 취지에 대한 답변」에는 원고의 청구에 응할 수 있는지 여부를 분명히 밝혀야 하고, 「청구의 원인에 대한 답변」에는 원고가 소장에서 주장하는 사실을 인정하는지 여부를 개별적으로 밝히며, 인정하지 아니하는 사실에 관하여는 그 사유를 개별적으로 적어야 하고, 자신의 주장을 증명하기 위한 증거방법에 관한 의견을 함께 적어야 하며, 답변사항에 관한 중요한 서증이나 답변서에서 인용한 문서의 사본 등을 붙여야 한다. 추가적으로 연락처란에는 언제든지 연락 가능한 전화번호나 휴대전화번호를 기재하고, 그 밖에 팩스번호, 이메일 주소 등이 있으면 함께 기재하는 것이 좋다.

I. 임대차보증금반환청구의 소에 대한 답변

1. 항변 등

[본안전 항변] 채권의 압류·추심항변

[주 요 항 변] ① 묵시의 갱신 항변
② 공제 항변
③ 임대인지위 양도 항변
④ 동시이행의 항변
⑤ 보증금반환채권이 양도, 전부되었다는 항변

2. 서 식

[서식] 답변서(임차보증금반환청구에 대한 부인)

답 변 서

사　　건　　20○○가단○○○ 임차보증금반환

원　　고　　○○○

피　　고　　◇◇◇

위 사건에 관하여 피고는 다음과 같이 답변합니다.

청구취지에 대한 답변

1. 원고의 청구를 기각한다.
2. 소송비용은 원고의 부담으로 한다.

라는 판결을 구합니다.

청구원인에 대한 답변

1. 원고가 이 사건 건물의 임차인이었던 사실과 임대차계약기간이 종료한 사실은 인정
   하나 나머지 사실은 부인합니다.

2. 원고의 주장에 대한 검토

   가. 원고는 20○○. ○. ○. 소외 ◉◉◉와 이 사건 건물에 대하여 임차기간 2년,
   임차보증금 30,000,000원으로 정하여 임대차계약을 체결하고 당일 주민등록전
   입신고를 한 대항력 있는 임차인이므로 소외 ◉◉◉로부터 이 사건 건물을 매수
   한 피고는 임차보증금을 지급할 의무가 있다고 주장하고 있습니다.

   나. 그러나 이 사건 건물에 대한 건축물대장의 기재에 의하면 다세대 주택임을 알
   수 있습니다. 대법원의 판례에 의하면 다세대 주택의 경우에는 주민등록전입신

고를 할 때 호수의 기재가 있어야 대항력 있는 유효한 주민등록이라고 보고 있습니다. 따라서 원고는 대항력이 없는 임차인이므로 피고에게는 임차보증금을 지급할 의무가 없다고 할 것입니다.

3. 결론
이상과 같은 이유로 원고의 청구를 기각한다는 판결을 구합니다.

입 증 방 법

1. 을 제1호증　　　　　　　　건축물대장등본
1. 을 제2호증　　　　　　　　주민등록표등본(원고)

첨 부 서 류

1. 위 입증방법　　　　　　　　각 1통

20○○.　○.　○.
위 피고　　◇◇◇ (서명 또는 날인)

○○지방법원 제○○민사단독　귀중

■ 작성·접수방법

1. 제출법원은 본안소송 계속 법원이다.
2. 답변서는 소장과 달리 인지나 송달료 등의 비용을 납부하지 않는다.
3. 법원용 1부와 상대방 수만큼의 부본을 제출한다.

답 변 서

사 건   20○○가단 ○○○ 보증금반환

원 고   ○   ○   ○

피 고   ○   ○   ○

위 사건에 관하여 피고는 다음과 같이 답변합니다.

청구취지에 대한 답변

1. 원고의 청구를 기각한다.
2. 소송비용은 원고의 부담으로 한다.
라는 판결을 구합니다.

청구원인에 대한 답변

1. 원고와 소외 ○○○사이에 원고의 주장과 같은 임대차계약의 체결이 있었다는 것은 인정하지만, 보증금으로 금 200만원 지급하였다는 사실을 알지 못한다.
2. 피고가 본건 건물의 소유권을 취득하고 임대인의 지위를 승계한 점 및 원고가 본건 건물을 명도한 사실은 인정한다.
3. 피고가 위 건물의 명도완료 후 즉시 보증금 200만원을 원고에게 반환할 것을 약정하였다는 사실은 부인한다.

항 변

1. 금 500만원은 권리금이다.

피고는 원고가 소외 ○○○에 대하여 보증금으로 금 200만원을 지급하였다는 주장사실의 부지를 다투는 것인데, 가령 금 200만원을 수수한 사실이 있다 하더라도 이것은 보증금으로서 수령한 것이 아니고, 원고가 소외 ○○○으로부터 본건 건물을 임차시켜 준데 대한 사례금 내지 장소적 이익에 대한 권리금으로서 수령한 것이기 때문에 원고에게는 당연히 반환청구권이 존재하지 아니합니다.

2. 보증금불승계의 합의의 존재

설령, 위 주장이 인정되지 아니한다 할지라도 원·피고 및 소외 ○○○과의 사이에서 원고가 주장하는 보증금은 피고가 소외 ○○○으로부터 승계하지 아니한다는 합의가 있었습니다.

즉, 피고는 소외 ○○○으로부터 본건 건물을 매수함에 있어 ○○○○. ○. ○. 소외 ○○○의 자택에서 원, 피고와 소외 ○○○의 3인이 협의한 결과 소외 ○○○이 원고로부터 수령한 금원에 대하여는 일체 피고는 관여하지 아니한다고 확인하고, 원고도 이에 이의를 제기함이 없이 위 3자간에 피고는 보증금을 승계하지 않겠다는 합의가 성립한 것입니다. 이로 인하여 피고는 소외 ○○○으로부터 본건 건물을 금 50,000,000원에 매수한 것입니다.

3. 보증금에서 공제비 있음

설령, 위의 주장사실마저 인정되지 않는다면 피고는 원고가 본건 건물을 사용함으로써 생기는 다음과 같은 손해금액을 위 보증금 200만원에서 공제하였기 때문에 이 부분에 대하여는 반환의무가 없습니다.

즉, 임대차계약의 합의해제를 한 ○○○○. ○. ○.부터 같은 해 ○. ○.까지의 6개월간 원고는 본건 건물의 차임을 지급하지 아니하고 점유하고 있었기 때문에, 월 금 20만원의 비율에 의한 차임상당 손해금 합계 금 120만원과 원고가 본건 건물을 선량한 관리자의 주의로써 사용하여야 할 의무가 있음에도 극히 조잡하게 사용하였기 때문에 원고가 퇴거한 후 피고는 다음과 같은 비용을 지출하게 된 것입니다.

방도배비	금 150,000원
문짝수리비	금 50,000원
수세식변소 수리비금	100,000원
세면대 수리비금	40,000원

소계   금 340,000원

이상 합계금 1,540,000원에 대하여 피고는 당연히 보증금에서 변제충당을 받았기 때문에 이 점에 대하여는 반환의무가 없습니다.
그러므로 원고의 본소 청구는 부당하다 할 것입니다.

20○○. ○.   .

위 피고 ○ ○ ○   (인)

○○지방법원 제○민사단독   귀중

[서식] 답변서-보증금(기한미도래)

답 변 서

사 건   20○○가단 ○○○   전세금반환

원 고   ○   ○   ○

피 고   ○   ○   ○
　　위 사건에 관하여 피고는 다음과 같이 답변합니다.

청구취지에 대한 답변

1. 원고의 청구를 기각한다.
2. 소송비용은 원고의 부담으로 한다.
라는 판결을 구합니다.

청구원인에 대한 답변

1. 피고의 원고에 대한 보증금반환채무는 당사자간의 사전 합의에 따라 불확정 기한
   부 채무이므로 그 기한 도래전의 원고 청구는 기각되어야 합니다.
   원고는 본건 임대차계약이 만료되기 직전인 20○○년 ○월 하순에 갑자기 이사를
   가겠다고 하면서 20○○. ○. ○.에 이사를 가면서 전세보증금의 일부만 받고 나
   머지 금 1,000만원은 방세가 빠지는 대로 받아가겠다고 약속하고 확인날인까지
   하였으므로 피고는 이 방세가 나갈 때까지는 위 전세보증금의 반환의무를 이행할
   수 없습니다(을 제1호증 영수증 참조).

2. 원고가 피고에게 본건 제소시부터 연 20%의 비율에 의한 지연배상을 청구한 것은
   부당하여 기각되어야 합니다.
   피고는 당장 준비한 돈이 없어 방세를 빨리 놓아 빼주겠다고 성의껏 노력하고 있
   고, 또 원고 자신도 장차 방세가 나가는 때 잔여보증금을 받아가겠다고 약속한 이
   상 이러한 조건 또는 기한이 도래하기 전에 원고가 연 20%의 지연배상을 청구한
   다는 것은 신의를 배반한 처사로서 마땅히 기각되어야 합니다.

3. 피고는 불필요한 쟁송을 원치 않고 방세가 나가는 대로 약속에 따라 즉시 원고의
   보증금을 반환할 것인즉 소송할만한 가치도 없는 이 사건에 대하여 소송을 좋아하
   는 원고의 나쁜 습성을 유감으로 여길 뿐입니다.

20○○. ○. ○

위 피고 ○ ○ ○   (인)

○○지방법원 제○민사단독 귀중

II. 건물명도청구의 소에 대한 답변

1. 항변 등

[주요항변] ① 묵시의 갱신 항변
② 동시이행 항변
③ 부속물매수청구
④ 유치권 항변
⑤ 권리금반환청구

2. 서 식

[서식] 답변서(건물인도청구에 대한 항변)

답 변 서

사　　건　　20○○가단○○○○ 건물인도
원　　고　　○○○
피　　고　　◇◇◇

위 사건에 관하여 피고는 아래와 같이 답변합니다.

청구취지에 대한 답변

1. 원고의 청구를 기각한다.
2. 소송비용은 원고의 부담으로 한다.
라는 판결을 구합니다.

청구원인에 대한 답변

1. 원고의 주장

    원고는 ○○시 ○○구 ○○길 ○○ 지상 주택(다음부터 '이 사건 주택'이라 함)의 소유자로서, 피고가 이 사건 주택 중 2층을 무단점유하고 있으므로 인도 해줄 것을 주장하고 있습니다.

2. 주택임대차계약의 체결

    그러나 아래와 같이 피고는 이 사건 주택을 점유할 권원이 있습니다.

    즉, 피고는 20○○. ○. ○. 소외 ◉◉◉와의 사이에 소외인의 소유인 이 사건 주택 중 2층 전부에 관하여 임차보증금 4,500만원으로, 임차기간은 인도일로부터 2년으로 하는 주택임대차계약을 체결하고, 20○○. ○. ○○. 보증금 4,500만원을 지급하고 입주하면서 주민등록전입신고를 하고 지금까지 거주하고 있습니다.

3. 임대인 지위 승계

    가. 원고는 위 소외인으로부터 이 사건 주택을 매수하여 ○○지방법원 등기과 20○○. ○○. ○. 접수 제12345호 소유권이전등기를 마침으로써 이 사건 주택의 소유권을 취득하였습니다.

    나. 피고는 위 제1항의 기재와 같이 주택임대차보호법 제3조 제1항 소정의 대항력을 취득한 주택임차인이고 원고는 같은 법 제3조 제3항 소정의 임차주택 양수인으로 위 소외인이 가지는 임대인의 지위를 승계한 자입니다.

4. 따라서 피고는 임대차기간 만료일까지는 적법한 임차인으로서 이 사건 주택 2층을 점유할 수 있으므로 무단점유임을 전제로 한 원고의 이 사건 청구는 기각되어야 할 것입니다.

20○○.　○.　○.

위 피고　◇◇◇ (서명 또는 날인)

○○지방법원 제○○민사단독　귀중

■ 작성·접수방법

1. 제출법원은 본안소송 계속 법원이다.
2. 답변서는 소장과 달리 인지나 송달료 등의 비용을 납부하지 않는다.
3. 법원용 1부와 상대방 수만큼의 부본을 제출한다.

답 변 서

사　건　　20○○가단 ○○○○　건물명도

원　고　　○　○　○

피　고　　○　○　○

위 사건에 관하여 피고는 다음과 같이 답변합니다.

다　음

청구취지에 대한 답변

1. 원고의 청구를 기각한다.
2. 소송비용은 원고의 부담으로 한다.
라는 판결을 구합니다.

청구원인에 대한 답변

1. 원고의 청구원인 사실 중,
   가. 본건 건물이 원래 소외 홍길동의 소유였다가 그 후 소외 김갑동이가 상속한 사실,
   나. 또한 피고의 망부 이일동이 임대료 월 500,000원씩을 지급하고 임차하여 사용하다가 20○○. ○. ○. 사망하고 그 후 그의 아들 이일남이가 계속 사용하고 있다는 원고 주장은 인정하나 그 외의 나머지 사실들은 전부 알지 못한 사실입니다.

20○○.　○.　　.

위 피고 ○　○　○　(인)

○○지방법원 제○○민사단독　귀중

답 변 서

사 건   20○○가단 ○○○ 건물명도

원 고   ○ ○ ○

피 고   ○ ○ ○

위 사건에 관하여 피고는 다음과 같이 답변합니다.

청구취지에 대한 답변

1. 원고의 청구를 기각한다.
2. 소송비용은 원고의 부담으로 한다.
라는 판결을 구합니다.

청구원인에 대한 답변

본건 건물이 원고의 소유라는 점과, 차임 상당액이 금 ○○○원이라는 점은 인정하나, 본건 건물을 피고가 점유하고 있다는 원고의 주장사실은 이를 부인합니다.

항   변

1. 본건 건물의 점유자는 피고가 아니고 소외 ○○주식회사이다.

본건 건물의 점유자는 피고 개인이 아니고 피고를 대표자로 하는 소외 ○○주식회사입니다.

즉, 피고는 원고로부터 20○○. ○. ○. 본건 건물을 임차하여 여기에 철물점을 경영하여 오다가, 20○○. ○. ○. 피고는 위 철물점을 법인체로 조직하고 ○○주식회사를 발족시켜 그 후에 본건 점포에서 영업을 계속하여 온 것입니다.

2. 따라서 위 같은 날 이후의 본건 점포는 피고 개인의 점유가 아닌 소외 ○○주식회사의 점유인 것입니다. 그리고 피고가 위 업체를 법인체 조직으로 변경함에 있어서도 본건 점포를 임차권양도의 형식으로 하여 원고의 승낙을 얻은 것입니다. 그러므로 ○○주식회사를 상대방으로 하여야 함에도 불구하고 피고 개인을 상대방으로 하여 제기된 본 소 청구는 부당하므로 마땅히 기각되어야 할 것입니다.

입 증 방 법

1. 을 제○호증   법인등기부등본

첨 부 서 류

1. 위 입증서류   1통
1. 답변서 부본   1통

20○○. ○.   .

위 피고 ○ ○ ○   (인)

○○**지방법원 제**○**민사단독   귀중**

답 변 서

사 건   20○○가단 ○○○   건물명도

원 고   ○   ○   ○

피 고   ○   ○   ○

  위 사건에 관하여 피고는 다음과 같이 답변합니다.

청구취지에 대한 답변

1. 원고의 청구를 기각한다.
2. 소송비용은 원고의 부담으로 한다.
라는 판결을 구합니다.

청구원인에 대한 답변

  원고가 본건 건물의 소유자라는 점과 피고가 이를 점유하고 있다는 사실은 인정하나, 차임상당 손해액이 월 금 ○○○원이라는 점은 다툽니다.

항 변

1. 임차권존재의 항변

  피고는 소외 망 홍기동의 내연의 처입니다. 본건 건물은 20○○. ○. ○. 망 홍길동이 당시의 소유자로부터 차임 월 금 ○○○원, 매월말일 지급하기로 하는 약정으로 기간의 정함이 없이 임차하여 피고는 소외 홍길동과 함께 20○○. ○. ○.부터 본건 건물에 거주하고 있었습니다.

  그런데, 소외 ○○○은 20○○. ○. ○. 본건 건물에서 사망하였던 바, 법률상의 상속권이 없었습니다. 피고는 내연의 처이었기 때문에 민법상 소외 홍길동의 상속인이라 할 수 없을 지라도 피고는 사실상 소외 홍길동의 처로서 오랫동안 소외 ○○○과 함께 건물에서 거주하여 온 것이므로, 소외 홍길동과 같은 김갑동 사이에 성립한 임대차계약은 당연히 피고의 거주를 내용으로 한 것이며, 소외 홍길동의 사망에 의하여 피고의 거주권에 영향을 미치지 못합니다. 즉, 피고는 임대차계약의 사실상의 당사자였던 것이고, 설령 아니었다 할지라도 상속인이 없는 소외 홍길동의 상속재산에 관하여 임차권을 원용하는 자라고 하여야 할 것입니다. 또한 임차권을 가단적으로 승계한 것이라 할 수 있을 것입니다.

2. 권리남용의 항변

원고는 피고와 소외 홍길동과의 사이에 혼인신고 되어 있지 아니한 사실을 기화로 소외 김갑동으로부터 본건 건물을 양수하여 소유권을 취득하고, 피고로 하여금 본건 건물로부터 퇴거시켜서 이를 고가로 타에 전매할 목적으로 소외 홍길동이 사망한 후 갑자기 차임을 3배인 ○○○원으로 인상함과 동시에, 이에 불응할 때는 이 사건 건물을 명도시키겠다고 통고하는 등 피고를 곤혹시키고 본소에 이른 것이므로 원고 이 사건 건물의 명도청구는 소유권의 남용으로서 허용될 수 없는 것입니다.

3. 차임상당 손해금액에 관하여

위 2항에서 본 바와 같은 사정으로 원고가 주장한 차임상당 손해액은 너무나 고액으로서 현상에 어긋나는 부당한 요구인 것이고 적정금액은 금 ○○○원이라 할 것입니다.

20○○. ○.   .

위 피고 ○ ○ ○   (인)

○○지방법원 ○○지원 귀중

답 변 서

사 건   20○○가단 ○○○○ 건물명도 등

원 고   ○○○○ 주식회사

피 고   강 ○ ○ 외 1

위 사건에 대하여 피고 강○○는 다음과 같이 답변합니다.

청구취지에 대한 답변

1. 원고의 피고 강○○에 대한 청구를 기각한다.

2. 소송비용 중 피고 강○○에 대한 부분은 원고의 부담으로 한다.

3. 라는 판결을 구합니다.

청구원인에 대한 답변

1. **임대차계약 관계**

　가. 원고와 피고 ○○○(이하 '피고'라 합니다.)는 2008. 5. 19. ○○시 ○구 ○○동 129-5 지상 철골조 슬래브지붕 2층 위락시설 및 근린생활시설 1,2층 450㎡에 대하여 임대인 원고, 임차인 피고, 임대차 기간 2008. 5. 19부터 2010. 5. 18.까지, 보증금 5,000만원, 월차임 250만원으로 하는 내용의 임대차계약을 체결하였습니다.

　나. 원고는 위 임차한 건물을 '○○○○'라는 상호로 유흥주점을 운영하고 있습니다.

2. 원고의 계약의무 위반

가. 피고는 이 사건 임대차 보증금 이외에 비품대 및 권리금으로 전 점유자인 소외 ㅇㅇㅇ에게 금 5,000만원을 지급하였으며, 원고측에서도 피고가 지급한 위 비품대 및 권리금에 대하여 후일 위 건물을 임차한 자에게 받아 줄 수 있도록 노력하겠다고 약속하였습니다.

나. 피고는 원고와 이 사건 임대차계약을 체결하고 원고에게 월 차임으로 2008. 10월 11월에 각 금 200만원, 합계 금 400만원을 지급하였는데, 원고는 2008. 11.경 임차인 피고와 전혀 상의도 없이 일방적으로 위 건물 주차장을 타인에 매도해버려 주차장을 사용할 수 없었고, 그나마 승용차 5~6대 정도를 주차 할 수 있는 철물점 부지마저 덤프트럭 5대 분량의 건축폐기물을 2009. 6.경 까지 방치하여 손님들의 차량을 주차 할 수 있는 공간이 없어 피고로서는 위 유흥주점 영업을 도저히 할 수 없는 상태였습니다.

다. 원고로서는 피고와 이 사건 건물에 대한 임대차 계약을 체결하였다면 특별한 사정이 없는 한 신의성실의 원칙하에 계약 당시의 현상을 변경하지 않아야 함에도 불구하고, 일방적으로 위 유흥주점 주차장을 타인에 매도하고 나머지 좁은 주차 공간 마져 원고가 폐기물을 적치하여 주차장 용도로 사용 할 수 없게 만들자 피고는 도저히 위 유흥주점 영업을 할 수 없게 되어 원고에게 월 차임을 지급하지 않았던 것입니다.

3. 임대차계약 해지 관계

가. 원고는 피고가 이 사건 건물에 대한 월 차임을 연체하여 계약을 해지하였다고 주장하고 있습니다.

그러나 이는 원고의 일방적인 주장일 뿐 피고가 앞서 주장한 바와 같이 원고의 계약의무 위반으로 피고가 영업을 전혀 하지 못하여 원고에 대한 월차임을 지체하고 있었으며 월 차임 지체에 대비하기 위한 보증금 5,000만원도 원고가 보관하고 있었기 때문에 원고의 월 차임 연체 주장은 설득력이 없다 하겠으며 임대차기간은 2010. 5. 18까지 이므로 임대차 종료기간은 아직 도래되지 않았습니다.

나. 원고는 피고가 유흥세를 납부하지 않아 위 임대차보증금에서 임의로 공제하여야 한다고 주장하고 있으나 지방세법에 의한 재산세의 납세의무자는 토지

및 건물의 소유주인 원고이므로 원고가 재산세 납세의무가 있으며 가사 이 사건 임대차 계약에 의한 유흥세를 피고가 부담하기로 약정하였다고 가정 할 지라도 피고는 이 사건 건물에 대한 재산세 중 유흥 가산세만 부담할 뿐이므 로 원고의 주장은 부당하기 그지없다 하겠습니다.

4. 결 어

따라서 원·피고간에 임대차기간은 아직 도래되지 않았고, 피고의 월 차임 연체는 원고의 계약위반으로 인한 피고의 정당한 조치이므로 원고의 피고에 대한 이 사건 청구는 부당하다 하겠습니다.

20○○. ○. .

위 피고 ○ ○ ○ (인)

○○지방법원 민사 제○단독 귀중

[서식] 답변서-건물임대차(계약해지 및 동시이행의 항변권)

답 변 서

사 건 20○○가단 ○○○ 건물명도 등

원 고 ○ ○ ○

피 고 ○ ○ ○

위 사건에 관하여 피고는 아래와 같이 답변합니다.

청구취지에 대한 답변

1. 원고의 청구를 기각한다.
2. 소송비용은 원고의 부담으로 한다.

라는 판결을 구합니다.

청구원인에 대한 답변

1. 임대차관계

피고가 원고로부터 임차한 이건 건물은 서울 ○○구 ○○동 ○○○ 지상의 2층 건물 중 1층 (이하 '이건 건물'이라 한다.)인데 1층의 일부를 2005. 3. 11.부터 '점포'(이하 '점포건물'이라 한다.)로서 임차하여 '○○○제화점'이란 상호로 신발가게를 하여 왔고, 같은 층 일부를 2006. 6. 9.부터 '주거용'(이하 '주거용 건물'이라 한다.)으로 임차하여 결국 이건 건물에 대하여 2개의 임대차계약 관계가 존재하는 것입니다.

2. 계약해지에 대한 항변

가. 피고는 이건 '점포건물'에 대하여 원고와는 매년 묵시의 갱신을 거듭해 온 것이고, '주거용건물'에 대하여는 애당초 계약기간의 약정이 없는 주택임대차로서 계약관계를 맺어온 것입니다.

그런데 원고 기재 소장 4항을 보면 "피고에 대하여 일찍이 해지 통고를 했고, 이건 건물이 타인에게 매각되면 언제든지 피고가 임차한 1층 전부를 명도해 주겠다고 약속한 바 있다"라는 취지의 주장을 하고 있는데 이는 전혀 사실무근의 주장입니다.

또한 해지통지를 받은 후에는 월세는 물론 전기 및 수도료, 가스대금 등 제반 공과금마저도 지급하지 않고 있다고 터무니없는 주장을 하고 있습니다.

나. 피고로서는 이건 건물에 대한 원고의 계약해지통고는 원고측 내용증명(갑 제4호증)을 받으면서 처음 통보받은 것이며, 이에 따라 피고도 통고서(을 제1호증)를 보내 입장을 밝힌 것입니다.

따라서 이건 건물에 대하여 피고로서는 위 원고의 해지통지(갑 제4호증)를 받은 2010. 1. 9.부터 6개월이 경과한 2010. 7. 9.이 되기 전에는 명도해 줄 수 없는 것입니다.

다. 한편, 주거용 건물에 대하여는 당초부터 임대차기간을 약정하지 않았으며 몇 년째 법정갱신으로 임대차관계가 존속되어 온 것입니다. 법정갱신이 되면서 달리 계약서를 작성한 바도 없습니다.

피고는 이건 주거용 건물에 대하여 기간의 정함이 없는 계약으로서 주택임대차보호법 제4조 제1항에 따라 2년의 계약기간이 됨을 주장하며, 2006. 6. 9. 원고와 주택임대차계약을 계약을 체결한 이래 2008. 6. 9.에 각 법정갱신이 되었으므로 이 계약이 만료되는 2010. 6. 9.까지는 명도해 줄 수 없는 것입니다. 따라서 점포건물과 주거용 건물에 대한 각 임대차 계약해지 효력이 발생하기 전에 제기한 이 사건 원고의 각 청구는 마땅히 기각되어야 할 것입니다.

라. 차임연체의 항변

원고는 소장 4항에서 "2009. 9. 이건 건물을 타에 매도하자 그 사실을 통지받은 후에는 월세는 물론 전기 및 수도료, 가스대금 등 제반공과금 마저도 지급하지 않는 채 명도를 거부하고 있다"하고 있지도 않는 허황된 사실 주장을 하고 있습니다.

점포건물에 대하여 피고는 현재까지 매월 11일경에 80만원의 월세를 내고 있는데 피고의 사정으로 월세를 연체하거나 미지급한 적은 없습니다. 다만 원고가 계약해지의 내용증명(갑 제4호증)을 보낸 직후인 10월분부터 고의로 차임수령을 거부하여 일시 지급을 못한 바는 있습니다. 그러나 피고로서는 11. 17.자로 10월분과 현재날짜인 11월분까지의 월세에 대하여 채무자 주소지 관할인 ○○지방법원 공탁관 2009년 금○○○호로써 변제공탁을 한 바 있습니다.

원고 통지의 내용증명(갑 제4호증)에서도 차임을 연체하여 계약을 해지한다는 내용이 없으며, "건물이 매도된 사유로 계약을 해지 통보한다"라는 내용을 봐서는 피고는 차임을 연체한 바 없는 것입니다. 원고가 점포건물에 대한 월세금의 수령을 거부하여 결국 피고의 차임 지체의 상환을 꾀하려한 행위는 신의칙에 반하는 행위가 아닐 수 없습니다.

따라서 점포건물에 대한 일시적 차임지체는 원고의 신의칙에 반하는 행위에 의해 야기된 만큼 그에 따른 해지는 전혀 법적 실효성 없는 것입니다.

3. 보증금의 동시이행 항변

원고는 이건 건물에 대한 명도 등을 요구하지만, 피고로서는 이건 점포용 건물에 대하여 금 10,000,000원, 주거용 건물에 대하여 금 20,000,000원, 도합 금 30,000,000원의 보증금반환 채권이 있습니다. 가사, 원고의 명도청구를 인용할 시 피고의 보증금 30,000,000원의 반환이 동시에 이루어져야 할 것입니다.

4. 피고의 청구권 행사

가사 원고의 명도청구가 인용된다면, 피고로서 구할 수 있는 다음 아래의 권리로 일단은 도합 금 65,000,000원을 청구합니다.

첫째, 이건 점포용 건물이 '영업용' 건물인데 피고로서는 전 임차인과 동일한 업종인 신발가게업을 이어서 들어와 하고 있는 것입니다. 피고가 이건 점포건물을 임차한 이래 건물주의 동의를 얻어 바깥 천막시설, 샷터문, 전기시설, 출입문 등의 시설에 상당한 비용을 투자하였는데 바깥 천막 시설만 해도 금 10,000,000원의 비용이 들었습니다. 피고가 청구하려는 부속물매수청구 금액을 금 35,000,000원으로 정하여 부속물로써 원고측에 매수청구합니다.

둘째, 이건 건물을 유익 관리하기로 가치의 증식을 위해 건물을 보수한 비용과 도배, 장판, 전기공사, 도장공사 등의 비용을 각 필요비와 유익비로서 도합 금 30,000,000원으로 하여 원고측에 비용상환 청구를 합니다.

입 증 방 법

1. 을 제1호증   통고서
1. 을 제2호증   공탁서

첨 부 서 류

1. 위 입증서류 사본   각 1통
1. 답변서 부본   1통

20○○. ○.   .

위 피고 ○ ○ ○   (인)

○○지방법원 제○민사단독   귀중

답 변 서

사　건　　○○○○가단 ○○○　건물명도

원　고　　○　　○　　○
피　고　　○　　○　　○

위 사건에 관하여 피고는 다음과 같이 답변합니다.

청구취지에 대한 답변

1. 원고의 청구를 기각한다.
2. 소송비용은 원고의 부담으로 한다.
라는 판결을 구합니다.

청구원인에 대한 답변

청구원인 사실 제3항 정당사유의 점을 제외하고는 모두 인정한다. 원고가 주장하는 정당사유의 점에 대하여는 다툰다.

항　　변

1. 법정갱신의 항변

원고는 20○○. ○. ○. 임대차계약 갱신거절의 의사표시를 함으로써 같은 해 ○. ○. 기한도래에 의하여 본건 임대차계약이 종료하였다고 주장하지만, 본건 임대차계약은 민법 제639조 제1항에 의하여 법정갱신이 되었다고 보아야 할 것입니다. 즉, 원고는 20○○. ○. ○.자로 임대차계약이 종료하였다고 주장하면서도, 피고가 다음 달분의 차임을 지참하고 원고에 대하여 본건 임대차계약의 계속을 간청한 데 대하여, 원고는 "재고하겠다"는 취지로 대답을 하고 그 차임을 이의 없이 수령하였을 뿐 아니라, 그 후에도 매월 지참하는 차임에 대하여 원고는 아무런 이의 없이 수령하여서 본소의 제기에 이르기까지 실로 1년 8개월이나 차임을 영수하여 왔다. 그리하여 피고로서는 원고의 계약신거절의 의사표시는 이미 철회하였다고 믿고 있었던 것이다.

위의 사실에 따를 것 같으면, 원고로서는 민법 제639조 1항에 이른 바 기간만료 후 임차인이 건물의 사용 수익을 계속하는데 대하여 지체 없이 이의를 제기하지 않는 경우에 해당하므로, 동항에 의하여 본건 임대차계약은 법정갱신이 행하여졌다고 보아야 할 것입니다.

2. 피고측의 건물사용의 필요성

피고에게는 다음에 말하는 바와 같은 본건 건물사용의 필요성이 있다. 즉, 피고는 본건 건물에서 오랜 세월 정미소를 경영하여 왔기 때문에, 그 상업적 기반과 신용을 본건 건물을 중심으로 쌓아 올려진 것이다.

그리하여 피고는 이 영업을 영위하여 친자, 형제, 종업원 등 10명을 부양하고 있으므로 본건 건물을 명도하게 되면 그 사업기반이 박탈되며 나아가서는 가족과 종업원 전체의 당장의 생활에 극심한 타격이 온다는 것은 필지의 사실이다.

그러므로 원고의 본소 청구에는 응할 수 없습니다.

20○○. ○.   .

위 피고 ○ ○ ○   (인)

○○지방법원 제○민사단독   귀중

답 변 서

사 건   20○○가단 ○○○ 건물명도

원 고   ○   ○   ○
피 고   ○   ○   ○

위 사건에 관하여 피고는 다음과 같이 답변합니다.

청구취지에 대한 답변

1. 원고의 청구를 기각한다.
2. 소송비용은 원고의 부담으로 한다.
라는 판결을 구합니다.

청구원인에 대한 답변

원, 피고간의 임대차계약 내용, 해지통고의 의사표시가 도달한 점은 인정한다. 원고가 주장하는 정당한 사유의 구체적 사정은 알지 못한다.

항 변

1. 피고의 본건 건물사용의 필요성

원고는 본건 건물에 대하여 원고가 사용할 필요성이 있다는 것을 정당한 사유로 하여 해지통고를 한 것이지만, 이에 대하여 피고측에는 다음에 설명하는 바와 같은 본건 건물사용의 필요성이 있으며, 또한 이 필요성은 원고가 주장하는 원고가 사용할 필요성의 구체적 사정에 비하여 극히 중요한 것이라 할 수 있을 것이다.

즉, 피고는 본건 건물의 임차이래, 실로 15년의 오랜 세월 동안 이 곳에서 미곡상을 경영하여 왔다. 그리하여 오늘날에도 부근의 주민 수 백 세대를 단골로 확보하여

○○동에서는 굴지의 미곡상으로 발전하였다. 또한 피고는 위 미곡상을 영위하여 가솔 7명의 생계를 유지하고 있다.

더욱이 피고는 본건 건물임차이래 수차에 걸친 원고로부터의 차임증액 청구에 대해서도 언제나 쾌히 이에 응하고 아직까지 한 번도 차임을 연체한 사실조차 없다. 가령 지금 본건 건물의 명도에 응하여야 한다면, 피고가 다년간에 걸쳐서 쌓아 올린 영업의 기초는 순식간에 무너져 버릴 뿐만 아니라 가족 7명의 생활은 극히 어려워지게 되며 또한 어디로 가야 할지 용이한 일이 아닐 뿐만 아니라, 새로운 곳에 가서 이 영업을 재개한다 하더라도 새로운 사업발판을 쌓으려면 다대한 손실과 곤란이 따른다는 것은 필지의 사실이다.

2. 부속물매수청구권에 의한 유치권의 가정항변

설령, 위에서 말한 피고의 주장이 인정되지 않고 원고의 해지통고가 유효하다고 한다면, 피고는 다음과 같이 부속물매수청구의 의사표시를 한 것이다.

즉, 피고는 본건 건물을 임차 이래 그 사용 수익의 편의를 위하여 임대인인 원고의 동의를 얻어 별지 목록 기재와 같은 부속물을 시설하였다. 그 시가는 별지 목록 중에 표시한 바와 같다.

따라서 피고는 원고에 대하여 위 부속물시설대금 합계 금 ○○○원과 지급을 요구함과 아울러 위 대금의 지급이 있을 때까지 본건 건물에 대하여 유치권을 행사하는 것이다.

20○○. ○.   .

위 피고 ○ ○ ○   (인)

○○지방법원 제○민사단독 귀중

[서식] 답변서-건물임대차(명도청구를 하지 않겠다는 합의존재)

답 변 서

사　　건　　20○○가단 ○○○　건물명도

원　　고　　○　　○　　○

피　　고　　○　　○　　○

위 사건에 관하여 피고는 다음과 같이 답변합니다.

청구취지에 대한 답변

1. 원고의 청구를 기각한다.
2. 소송비용은 원고의 부담으로 한다.
라는 판결을 구합니다.

청구원인에 대한 답변

피고가 원고로부터 원고가 주장하는 그 무렵부터 본건 건물을 임차하고, 피고가 현재 위 건물에 거주하고 있다는 사실 및 원고가 주장하는 날짜에 원고로부터 피고에게 위 임대차계약해지의 통고 및 이에 의한 임대차계약종료의 통지가 있었다는 사실은 인정하지만 그 이외의 사실은 다툰다.

항 변

1. 명도청구를 하지 않겠다는 취지의 합의가 있었다.

　　본건 건물은 피고가 20○○. 2. 9. 원고의 실형인 소외 ○○○으로부터 매수하여 같은 날 ○○지방법원 ○○등기소 접수 제○○○호로써 피고명의로 소유권이전등기를 경료한 것인 바, 그 후 원고는 피고에 대하여 위 건물이 원고의 소유라는 것을 주장하고 그 명도를 요구하였지만 피고는 이에 응하지 않았던 것으로서, 원고는 20○○년 9월 중 ○○지방법원에 피고를 상대방으로 하고, 소외 ○○○

을 이해관계인으로 하여 손해배상청구의 소를 제기하였으나, 그 소의 진행결과는 같은 해 10. 9. 피고는 본건 건물이 원고의 소유임을 확인한다는 조건으로 원고는 이 건물을 차임 월 ○○○원으로 피고에게 임대하여 이후 본건 건물의 명도청구는 하지 않는다는 내용의 법정화해가 성립되었었다.

위의 특약이 영구히 임차권을 설정한다는 것으로는 해석될 수 없지만, 적어도 위와 같은 특약을 한 이상 원고는 피고의 거주권을 존중하고 불가항력적인 특별한 사유가 없는 한 본건 건물의 명도를 청구한다는 것은 허용되지 않는다고 해석하여야 할 것이다.

그런데, 원고의 본소 청구원인사실을 보더라도 참으로 어쩔 수 없는 특별한 사정이 있다고는 볼 수 없기 때문에, 원고가 본건 건물의 임대차계약을 해지함에 있어서 정당한 사유가 있는 것이라고는 할 수 없다.

따라서 본소 청구는 부당하므로 기각하여 주시기 바랍니다.

20○○.　○.　　.

위 피고　○　○　○　　(인)

○○지방법원 제○민사단독　귀중

답 변 서

사 건   20○○가단 ○○○ 건물명도

원 고   홍 길 동

피 고   김 갑 동 외 1

위 사건에 관하여 피고는 다음과 같이 답변합니다.

청구취지에 대한 답변

1. 원고의 청구를 기각한다.
2. 소송비용은 원고의 부담으로 한다.
라는 판결을 구합니다.

청구원인에 대한 답변

본건 건물이 원고의 소유라는 점, 원·피고간에 원고의 주장과 같은 임대차계약이 성립하였다는 점, 피고 김을동이 거주하고 있다는 점, 그리고 원고 주장과 같은 계약 해지의 의사표시가 도달하였다는 사실은 인정한다.

그러나, 피고 김을동의 거주가 전대라고 하는 주장사실은 부인한다.

항 변

1. 피고 김을동의 거주는 전대에 해당하지 아니한다.

피고 김을동은 같은 김갑동의 친척으로서 시내 ○○대학에 재학중인 바, 재학 기간 중 2층 4평방에 동거하게 하여 매월 10만원의 식비를 수령하고 있는데, 피고 김을동의 점유는 피고 김갑동의 점유와 독립된 별개의 것이 아니고 피고 김갑동의 점유보조자에 불과하다. 주민등록부의 기재에 있어서도 피고 김을동은 같은 김갑동의 동거인으로서 등재된 사실로 보아도 명백한 것이다.

따라서 피고 김을동의 거주를 무단전대하고 하는 원고의 주장은 트집에 불과하다. 그러므로 원고의 계약해지는 그 이유가 없으며 본소 청구는 부당합니다.

20○○. ○.   .

위 피고 ○ ○ ○   (인)

○○지방법원 제○민사단독   귀중

[서식] 답변서-건물임대차(대리인의 양도, 승인)

답 변 서

사 건   20○○가단 ○○○   건물명도

원 고   홍 길 동

피 고   김 갑 동 외 1

  위 사건에 관하여 피고는 다음과 같이 답변합니다.

청구취지에 대한 답변

1. 원고의 청구를 기각한다.
2. 소송비용은 원고의 부담으로 한다.
라는 판결을 구합니다.

청구원인에 대한 답변

원·피고간의 임대차계약의 내용 및 피고 김을동이 거주하고 있다는 점, 그리고 계약해지의 통지가 도달한 사실만은 인정한다.

항 변

1. 전대에 관하여 원고의 대리인에 의한 승낙의 존재

본건 건물을 피고 김을동에게 전대함에 있어서는 원고의 대리인인 소외 ○○○의 승낙이 있었다.

즉, 원고는 본건 건물의 소유자이며, 임대차계약서상의 임대인이긴 하지만, 원고는 임대건물을 8여동 소유하고 있었기 때문에 그 관리의 편의상 소외 ○○○으로 하여금 임차인의 결정, 임대차계약의 체결, 보증금 및 권리금의 수수, 차임의 징수 등 일체의 대리권을 행사하도록 하여온 것이다.

그리하여, 피고 김갑동은 같은 김을동을 본건 건물에 동거시킴에 있어서 차임의 징수차 찾아온 소외 ○○○에게 미리 승낙을 구하였는 바, 소외 ○○○은 쾌히 이를 승낙하였다. 그리하여 피고 김갑동은 같은 김을동을 동거시킴에 이른 것이며, 본건 전대차는 유효하게 성립하였으므로 이로써 원고에게 대항할 수 있는 것이다.

그러므로 원고의 본소 청구는 이유가 없으므로 기각되어야 할 것입니다.

20○○. ○.   .

위 피고 ○ ○ ○   (인)

○○지방법원 제○민사단독 귀중

[서식] 답변서-건물임대차(묵시의 승낙)

답 변 서

사 건   20○○가단 ○○○ 건물명도

원 고   홍 길 동

피 고   김 갑 동 외 1

  위 사건에 관하여 피고는 다음과 같이 답변합니다.

청구취지에 대한 답변

1. 원고의 청구를 기각한다.
2. 소송비용은 원고의 부담으로 한다.
라는 판결을 구합니다.

청구원인에 대한 답변

청구원인 사실은 인정한다.

항 변

1. 전대에 관한 묵시의 승낙

  피고 김갑동은 같은 김을동에 대하여 원고주장의 부분을 전대하였다는 점에 대하여는 원고의 묵시적 승낙이 있었다.

  즉, 피고 김을동은 같은 김준동을 입주시킴에 있어 20○○년 ○월경 원고를 만나서 사정을 말하고 승낙을 구하였던 바, 원고는 확답도 하지 않고 이의도 제기하지 아니하였다. 그 후 20○○년 ○월말에 이르기까지 2년간 매월 원고의 처가 차임을 징수하였는데, 본건 전대의 사실을 알면서도 아무런 이의도 제기하지 아니하였다. 이것은 본건 전대에 관하여 묵시의 승낙을 부여한 것으로 본다.

따라서 본건 전대차는 원고가 주장하는 바와 같은 무단전대에 해당하지 아니한 것이므로 무단전대를 이유로 하는 임대차계약의 해지는 그 효력이 없으므로 원고의 본소 청구는 이유가 없습니다.

20○○. ○.   .

위 피고 ○ ○ ○   (인)

○○지방법원 제○민사단독   귀중

[서식] 답변서-건물임대차(해지가 신의성실의 원칙에 반한다)

답 변 서

사   건   20○○가단 ○○○ 건물명도

원   고   홍 길 동

피   고   김 갑 동 외 1

위 사건에 관하여 피고는 다음과 같이 답변합니다.

청구취지에 대한 답변

1. 원고의 청구를 기각한다.
2. 소송비용은 원고의 부담으로 한다.
라는 판결을 구합니다.

청구원인에 대한 답변

본건 임대차계약은 소외 김을동과 같은 김갑동과의 사이에 20○○. ○. ○. 성립한 것이지만, 20○○. ○. ○. 원고가 본건 건물의 소유권을 취득함으로써 임대인의 지위를 승계하였습니다.

기타 원고가 주장하는 청구원인 사실은 인정한다.

항   변

1. 원고의 임대차계약해지는 신의성실의 원칙에 반한다.

원고는 원래 피고 김을동과 함께 같은 김갑동으로부터 본건 건물의 2층을 전차하고 있었습니다.

위 전대차는 그 당시의 소유자이며 임대인이었던 소외 김을동의 승낙이 없었으므로 피고 김갑동, 김을동 및 본건의 원고 등 3명은 피고 김을동으로부터 무단전대를 이유로 명도를 당하게 되었는 바, 원고는 그 해결책으로서 20○○. ○. ○. 소외 김을동으로부터 본건 건물을 매수하여 그 소유권을 취득하고 임대인의 지위를 승계함에 이르렀습니다.

원고는 이와 같이 스스로 무단전차인의 지위에 있고, 피고 김을동의 무단전차의 사실을 알고 본건 건물을 매수하였음에도 불구하고 임대인이 된 연후에, 피고 김갑동과 같은 김을동간의 전대를 이유로 하여 임대차 계약해지의 의사표시를 하고 본소의 청구에 이른 것입니다.

위 해지는 위와 같은 경위로 볼 때 전적으로 신의성실의 원칙에 반하는 것이므로 그 효력이 없습니다.

20○○. ○. .

위 피고 ○ ○ ○ (인)

○○지방법원 제○민사단독 귀중

답 변 서

사　건　　20○○가단 ○○○　건물명도

원　고　　홍　길　동

피　고　　김　갑　동

위 사건에 관하여 피고는 다음과 같이 답변합니다.

청구취지에 대한 답변

1. 원고의 청구를 기각한다.
2. 소송비용은 원고의 부담으로 한다.
라는 판결을 구합니다.

청구원인에 대한 답변

　피고가 원로부터 본건 건물을 원고가 주장한 무렵부터 차임 월 금 ○○○원의 약정으로 임차한 점, 또 원고의 주장과 같이 최고 및 계약해지의 의사표시가 있었다는 점은 인정하나 기타의 사실은 부인합니다.

항　　변

1. 과다차임의 최고와 공탁

　본 임대차계약의 내용은 기한의 정함이 없고, 차임은 소외 ○○○의 매월 말일 피고의 집에 와서 징수하여 간다는 취지의 약정이었다.

　그런데, 소외 ○○○은 20○○년 1월 차임을 징수하고자 피고의 집에 왔을 때 1월분 이후의 차임을 당시의 월 ○○○원의 3배로 인상 징수하겠다고 말하여 왔으나, 피고는 위 금액에 상당한 차임의 지급은 현저히 과다한 청구이므로 도저히 적법하다 할 수 없기 때문에 즉시 거절하고, 위 약정대로의 차임을 소외 ○○○에게 제공하면서 그 수령을 요구 하였지만 이유 없이 거절당하였고, 또한 그 후의 차임의 제공 역시 여전히 거절당하였는 바, 피고는 부득이 ○○지방법원에 다음과 같이 위 차임을 공탁하였다.

다 음

가. 20○○. ○. ○. 금 ○○○원 (20○○. ○. ○.부터 ○. ○. ○.분까지)
나. 20○○. ○. ○. 금 ○○○원 (20○○. ○. ○.부터 ○. ○. ○.분까지)
다. 20○○. ○. ○. 금 ○○○원 (20○○. ○. ○.부터 ○. ○. ○.분까지)

이상과 같이 피고는 원고에 대하여 하등 차임의 연체사실이 없음에도 불구하고 연체를 이유로 본건 임대차계약을 해지하고 건물의 명도, 연체차임 및 손해금을 지급을 구하는 원고의 본소 청구는 이 점에서 이유가 없으므로 부당한 것입니다.

20○○. ○. .
위 피고 ○ ○ ○ (인)

○○지방법원 제○민사단독 귀중

[서식] 답변서-건물임대차(최고기간 만료직후 임차수령거절 등)

답 변 서

사 건   20○○가단 ○○○ 건물명도

원 고   홍 길 동

피 고   김 갑 동

위 사건에 관하여 피고는 다음과 같이 답변합니다.

청구취지에 대한 답변

1. 원고의 청구를 기각한다.

2. 소송비용은 원고의 부담으로 한다.

라는 판결을 구합니다.

청구원인에 대한 답변

청구원인 사실은 인정한다.

항   변

1. 계약해지권 남용

피고는 원고주장의 기간 또는 차임연체의 사실은 다투지 아니하지만, 위 연체의 사유는 피고가 백혈병으로 인하여 20○○. ○. ○.부터 현재까지 장기간에 걸쳐 병원에 입원 중 생계의 파탄이 왔었기 때문이다.

더구나 완쾌의 가망이 아직 없는데도 원고로부터 20○○. ○. ○.자 차임지급최고의 내용증명우편이 도달하였는 바, 피고는 위 최고기간 내에 지급하고자 백방으로 노력하여 위 연체액에 해당하는 금액을 조달하였지만, 위 기간 내에 서로 만나지 못하고 2일이 늦어진 20○○. ○. ○.에 최고 당한 금 ○○○원을 원고의 집에 지참하여 수령할 것을 요구하였으나 원고는 최고기간을 도과하였다는 이유로 그 수령을 거절한 것이다. 그리하여 피고는 20○○. ○. ○. 이를 ○○지방법원에 수령거절을 이유로 한 변제공탁을 하였다.

2. 원고의 위 수령거절은 이전부터 본건 건물을 타에 매각하고자 하였던 것인데, 때마침 피고 본인이 병으로 입원 부재중에 사소한 차임연체를 기화로 본건 건물의 명도를 기도하였음이 틀림없고, 더욱이 최고기간만료 직후에 제공한 변제마저 수령하지 아니하고 본건 계약을 해지한 것을 계약해지권의 남용이라 하겠다.

따라서 원고의 위 해지는 그 효력이 없고 본소 청구는 부당하기 때문에 기각되어야 할 것입니다.

20○○. ○. .

위 피고 ○ ○ ○ (인)

○○지방법원 제○민사단독 귀중

[서식] 답변서-건물임대차(원고의 승낙에 의한 증축 등)

답 변 서

사 건   20○○가단 ○○○ 건물명도

원 고   홍 길 동

피 고   김 갑 동

위 사건에 관하여 피고는 다음과 같이 답변합니다.

청구취지에 대한 답변

1. 원고의 청구를 기각한다.
2. 소송비용은 원고의 부담으로 한다.
라는 판결을 구합니다.

청구원인에 대한 답변

청구원인 제 1항은 인정한다.
청구원인 제 2항은 원고의 주장과 같이 피고가 증축공사를 한 사실과 차임을 지급하지 아니한 사실은 인정한다.
청구원인 제 3항 중 계약해지 의사표시의 도달사실은 인정한다.

항 변

1. 증축공사에 관하여 원고의 승낙있음

피고가 본건 건물의 뒤쪽에 증축공사를 한 사실에 관하여는 원고의 사전승낙이 있었다. 즉, 피고는 본건 건물의 임차직 후 그 관리인인 원고의 동생인 소외 ○○○의 승낙을 얻어서 본건 건물의 뒤쪽에 건물을 증축하였다. 그 후 증축부분을 현상과 같이 개축하고 그 개축 완성 시에도 종종 차임을 받아가던 원고의 장남이 와서 이 개축공사를 보고 돌아갔지만 그 후 원고는 아무런 이의도 없었다. 이와 같이 원고는 위 개축에 관하여 묵시의 승인을 한 것이다. 원고가 주장하는 1평의 공사도 그 직후인 20○○년 12월 말일 원고의 대리인으로서 차임을 추심하여 온 원고의 장남에 의하여 승인된 것이다.

2. 증축공사는 계약해지사유가 되지 아니한다.

설령, 위 증축공사에 관하여 원고의 승낙이 없었다 할지라도 제거가 용이한 본건과 같은 바라크공사는 원고에게 특별한 불이익을 주는 것은 아니고 계약해지의 이유도 되지 않는다.

3. 차임은 추심채무이었다.

본건 건물의 차임채무에 관하여 피고에게는 채무불이행이 없다. 피고가 본건 건물을 임차한 이래 소외 ○○○이 매월 차임을 받으러 왔었고, 20○○년부터는 소외 ○○○의 사망으로 원고의 장남이 차임을 받으러 왔던 것이다. 따라서 위 차임채무는 추심채무이었다.

이 추심채무가 원고의 최고에 의하여 지참채무로 변하는 것이 아니기 때문에 피고에게는 본건 건물의 차임채무에 관하여 아무런 불이행이 없다.

4. 권리남용의 항변

설령, 피고의 이러한 항변이 모두 이유없다 하더라도 원고의 본건 계약해지는 권리행사의 정당한 한계를 벗어난 것으로 그 효력이 없다.

즉, 20○○년 4월경 원고로부터 피고에 대하여 본건 건물을 매수하도록 교섭이 왔었지만 그 가격면에서 서로 합의되지 못하였다. 그리하여 원고는 피고에게 약감정을 가지게 됨으로써 조그맣게 증축한 본건 사실을 가지고 고의로 차임의 수금을 하지 아니하고 본건 계약해지에 이른 것이다.

또한 그 실질적인 이유는 원고가 본건 건물의 이웃에 있는 다른 임대건물이 임대인으로부터 명도당한 일이 있었는데, 이를 고가로 매각함에는 본건 건물의 명도를 얻는 것이 필요하다고 생각하였기 때문이다. 이러한 사정이었으므로 원고의 계약

해지는 권리의 남용에 해당한다.

이상과 같이 어느 것에 의하든지 원고의 본건 임대차계약해지의 의사표시는 그 효력이 발생하지 않는다.

따라서 본소 청구는 마땅히 기각되어야 합니다.

2000. 0.   .

위 피고 ○ ○ ○   (인)

○○지방법원 제○민사단독 귀중

[서식] 답변서-건물임대차(기간의 정함이 없는 임대차)

답 변 서

사 건   2000가단 ○○○   건물명도

원 고   홍 길 동

피 고   김 갑 동

위 사건에 관하여 피고는 다음과 같이 답변합니다.

청구취지에 대한 답변

1. 원고의 청구를 기각한다.
2. 소송비용은 원고의 부담으로 한다.
라는 판결을 구합니다.

청구원인에 대한 답변

본건 건물의 임대차가 일시사용을 목적으로 한 점은 부인하고, 기타 사실은 인정한다.

항 변

1. 민법 제653조의 적용이 없는 임차권의 주장

본건 임대차가 민법 제653조에 이른바 일시사용을 위한 것이라고 한 원고의 주장을 다툰다. 본건 임대차는 기간의 정함이 없는 통상의 임대차이다.

즉, 피고는 본건 건물을 묘목류의 판매를 위한 점포로서 임차하였는 바, 이는 비단 묘목만이 아니라 종자류, 생화 등의 판매까지도 계획하여 장래 영업확장의 예정하에서 임차한 것이다. 본건 임대차에 대하여는 별단의 계약서까지 작성하지는 않았지만, 이 점은 원·피고간에 언약으로 양해된 사항들이다. 그리하여 피고는 임차 당시에 원고에게 보증금으로서 금 ○○○만원까지 지급하였다. 그러므로 본건 임대차는 전면적으로 민법 제628조 이하의 적용을 받은 것이기 때문에 원고의 본소 청구는 부당하다.

20○○. ○. .

위 피고 ○ ○ ○ (인)

○○지방법원 제○민사단독 귀중

답 변 서

사 건   20○○가단 ○○○ 건물명도

원 고   홍 길 동

피 고   김 갑 동

위 사건에 관하여 피고는 다음과 같이 답변합니다.

청구취지에 대한 답변

1. 원고의 청구를 기각한다.
2. 소송비용은 원고의 부담으로 한다.
라는 판결을 구합니다.

청구원인에 대한 답변

1. 피고의 주장에 반하는 원고 주장 사실을 전부 부인합니다.
   피고는 2008. 4. 26. 소외 ○○○과 금 25,000,000원에 부동산임대차계약을 체결하고 같은 달 29. 주민등록상 전입신고를 마치고 입주하였습니다.

2. 그 당시 피고는 ○○지방법원 등기과에서 이건 건물을 열람하였던 바, 2007. 4. 29. 접수 제○○○호 채권최고액 금 15,000,000원으로 ○○생명보험(주)에 근저당권설정등기가 되었으나 그 외 여타 등기가 없고 보편적으로 채무가 없는 사실을 확인하였습니다.

3. 그런데 후에 알고 보니 피고 주민등록상 전입신고일 후인 2008. 12. 28. 소외 ○○○에게 채권최고액 금 15,000,000원에 근저당권 설정등기가 되어 있으며 같은 날짜로 같은 사람 명의로 전세권 설정등기가 되어 있습니다.

4. 그리고 소외 ○○○의 담보권실행으로 2009. 7. 29. ○○타경 제○○○호로 부동산 임의경매가 신청되어 같은 법원에서 2010. 3. 29. 낙찰허가결정이 되어 원고는 이 사건의 부동산의 소유자가 되었습니다.

5. 그렇다면 피고의 임대차계약은 주택임대차보호법 제3조 제1항에 의하여 임차인이 주택인 인도와 주민등록상 전입신고를 마침으로서 대항력을 취득하였다고 볼 것이므로 원고의 주장과 같이 확정일자 운운하는 것은 피고의 과실로 인하여 우선변제권을 상실한 점은 피고도 인정합니다.

6. 그러나 위와 같은 피고는 원고에게 대항력이 있으므로 보증금 25,000,000원을 지급받기 전에는 이건 건물을 명도할 수 없으므로 이에 답변서를 제출합니다.

입 증 방 법

1. 을 제○호증   부동산등기부등본
1. 을 제○호증   임대차계약서 사본
1. 을 제○호증   주민등록등본

첨 부 서 류

1. 위 입증서류   각 1통
1. 답변서 부본   1통

20○○. ○.   .

위 피고 ○ ○ ○   (인)

○○**지방법원 제**○**민사단독 귀중**

답 변 서

사 건　　20○○가단 ○○○　건물명도

원 고　　홍 길 동

피 고　　김 갑 동

　위 사건에 관하여 피고는 다음과 같이 답변합니다.

청구취지에 대한 답변

1. 원고의 청구를 기각한다.
2. 소송비용은 원고의 부담으로 한다.
라는 판결을 구합니다.

청구원인에 대한 답변

1. 원고의 권리부인

　피고가 현재 점유하고 있는 본건 청구건물은 원고의 소유가 아니면 원고의 권리와 무관하므로 그 권리를 입증하지 못하는 이상 원고청구는 마땅히 기각되어야 하며,

2. 피고는 정당한 임차권에 기한 점유이다.

　피고는 위 건물을 20○○. ○. ○. 소외 ○○○과의 임대차계약에 의하여 직접점유 사용 중이므로 피고의 불법점유로 근거로 하는 원고의 청구는 당연히 배척되어야 합니다.

20○○. ○. .

위 피고 ○ ○ ○ （인）

○○지방법원 제○민사단독　귀중

답 변 서

사　건　　20○○가단 ○○○　건물명도

원　고　　홍 길 동

피　고　　김 갑 동

　위 사건에 관하여 피고는 다음과 같이 답변합니다.

청구취지에 대한 답변

1. 원고의 청구를 기각한다.
2. 소송비용은 원고의 부담으로 한다.
라는 판결을 구합니다.

청구원인에 대한 답변

1. 원, 피고간에 원고의 주장과 같이 임대차계약이 성립한 사실은 인정한다.

2. 원고가 주장하는 날짜에 임대차계약이 종료하였다는 사실도 인정하지만, 위 종료는 합의해약이 아니고 차임연체를 이유로 하는 임대차계약해지에 의한 것이다.

3. 원고가 그 주장과 같이 부속물을 부가시설한 사실은 인정하지만 위 부속물에 대하여 피고가 동의한 사실은 없다.

4. 원고가 주장한 날짜에 그 주장과 같이 부속물매수청구의 의사표시가 도달한 사실은 인정하지만, 그 시가에 대하여는 다툰다.

항　　변

1. **차임연체에 의한 임대차계약해지의 경우이므로 민법 제646조의 적용은 없다.**
　원고는 원·피고간에 임대차계약이 20○○. ○. ○. 합의해약에 의하여 종료하였다고 주장하지만, 사실은 그렇지 않고 원고의 차임연체에 의한 해지에 의하여 종료한 것이다.

즉, 원고는 본건 건물에서 중화요리점을 경영하고 있었으나 경영이 부진하게 되자 피고에 대한 차임의 지급이 차츰 연체하게 되었다. 피고는 원고에 대하여 몇 차례 그 지급을 최고한 바 있지만, 20○○. ○. ○.까지 이미 6개월분의 연체가 생겼다. 그리하여 피고는 같은 달 ○. 원고에 대하여 위 연체차임 금 ○○○원을 7일 이내에 지참하여 지급할 것과 위 지급이 없는 경우에는 임대차계약을 해지하겠다고 구술로써 전하였던 바, 원고는 최고기간의 최종일은 ○. ○.에 피고의 집에 와서 연체차임 2개월분을 주면서 경영부진의 실정을 호소하며 영업을 폐업하고 본건 건물을 명도하고자 한다는 취지를 말하여 왔으므로, 피고는 위 차임 2개월분을 수령하고 본건 임대차계약의 해지를 통고한 것이다.

민법 제646조의 부속물매수청구권은 임대차계약이 임차인의 채무불이행에 의하여 해지된 때에는 그 적용이 없다는 것이 판례의 태도이기 때문에 원고의 본소 청구는 이유가 없다.

2. 가정적 주장(부속물부가시설에 대한 동의의 부존재)

설령, 위의 주장이 인정되지 아니한다 할지라도 원고가 본건 부속물을 부가시설함에 있어서 피고는 동의를 부여한 사실이 없기 때문에 민법 제646조에 정한 매수청구권의 요건을 결하므로 원고의 청구는 부당하다.

3. 가정적 주장(이른바 부속물에 해당하지 아니한다)

또한 전항 기재의 주장이 인정되지 아니한다 할지라도 원고가 매수를 요구하는 부속물 가운데 다음 사항의 것은 민법 제646조에서 말하는 부속물에 해당하지 않는다고 할 것이다.

즉, 소장에 첨부된 부속물 목록 기재 중 (5)의 천장에 설비된 선풍이 2대, (6)의 양식조명기구 8개, (7)의 거울 3개 등은 어느 것이나 건물을 특수한 목적에 사용하기 위하여 특별히 부가한 설비이기 때문에 민법 제646조에서 말하는 부속물에는 해당하지 아니한다.

그러므로 이 부분에 관한 원고의 본소 청구는 부당하다.

20○○.　○.　　.

위 피고 　○　　○　　○　　(인)

○○지방법원 제○민사단독　귀중

III. 기타 청구에 대한 답변

1. 서 식

[서식] 답변서 - 주택임대차 관계(배당요구를 하지 않음)

답 변 서

사 건   ○○○○가단 ○○○○ 부당이득금

원 고   ○   ○   ○

피 고   ○   ○   ○

　　위 사건에 관하여 피고는 다음과 같이 답변합니다.

다 음

청구취지에 대한 답변

1. 원고의 청구를 기각한다.
2. 소송비용은 피고의 부담으로 한다.
라는 판결을 구합니다.

청구원인에 대한 답변

1. 원고는 경매건물이 방 1칸에 대하여 부동산임대차계약을 체결하고 전입신고를 하였으며 주택임대차보호법 제8조 제1항 및 동법시행령 제3조 제1항에 의하여 다른 담보권자보다 우선하여 소액보증금을 보호받을 권리가 있다고 주장하면서 임대보증금 1,400만원의 지급을 주장하고 있으나, 원고의 위와 같은 주장은 경배법원에 배당요구를 하였을 때만 효과가 있는 것으로 배당요구를 하지 않았을 때는 효과가 없으므로 원고의 청구는 이유 없는 것입니다(송민 84-10).

2. 더욱이 원고는 현재의 주거지 주민등록을 다른 곳으로 퇴거하여서 경매절차 진행 중에 소액임대차관계가 소멸되었는지도 모르며 이 사건 경매 건물에는 주민등록상

전입되어 있는 가구수가 5가구나 되어 건물구조상의 방 3칸 보다 많아 보통 일반인의 상식으로는 주민등록상의 가구가 실제 거주하며 살았다고 인정하기가 어렵습니다(소유주 ○○○의 주민등록 및 이의신청서 참조).

3. 따라서 원고의 청구 역시 거주사실과 부합한 지, 아니면 허위로 주민등록을 전입시켰는지, 판단하기가 어렵습니다. 이러한 사정에 원고가 경매법원에 배당요구신청을 하지 않았다는 것은 처음부터 본 사건에서 소액임대보증금의 배당을 받을 의사가 없었다고 밖에 생각할 수 있으므로 원고의 주장은 이유 없는 것입니다.

4. 피고도 본건 경매사건에서 배당받을 금원은 15,000만원으로(원금 10,000만원 + 이자 5,000만원), 채권에 부족으로 배당금 79,900만원을 수령해도 금 40,000만원의 손해를 보고 있으므로 부당이득금이 될 수 없으며 원고는 임대보증금을 피고에게 청구할 것이 아니라 건물주였던 소외 ○○○에게 청구할 금원으로 본 피고에게 부당이득금으로 요구될 금원이 아닙니다.

5. 따라서 원고의 청구는 이유 없으므로 기각하여 주시기 바랍니다.

입 증 방 법

1. 을 제○호증　　　　　　소유주 주민등록등본
1. 을 제○호증　　　　　　이의신청서

첨 부 서 류

1. 위 입증서류 사본　　　　각 1부
1. 답변서 부본　　　　　　1부

20○○.　○.　　.

위 피고　○　○　○　（인）

○○지방법원 ○○지원　귀중

[서식] 답변서 - 건물철거 등(권리금의 양수로서 임차권양도의 사전승낙)

답 변 서

사 건   20○○가단 ○○○ 건물철거 및 토지인도

원 고   ○   ○   ○

피 고   ○   ○   ○

위 사건에 관하여 피고는 다음과 같이 답변합니다.

청구취지에 대한 답변

1. 원고의 청구를 기각한다.
2. 소송비용은 원고의 부담으로 한다.
라는 판결을 구합니다.

청구원인에 대한 답변

1. 청구원인 제 1항 기재의 사실은 인정합니다.

2. 청구원인 제 2항 중 소외 ○○주식회사가 원고로부터 20○○. ○. ○. 원고가 주장
   하는 서면을 받은 사실은 인정하지만 기타 사실은 부인합니다.

3. 원고가 청구한 평당 월 금 ○○○원의 비율에 의한 차임은 원고의 일방적인 인상에
   불과한 것이고 당시 본건 대지의 공정차임은 평당 월 금 ○○○원 정도이었기 때문
   에 소외 ○○주식회사는 원고에 대하여 공정차임을 책정하고자 교섭하였으나 원고

가 승인하지 아니하므로 할 수 없이 공정차임으로 일응 지급하고, 원고가 수령거부할 경우 공탁한다는 취지의 회답을 발하고 현재 공정차임에 의하여 계산된 금액을 차임으로서 공탁하였습니다.

즉, 원고의 최고는 소외 ○○회사와의 계약에 의하지 아니한 일반적인 청구이므로 소외 ○○주식회사는 최고에 응하여 지급할 의무가 없고, 지급하지 않는다 하여 본건 대지의 임대차계약이 해지되는 것은 아닙니다.

4. 청구원인 제3항 중 소외 ○○주식회사가 본건 건물 및 본건 대지의 임차권을 원고의 주장과 같이 피고에게 양도한 점, 또 해지의 서면이 도달한 점은 인정하지만 기타 사실은 부인합니다.

5. 위 제4항은 불법점유라는 점을 제외하고는 기타 사실은 인정합니다.

항   변

1. 임차권양도에 관하여 사전승낙 있음

본건 토지의 임차권설정시에 소외 ○○주식회사는 원고에 대하여 임차권리금으로서 본건 토지의 임차권가액에 상당한 금 ○○○만원이라는 고액의 금액을 지급하고 있다. 따라서 임차인이 소외 ○○주식회사는 그 후 임차권을 타에 양도함에 있어 미리 원고에 대하여 승낙을 받은 것이라고 해석하여야 할 것입니다.

2. 그러므로 원고의 본소 청구는 부당하므로 기각되어야 할 것입니다.

20○○. ○.   .

위 피고 ○ ○ ○   (인)

○○지방법원 제○민사단독   귀중

답 변 서

사　건　　20○○가단 ○○○　건물철거 및 토지인도

원　고　　○　　○　　○

피　고　　○　　○　　○

　위 사건에 관하여 피고는 다음과 같이 답변합니다.

청구취지에 대한 답변

1. 원고의 청구를 기각한다.

2. 소송비용은 원고의 부담으로 한다.

라는 판결을 구합니다.

청구원인에 대한 답변

청구원인 제 1, 2항 기재의 사실은 인정하나, 같은 제 3항은 부인합니다.

항　변

1. 토지사용계속의 이의를 제기하지 않는데 의한 갱신

　　본건 토지에 대한 피고의 임차권은 20○○. ○. ○. 민법 제639조 제1항에 의하여 갱신되고 그 후 유효하게 존속하고 있습니다.

　　즉, 본건 토지에 대한 피고의 임차권은 원고 주장과 같이 20○○. ○. ○.로 그 기간이 만료되었지만, 피고는 그 토지상에 원고의 주장과 같은 건물을 소유가하고 있었기 때문에 위 기간 경과 후에도 계속하여 본건 토지를 사용, 수익하여 왔었습니다.

이에 대하여 원고는 상당기간 아무런 이의를 제기하지 아니하였으므로 본건 임차권은 민법 제639조 제1항에 의거 갱신되고 위 기일로부터 다시 20년간 존속하는 것입니다. 그러므로 원고의 본소 청구는 부당하므로 기각되어야 할 것입니다.

20○○. ○. .

위 피고 ○ ○ ○ (인)

○○지방법원 제○민사단독 귀중

[서식] 답변서 −차지 관계(지급기간유예, 이익남용, 변제공탁의 항변)

답 변 서

사 건   20○○가단 ○○○ 토지인도

원 고   ○ ○ ○

피 고   ○ ○ ○

위 사건에 관하여 피고는 다음과 같이 답변합니다.

청구취지에 대한 답변

1. 원고의 청구를 기각한다.
2. 소송비용은 원고의 부담으로 한다.
라는 판결을 구합니다.

청구원인에 대한 답변

원고 주장의 청구원인 사실은 모두 인정하지만 다음 제1, 2항에서 말하는 이유에 의하여 토지인도청구는 부당한 것이고, 또한 제3항에서 말하는 이유에 의하여 차임 및 손해금의 청구 역시 부당하다.

항 변

1. 지급기한유예의 항변

본건 임대차에 관하여는 피고가 경영하는 유치원에 재정형편에 의하여 피고가 약정기한 내에 차임을 지급하지 못하는 경우에도 원고는 그 지급을 적당히 유예할 수 있다는 취지의 특약이 있으며, 위 특약에 의하여 20○○년 1월분부터 같은 해 9월분까지의 차임의 지급은 같은 해 10월 말일까지 유예된 것이었으므로 피고에게는 어떠한 채무불이행도 없습니다. 따라서 원고가 행한 위 해지는 그 효력을 발생하지 못합니다.

2. 권리남용의 항변

설령, 위 지급유예의 특약이 없었다 할지라도 본건 해지는 다음에 말하는 바와 같은 사정하에서 이루어진 것으로서 신의에 반하고 권리의 남용이기 때문에 무효입니다.

가. 피고는 본건 연체차임지급에 대하여 충분한 성의를 표시하고 있습니다. 즉, 피고는 20○○. 10. 26. 원고로 부터 위 최고를 받자 최고기간 내인 같은 달 28. 연체차임 중 그 반액의 지급을 같은 해 11. 15.까지, 그 잔액의 지급은 같은 해 12. 15.까지 유예받았으면 하는 취지를 서면으로 간청하였던 바, 원고는 이에 대하여 아무런 회답도 주지 아니하였으므로 피고는 그 승낙이 있었던 것으로 보고 위 신청과 같이 원고에 대하여 같은 해 11. 15. 위 연체차임의 반액인 금 ○○○원을 제공하였으나, 원고는 고의로 면접을 기피하여 그 수령을 거절하였고, 또 다시 같은 해 12. 15. 위 연체차임 전액을 제공하였으나 원고는 그 수령을 역시 거절하였습니다.

그리하여 피고는 부득이 같은 해 12. 23. 위 연체차임 전액을 ○○지방법원에 변제공탁하고 또 같은 해 10월분 이후의 차임은 그 후 계속하여 공탁하고 있습니다. 이와 같이 피고는 차임의 지급에 대하여 충분한 성의를 다하고 있는 것입니다.

나. 피고는 차임의 지급능력이 결코 없는 것이 아닙니다. 즉 피고가 차임을 연체하게 된 사정은 당시 피고가 경영하던 유치원의 경영상태가 여의치 못한데에 있었으나, 현재는 원아수도 확보되고 그 경영 역시 점차 궤도에 올랐으므로 전술한 바, 20○○년 10월분 이후의 차임은 매월 지체없이 그 전액을 공탁하고 있는 바와 같습니다. 그러므로 현재는 차임의 지급능력에 아무런 흠결이 없고 또 장래의 차임지급에 대하여도 염려될 필요가 없습니다.

다. 본건 토지는 피고가 경영한 유치원의 대지인 바, 이 대지를 인도할 경우 피고의 유치원경영은 현저히 곤란하게 됨은 물론, 그 영향은 피고 한 사람의 경영상의 이해에만 관계되는 것이 아니라 전체 원아의 복지에 관한 문제입니다.

3. 차임 및 손해금의 청구에 대한 항변

피고는 위 2.의 가에서 말한 바와 같이 원고가 청구한 연체차임 전액을 변제공탁하였으므로 그 채무는 소멸된 것입니다.

따라서 위 1. 및 2.에서 말한 바와 같이 본건 해지는 당연무효이며, 원·피고간에 아직도 임대차계약은 존재하고 있으므로 손해금의 청구는 그 이유가 없습니다.

20○○. ○. .

위 피고 ○ ○ ○ (인)

○○지방법원 제○민사단독 귀중

[서식] 답변서 -차지 관계(유익비상환청구권에 의한 유치권의 항변)

답 변 서

사　　건　　20○○가단 ○○○　건물철거 및 토지인도

원　　고　　○　○　○

피　　고　　○　○　○

위 사건에 관하여 피고는 다음과 같이 답변합니다.

청구취지에 대한 답변

1. 원고의 청구를 기각한다.
2. 소송비용은 원고의 부담으로 한다.
라는 판결을 구합니다.

청구원인에 대한 답변

1. 유익비상환청구권에 대한 유치권

　　설령, 본건 토지의 임대차계약이 해지되었다 할지라도 피고가 공장부지로 사용하기 위하여 임대한 것이고, 현재는 원고의 주장과 같이 지상에 공장을 건축하여 사용중에 있습니다. 그러나 본건 토지의 정지를 위하여 찌꺼기나 벽돌부스러기 등을 옮기는데 도합 650,000원을 들여서 토지의 개량에 힘을 쓴 것입니다. 따라서 이 증가액은 현존하는 것이므로 그 상환을 받을 때까지는 본건 토지를 유치한다. 그러므로 본건 대지의 인도청구에 응할 수 없습니다.

20○○.　○.　　.
위 피고 ○　○　○　　(인)

○○지방법원 제○민사단독　귀중

답 변 서

사　건　　20○○가단 ○○○　건물철거 및 토지인도

원　고　　○　　○　　○

피　고　　○　　○　　○

　위 사건에 관하여 피고는 다음과 같이 답변합니다.

청구취지에 대한 답변

1. 원고의 청구를 기각한다.
2. 소송비용은 원고의 부담으로 한다.
라는 판결을 구합니다.

청구원인에 대한 답변

원고주장의 청구원인 사실은 인정합니다.

항　　변

1. **임차권양도에 대한 묵시의 승낙이 있었음**

　피고가 본건 건물의 소유권을 취득함과 동시에 본건 임차권의 양도를 받은 것은 20○○. ○. ○. 경이었지만, 피고는 위 임차권을 양수함에 있어 수차에 걸쳐 원고를 만나 그 양해를 구하기 위하여 갖은 힘을 다한 것입니다.

　원고는 이에 대하여 확답을 하지 않았으나 그 후 피고가 본건 건물에 입주하고 같은 해 ○월경 원고에게 지대를 지급하고자 지참하였는 바, 원고는 이의없이 이를 수령하였고, 그 후 1년 반 동안 피고에 대하여 하등의 이의를 제기한 바 없습니다. 위의 사실은 원고가 본건 임차권의 양도에 관하여 묵시의 승낙을 부여하였다고 할 것이므로, 원고는 민법 제629조 제2항에 의한 해지권을 취득하지 못합니다.

2. 건물매수청구권

설령, 위 사실이 임차권양도에 관하여 묵시의 승낙이 부여된 것을 인정할 수 없는 경우라면, 본소에 있어서 피고는 원고에 대하여 민법 제644조에 의하여 본건 건물을 시가 금 ○○○만원에 매수할 것을 청구하는 바입니다.

따라서 위 대금과 상환하지 아니하면 본건 토지를 인도할 수 없을 것을 것입니다.

20○○. ○. .

위 피고 ○ ○ ○ (인)

○○지방법원 제○민사단독 귀중

[서식] 답변서-건물임대차(합의해지와 화해계약성립의 항변)

답 변 서

사　건　　20○○가단 ○○○　손해배상(기)

원　고　　○　　○　　○

피　고　　○　　○　　○

위 사건에 관하여 피고는 다음과 같이 답변합니다.

청구취지에 대한 답변

1. 원고의 청구를 기각한다.
2. 소송비용은 원고의 부담으로 한다.
라는 판결을 구합니다.

청구원인에 대한 답변

피고가 20○○. ○. ○. 원고주장의 건물 및 물건을 그 주장의 약정 (1) 내지　(5)
의 취지로 원고에게 임대한 사실,

원고가 본건 가옥에서 20○○. ○. ○.부터 치과의를 개업한 사실,

20○○. 12. 8.부터 병원이전 공사가 착수된 사실,

20○○. 5. 17. 원고로부터 임대차계약 해지의 의사표시가 있었던 사실,

원고가 ○○시로부터 휴업보상금으로서 금 2,500,000원의 지급을 받은 사실을 인
정한다.

원고가 치과의로서 1개월에 2,500,000원의 순이익을 올릴 수 있다는 것은 부지, 기
타의 사실은 부인한다.

항 변

1. 임대차계약은 피고의 채무불이행에 의하여 해지된 것이 아니고 합의에 의하여 해지되었다.

   설령, 피고가 원고에 대하여 구획정리사업시행시에는 본건 건물의 이전공사를 약 20일간으로 완료한다는 취지를 약정하여 임대하였다 할지라도, 원고는 피고에 대하여 20○○년 11월 원고의 지병인 신경쇠약으로 인하여 영업도 부진하게 되었으므로, 본건 임대차를 20○○년 1월로서 해약하고 싶다는 취지의 신청이 있었는 바, 피고는 위 신청을 승낙하였었다. 따라서 본건 임대차계약은 위 합의해지에 의하여 20○○년 1월 말일로서 종료한 것이므로, 피고의 의무불이행을 이유로 하는 원고의 본소 청구는 부당한 것입니다.

2. 화해계약의 성립

   설령, 피고에게 손해배상채무가 있다 할지라도 20○○. 4. 27. 원·피고간에 있어서 피고는 원고가 같은 해 2월 이후에도 사용하고 있는 4평반 방의 차임은 청구하지 아니한다는 점, 기타 원고는 피고에 대하여 본건 임대차에 관한 일체의 금전급부를 청구하지 않는다는 화해계약이 성립하였으므로, 원고의 본소 청구는 부당한 것입니다.

   20○○. ○.   .

   위 피고 ○ ○ ○   (인)

○○지방법원 제○민사단독 귀중

답 변 서

사　　건　　20○○가단 ○○○　차임증액 등

원　　고　　○　　○　　○

피　　고　　○　　○　　○

　위 사건에 관하여 피고는 다음과 같이 답변합니다.

청구취지에 대한 답변

1. 원고의 청구를 기각한다.
2. 소송비용은 원고의 부담으로 한다.
라는 판결을 구합니다.

청구원인에 대한 답변

　본건 건물이 원고의 소유인 점, 피고가 본건 건물을 원고주장과 같은 조건으로 임차하고 있다는 점, 원고주장의 날짜에 차임증액청구의 의사표시가 있었던 점은 인정한다.

항　　변

1. 차임을 증액하지 않겠다는 특약의 존재

　본건 임대차계약은 기간을 정하지 않은 것이 아니고 임대기간 3년으로 약정된 것이었다. 그리하여 위 기간 내에는 차임을 증액하지 않겠다는 내용의 특약이 있었다.
　즉, 피고는 원고로부터 본건 건물을 임차함과 동시에 원고에 대하여는 ○○시 ○○구 ○○○, 대 ○○○㎡을 기간 3년, 차임 월 금 ○○○원, 용도 원고의 자재하치장으로서 임대하고, 본건 건물의 차임과 위 대지의 차임을 함께 위 약정기간인

3년간은 거치해 둔다는 합의가 성립되어 있었던 것이다. 그런데, 원고는 20○○. ○. ○. 영업을 폐지하고 그 무렵 위 대지를 피고에게 반환하였지만, 위 증액하지 않겠다는 취지의 특약을 무시하고 불법으로 본건 건물의 차임증액 청구에 이른 것입니다.

따라서 원고의 본소 청구는 부당한 것입니다.

20○○. ○.   .

위 피고 ○ ○ ○   (인)

○○지방법원 제○민사단독   귀중

답 변 서

사　　건　　20ㅇㅇ가소 ㅇㅇㅇ　임차료 등

원　　고　　ㅇ　ㅇ　ㅇ
피　　고　　ㅇ　ㅇ　ㅇ

위 사건에 관하여 피고는 아래와 같이 답변합니다.

청구취지에 대한 답변

1. 원고의 청구를 기각한다.
2. 소송비용은 원고의 부담으로 한다.
라는 판결을 구합니다.

청구원인에 대한 답변

원고의 청구원인 사실 중,

1. 이 사건 건물이 원래 소외 김ㅇㅇ의 소유였다가 그 뒤 소외 ㅇㅇㅇ가 상속한 사실,

2. 또한 피고의 남편 망 이ㅇㅇ가 임대료 월 금 70,000원씩 주고 임차하여 사용하다가 사망한 뒤 그의 처인 피고가 계속 사용하고 있다는 원고의 주장은 이를 인정하나, 위 건물을 소외 제3자에게 전대하였다거나, 월 임차료가 10개월 연체되었다는 원고의 주장은 전혀 사실이 아니거나 피고가 모르는 사실입니다.

20ㅇㅇ.　ㅇ.　　.

위 피고　ㅇ　ㅇ　ㅇ　　(인)

ㅇㅇ**지방법원 제**ㅇ**민사단독　귀중**

제4항 준비서면

1. 서 설

준비서면이란 당사자가 법원의 변론에서 하고자 하는 진술사항을 기일 전에 예고적으로 기재하여 법원에 제출하는 서면을 말하는 것으로, 준비서면에 기재되어야 할 내용에 관하여는 민사소송법 제274조 제1항에 법정되어 있는데, 이는 아래와 같다.

    가. 당사자의 성명·명칭 또는 상호와 주소

    나. 대리인의 성명과 주소

    다. 사건의 표시

    라. 공격 또는 방어의 방법

    마. 상대방의 청구와 공격 또는 방어의 방법에 대한 진술

    바. 덧붙인 서류의 표시

    사. 작성한 날짜

    아. 법원의 표시

이러한 준비서면에 대한 제출의무에 대하여는 변론의 집중을 위하여 민사소송법 제272조 상 명문화 되어있는데, 지방법원 합의부와 그 이상의 상급법원에서는 반드시 준비서면을 제출하여 변론을 준비하여야 한다(민사소송법 제272조 제2항).

2. 서 식

준비서면은 각 청구내용에 따라 각기 달리 기재되어지는 것으로, 아래에서는 대표적인 예 위주로 기재하기로 한다.

준 비 서 면

사　　건　20○○가합○○○○　임차보증금반환

원　　고　○○○

피　　고　◇◇◇

위 사건에 관하여 원고는 다음과 같이 변론을 준비합니다.

다　　음

1. 피고 주장에 대한 답변

　가. 피고는 원고가 이 사건 주택을 피고로부터 임차한 것이 아니라 이 사건 주택에 대해여 아무런 권한이 없는 소외 ◉◉◉와 사이에 임대차계약을 체결하였으므로 피고는 원고의 임차보증금반환청구에 응할 수 없다고 합니다.

　나. 그러나 원래 피고는 19○○. ○. ○. 소외 ◉◉◉에게 금 504,000,000원에 이 사건 주택이 포함된 연립주택(○○빌라) 건물의 신축공사를 도급하였는바, 그 공사가 완공된 뒤에도 그 공사대금 중 금 273,537,400원을 지급하지 못하게 되자 20○○. ○. ○. 위 연립주택 중 제101호(이 사건 주택)와 제102호에 대하여 소외 ◉◉◉에게 피고를 대리하여 이를 분양하거나 임대할 권리를 부여하고 그 분양대금으로 공사비에 충당하기로 약정하였던 것인데, 원고는 소외 ◉◉◉와 사이에 이 사건 주택에 대하여 20○○. ○. ○. 임대차기간 2년, 임대차보증금은 금 ○○○원으로 하는 임대차계약을 체결하고 그 임대보증금을 완불한 뒤 20○○. ○. ○.에 이 사건 주택에 입주하고 있는 것입니다.

2. 표현대리

　가. 설사 소외 ◉◉◉에게 피고를 대리하여 이 사건 주택을 매각할 권리만 있을 뿐이고 이를 임대할 대리권이 없다고 하더라도 ①소외 ◉◉◉에게 기본대리권이

존재하고, ②상대방으로서는 대리인에게 대리권이 있다고 믿고 또한 그렇게 믿을 만한 정당한 이유가 있는 경우라면 민법 제126조 표현대리가 성립되어 이 사건 임대차계약의 효력은 피고에게 미친다고 할 것입니다.

나. 즉, 피고는 소외 ◉◉◉에게 이 사건 주택의 분양대리권을 준 것이고 분양대리권에는 당연히 임대할 대리권도 포함하는 것이 일반적이라고 할 것인바, 피고는 소외 ◉◉◉에게 분양권을 주는 각서를 만들어 교부하였고 소외 ◉◉◉는 자신에게 임대할 권리가 있다고 말하였는바, 위 인증서를 확인한 원고로서는 소외 ◉◉◉에게 이 사건 주택을 임대할 대리권이 있다고 믿음에 아무런 과실이 없다고 할 것인즉, 소외 ◉◉◉의 대리행위가 설사 무권대리라고 할지라도 권한을 넘는 표현대리로서 유효하다고 할 것입니다.

20○○. ○. ○.
위 원고   ○○○ (서명 또는 날인)

○○지방법원 제○민사부 귀중

■ 작성·접수방법

1. 제출법원은 본안소송 계속 법원이다.
2. 준비서면은 소장과 달리 인지나 송달료 등의 비용을 납부하지 않는다.
3. 법원용 1부와 상대방 수만큼의 부본을 제출한다.

[서식] 준비서면(건물인도, 피고)

준 비 서 면

사   건   20○○가단○○○○ 건물인도
원   고   ○○○
피   고   ◇◇◇

위 사건에 관하여 피고는 다음과 같이 변론을 준비합니다.

다　　음

1. 이 사건의 쟁점

　　원고가 이 사건 건물의 인도를 구하는 이 사건에서 피고가 점유하고 있는 임대차목적물의 용도가 주거용인지 비주거용인지가 쟁점이라 할 것입니다.

2. 피고는 이 사건 임대차목적물을 주거용으로 사용하고 있습니다.

　가. 피고가 이 사건 임대차목적물을 임차한 목적

　　　피고는 19○○. ○. ○. 당시 이 사건 건물의 소유자였던 소외 이◉◉와 이 사건 임대차목적물에 관하여 임대차계약을 체결하였는바, 그 계약서상에 임차목적물이 '점포, 방'으로 기재되어 있을 뿐만 아니라 임대인은 준공검사 후 부엌을 해주기로 하는 약정이 있습니다[을 제1호증의 1(부동산전세계약서) 참조]. 위와 같은 약정은 이 사건 임대차목적물이 주거용으로 사용하기 위하여 임차된 것이라는 것을 입증하는 것이라 할 것입니다.

　　　또한, 피고는 현재 이 사건 임대차목적물에서 문방구를 운영하고 있지만 위 문방구를 개업한 시기는 19○○. ○. ○.이고[을 제5호증(사업자등록증) 참조], 피고가 이 사건 임대차목적물을 처음 임차한 시기는 19○○. ○. ○.입니다[을 제1호증의 1(부동산전세계약서) 참조]. 이는 피고가 문방구를 운영하기 위하여 이 사건 임대차목적물을 임차한 것이 아니고 위에서 본 바와 같이 주거용으로 사용하기 위하여 임차하였다가 부업으로 문방구를 운영하게 된 것이라는 것을 입증하는 것이라 할 것이므로, 피고가 현재 문방구를 운영하고 있다는 사실만으로 이 사건 임대차목적물이 주거용 건물이 아니라고 볼 수는 없을 것입니다.

　나. 이 사건 건물의 공부상의 용도

　　　이 사건 건물의 용도는 공부상 지층, 1층의 일부는 근린생활시설이고, 1층의 일부와 2층, 3층은 다가구주택으로 되어 있습니다[갑 제2호증(건축물대장등본) 참조]. 즉, 피고가 임차하고 있는 부분은 이 사건 건물의 1층 부분인바, 피고가 임차하고 있는 부분의 용도는 일부는 근린생활시설이고 일부는 다가구주택이라고 할 것이므로 공부상의 용도만을 보더라도 이 사건 건물의 전체적인 용도는 주거용이라 할 것이고 이 사건 임대차목적물은 단지 일반 상가로 사용되기 위하여

건축된 것이라고는 볼 수 없다 할 것입니다.

다. 이 사건 임대차목적물의 구조 및 이용관계

원고가 준비서면에 첨부한 현황측량도를 보면 이 사건 임대차목적물이 점포와 방만으로 구성되어 있는 것으로 되어 있으나, 실제로는 이 사건 임대차목적물의 방 뒷편으로는 주거생활에 필요한 부엌과 피고 가족이 사용하는 화장실이 설치되어 있을 뿐만 아니라 문방구로 사용하는 면적과 주거생활을 하는 방과 부엌을 합한 면적은 비슷합니다(증인 ◎◎◎의 증언 참조).

또한, 피고는 이 사건 임대차목적물 이외에는 다른 거처가 없어 그 곳에서 피고의 유일한 가족인 딸과 함께 주거생활을 영위한 지가 약 8년 정도 되었고 이 사건 임대차 목적물의 일부인 살림방에는 TV, 피고의 딸이 사용하는 학생용 책상, 장롱 등 일상생활에 필요한 가구들이 비치되어 있으며 피고의 딸도 이 사건 임대차목적물이 위치하고 있는 곳과 가까운 ○○초등학교에 다니고 있습니다(위 증인의 증언 참조).

라. 이 사건 건물의 주변상황

이 사건 건물의 주변상황은 노면을 따라 한산한 상권이 이루어져 있고 후면은 학교 및 주택지역이며{을 제7호증의 7(감정평가서) 참조}, 이 사건 건물이 위치하고 있는 지역의 용도는 일반주거지역{갑 제4호증(토지이용계획확인원) 참조}인 점에 비추어 보더라도 이 사건 임대차목적물이 주거용으로 사용되었음을 알 수 있을 것입니다.

마. 경매절차에서의 피고의 임대차관계에 대한 평가

이 사건 건물 및 대지는 귀원 20○○타경○○호 부동산경매사건으로 경매신청되어 감정가 금 278,195,000원으로 평가되었고 소외 ◆◆◆가 20○○. ○. ○. 금 195,550,000원에 매수하여 같은 날 원고에게 그 소유권을 이전해주었습니다.

이 사건 건물 및 대지에 관하여 경매절차가 진행될 당시 경매지에서는 피고를 이 사건 건물의 대항력 있는 임차인으로 평가하고 있고{을 제6호증의 1, 2(경매지 표지 및 내용) 참조}, 귀원에서 작성한 이해관계인표에서도 피고가 주민등록 전입신고는 19○○. ○. ○.에, 확정일자는 19○○. ○. ○○.에 받아 피고에게 배당을 할 수는 없으나 대항력 있는 임차인에 해당한다는 표시를 하고 있습니다{을 제7호증의 9(이해관계인표) 참조}.

바. 원고가 제출한 참조판례에 관하여

원고는 원고의 주장을 뒷받침하기 위하여 대법원 1996. 3. 12. 선고 95다51953 판결을 참조판례로 제출하고 있는바, 위 판결의 사실관계는 임대차계약서상에 용도 다방, 유익비 청구 포기 등의 약정이 있고 위 사건의 임차인은 사건 건물에 항시 거주하였던 것이 아니었다는 것인바, 이는 이 사건의 사실관계와 현격히 다른 점이 있다 할 것이므로 이 사건에 적용할 만한 판례가 아니라 할 것입니다. 오히려 대법원 1988. 12. 27. 선고 87다카2024 판결에 의하면, 임차목적물의 용도가 공부상 근린생활시설 및 주택용 4층 건물이고 주거 및 상업 목적으로 사용하기 위하여 자녀를 데리고 입주하였으며 사건 건물의 소유자는 건물의 뒷편에 가건물로 부엌을 설치하여 주었고 장독대와 공동으로 사용하고 있는 화장실이 있는 경우 임차인이 임차하고 있는 건물은 주거용 건물에 해당한다고 판시하고 있습니다. 위 판례는 이 사건 사실관계와 아주 흡사한 경우로서 이 사건에 있어서도 적용될 수 있다고 할 것입니다.

3. 결 어

위에서 본 바와 같이 피고는 이 사건 임대차목적물을 주거용으로 사용하고 있어 주택임대차보호법상의 대항력 있는 임차인이라 할 것이므로, 피고는 임차보증금 33,000,000원(피고가 지급한 임차보증금은 금 36,000,000원이지만 금 3,000,000원은 이 사건 건물에 대한 경매절차를 통하여 배당 받은 제1순위 근저당권이 설정된 뒤에 증액된 것이어서 금 33,000,000원만이 대항력을 가진 임차보증금이라 할 것입니다)을 반환 받지 않는 이상 피고가 임차하고 있는 이 사건 임대차목적물을 원고에게 인도 할 의무가 없다 할 것입니다.

첨 부 서 류

1. 참고판례(대법원 1988. 12. 27. 선고 87다카2024 판결)

20○○.   ○.   ○.

위 피고   ◇◇◇ (서명 또는 날인)

○○지방법원 제○민사단독   귀중

준 비 서 면

사　　건　　20○○가단○○○○ 토지인도 등

원　　고　　○○○

피　　고　　◇◇◇

위 사건에 관하여 피고는 다음과 같이 변론을 준비합니다.

다　　　　음

1. 인정하는 사실

○○ ○○군 ○○면 ○○리 산 ○○-○ 임야 4,637㎡(다음부터 이 사건 토지라고 함)에 관하여 1983. 10. 29. ○○지방법원 ○○등기소 접수 제○○○호 피고 앞으로 소유권이전등기가 된 뒤 1998. 10. 12. 같은 등기소 접수 제21135호로 피고 소유이던 이 사건 토지에 관하여 1994. 12. 20. 같은 등기소 접수 제○○○호로 소외 ■■■■양계협동조합을 근저당권자로 한 근저당권설정등기가 되고(채권최고액 금 179,530,000원 채무자 소외 ◉◉◉), 같은 날 같은 등기소 접수 제○○○호로 소외 ■■■■양계협동조합을 지상권자로 하는 지상권설정등기가 되어 있는 사실, 피고는 최소한 1994. 1. 10.경 이전 이 사건 토지에 원고 소장 청구취지 기재 각 건물(다음부터 이 사건 건물이라고 함)을 건축하여 자동화시설을 한 계사(鷄舍) 등으로 사용하고 있으며 현재 건물부지 및 이 사건 토지를 피고가 점유·사용하고 있는 사실 및 이 사건 근저당채무자인 소외 ◉◉◉가 근저당권자인 소외 ■■■■양계협동조합에 대한 대출금을 변제하지 아니하여 소외 ■■■■양계협동조합이 경매신청을 하고 원고가 그 경매절차에서 매수하여 2000. 6. 7. 위 등기소 접수 제○○○호로서 소유권이전등기를 하여 원고가 이 사건 토지의 소유권을 취득한 사실은 모두 원고가 소장에서 주장한 내용 또는 그 취지와 대체로 같으며, 피고도 모두 인정하는 사실입니다.

2. 법정지상권의 성립

　가. 원고는 이 사건 토지의 소유자로서 피고가 아무런 점유권원 없이 이 사건 건물을 불법사용하고 있으므로 그 철거 및 이 사건 토지의 인도와 임료 상당의 손해 또는 부당이득금의 지급을 구하고 있습니다.

　나. 그러나 피고는 법정지상권자로서 이 사건 건물을 점유할 권원이 있습니다.

　다. 소외 ■■■■양계협동조합이 이 사건 임야에 관하여 위와 같이 근저당권을 설정할 당시 이 사건 토지가 피고의 소유였던 사실은 명백합니다. 다만, 이 사건 건물이 과연 위 근저당권설정 당시 존재하였는지 여부가 문제인데, 이 사건 건물은 최소한 1994. 1. 10. 이전에 건축되었습니다. 이는 피고가 제출한 을 제4호증(견적청구서)에 비추어 알 수 있습니다.

　라. 따라서 근저당권설정 당시 이 사건 건물 및 토지는 모두 피고의 소유였으므로 소외 ■■■■양계협동조합의 근저당권에 기한 경매실행으로 인하여 소유자가 달라지게 되었다고 할 것이므로 피고는 법정지상권을 취득하였다고 할 것입니다.

3. 임료에 관하여

　원고는 이 사건 대지를 피고들이 권원 없이 사용하였으므로 부당이득으로서 매월 금 1,000,000원 상당의 임료를 청구하고 있습니다. 그러나 원고가 청구하는 임료는 주위 토지의 임료와 비교하여 너무 과다하므로 피고는 이에 응할 수 없습니다.

20○○.　　○.　　○.

위 피고　　◇◇◇ (서명 또는 날인)

○○**지방법원** ○○**지원 제**○○**민사단독**　　**귀중**

제5절 제소전화해

1. 개 념

민사소송법 제385조 제1항에 따르면, 제소전화해에 대해서 '민사상 다툼에 관하여 당사자는 청구의 취지·원인과 다투는 사정을 밝혀 상대방의 보통재판적이 있는 곳의 지방법원에 화해를 신청할 수 있다.'고 규정하고 있다. 아직 다툼이 발생하지 않았지만, 향후 발생할 지 모르는 분쟁을 사전에 준비하기 위해 양 당사자간에 제소전화해조서를 받아두는 경우로, 실무에서는 '명도'와 관련한 사항이 대부분이다.

이러한 제소전화해를 신청하는 이유는 임차인이 임대료(차임)을 2기 이상 연체하거나 계약이 만료되거나 해서 계약이 해지되었음에도 불구하고 건물을 비워주지 않을 경우에 임대인은 임차인을 강제적으로 끌어낼 수 없기 때문에 명도소송을 제기하여 승소판결 받으면 판결에 기해 강제집행을 통해 임차인을 내보내야 하는 경우 때문이다. 즉 명도소송을 거쳐 집행까지 하려고 한다면, 6개월에서 1년 이상의 시간이 소요되기 때문에 분쟁사안이 발생하여 대처하게 되면 소송 등의 법적 절차를 밟는데 시간, 비용, 노력 등이 많이 들어가고 스트레스도 받기 때문에 임대인 입장에서는 제소전화해를 해두는 것이 여러모로 유리하기 때문이다.

2. 제소전화해의 효력

가. 화해가 성립된 경우

제소전화해 신청서를 제출하면, 법원에서 신청서 부본을 상대방에게 송달해주고, 화해기일을 정하여 출석할 것을 통지한다. 화해기일이 양 당사자가 출석하여 화해가 성립되면, 법원사무관 등은 화해조서를 작성하여야 하고, 그 조서에는 당사자와 법정대리인의 표시 및 청구취지, 청구원인, 화해조항, 화해성립 연월일과 법원을 기재하고 판사와 법원사무관 등이 기명·날인하여야 한다. 화해조서는 화해성립일로부터 7일 이내 그 정본을 쌍방 당사자에게 송달한다. 절차는 간소해 보이나 법원에 따라 신청서 제출일로부터 화해기일까지 4개월이나 걸리는 법원도 있어 시간상으로 판단해보면 그리 간소한 절차는 아닐 것이다.

이렇게 진행된 제소전화해신청에 대한 화해조서는 확정판결과 같은 효력을 가진다. 따라서 화해조서를 기초로 강제집행을 할 수 있다.

나. 상대방의 불응

법원은 당사자간 다툼의 상황에 따라 새로운 기일을 열어 다시 화해를 시도할 수 있고, 바로 화해가 성립하지 않는 것으로 처리할 수도 있다. 이때에는 그 취지를 조서에 기재하고 그 등본을 당사자 쌍방에게 송달한다. 화해불성립조서 등본을 보내는 것은 불출석한 당사자에게 불성립의 취지를 알려주는 의미 뿐만 아니라 출석한 당사자에 있어서도 제소신청을 할 수 있는 기회를 주기 위한 것으로, 그 다툼을 소송으로 해결하기 위해서 '제소신청'을 할 수 있다. 즉 채권자가 제소전화해신청을 하였으나 채무자가 이를 거절한 경우, 또는 출석하지 않는 경우에는 화해가 성립되지 아니한 경우가 되므로 채권자가 소송으로 해결하기 위해서 제소신청을 할 수 있고, 반대로 채무자가 소송으로 해결하기 위해 제소신청을 할 수 있다. 이는 통상의 소송으로 재판이 진행됩니다. 소송제기까지 가는 경우에는 사전에 임대차계약서에는 "위 계약의 성립이후 임차인은 제소전화해신청에 따라 조서작성하는 것에 동의한다."라는 취지의 약속문언이 필요하다. 어느 쪽에서 제소신청을 하든 처음의 화해 신청인이 원고가 되고 화해 피신청인이 피고가 되는데, 제소신청은 화해불성립의 조서등본을 송달받은 날로부터 2주일 안에 제소신청을 하여야 하고, 인지액도 나머지(5분의 4) 부분을 붙여야 하나, 피신청인이 제소신청을 할 경우에는 1,000원의 인지를 붙이면 됩니다.

3. 접수방법

신청서는 법원용과 상대방용 2부를 작성하여 법원에 제출하고, 인지대는 통상 소송을 할 때 들어가는 인지액의 5분의 1만 납부하면 되며, 송달료는 당사자 1인당 4회분을 납부한다.

4. 준재심

준재심이라 함은 민사소송법 제220조의 조서(화해조서·포기조서·인낙조서)와 즉시항고로 불복할 수 있는 결정·명령이 확정된 경우에 민사소송법 제451조 제1항에 규정된 사유가 있음을 이유로 다시 재판을 구하는 것을 말한다(민소법 제461조).

이러한 준재심의 사유에 대하여는 민사소송법 제451조에서 규정하고 있는 바, 그 사유는 아래와 같다.

가. 법률에 따라 판결법원을 구성하지 아니한 때

나. 법률상 그 재판에 관여할 수 없는 법관이 관여한 때

다. 법정대리권·소송대리권 또는 대리인이 소송행위를 하는 데에 필요한 권한의 수여에 흠이 있는 때. 다만, 제60조 또는 제97조의 규정에 따라 추인한 때에는 그러하지 아니하다.

라. 재판에 관여한 법관이 그 사건에 관하여 직무에 관한 죄를 범한 때

마. 형사상 처벌을 받을 다른 사람의 행위로 말미암아 자백을 하였거나 판결에 영향을 미칠 공격 또는 방어방법의 제출에 방해를 받은 때

바. 판결의 증거가 된 문서, 그 밖의 물건이 위조되거나 변조된 것인 때

사. 증인·감정인·통역인의 거짓 진술 또는 당사자신문에 따른 당사자나 법정대리인의 거짓 진술이 판결의 증거가 된 때

아. 판결의 기초가 된 민사나 형사의 판결, 그 밖의 재판 또는 행정처분이 다른 재판이나 행정처분에 따라 바뀐 때

자. 판결에 영향을 미칠 중요한 사항에 관하여 판단을 누락한 때

차. 재심을 제기할 판결이 전에 선고한 확정판결에 어긋나는 때

카. 당사자가 상대방의 주소 또는 거소를 알고 있었음에도 있는 곳을 잘 모른다고 하거나 주소나 거소를 거짓으로 하여 소를 제기한 때

또한 재심의 소는 당사자가 판결이 확정된 뒤 재심의 사유를 안 날부터 30일 이내에 제기하여야 하고, 판결이 확정된 뒤 5년이 지난 때에는 재심의 소를 제기하지 못한다(민소법 제456조). 다만, 대리권의 흠, 재심을 제기할 판결이 전에 선고한 확정판결에 어긋나는 때를 이유로 들어 제기하는 경우에는 언제라도 재심의 소를 제기할 수 있다

(민소법 제457조).

제소전화해에 대한 불복방법인 준재심의 청구가 받아들여진 경우, 대법원에서는 "제소전화해에 있어서는 종결될 소송이 계속되었던 것이 아니고 종결된 것은 화해절차뿐이므로, 재심사유가 있어 준재심의 소에 의하여 제소전화해를 취소하는 준재심 판결이 확정된다 하여도 부활될 소송이 없음은 물론, 그 화해절차는 화해가 성립되지 아니한 것으로 귀착되어 그 제소전화해에 의하여 생긴 법률관계가 처음부터 없었던 것과 같이 되는 것뿐이다"라고 판시한 바 있다[283].

5. 서 식

[서식] 제소전화해신청서

제소전화해신청

신 청 인   1. 허○○

           서울 ○○

        2. 허○○

           서울 ○○

피신청인   박○○

           서울 ○○

건물명도 등 화해

청구취지

신청인들과 피신청인 사이에 아래 화해조항과 같은 화해의 성립을 구합니다.

---

283) 대법원 1996. 3. 22. 선고 95다14275 판결

청구원인

1. 별지목록 기재 건물의 소유자이자 임대인인 신청인들(이하 '신청인'으로 축약합니다)은 2015.10.26. 피신청인과 사이에 별지목록 기재 건물에 관하여 다음과 같이 임대차 계약(이하 '이 사건 임대차계약'이라 합니다)을 체결하였습니다.

－임대차목적물 : 서울 00
－업종 : 근린생활시설
－사용용도 : 일반음식점
－임대보증금 : 금50,000,000원
－임대기간 : 2015.11.16.부터 2017.11.15.까지
－임대료 : 금4,000,000원(부가세 별도)
－관리비 : 기본관리비 금750,000원(부가세 별도)은 매월 16일에 납부하며, 개별계량기가 설치된 전기, 가스 등 공과금은 기본관리비와 별도로 정산하여 납부하여야 한다.
－임대료 및 관리비 납부일 : 매월 16일 선납.

2. 그런데, 계약 체결 이후 당사자들 사이에 계약 조건, 명도 시기 및 방법에 관하여 분쟁이 발생하여 이를 해결하고자 노력하였고, 이에 당사자 쌍방 간에 아래 화해조항과 같은 화해가 성립되어, 신청인은 이 사건 신청에 이른 것입니다.

화해조항

1. 다음의 사유 중 어느 하나라도 발생할 경우에, 신청인은 이 사건 임대차계약을 해지 할 수 있음은 물론, 신청인 소유 별지 목록 기재 건물에 대한 소유권에 기한 방해배제청구권의 일환으로서 피신청인에게 별지 목록 기재 건물의 반환을 청구할 수 있으며, 피신청인은 이 사건 임대차계약상의 기한의 이익을 상실하고, 별지 목록 기재 건물의 점유를 종료하고 신청인에게 즉시 명도하여야 한다.

피신청인이,
 (1) 2기의 차임에 달하는 월 임대료를 연체할 경우
 (2) 신청인의 서면 동의 없이 임대차목적물을 용도변경하거나, 임대차계약 당시의 업

종 이외의 다른 용도로 사용하는 경우

(3) 신청인의 서면 동의 없이 임대차목적물의 일부 또는 전부를 타인에게 전대하는 경우

(4) 임대차보증금 반환청구권의 전부 또는 일부를 타인에게 양도하거나, 질권설정, 기타 담보의 목적으로 제공하거나, 압류 또는 전부명령을 받는 경우

(5) 임의로 임차권을 양도하거나 점유 부분의 이전이나 점유 명의의 변경을 할 경우

(6) 신청인의 서면 동의 없이 임대차목적물의 구조를 변경하거나 새로운 설비를 한 경우

2. 피신청인은 신청인에게, 2015.11.16.부터 2017.11.15.까지 월 임대료 금4,000,000원(부가세 별도)을 매월 16일에 지급하여야 한다.

3. 피신청인은 이 사건 임대차계약에 필요한 제반 경비 중 기본관리비에 해당하는 금 750,000원(부가세 별도)은 매월 16일에 납부하며, 주된 영업을 위하여 사용한 전기, 가스 등 개별공과금은 별도로 정산하여 납부하여야 한다.

4. 피신청인은 신청인에게, 월 임대료 및 관리비의 납부시 매월 16일에 지급하며, 납부를 지체한 때에는 지체된 날로부터 납부일 까지 연18%를 가산하여 지급한다.

5. 피신청인은 신청인으로부터 임대차보증금 금50,000,000원에서, 연체임대료 및 미납관리비, 원상복구비, 전기료, 수도료, 부가세 등의 채무가 있는 경우에는 이를 정산한 후, 상환으로 계약만료일인 2017.11.15.에 별지 목록 기재 건물을 신청인에게 명도한다.

6. 피신청인은 신청인에게, 별지 목록 기재 건물을 명도할 경우 원상복구하여 명도하여야 하며, 임대차목적물에 관하여 지출한 필요비와 유익비, 권리금 등 이와 비슷한 비용을 신청인에게 일절 주장할 수 없다. 신청인의 서면 동의 없이 자기의 비용으로 설치한 각종 설비 등의 매수를 신청인에게 청구할 수 없다. 다만 민법상 제646조 소정의 부속물매수청구권은 인정된다. 피신청인은 부속물매수청구권행사가 가능한 경우에도 신청인의 명도청구나 명도집행에 대해 대항하지 않기로 한다.

7. 명도지연으로 인한 임대료 및 관리비는 물론 기타 손해비용과 강제집행비용은 피신

청인이 부담한다.

8. 화해비용은 각자의 부담으로 한다.

첨부서류

1. 부동산등기부등본   1통
2. 임대차계약서 사본   1통
3. 일반건축물대장   1통
4. 토지대장   1통
5. 위임장(신청인), 담당변호사지정서   각1통
6. 위임장(피신청인), 담당변호사지정서 및 인증서   각1통
7. 관할합의서   1통
8. 별지목록 및 평면도   각1통

2015. 11 .

신청인   1. 허00
         2. 허00

00지방법원   귀중

별지

부동산의 표시

1동의 건물의 표시
            서울특별시 강남구 대치동 000
        [도로명주소]
            서울특별시 강남구 선릉로000
            철근콘크리트구조 철근콘크리트지붕10층

업무시설 및 근린생활시설

지하1층 221.2㎡

1층 97.88㎡

2층 174.83㎡

3층 189.52㎡

4층 189.52㎡

5층 189.52㎡

6층 189.52㎡

7층 189.52㎡

8층 189.52㎡

9층 189.32㎡

10층 162.82㎡

옥탑1층 15.12㎡(연면적제외)

옥탑2층 21.06㎡(연면적제외)

위 건물중 지상2층 전체

■ 작성·접수방법

1. 관할법원은 상대방의 주소지(보통재판적)의 지방법원(단독사건)이가 관할한다. 즉 상대방의 주소지를 관할하는 지방법원, 지방법원지원, 시·군법원에 제출하면 된다. 또한 당사자 간에 관할법원에 대한 합의가 있으면 관할합의한 그 법원에 신청서를 제출할 수 있다.
2. 비용으로 인지는 통상의 소장에 첨부할 인지액의 1/5 이고, 법원구내 우체국에서 구입하여 신청서 표지에 붙인다. 송달료는 당사자 1인당 4회분(2×5,200×4회분=40,800원)을 법원구내 은행에 송달료예납납부서를 작성하여 납부합니다.
3. 법원용 1부와 상대방 수만큼의 부본을 제출한다.

[서식] 준재심소장(제소전화해에 대한 준재심, 피신청인)

준 재 심 소 장

준재심원고(피신청인) ◇◇◇(주민등록번호)

　　　　　　　　○○시 ○○구 ○○길 ○○(우편번호 ○○○-○○○)

　　　　　　　　전화·휴대폰번호 :

　　　　　　　　팩스번호, 전자우편(e-mail)주소 :

준재심피고(신 청 인) ○○○(주민등록번호)

　　　　　　　　○○시 ○○구 ○○길 ○○(우편번호 ○○○-○○○)

　　　　　　　　전화·휴대폰번호 :

　　　　　　　　팩스번호, 전자우편(e-mail)주소 :

　위 당사자간의 귀원 20○○자○○○ 소유권이전등기청구 제소전화해신청사건에 관하여, 준재심원고(피신청인)는 20○○. ○. ○. 작성된 화해조서에 대하여 다음과 같이 준재심의 소를 제기합니다.

준재심 할 화해조서의 표시
(화 해 조 항)

　피신청인은 신청인에게 별지기재 부동산에 관하여, 20○○. ○. ○○. 매매를 원인으로 하여 소유권이전등기절차를 이행한다.

화해비용은 각자 부담으로 한다.

준 재 심 청 구 취 지

1. 이 사건 화해조서를 취소한다.

2. 신청인의 청구를 기각한다.
라는 판결을 구합니다.

준 재 심 청 구 원 인

1. 민사소송법 제451조 제1항 제1호에서 제11호 사유를 구체적으로 기재.

2. 준재심원고가 준재심사유를 안 날에 대하여 설명

첨 부 서 류

1. 화해조서등본   1통
1. 형사고소장   1통
1. 준재심소장부본   1통
1. 송달료납부서   1통

20○○.   ○○.   ○○.

위 준재심원고(피신청인) ◇◇◇ (서명 또는 날인)

○○**지방법원   귀중**

제6절 임차권등기명령신청

1. 서 설

임대차기간이 경과하였으나 임대인이 보증금을 돌려주지 않는 경우 임차인이 법원에 신청하여 단독으로 임차권등기를 할 수 있도록 한 제도로써, 임차인이 개인사정상 다른 곳으로 이사하더라도 대항력 및 우선변제권을 취득 또는 유지하여 대항력 및 우선변제권을 인정받을 수 있다.[284] 주택임대차종료와 함께 주민등록 및 점유 상태가 유지되고 있어야 신청할 수 있으며 임차권등기 후 곧바로 주민등록을 옮겨서는 아니될 것이다. 임차권등기명령신청의 경우 주의할 점으로, 미등기건물, 무허가 건물일 경우는 원칙적으로 임차권등기를 할 수 없고, 예외적으로 사용승인을 받고 건축물대장이 작성되어 있어 바로 임대인명의로 소유권보존등기가 가능한 경우에는 임대인을 대위하여 소유권보존등기를 한 후 임차권등기명령신청을 할 수 있다. 만약 건물의 일부, 다가구주택의 일부를 임차한 경우에는 '도면'을 첨부하여야 한다.

가. 임대인의 보증금반환의무와 동시이행관계에 있는지 여부

이에 대하여 대법원은 "주택임대차보호법 제3조의3 규정에 의한 임차권등기는 이미 임대차계약이 종료하였음에도 임대인이 그 보증금을 반환하지 않는 상태에서 경료되게 되므로, 이미 사실상 이행지체에 빠진 임대인의 임대차보증금의 반환의무와 그에 대응하는 임차인의 권리를 보전하기 위하여 새로이 경료하는 임차권등기에 대한 임차인의 말소의무를 동시이행관계에 있는 것으로 해석할 것은 아니고, 특히 위 임차권등기는 임차인으로 하여금 기왕의 대항력이나 우선변제권을 유지하도록 해 주는 담보적 기능만을 주목적으로 하는 점 등에 비추어 볼 때, 임대인의 임대차보증금의 반환의무가 임차인의 임차권등기 말소의무보다 먼저 이행되어야 할 의무이다"라고 판시한 바 있다[285].

---

[284] 다만, 임차인이 임차권등기 이전에 이미 대항력이나 우선변제권을 취득한 경우에는 그 대항력이나 우선변제권은 그대로 유지되며, 임차권등기 이후에는 제3조 제1항·제2항 또는 제3항의 대항요건을 상실하더라도 이미 취득한 대항력이나 우선변제권을 상실하지 아니한다(주임법 제3조의3 제5항 단서).

나. 경매절차에서 배당요구를 하지 않아도 배당을 받을 수 있는지 여부

이에 대하여 대법원은 "임차권등기명령에 의하여 임차권등기를 한 임차인은 우선변제권을 가지며, 위 임차권등기는 임차인으로 하여금 기왕의 대항력이나 우선변제권을 유지하도록 해 주는 담보적 기능을 주목적으로 하고 있으므로, 위 임차권등기가 첫 경매개시결정등기 전에 등기된 경우, 배당받을 채권자의 범위에 관하여 규정하고 있는 민사집행법 제148조 제4호의 "저당권·전세권, 그 밖의 우선변제청구권으로서 첫 경매개시결정 등기 전에 등기되었고 매각으로 소멸하는 것을 가진 채권자"에 준하여, 그 임차인은 별도로 배당요구를 하지 않아도 당연히 배당받을 채권자에 속하는 것으로 보아야 한다"라고 판시하였다[286].

다. 임차권등기명령의 효력

임차권등기명령의 집행에 따른 임차권등기가 끝난 주택(임대차의 목적이 주택의 일부분인 경우에는 해당 부분으로 한정한다)을 그 이후에 임차한 임차인은 제8조[287]에 따른 우선변제를 받을 권리가 없다.

2. 접수방법

신청서 1부를 임차주택의 소재지를 관할하는 지방법원, 지방법원 지원 또는 시·군법원에 제출한다.

이 때 인지는 2,000원, 송달료는 당사자 1인당 3회분을 납부하고, 더불어 대법원수입증지 3,000원과 등록면허세는 6,000원(지방세법 제28조 제1항 제1호), 교육세는 1,200원(지방세법 제151조 제1항 제2호)를 각 납부한다.

---

285) 대법원 2005.06.09. 선고 2005다4529 판결

286) 대법원 2005.09.15. 선고 2005다33039 판결

287) 제8조(보증금 중 일정액의 보호) ① 임차인은 보증금 중 일정액을 다른 담보물권자(擔保物權者)보다 우선하여 변제받을 권리가 있다. 이 경우 임차인은 주택에 대한 경매신청의 등기 전에 제3조 제1항의 요건을 갖추어야 한다.
② 제1항의 경우에는 제3조의2 제4항부터 제6항까지의 규정을 준용한다.
③ 제1항에 따라 우선변제를 받을 임차인 및 보증금 중 일정액의 범위와 기준은 제8조의2에 따른 주택임대차위원회의 심의를 거쳐 대통령령으로 정한다. 다만, 보증금 중 일정액의 범위와 기준은 주택가액(대지의 가액을 포함한다)의 2분의 1을 넘지 못한다. 〈개정 2009. 5. 8.〉

3. 말소절차

임대인은 임차권등기에 대한 집행해제를 신청할 수 있다. 임대인은 임차권등기에 대한 이의, 사정변경에 의한 임차권등기의 결정취소를 구할 수 있다. 즉 재판에서 임대인이 승소하면 그 재판의 정본에 의하여 취소신청을 할 수 있다.

4. 임대차등기명령신청

가. 관할법원

임대차가 끝난 후 보증금이 반환되지 아니한 경우 임차인은 임차주택의 소재지를 관할하는 지방법원·지방법원지원 또는 시·군 법원에 임차권등기명령을 신청할 수 있다(주임법 제3조의3 제1항). 한편, 금융기관등은 임차인을 대위하여 임차권등기명령을 신청할 수 있으며, 다. 이 경우 제3항·제4항 및 제8항의 "임차인"은 "금융기관등"으로 본다(주임법 제3조의3 제6항).

나. 기재사항

임차권등기명령의 신청서에는 다음의 사항을 적어야 하며, 신청의 이유와 임차권등기의 원인이 된 사실을 소명(疎明)하여야 한다(주임법 제3조의3 제2항).

(1) 신청의 취지 및 이유

(2) 임대차의 목적인 주택(임대차의 목적이 주택의 일부분인 경우에는 해당 부분의 도면을 첨부한다)

(3) 임차권등기의 원인이 된 사실(임차인이 제3조 제1항·제2항 또는 제3항에 따른 대항력을 취득하였거나 제3조의2 제2항에 따른 우선변제권을 취득한 경우에는 그 사실)

(4) 그 밖에 대법원규칙288)으로 정하는 사항

---

288) 임차권등기명령 절차에 관한 규칙
[시행 2023. 7. 19.] [대법원규칙 제3102호, 2023. 7. 14., 일부개정]
제2조(임차권등기명령신청서의 기재사항등) ①임차권등기명령신청서에는 다음 각호의 사항을 기재하고 임차인 또는 대리인이 기명날인 또는 서명하여야 한다. 〈개정 2002. 6. 28., 2002. 10. 30., 2007. 10. 29.〉
　1. 사건의 표시

다. 관련 규정준용

다음 각 호의 사항 등에 관하여는 「민사집행법」 제280조 제1항, 제281조, 제283조, 제285조, 제286조, 제288조 제1항, 같은 조 제2항 본문, 제289조, 제290조 제2항 중 제288조 제1항에 대한 부분, 제291조, 제292조 제3항 및 제293조를 준용한다. 이 경우 "가압류"는 "임차권등기"로, "채권자"는 "임차인"으로, "채무자"는 "임대인"으로 본다.

(1) 임차권등기명령의 신청에 대한 재판

(2) 임차권등기명령의 결정에 대한 임대인의 이의신청 및 그에 대한 재판

(3) 임차권등기명령의 취소신청 및 그에 대한 재판

(4) 임차권등기명령의 집행

라. 불복절차

임차권등기명령의 신청을 기각(棄却)하는 결정에 대하여 임차인은 항고(抗告)할 수 있다.

---

2. 임차인과 임대인의 성명, 주소, 임차인의 주민등록번호(임차인이나 임대인이 법인 또는 법인 아닌 단체인 경우에는 법인명 또는 단체명, 대표자, 법인등록번호, 본점·사업장소재지)
3. 대리인에 의하여 신청할 때에는 그 성명과 주소
4. 임대차의 목적인 주택 또는 건물의 표시(임대차의 목적이 주택 또는 건물의 일부인 경우에는 그 목적인 부분을 표시한 도면을 첨부한다)
5. 반환받지 못한 임차보증금액 및 차임(주택임대차보호법 제12조 또는 상가건물임대차보호법 제17조의 등기하지 아니한 전세계약의 경우에는 전세금)
6. 신청의 취지와 이유
7. 첨부서류의 표시
8. 연월일
9. 법원의 표시

② 신청이유에는 임대차계약의 체결 사실 및 계약내용과 그 계약이 종료한 원인 사실을 기재하고, 임차인이 신청 당시에 이미 「주택임대차보호법」 제3조 제1항부터 제3항까지의 규정에 따른 대항력을 취득한 경우에는 임차주택을 점유하기 시작한 날과 주민등록을 마친 날(제3조 제2항 또는 제3항의 규정에 따른 대항력을 취득한 경우에는 지방자치단체장 또는 해당 법인이 선정한 입주자 또는 직원이 그 주택을 점유하기 시작한 날과 주민등록을 마친 날을 말한다. 이하 같다)을, 제3조의2 제2항의 규정에 의한 우선변제권을 취득한 경우에는 임차주택을 점유하기 시작한 날, 주민등록을 마친 날과 임대차계약증서상의 확정일자를 받은 날을, 「상가건물 임대차보호법」 제3조 제1항에 따른 대항력을 취득한 경우에는 임차건물을 점유하기 시작한 날과 사업자등록을 신청한 날을, 제5조 제2항에 따른 우선변제권을 취득한 경우에는 임차건물을 점유하기 시작한 날, 사업자등록을 신청한 날과 임대차계약서상의 확정일자를 받은 날을 각 기재하여야 한다. 〈개정 2002. 10. 30., 2007. 10. 29., 2013. 12. 31.〉
③임차권등기명령신청서에는 2,000원의 인지를 붙여야 한다.

5. 서 식

[서식] 주택임차권등기명령신청서

```
        임 차 권 등 기 명 령 신 청


신 청 인(임차인)      ○   ○   ○
                ○○시 ○○구 ○○로 ○○ ◎◎빌라 나동 ○○○호
피신청인(임대인)      △   △   △
                ○○시 ○○구 ○○로 ○○


            신  청  취  지


별지 목록 기재 건물에 대하여 아래와 같은 주택임차권등기를 명한다.
라는 결정을 구합니다.


            아      래


1. 임대차 계약 일자 : 20○○. ○. ○.
2. 임차 보증금액 : 금30,000,000 원
3. 임대차 기간 : 20○○. ○. ○.부터 12개월
4. 주민등록일자 : 20○○. ○. ○.
5. 점유개시일자 : 20○○. ○. ○.
6. 확 정 일 자 : 20○○. ○. ○.


            신  청  이  유


 신청인은 20○○. ○. ○. 피신청인 소유의 ○○시 ○○구 ○○동 ○○ ◎◎빌라 나
동 ○○○호 대하여 임차보증금 23,000,000원 기간 12개월로 한 임대차 계약을 체결
하고 20○○. ○. ○. 전입신고를 하고 거주하고 있다가 임대차기간의 만료이전에 임
대차계약의 해지 통지를 하고 임차보증금의 반환을 요청하였으나 피신청인이 이를 이
```

행하지 않아 기간만료 즉시 피신청인을 상대로 ○○지방법원 20○○머○○○호로 임차보증금청구 조정신청을 하여 조정기일인 20○○. ○. ○. 동법원으로부터 "피신청인은 신청인에게 금 23,000,000원을 지급하라."는 조정결정을 받고 이는 확정되었으나 피신청인이 지금까지 이를 이행하지 않고 신청인은 이미 다른 곳으로 이사를 하여야 할 처지에 있으므로 우선 임차인으로서 지위를 보전하기 위하여 이 신청에 이른 것입니다.

첨 부 서 류

1. 임대차계약서   1통
2. 건물등기사항증명서   1통
3. 주민등록등본   1통
4. 건축물대장   1통
5. 조정결정문   1통

20○○.   ○.   ○.

신청인 ○ ○ ○ (인)

○ ○ **지 방 법 원**   **귀중**

[별 지]

부 동 산 의 표 시

1동의 건물의 표시

○○시 ○○구 ○○동 ○○ ◎◎빌라 나동
[도로명주소] ○○시 ○○구 ○○로 ○○
철근콘크리트 스라브지붕 4층

다세대주택

1층 122.16㎡   2층 141.8㎡   3층 141.8 ㎡

4층 98.91㎡

대지권의 목적인 토지의 표시

○○시 ○○구 ○○동 ○○ 대 450㎡

전유부분건물의 표시

철근콘크리트조 1층 103호 34.02㎡

대지권의 표시

소유권 55800분의 2541 대지권. 끝.

■ 작성·접수방법

1. 관할법원은 임차주택의 소재지를 관할하는 지방법원·지방법원지원 또는 시·군법원이다.
2. 비용으로 인지액은 2,000원이고, 법원구내 우체국에서 구입하여 신청서 표지에 붙인다. 송달료는 당사자 1인당 3회분(2×5,200원×3회분 = 31,200원)을 법원구내 은행에 송달료예납납부서를 작성하여 납부합니다. 그 외 비용으로, 등기신청수수료 3,000원, 등록면허세 6,000원, 교육세 1,200원이다.
3. 법원용 1부를 제출한다.

[서식] 주택임차권등기명령신청서

주택임차권등기명령신청서

신 청 인   ○   ○   ○ (000000−0000000)   (전화 :   )

(임차인)   전남 ○○군 ○○읍 ○○로 ○○   (우 :   )

피신청인   ○   ○   ○ (000000−0000000)

(임대인)   전남 ○○군 ○○읍 ○○로 ○○

송달장소 : 전남 ○○군 ○○읍 ○○로 ○○○   (우 :   )

임차권 등기할 부동산의 표시

별지 목록 기재와 같음

신 청 취 지

  별지 목록 기재 건물 중 2층 46.22㎡에 관하여 아래와 같은 주택임차권등기를 명한
다.
라는 결정을 구합니다.

아   래

1. 임대차계약일자 : 2008. 2. 5.
2. 임차보증금액 : 금 일천오백만원
3. 주민등록일자 : 2008. 2. 26.
4. 점유개시일자 : 2008. 2. 5.
5. 확 정 일 자 : 무

신 청 이 유

1. 신청인은 피신청인과 사이에 2008. 2. 5. 다음과 같은 주택에 관하여 임대차계약
   을 체결하였습니다.

다   음

가. 목 적 물
      전남 ○○군 ○○읍 ○○로 ○○
      조적조 슬래브지붕 2층 주택 및 점포
          1층 주택 46.22㎡
          2층 점포 46.22㎡ 중 2층 전부
나. 임대차보증금 : 금 15,000,000원
다. 임대차기간 : 2008. 2. 5.부터 2010. 2. 4.까지(2년간)

2. 위 계약에 따라 신청인은 피신청인에게 2008. 2. 5. 보증금 15,000,000원을 지급하고, 같은 날 위 2층 점포(실제상 주택)에 입주하여 점유 사용하여 왔습니다(주민등록전입일자는 2008. 2. 26.입니다).

3. 그런데 위 임대차기간이 도과하였음에도 불구하고 피신청인은 위 보증금을 반환하지 않고 있으므로, 신청인은 제3자에 대한 대항력을 갖춘 임차인으로서 주택임차권등기명령신청을 인용하여 대항력 및 우선변제권을 취득하고자 이건 신청에 이르렀습니다.

첨 부 서 류

1. 건물등기부등본	1통
1. 주민등록초본	2통
1. 임대차계약서 사본	1통
1. 주택목록	5통
1. 위임장	1통

20○○. ○.   .

신청인 ○ ○ ○   (인)

○○지방법원 ○○지원 ○○군법원 귀중

주 택 목 록

1. 전라남도 ○○군 ○○읍 ○○로 ○○
　　　조적조 슬래브지붕 2층 주택 및 점포
　　　　1층 주택 46.22㎡
　　　　2층 점포 46.22㎡ 중 2층 전부.

주택임차권등기명령신청서

신 청 인   ○   ○   ○ (000000-0000000)   (전화 :   )

(임차인)   전남 ○○군 ○○읍 ○○로 ○○○

         송달장소 : 전남 ○○군 ○○읍 ○○로 ○○   (우 :   )

피신청인   ○   ○   ○ (000000-0000000)

(임대인)   전남 ○○군 ○○읍 ○○로 ○○○

         송달장소 : 전남 ○○군 ○○읍 ○○로 ○○   (우 :   )

소 유 자   ○○신용협동조합 (000000-0000000)

         전남 ○○군 ○○읍 ○○로 ○○○   (우 :   )

         이사장 ○ ○ ○

임차권 등기할 부동산의 표시

별지 목록 기재와 같음

신 청 취 지

   별지 목록 기재 건물 중 2층 25㎡에 관하여 아래와 같은 주택임차권등기를 명한다. 라는 결정을 구합니다.

아 래

1. 임대차계약일자 : 2007. 3. 29.
2. 임차보증금액 : 금 16,400,000원
3. 주민등록일자 : 2007. 4. 3.
4. 점유개시일자 : 2007. 3. 29.
5. 확 정 일 자 : 2007. 4. 9.

신 청 이 유

1. 신청인은 피신청인과 사이에 2007. 3. 29. 다음과 같은 목적물에 관하여 임대차계

약을 체결하였습니다.

다　음

(1) 목적물 : 전남 ○○군 ○○읍 ○○로 ○○○

1층 시멘트 벽돌조 슬래브지붕 점포　83.7㎡

2층 시멘트 블록조 스레트지붕 사무실　25㎡ 중 2층 전부

(2) 임대보증금 : 금 25,000,000원

(3) 임대기간 : 2007. 3. 29.부터 2009. 3. 28.까지

2. 신청인은 피신청인에게 2007. 3. 29. 보증금 25,000,000원을 지급하고, 2007. 3. 29. 위 2층 사무소(실제상 주택)에 입주하여 점유 사용하여 왔습니다(주민등록전입일자는 2007. 4. 3. 확정일자는 2007. 4. 9. ○○지방법원 ○○등기소 제89호 입니다).

3. 한편 위 부동산 소유자 ○○신용협동조합은 ○○지방법원 ○○지원으로부터 위 부동산을 낙찰받아 2010. 2. 5. ○○지방법원 ○○등기소 접수 제1126호 강제경매로 인한 매각을 원인으로하는 소유권이전등기를 마침으로서 임대인의 지위를 적법히 승계하였습니다.

4. 그런데 임차인은 임대인으로부터 위 보증금 중 금 8,600,000원을 수령한 상태에서, 2008. 7. 24. 신청인은 피신청인에게 위 전세계약을 해지통보하고 2008. 8. 23.까지 보증금 16,400,000원을 지급할 것을 촉구하였으나 차일피일 미루고 있다가, 위 부동산을 소유자명의로 소유권이전등기가 경료되었는데 현재까지 신청인은 위 보증금잔액은 수령하지 못하였으므로, 신청인은 주택임차권등기명령신청을 인용하여 대항력 및 우선변제권을 취득하고자 이건 신청에 이르렀습니다.

첨　부　서　류

1. 건물등기부등본	1통
1. 주민등록초본	2통
1. 법인등기부초본	1통
1. 전세계약서 사본	1통
1. 계약해지통지서 사본	1통
1. 사진	2매
1. 주택목록	5통

1. 위임장   1통

                              20○○. ○.   .

                        위 신청인 ○ ○ ○   (인)

○○**지방법원** ○○**지원** ○○**군법원 귀중**

주 택 목 록

1. 전라남도 ○○군 ○○읍 ○○로 ○○○
      1층 시멘트 벽돌조 슬래브지붕 점포 83.7㎡
      2층 시멘트 블럭조 스레트지붕 사무실 25㎡
            중 2층 전부.

[서식] 주택임차권등기명령신청서

주택임차권등기명령신청서

신 청 인   홍   길   동 (000000-0000000)   (전화 :   )
(임차인)   전남 ○○군 ○○읍 ○○로 ○○
            ○○아파트 101-107   (우 :   )

피신청인   이   몽   룡 (000000-0000000)
(임대인)   ○○시 ○○로 ○○(○○동)
            ○○아파트 105-102   (우 :   )

임차권 등기할 부동산의 표시

별지 목록 기재와 같음

신 청 취 지

별지 목록 기재 건물에 관하여 아래와 같은 주택임차권등기를 명한다.
라는 결정을 구합니다.

아 래

1. 임대차계약일자 : 2002. 9. 2.
2. 임차보증금액 : 금 이천오백만원
3. 주민등록일자 : 2002. 9. 25.
4. 점유개시일자 : 2002. 9. 25.
5. 확 정 일 자 : 무

신 청 이 유

1. 신청인은 피신청인과 사이에 2002. 9. 2. 다음과 같은 주택에 관하여 임대차계약
   을 체결하였습니다.

다 음

가. 목 적 물

　　1동의 건물의 표시

　　　　전라남도 ○○군 ○○읍 ○○로 ○○　○○아파트 제101동

　　　　　철근콘크리트조 슬래브지붕 15층 아파트

　　전유부분의 건물의 표시

　　　　구　　　조 : 철근 콘크리트조

　　　　건물번호 : 101 － 1 － 107

　　　　면　　　적 : 1층 107호　84.81㎡

　　대지권의 표시

　　　　토지의 표시 : 전라남도 ○○군 ○○읍 ○○로 ○○ 대 10734.9㎡

　　　　대지권의 종류 : 소유권

　　　　대지권의 비율 : 10734.9분의 47.8106

　나. 임대차보증금 : 금 25,000,000원

다. 임대차기간 : 2002. 9. 25.부터 2006. 9. 25.까지(4년간)

2. 위 계약에 따라 신청인은 피신청인에게 계약당일 금 2,500,000원을, 2006. 9.
   25. 잔금 22,500,000원을 각 지급하고, 같은 날 신청인의 모든 가족과 함께 위
   주택에 입주하여 점유를 계속하여 있으면서 그 가족의 주민등록을 그대로 둔 채
   임차인만 주민등록을 일시(1일간) 다른 곳으로 옮긴 다음 위 주택에 재전입하여 사
   용하여 왔습니다.

3. 그런데 위 임대차기간이 2006. 9. 25. 만료되었으나 당사자간에 묵시의 갱신이
   이루어져 계속 임대차기간이 존속되다가, 2010. 9. 25. 위 임대차기간이 종료되었
   습니다.

4. 따라서 위 임대차기간이 도과하였음에도 불구하고 피신청인은 위 보증금을 반환하
   지 않고 있으므로, 신청인은 제3자에 대한 대항력을 갖춘 임차인으로서 주택임차
   권등기명령신청을 인용하여 대항력 및 우선변제권을 취득하고자 이건 신청에 이르
   렀습니다.

첨 부 서 류

1. 건물등기부등본	1통
1. 주민등록초본	3통
1. 가족관계증명서	1통
1. 임대차계약서 사본	1통
1. 사진	3통
1. 건물도면	5통
1. 주택목록	5통
1. 위임장	1통

20○○. ○. .

위 신청인 홍 길 동 (인)

○○**지방법원** ○○**지원** ○○**군법원 귀중**

주 택 목 록

1　1동의 건물의 표시

　　　전라남도 ○○군 ○○읍 ○○로 ○○ (○○아파트 제101동)

　　　철근콘크리트조 슬래브지붕 15층 아파트

　　전유부분의 건물의 표시

　　　구　　조 : 철근 콘크리트조

　　　건물번호 : 101 - 1 - 107

　　　면　　적 : 1층 107호　84.81㎡

　　대지권의 표시

　　　토지의 표시 : 전라남도 ○○군 ○○읍 ○○리 ○○○○　대 10734.9㎡

　　　대지권의 종류 : 소유권

　　　대지권의 비율 : 10734.9분의 47.8106

[서식]　주택임차권등기명령신청서

주택임차권등기명령신청서

신 청 인　홍　길　동 (000000-0000000)　　　　　(전화 :　　)
(임차인)　　전남 ○○군 ○○읍 ○○로 ○○

　　　　　　송달장소 : 전남 ○○군 ○○읍 ○○로 ○○○　(우 :　　)

피신청인　이　몽　룡 (000000-0000000)
(임대인)　　전남 ○○군 ○○읍 ○○로 ○○　　　　　　(우 :　　)

임차권 등기할 부동산의 표시

별지 목록 기재와 같음

신 청 취 지

별지목록 기재 건물 중 별지도면 표시 ㉠, ㉡, ㉲, ㉭, ㉣, ㉠의 각 점을 순차로 연결한 선내 (가)부분 방 1칸 및 ㉡, ㉢, ㉯, ㉲, ㉡의 각 점을 순차로 연결한 선내 (나)부분 방 1칸 및 ㉣, ㉭, ㉳, ⓞ, ㉣의 각 점을 순차로 연결한 선내 (다)부분 방 1칸 및 ⓞ, ㉳, ㉰, ㉴, ⓞ의 각 점을 순차로 연결한 선내 (라)부분 화장실겸 목욕탕 1칸 및 ㉭, ㉲, ㉯, ㉵, ㉰, ㉳, ㉭의 각 점을 순차로 연결한 선내 (마)부분 거실겸 부엌 1칸에 관하여 아래와 같은 주택임차권등기를 명한다.

라는 결정을 구합니다.

아　　래

1. 임대차계약일자 : 2008. 7. 20.
2. 임차보증금액 : 금 30,000,000원
3. 주민등록일자 : 2010. 12. 24.
4. 점유개시일자 : 2008. 7. 20.
5. 확 정 일 자 : 2008. 11. 6.

신 청 이 유

1. 신청인은 피신청인과 사이에 2008. 7. 20. 다음과 같은 목적물에 관하여 임대차계약을 체결하였습니다.

다　　음

(1) 목적물 : 전라남도 ○○군 ○○읍 ○○로 ○○
　　　　　　철근콘크리트 및 시멘트벽돌조 슬래브지붕 4층 점포 및 주택
　　　　　　　　1층　148.17㎡
　　　　　　　　2층　154.48㎡
　　　　　　　　3층　154.48㎡
　　　　　　　　4층　154.48㎡

(2) 임대보증금 : 금 30,000,000원
(3) 임대기간 : 2008. 7. 20.부터 2010. 7. 19.까지

2. 신청인은 피신청인에게 2008. 7. 20. 보증금 30,000,000원을 지급하고, 2008. 7. 20. 위 주택에 입주하여 점유 사용하여 왔습니다(주민등록전입일자는 2010. 12. 24. 확정일자는 2008. 11. 6. ○○지방법원 ○○등기소 제398호입니다).

3. 그런데 위 임대차기간이 2010. 7. 19. 만료되었으나 피신청인은 위 보증금을 반환하지 않고 있으므로, 신청인은 주택임차권등기명령신청을 인용하여 대항력 및 우선변제권을 취득하고자 이건 신청에 이르렀습니다.

첨 부 서 류

1. 건물등기부등본	1통
1. 주민등록등본	1통
1. 부동산임대차계약서 사본	1통
1. 건물도면	5통
1. 주택목록	5통
1. 위임장	1통

20○○. ○. .
신청인 홍 길 동 (인)

○○지방법원 ○○지원 ○○군법원 귀중

주 택 목 록

전라남도 ○○군 ○○읍 ○○로 ○○
철근콘크리트 및 시멘트벽돌조 슬래브지붕 4층 점포 및 주택
1층   148.17㎡
2층   154.48㎡
3층   154.48㎡
4층   154.48㎡
중 3층 154.48㎡ 중 동쪽 약 23평(76.03㎡)

별지 도면 표시 ㉠, ㉡, ㉣, ㉤, ㉢, ㉠의 각 점을 순차로 연결한 선내 (가)부분 방 1칸 및 ㉡, ㉢, ㉦, ㉣, ㉡의 각 점을 순차로 연결한 선내 (나)부분 방 1칸 및 ㉢, ㉤, ㉧, ㉥, ㉢의 각 점을 순차로 연결한 선내 (다)부분 방 1칸 및 ㉥, ㉧, ㉩, ㉨, ㉥의 각 점을 순차로 연결한 선내 (라)부분 화장실겸 목욕탕 1칸 및 ㉤, ㉣, ㉦, ㉪, ㉩, ㉧, ㉤의 각 점을 순차로 연결한 선내 (마)부분 거실겸 부엌 1칸.

주택임차권등기명령신청

신 청 인   홍   길   동 (000000-0000000)

(임차인)   ○○시 ○○구 ○○로 ○○(○○동)

소송대리인 법무법인 ○○

○○시 ○○구 ○○로 ○○(○○동)

전화 : ○○-○○○-○○○○○, 팩스 : ○○-○○○-○○○○

피신청인   이   몽   룡 (000000-0000000)

(임대인)   ○○시 ○○구 ○○로 ○○(○○동)

등기부상주소 : ○○시 ○○구 ○○로 ○○(○○동)

신 청 취 지

별지 목록 기재 건물에 관하여 아래와 같은 주택임차권등기를 명한다.
라는 결정을 구합니다.

아   래

1. 임대차계약서 : 2008. 5. 20.
2. 임차보증금액 : 금 30,000,000원
3. 주민등록일자 : 2008. 5. 20.
4. 점유개시일자 : 2008. 5. 20.
5. 확 정 일 자 : 2008. 5. 20.

신 청 이 유

1. 신청인은 2008. 5. 20. 신청인을 대리한 신청외 ○○○와의 사이에 별지 목록 기재 부동산에 관하여 전세보증금 20,000,000원, 전세기간 2년으로 하는 내용의 채권적 전세계약을 체결하고, 같은 날 위 전세보증금을 일시불로 지급하면서 위 부동산에 입주하여 점유를 개시하였습니다. 또한 같은 달 22. 주민등록전입신고를

마침과 동시에 위 전세계약서에 확정일자를 받았습니다.

2. 위 채권적 전세계약에 의한 약정 전세기간은 2010. 5. 19. 만료되었으며, 신청인은 그 이전에 전화 및 만난 자리에서 수차에 걸쳐 피신청인의 대리인 위 ○○○에게 위 계약을 갱신할 의사가 없음을 분명히 알렸을 뿐만 아니라 위, 기간만료시 전세보증금을 돌려 줄 것을 요청하였으나, 피신청인은 위 부동산에 재임대되면 보증금을 돌려주겠다는 취지의 무성의한 답변만 계속하고 있는 실정입니다.

3. 한편, 신청인은 본사에서 지사로 발령을 받아 최근 근무지가 ○○시로 변경되어 속히 이사 및 주민등록을 옮겨야 할 필요성이 절실한 바, 피신청인이 위 전세보증금을 돌려주지 않는 않은 관계로 거주이전에 많은 제약을 받고 있습니다.

4. 따라서 신청인은 주택임대차보호법 제3조의 3의 규정에 의거 신청취지 기재와 같은 내용의 임차권등기명령을 구하기 위하여 본 신청에 이른 것입니다.

첨 부 서 류

1. 건물등기부등본	1통
1. 주민등록등(초)본	2통
1. 전세계약서 사본	1통
1. 내용증명 사본	2통
1. 거주사실확인서	1통

20○○. ○. .

위 신청인 소송대리인 법무법인 ○○

담당변호사 ○ ○ ○ (인)

○ ○ 지 방 법 원 귀중

주택임차권등기명령신청서

신 청 인   홍 길 동 (000000-0000000)   (전화 :   )
(임차인)   전남 ○○군 ○○읍 ○○로 ○○○   (우 :   )

피신청인   이 몽 룡 (000000-0000000)
(임대인)   전남 ○○군 ○○읍 ○○로 ○○○   (우 :   )

임차권 등기할 부동산의 표시

별지 목록 기재와 같음

신 청 취 지

　별지 목록 기재 건물에 대하여 아래와 같은 주택임차권등기를 명한다.
라는 결정을 구합니다.

아 래

1. 임대차계약일자 : 2008. 1. 23.
2. 임차보증금액 : 금 50,000,000원
3. 임 대 차 기 간 : 2008. 1. 23.부터 24개월(2년간), 기간만료 후 묵시적 갱신
4. 주민등록일자 : 2008. 1. 25.
5. 점유개시일자 : 2008. 1. 24.
6. 확 정 일 자 : 2008. 1. 25.
7. 임대인지위 승계일자(소유권이전등기일) ; 2009. 3. 6.
8. 매수인의 사망일(상속일) : 2010. 8. 10.

신 청 이 유

1. 신청인은 2008. 1. 23. 신청외 홍길동으로부터 그 소유의 별지 목록 기재 부동주택을 임차보증금 50,000,000원, 월 차임 200,000원으로, 임대차기간을 2008. 1. 23.부터 24개월간으로 정하여 임대차계약을 체결한 뒤, 2008. 1. 23. 임차보증금 전액을 일시불로 지급하고, 2008. 1. 24. 위 건물에 입주하였으며, 2008. 1. 25. 전입신고를 하고 같은 날 임대차계약서에 확정일자를 부여받아 현재까지 거주하고 있습니다.

2. 그런데, 신청외 홍길동은 신청외 이몽룡에게 위 주택을 매매하고 2009. 3. 6. 소유권이전등기를 경료함으로써 신청외 이몽룡은 이 사건 임차주택의 소유자가 되는 동안에 임대인의 지위를 승계하게 되었습니다.

3. 이 사건 임대차계약은 2010. 1. 23.로 계약이 만료되었으나, 신청인과 피신청인간에 재계약에 관한 아무런 의사표시를 하지 않아 주택임대차보호법 제6조 제1항에 의거 임대차계약이 묵시적으로 갱신되었습니다.

4. 신청인은 직장 전근으로 이사를 가야하는 사정이 있어 2010. 4. 23. 주택임대차보호법 제6조의2 제1항에 의거 신청외 이몽룡에게 내용증명에 의한 우편으로 위 임대차계약을 해지하겠다는 통보하고 하고 임대차보증의 반환을 요구하였습니다(위 통지서는 2010. 4. 27. 신청외 이몽룡에게 송달되었음).

5. 그렇다면 이 사건 임대차계약은 주택임대차보호법 제6조의2 제2항에 의거 3개월이 지난 2010. 7. 27.에 임대차계약이 해지되었다 할 것이므로, 신청외 이몽룡이 위 임대차계약 해지일에 임차보증금을 반환하여야 할 의무가 있습니다.

6. 그러나 신청외 이몽룡은 2010. 8. 10. 교통사고로 사망함으로써 신청외 이몽룡의 유일한 상속인인 피신청인이 상속으로 인하여 위 주택의 소유권을 취득하였습니다.

7. 그러므로 신청인은 피신청인에게 2010. 8. 25. 임차보증금을 반환하여 줄 것을 촉구하였으나 피신청인는 아무런 이유 없이 미루며 위 보증금을 반환하지 아니하고 있습니다.

8. 따라서 신청인은 다른 지역으로 이사할 수 밖에 없는 입장에 있고, 그 때까지는 주택임대차보호법상의 대항요건 및 우선변제권을 취득할 필요가 있으므로, 주택임대

차보법상의 대항력 및 우선변제권을 보존하기 위하여 이 건 신청에 이르렀습니다.

첨 부 서 류

1. 건물등기부등본   1통
1. 주민등록초본   2통
1. 전세계약서 사본   1통
1. 계약해지통지서 사본   1통
1. 제적등본   1통
1. 가족관계증명서   1통
1. 주택목록   5통
1. 위임장   1통

20○○. ○.   .

위 신청인 홍 길 동   (인)

○○**지방법원** ○○**지원   귀중**

주 택 목 록

1. 전라남도 ○○군 ○○읍 ○○로 ○○○
       1층 시멘트 벽돌조 슬래브지붕 점포 83.7㎡
       2층 시멘트 블럭조 스레트지붕 사무실 25㎡
                중 2층 전부.

임차권등기명령 결정에 대한 이의신청서

사 건   2011타기 11호 주택임차권등기

신 청 인   김 ○ 영 (000000-0000000)   (전화 :   )
(임대인)   전남 ○○군 ○○읍 ○○로 ○○○   (우 :   )

피신청인   박 ○ 옥 (000000-0000000)
(임차인)   전남 ○○군 ○○읍 ○○로 ○○○
           송달장소 : 전남 ○○군 ○○읍 ○○로 ○○   (우 :   )

   위 사건에 관하여 신청인은 다음과 같이 위 결정에 불복하여 주택임대차보호법 제3조의3 제3항 제2호에 의하여 이의신청합니다.

신 청 취 지

1. 이 사건에 관하여 ○○지방법원 ○○지원 ○○군법원이 2011. 5. 7. 결정한 2011타기 11호 임차권등기명령결정은 이를 취소한다.
2. 피신청인의 위 주택임차권등기명령신청은 기각한다.
3. 신청비용은 피신청의 부담으로 한다.
4. 제1항은 가집행할 수 있다.
라는 재판을 구합니다.

신 청 이 유

1. 신청인은 별지 목록 기재와 같이 피신청인과의 임대차계약은 인정하나, 그 이외의 사실은 부인합니다.

2. 신청인은 피신청인에 대하여 20○○. ○. ○.임대차보증금 30,000,000원 중 연체차임 및 공과금 15,287,000원을 지급하였음에도 불구하고 마치 신청인에 대하여

청구채권이 있는 것처럼 법원을 기망하여 신청취지와 같은 주택임차권등기명령의 결정을 받아 집행하였음은 마땅히 취소되어야 할 것이므로, 이 신청에 이른 것입니다.

첨 부 서 류

1. 임대차보증금반환 영수증	1통
1. 차임연체통지서 사본	1통
1. 공과금영수증	1통
1. 주민등록등본	2통
1. 부동산등기부등본	1통
1. 이의신청서 부본	1통
1. 위임장	1통

20○○. ○. .

위 신청인(임대인) 김 ○ 영 (인)

○○지방법원 ○○지원 ○○군법원 귀중

임차권등기명령 결정에 대한 이의신청서

사 건   2011타기 11호 주택임차권등기

채 권 자   박 ○ 옥 (000000-0000000)   (전화 :   )

(임차인)   전남 ○○군 ○○읍 ○○로 ○○○

         송달장소 : 전남 ○○군 ○○읍 ○○로 ○○   (우 :   )

채 무 자   김 ○ 영 (000000-0000000)   (전화 :   )

(임대인)   전남 ○○군 ○○읍 ○○로 ○○○   (우 :   )

위 사건에 관하여 채무자는 다음과 같이 위 결정에 불복하여 주택임대차보호법 제3조의3 제3항 제2호에 의하여 이의신청합니다.

신 청 취 지

1. 이 사건에 관하여 ○○지방법원 ○○지원 ○○군법원이 2011. 5. 7. 결정한 2011 타기 제11호 임차권등기명령결정은 이를 취소한다.
2. 채권자의 위 주택임차권등기명령신청은 기각한다.
3. 신청비용은 채권자의 부담으로 한다.
4. 제1항은 가집행할 수 있다.

라는 재판을 구합니다.

신 청 이 유

1. 채권자(이의 피신청인, 이하 채권자라 한다)는 신청취지 기재의 임차권등기명령결정에 의하여 채무자(이의 신청인 이하 "채무자"라 한다)소유의 별지 목록 기재 부동산에 대하여 2011. 5. 7. 귀원으로부터 주택 임차권등기명령을 결정을 받아 2011. 5. 27. 그 집행을 경료하였습니다.

2. 채권자의 이 사건 신청이유에 의하면, 채권자는 채무자 소유의 별지 목록 기재 부동산에 대하여 임차보증금 13,000,000원, 임대기간 2000. 11. 28.부터 2003. 11.

28.까지로 정하여 임대차계약을 체결하고 2000. 12. 13. 위 주소지로 전입신고를 마치고 부동산을 인도받아 거주하여 왔으며 그 후 2011. 3. 24. 강제경매로 위 부동산이 매각되어 채무자 명으로 소유권이 이전되었고, 이에 채권자는 대항력을 취득하여 최우선변제권이 있는 임차인으로서 일신상의 이유로 이사를 하여야 하므로, 임차권등기명령을 신청하기에 이르렀다고 주장하고 있습니다.

3. 그런데 채권자는 이 사건 도면상과는 다른 곳에서 2000. 11. 28.부터 2009. 6월말 일경까지 거주하다가 채무자의 동의 없이 2009. 6월말일경 제3자인 신청외 윤ㅇ복에게 임대하여 가족 모두 다른 곳으로 이사하였음에도 불구하고, 주택임차권등기명령신청의 요건을 갖추기 위하여 이 사건 주택임차권등기명령신청 당시 거주하고 있는 것처럼 가장하여 허위로 임차권등기명령신청을 한 것입니다.

4. 따라서 이 사건 임차권등기명령 결정은 부당함으로 이 사건 임차권등기명령 결정의 취소와 채권자의 이 사건 임차권등기명령 신청의 기각을 구하기 위하여 본 신청에 이른 것입니다.

첨 부 서 류

1. 주민등록등본   3통
1. 가족관계증명서   1통
1. 가압류결정 사본   1통
1. 부동산등기부등본   1통
1. 각서   1통
1. 인감증명서   1통
1. 이의신청서 부본   1통
1. 위임장   1통

20○○. ○.   .

위 채무자(임대인) 김 ○ 영   (인)

○○지방법원 ○○지원 ○○군법원 귀중

[서식] 임차권등기명령결정에 대한 이의신청취하서

임차권등기명령 결정에 대한 이의신청취하서

사 건   20○○타기 ○○○호 주택임차권등기

신 청 인   홍 길 동

피신청인   이 몽 룡

 위 사건에 관하여 신청인은 당사자간에 원만한 합의가 성립되었으므로 이 건 이의신청을 취하합니다.

첨 부 서 류

1. 취하서 부본   1통

20○○. ○. .

신청인 홍 길 동 (인)

○○**지방법원** ○○**지원** ○○**군법원 귀중**

주택임차권등기 취하 및 해제신청

사   건   20○○타기 ○○○호 주택임차권등기

신 청 인 홍 길 동

피신청인   이 몽 룡

　위 사건에 관하여 당사자간에 원만한 합의가 성립되었으므로 신청인은 위 주택임차권등기의 취하 및 집행해제를 신청합니다.

20○○. ○.   .

신청인 홍 길 동   (인)

○○**지방법원** ○○**지원** ○○**군법원   귀중**

[서식] 사정변경에 의한 임차권등기명령취소신청서

사정변경에 의한 임차권등기명령 취소신청서

신 청 인   김   ○   영 (000000-0000000)   (전화 :   )

(채무자)   전남 ○○군 ○○읍 ○○로 ○○○   (우 :   )

피신청인   박   ○   옥 (000000-0000000)

(채권자)   전남 ○○군 ○○읍 ○○로 ○○○

신 청 취 지

1. 신청인과 피신청인간 20○○타기 ○○○호 임차권등기명령사건에 관하여 별지 목록 부동산에 관하여 20○○. ○. ○.결정하고, 20○○. ○. ○.집행한 임차권등기명령결정은 이를 취소한다.
2. 신청비용은 피신청의 부담으로 한다.

라는 재판을 구합니다.

신 청 이 유

1. 피신청인은 신청인 소유의 별지 목록 기재 부동산에 관하여 임대차보증금반환 청구채권 금 30,000,000원의 보존을 위하여 임차권등기명령을 하였습니다.

2. 피신청인은 귀원 20○○가단 ○○○○호로 임대차보증금반환 청구의 본안소송을 제기하였으나 이유 없다고 하여 피신청인의 패소의 판결이 20○○. ○. ○. 선고되었으며, 피신청인은 이에 불복 항소하여 ○○고등법원 20○○나 ○○○호로써 소송계속 중에 있습니다.

3. 그러나 위 본안소송이 확정되기까지는 상당한 시일이 걸릴 뿐만 아니라 제1심에서 충분히 심리하였으므로 제2심에서 취소될 열려가 없는 사정변경이 생겼으며, 위 임차

권등기가 존속하므로 인하여 신청인의 사업상 신용에 막대한 지장을 초래하게 될 것이 명백하므로 위 임차권등기의 취소를 구하는 바이오니 허가하여 주시기 바랍니다.

첨 부 서 류

1. 1심 판결문사본   1통
1. 위임장   1통

20○○. ○.   .

위 신청인(채무자) 김 ○ 영   (인)

○○**지방법원** ○○**지원 귀중**

저자약력

법학박사 · 행정사 김동근
[대한민국 법률전문서적 최다출간 공식인증 저자 - KRI 한국기록원 인증]

숭실대학교 법학과 졸업
한성대학교 부동산대학원 졸업(부동산석사)
숭실대학교 대학원 법학과 졸업(법학박사)

현) 숭실대학교 법학과 겸임교수
　　대한행정사회 중앙연수교육원 교수
　　경기대학교 탄소중립협력단 전문위원
　　국가전문자격시험출제위원
　　YMCA병설 월남시민문화연구소 연구위원

전) 서울시장후보 법률특보단장
　　한국부동산경영학회 섭외분과위원회 분과위원
　　중앙법률사무교육원 교수

저서 -
　　핵심 재개발·재건축분쟁실무(진원사)
　　부동산소송(진원사)
　　건축분쟁소송실무(진원사)
　　건축법 이론 및 실무(진원사)
　　주택법 이론 및 실무(진원사)
　　국토계획법 이론 및 실무(진원사)
　　도시개발법 이론 및 실무(진원사)
　　토지수용 및 손실보상실무(법률출판사) 등 외 60권

논문 –

- 주택재개발·재건축사업의 개선방안에 관한 법적연구, 숭실대학교 박사학위논문, 2012. 6.
- 주택재건축 매도청구권행사상 문제점 및 개선방안에 관한 연구(숭실대학교 법학논총 27집), 2012.
- 정비사업조합설립·운용상의 문제점 및 개산방안에 관한 입법정책적 연구, 대한부동산학회지, 대한부동산학회, 제30권 제2호(통권 제35호). 2012. 12.
- 정비사업조합설립추진위원회설립·운용상의 문제점 및 개선방안에 관한 입법정책적 연구, 부동산학보, 한국부동산학회, 제52집, 2013. 2.
- 정비사업전문관리업제도의 문제점 및 개선방안에 관한 연구, 부동산학보, 한국부동산학회, 제54집, 2013. 8.
- 관리처분인가 단계의 주요쟁점 및 개선방안에 관한 연구, 부동산경영, 한국부동산경영학회, 제8집 2013. 12.
- 주택정비사업으로 인하여 발생하는 주거이전비 보상에 관한 연구, 대한부동산학회지, 대한부동산학회, 제30권 제2호(통권 제35호), 2014. 1.
- 정비사업에 있어 상가세입자 이주보상관련 분쟁유형 및 개선방안에 관한 법적연구, 부동산학보, 한국부동산학회 제57집, 2014. 5.
- 주택정비사업의 원주민 재정착률 제고방안에 관한 연구, 시민문화연구 제14호, 월남 시민문화연구소, 2014. 12. 31.

감 수

변호사 정동근
서울대학교 법학과
서울대대학교 대학원 법학과
사법연수원 40기
현) 법무법인 조율 구성원 변호사

저서, 핵심 재개발·재건축분쟁실무(진원사)
　　　부동산소송(진원사)
　　　건축분쟁소송실무(진원사)
　　　건축법 이론 및 실무(진원사)
　　　주택법 이론 및 실무(진원사)

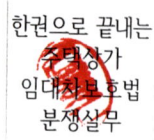

[개정7판]

한권으로 끝내는

주택상가임대차보호법 분쟁실무

2025년 9월 20일   개정7판 1쇄 인쇄
2025년 9월 30일   개정7판 1쇄 발행

저   자   김 동 근
감   수   정 동 근
발 행 인   김 용 성
발 행 처   **법률출판사**
             서울시 동대문구 휘경로2길 3, 4층
             ☎ 02) 962-9154   팩스 02) 962-9156
등록번호 : 제1-1982호
ISBN : 978-89-5821-470-0   13360
e-mail : lawnbook@hanmail.net